Berlitz®

Finnish
Pocket Dictionary

Finnish – English
Englanti – Suomi

Berlitz Publishing
New York · Munich · Singapore

Edited by the Langenscheidt editorial staff

Book in cover photo: © Punchstock/Medioimages

Neither the presence nor the absence of a designation indicating that any entered word constitutes a trademark should be regarded as affecting the legal status thereof.

12 11 10 09 08

Printed in Germany
ISBN 978-981-268-162-1

Contents
Sisällysluettelo

Preface

In selecting the vocabulary and phrases for this dictionary, the editors have had the traveller's needs foremost in mind. This book will prove a useful companion to casual tourists and business travellers alike who appreciate the reassurance a small and practical dictionary can provide. It offers them – as well as beginners and students – all the basic vocabulary they will have to encounter and have to use, giving the key words and expressions to allow them to cope in everyday situations.

This dictionary is designed to slip into pocket or purse, and thus have a role as a handy companion at all times.

Besides just about everything you normally find in dictionaries, there are these bonuses:

- simplified pronunciation after each foreign-word entry, making it easy to read and enunciate words whose spelling may look forbidding
- useful information on how to tell the time and how to count, on conjugating irregular verbs, commonly seen abbreviations and converting to the metric system, in addition to basic phrases.

While no dictionary of this size can pretend to completeness, we are confident this dictionary will help you get most out of your trip abroad.

Alkusanat

Toimittajian tähtäimessä on ollut ennen muuta matkailijan tarpeet heidän valitessaan hakusanoja ja vieraan kielen ilmauksia tähän kaksipuoliseen sanakirjaan. Tämä teos on kätevän taskukokonsa ansiosta tarpeellinen turisteille ja liikemiehille. Ja siinä on perussanasto jokapäiväisiin tilanteisiin yhtä hyvin vasta-alkajille kuin opiskelijoillekin.

Sanakirja, jonka toimitustyössä on käytetty apuna tietopankkia, muita ansioita ovat:

- ääntämisohjeet, jotka noudattavat kansainvälistä foneettista kirjoitusjärjestelmää (IPA)
- käytännöntietoa monelta alalta: kellonajat, lukusanat, epäsäännölliset verbit, tavallisimmat lyhenteet ja joitakin avainlauseita.

Näin pieni sanakirja ei tietenkään voi olla täydellinen, mutta toivomme, että se on ulkomaan matkalla luottamuksenne arvoinen.

Introduction

This dictionary has been designed to best meet your practical needs. Unnecessary linguistic information has been avoided. The entries are listed in alphabetical order, regardless of whether the entry is printed in a single word or in two or more separate words. As the only exception to this rule, a few idiomatic expressions are listed alphabetically as main entries, according to the most significant word of the expression. When an entry is followed by sub-entries, such as expressions and locutions, these are also listed in alphabetical order*.

Each main-entry word is followed by a phonetic transcription (see guide to pronunciation). Following the transcription is the part of speech of the entry word whenever applicable. If an entry word is used as more than one part of speech, the translations are grouped together after the respective part of speech.

Whenever an entry word is repeated in sub-entries, a tilde (~) is used to represent the full word.

* Note that Finnish alphabetical order differs from our own for two letters: ä and ö. These are considered independent characters and come after z, in that order.

Johdanto

Sanakirja on laadittu vastaamaan käytännön tarpeita, ja tarpeettomia kielellisiä selityksiä on vältetty.

Kaikki hakusanat ovat aakkosjärjestyksessä huolimatta siitä, ovatko ne yksittäisiä sanoja, yhdyssanoja tai sanaliittoja. Ainoana poikkeuksena ovat kielelle ominaiset ilmaisut, jotka on pantu aakkosjärjestykseen pääsanansa mukaan. Hakusanojen johdannaiset, kuten sanontatavat ja ilmaisut, ovat myös aakkosjärjestyksessä.

Jokaiseen hakusanaan on merkitty äännekirjoitus (ks. ääntämisohjeet) sekä sanaluokka silloin kun se on mahdollista. Jos hakusana kuuluu useampaan eri sanaluokkaan, kutakin sanaluokkaa vastaava käännös on annettu.

Substantiivien monikko on annettu erikseen silloin kun se on epäsäännöllinen tai muuten epäselvä ja silloin kun monikkomuoto on yleisesti käytössä.

Hakusanaa ei toisteta epäsäännöllisen monikon ja johdannaisten yhteydessä, vaan sen sijasta käytetään ~-merkkiä.

Yhdyssanan epäsäännöllinen monikko on merkitty kokonaisuudessaan, mutta sen vartalo on korvattu pikkuviivalla (–).

Tähti (*) verbin yhteydessä ilmaisee, että verbi on epäsäännöllinen (ks. epäsäännöllisten verbien luetteloa).

Sanakirja noudattaa englantilaista oikeinkirjoitusta, ja amerikkalaiset sanat ja sanontatavat on merkitty erikseen (ks. lyhennysluetteloa).

Guide to Pronunciation

Each main entry in this part of the dictionary is followed by a phonetic transcription which shows you how to pronounce the words. This transcription should be read as if it were English. It is based on Standard British pronunciation, though we have tried to take account of General American pronunciation also. Below, only those letters and symbols are explained which we consider likely to be ambiguous or not immediately understood.

The syllables are separated by hyphens, and stressed syllables are printed in *italics*.

Of course, the sounds of any two languages are never exactly the same, but if you follow carefully our indications, you should be able to pronounce the foreign words in such a way that you'll be understood. To make your task easier, our transcriptions occasionally simplify slightly the sound system of the language while still reflecting the essential sound differences.

Consonants

g	always hard, as in **go**
h	always pronounced, even *after* vowels
ng	as in si**ng**er, not as in fi**ng**er (no **g**-sound!)
r	rolled in the front of the mouth
s	always hard, as in **so**

Vowels and diphthongs

aa	long **a**, as in **car**, without any **r**-sound
ah	a short version of **aa**; between **a** in **cat** and **u** in **cut**
æ	like **a** in **cat**
ææ	a long **æ**-sound
ew	a "rounded **ee**-sound". Say the vowel sound **ee** (as in **see**) and, while saying it, round your lips as for **oo** (in **soon**), without moving your tongue; when your lips are in the **oo** position, but your tongue in the **ee** position, you should be pronouncing the correct sound
igh	as in **sigh**
ur	as in **fur**, but with rounded lips and no **r**-sound

1) A bar over a vowel symbol (e.g. $\overline{\textbf{ew}}$) shows that this sound is long.
2) Raised letters (e.g. **oo**$^{\textbf{ee}}$, $^{\textbf{y}}$**ay** should be pronounced only fleetingly.

Stress

In Finnish, the first syllable of a word is always strongly stressed. In longer words, a second, weaker stress can occur. In our transcriptions, we don't distinguish between primary and secondary stress, but print all stressed syllables in italics. Just remember that the strong stress always falls on the *first* syllable of a word.

Ääntämisohjeet

Sanakirjan tämän osan jokaiseen hakusanaan on merkitty ääntämisohjeet kansainvälisin foneettisin kirjaimin (IPA). Äännekirjoituksessa kutakin foneettista merkkiä vastaa määrätty äänne. Alla selitettyjä foneettisia merkkejä lukuun ottamatta muut äännekirjoituksessa esiintyvät kirjaimet ääntyvät suunnilleen samoin kuin suomen kielessä.

Konsonantit

ð	soinnillinen **s**, joka äännetään yläleuan etuhampaiden ja kielenkärjen välistä
ŋ	kuten **ng** sanassa ke**ng**än
r	äännetään suun etuosassa, mutta pehmeämpänä kuin suomalainen **r**
ʃ	kuten **š** sanassa **š**akki
θ	soinniton **s**, joka äännetään yläleuan etuhampaiden ja kielenkärjen välistä
w	lyhyt **u**, jota seuraa häipyvä vokaali
z	soinnillinen **s**, kuten saksan sanassa **S**ee
ʒ	soinnillinen suhuäänne, kuten **J** sanassa **J**ean

Vokaalit

ɑː	kuten **a** sanassa **aa**mu
æ	kuten **ä** sanassa k**ä**si
ʌ	suunnilleen kuten **a** sanassa t**a**lo
ɛ	kuten **e** sanassa k**e**ksi
ə	heikko katoava **ö**-äänne kuten saksan sanassa hab**e**n
ɔ	kuten **o** sanassa **o**vi, mutta kieli on lähempänä kitalakea

1) Kaksoispistettä [ː] on käytetty silloin kun vokaali ääntyy pitkänä.
2) Ranskankielisissä lainasanoissa on vokaalin yläpuolelle merkitty pieni aaltoviiva (esim. [ɑ̃]), joka ilmaisee että vokaali on nasaalinen. Nenävokaali ääntyy samanaikaisesti suun ja nenän kautta.

Diftongit

Diftongi on kahden vokaalin pariääntiö, joka äännetään yhtenä äänteenä kuten esimerkiksi **ai** sanassa **ai**ta. Englannin kielen diftongeista jälkimmäinen vokaali on aina painoton. Joskus diftongi päättyy [ə]-äänteeseen, jolloin sitä edeltävä vokaali ääntyy vieläkin painottomampana.

Paino

Pääpaino on merkitty painollisen tavun alkuun [ˈ]-merkillä, sivupainollisen tavun alussa on merkkinä [ˌ] .

Ääntäminen amerikkalaisittain

Äännekirjoituksemme noudattaa Oxfordin englantia. Vaikka Englannin eri seuduilla kieltä äännetään eri tavoin, Amerikan englanti poikkeaa ääntämiseltään vielä selvemmin Oxfordin englannista. Seuraavassa esitetään muutamia eroja:

1) **r** äännetään jopa konsonantin edellä ja vokaalin jäljessä (englantilaiset jättävät sen ääntämättä) esim. sanoissa birth ja beer.
2) Usein [ɑː]-äänne muuttuu [æː]:ksi kuten sanoissa *ask*, *castle*, *laugh* jne.
3) [ɔ] äännetään usein [ɑ]:na, toisinaan myös [ɔː]:na.
4) Sanoissa kuten *duty*, *tune*, *new* jne. [j]-äänne, joka edeltää [uː]:ta, jätetään usein ääntämättä.
5) Lisäksi monissa sanoissa paino on eri tavulla kuin Oxfordin englannissa.

Abbreviations
Lyhenteet

adjective	*adj*	adjektiivi
adverb	*adv*	adverbi
American	*Am*	amerikkalainen
article	*art*	artikkeli
conjunction	*conj*	konjunktio
noun	*n*	substantiivi
noun (American)	*nAm*	substantiivi (amerikkalainen)
numeral	*num*	lukusana
past tense	*p*	imperfekti
plural	*pl*	monikko
plural (American)	*plAm*	monikko (amerikkalainen)
postposition	*postp*	postpositio
past participle	*pp*	partisiipin perfekti
present tense	*pr*	preesens
prefix	*pref*	etuliite
preposition	*prep*	prepositio
pronoun	*pron*	pronomini
verb	*v*	verbi
verb (American)	*vAm*	verbi (amerikkalainen)

Finnish – English
Suomi – Englanti

A

aakkoset (*aak*-koa-sayt) *pl* alphabet
aallonmurtaja (*aal*-loan-*moor*-tah-^{y}ah) *n* breakwater
aalto (*aal*-toa) *n* wave
aaltoileva (*aal*-toi-lay-vah) *adj* wavy
aaltopituus (*aal*-loan-*pi*-tōōss) *n* wavelength
aamiainen (*aa*-mi-igh-nayn) *n* breakfast
aamu (*aa*-moo) *n* morning; **tänä aamuna** this morning
aamulehti (*aa*-moo-*layh*-ti) *n* morning paper
aamunkoitto (*aa*-moon-*koit*-toa) *n* dawn
aamupainos (*aa*-moo-*pigh*-noass) *n* morning edition
aamupala (*aa*-moo-*pah*-lah) *n* breakfast
aamupäivä (*aa*-moo-*pæ*^{ee}-væ) *n* morning
aamutakki (*aa*-moo-*tahk*-ki) *n* dressing gown
aarre (*aar*-ray) *n* treasure
aasi (*aa*-si) *n* donkey
Aasia (*aa*-si-ah) Asia
aasialainen (*aa*-si-ah-ligh-nayn) *n* Asian; *adj* Asian
aate (*aa*-tay) *n* idea
aatelinen (*aa*-tay-li-nayn) *adj* noble
aatelisto (*aa*-tay-liss-toa) *n* nobility
aave (*aa*-vay) *n* ghost, phantom, spirit, *n* spook
aavistaa (*aa*-viss-taa) *v* sense
aavistamaton (*aa*-viss-tah-mah-toan) *adj* unexpected
aavistus (*aa*-viss-tooss) *n* presentiment, idea
aborttia kannattava (*ah*-boart-ti-ah *kahn*-naht-tah-vah) *adj* pro-choice
aborttia vastustava (*ah*-boart-ti-ah *vahss*-tooss-ta-vah) *adj* pro-life
abstrakti (*ahb*-strahk-ti-nayn) *adj* abstract
adjektiivi (*ahd*-^{y}ayk-tee-vi) *n* adjective
adoptoida (*ah*-doap-toi-dah) *v* adopt
adverbi (*ahd*-vayr-bi) *n* adverb
Afrikka (*ahf*-rik-kah) Africa
afrikkalainen (*ahf*-rik-kah-ligh-nayn) *n* African; *adj* African

agentti (*ah*-gaynt-ti) *n* agent
ahdas (*ahh*-dahss) *adj* narrow
ahdasmielinen (*ahh*-dahss-*myay*-li-nayn) *adj* narrow-minded
ahdistaa (*ahh*-diss-taa) *v* harrass, oppress
ahertaa (*ah*-hayr-taa) *v* labour
ahkera (*ahh*-kay-rah) *adj* industrious, diligent, hard-working
ahkeruus (*ahh*-kay-rooss) *n* diligence
ahne (*ahh*-nay) *adj* greedy
ahneus (*ahh*-nay-ooss) *n* greed
ahven (*ahh*-vayn) *n* bass, perch
aie (*igh*-ay) *n* intention
aihe (*igh*-hay) *n* topic, theme, subject; reason
aiheuttaa (*igh*-hay-oot-taa) *v* cause
aika (*igh*-kah) *n* time; ~ **ajoin** occasionally; **aikaa säästävä** timesaving; **vanha** ~ antiquity
aikaerorasitus (*igh*-kah-*ay*-roa-*rah*-si-tooss) *n* jet lag
aikaisempi (*igh*-kigh-saym-pi) *adj* previous, earlier
aikaisin (*igh*-kigh-sin) *adv* early
aikakausjulkaisu (*igh*-kah-*kouss*-ʸool-kigh-soo) *n* journal, magazine
aikakauskirja (*igh*-kah-*kouss-keer*-ʸah) *n* journal
aikakauslehti (*igh*-kah-*kouss-layh*-ti) *n* magazine, periodical
aikalainen (*igh*-kah-ligh-nayn) *n* contemporary
aikana (*igh*-kah-nah) *postp* during
aikataulu (*igh*-kah-*tou*-loo) *n* schedule, timetable
aikoa (*igh*-koa-ah) *v* intend
aikomus (*igh*-koa-mooss) *n* intention
aikuinen (*igh*-kooᵉᵉ-nayn) *n* adult, grown-up; *adj* adult
aina (*igh*-nah) *adv* always
ainakin (*igh*-nah-kin) *adv* at least
aine (*igh*-nay) *n* substance; material, matter; essay; **antiseptinen** ~ antiseptic; **kiinteä** ~ solid
aineellinen (*igh*-nayl-li-nayn) *adj* physical; substantial
aineosa (*igh*-nay-oa-sah) *n* ingredient
aines (*igh*-nayss) *n* ingredient
ainoa (*igh*-noa-ah) *adj* sole, only; single
ainoastaan (*igh*-noa-ahss-taan) *adv* only
ainutlaatuinen (*igh*-noot-*laa*-tooᵉᵉ-nayn) *adj* unique, extraordinary
airo (*igh*-roa) *n* oar
aisti (*ighss*-ti) *n* sense
aistillisuus (*ighss*-til-li-sooss) *n* sensuality
aistimus (*ighss*-ti-mooss) *n*

sensation, feeling
aita (*igh*-tah) *n* fence
aitaus (*igh*-tah-ooss) *n* fence, enclosure
aito (*igh*-toa) *adj* genuine; real; true
aivan (*igh*-vahn) *adv* exactly; quite
aivastaa (*igh*-vahss-taa) *v* sneeze
aivot (*igh*-voat) *pl* brain
aivotärähdys (*igh*-voa-*tæ*-ræh-dewss) *n* concussion
ajaa (*ah*-^{y}aa) *v* *drive; *ride; ~ **eteenpäin** propel; ~ **nopeasti** *speed; ~ **parta** shave; ~ **takaa** chase; ~ **talliin** garage
ajaja (*ah*-^{y}ah-^{y}ah) *n* driver
ajaksi (*ah*-^{y}ahk-si) *postp* for
ajanjakso (*ah*-^{y}ahn-^{y}*ahk*-soa) *n* period
ajankohtainen (*ah*-^{y}ahn-*koah*-tigh-nayn) *adj* current
ajanviete (*ah*-^{y}ahn-*vyay*-tay) *n* diversion, entertainment
ajatella (*ah*-^{y}ah-tayl-lah) *v**think
ajattelija (*ah*-^{y}aht-tay-li-^{y}ah) *n* thinker
ajatus (*ah*-^{y}ah-tooss) *n* thought; idea
ajatusviiva (*ah*-^{y}ah-tooss-*vee*-vah) *n* dash
ajelu (*ah*-^{y}ay-loo) *n* drive; ride
ajoissa (*ah*-^{y}oiss-sah) *adv* in time
ajoittainen (*ah*-^{y}oit-tigh-nayn) *adj* periodical
ajokaista (*ah*-^{y}oa-*kighss*-tah) *n* lane
ajokortti (*ah*-^{y}oa-*koart*-ti) *n* driving licence
ajoneuvo (*ah*-^{y}oa-*nay*^{oo}-voa) *n* vehicle
ajorata (*ah*-^{y}oa-*rah*-tah) *n* carriageway; roadway *nAm*
ajos (*ah*-^{y}oass) *n* abscess
ajotie (*ah*-^{y}oa-*tyay*) *n* road, drive
akatemia (*ah*-kah-tay-miah) *n* academy
akku (*ahk*-koo) *n* battery
akseli (*ahk*-say-li) *n* axle
aktiivinen (*ahk*-tee-vi-nayn) *adj* active
ala (*ah*-lah) *n* range; branch, field
alahanka (*ah*-lah-*hahng*-kah) *n* port
alaikäinen (*ah*-lah-*i*-kæ^{ee}-nayn) *adj* under age; *n* minor
alainen (*ah*-ligh-nayn) *adj* subordinate
alakertaan (*ah*-lah-*kayr*-taan) *adv* downstairs
alakuloinen (*ah*-lah-*koo*-loi-nayn) *adj* sad, depressed
alamaa (*ah*-lah-*maa*) *n* lowlands *pl*
alamainen (*ah*-lah-migh-nayn) *n* subject
alankomaalainen (*ah*-lahng-koa-*maa*-ligh-nayn) *n* Dutchman; *adj* Dutch

Alankomaat (*ah*-lahng-koa-*maat*) *pl* the Netherlands
alanumero (*ah*-lah-*noo*-may-roa) *n* extension
alaosa (*ah*-lah-*oa*-sah) *n* bottom
alaotsikko (*ah*-lah-*oat*-sik-koa) *n* subtitle
alapuolella (*ah*-lah-*pwoa*-layl-lah) *adv* beneath, under
alas (*ah*-lahss) *adv* downwards, down
alaspäin (*ah*-lahss-*pæ*^{ee}*n*) *adv* down, downwards
alaston (*ah*-lahss-toan) *adj* undressed; naked
alastonkuva (*ah*-lahss-toan-*koo*-vah) *n* nude
alempi (*ah*-laym-pi) *adj* lower; inferior
alempiarvoinen (*ah*-laym-pi-*ahr*-voi-nayn) *adj* inferior
alennus (*ah*-layn-nooss) *n* discount, rebate, reduction
alennusmyynti (*ah*-layn-nooss-*mēwn*-ti) *n* sale
alentaa (*ah*-layn-taa) *v* lower, reduce; **~ arvoa** devalue
algebra (*ahl*-gayb-rah) *n* algebra
Algeria (*ahl*-gay-ri-ah) Algeria
algerialainen (*ahl*-gay-ri-ah-ligh-nayn) *n* Algerian; *adj* Algerian
alhaalla (*ahl*-haal-lah) *adv* below
alhaisempi (*ahl*-high-saym-pi) *adj* lower; inferior
aliarvioida (*ah*-li-*ahr*-vi-oi-dah) *v* underestimate
alin (*ah*-lin) *adj* bottom
alinomaa (*ah*-lin-oa-maa) *adv* continually
alinomainen (*ah*-lin-*oa*-migh-nayn) *adj* constant
aliravitsemus (*ah*-li-*rah*-vit-say-mooss) *n* malnutrition
alistaa (*ah*-liss-taa) *v* subject
alistua (*ah*-liss-too-ah) *v* accept, submit
alituinen (*ah*-li-too^{ee}-nayn) *adj* continual
alkaa (*ahl*-kaa) *v* start, *begin
alkaen (*ahl*-kah-ayn) *postp* from, since
alkeis- (*ahl*-kayss) primary, elementary
alkio (*ahl*-ki-oa) *n* embryo; germ
alkoholi (*ahl*-koa-hoa-li) *n* alcohol; **alkoholiton juoma** soft drink
alkoholiliike (*ahl*-koa-hoa-li-*lee*-kay) *n* off-licence, liquor store *Am*
alkoholipitoinen (*ahl*-koa-hoa-li-*pi*-toi-nayn) *adj* alcoholic
alku (*ahl*-koo) *n* start, beginning; **alku-** initial
alkuasukas (*ahl*-koo-*ah*-soo-kahss) *n* native
alkulähde (*ahl*-koo-*læh*-day) *n* origin
alkuperä (*ahl*-koo-*pay*-ræ) *n* origin

alkuperäinen (*ahl*-koo-*pay*-ræ^{ee}-nayn) *adj* original; primary; initial
alkuruoka (*ahl*-koo-*rwoa*-kah) *n* hors d'œuvre, starter
alkusoitto (*ahl*-koo-*soit*-toa) *n* overture, prelude
alla (*ahl*-lah) *postp* under, beneath, below; *adv* underneath
allas (*ahl*-lahss) *n* basin; pool
allekirjoittaa (*ahl*-lay-*keer*-^{y}oit-taa) *v* sign; endorse
alleviivata (*ahl*-lay-*vee*-vah-tah) *v* underline
aloite (*ah*-loi-tay) *n* initiative
aloittaa (*ah*-loit-taa) *v*begin, start; **~ uudestaan** recommence
aloittelija (*ah*-loit-tay-li-^{y}ah) *n* learner, beginner
aloituspotku (*ah*-vah-^{y}ighss-*poat*-koo) *n* kickoff
alokas (*ah*-loa-kahss) *n* recruit
alppimaja (*ahlp*-pi-*mah*-^{y}ah) *n* chalet
altis jllk (*ahl*-tiss) *adj* prone to, subject to
alttari (*ahlt*-tah-ri) *n* altar
alttiiksipano (*ahlt*-teek-si-*pah*-noa) *n* exposure
altto (*ahlt*-toa) *n* alto
alue (*ah*-loo-ay) *n* area, zone, region, district; field, territory
alueellinen (*ah*-loo-a͞yl-li-nayn) *adj* regional
alunperin (*ah*-loon-*pay*-rin) *adv* originally
alus (*ah*-looss) *n* vessel
alushame (*ah*-looss-*hah*-may) *n* slip
alushousut (*ah*-looss-*hoa*-soot) *pl* drawers, briefs *pl*; panties *pl*; shorts *pl Am*; underpants *pl Am*
aluspaita (*ah*-looss-*pigh*-tah) *n* undershirt
alussa (*ah*-looss-sah) *adv* at first
alustava (*ah*-looss-tah-vah) *adj* preliminary
alusvaatteet (*ah*-looss-*vaat*-ta͞yt) *pl* underwear; **naisten ~** lingerie
alusvoide (*ah*-looss-*voi*-day) *n* foundation cream
ambulanssi (*ahm*-boo-lahns-si) *n* ambulance
Amerikka (*ah*-may-rik-kah) America
amerikkalainen (*ah*-may-rik-kah-ligh-nayn) *n* American; *adj* American
ametisti (*ah*-may-tiss-ti) *n* amethyst
ammatti (*ahm*-maht-ti) *n* profession, occupation, trade
ammattimainen (*ahm*-maht-ti-migh-nayn) *adj* professional
ammattimies (*ahm*-maht-ti-myayss) *n* craftsman, skilled labourer
ammattitaidoton (*ahm*-maht-ti-*tigh*-doa-toan) *adj* unskilled

ammattitaitoinen (*ahm*-maht-ti-*tigh*-toi-nayn) *adj* skilled, trained
ammattiyhdistys (*ahm*-maht-ti-*ewh*-diss-tewss) *n* trade union
ammoniakki (*ahm*-moa-ni-ahk-ki) *n* ammonia
ampiainen (*ahm*-pi-igh-nayn) *n* wasp
ampua (*ahm*-poo-ah) *v* fire, *shoot
amuletti (*ah*-moo-layt-ti) *n* lucky charm, charm
analysoida (*ah*-nah-lew-soi-dah) *v* analyse
analyysi (*ah*-nah-lew-si) *n* analysis
analyytikko (*ah*-nah-lew-tik-koa) *n* analyst
ananas (*ah*-nah-nahss) *n* pineapple
anarkia (*ah*-nahr-ki-ah) *n* anarchy
anatomia (*ah*-nah-toa-mi-ah) *n* anatomy
anemia (*ah*-nay-mi-ah) *n* anaemia
ankara (*ahng*-kah-rah) *adj* strict, severe, harsh
ankerias (*ahng*-kay-ri-ahss) *n* eel
ankka (*ahngk*-kah) *n* duck
ankkuri (*ahngk*-koo-ri) *n* anchor
annos (*ahn*-noass) *n* portion; ration; dose
anoa (*ah*-noa-ah) *v* beg; apply for
anomus (*ah*-noa-mooss) *n* application
anoppi (*ah*-noap-pi) *n* mother-in-law
ansa (*ahn*-sah) *n* trap
ansaita (*ahn*-sigh-tah) *v* earn; deserve
ansaitsematon (*ahn*-sight-say-mah-toan) *adj* unearned
ansio (*ahn*-si-oa) *n* merit; earnings
antaa (*ahn*-taa) *v* give; allow; **~ myöten** *give in; indulge; **~ olla** *leave; **~ toimeksi** assign to; **~ vuokralle** *let
antautua (*ahn*-tah-oo-too-ah) *v* surrender
antautuminen (*ahn*-tah-oo-too-mi-nayn) *n* surrender, capitulation
anteeksi (*ahn*-tayk-si) sorry; excuse me; **antaa anteeksi** *forgive
anteeksianto (*ahn*-tayk-si-*ahn*-toa) *n* pardoning, forgiveness
anteeksipyyntö (*ahn*-tayk-si-*pewn*-tur) *n* apology, excuse
anteliaisuus (*ahn*-tay-li-igh-sooss) *n* generosity
antelias (*ahn*-tay-li-ahss) *adj* generous; liberal
antenni (*ahn*-tayn-ni) *n* aerial
anti (*ahn*-ti) *n* issue; offering
antibiootti (*ahn*-ti-bi-oat-ti) *n* antibiotic
antiikkiesine (*ahn*-teek-ki-

ay-si-nay) *n* antique
antiikkikauppias (*ahn*-teek-ki-*koup*-pi-ahss) *n* antique dealer
antiikkinen (*ahn*-teek-ki-nayn) *adj* antique
antipatia (*ahn*-ti-pah-ti-ah) *n* dislike
aperitiivi (*ah*-pay-ri-tee-vi) *n* aperitif
apeus (*ah*-pay-ooss) *n* sadness
apila (*ah*-pi-lah) *n* clover
apilanlehti (*ah*-pi-lahn-*layh*-ti) *n* shamrock
apina (*ah*-pi-nah) *n* monkey
appelsiini (*ahp*-payl-see-ni) *n* orange
appi (*ahp*-pi) *n* father-in-law
appivanhemmat (*ahp*-pi-*vahn*-haym-maht) *pl* in--laws *pl*
aprikoosi (*ahp*-ri-koa-si) *n* apricot
apteekkari (*ahp*-tayk-kah-ri) *n* chemist, pharmacist *nAm*
apteekki (*ahp*-tayk-ki) *n* pharmacy, chemist's; drugstore *nAm*
apu (*ah*-poo) *n* aid, assistance, help
apuraha (*ah*-poo-*rah*-hah) *n* grant, scholarship; allowance
arabi (*ah*-rah-bi) *n* Arab
arabialainen (*ah*-rah-bi-ah-ligh-nayn) *adj* Arab, Arabic
Argentiina (*ahr*-gayn-tee-nah) Argentina
argentiinalainen (*ahr*-gayn-tee-nah-ligh-nayn) *n* Argentinian; *adj* Argentinian
arina (*ah*-ri-nah) *n* grate
arka (*ahr*-kah) *adj* shy, timid
arkaluonteinen (*ahr*-kah-*lwoan*-tay-nayn) *adj* delicate, sensitive
arkeologi (*ahr*-kay-oa-loa-gi) *n* archaeologist
arkeologia (*ahr*-kay-oa-loa-gi-ah) *n* archaeology
arkihuone (*ahr*-ki-*hwoa*-nay) *n* morning room
arkipäivä (*ahr*-ki-*pæ*^{ee}-væ) *n* weekday
arkipäiväinen (*ahr*-ki-*pæ*^{ee}-væ^{ee}-nayn) *adj* ordinary, everyday
arkisto (*ahr*-kiss-toa) *n* archives *pl*
arkkipiispa (*ahrk*-ki-*peess*-pah) *n* archbishop
arkkitehti (*ahrk*-ki-tayh-ti) *n* architect
arkkitehtuuri (*ahrk*-ki-tayh-too-ri) *n* architecture
armahdus (*ahr*-mahh-dooss) *n*pardon; **yleinen ~** amnesty
armeija (*ahr*-may-^{y}ah) *n* army
armeliaisuus (*ahr*-may-li-igh-sooss) *n* mercy
armelias (*ahr*-may-li-ahss) *adj* merciful
armo (*ahr*-moa) *n* mercy, grace
aromi (*ah*-roa-mi) *n* aroma
aromikeitin (*ah*-roa-mi-*kay*-

tin) *n* percolator
arpajaiset (*ahr*-pah-ʸigh-sayt) *pl* lottery
arpi (*ahr*-pi) *n* scar
artikkeli (*ahr*-tik-kay-li) *n* article
artisokka (*ahr*-ti-soak-kah) *n* artichoke
arvata (*ahr*-vah-tah) *v* guess
arvella (*ahr*-vayl-lah) *v* reckon; suspect
arvelu (*ahr*-vay-loo) *n* opinion
arveluttava (*ahr*-vay-loot-tah-vah) *adj* doubtful
arvio (*ahr*-vi-oa) *n* estimate
arvioida (*ahr*-vi-oi-dah) *v* estimate, evaluate
arviointi (*ahr*-vi-oin-ti) *n* evaluation
arvo (*ahr*-voa) *n* worth, value
arvoaste (*ahr*-voa-*ahss*-tay) *n* rank
arvoesineet (*ahr*-voa-*ay*-si-nayt) *pl* valuables *pl*
arvoinen (*ahr*-voi-nayn) *adj* worthy of
arvoituksellinen (*ahr*-voi-took-sayl-li-nayn) *adj* mysterious
arvoitus (*ahr*-voi-tooss) *n* enigma, mystery; puzzle, riddle
arvojärjestys (*ahr*-voa-ʸær-ʸayss-tewss) *n* hierarchy
arvokas (*ahr*-voa-kahss) *adj* valuable; dignified
arvonanto (*ahr*-voan-*ahn*-toa) *n* esteem, respect
arvonimi (*ahr*-voa-*ni*-mi) *n* title
arvonta (*ahr*-voan-tah) *n* draw
arvopaperipörssi (*ahr*-voa-*pah*-pay-ri-*purrs*-si) *n* stock exchange, stock market
arvosana (*ahr*-voa-*sah*-nah) *n* mark, grade *nAm*
arvostaa (*ahr*-voass-taa) *v* appreciate; esteem
arvosteleva (*ahr*-voass-tay-lay-vah) *adj* critical
arvostelija (*ahr*-voass-tay-li-ʸah) *n* critic
arvostella (*ahr*-voass-tayl-lah) *v* criticize; judge; evaluate
arvostelu (*ahr*-voass-tay-loo) *n* criticism, review
arvostus (*ahr*-voass-tooss) *n* appreciation
arvoton (*ahr*-voa-toan) *adj* worthless
asbesti (*ahss*-bayss-ti) *n* asbestos
ase (*ah*-say) *n* weapon
aseistaa (ah-sayss-taa) *v* arm
aseistettu (ah-sayss-tayt-too) *adj* armed
asema (*ah*-say-mah) *n* position, status, rank
asemakaava (*ah*-say-mah-*kaa*-vah) *n*city plan, town plan; map *n Am*
asemalaituri (*ah*-say-mah-*ligh*-too-ri) *n* platform
asemalaiturilippu (*ah*-say-mah-*ligh*-too-ri-*lip*-poo) *n* platform ticket
asemapäällikkö (*ah*-say-

mah-*pæœl*-lik-kur) *n* stationmaster
asenne (*ah*-sayn-nay) *n* attitude
asennus (*ah*-sayn-nooss) *n* installation
asentaa (*ah*-sayn-taa) *v* install
asentaja (*ah*-sayn-tah-ʸah) *n* mechanic
asento (*ah*-sayn-toa) *n* position
asettaa (*ah*-sayt-taa) *v* lay, *set, *put; place; ~ **näytteille** exhibit, *show
asevelvollinen (*ah*-sayv-*vayl*-voal-li-nayn) *n* conscript
asfaltti (*ahss*-fahlt-ti) *n* asphalt
asia (*ah*-si-ah) *n* case, thing, matter; affair, business, concern
asiakas (*ah*-si-ah-kahss) *n* customer, client
asiakirja (*ah*-si-ah-*keer*-ʸah) *n* document
asiakirjakansio (*ah*-si-ah-*keer*-ʸah-*kahn*-si-oa) *n* file
asiakirjasalkku (*ah*-siah-keer-ʸah-*sahlk*-koo) *n* attaché case
asiallinen (*ah*-si-ahl-li-nayn) *adj* matter-of-fact, businesslike
asiamies (*ah*-si-ah-*myayss*) *n* agent
asianajaja (*ah*-si-ahn-*ah*-ʸah-ʸah) *n* solicitor, barrister, attorney, lawyer; advocate
asianhaara (*ah*-si-ahn-*haa*-rah) *n* circumstance
asianmukainen (*ah*-si-ahn-*moo*-kigh-nayn) *adj* proper, adequate, appropriate
asianomainen (*ah*-si-ahn-*oa*-migh-nayn) *adj* (the person) concerned
asiantunteva (*ah*-si-ahn-*toon*-tay-vah) *adj* expert
asiantuntija (*ah*-si-ahn-*toon*-ti-ʸah) *n* specialist, expert
asiapaperi (*ah*-si-ah-*pah*-pay-ri) *n* document, official paper
asioida (*ah*-si-oi-dah) *v* deal with; *do business
askel (*ahss*-kayl) *n* step; move, pace
aspiriini (*ahss*-pi-ree-ni) *n* aspirin
aste (*ahss*-tay) *n* degree, grade; stage
asteikko (*ahss*-tayk-koa) *n* scale
asteittainen (*ahss*-tayt-tigh-nayn) *adj* gradual
asti (*ahss*-ti) *postp* till, until
astia (*ahss*-ti-ah) *n* dish
astianpesukone (*ahss*-ti-ahn-*pay*-soo-*koa*-nay) *n* dishwasher
astiapyyhe (*ahss*-ti-ah-*pew*-hay) *n* dish towel, dish cloth
astiasto (*ahss*-ti-ahss-toa) *n* dinner service
astma (*ahst*-mah) *n* asthma
astronautti (*ahss*-troa-nout-

ti) *n* astronaut
astua (*ahss*-too-ah) *v* step; **~ laivaan** embark; **~ sisään** enter
asua (*ah*-soo-ah) *v* live, reside; inhabit; **asettua asumaan** settle down
asuinpaikka (*ah*-soo^ee^m-*pighk*-kah) *n* residence
asukas (*ah*-soo-kahss) *n* inhabitant; **vakinainen ~** resident; **vakinaisesti asuva** resident
asumaton (*ah*-soo-mah-toan) *adj* uninhabited, desert
asumiskelpoinen (*ah*-soo-miss-*kayl*-poi-nayn) *adj* inhabitable
asunto (*ah*-soon-toa) *n* home, house; flat, apartment *nAm*; accommodation; **asunnoksi kelpaamaton** uninhabitable
asuntolaiva (*ah*-soon-toa-*ligh*-vah) *n* houseboat
asuntovaunu (*ah*-soon-toa-*vou*-noo) *n* caravan; trailer *nAm*
asusteet (*ah*-sooss-tayt) *pl* accessories *pl*
asuttava (*ah*-soot-tah-vah) *adj* habitable
ateria (*ah*-tay-ri-ah) *n* meal
Atlantti (*aht*-lahnt-ti) Atlantic
atomi (*ah*-toa-mi) *n* atom; **atomi-** atomic
aukaista (*ou*-kighss-tah) *v* open; unlock; untie
auki (*ou*-ki) *adj* open
aukio (*ou*-ki-oa) *n* square
aukioloaika (*ou*-ki-*oa*-loa-*igh*-kah) *n* business hours, opening hours, office hours
aukko (*ouk*-koa) *n* gap, opening
auktoriteetti (*ouk*-toa-ri-tayt-ti) *n* authority
auliisti (*ou*-leess-ti) *adv* willingly
aulis (*ou*-liss) *adj* ready, willing
aura (*ou*-rah) *n* plough
auringonlasku (*ou*-ring-ngoan-*lahss*-koo) *n* sunset
auringonnousu (*ou*-ring-ngoan-*noa*-soo) *n* sunrise
auringonpaiste (ou-ring-ngoan-*pighss*-tay) *n* sunshine
auringonpisto (ou-ring-ngoan-*piss*-toa) *n* sunstroke
aurinko (*ou*-ring-koa) *n* sun; **aurinko-** *adj* solar; **aurinkokunta** *n* solar system; **ottaa aurinkoa** *v* sunbathe
aurinkoinen (*ou*-ring-koi-nayn) *adj* sunny
aurinkokatos (*ou*-ring-koa-*kah*-toass) *n* awning
aurinkolasit (*ou*-ring-koa-*lah*-sit) *pl* sunglasses *pl*
aurinkovarjo (*ou*-ring-koa-*vahr*-^y^oa) *n* sunshade
aurinkoöljy (*ou*-ring-koa-*url*-^y^ew) *n* suntan oil
Australia (*oust*-rah-li-ah)

Australia
australialainen (*oust*-rah-li-ah-ligh-nayn) *n* Australian; *adj* Australian
autio (*ou*-ti-oa) *adj* abandoned, desolete
autiomaa (*ou*-ti-oa-*maa*) *n* desert
auto (*ou*-toa) *n* motorcar, car, automobile
autokaista (*ou*-toa-*kighss*-tah) *n* drive-thru
autoilija (*ou*-toi-li-^{y}ah) *n* motorist
autoilu (*ou*-toi-loo) *n* motoring
autoklubi (*ou*-toa-*kloo*-bi) *n* automobile club
automaatio (*ou*-toa-maa-ti-oa) *n* automation
automaatti (*ou*-toa-*maat*-ti) *n* slotmachine
automaattinen (*ou*-toa-maat-ti-nayn) *adj* automatic
autonalusta *n* chassis
autonjousitus (*ou*-toan-^{y}*oa*-si-tooss) *n* suspension
autonkori (*ou*-toang-*koa*-ri) *n* bodywork; car body; body *nAm*
autonkuljettaja (*ou*-toang-*kool*-^{y}ayt-tah-^{y}ah) *n* chauffeur
autonominen (*ou*-toa-noa-mi-nayn) *adj* autonomous
autontorvi (*ou*-toan-*toar*-vi) *n* hooter, horn
autoritäärinen (*ou*-toa-ri-tææ-ri-nayn) *adj* authoritarian
autotalli (*ou*-toa-*tahl*-li) *n* garage
autovuokraamo (*ou*-toa-*vwoak*-raa-moa) *n* car hire; car rental *Am*
auttaa (*out*-taa) *v* help, aid, assist
auttaja (*out*-tah-^{y}ah) *n* helper
avaaja (*ah*-vaa-yah) *n* opener
avaimenreikä (*ah*-vigh-mayn-*ray*-kæ) *n* keyhole
avain (*ah*-vighn) *n* key; **ulko-oven ~** latchkey
avaruus (*ah*-vah-rōōss) *n* space
avaruussukkula (*ah*-vah-rōōss-*sook*-koo-lah) *n* space shuttle
avata (*ah*-vah-tah) *v* open; *undo; turn on; **~ lukko** unlock
avioero (*ah*-vi-oa-*ay*-roa) *n* divorce
avioliitto (*ah*-vi-oa-*leet*-toa) *n* marriage, matrimony
aviomies (*ah*-vi-oa-*myayss*) *n* husband
aviopari (*ah*-vi-oa-*pah*-ri) *n* married couple
aviovaimo (*ah*-vi-oa-*vigh*-moa) *n* wife
avoin (*ah*-voin) *adj* open
avokätinen (*ah*-voa-kæ-ti-nayn) *adj* liberal, generous
avomielinen (*ah*-voa-*myay*-li-nayn) *adj* open, frank
avulias (*ah*-voo-li-ahss) *adj* helpful; obliging

avulla (*ah*-vool-lah) *postp* by
avustaa (*ah*-vooss-taa) *v* aid, assist; support
avustaja (*ah*-vooss-tah-ʸah) *n* assistant
avustus (*ah*-vooss-tooss) *n* assistance; grant; contribution

B

baari (*baa*-ri) *n* bar; saloon
baarimikko (*baa*-ri-*mik*-koa) *n* bartender, barman
bakteeri (*bahk*-tāy-ri) *n* bacterium, germ
baletti (*bah*-layt-ti) *n* ballet
banaani (*bah*-naa-ni) *n* banana
baritoni (*bah*-ri-toa-ni) *n* baritone
-barokki (*bah*-roak-ki) baroque
basilika (*bah*-si-li-kah) *n* basilica
basilli (*bah*-sil-li) *n* germ
basso (*bahss*-soa) *n* bass
beige (*bāysh*) *adj* beige
Belgia (*bayl*-gi-ah) Belgium
belgialainen (*bayl*-giah-ligh-nayn) *n* Belgian; *adj* Belgian
bensiini (*bayn*-see-ni) *n* fuel, petrol; gasoline *nAm* , gas *nAm*
bensiiniasema (*bayn*-see-ni-*ah*-say-mah) *n* filling station, petrol station
bensiinipumppu (*bayn*-see-ni-*poomp*-poo) *n* petrol pump; fuel pump *Am* ; gas pump *Am*
bensiinisäiliö (*bayn*-see-ni-*sæᵉᵉ*-li-ur) *n* petrol tank
betoni (*bay*-toa-ni) *n* concrete
biljardi (*bil*-ʸahr-di) *n* billiards *pl*
biologia (*bi*-oa-loa-gi-ah) *n* biology
blogi (*bloa*-gi) *n* Blog
Bolivia (*boa*-li-vi-ah) Bolivia
bolivialainen (*boa*-li-vi-ah-ligh-nayn) *n* Bolivian; *adj* Bolivian
Brasilia (*brah*-si-li-ah) Brazil
brasilialainen (*brah*-si-li-ah-ligh-nayn) *n* Brazilian; *adj* Brazilian
bridge (*bridsh*) *n* bridge
britti (*brit*-ti) *n* Briton
brittiläinen (*brit*-ti-læᵉᵉ-nayn) *adj* British
budjetti (*bood*-ʸayt-ti) *n* budget
Bulgaria (*bool*-gah-ri-ah) Bulgaria
bulgarialainen (*bool*-gah-ri-ah-ligh-nayn) *n* Bulgarian; *adj* Bulgarian
bussi (*booss*-si) *n* bus

C

CD-levy (*sāy*-dāy- *lay*-vew) *n* compact disc
CD-soitin (*sāy*-dāy- *soi*-tin) *n*CD player
celsius- (*sayl*-si-ooss) centigrade
cembalo (*chaym*-bah-loa) *n* harpsichord
Chile (*chee*-lay) Chile
chileläinen (*chee*-lay-læ^{ee}-nayn) *n* Chilean; *adj* Chilean
cocktailpala (*koak*-tighl-*pah*-lah) *n* appetizer

D

day spa (day spa) *n* day spa
debetpuoli (*day*-bayt-*pwoa*-li) *n* debit
demokraattinen (*day*-moa-kraat-ti-nayn) *adj* democratic
demokratia (*day*-moa-krah-ti-ah) *n* democracy
deodorantti (*day*-oa-doa-rahnt-ti) *n* deodorant
desinfioida (*day*-sin-fi-oi-dah) *v* disinfect
desinfioimisaine (*day*-sin-fi-oi-miss-*igh*-nay) *n* disinfectant
devalvointi (*day*-vahl-voin-ti) *n* devaluation
diagnoosi (*di*-ahg-nōa-si) *n* diagnosis; **tehdä ~** diagnose
diakuva (*di*-ah-*koo*-vah) *n* slide
dieselmoottori (*dee*-sayl-*mōat*-toa-ri) *n* diesel
digitaalikamera (*di*-gi-taa-li-*kah*-may-rah) *n* digital camera
digitaalikuva (*di*-gi-taa-li-*koo*-vah) *n*digital photo
digitaalinen (*di*-gi-taa-li-nayn) *adj*digital
digitaaliprojektori (*di*-gi-taa-li-*proa*-^{Y}ayk- *toa*-ri) *n*digital projector
diktaattori (*dik*-taat-toa-ri) *n* dictator
diplomaatti (*dip*-loa-maat-ti) *n* diplomat
diplomi (*dip*-loa-mi) *n* diploma
diskonttokorko (*diss*-koant-toa-*koar*-koa) *n* discount rate
dollari (*doal*-lah-ri) *n* dollar
dramaattinen (*drah*-maat-ti-nayn) *adj* dramatic
DVD-levy (*dāy*-vāy-dāy- *lay*-vew) *n* DVD
DVD-ROM (*dāy*-vāy-dāy-*roam*) *n* DVD-ROM
dynamo (*dew*-nah-moa) *n* dynamo
dyyni (*dēw*-ni) *n* dune

E

Ecuador (*ayk*-vah-doar) Ecuador

ecuadorilainen (*ayk*-vah-doa-ri-ligh-nayn) *n* Ecuadorian

edellinen (*ay*-dayl-li-nayn) *adj* preceding, previous, former

edellyttäen (*ay*-dayl-lewt-tæ-ayn) provided that

edellä (*ay*-dayl-læ) *adv* ahead, *postp* ahead of; *adv* before

edeltäjä (*ay*-dayl-tæ-^{y}æ) *n* predecessor

edeltävä (*ay*-dayl-tæ-væ) *adj* previous

edeltää (*ay*-dayl-tææ) *v* precede

edessä (*ay*-dayss-sæ) *postp* before, in front of

edistyksellinen (*ay*-diss-tewk-*sayl*-li-nayn) *adj* progressive

edistynyt (*ay*-diss-tew-newt) *adj* advanced

edistys (*ay*-diss-tewss) *n* progress; **edistysmielinen** progressive

edistyä (*ay*-diss-tew-æ) *v*get on, advance

edistää (ay-diss-tææ) *v* promote

editoida (*ay*-di-toi-dah) *v* edit

eduksi (*ay*-dook-si) *postp* on behalf of

edullinen (*aydool*-li-nayn) *adj* advantageous; cheap

edustaa (*ay*-dooss-taa) *v* represent

edustava (*ay*-dooss-tah-vah) *adj* representative

edustus (*ay*-dooss-tooss) *n* representation

eebenpuu ($\overline{ay}$-baym-*$\overline{poo}$*) *n* ebony

eepos ($\overline{ay}$-poass) *n* epic

eetteri ($\overline{ay}$-t-tay-ri) *n* ether

Egypti (*ay*-gewp-ti) Egypt

egyptiläinen (*ay*-gewp-ti-læ^{ee}-nayn) *n* Egyptian; *adj* Egyptian

ehdokas (*ayh*-doa-kahss) *n* candidate

ehdonalainen (*ayh*-doan-*ah*-ligh-nayn) *adj* conditional

ehdoton (*ayh*-doa-toan) *adj* unconditional; absolute

ehdottaa (*ayh*-doat-taa) *v* suggest, propose

ehdottomasti (*ayh*-doat-toa-mahss-ti) *adv* absolutely

ehdotus (*ayh*-doa-tooss) *n* proposition, suggestion, proposal

eheä (*ay*-hay-æ) *adj* whole; unbroken

ehkä (*ayh*-kæ) *adv* perhaps

ehkäisevä (*ayh*-kæ^{ee}-say-væ) *adj* preventive

ehkäistä (*ayh*-kæ^{ee}ss-tæ) *v* prevent;
ehkäisyväline (*ayh*-kæ^{ee}-sew-*væ*-li-nay) *n* contraceptive
ehostus (*ay*-hoass-tooss) *n* make-up
ehtiä (*ayh*-ti-æ) *v*catch; *make
ehto (*ayh*-toa) *n* condition; clause; claim
ei (*ay*) no; not; **ei … eikä** neither … nor; ~ **enää** no longer; ~ **koskaan** never; ~ **kukaan** no one; ~ **kumpikaan** neither; ~ **mikään** none, nothing; ~ **missään** nowhere; ~ **mitään** nothing; ~ **suinkaan** by no means
eikä (*ay*-kæ) nor
eilen (*ay*-layn) *adv* yesterday
ekoturisti (*ay*-koa-*too*-riss-ti) *n* eco-tourist
eksoottinen (*ayk*-sōat-ti-nayn) *adj* exotic
eksynyt (*ayk*-sew-newt) *adj* lost
eksyä (*ayk*-sew-æ) *v*get lost, *lose one's way
ele (*ay*-lay) *n* gesture
elefantti (*ay*-lay-fahnt-ti) *n* elephant
elegantti (*ay*-lay-gahnt-ti) *adj* elegant
elehtiä (*ay*-layh-ti-æ) *v* gesticulate
elektroninen (*ay*-layk-troa-ni-nayn) *adj* electronic
elimellinen (*ay*-li-mayl-li-nayn) *adj* organic; essential
elin (*ay*-lin) *n* organ
elinaika (*ay*-lin-*igh*-kah) *n* lifetime
elinkeino (*ay*-ling-*kay*-noa) *n* livelihood
elinkeinonharjoittaja (*ay*-ling-*kay*-noan-*hahr*-^{y}oit-tah-^{y}ah) *n* self-employed professional, trader
elintarvikekauppias (*ay*-ling-*tahr*-vi-kay-*koup*-pi-ahss) *n* grocer
elintaso (*ay*-lin-*tah*-soa) *n* standard of living
elintoimintaoppi (*ay*-lin-*toi*-min-tah-*oap*-pi) *n* physiology
elintärkeä (*ay*-lin-*tær*-kay-æ) *adj* vital
elinympäristö (*ay*-lin-*ewm*-pæ-riss-tur) *n* environment
e-lippu (*āy*- *lip*-poo) *n* e--ticket
ellei (*ayl*-lay) *conj* unless
elohopea (*ay*-loa-*hoa*-pay-ah) *n* mercury
eloisa (*ay*-loi-sah) *adj* lively, vivid
elokuu (*ay*-loa-*kōō*) August
elokuva (*ay*-loa-*koo*-vah) *n* movie, film
elokuvat (*ay*-loa-*koo*-vaht) *pl* movie theater *Am*, movies *Am*
elokuvata (*ay*-loa-*koo*-vah-tah) *v* film
elokuvateatteri (*ay*-loa-*koo*-vah-*tay*-aht-tay-ri) *n* cinema

eloonjääminen (*ay*-lōan-*ʸææ*-mi-nayn) *n* survival
elossa (*ay*-loass-sah) *adv* alive
eloton (*ay*-loa-toan) *adj* lifeless; dull
elpyminen (*ayl*-pew-mi-nayn) *n* revival
eltaantunut (*ayl*-taan-too-noot) *adj* rancid
elukka (*ay*-look-kah) *n* beast
eläin (*ay*-læ^{ee}n) *n* animal
eläinlääkäri (*ay*-læ^{ee}n-*lææ*-kæ-ri) *n* veterinary surgeon
eläinrata (*ay*-læ^{ee}n-*rah*-tah) *n* zodiac
eläinsatu (*ay*-læ^{ee}n-sah-too) *n* fable
eläintarha (*ay*-læ^{ee}n-*tahr*-hah) *n* zoo, zoological gardens
eläintiede (*ay*-læ^{ee}n-*tyay*-day) *n* zoology
eläke (*ay*-læ-kay) *n* pension; **eläkkeellä oleva** retired
elämä (*ay*-læ-mæ) *n* life
elämänura (*ay*-læ-mæn-*oo*-rah) *n* career
elämänviisaus (*ay*-læ-mæn-*vee*-sah-ooss) *n* philosophy
elämää ylläpitävä (*ay*-læ-mææ- *ewl*-læ-*pi*-tæ-væ) life support
elävä (*ay*-læ-væ) *adj* live
elää (*ay*-lææ) *v* live
emali (*ay*-mah-li) *n* enamel
emaloitu (*ay*-mah-loi-too) *adj* enamelled
emäntä (*ay*-mæn-tæ) *n* hostess, mistress
enemmistö (*ay*-naym-miss-tur) *n* majority
energia (*ay*-nayr-gi-ah) *n* energy
Englannin kanaali (*ayng*-lahn-nin *kah*-naa-li) English Channel
Englanti (*ayng*-lahn-ti) England
englantilainen (*ayng*-lahn-ti-ligh-nayn) *n* Englishman *adj* English
enimmäkseen (*ay*-nim-mæk-sa͞yn) *adv* mostly
enintään (*ay*-nin-tææn) *adv* at most
enkeli (*ayng*-kay-li) *n* angel
ennakko (*ayn*-nahk-koa) *n* advance payment
ennakkoesitys (*ayn*-nahk-koa-*ay*-si-tewss) *n* preview
ennakkoluulo (*ayn*-nahk-koa-*lōō*-loa) *n* prejudice
ennakoida (*ayn*-nah-koi-dah) *v* anticipate
ennalta maksettu (*ayn*-nahl-tah *mahk*-sayt-too) prepaid
ennen (*ayn*-nayn) *prep* before; *adv* formerly, before; **~ kaikkea** above all; **~ kuin** before
ennenaikainen (*ayn*-nayn-*igh*-kigh-nayn) *adj* premature
ennustaa (*ayn*-nooss-taa) *v* forecast, predict
ennuste (*ayn*-nooss-tay) *n* forecast
ennätys (*ayn*-næ-tewss) *n*

record
eno (*ay*-noa) *n* uncle
ensi (*ayn*-si) *adj* next, following
ensiapu (*ayn*-si-*ah*-poo) *n* first aid
ensiapuasema (*ayn*-si-*ah*-poo-*ah*-say-mah) *n* first aid station
ensiapulaukku (*ayn*-si-*ah*-poo-*louk*-koo) *n* first aid kit
ensiksi (*ayn*-sik-si) *adv* at first
ensiluokkainen (*ayn*-si-*lwoak*-kigh-nayn) *adj* first-class, first-rate, prime
ensimmäinen (*ayn*-sim-mæ^ee^-nayn) *num* first
ensisijainen (*ayn*-si-*si*-^y^igh-nayn) *adj* primary
entinen (*ayn*-ti-nayn) *adj* former
epidemia (*ay*-pi-day-mi-ah) *n* epidemic
epäaito (*ay*-pæ-*igh*-toa) *adj* fake, artificial
epäilemättä (*ay*-pæ^ee^-lay-mæt-tæ) *adv* undoubtedly, without doubt
epäilevä (*ay*-pæ^ee^-lay-væ) *adj* suspicious; doubtful
epäillä (*ay*-pæ^ee^l-læ) *v* doubt; mistrust; suspect
epäilys (*ay*-pæ^ee^-lewss) *n* doubt; suspicion
epäilyttävä (*ay*-pæ^ee^-lewt-tæ-væ) *adj* suspicious
epäitsekäs (*ay*-pæ-*it*-say-kæss) *adj* unselfish
epäjumala (*ay*-pæ-^y^*oo*-mah-lah) *n* idol
epäjärjestys (*ay*-pæ-^y^*ær*-^y^ayss-tewss) *n* disorder
epäkohtelias (*ay*-pæ-*koah*-tay-li-ahss) *adj* impolite
epäkuntoinen (*ay*-pæ-*koon*-toi-nayn) *adj* broken; out of order
epäluotettava (*ay*-pæ-*lwoa*-tayt-tah-vah) *adj* untrustworthy, unreliable
epäluulo (*ay*-pæ-*l͞oo*-loa) *n* suspicion
epäluuloinen (*ay*-pæ-*l͞oo*-loi-nayn) *adj* suspicious
epämiellyttävä (*ay*-pæ-*myayl*-lewt-tæ-væ) *adj* disagreeable, unpleasant; disgusting
epämieluinen (*ay*-pæ-*myay*-loo^ee^-nayn) *adj* undesirable; unpopular
epämukava (*ay*-pæ-*moo*-kah-vah) *adj* uncomfortable
epämuodostunut (*ay*-pæ-*mwoa*-doass-too-noot) *adj* deformed
epämääräinen (*ay*-pæ-*mææ*-ræ^ee^-nayn) *adj* indefinite; vague
epäoikeudenmukainen (*ay*-pæ-*oi*-kay-oo-dayn-*moo*-kigh-nayn) *adj* unjust, unfair
epäonni (*ay*-pæ-oan-ni) *n* misfortune
epäonnistua (*ay*-pæ-*oan*-niss-too-ah) *v* fail
epäonnistuminen (*ay*-pæ-*oan*-niss-too-mi-nayn) *n*

failure
epäonnistunut (*ay*-pæ-*oan*-niss-too-noot) *adj* unsuccessful
epäpuhdas (*ay*-pæ-*pooh*-dahss) *adj* unclean
epäpätevä (*ay*-pæ-*pæ*-tay-væ) *adj* unqualified, incompetent
epärehellinen (*ay*-pæ-*ray*-hayl-li-nayn) *adj* dishonest
epäröidä (*ay*-pæ-rur^{ee}-dæ) *v* hesitate
epäselvä (*ay*-pæ-*sayl*-væ) *adj* not clear, dim; ambiguous
epäsiisti (*ay*-pæ-*seess*-ti) *adj* untidy, sloppy
epäsuopea (*ay*-pæ-*swoa*-pay-ah) *adj* adverse, antagonistic
epäsuora (*ay*-pæ-*swoa*-rah) *adj* indirect
epäsuotuisa (*ay*-pæ-*swoa*-too^{ee}-sah) *adj* unfavourable
epäsäännöllinen (*ay*-pæ-*sææn*-nurl-li-nayn) *adj* irregular
epätarkka (*ay*-pæ-*tahrk*-kah) *adj* inaccurate
epätasainen (*ay*-pæ-*tah*-sigh-nayn) *adj* uneven
epätavallinen (*ay*-pæ-*tah*-vahl-li-nayn) *adj* unusual, uncommon; extraordinary
epäterve (*ay*-pæ-*tayr*-vay) *adj* unsound
epäterveellinen (*ay*-pæ-*tayr*-va͞yl-li-nayn) *adj* unhealthy
epätodellinen (*ay*-pæ-*toa*-dayl-li-nayn) *adj* unreal
epätodennäköinen (*ay*-pæ-*toa*-dayn-*næ*-kur^{ee}-nayn) *adj* improbable, unlikely
epätoivoinen (*ay*-pæ-*toi*-voi-nayn) *adj* desperate; **olla ~** despair
epätyydyttävä (*ay*-pæ-*te͞w*-dewt-tæ-væ) *adj* unsatisfactory
epätäydellinen (*ay*-pæ-*tæ*^{ew}-dayl-li-nayn) *adj* incomplete; imperfect
epävakaa (*ay*-pæ-*vah*-kah) *adj* unstable
epävarma (*ay*-pæ-*vahr*-mah) *adj* uncertain; hesitant, precarious
epäviisas (*ay*-pæ-*vee*-sahss) *adj* unwise
epävirallinen (*ay*-pæ-*vi*-rahl-li-nayn) *adj* unofficial; informal
epäystävällinen (*ay*-pæ-*ewss*-tæ-væl-li-nayn) *adj* unfriendly, unkind
erehdys (*ay*-rayh-dewss) *n* error, mistake;
erehtyä (*ay*-rayh-tew-æ) *v* be mistaken, err,
erheellinen (*ayr*-ha͞yl-li-nayn) *adj* mistaken
eri (*ay*-ri) *adj* different, various
erikoinen (*ay*-ri-koi-nayn) *adj* peculiar, particular, special
erikoisesti (*ay*-ri-koi-sayss-ti) *adv* especially
erikoistua (*ay*-ri-koiss-too-

ah) *v* specialize
erikoisuus (*ay*-ri-koi-sooss) *n* speciality
erikseen (*ay*-rik-sayn) *adv* separately
erilainen (*ay*-ri-ligh-nayn) *adj* unlike, different; unequal; **olla ~** differ
erillinen (*ay*-ril-li-nayn) *adj* separate
erillään (*ay*-ril-lææn) *adv* apart
erinomainen (*ay*-rin-*oa*-migh-nayn) *adj* excellent; fine; superb
erioikeus (*ay*-ri-*oi*-kay-ooss) *n* privilege
eriskummallinen (*ay*-riss-*koom*-mahl-li-nayn) *adj* eccentric
eriste (*ay*-riss-tay) *n* insulation
eristetty (*ay*-riss-tayt-tew) *adj* isolated
eristin (*ay*-riss-tin) *n* insulator
eristyneisyys (*ay*-riss-tew-nay-sewss) *n* isolation
eristää (*ay*-riss-tææ) *v* isolate; insulate
eritellä (*ay*-ri-tayl-læ) *v* analyse
erittäin (*ay*-rit-tæ^ee^n) *adv* extremely, highly
erityinen (*ay*-ri-tew^ee^-nayn) *adj* special; particular
ero (*ay*-roa) *n* distinction, difference; contrast; **eron pyyntö** resignation
erota (*ay*-roa-tah) *v* divorce; resign
erottaa (*ay*-roat-taa) *v* divide, part, separate; distinguish; fire; suspend; **~ virasta** dismiss
erotuomari (*ay*-roa-*twoa*-mah-ri) *n* umpire, referee
erotus (*ay*-roa-tooss) *n* distinction, difference
erä (*ay*-ræ) *n* heat, round; item, share
erääntynyt (*ay*-rææn-tew-newt) *adv* overdue
erääntyvä (*ay*-rææn-tew-væ) *adj* due
esiin (*ay*-seen) *adv* forward
esiintyminen (*ay*-seen-tew-mi-nayn) *n* appearance; performance; outing
esiintyä (*ay*-seen-tew-æ) *v* occur, appear; act
esi-isä (*ay*-si-*i*-sæ) *n* ancestor
esikaupunki (*ay*-si-*kou*-poong-ki) *n* suburb
esikaupunkilainen (*ay*-si-*kou*-poong-ki-ligh-nayn) *adj* suburban
esiliina (*ay*-si-*lee*-nah) *n* apron
esimerkki (*ay*-si-*mayrk*-ki) *n* example, instance; **esimerkiksi** for example, for instance
esimies (*ay*-si-mi-ayss) *n* boss, chief
esine (*ay*-si-nay) *n* thing; object
esirippu (*ay*-si-*rip*-poo) *n* curtain

esitaistelija (*ay*-si-*tighss*-tay-li-ʸah) *n* protagonist; pioneer
esite (*ay*-si-tay) *n* prospectus, brochure
esitellä (*ay*-si-tayl-læ) *v* introduce, present
esitelmä (*ay*-si-tayl-mæ) *n* lecture, presentation
esittely (*ay*-sit-tay-lew) *n* introduction
esittää (*ay*-sit-tææ) *v* represent present
esitys (*ay*-si-tewss) *n* show, performance; motion
Espanja (*ayss*-pahn-ʸah) Spain
espanjalainen (*ayss*-pahn-ʸah-ligh-nayn) *n* Spaniard; *adj* Spanish
essee (*ayss*-sa̅y̅) *n* essay
este (*ayss*-tay) *n* barrier, obstacle; impediment
estää (*ayss*-tææ) *v* prevent, hinder; block
etana (*ay*-tah-nah) *n* snail
etappi (*ay*-tahp-pi) *n* stage
eteenpäin (*ay*-ta̅y̅n-*pæᵉᵉn*) *adv* forward, onwards
eteishalli (*ay*-tayss-*hahl*-li) *n* lobby, hall
etelä (*ay*-tay-læ) *n* south
Etelä-Afrikka (*ay*-tay-læ-*ahf*-rik-kah) South Africa
eteläinen (*ay*-tay-læᵉᵉ-nayn) *adj* southerly, southern
etelänapa (*ay*-tay-læ-*nah*-pah) *n* South Pole
eteneminen (*ay*-tay-nay-mi-nayn) *n* advance
etenkin (*ay*-tayn-kin) *adv* in particular, specially
etevä (*ay*-tay-væ) *adj* skilful
etikka (*ay*-tik-kah) *n* vinegar
Etiopia (*ay*-ti-oa-pi-ah) Ethiopia
etiopialainen (*ay*-ti-oa-pi-ah-ligh-nayn) *n* Ethiopian; *adj* Ethiopian
etsaus (*ayt*-sah-ooss) *n* etching
etsijä (*ayt*-si-ʸæ) *n* finder
etsivä (*ayt*-si-væ) *n* detective
etsiä (*ayt*-si-æ) *v* search, *seek, hunt for; ~ **tarkoin** search
että (*ayt*-tæ) *conj* that
etu (*ay*-too) *n* profit, benefit, advantage; interest
etuajo-oikeus (*ay*-too-*ah*-ʸoa-*oi*-kay-ooss) *n* right of way
etuala (*ay*-too-*ah*-lah) *n* foreground
etukäteen (*ay*-too-*kæ*-ta̅y̅n) *adv* in advance; beforehand
etuliite (*ay*-too-*lee*-tay) *n* prefix
etumaksu (*ay*-too-mahk-soo) *n* down payment
etumatka (*ay*-too-*maht*-kah) *n* lead
etummainen (*ay*-toom-migh-nayn) *adj* foremost
etunimi (*ay*-too-*ni*-mi) *n* first name
etuoikeus (*ay*-too-*oi*-kay-ooss) *n* priority; privilege
etupuoli (*ay*-too-*pwoa*-li) *n* front

eturuoka (*ay*-too-rwoa-kah) *n* hors d'œuvre
etusormi (*ay*-too-*soar*-mi) *n* index finger
etuvalo (*ay*-too-*vah*-loa) *n* headlamp, headlight
etäinen (*ay*-tæ[ee]-nayn) *adj* distant, far-off
etäisempi (*ay*-tæ[ee]-saym-pi) *adj* further
etäisin (*ay*-tæ[ee]-sin) *adj* furthest
etäisyys (*ay*-tæ[ee]-sewss) *n* way, distance
etäisyysmittari (*ay*-tæ[ee]-sewss-*mit*-tah-ri) *n* range finder
EU (ay-oo) *n*EU
euro (*ay*[oo]-roa) *n* Euro
Eurooppa (*ay*[oo]-roap-pah) Europe
eurooppalainen (*ay*[oo]-roap-pah-ligh-nayn) *n* European; *adj* European
evakuoida (*ay*-vah-koo-oi-dah) *v* evacuate
evankeliumi (*ay*-vahng-kay-li-oo-mi) *n* gospel
eversti (*ay*-vayrs-ti) *n* colonel
evätä (*ay*-væ-tæ) *v* deny, decline

F

farmarihousut (*fahr*-mah-ri-*hoa*-soot) *pl* jeans *pl*
farmaseutti (*fahr*-mah-*say*[oo]t-ti) *n* pharmasist *nAm*
fasaani (*fah*-saa-ni) *n* pheasant
fasismi (*fah*-siss-mi) *n* fascism
fasisti (*fah*-siss-ti) *n* fascist
fasistinen (*fah*-siss-ti-nayn) *adj* fascist
feodaalinen (*fay*-oa-daa-li-nayn) *adj* feudal
festivaali (*fayss*-ti-vaa-li) *n* festival
filippiiniläinen (*fi*-lip-pee-ni-læ[ee]-nayn) *n* Filipino; *adj* Philippine
Filippiinit (*fi*-lip-pee-nit) *pl* Philippines *pl*
filmi (*fil*-mi) *n* film; **piirretty ~** cartoon
filmikamera (*fil*-mi-*kah*-may-rah) *n* camera
filosofi (*fi*-loa-soa-fi) *n* philosopher
filosofia (*fi*-loa-soa-fi-ah) *n* philosophy
finanssi- (*fi*-nahns-si) financial
finni (*fin*-ni) *n* acne, spot
flamingo (*flah*-ming-ngoa) *n* flamingo
flanelli (*flah*-nayl-li) *n* flannel
flyygeli (*flew*-gay-li) *n* grand piano
foneettinen (*foa*-nayt-ti-nayn) *adj* phonetic

froteekangas (*froa*-tāy-*kahng*-ngahss) *n* towelling
fysiikka (*few*-seek-kah) *n* physics
fyysikko (*few*-sik-koa) *n* physicist
fyysinen (*few*-si-nayn) *adj* physical

G

gallona (*gahl*-loa-nah) *n*gallon (Brit 4,55 l; Am 3,79 l)
generaattori (*gay*-nay-raat-toa-ri) *n* generator
geologia (*gay*-oa-loa-gi-ah) *n* geology
geometria (*gay*-oa-mayt-ri-ah) *n* geometry
gobeliini (*goa*-bay-lee-ni) *n* gobelin
golfkenttä (*goalf-kaynt*-tæ) *n* golf links, golf course
golfmaila (*goalf-migh*-lah) *n* golfclub
gondoli (*goan*-doa-li) *n* gondola
GPS; maailmanlaajuinen paikannusjärjestelmä (*gāy*-pāy-æs) *n* GPS; global positioning system
graafinen esitys (*graa*-fi-nayn *aysi*-tewss) diagram, graph
gramma (*grahm*-mah) *n* gram
graniitti (*grah*-neet-ti) *n* granite
greippi (*grayp*-pi) *n* grapefruit
grillata (*gril*-lah-tah) *v* barbecue
grilliateria (*gril*-li-*ah*-tay-ri-ah) *n*barbecue (*food*)
grilli (*gril*-li) *n* grillroom
grossi (*groass*-si) *n* gross
gynekologi (*gew*-nay-koa-loa-gi) *n* gynaecologist

H

haalea (*haa*-lay-ah) *adj* lukewarm, tepid
haalistua (*haa*-liss-too-ah) *v* fade
haaraosasto (*haa*-rah-*oa*-sahss-toa) *n* branch
haarautua (*haa*-rou-too-ah) *v* fork, branch
haarautuma (*haa*-rou-too-mah) *n* fork
haarniska (*haar*-niss-kah) *n* armour
haarukka (*haa*-rook-kah) *n* fork
haastaa (*haass*-taa) *v* dare, challenge
haastattelu (*haass*-taht-tay-loo) *n* interview

haaste (*haass*-tay) *n* challenge
haava (*haa*-vah) *n* wound; cut
haavoittaa (*haa*-voit-taa) *v* wound, *hurt
haavoittuva (*haa*-voit-too-vah) *adj* vulnerable
hahmo (*hahh*-moa) *n* figure
hahmotella (*hahh*-moa-tayl-lah) *v* sketch, outline
hai (high) *n* shark
haihtua (*highh*-too-ah) *v* evaporate
haikara (*high*-kah-rah) *n* stork; heron
haista (*highss*-tah) *v*smell
haitata (*high*-tah-tah) *v* hinder; bother; handicap
haitta (*hight*-tah) *n* disadvantage; inconvenience
hajallaan (*hah*-^{y}ahl-laan) *adv* apart, scattered
hajottaa (*hah*-^{y}oat-taa) *v* disperse; dissolve
haju (*hah*-^{y}oo) *n* odour, smell
hajuvesi (*hah*-^{y}oo-*vay*-si) *n* perfume
hakaneula (*hah*-kah-*nay*^{oo}-lah) *n* safety pin
hakata hienoksi (*hah*-kah-tah *hyay*-noak-si) mince
hakea (*hah*-kay-ah) *v* look for; look up; ~ **paikkaa** apply for a job
hakemisto (*hah*-kay-miss-toa) *n* index
hakemus (*hah*-kay-mooss) *n* application
haljeta (*hahl*-^{y}ay-tah) *v*burst, break down
halkaista (*hahl*-kighss-tah) *v*split
halkeama (*hahl*-kay-ah-mah) *n* crack
halkio (*hahl*-ki-oa) *n* fly; opening
halko (*hahl*-koa) *n* log
hallinnollinen (*hahl*-lin-noal-li-nayn) *adj* administrative
hallinto (*hahl*-lin-toa) *n* administration
hallinto-oikeus (*hahl*-lin-toa-*oi*-kay-ooss) *n* administrative court
hallita (*hahl*-li-tah) *v* govern, reign, rule; master
hallitsija (*hahl*-lit-si-^{y}ah) *n* sovereign, ruler; monarch
hallitus (*hahl*-li-tooss) *n* government; administration
hallitusaika (*hahl*-li-tooss-*igh*-kah) *n* reign
hallitusjärjestelmä (*hahl*-li-tooss-^{y}*ær*-^{y}ayss-tayl-mæ) *n* régime
halpa (*hahl*-pah) *adj* inexpensive, cheap
halpamainen (*hahl*-pah-migh-nayn) *adj* foul; mean
haltija (*hahl*-ti-^{y}ah) *n* owner; occupant
haltijatar (*hahl*-ti-^{y}ah-tahr) *n* fairy
halu (*hah*-loo) *n* desire; **kiihkeä** ~ urge

halukas (*hah*-loo-kahss) *adj* willing; inclined
haluta (*hah*-loo-tah) *v* want; desire, wish; ~ **mieluummin** prefer
haluttava (*hah*-loot-tah-vah) *adj* desirable
halvaannuttaa (*hahl*-vaan-noot-taa) *v* paralyse
halvaantunut (*hahl*-vaan-too-noot) *adj* paralised
halvaus (*hahl*-vah-ooss) *n* paralysis, stroke
halveksia (*hahl*-vayk-si-ah) *v* scorn, despise
halveksiminen (*hahl*-vayk-si-mi-nayn) *n* contempt
hame (*hah*-may) *n* skirt
hammas (*hahm*-mahss) *n* tooth
hammasharja (*hahm*-mahss-*hahr*-yah) *n* toothbrush
hammasjauhe (*hahm*-mahss-*you*-hay) *n* toothpowder
hammaslääkäri (*hahm*-mahss-*lææ*-kæ-ri) *n* dentist
hammaspaikka (*hahm*-mahss-*pighk*-kah) *n* filling
hammassärky (*hahm*-mahss-*sær*-kew) *n* toothache
hammastahna (*hahm*-mahss-*tahh*-nah) *n* toothpaste
hammastikku (*hahm*-mahss-*tik*-koo) *n* toothpick
hamppu (*hahmp*-poo) *n* hemp
hampurilainen (*hahm*-poo-ri-ligh-nayn) *n* beefburger
hana (*hah*-nah) *n* tap; faucet *nAm*
hangata (*hahng*-ngah-tah) *v* scrub
hanhi (*hahn*-hi) *n* goose
hankala (*hahng*-kah-lah) *adj* inconvenient; difficult
hankauma (*hahng*-kah-oo-mah) *n* sore, abrasion
hanke (*hahng*-kay) *n* project
hankinta (*hahng*-kin-tah) *n* acquisition, purchase
hankkia (*hahngk*-ki-ah) *v*buy; acquire, obtain; provide, supply; *get
hankkiutua eroon (*hahngk*-ki-oo-too-ah) *v*get rid of
hansikas (*hahn*-si-kahss) *n* glove
hapan (*hah*-pahn) *adj* sour
happi (*hahp*-pi) *n* oxygen
hapsu (*hahp*-soo) *n* fringe
harava (*hah*-rah-vah) *n* rake
harhailla (*hahr*-highl-lah) *v* wander
harhakuva (*hahr*-hah-*koo*-vah) *n* illusion
harja (*hahr*-yah) *n* brush
harjata (*hahr*-yah-tah) *v* brush
harjoitella (*hahr*-yoi-tayl-lah) *v* practise, exercise; rehearse
harjoittaa (*hahr*-yoit-taa) *v* exercise; practise; ~ **salametsästystä** poach
harjoittelija (*hahr*-yoit-tay-li-yah) *n* apprentice, trainee

harjoittelu (*hahr*-^{y}oit-tay-loo) *n* practice
harjoitus (*hahr*-^{y}oi-tooss) *n* exercise; rehearsal
harjoituttaa (hahr-^{y}oi-toot-taa) *v* drill; train
harkinta (*hahr*-kin-tah) *n* deliberation; consideration
harkita (*hahr*-ki-tah) *v* deliberate; consider
harkitsematon (*hahr*-kit-say-mah-toan) *adj* rash
harkittu (*hahr*-kit-too) *adj* deliberate
harmaa (*hahr*-maa) *adj* grey
harmi (*hahr*-mi) *n* harm
harmillinen (*hahr*-mil-li-nayn) *adj* annoying
harmittaa (*hahr*-mit-taa) *v* annoy
harppu (*hahrp*-poo) *n* harp
harrastus (*hahr*-rahss-tooss) *n* hobby
harso (*hahr*-soa) *n* veil
harsokangas (*hahr*-soa-*kahng*-ngahss) *n* net
hartia (*hahr*-ti-ah) *n* shoulder
hartiahuivi (*hahr*-ti-ah-*hoo*^{ee}-vi) *n* shawl
hartiaviitta (*hahr*-ti-ah-*veet*-tah) *n* cape
harva (*hahr*-vah) *adj* few
harventaa (*hahr*-vayn-taa) *v* space
harvinainen (*hahr*-vi-nigh-nayn) *adj* rare, infrequent; uncommon, unusual
harvinaisuus (*hahr*-vi-nigh-sōōss) *n* rarity
harvoin (*hahr*-voin) *adv* seldom, rarely
hassu (*hahss*-soo) *adj* funny
hattu (*haht*-too) *n* hat
haudata (*hou*-dah-tah) *v* bury
hauki (*hou*-ki) *n* pike
haukka (*houk*-kah) *n* hawk
haukkua (*houk*-koo-ah) *v* bark, bay; call names
haukotella (*hou*-koa-tayl-lah) *v* yawn
hauras (*hou*-rahss) *adj* fragile
hauska (*houss*-kah) *adj* pleasant, amusing
hauskannäköinen (*houss*-kahn-*næ*-kur^{ee}-nayn) *adj* good-looking, nice
hauskuttaa (*houss*-koot-taa) *v* amuse
hauta (*hou*-tah) *n* grave, tomb
hautajaiset (*hou*-tah-^{y}igh-sayt) *pl* burial, funeral
hautakappeli (*hou*-tah-*kahp*-pay-li) *n* mausoleum
hautakivi (*hou*-tah-*ki*-vi) *n* gravestone, tombstone
hautaus (*hou*-tah-ooss) *n* burial
hautausmaa (*hou*-tah-ooss-*maa*) *n* graveyard, cemetery
havainnoida (*hah*-vahn-noi-dah) *v* observe
havainnollinen (*hah*-vighn-noal-li-nayn) *adj* explicit
havainto (*hah*-vighn-toa) *n* observation
havaita (*hah*-vigh-tah) *v*

discover, detect; notice
havaittava (*hah*-vight-tah-vah) *adj* perceptible, noticeable
havupuu (*hah*-voo-*pōō*) *n* fir tree
he (*hay*) *pron* they
hedelmä (*hay*-dayl-mæ) *n* fruit
hedelmällinen (*hay*-dayl-mæl-li-nayn) *adj* fertile
hedelmämehu (*hay*-dayl-mæ-*may*-hoo) *n* squash, fruit juice
hedelmätarha (*hay*-dayl-mæ-*tahr*-hah) *n* orchard
hedelmöittyminen (*hay*-dayl-mur^{ee}-tew-mi-nayn) *n* conception
hehku (*hayh*-koo) *n* glow
hehkua (*hayh*-koo-ah) *v* glow
hehkulamppu (*hayh*-koo-*lahmp*-poo) *n* light bulb
hei! (*hay*) hello!
hei hei (*hay*-hay) bye--bye(*colloquial*)
heidän (*hay*-dæn) *pron* their
heidät (*hay*-dæt) *pron* them
heijastaa (*hay*-^{y}ahss-taa) *v* reflect
heijastin (*hay*-^{y}ahss-tin) *n* reflector
heijastus (*hay*-^{y}ahss-tooss) *n* reflection
heikko (*hayk*-koa) *adj* weak; shaky; faint
heikkous (*hayk*-koa-ooss) *n* weakness
heille (*hayl*-lay) *pron* them
heiluttaa (*hay*-loot-taa) *v* wave
heimo (*hay*-moa) *n* tribe
heinä (*hay*-næ) *n* hay
heinäkuu (*hay*-næ-*kōō*) July
heinänkorsi (*hay*-næng-*koar*-si) *n* blade of grass
heinänuha (*hay*-næ-*noo*-hah) *n* hay fever
heinäsirkka (*hay*-næ-*seerk*-kah) *n* grasshopper
heittiö (*hayt*-ti-ur) *n* bastard
heitto (*hayt*-toa) *n* throw, cast
heittää (*hayt*-tææ) *v* toss, *cast, *throw; **~ pois** discard
helakanpunainen (*hay*-lah-kahm-*poo*-nigh-nayn) *adj* scarlet
helikopteri (*hay*-li-koap-tay-ri) *n* helicopter
hellä (*hayl*-læ) *adj* affectionate, tender
hellävarainen (*hayl*-læ-*vah*-righ-nayn) *adj* gentle, cautious
helmeilevä (*hayl*-may-lay-væ) *adj* sparkling
helmi (*hayl*-mi) *n* bead, pearl
helmikuu (*hayl*-mi-*kōō*) February
helminauha (*hayl*-mi-*nou*-hah) *n* beads *pl*
helmiäinen (*hayl*-mi-æ^{ee}-nayn) *n* mother of pearl
helposti sulava (*hayl*-poass-ti *soo*-lah-vah) *adj* digestible

helpottaa (*hayl*-poat-taa) *v* relieve
helpotus (*hayl*-poa-tooss) *n* relief
helppo (*haylp*-poa) *adj* easy
helppopääsyinen (*haylp*-poa-*pææ*-sew^ee^-nayn) *adj* accessible
helppous (*haylp*-poa-ooss) *n* ease
helvetti (*hayl*-vayt-ti) *n* hell
hemmotella (*haym*-moa-tayl-lah) *v*spoil, pamper
hengellinen (*hayng*-ngayl-li-nayn) *adj* spiritual
hengittää (*hayng*-ngit-tææ) *v* breathe; ~ **sisään** inhale; ~ **ulos** expire, exhale
hengitys (*hayng*-ngi-tewss) *n* breathing, respiration
hengitysputki (*hayng*-ngi-tewss-*poot*-ki) *n* snorkel
henki (*hayng*-ki) *n* soul, spirit
henkilö (*hayng*-ki-lur) *n* person; **henkeä kohti** per person
henkilöjuna (*hayng*-ki-lur-*^y^oo*-nah) *n* passenger train
henkilökohtainen (*hayng*-ki-lur-*koah*-tigh-nayn) *adj* personal; private
henkilökunta (*hayng*-ki-lur-*koon*-tah) *n* staff, personnel
henkilöllisyys (*hayng*-ki-lurl-li-sewss) *n* identity
henkilöllisyystodistus (*hayng*-ki-lurl-li-sewss-*toa*-diss-tooss) *n* identity card
henkinen (*hayng*-ki-nayn) *adj* mental; psychic
henkivakuutus (*hayng*-ki-*vah*-koo-tooss) *n* life insurance
henkivartija (*hayng*-ki-*vahr*-ti-^y^ah) *n* bodyguard
henkäys (*hayng*-kæ-ewss) *n* breath
heprea (*hayp*-ray-ah) *n* Hebrew
hereillä (*hay*-rayl-læ) *adv* awake
herkku (*hayrk*-koo) *n* delicacy; delicatessen
herkkuliike (*hayrk*-koo-*lee*-kay) *n* delicatessen
herkkusieni (*hayrk*-koo-*syay*-ni) *n*mushroom
herkkusuu (*hayrk*-koo-*soo*) *n* gourmet
herkkä (*hayrk*-kæ) *adj* sensitive; tender
herkkäuskoinen (*hayrk*-kæ-*ooss*-koi-nayn) *adj* credulous
herkullinen (*hayr*-kool-li-nayn) *adj* delicious
hermo (*hayr*-moa) *n* nerve
hermostunut (*hayr*-moass-too-noot) *adj* nervous
hermostuttaa (*hayr*-moass-toot-taa) *v* irritate
hermosärky (*hayr*-moa-*sær*-kew) *n* neuralgia
herne (*hayr*-nay) *n* pea
herra (*hayr*-rah) *n* mister; sir
herraskartano (*hayr*-rahss-*kahr*-tah-noa) *n* mansion, manor house
herrasmies (*hayr*-rahss-

myayss) *n* gentleman
herruus (*hayr*-rōōss) *n* domination
herttainen (*hayrt*-tigh-nayn) *adj* sweet
herttua (*hayrt*-too-ah) *n* duke
herttuatar (*hayrt*-too-ah-tahr) *n* duchess
herukka (*hay*-rook-kah) *n* currant
herättää (*hay*-ræt-tææ) *v*awake, *wake
herätyskello (*hay*-ræ-tewss-*kayl*-loa) *n* alarm-clock
herätä (*hay*-ræ-tæ) *v* wake up
heteroseksuaalinen (*hay*-tay-roa-*sayk*-soo-aa-li-nayn) *adj* heterosexual
heti (*hay*-ti) *adv* immediately, instantly, at once; presently; ~ **paikalla** straight away
hetkellinen (*hayt*-kayl-li-nayn) *adj* momentary
hetki (*hayt*-ki) *n* moment,
hevonen (*hay*-voa-nayn) *n* horse
hevosenkenkä (*hay*-voa-sayng-*kayng*-kæ) *n* horseshoe
hevosvoima (*hay*-voass-*voi*-mah) *n* horsepower
hidas (*hi*-dahss) *adj* slow; slack
hidasjärkinen (*hi*-dahss-*yær*-ki-nayn) *adj* slow
hidastaa (*hi*-dahss-taa) *v* slow down
hiekka (*hyayk*-kah) *n* sand
hiekkainen (*hyayk*-kigh-nayn) *adj* sandy
hiekkapaperi (*hyayk*-kah-*pah*-pay-ri) *n* sandpaper
hieno (*hyay*-noa) *adj* delicate, fine; select
hienontaa (*hyay*-noan-taa) *v*grind; chop
hienostumaton (*hyay*-noass-too-mah-toan) *adj* coarse
hieroa (*hyay*-roa-ah) *v* massage; rub; ~ **kauppaa** bargain
hieroja (*hyay*-roa-ʸah) *n* masseur
hieronta (*hyay*-roan-tah) *n* massage
hiha (*hi*-hah) *n* sleeve
hihittää (*hi*-hit-tææ) *v* chuckle
hihna (*hih*-nah) *n* strap
hiihto (*heeh*-toa) *n* skiing
hiihtohissi (*heeh*-toa-*hiss*-si) *n* ski lift
hiihtohousut (*heeh*-toa-*hoa*-soot) *pl* ski pants
hiihtokengät (*heeh*-toa-*kayng*-ngæt) *pl* ski boots
hiihtäjä (*heeh*-tæ-ʸæ) *n* skier
hiihtää (*heeh*-tææ) *v* ski
hiilipaperi (*hee*-li-*pah*-pay-ri) *n* carbon paper
hiiri (*hee*-ri) *n* mouse
hiiva (*hee*-vah) *n* yeast
hiki (*hi*-ki) *n* sweat, perspiration
hikka (*hik*-kah) *n* hiccup
hikoilla (*hi*-koil-lah) *v* sweat,

perspire
hikoilu (*hi*-koi-loo) *n* perspiration
hiljainen (*hil*-^{y}igh-nayn) *adj* quiet, still; ~ **kausi** low season
hiljaisuus (*hil*-^{y}igh-sooss) *n* silence, quiet
hiljattain (*hil*-^{y}aht-tighn) *adv* recently
hillitä (*hil*-li-tæ) *v* curb, restrain
hillo (*hil*-loa) *n* jam
hilse (*hil*-say) *n* dandruff
himmeä (*him*-may-æ) *adj* mat, dull, dim
himo (*hi*-moa) *n* desire, lust
hinaaja (*hi*-naa-^{y}ah) *n* tug, tow-boat
hinata (*hi*-nah-tah) *v* tow, tug
hinnanalennus (*hin*-nahn-*ahlayn*-nooss) *n* discount
hinnasto (*hin*-nahss-toa) *n* price list
hinnoitella (*hin*-noit-tel-laa) *v* price
hinta (*hin*-tah) *n* rate, cost, price
hiphop (*hip*-hoap) *n* hip-hop
hipiä (*hi*-pi-æ) *n* complexion
hirsi (*heer*-si) *n* log, beam
hirsipuu (*heer*-si-*poo*) *n* gallows *pl*
hirveä (*heer*-vay-æ) *adj* terrible, awful, dreadful; horrible
hirvi (*heer*-vi) *n* elk
hirvittävä (*heer*-vit-tæ-væ) *adj* horrible, frightful
hissi (*hiss*-si) *n* lift; elevator *nAm*
historia (*hiss*-toa-ri-ah) *n* history
historiallinen (*hiss*-toa-ri-ahl-li-nayn) *adj* historic, historical
historioitsija (*hiss*-toa-ri-oit-si-^{y}ah) *n* historian
hitsata (*hit*-sah-tah) *v* weld
hiukan (*hee*^{oo}-kahn) *adv* slightly, somewhat
hiuksenhieno (*hee*^{oo}*k*-sayn-*hyay*-noa) *adj* subtle
hiusharja (*hee*^{oo}*ss-hahr*-^{y}ah) *n* hairbrush
hiuskiinne (*hee*^{oo}*ss-keen*-nay) *n* hair spray
hiuslisäke (*hee*^{oo}*ss*-li-sæ-kay) *n* hair piece
hiusneula (*hee*^{oo}*ss-nay*^{oo}-lah) *n* hairpin; bobby pin *Am*
hiussolki (*hee*^{oo}*ss-soal*-ki) *n* hairgrip
hiustenkuivaaja (*hee*^{oo}*ss*-tayn-*koo*^{ee}-vaa-^{y}ah) *n* hairdrier, hairdryer
hiusverkko (*hee*^{oo}*ss-vayrk*-koa) *n* hair net
hiusvesi (*hee*^{oo}*ss-vay*-si) *n* hair tonic
hiusvoide (*hee*^{oo}*ss-voi*-day) *n* hair cream
hiusöljy (*hee*^{oo}*ss-url*^{y}*ew*) *n* hair oil
hiven (*hi*-vayn) *n* bit
hohkakivi (*hoah*-kah-*ki*-vi) *n* pumice stone
hohtimet (*hoah*-ti-mayt) *pl*

pincers *pl*
hohto (*hoah*-toa) *n* gloss
hoikka (*hoik*-kah) *adj* slender
hoitaa (*hoi*-taa) *v* tend, nurse; look after
hoito (*hoi*-toa) *n* treatment; therapy
hoitokoti (*hoi*-toa-*koa*-ti) *n* nursing home
holhooja (*hoal*-hōā-ʸah) *n* guardian
holhous (*hoal*-hoa-ooss) *n* custody
Hollanti (*hoal*-lahn-ti) Holland
hollantilainen (*hoal*-lahn-ti-ligh-nayn) *n* Dutchman; *adj* Dutch
holvattu (*hoal*-vaht-too) *adj* arched
holvi (*hoal*-vi) *n* arch; vault
home (*hoa*-may) *n* mildew
homeinen (*hoa*-may-nayn) *adj* mouldy
homoseksuaalinen (*hoa*-moa-*sayk*-soo-aa-li-nayn) *adj* homosexual
hopea (*hoa*-pay-ah) *n* silver
hopeaseppä (*hoa*-pay-ah-*sayp*-pæ) *n* silversmith
hopeatavara (*hoa*-pay-ah-*tah*-vah-rah) *n* silverware
hopeinen (*hoa*-pay-nayn) *adj* silver
horjahdus (*hoar*-ʸahh-dooss) *n* slip
horjua (*hoar*-ʸoo-ah) *v* falter
horjuva (*hoar*-ʸoo-vah) *adj* unsteady
hotelli (*hoa*-tayl-li) *n* hotel
hotellipoika (*hoa*-tayl-li-*poi*-kah) *n* pageboy, bellboy
houkutella (*hoa*-koo-tayl-lah) *v* tempt
houkutus (*hoa*-koo-tooss) *n* attraction; temptation
housun- (*hoa*-soong) *adj* trouser
housunkannattimet (*hoa*-soong-*kahn*-naht-ti-mayt) *pl* suspenders *plAm*
housupuku (*hoa*-soo-*poo*-koo) *n* pantsuit
housut (*hoa*-soot) *pl* trousers *pl* ; pants *plAm* ; **pitkät ~** slacks *pl*
hovi (*hoa*-vi) *n* court
hovimestari (*hoa*-vi-*mayss*-tah-ri) *n* head waiter
huhtikuu (*hooh*-ti-*kōō*) April
huhu (*hoo*-hoo) *n* rumour
huijari (*hoo*ᵉᵉ-ʸah-ri) *n* swindler; quack
huijaus (*hoo*ᵉᵉ-ʸah-ooss) *n* swindle
huilu (*hoo*ᵉᵉ-loo) *n* flute
huimaus (*hoo*ᵉᵉ-mah-ooss) *n* dizziness, giddiness; **huimausta tunteva** giddy
huippu (*hoo*ᵉᵉ*p*-poo) *n* peak, summit, top; spire
huippuhyvä (*hoo*ᵉᵉ*p*-poo-*hew*-væ) *adj* super (*colloquial*)
huippukausi (*hoo*ᵉᵉ*p*-poo-*kou*-si) *n* peak season
huippukohta (*hoo*ᵉᵉ*p*-poo-*koah*-tah) *n* climax

huivi (*hoo*ee-vi) *n* scarf
hukata (*hoo*-kah-tah) *v*mislay, *lose
hukkua (*hook*-koo-ah) *v* drown, *be drowned
hullu (*hool*-loo) *adj* crazy, mad
hullunkurinen (*hool*-loong-*koo*-ri-nayn) *adj* funny; cheerful; ludicrous
hulluus (*hool*-looss) *n* madness
humalainen (*hoo*-mah-ligh-nayn) *adj* drunk
humalakasvi (*hoo*-mah-lah-*kahss*-vi) *n* hop
hummeri (*hoom*-may-ri) *n* lobster
humoristinen (*hoo*-moa-riss-ti-nayn) *adj* humorous
hunaja (*hoo*-nah-yah) *n* honey
huohottaa (*hwoa*-hoat-taa) *v* pant
huojennus (*hwoa*-yayn-nooss) *n* relief
huolehtia jstk (*hwoa*-layh-ti-ah) *v* look after, *take care of,
huolellinen (*hwoa*-layl-li-nayn) *adj* careful
huolenpito (*hwoa*-laym-*pi*-toa) *n* care
huolestua (*hwoa*-layss-too-ah) *v* worry
huolestunut (*hwoa*-layss-too-noot) *adj* concerned, anxious, worried
huolestuttava (*hwoa*-layss-toot-tah-vah) *adj* alarming
huoleton (*hwoa*-lay-toan) *adj* carefree; casual, easy-going
huoli (*hwoa*-li) *n* concern, anxiety, worry, care; trouble; **olla huolissaan** be worried
huolimaton (*hwoa*-li-mah-toan) *adj* neglectful, careless
huolimatta (*hwoa*-li-maht-tah) *prep/postp* despite, in spite of; **siitä ~** nevertheless
huoliteltu (*hwoa*-li-tayl-too) *adj* neat
huoltaa (*hoo*-oal-taa) *v* maintain; overhaul
huoltoasema (*hwoal*-toa-*ah*-say-mah) *n* service station; gas station *Am*
huomaamaton (*hwoa*-maa-mah-toan) *adj* inconspicuous
huomaavainen (*hwoa*-maa-vigh-nayn) *adj* thoughtful, considerate
huomaavaisuus (*hwoa*-maa-vigh-sooss) *n* consideration
huomata (*hwoa*-mah-tah) *v* notice, observe, note
huomattava (*hwoa*-maht-tah-vah) *adj* considerable; noticeable; remarkable, outstanding
huomauttaa (*hwoa*-mah-oot-taa) *v* remark; comment
huomautus (*hwoa*-mah-oo-tooss) *n* remark, comment;

note
huomenna (*hwoa*-mayn-nah) *adv* tomorrow
huomio (*hwoa*-mi-oa) *n* attention, notice; **huomioon ottaen** considering
huomioonottaminen (*hwoa*-mi-ōān-*oat*-tah-mi-nayn) *n* consideration
huomiota herättävä (*hwoa*-mi-oa-tah *hay*-ræt-tæ-væ) sensational; striking
huone (*hwoa*-nay) *n* room, chamber; **yhden hengen ~** single room
huoneisto (*hwoa*-nayss-toa) *n* flat; apartment *nAm*
huonekalut (*hwoa*-nay-*kah*-loot) *pl* furniture
huonelämpötila (*hwoa*-nay-*læm*-pur-*ti*-lah) *n* room temperature
huonepalvelu (*hwoa*-nay-*pahl*-vay-loo) *n* room service
huono (*hwoa*-noa) *adj* bad, poor; **~ onni** bad luck; misfortune
huonompi (*hwoa*-noam-pi) *adj* inferior
huonovointinen (*hwoa*-noa-*voin*-ti-nayn) *adj* unwell
huopa (*hwoa*-pah) *n* felt; blanket
huora (*hwoa*-rah) *n* whore
huosta (*hwoass*-tah) *n* custody
hupi (*hoo*-pi) *n* fun
huppu (*hoop*-poo) *n* hood
hupsu (*hoop*-soo) *adj* foolish
hurja (*hoor*-ʸah) *adj* wild; furious
hurmaava (*hoor*-maa-vah) *adj* adorable, charming
hurmata (*hoor*-mah-tah) *v* charm
hurmio (*hoor*-mi-oa) *n* ecstasy
hurrata (*hoor*-rah-tah) *v* cheer
hurskas (*hoors*-kahss) *adj* pious
huudahdus (*hōō*-dahh-dooss) *n* exclamation; cry
huudahtaa (*hōōdahh*-taa) *v* exclaim
huuhtelu (*hōōh*-tay-loo) *n* rinse
huuhtoa (*hōōh*-toa-ah) *v* rinse
huuli (*hōō*-li) *n* lip
huulipuna (*hōō*-li-*poo*-nah) *n* lipstick
huume (*hōō*-may) *n* drug, narcotic
huumori (*hōō*-moa-ri) *n* humour
huutaa (*hōō*-taa) *v* call, cry, shout; scream
huuto (*hōō*-toa) *n* call, cry, shout
huutokauppa (*hōō*-toa-*koup*-pah) *n* auction
huvi (*hoo*-vi) *n* fun; amusement, pleasure
huvila (*hoo*-vi-lah) *n* villa
huvimatka (*hoo*-vi-*maht*-

kah) *n* excursion
huvinäytelmä (*hoo*-vi-*næ*ew-tayl-mæ) *n* comedy
huvipursi (*hoo*-vi-poor-si) *n* yacht
huviretki (*hoo*-vi-*rayt*-ki) *n* outing; **tehdä ~** picnic
huvittaa (*hoo*-vit-taa) *v* amuse, entertain
huvittava (*hoo*-vit-tah-vah) *adj* humorous, entertaining, amusing
huvitus (*hoo*-vi-tooss) *n* amusement, entertainment
hygieeninen (*hew*-gi-a̅y̅-ni-nayn) *adj* hygienic
hygienia (*hew*-gi-ay-ni-ah) *n* hygiene
hyi! (hewee) shame!
hylje (*hewl*-yay) *n* seal
hylky (*hewl*-kew) *n* wreck
hylly (*hewl*-lew) *n* shelf
hylätä (*hew*-læ-tæ) *v* reject; turn down; desert
hymni (*hewm*-ni) *n* hymn
hymy (*hew*-mew) *n* smile
hymyillä (*hew*-meweel-læ) *v* smile
hyppiä (*hewp*-pi-æ) *v* hop;
hyppy (*hewp*-pew) *n* leap, jump
hyppäys (*hewp*-pæ-ewss) *n* hop
hypätä (*hew*-pæ-tæ) *v* jump; **~ yli** skip
hyräillä (*hew*-ræeel-læ) *v* hum
hysteerinen (*hewss*-ta̅y̅-ri-nayn) *adj* hysterical
hytti (*hewt*-ti) *n* cabin; **hytin ikkuna** porthole
hyttysverkko (*hewt*-tewss-*vayrk*-koa) *n* mosquito net
hyve (*hew*-vay) *n* virtue
hyvin (*hew*-vin) *adv*well; very, quite; **~ tärkeä henkilö** *n*VIP
hyvinvointi (*hew*-vin-*voin*-ti) *n* welfare; comfort
hyvittää (*hew*-vit-tææ) *v*make good; credit; compensate
hyvitys (*hew*-vi-tewss) *n* compensation
hyvä (*hew*-væ) *adj* good, nice; **~ on!** all right!; **olkaa ~** please; here you are
hyväksyminen (*hew*-væk-sew-mi-nayn) *n* approval; authorization; **antaa ~** approve of
hyväksyä (*hew*-væk-sew-æ) *v* accept, approve; endorse
hyväntahtoinen (*hew*-væn-*tahh*-toi-nayn) *adj* kind; good-natured
hyväntahtoisuus (*hew*-væn-*tahh*-toi-so̅o̅ss) *n* goodwill
hyväntekeväisyys (*hew*-væn-*tay*-kay-væee-se̅w̅ss) *n* charity
hyväntuulinen (*hew*-væn-*t*o̅o̅-li-nayn) *adj* good--tempered, good-humoured
hyytelö (*h*e̅w̅-tay-lur) *n* jelly
hyödyllinen (*h*ew*ur*-dewl-li-nayn) *adj* useful
hyödyllisyys (*h*ew*ur*-dewl-li-se̅w̅ss) *n* usefulness
hyödyttää (*h*ew*ur*-dewt-tææ)

v be of use
hyödytön (*h*[ew]*ur*-dew-turn) *adj* useless; idle
hyökkäys (*h*[ew]*urk*-kæ-ewss) *n* attack; raid
hyökkäävä (*h*[ew]*urk*-kææ-væ) *adj* aggressive; offensive
hyökätä (*h*[ew]*ur*-kæ-tæ) *v* attack
hyönteinen (*h*[ew]*urn*-tay-nayn) *n* insect; bug *nAm*
hyönteismyrkky (*h*[ew]*urn*-tayss-*mewrk*-kew) *n* insecticide
hyönteisvoide (*h*[ew]*urn*-tayss-*voi*-day) *n* insect repellent
hyöty (*h*[ew]*ur*-tew) *n* use; profit
hyötyä jstkn (*h*[ew]*ur*-tew-æ) *v* benefit; profit
häijy (*hæ*[ee]-[y]ew) *adj* nasty
häikäisevä (*hæ*[ee]-kæ[ee]-say-væ) *adj* glaring, dazzling
häilyväinen (*hæ*[ee]-lew-væ[ee]-nayn) *adj* unsteady
häipyä (*hæ*[ee]-pew-æ) *v* vanish; fade
häiritä (*hæ*[ee]-ri-tæ) *v* disturb; bother
häiriö (*hæ*[ee]-ri-ur) *n* disturbance
häkeltynyt (*hæ*-kayl-tew-newt) *adj* embarrassed
häkki (*hæk*-ki) *n* cage
hälinä (*hæ*-li-næ) *n* noise; fuss
hälyttää (*hæ*-lewt-tææ) *v* alarm
hälytys (*hæ*-lew-tewss) *n* alarm
hämillinen (*hæ*-mil-li-nayn) *adj* puzzled
hämillisyys (*hæ*-mil-li-sewss) *n* shyness
hämmentynyt (*hæm*-mayn-tew-newt) *adj* confused
hämmentää (*hæm*-mayn-tææ) *v* stir; confuse
hämminki (*hæm*-ming-ki) *n* confusion
hämmästys (*hæm*-mæss-tewss) *n* astonishment, amazement; surprise
hämmästyttävä (*hæm*-mæss-tewt-tæ-væ) *adj* surprising, astonishing
hämmästyttää (*hæm*-mæss-tewt-tææ) *v* amaze, astonish; surprise
hämähäkinverkko (*hæ*-mæ-*hæ*-kin-*vayrk*-koa) *n* spider's web
hämähäkki (*hæ*-mæ-*hæk*-ki) *n* spider
hämärä (*hæ*-mæ-ræ) *adj* dim; obscure, faint; *n* dusk
hämäräperäinen (*hæ*-mæ-ræ-*pay*-ræ[ee]-nayn) *adj* obscure
hän (*hæn*) *pron* he, she
hänelle (*hæ*-nayl-lay) *pron* him, her
hänen (*hæ*-nayn) *pron* his, her
hänet (*hæ*-nayt) *pron* him, her
häntä (*hæn*-tæ) *n* tail
häpeissään (*hæ*-payss-sææn) *adv* ashamed

häpeä (*hæ*-pay-æ) *n* shame, disgrace
härkä (*hær*-kæ) *n* bull; ox
härkäpäinen (*hær*-kæ-*pæ*ee-nayn) *adj* pig-headed
härkätaistelu (*hær*-kæ-*tighss*-tay-loo) *n* bullfight
härkätaisteluareena (*hær*-kæ-*tighss*-tay-loo-*ah*-ray-nah) *n* bullring
hätä (*hæ*-tæ) *n* distress
hätämerkki (*hæ*-tæ-*mayrk*-ki) *n* distress signal
hätätapaus (*hæ*-tæ-*tah*-pah-ooss) *n* emergency
hätätilanne (*hæ*-tæ-*ti*-lahn-nay) *n* emergency
hävetä (*hæ*-vay-tæ) *v*be ashamed
hävittää (*hæ*-vit-tææ) *v* destroy
hävitys (*hæ*-vi-tewss) *n* destruction
häviäjä (*hæ*-vi-æ-ʸæ) *n* loser
hävyttömyys (*hæ*-vewt-tur-mewss) *n* impudence
hävytön (*hæ*-vew-turn) *adj* impudent
häväistysjuttu (*hæ*-væeess-tewss-ʸ*oot*-too) *n* scandal
häämatka (*hææ*-*maht*-kah) *n* honeymoon
häät (*hææt*) *pl* wedding
hölmö (*hurl*-mur) *n* fool
hölynpöly (*hur*-lewm-*pur*-lew) *n* nonsense
höyhen (*hur*ew-hayn) *n* feather
höyry (*hur*ew-rew) *n* steam
höyrylaiva (*hur*ew-rew-*ligh*-vah) *n* steamer

I

identtinen (*i*-daynt-ti-nayn) *adj* identical
idiomaattinen (*i*-di-oa-maat-ti-nayn) *adj* idiomatic
idiomi (*i*-di-oa-mi) *n* idiom
idiootti (*i*-di-oat-ti) *n* idiot
ien (yayn) *n* gum
ies (*yayss*) *n* yoke
ihailija (*i*-high-li-ʸah) *n* fan
ihailla (*i*-highl-lah) *v* admire
ihailu (*i*-high-loo) *n* admiration
ihana (*i*-hah-nah) *adj* delightful, wonderful, lovely
ihanne (*i*-hahn-nay) *n* ideal;
ihanteellinen (*i*-hahn-tayl-li-nayn) *adj* ideal
ihastunut (*i*-hahss-too-noot) *adj* delighted
ihastuttaa (*i*-hahss-toot-taa) *v* delight
ihastuttava (*i*-hahss-toot-tah-vah) *adj* delightful; stunning
ihme (*ih*-may) *n* wonder, miracle; marvel
ihmeellinen (*ih*-mayl-li-nayn) *adj* wonderful, marvellous; miraculous

ihmetellä (*ih*-may-tayl-læ) *v* marvel, wonder
ihmettely (*ih*-mayt-tay-lew) *n* wonder
ihminen (*ih*-mi-nayn) *n* human being; man
ihmiset (*ih*-mi-sayt) *pl* people *pl*
ihmiskunta (*ih*-miss-*koon*-tah) *n* mankind, humanity
iho (*i*-hoa) *n* skin
ihottuma (*i*-hoat-too-mah) *n* eczema, rash
ihovoide (*i*-hoa-*voi*-day) *n* skin cream
ikimuistettava (*i*-ki-*mooeess*-tayt-tah-vah) *adj* memorable
ikivanha (*i*-ki-*vahn*-hah) *adj* ancient
ikkuna (*ik*-koo-nah) *n* window
ikkunalauta (*ik*-koo-nah-*lou*-tah) *n* windowsill
ikkunaluukku (*ik*-koo-nah-*look*-koo) *n* shutter
ikoni (*i*-koa-ni) *n* icon
ikuinen (*i*-kooee-nayn) *adj* eternal
ikuisesti (*i*-kooee-says-ti) *adv* forever, for ever
ikuisuus (*i*-kooee-sooss) *n* eternity
ikä (*i*-kæ) *n* age
ikävystyttävä (*i*-kæ-vewss-tewt-tæ-væ) *adj* boring, dull
ikävystyttää (*i*-kæ-vewss-tewt-tææ) *v* bore
ikävä (*i*-kæ-væ) *adj* dull, unpleasant
ikävöidä (*i*-kæ-vuree-dæ) *v* long for
ikään kuin (ikææn kooeen) as if
ilahduttava (*i*-lahh-doot-tah-vah) *adj* delightful
ilahtunut (*i*-lahh-too-noot) *adj* delighted
ilkeä (*il*-kay-æ) *adj* evil, wicked; bad
ilkikuri (*il*-ki-*koo*-ri) *n* mischief
ilkityö (*il*-ki-*tewur*) *n* outrage
illallinen (*il*-lahl-li-nayn) *n* supper
ilma (*il*-mah) *n* air; **ilma-** pneumatic
ilmaantua (*il*-maan-too-ah) *v* appear
ilmaantuminen (*il*-maan-too-mi-nayn) *n* appearance
ilmainen (*il*-migh-nayn) *adj* gratis, free of charge, free
ilmaista (*il*-mighss-tah) *v* express; reveal, *give away; indicate
ilmaisu (*il*-migh-soo) *n* expression; term
ilmakehä (*il*-mah-*kay*-hæ) *n* atmosphere
ilman (*il*-mahn) *prep* without
ilmanpaine (*il*-mahm-*pigh*-nay) *n* atmospheric pressure
ilmanpitävä (*il*-mahm-*pi*-tæ-væ) *adj* airtight
ilmanpuhdistin (*il*-mahn-*pooh*-diss-tin) *n* air-filter
ilmanvaihto (*il*-mahm-*vighh*-toa) *n* ventilation

ilmapallo (*il*-mah-*pahl*-loa) *n* balloon
ilmapuntari (*il*-mah-*poon*-tah-ri) *n* barometer
ilmasto (*il*-mahss-toa) *n* climate
ilmastointi (*il*-mahss-toin-ti) *n* air conditioning
ilmastoitu (*il*-mahss-toi-too) *adj* air-conditioned
ilmaus (*il*-mah-ooss) *n* expression
ilmava (*il*-mah-vah) *adj* airy
ilmeinen (*il*-may-nayn) *adj* obvious, apparent
ilmeisesti (*il*-may-sayss-ti) *adv* apparently
ilmestyä (*il*-mayss-tew-æ) appear
ilmetä (*il*-may-tæ) *v* appear
ilmoittaa (*il*-moit-taa) *v* inform, declare, announce; notify; report; state
ilmoittautua (*il*-moit-tou-tooah) *v* enrol **~ lähtiessä** check out; **~ saapuessa** check in
ilmoittautuminen (*il*-moit-tou-too-mi-nayn) *n* registration
ilmoittautumislomake (*il*-moit-tou-too-miss-*loa*-mah-kay) *n* registration form
ilmoitus (*il*-moi-tooss) *n* advertisement; announcement; information; indication
ilmoitustaulu (*il*-moi-tooss-*tou*-loo) *n* bulletin board
ilo (*i*-loa) *n* joy, gladness; delight
iloinen (*i*-loi-nayn) *adj* merry, glad, gay, cheerful, joyful, jolly; happy
iloisuus (*i*-loi-sooss) *n* gaiety
iloita (jstk) (*i*-loi-tah) *v* enjoy, be happy
ilomielin (*i*-loa-*myay*-lin) *adv* gladly
ilta (*il*-tah) *n* evening; night; **tänä iltana** tonight
iltahämärä (*il*-tah-*hæ*-mæ-ræ) *n* twilight
iltapuku (*il*-tah-*poo*-koo) *n* evening dress;
iltapäivä (*il*-tah-*pæ*ee-væ) *n* afternoon; **tänään iltapäivällä** this afternoon
ilveilijä (*il*-vay-li-yæ) *n* clown
ilveily (*il*-vay-lew) *n* farce
imettää (*i*-mayt-tææ) *v* nurse
imeä (*i*-may-æ) *v* suck
immunisoida (*im*-moo-ni-soi-dah) *v* immunize
immuniteetti (*im*-moo-ni-tayt-ti) *n* immunity
improvisoida (*im*-proa-vi-soi-dah) *v* improvise
impulsiivinen (*im*-pool-see-vi-nayn) *adj* impulsive
imuke (*i*-moo-kay) *n* cigarette holder
imupaperi (*i*-moo-*pah*-pay-ri) *n* blotting paper
imuroida (*i*-moo-roi-dah) *v* hoover; vacuum *vAm*
Indonesia (*in*-doa-nay-si-ah) Indonesia
indonesialainen (*in*-doa-nay-si-ah-ligh-nayn) *n*

Indonesian; *adj* Indonesian
infinitiivi (*in*-fi-ni-tee-vi) *n* infinitive
inflaatio (*inf*-laa-ti-oa) *n* inflation
influenssa (*inf*-loo-ayns-sah) *n* flu, influenza
infrapunainen (*inf*-rah-*poo*-nigh-nayn) *adj* infra-red
inhimillinen (*in*-hi-mil-li-nayn) *adj* human
inho (*in*-hoa) *n* disgust; dislike
inhota (*in*-hoa-tah) *v* detest
inhottaa (*in*-hoat-taa) *v* disgust
inhottava (*in*-hoat-tah-vah) *adj* disgusting, revolting; horrible, hideous
inkivääri (*ing*-ki-vææ-ri) *n* ginger
innoittaa (*in*-noit-taa) *v* inspire
innokas (*in*-noa-kahss) *adj* eager; anxious
innostunut (*in*-noass-too-noot) *adj* enthusiastic
innostus (*in*-noass-tooss) *n* enthusiasm
insinööri (*in*-si-nūr-ri) *n* engineer
instituutio (*ins*-ti-tōō-ti-oa) *n* institution
intensiivinen (*in*-tayn-see-vi-nayn) *adj* intense
Internet (*in*-tayr-nayt-ti) *n* Internet
Intia (*in*-ti-ah) India
intiaani (*in*-ti-aa-ni) *n* Indian; **intiaani-** Indian
intialainen (*in*-ti-ah-ligh-nayn) *n* Indian; *adj* Indian
into (*in*-toa) *n* zeal, enthusiasm, eagerness
intohimo (*in*-toa-*hi*-moa) *n* passion
intohimoinen (*in*-toa-*hi*-moi-nayn) *adj* passionate
inttää (*ay*-hoass-tooss) *v* insist
invalidi (*in*-vah-li-di) *n* invalid
inventaario (*in*-vayn-taa-ri-oa) *n* inventory
investoida (*in*-vayss-toi-dah) *v* invest
Irak (*i*-rahk) Iraq
irakilainen (*i*-rah-ki-ligh-nayn) *n* Iraqi; *adj* Iraqi
Iran (*i*-rahn) Iran
iranilainen (*i*-rah-ni-ligh-nayn) *n* Iranian; *adj* Iranian
Irlanti (*eer*-lahn-ti) Ireland
irlantilainen (*eer*-lahn-ti-ligh-nayn) *adj* Irish
irrottaa (*eer*-roat-taa) *v* detach, loosen; unfasten
irtonainen (*eer*-toa-nigh-nayn) *adj* loose
iskelmä (*iss*-kayl-mæ) *n* hit (song)
iskeä (*iss*-kay-æ) *v* hit; ~ **maahan** knock down; ~ **nyrkillä** punch
isku (*iss*-koo) *n* blow
iskulause (*iss*-koo-*lou*-say) *n* slogan
iskunvaimennin (*iss*-koon-*vigh*-mayn-nin) *n* shock absorber; bumper

iskusana (*iss*-koo-*sah*-nah) *n* slogan
Islanti (*iss*-lahn-ti) Iceland
islantilainen (*iss*-lahn-ti-ligh-nayn) *n* Icelander; *adj* Icelandic
iso (*i*-soa) *adj* big
Iso-Britannia (*i*-soa-*bri*-tahn-ni-ah) Great Britain
isoisä (*i*-soa-*i*-sæ) *n* granddad, grandfather
isorokko (*i*-soa-*roak*-koa) *n* smallpox
isovanhemmat (*i*-soa-*vahn*-haym-maht) *pl* grandparents *pl*
isoäiti (*i*-soa-*æ*^{ee}-ti) *n* grandmother
Israel (*iss*-rah-ayl) Israel
israelilainen (*iss*-rah-ay-li-ligh-nayn) *n* Israeli; *adj* Israeli
istua (*iss*-too-ah) *v*sit
istuin (*iss*-too^{ee}n) *n* seat
istumapaikka (*iss*-too-mah-*pighk*-kah) *n* seat
istunto (*iss*-toon-toa) *n* session
istuttaa (*iss*-toot-taa) *v* plant
isä (*i*-sæ) *n* father; dad, daddy
isänmaa (*i*-sæn-maa) *n* native country
isänmaanystävä (*i*-sæn-*maan-ewss*-tæ-væ) *n* patriot
isäntä (*i*-sæn-tæ) *n* host; master
isäpuoli (*i*-sæ-*pwoa*-li) *n* stepfather
Italia (*i*-tah-li-ah) Italy
italialainen (*i*-tah-li-ah-ligh-nayn) *n* Italian; *adj* Italian
itkeä (*it*-kay-æ) *v* cry, *weep
itse (*it*-say) *pron* myself; yourself; himself; herself; oneself; ourselves; yourselves; themselves; ~ **asiassa** in effect, actually, as a matter of fact, in fact; ~ **siliävä** drip-dry, wash and wear
itsehallinto (*it*-sayh-*hahl*-lin-toa) *n* self-government, autonomy
itsekeskeinen (*it*-sayk-*kayss*-kay-nayn) *adj* self--centred
itsekkyys (*it*-sayk-kēwss) *n* selfishness
itsekäs (*it*-say-kæss) *adj* selfish
itsemme (*it*-saym-may) *pron* ourselves
itsemurha (*it*-saym-*moor*-hah) *n* suicide
itsemurhaisku (*it*-saym-*moor*-hah- *iss*-koo) *n* suicide attack
itsemurhapommittaja (*it*-saym-*moor*-hah- *poam*-mit-ta-^{y}a) *n* suicide bomber
itseni (*it*-say-ni) *pron* myself
itsenne (*it*-sayn-nay) *pron* yourselves
itsensä (*it*-sayn-sæ) *pron* herself, himself
itsenäinen (*it*-sayl-li-nayn) *adj* independent; self--employed
itsepalvelu (*it*-sayp-*pahl*-

vay-loo) *n* self-service
itsepalvelukahvila (*it*-sayp-*pahl*-vay-loo-*kahh*-vi-lah) *n* cafeteria
itsepalvelupesula (*it*-sayp-*pahl*-vay-loo-*pay*-soo-lah) *n* launderette
itsepalveluravintola (*it*-sayp-*pahl*-vay-loo-*rah*-vin-toa-lah) *n* self-service restaurant
itsepäinen (*it*-sayp-*pæ*ee-nayn) *adj* stubborn, obstinate, dogged
itserakas (*it*-sayr-*rah*-kahss) *adj* conceited
itsesi (*it*-say-si) *pron* yourself
itsestään (*it*-says-tææn) by itself
itsestään selvä (*it*-sayss-tææn *sayl*-væ) self-evident
itä (*i*-tæ) *n* east
itäinen (*i*-tæee-nayn) *adj* eastern
itämaat (*i*-tæ-*maat*) *pl* Orient
itämainen (*i*-tæ-migh-nayn) *adj* oriental
Itävalta (*i*-tæ-*vahl*-tah) *n* Austria
itävaltalainen (*i*-tæ-*vahl*-tah-ligh-nayn) *n* Austrian; *adj* Austrian
iva (*i*-vah) *n* scorn, mockery
ivallinen (*i*-vahl-li-nayn) *adj* scornful
iäkäs (*i*-æ-kæss) *adj* aged

J

ja (yah) *conj* and; ~ **niin edelleen** et cetera
jaaritella (*yaari*-tayl-lah) *v* chatter, talk rubbish
jaaritus (*yaa*-ri-tooss) *n* idle talk
jadekivi (*yah*-day-*ki*-vi) *n* jade
jakaa (*yah*-kaa) *v* divide; distribute; *deal; share
jakaus (*yah*-kah-ooss) *n* parting
jakelija (*yah*-kay-li-yah) *n* distributor
jako (*yah*-koa) *n* division
jakoavain (*yah*-koa-*ah*-vighn) *n* wrench
jakso (*yahk*-soa) *n* period; series; cycle
jalan (*yah*-lahn) *adv* on foot
jalankulkija (*yah*-lahng-*kool*-ki-yah) *n* pedestrian;
jalankulku kielletty no pedestrians
jalava (*yah*-lah-vah) *n* elm
jalka (*yahl*-kah) *n* foot
jalkajarru (*yahl*-kah-*yahr*-roo) *n* foot brake
jalkakäytävä (*yahl*-kah-*kæ*ew-tæ-væ) *n* pavement; sidewalk *nAm*
jalkapallo (*yahl*-kah-*pahl*-loa) *n* football
jalkapallo-ottelu (*yahl*-kah-*pahl*-loa-*oat*-tay-loo) *n* football match

jalkatalkki (*ʸahl*-kah-tahlk-ki) *n* foot powder
jalkaväki (*ʸahl*-kah-*væ*-ki) *n* infantry
jalkineet (*ʸahl*-ki-nayt) *pl* footwear
jalkahoito (*ʸahl*-kah-*hoi*-toa) *n* podiatry, footcare
jalo (*ʸah*-loa) *adj* noble
jalokivi (*ʸah*-loa-*ki*-vi) *n* gem; stone
jalokivikauppias (*ʸah*-loa-*ki*-vi-*koup*-pi-ahss) *n* jeweller
jalusta (*ʸah*-looss-tah) *n* stand, base
jalustin (*ʸah*-looss-tin) *n* pedestal
jano (*ʸah*-noa) *n* thirst
janoinen (*ʸah*-noi-nayn) *adj* thirsty
jaosto (*ʸah*-oass-toa) *n* section, department
Japani (*ʸah*-pah-ni) Japan
japanilainen (*ʸah*-pah-ni-ligh-nayn) *n* Japanese; *adj* Japanese
jarru (*ʸahr*-roo) *n* brake
jarrurumpu (*ʸahr*-roo-*room*-poo) *n* brake drum
jarruvalot (*ʸahr*-roo-*vah*-loat) *pl* brake lights
jatkaa (*ʸaht*-kaa) *v* carry on, *go on, continue; *go ahead; *keep on
jatko (*ʸaht*-koa) *n* continuation
jatkojohto (*ʸaht*-koa-*ʸoah*-toa) *n* extension cord
jatkokertomus (*ʸaht*-koa-*kayr*-toa-mooss) *n* serial
jatko-opinnot (*ʸaht*-koa- *oa*-pin-noat) *npl pl* studies
jatkoyhteys (*ʸaht*-koa-*ewh*-tay-ewss) *n* connection
jatkua (*ʸaht*-koo-ah) *v* continue, *go on
jatkuva (*ʸaht*-koo-vah) *adj* continuous
jauhaa (*ʸou*-haa) *v*grind
jauhe (*ʸou*-hay) *n* powder
jauho (*ʸou*-hoa) *n* flour
jersey (*ʸayr*-say^{ew}) *n* jersey
jo (*ʸoa*) *adv* already
jodi (*ʸoa*-di) *n* iodine
joenvarsi (*ʸoa*-ayn-*vahr*-si) *n* riverside
johdanto (*ʸoah*-dahn-toa) *n* introduction
johdon assistentti (*ʸoah*-doan *ahss*-sis- *taynt*-ti) *n* executive assistant
johdonmukainen (*ʸoah*-doan-*moo*-kigh-nayn) *adj* logical; consistent
johdosta (*ʸoah*-doass-tah) *postp* on account of, owing to
johtaa (*ʸoah*-taa) *v* head, *lead, direct, conduct; manage
johtaja (*ʸoah*-tah-ʸah) *n* director, manager; leader
johtajaopettaja (*ʸoah*-tah-ʸah-*oa*-payt-tah-ʸah) *n* head teacher
johtajuus (*ʸoah*-tah-ʸooss) *n* leadership
johtava (*ʸoah*-tah-vah) *adj* leading

johto (*ʸoah*-toa) *n* flex; electric cord; lead, direction, management
johtohenkilö (*ʸoah*-toa-*hayn*-ki-lur) *n* executive, leader
johtokunta (*ʸoah*-toa-*koon*-tah) *n* board, direction
johtopäätös (*ʸoah*-toa-*pææ*-turss) *n* conclusion; **tehdä ~** *draw a conclusion
joka[1] (*ʸoa*-kah) *pron* who, that, which
joka[2] (*ʸoa*-kah) *adj* every; **~ tapauksessa** at any rate, anyway
jokainen (*ʸoa*-kigh-nayn) *pron* everyone, anyone, everybody; *adj* each
jokapäiväinen (*ʸoa*-kah-*pæ*ᵉᵉ-væᵉᵉ-nayn) *adj* everyday
jokatuntinen (*ʸoa*-kah-*toon*-ti-nayn) *adj* hourly
joki (*ʸoa*-ki) *n* river
jokipenger (*ʸoa*-ki-*payng*-ngayr) *n* river bank
joko ... tai either ... or
joku (*ʸoa*-koo) *pron* one; someone, somebody; any
jolla (*ʸoal*-lah) *n* dinghy
jolle (*ʸoal*-lay) *pron* whom
jolloin (*ʸoal*-loin) *conj* when
jompikumpi (*ʸoam*-pi-*koom*-pi) *pron* either
jonkinverran (*ʸoang*-kin-*vayr*-rahn) *adv* slightly, somewhat
jono (*ʸoa*-noa) *n* queue; line *nAm*
jonottaa (*ʸoa*-noat-taa) *v* queue; stand in line *Am*
jopa (*ʸoa*-pah) *adv* even
Jordania (*ʸoar*-dah-ni-ah) Jordan
jordanialainen (*ʸoar*-dah-ni-ah-ligh-nayn) *n* Jordanian; *adj* Jordanian
jos (*ʸoass*) *conj* if; in case
joskus (*ʸoass*-kooss) *adv* some time, some day
jossain (*ʸoass*-sighn) *adv* somewhere
jotakin (*ʸoa*-tah-kin) *pron* something
joten (*ʸoa*-tayn) *conj* so
jotensakin (*ʸoa*-tayn-sah-kin) *adv* fairly, rather
jotkut (*ʸoat*-koot) *pron* some
jotta (*ʸoat*-tah) *conj* in order to, so that
joukko (*ʸoak*-koa) *n* crowd, lot
joukkotuhoaseet (*ʸoak*-koa-*too*-hoa- *ah*-sa͞yt) *n* WMD; weapons of mass destruction
joukkue (*ʸoak*-koo-ay) *n* team
joukossa (*ʸoa*-koass-sah) *postp* amid, among
joukot (*ʸoa*-koat) *pl* troops *pl*
joulu (*ʸoa*-loo) Christmas; Xmas
joulukuu (*ʸoa*-loo-*ko͞o*) December
jousi (*ʸoa*-si) *n* bow; spring
jousitus (*ʸoa*-si-tooss) *n* suspension

joustava (*ʸoass*-tah-vah) *adj* smooth, flexible; elastic
joustavuus (*ʸoass*-tah-vo͞oss) *n* elasticity
joutilas (*ʸoa*-ti-lahss) *adj* idle
joutoaika (*ʸoa*-toa-*igh*-kah) *n* spare time, leisure
joutsen (*ʸoat*-sayn) *n* swan
jugoslaavi (*ʸoo*-goass-laa-vi) *n* Jugoslav, Yugoslav
Jugoslavia (*ʸoo*-goass-lah-vi-ah) Jugoslavia, Yugoslavia
jugoslavialainen (*ʸoo*-goass-lah-vi-ah-ligh-nayn) *adj* Jugoslav
juhla (*ʸooh*-lah) *n* celebration, party
juhla-ateria (*ʸooh*-lah-*ah*-tay-ri-ah) *n* banquet, feast
juhlallinen (*ʸooh*-lahl-li-nayn) *adj* solemn
juhlamenot (*ʸooh*-lah-*may*-noat) *pl* ceremony
juhlasali (*ʸooh*-lah-*sah*-li) *n* hall; assembly hall
juhlava (*ʸooh*-lah-vah) *adj* festive
juhlia (*ʸooh*-li-ah) *v* celebrate
julistaa (*ʸoo*-liss-taa) *v* announce, proclaim; declare; **~ menetetyksi** confiscate
juliste (*ʸoo*-liss-tay) *n* poster, banner
julistus (*ʸoo*-liss-tooss) *n* declaration
julkaiseminen (*ʸool*-kigh-say-mi-nayn) *n* publication
julkaista (ʸool-kighss-tah) *v* publish; issue
julkea (*ʸool*-kay-ah) *adj* impudent
julkinen (*ʸool*-ki-nayn) *adj* public
julkisivu (*ʸool*-ki-*si*-voo) *n* façade
julkisuus (*ʸool*-ki-so͞oss) *n* publicity
julma (*ʸool*-mah) *adj* cruel, harsh
jumala (*ʸoo*-mah-lah) *n* god
jumalallinen (*ʸoo*-mah-lahl-li-nayn) *adj* divine
jumalankieltäjä (*ʸoo*-mah-lahng-*kyayl*-tæ-ʸæ) *n* atheist
jumalanpalvelus (*ʸoo*-mah-lahn-*pahl*-vay-looss) *n* divine service
jumalatar (*ʸoo*-mah-lah-tahr) *n* goddess
jumaluusoppi (*ʸoo*-mah-lo͞oss-*oap*-pi) *n* theology
juna (*ʸoo*-nah) *n* train
junalautta (*ʸoo*-nah-*lout*-tah) *n* train ferry
juoda (*ʸwoa*-dah) *v*drink
juoksija (*ʸwoak*-si-ʸa) *n* runner
juoma (*ʸwoa*-mah) *n* drink
juomaraha (*ʸwoa*-mah-*rah*-hah) *n* tip, gratuity
juomavesi (*ʸwoa*-mah-*vay*-si) *n* drinking water
juoni (*ʸwoa*-ni) *n* plot; conspiracy, ruse
juontaja (*ʸwoan*-tah-ʸah) *n*

speaker, host
juoru (^{y}*woa*-roo) *n* gossip
juoruta (^{y}*woa*-roo-tah) *v* gossip
juosta (^{y}*woass*-tah) *v*run; flow
juotava (^{y}*woa*-tah-vah) *adj* potable; drinkable
juppi (^{y}*oop*-pi) *n* yuppie
juristi (^{y}oo-riss-ti) *n* lawyer
jutella (^{y}*oo*-tayl-lah) *v* chat
juttelu (^{y}*oot*-tay-loo) *n* chat
juuri (^{y}$\overline{oo}$-ri) *n* root; *adv* just
juurikas (^{y}$\overline{oo}$-ri-kahss) *n* beet
juusto (^{y}$\overline{ooss}$-toa) *n* cheese
juutalainen (^{y}$\overline{oo}$-tah-ligh-nayn) *n* Jew; *adj* Jewish
jykevä (^{y}*ew*-kay-væ) *adj* solid, massive
jyristä (^{y}*ew*-riss-tæ) *v* thunder
jyrkkä (^{y}*ewrk*-kæ) *adj* steep
jyrkänne (^{y}*ewr*-kæn-nay) *n* precipice
jyskyttää (^{y}*ewss*-kewt-tææ) *v* thump
jyvä (^{y}*ew*-væ) *n* grain
jyvänen (^{y}*ew*-væ-nayn) *n* grain
jyvät (^{y}*ew*-væt) *pl* grain
jäljellä oleva (^{y}*æl*-^{y}ayl-læ *oa*-lay-vah) remaining
jäljennös (^{y}*æl*-^{y}ayn-nurss) *n* copy; reproduction
jäljentää (^{y}*æl*-^{y}ayn-tææ) *v* copy; reproduce
jäljessä (^{y}*æl*-^{y}ayss-sæ) *adv* behind
jäljitellä (^{y}*æl*-^{y}i-tayl-læ) *v* imitate
jäljittely (^{y}*æl*-^{y}it-tay-lew) *n* imitation
jäljittää (^{y}*æl*-^{y}it-tææ) *v* trace
jälkeen (^{y}*æl*-k$\overline{ay}$n) *postp* after
jälkeenpäin (^{y}*æl*-k$\overline{ay}$m-*pæ^{ee}n*) *adv* afterwards
jälkeläinen (^{y}*æl*-kay-læ^{ee}-nayn) *n* descendant
jälki (^{y}*æl*-ki) *n* mark, trace
jälkiruoka (^{y}*æl*-ki-*rwoa*-kah) *n* dessert
jälleen (^{y}*æl*-l$\overline{ay}$n) *adv* again
jälleenmyyjä (^{y}*æl*-l$\overline{ay}$n-*m$\overline{ew}$*-^{y}æ) *n* retailer
jänis (^{y}*æ*-niss) *n* hare
jänne (^{y}*æn*-nay) *n* tendon, sinew
jännite (^{y}*æn*-ni-tay) *n* voltage
jännittynyt (^{y}*æn*-nit-tew-newt) *adj* tense
jännittävä (^{y}*æn*-nit-tæ-væ) *adj* exciting
jännitys (^{y}*æn*-ni-tewss) *n* strain, tension
järjestellä (^{y}*ær*-^{y}ayss-tayl-læ) *v* arrange
järjestelmä (^{y}*ær*-^{y}ayss-tayl-mæ) *n* system
järjestelmällinen (^{y}*ær*-^{y}ayss-tayl-mæl-li-nayn) *adj* methodical, systematic
järjestely (^{y}*ær*-^{y}ayss-tay-lew) *n* arrangement
järjestys (^{y}*ær*-^{y}ayss-tewss) *n* order; sequence
järjestää (^{y}*ær*-^{y}ayss-tææ) *v* sort, arrange; settle

järjestö (^{y}ær-^{y}ayss-tur) *n* organization
järjetön (^{y}ær-^{y}ay-turn) *adj* senseless; absurd
järkeillä (^{y}ær-kayl-læ) *v* reason; argue
järkevä (^{y}ær-kay-væ) *adj* reasonable, sensible
järki (^{y}ær-ki) *n* reason; sense
järkkymätön (^{y}*ærk*-kew-mæ-turn) *adj* steadfast
järkyttynyt (^{y}ær-kewt-tew-newt) *adj* upset, shocked
järkyttävä (^{y}ær-kewt-tæ-væ) *adj* shocking
järkyttää (^{y}ær-kewt-tææ) *v* shock
järkytys (^{y}ær-kew-tewss) *n* shock
järvi (^{y}ær-vi) *n* lake
jäsen (^{y}æ-sayn) *n* member; limb
jäsenyys (^{y}æ-say-newss) *n* membership
jätteet (^{y}*æt*-tayt) *pl* garbage; refuse
jättiläinen (^{y}*æt*-ti-læ^{ee}-nayn) *n* giant
jättiläismäinen (^{y}*æt*-ti-læ^{ee}ss-mæ^{ee}-nayn) *adj* gigantic
jättää (^{y}*ah*^{ay}*t*-tææ) *v*leave; ~ **huomioonottamatta** overlook; ~ **jklle** deliver; ~ **pois** omit, *leave out
jää (^{y}*ææ*) *n* ice
jäädyttää (^{y}ææ-dewt-tææ) *v*freeze
jäädä (^{y}ææ-dæ) *v* stay, remain; ~ **eloon** survive; ~ **jäljelle** remain
jäähyväiset (^{y}*ææ-hew*-væ^{ee}-sayt) *pl* farewell
jääkaappi (^{y}*ææ-kaap*-pi) *n* refrigerator, fridge
jääkiekkoilu (^{y}*ææ-kyayk*-koi-loo) *n* ice hockey
jäänne (^{y}*ææn*-nay) *n* remnant
jäännös (^{y}*ææn*-nurss) *n* remnant; rest, remainder
jääpussi (^{y}*ææ-pooss*-si) *n* ice bag
jäätelö (^{y}ææ-tay-lur) *n* ice cream
jäätikkö (^{y}ææ-tik-kur) *n* glacier
jäätymispiste (^{y}ææ-tew-miss-*piss*-tay) *n* freezing point
jäätynyt (^{y}ææ-tew-newt) *adj* frozen
jäätyä (^{y}ææ-tew-æ) *v*freeze
jäätävä (^{y}ææ-tæ-væ) *adj* freezing
jäävesi (^{y}*ææ-vay*-si) *n* iced water

K

kaakeli (*kaa*-kay-li) *n* tile
kaakko (*kaak*-koa) *n* southeast
kaali (*kaa*-li) *n* cabbage
kaapata (*kaa*-pah-tah) *v* hijack
kaapeli (*kaa*-pay-li) *n* cable
kaappaaja (*kaap*-paa-^{y}ah) *n* hijacker
kaappi (*kaa*-p-pi) *n* cupboard
kaareva (*kaa*-ray-vah) *adj* curved
kaari (*kaa*-ri) *n* arch
kaarikäytävä (*kaa*-ri-*kæ*^{ew}-tæ-væ) *n* arcade
kaarna (*kaar*-nah) *n* bark
kaarre (*kaar*-ray) *n* turning, bend, curve
kaasu (*kaa*-soo) *n* gas
kaasulaitos (*kaa*-soo-*ligh*-toass) *n* gasworks
kaasuliesi (*kaa*-soo-*lyay*-si) *n* gas cooker
kaasupoljin (*kaa*-soo-*poal*-^{y}in) *n* accelerator
kaasutin (*kaa*-soo-tin) *n* carburettor
kaasu-uuni (*kaa*-soo-o͞o-ni) *n* gas stove
kaataa (*kaa*-taa) *v* pour
kaatosade (*kaa*-toa-*sah*-day) *n* downpour
kaatumatauti (*kaa*-too-mah-*tou*-ti) *n* epilepsy
kaava (*kaa*-vah) *n* scheme; formula
kaavakuva (*kaa*-vah-*koo*-vah) *n* diagram
kaavio (*kaa*-vi-oa) *n* layout, chart
kabaree (*kah*-bah-ra͞y) *n* cabaret
kabinetti (*kah*-bi-nayt-ti) *n* cabinet
kadehtia (*kah*-dayh-ti-ah) *v* envy
kadonnut (*kah*-doan-noot) *adj* lost; ~ **henkilö** missing person
kadota (*kah*-doa-tah) *v* disappear
kadottaa (*kah*-doat-taa) *v*lose
kahdeksan (*kahh*-dayk-sahn) *num* eight
kahdeksankymmentä (*kahh*-dayk-sahn-*kewm*-mayn-tæ) *num* eighty
kahdeksantoista (*kahh*-dayk-sahn-*toiss*-tah) *num* eighteen
kahdeksas (*kahh*-dayk-sahss) *num* eighth
kahdeksastoista (*kahh*-dayk-sahss-*toiss*-tah) *num* eighteenth
kahdeskymmenes (*kahh*-dayss-*kewm*-may-nayss) *num* twentieth
kahdesti (*kahh*-dayss-ti) *adv* twice

kahdestoista (*kahh*-dayss-*toiss*-tah) *num* twelfth
kahlata (*kahh*-lah-tah) *v* wade
kahva (*kahh*-vah) *n* handle
kahvi (*kahh*-vi) *n* coffee
kahvila (*kahh*-vi-lah) *n* café
kaide (*kigh*-day) *n* railing
kaikkein (*kighk*-kayn) *adv* by far; ~ **eniten** most of all
kaikki (*kighk*-ki) *pron* everything, all; **kaiken aikaa** all the time; **kaiken kaikkiaan** all in, altogether
kaikkialla (*kighk*-ki-ahl-lah) *adv* everywhere
kaikkivaltias (*kighk*-ki-*vahl*-ti-ahss) *adj* omnipotent
kaiku (*kigh*-koo) *n* echo
kainalosauva (*kigh*-nah-loa-*sou*-vah) *n* crutch
kainostelematon (*kigh*-noass-tay-lay-mah-toan) *adj* immodest, unreserved
kaipaus (*kigh*-pah-ooss) *n* longing
kaisla (*kighss*-lah) *n* reed, rush
kaistale (*kighss*-tah-lay) *n* strip
kaiutin (*kigh*-oo-tin) *n* loudspeaker
kaiutinpuhelin (*kigh*-oo-tin-*poo*-hay-lin) *n* speaker phone
kaivaa (*kigh*-vaa) *v*dig
kaivanto (*kigh*-vahn-toa) *n* ditch
kaivata (*kigh*-vah-tah) *v* miss
kaivaus (*kigh*-vah-ooss) *n* excavation
kaiverrus (*kigh*-vayr-rooss) *n* engraving; inscription
kaivertaa (*kigh*-vayr-taa) *v* engrave
kaivertaja (*kigh*-vayr-tah-ʸah) *n* engraver
kaivo (*kigh*-voa) *n* well
kaivos (*kigh*-voass) *n* mine
kaivosmies (*kigh*-voass-*myayss*) *n* miner
kaivostyö (*kigh*-voass-*tᵉʷur*) *n* mining
kakku (*kahk*-koo) *n* cake
kaksi (*kahk*-si) *num* two
kaksikielinen (*kahk*-si-*kyay*-li-nayn) *adj* bilingual
kaksikymmentä (*kahk*-si-*kewm*-mayn-tæ) *num* twenty
kaksimielinen (*kahk*-si-*myay*-li-nayn) *adj* ambiguous, suggestive
kaksinapainen (*kahk*-si-*nah*-pigh-nayn) *adj* bipolar
kaksinkertainen (*kahk*-sin-*kayr*-tigh-nayn) *adj* double
kaksiosainen (*kahk*-si-*oa*-sigh-nayn) *adj* two-piece
kaksiselitteinen (*kahk*-si-*say*-lit-tay-nayn) *adj* ambiguous
kaksitoista (*kahk*-si-*toiss*-tah) *num* twelve
kaksoisvuode (*kahk*-soiss-*vwoa*-day) *n* double bed
kaksoset (*kahk*-soa-sayt) *pl* twins *pl*
kala (*kah*-lah) *n* fish
kalakauppa (*kah*-lah-*koup*-

pah) *n* fish shop
kalalokki (*kah*-lah-*loak*-ki) *n* seagull
kalastaa (*kah*-lahss-taa) *v* fish
kalastaja (*kah*-lahss-tah-ʸah) *n* fisherman
kalastus (*kah*-lahss-tooss) *n* fishing industry
kalastuslupa (*kah*-lahss-tooss-*loo*-pah) *n* fishing licence
kalastustarvikkeet (*kah*-lahss-tooss-*tahr*-vik-kayt) *pl* fishing tackle
kalastusverkko (*kah*-lahss-tooss-*vayrk*-koa) *n* fishing net
kalastusvälineet (*kah*-lahss-tooss-*væ*-li-nayt) *pl* fishing gear
kalenteri (*kah*-layn-tay-ri) *n* calendar
kalju (*kahl*-ʸoo) *adj* bald
kalkki (*kahlk*-ki) *n* lime
kalkkuna (*kahlk*-koo-nah) *n* turkey
kallio (*kahl*-li-oa) *n* rock
kallioinen (*kahl*-li-oi-nayn) *adj* rocky
kallis (*kahl*-liss) *adj* expensive, dear
kallisarvoinen (*kahl*-liss-*ahr*-voi-nayn) *adj* precious
kallistua (*kahl*-liss-too-ah) *v* decline, lean
kallo (*kahl*-loa) *n* skull
kalori (*kah*-loa-ri) *n* calorie
kalpea (*kahl*-pay-ah) *adj* pale
kalsium (*kahl*-si-oom) *n* calcium
kaltainen (jkn) (*kahl*-tigh-nayn) like
kalteva (*kahl*-tay-vah) *adj* sloping
kaltevuus (*kahl*-tay-vooss) *n* gradient
kalustaa (*kah*-looss-taa) *v* furnish
kalusteet (*kah*-looss-tayt) *pl* furniture, fixtures *pl*
kalvinismi (*kahl*-vi-niss-mi) *n* Calvinism
kalvo (*kahl*-voa) *n* transparency; diaphragm
kalvosin (*kahl*-voa-sin) *n* cuff
kalvosinnapit (*kahl*-voa-sin-*nah*-pit) *pl* cuff links *pl*
kamaripalvelija (*kah*-mah-ri-*pahl*-vay-li-ʸah) *n* valet
kamee (*kah*-may) *n* cameo
kameli (*kah*-may-li) *n* camel
kamera (*kah*-may-rah) *n* camera
kammata (*kahm*-mah-tah) *v* comb
kammo (*kahm*-moa) *n* horror
kammottava (*kahm*-moat-tah-vah) *adj* horrible, creepy
kampa (*kahm*-pah) *n* comb
kampaaja (*kahm*-paa-ʸah) *n* hairdresser
kampanja (*kahm*-pahng-ʸah) *n* campaign
kampaus (*kahm*-pah-ooss) *n* hairdo

kampausneste (*kahm*-pah-ooss-*nayss*-tay) *n* setting lotion
kampauspöytä (*kahm*-pah-ooss-*pur^{ew}*-tæ) *n* dressing table
kamppailla (*kahmp*-pighl-lah) *v* struggle, combat
kamppailu (*kahmp*-pigh-loo) *n* struggle, battle
kana (*kah*-nah) *n* hen
kanaali (*kah*-naa-li) *n* channel
Kanada (*kah*-nah-dah) Canada
kanadalainen (*kah*-nah-dah-ligh-nayn) *n* Canadian; *adj* Canadian
kananliha (*kah*-nahn-*li*-hah) *n* goose flesh, goose bumps
kananpoika (*kah*-nahn-*poi*-kah) *n* chicken
kanarialintu (*kah*-nah-ri-ah-*lin*-too) *n* canary
kanava (*kah*-nah-vah) *n* canal
kaneli (*kah*-nay-li) *n* cinnamon
kanerva (*kah*-nayr-vah) *n* heather
kanervanummi (*kah*-nayr-vah-*noom*-mi) *n* moor
kangas (*kahng*-ngahss) *n* cloth, material, fabric, tissue
kangastavarat (*kahng*-ngahss-*tah*-vah-raht) *pl* drapery
kaniini (*kah*-nee-ni) *n* rabbit
kankea (*kahng*-kay-ah) *adj* stiff
kannattaa (*kahn*-naht-taa) *v*be worth-while; *pay
kannattaja (*kahn*-naht-tah-^{y}ah) *n* supporter
kannattava (*kahn*-naht-tah-vah) *adj* profitable, lucrative
kannettava (*kahn*-nayt-tah-vah) *adj* portable
kannikka (*kahn*-nik-kah) *n* crust
kannu (*kahn*-noo) *n* pitcher, jug
kannustaa (*kahn*-nooss-taa) *v* encourage
kanootti (*kah*-nōat-ti) *n* canoe
kansa (*kahn*-sah) *n* people, nation; **kansan-** national, popular
kansainvälinen (*kahn*-sighn-*vœ*-li-nayn) *adj* international
kansainvälistyä (*kahn*-sighn-*vœ*-lis- tewæ) *v* globalize
kansainvälistyminen (*kahn*-sighn-*vœ*-lis-tew-mi-nayn) *n* globalization
kansakunta (*kahn*-sah-*koon*-tah) *n* nation
kansalais- (*kahn*-sah-lighss) *adj* civil, civic
kansalaisuus (*kahn*-sah-ligh-sōoss) *n* citizenship
kansallinen (*kahn*-sahl-li-nayn) *adj* national
kansallislaulu (*kahn*-sahl-liss-*lou*-loo) *n* national

anthem
kansallispuisto (*kahn*-sahl-liss-*poo*^ee^*ss*-toa) *n* national park
kansallispuku (*kahn*-sahl-liss-*poo*-koo) *n* national dress
kansallistaa (*kahn*-sahl-liss-taa) *v* nationalize
kansallisuus (*kahn*-sahl-li-sōōss) *n* nationality
kansanedustaja (*kahn*-sahn-*ay*-dooss-tah-ʸah) *n* Member of Parliament
kansanlaulu (*kahn*-sahn-*lou*-loo) *n* folk song
kansannousu (*kahn*-sahn-*noa*-soo) *n* rising
kansanomainen (*kahn*-sahn-*oa*-migh-nayn) *adj* popular
kansanperinne (*kahn*-sahn-*pay*-rin-nay) *n* folklore
kansantanssi (*kahn*-sahn-*tahns*-si) *n* folk dance
kansi (*kahn*-si) *n* cover, top; deck
kansihytti (*kahn*-si-*hewt*-ti) *n* deck cabin
kanslisti (*kahns*-liss-ti) *n* clerk
kanssa (*kahns*-sah) *postp* with
kanta (*kahn*-tah) *n* counterfoil, stub
kantaa (*kahn*-taa) *v*bear, carry
kantahenkilökunta (*kahn*-tah-*hayn*-ki-lur-*koon*-tah) *n* cadre
kantaja (*kahn*-tah-ʸah) *n* bearer, porter
kantama (*kahn*-tah-mah) *n* reach
kantapää (*kahn*-tah-*pææ*) *n* heel
kantasolu (*kahn*-tah-*soa*-loo) *n* stem cell
kanttiini (*kahnt*-tee-ni) *n* canteen
kapakka (*kah*-pahk-kah) *n* restaurant; pub
kapalo (*kah*-pah-loa) *n* swaddle
kapasiteetti (*kah*-pah-si-tāyt-ti) *n* capacity
kapea (*kah*-pay-ah) *adj* narrow
kapina (*kah*-pi-nah) *n* rebellion, revolt; mutiny
kapinoida (*kah*-pi-noi-dah) *v* revolt
kapitalismi (*kah*-pi-tah-liss-mi) *n* capitalism
kappalainen (*kahp*-pah-ligh-nayn) *n* chaplain
kappale (*kahp*-pah-lay) *n* copy; paragraph, passage; piece
kappeli (*kahp*-pay-li) *n* chapel
kapseli (*kahp*-say-li) *n* capsule
kapteeni (*kahp*-tāy-ni) *n* captain
karaatti (*kah*-raat-ti) *n* carat
karamelli (*kah*-rah-mayl-li) *n* caramel, candy
karanteeni (*kah*-rahn-tāy-ni) *n* quarantine

karata (*kah*-rah-tah) *v* desert
kardinaali (*kahr*-di-naa-li) *n* cardinal
karhea (*kahr*-hay-ah) *adj* hoarse
karhu (*kahr*-hoo) *n* bear
karhunvatukka (*kahr*-hoon-*vah*-took-kah) *n* blackberry
karitsa (*kah*-rit-sah) *n* lamb; **karitsan liha** lamb
karjua (*kahr*-^{y}oo-ah) *v* roar
karjunta (*kahr*-^{y}oon-tah) *n* roar
karkausvuosi (*kahr*-kah-ooss-*vwoa*-si) *n* leap year
karkea (*kahr*-kay-ah) *adj* harsh; gross, coarse; rude
karkottaa (*kahr*-koat-taa) *v* expel; chase
karkuri (*kahr*-koo-ri) *n* fugitive
karmiininpunainen (*kahr*-mee-nin-*poo*-nigh-nayn) *adj* crimson
karnevaali (*kahr*-nay-vaa-li) *n* carnival
karppi (*kahrp*-pi) *n* carp
karski (*kahrs*-ki) *adj* harsh, stern
kartano (*kahr*-tah-noa) *n* mansion
kartonki (*kahr*-toang-ki) *n* carton
kartta (*kahrt*-tah) *n* map; plan
karttapallo (*kahrt*-tah-*pahl*-loa) *n* globe
karttuva (*kahrt*-too-vah) *adj* progressive
karuselli (*kah*-roo-sayl-li) *n* merry-go-round
karvainen (*kahr*-vigh-nayn) *adj* hairy
karviaismarja (*kahr*-vi-ighss-*mahr*-^{y}ah) *n* gooseberry
kasa (*kah*-sah) *n* heap
kasari (*kah*-sah-ri) *n* saucepan
kasarmi (*kah*-sahr-mi) *n* barracks *pl*
kasetti (*kah*-sayt-ti) *n* cassette
kasino (*kah*-si-noa) *n* casino
kašmirvilla (*kahsh*-meer-*vil*-lah) *n* cashmere
kassa (*kahss*-sah) *n* cash--desk; check-out counter
kassaholvi (*kahss*-sah-*hoal*-vi) *n* vault
kassakaappi (*kahss*-sah-*kaap*-pi) *n* safe
kassanhoitaja (*kahss*-sahn-*hoi*-tah-^{y}ah) *n* cashier
kassi (*kahss*-si) *n* bag
kastaa (*kahss*-taa) *v* christen, baptize
kastanja (*kahss*-tahn-^{y}ah) *n* chestnut
kaste (*kahss*-tay) *n* dew; christening, baptism
kastike (*kahss*-ti-kay) *n* sauce
kasvaa (*kahss*-vaa) *v*grow; increase
kasvain (*kahss*-vighn) *n* tumour, growth
kasvattaa (*kahss*-vaht-taa) *v* cultivate, *bring up; raise, *breed; *grow

kasvatus (*kahss*-vah-tooss) *n* education, upbringing
kasvatusvanhemmat (*kahss*-vah-tooss-*vahn*-haym-maht) *pl* foster parents *pl*
kasvi (*kahss*-vi) *n* plant
kasvihuone (*kahss*-vi-*hwoa*-nay) *n* greenhouse
kasvillisuus (*kahss*-vil-li-sōōss) *n* vegetation
kasvissyöjä (*kahss*-viss-s^{ew}*ur*-^{y}æ) *n* vegetarian
kasvitarha (*kahss*-vi-*tahr*-hah) *n* kitchen garden
kasvitiede (*kahss*-vi-*tyay*-day) *n* botany
kasvojenhieronta (*kahss*-voa-^{y}ayn-*hyay*-roan-tah) *n* face massage
kasvonaamio (*kahss*-voa-*naa*-mi-oa) *n* face pack
kasvonpiirteet (*kahss*-voan-peer-tāyt) *pl* features *pl*
kasvot (*kahss*-voat) *pl* face
kasvovesi (*kahss*-voa-*vay*-si) *n* lotion
kasvovoide (*kahss*-voa-*voi*-day) *n* face cream
kasvu (*kahss*-voo) *n* growth
katakombi (*kah*-tah-koam-bi) *n* catacomb
katarri (*kah*-tahr-ri) *n* catarrh
katastrofi (*kah*-tahss-troa-fi) *n* catastrophe
katedraali (*kah*-tayd-raa-li) *n* cathedral
kateellinen (*kah*-tāyl-li-nayn) *adj* envious
kategoria (*kah*-tay-goa-ri-ah) *n* category
kateus (*kah*-tay-ooss) *n* envy
katkaisin (*kaht*-kigh-sin) *n* switch, contact
katkaista (*kaht*-kighss-tah) *v* cut off; disconnect; **~ virta** disconnect
katkarapu (*kaht*-kah-*rah*-poo) *n* shrimp, prawn
katkelma (*kaht*-kayl-mah) *n* extract
katolinen (*kah*-toa-li-nayn) *adj* catholic
katsantokanta (*kaht*-sahn-toa-*kahn*-tah) *n* outlook
katse (*kaht*-say) *n* look
katselija (*kaht*-say-li-^{y}ah) *n* spectator
katsella (*kaht*-sayl-lah) *v* look at, view; watch
katsoa (*kaht*-soa-ah) *v* look at, look
katsojaparveke (*kaht*-soa-^{y}ah-*pahr*-vay-kay) *n* balcony
kattaa (*kaht*-taa) *v* cover; set
kattamismaksu (*kaht*-tah-miss-*mahk*-soo) *n* cover charge
katto (*kaht*-toa) *n* roof
katu (*kah*-too) *n* road, street
katukiveys (*kah*-too-*ki*-vay-ewss) *n* pavement
katumus (*kah*-too-mooss) *n* repentance
katuoja (*kah*-too-*oiah*) *n* gutter
kauas (*kou*-ahss) *adj* far
kauasulottuva (*kou*-ahss-

oo-loat-too-vah) *adj* extensive
kauempana (*kou*-aym-pah-nah) *adj* farther
kauhea (*kou*-hay-ah) *adj* terrible, frightful
kauhistuttava (*kou*-hiss-toot-tah-vah) *adj* terrible, dreadful
kauhistuttaa (*kou*-hiss-toot-taa) *v* terrify
kauhtua (*kouh*-too-ah) *v* discolour
kauhtunut (*kouh*-too-noot) *adj* discoloured, faded
kauhu (*kou*-hoo) *n* terror, horror
kaukainen (*kou*-kigh-nayn) *adj* faraway, remote, distant
kaukana (*kou*-kah-nah) far away
kaukokirjoitin (*kou*-koa-*keer*-^{y}oi-tin) *n* telex
kaukopuhelu (*kou*-koa-*poo*-hay-loo) *n* long-distance call
kaukosäädin (*kou*-koa-*sææ*-din) *n* remote control
kaula (*kou*-lah) *n* throat
kaulahihna (*kou*-lah-*hih*-nah) *n* collar
kaulaliina (*kou*-lah-*lee*-nah) *n* scarf
kaulanauha (*kou*-lah-*nou*-hah) *n* necklace
kauluksennappi (*kou*-look-sayn-*nahp*-pi) *n* collar stud
kaulus (*kou*-looss) *n* collar
kauneudenhoito (*kou*-nay^{oo}-dayn-*hoi*-toa) *n* cosmetology
kauneudenhoitoaineet (*kou*-nay^{oo}-dayn-*hoi*-toa-*igh*-nāyt) *pl* cosmetics *pl*
kauneus (*kou*-nay-ooss) *n* beauty
kauneussalonki (*kou*-nay-ooss-*sah*-loang-ki) *n* beauty salon, beauty parlour
kaunis (*kou*-niss) *adj* beautiful, pretty
kaupaksi menevä (*kou*-pahk-si *may*-nay-væ) *adj* marketable
kaupallinen (*kou*-pahl-li-nayn) *adj* commercial
kaupankäynti (*kou*-pahn-*kæ*^{ew}*n*-ti) *n* trade, business, commerce
kauppa (*koup*-pah) *n* shop, store; business, commerce; **hyvä ~** bargain; **kauppa-** commercial
kauppakoju (*koup*-pah-*koa*-^{y}oo) *n* stall
kauppaoikeus (*koup*-pah-*oi*-kay-ooss) *n* commercial law
kauppasulku (*koup*-pah-*sool*-koo) *n* embargo, blockade
kauppatavara (*koup*-pah-*tah*-vah-rah) *n* merchandise
kauppias (*koup*-pi-ahss) *n* dealer; merchant; shopkeeper
kaupunginosa (*kou*-poong-ngin-*oa*-sah) *n* district, quarter
kaupungintalo (*kou*-poong-

ngin-*tah*-loa) *n* town hall
kaupunki (*kou*-poong-ki) *n* city, town; **kaupunki-** urban
kaupunkilainen (*kou*-poong-ki-ligh-nayn) *n* citizen
kaupunkilaiset (*kou*-poong-ki-ligh-sayt) *pl* townspeople *pl*
kaura (*kou*-rah) *n* oats *pl*
kauriinvasa (*kou*-reen-*vah*-sah) *n* fawn
kausi (*kou*-si) *n* period; season
kausilippu (*kou*-si-*lip*-poo) *n* season ticket; **kausilipun haltija** commuter
kautta (*kout*-tah) *postp* via
kauttaaltaan (*kout*-taal-taan) *adv* throughout
kauttakulku (*kout*-tah-*kool*-*koo*) *n* passage
kavallus (*kah*-vahl-looss) *n* treason
kaveri (*kah*-vay-ri) *n* chap, guy
kaviaari (*kah*-vi-aa-ri) *n* caviar
kavio (*kah*-vi-oa) *n* hoof
kavuta (*kah*-voo-tah) *v* climb
kehittää (*kay*-hit-tææ) *v* develop; expand
kehitys (*kay*-hi-tewss) *n* development; evolution
kehityskulku (*kay*-hi-tewss-*kool*-koo) *n* development, progression
keho (*kay*-hoa) *n* body
kehottaa (*kay*-hoat-taa) *v* urge; incite; recommend
kehrätä (*kayh*-ræ-tæ) *v*spin
kehto (*kayh*-toa) *n* cradle
kehua (*kay*-hoo-ah) *v* compliment, praise
kehys (*kay*-hewss) *n* frame
kehä (*kay*-hæ) *n* ring
keidas (*kay*-dahss) *n* oasis
keihäs (*kay*-hæss) *n* spear
keijukainen (*kay*-ʸoo-kigh-nayn) *n* fairy
keilailu (*kay*-ligh-loo) *n* bowling
keilarata (*kay*-lah-*rah*-tah) *n* bowling alley
keino (*kay*-noa) *n* means
keinosilkki (*kay*-noa-*silk*-ki) *n* rayon
keinotekoinen (*kay*-noa-*tay*-koi-nayn) *adj* artificial
keinotella (*kay*-noa-tayl-lah) *v* speculate
keinu (*kay*-noo) *n* swing
keinua (*kay*-noo-ah) *v* rock; *swing
keinulauta (*kay*-noo-*lou*-tah) *n* seesaw
keinuttaa (*kay*-noot-taa) *v*swing
keisari (*kay*-sah-ri) *n* emperor
keisarikunta (*kay*-sah-ri-*koon*-tah) *n* empire
keisarillinen (*kay*-sah-ril-li-nayn) *adj* imperial
keisarinna (*kay*-sah-rin-nah) *n* empress
keittiö (*kayt*-ti-ur) *n* kitchen
keittiömestari (*kayt*-ti-ur-

mayss-tah-ri) *n* chef
keittiöpyyhe (*kayt*-ti-ur-*pēw*-hay) *n* kitchen towel
keitto (*kayt*-toa) *n* soup
keittokirja (*kayt*-toa-*keer*-ʸah) *n* cookery book; cookbook *nAm*
keittotilat (*kayt*-toa-*ti*-laht) *npl* cooking facilities
keittää (*kayt*-tææ) *v* cook
kekseliäs (*kayk*-say-li-æss) *adj* inventive, clever
keksi (*kayk*-si) *n* biscuit; cookie *nAm* ; cracker *nAm*
keksijä (*kayk*-si-ʸæ) *n* inventor
keksintö (*kayk*-sin-tur) *n* invention; discovery
keksiä (*kayk*-si-æ) *v* invent; discover; devise
kelkka (*kaylk*-kah) *n* sleigh, sledge
kellanruskea (*kayl*-lahn-*rooss*-kay-ah) *adj* tawny
kellari (*kayl*-lah-ri) *n* cellar
kellarikerros (*kayl*-lah-ri-*kayr*-roass) *n* basement
kello (*kayl*-loa) *n* watch, clock; **kello ...** at ... o'clock
kellonremmi (*kayl*-loan-*raym*-mi) *n* watchstrap
kellonsoitto (*kayl*-loan-*soit*-toa) *n* chimes *pl*
kelloseppä (*kayl*-loa-*sayp*-pæ) *n* watchmaker
kellua (*kayl*-loo-ah) *v* float
kelpo (*kayl*-poa) *adj* brave
keltainen (*kayl*-tigh-nayn) *adj* yellow
keltanarsissi (*kayl*-tah-*nahr*-siss-si) *n* daffodil
keltatauti (*kayl*-tah-*tou*-ti) *n* jaundice
keltuainen (*kayl*-too-igh-nayn) *n* yolk
kemia (*kay*-mi-ah) *n* chemistry
kemiallinen (*kay*-mi-ahl-li-nayn) *adj* chemical; **~ pesula** dry-cleaner's
kenguru (*kayng*-ngoo-roo) *n* kangaroo
kengänkiilloke (*kayng*-ngæng-*keel*-loa-kay) *n* shoe polish
kengännauha (*kayng*-ngæn-*nou*-hah) *n* shoelace, lace
kengänpohja (*kayng*-ngæm-*poah*-ʸah) *n* sole
Kenia (*kay*-ni-ah) Kenya
kenkä (*kayng*-kæ) *n* shoe
kenkäkauppa (*kayng*-kæ-*koup*-pah) *n* shoe shop
kenraali (*kayn*-raa-li) *n* general
kenties (*kayn*-tyayss) *adv* maybe, perhaps
kenttäkiikari (*kaynt*-tæ kee-kah-ri) *n* field glasses
keppi (*kayp*-pi) *n* rod; stick
keppihevonen (*kayp*-pi-*hay*-voa-nayn) *n* hobbyhorse
kepponen (*kayp*-poa-nayn) *n* trick
kera (*kay*-rah) *postp* with
keramiikka (*kay*-rah-meek-kah) *n* ceramics *pl*
kerho (*kayr*-hoa) *n* club
kerjäläinen (*kayr*-ʸæ-læᵉᵉ-

nayn) *n* beggar
kerjätä (*kayr-*ʸæ-tæ) *v* beg
kerma (*kayr*-mah) *n* cream
kermainen (*kayr*-migh-nayn) *adj* creamy
kermanvärinen (*kayr*-mahn-*væ*-ri-nayn) *adj* cream
kerran (*kayr*-rahn) *adv* once; ~ **vielä** once more
kerrankin (*kayr*-rahn-kin) *adv* for once
kerros (*kayr*-roass) *n* storey, floor; layer
kerrostalo (*kayr*-roass-*tah*-loa) *n* block of flats
kerrostuma (*kayr*-roass-too-mah) *n* deposition; layer
kerskata (*kayrs*-kah-tah) *v* boast
kerta (*kayr*-tah) *n* time
kertakäyttöinen (*kayr*-tah-*kæ*ᵉʷ*t*-turᵉᵉ-nayn) *adj* disposable
kertoa (*kayr*-toa-ah) *v* *tell; inform; multiply
kertolasku (*kayr*-toa-*lahss*-koo) *n* multiplication
kertomus (*kayr*-toa-mooss) *n* tale, story
kertova (*kayr*-toa-vah) *adj* narrative
keräilijä (*kay*-ræᵉᵉ-li-ʸæ) *n* collector
kerätä (*kay*-ræ-tæ) *v* gather; collect
kerääjä (*kay*-rææ-ʸæ) *n* collector
keskellä (*kayss*-kayl-læ) *prep/postp* amid
kesken (*kayss*-kayn) *postp* among
keskenmeno (*kayss*-kayn-*may*-noa) *n* miscarriage
keskeyttää (*kayss*-kay-ewt-tææ) *v* interrupt
keskeytymätön (*kayss*-kay-ew-tew-mæ-turn) *adj* continuous
keskeytys (*kayss*-kay-ew-tewss) *n* interruption
keski- (*kayss*-ki) medium; central
keskiaika (*kayss*-ki-*igh*-kah) *n* Middle Ages
keskiaikainen (*kayss*-ki-*igh*-kigh-nayn) *adj* mediaeval
keskiarvo (*kayss*-ki-*ahr*-voa) *n* average
keskikesä (*kayss*-ki-kay-sæ) *n* midsummer
keskikohta (*kayss*-ki-*koah*-tah) *n* middle
keskiluokka (*kayss*-ki-*lwoak*-kah) *n* middle class
keskimmäinen (*kayss*-kim-mæᵉᵉ-nayn) *adj* middle
keskimäärin (*kayss*-ki-*mææ*-rin) *adv* on the average
keskimääräinen (*kayss*-ki-*mææ*-ræᵉᵉ-nayn) *adj* medium, average
keskinkertainen (*kayss*-king-*kayr*-tigh-nayn) *adj* moderate; medium
keskinäinen (*kayss*-ki-næᵉᵉ-nayn) *adj* mutual
keskipiste (*kayss*-ki-*piss*-tay) *n* centre, central point

keskipäivä (*kayss*-ki-*pæ*^{ee}-væ) *n* midday, noon
keskittää (*kayss*-kit-tææ) *v* concentrate; centralize
keskitys (*kayss*-ki-tewss) *n* concentration
keskiverto (*kayss*-ki-*vayr*-toa) *n* mean, average
keskiviikko (*kayss*-ki-*veek*-koa) *n* Wednesday
keskiyö (*kayss*-ki-^{ew}*ur*) *n* midnight
keskusasema (*kayss*-kooss-*ah*-say-mah) *n* central station
keskuslämmitys (*kayss*-kooss-*læm*-mi-tewss) *n* central heating
keskusta (*kayss*-kooss-tah) *n* centre; **kaupungin ~** town centre
keskustella (*kayss*-kooss-tayl-lah) *v* discuss, talk, argue
keskustelu (*kayss*-kooss-tay-loo) *n* conversation, discussion, talk
kestitä (*kayss*-ti-tæ) *v* entertain
kestoaika (*kayss*-toa-*igh*-kah) *n* duration
kestokyky (*kayss*-toa-*kew*-kew) *n* endurance; tolerance
kestosileä (*kayss*-toa-*si*-lay-æ) *adj* permanent press
kestävä (*kayss*-tæ-væ) *adj* lasting
kestää (kayss-tææ) *v* last; endure; *go through
kesy (*kay*-sew) *adj* tame
kesyttää (*kay*-sewt-tææ) *v* tame
kesä (*kay*-sæ) *n* summer
kesäaika (*kay*-sæ-*igh*-kah) *n* summer time
kesäkuu (*kay*-sæ-*koo*) June
ketju (*kayt*-^{y}oo) *n* chain
kettu (*kayt*-too) *n* fox
keuhko (*kay*^{oo}*h*-koa) *n* lung; **keuhkoputken tulehdus** bronchitis
keuhkokuume (*kay*^{oo}*h*-koa-*koo*-may) *n* pneumonia
kevyt (*kay*-vewt) *adj* light
kevät (*kay*-væt) *n* spring
kevätaika (*kay*-væt-*igh*-kah) *n* springtime
khakikangas (*kah*-ki-*kahng*-ngahss) *n* khaki
kidus (*ki*-dooss) *n* gill
kiduttaa (*ki*-doot-taa) *v* torture
kidutus (*ki*-doo-tooss) *n* torture
kiehtoa (*kyayh*-toa-ah) *v* fascinate
kiehua (*kyay*-hoo-ah) *v* boil
kielenkääntäjä (*kyay*-layng-*kææn*-tæ-^{y}æ) *n* translator
kieli (*kyay*-li) *n* tongue; language; string
kieliopillinen (*kyay*-li-*oa*-pil-li-nayn) *adj* grammatical
kielioppi (*kyay*-li-*oap*-pi) *n* grammar
kielistudio (*kyay*-li-*stoo*-di-oa) *n* language laboratory
kielletty (*kyayl*-layt-tew) *adj* prohibited, forbidden

kielteinen (*kyayl*-tay-nayn) *adj* negative
kielto (*kyayl*-toa) *n* prohibition
kieltävä (*kyayl*-tæ-væ) *adj* negative
kieltäytyminen (*kyayl*-tæ^{ew}-tew-mi-nayn) *n* refusal
kieltäytyä (*kyayl*-tæ^{ew}-tew-æ) *v* deny, refuse
kieltää (*kyayl*-tææ) *v* deny; *forbid, prohibit
kiemurteleva (*kyay*-moor-tay-lay-vah) *adj* winding
kierittää (*kyay*-rit-tææ) *v* roll
kiero (*kyay*-roa) *adj* crooked
kierosilmäinen (*kyay*-roa-*sil*-mæ^{ee}-nayn) *adj* cross--eyed
kierrekaihdin (*kyayr*-rayk-*kighh*-din) *n* blind
kierros (*kyayr*-roass) *n* round; turn
kierrätettävä (*kyayr*-ræ-tayt-tæ-væ) *adj* recyclable
kiertokulku (*kyayr*-toa-*kool*-koo) *n* circulation, circle
kiertorata (*kyayr*-toa- *rah*-tah) *n* orbit
kiertoliike (*kyayr*-toa-*lee*-kay) *n* circular motion
kiertomatka (*kyayr*-toa-*maht*-kah) *n* tour
kiertotie (*kyayr*-toa-*tyay*) *n* detour; diversion
kiertävä (*kyayr*-tæ-væ) *adj* winding
kiertää (*kyayr*-tææ) *v* circulate; rotate; turn; by--pass; ~ **auki** unscrew
kihara (*ki*-hah-rah) *n* curl
kiharainen (*ki*-hah-righ-nayn) *adj* curly
kihartaa (*ki*-hahr-taa) *v* curl
kihlasormus (*kih*-lah-*soar*-mooss) *n* engagement ring
kihlattu (*kih*-laht-too) *n* fiancée
kihlaus (*kih*-lah-ooss) *n* engagement
kihloissa (*kih*-loiss-sah) *adv* engaged
kihti (*kih*-ti) *n* gout
kiihdyttää (*keeh*-dewt-tææ) *v* accelerate
kiihkeä (*keeh*-kay-æ) *adj* intense; passionate
kiihkomielinen (*keeh*-koa-*myay*-li-nayn) *adj* fanatical
kiihottaa (*kee*-hoat-taa) *v* excite
kiihtymys (*keeh*-tew-mewss) *n* excitement
kiikari (*kee*-kah-ri) *n* binoculars *pl*
kiila (*kee*-lah) *n* wedge
kiilloton (*keel*-loa-toan) *adj* mat
kiillottaa (*keel*-loat-taa) *v* polish
kiiltävä (*keel*-tæ-væ) *adj* glossy
kiiltää (*keel*-tææ) *v* *shine
Kiina (*kee*-nah) China
kiinalainen (*kee*-nah-ligh-nayn) *n* Chinese; *adj* Chinese
kiinnelaastari (*keen*-nay-*laass*-tah-ri) *n* adhesive

tape
kiinnelaina (*keen*-ni-tewss-*ligh*-nah) *n* mortgage
kiinnitin (*keen*-ni-tin) *n* fastener
kiinnittää (*keen*-nit-tææ) *v* attach; fasten; **~ huomiota** *pay attention to; **~ neulalla** pin
kiinnostaa (*keen*-noass-taa) *v* interest
kiinnostunut (*keen*-noass-too-noot) *adj* interested
kiinnostus (*keen*-noass-tooss) *n* interest
kiinteistö (*keen*-tayss-tur) *n* real estate; grounds
kiinteistövälittäjä (*keen*-tayss-tur-*væ*-lit-tæ-ʸæ) *n* estate agent
kiinteä (*keen*-tay-æ) *adj* solid; compact
kiintiö (*keen*-ti-ur) *n* quota
kiintolevyasema (*keen*-toa-*lay*-vew-*ah*-say-mah) *n*hard drive
kiintymys (*keen*-tew-mewss) *n* affection
kiintynyt (*keen*-tew-newt) *adj* attached to
kiipeäminen (*kee*-pay-æ-mi-nayn) *n* climb
kiire (*kee*-ray) *n* haste, hurry
kiireellinen (*kee*-ra̅yl-li-nayn) *adj* urgent, pressing
kiireellisyys (*kee*-ra̅yl-li-se̅wss) *n* urgency
kiireesti (*kee*-ra̅yss-ti) *adj* in a hurry
kiirehtiä (*kee*-rayh-ti-æ) *v* hurry, hasten
kiireinen (*kee*-ray-nayn) *adj* busy
kiista (*keess*-tah) *n* dispute
kiistakysymys (*keess*-tah-*kew*-sew-mewss) *n* issue
kiistanalainen (*keess*-tahn-*ah*-ligh-nayn) *adj* controversial
kiistellä (*keess*-tayl-læ) *v* argue
kiistää (*keess*-tææ) *v* deny
kiitollinen (*keetoa*-loa-nayn) *adj* thankful, grateful
kiitollisuus (*kee*-toal-li-so̅oss) *n* gratitude; **olla kiitollisuuden velassa** owe
kiitorata (*kee*-toa-*rah*-tah) *n* runway
kiitos (*kee*-toass) thank you
kiittämätön (*keet*-tæ-mæ-turn) *adj* ungrateful
kiittää (*keet*-tææ) *v* thank
kiivasluonteinen (*kee*-vahss-*lwoan*-tay-nayn) *adj* hot-tempered
kiivaus (*kee*-vah-ooss) *n* temper
kiivetä (*keevay*-tæ) *v* climb; ascend
kikattaa (*ki*-kaht-taa) *v* giggle
kiljaisu (*kil*-ʸigh-soo) *n* yell
kiljua (*kil*-ʸoo-ah) *v* yell
kilo (*ki*-loa) *n* kilogram
kilometri (*ki*-loa-*mayt*-ri) *n* kilometre
kilometrimäärä (*ki*-loa-*mayt*-ri-*mææ*-ræ) *n* distance in kilometres

kilometripylväs (*ki*-loa-*mayt*-ri-*pewl*-væss) *n* milestone
kilpa-ajo (*kil*-pah-*ah*-^{y}oa) *n* race
kilpa-ajorata (*kil*-pah-*ah*-^{y}oa-*rah*-tah) *n* racecourse
kilpahevonen (*kil*-pah-*hay*-voa-nayn) *n* racehorse
kilpailija (*kil*-pigh-li-^{y}ah) *n* rival, competitor
kilpailla (*kil*-pighl-lah) *v* compete; rival
kilpailu (*kil*-pigh-loo) *n* competition, contest
kilpajuoksu (*kil*-pah-^{y}*woak*-soo) *n* race
kilparata (*kil*-pah-*rah*-tah) *n* racetrack, racecourse
kilparatsastaja (*kil*-pah-*raht*-sahss-tah-^{y}ah) *n* jockey
kilpikonna (*kil*-pi-*koan*-nah) *n* turtle
kiltti (*kilt*-ti) *adj* good, kind
kimmoisa (*kim*-moi-sah) *adj* elastic
kimpale (*kim*-pah-lay) *n* chunk
kimppakyyti (*kimp*-pah-*kew*-ti) *n* carpool
kimppu (*kimp*-poo) *n* bouquet, bunch
kinkku (*kingk*-koo) *n* ham
kioski (*ki*-oass-ki) *n* kiosk
kipeä (*ki*-pay-æ) *adj* ill, sick, sore; ~ **kohta** sore
kipinä (*ki*-pi-næ) *n* spark
kipinöivä (*ki*-pi-nur^{ee}-væ) *adj* sparkling
kipsi (*kip*-si) *n* plaster
kipu (*ki*-poo) *n* pain, ache
kiristys (*ki*-riss-tewss) *n* blackmail, extortion
kiristää (*ki*-riss-tææ) *v* tighten; extort, blackmail
kirja (*keer*-^{y}ah) *n* book; **kirja- ja lehtikioski** bookstand
kirjailija (*keer*-^{y}igh-li-^{y}ah) *n* author, writer
kirjailla (*keer*-^{y}ighl-lah) *v* embroider
kirjain (*keer*-^{y}ighn) *n* letter; **iso** ~ capital letter
kirjakauppa (*keer*-^{y}ah-*koup*-pah) *n* bookstore, bookshop
kirjakauppias (*keer*-^{y}ah-*koup*-pi-ahss) *n* bookseller
kirjallinen (*keer*-^{y}ahl-li-nayn) *adj* written; literary
kirjallisesti (*keer*-^{y}ahl-li-sayss-ti) *adv* in writing
kirjallisuus (*keer*-^{y}ahl-li-sooss) *n* literature
kirjasto (*keer*-^{y}ahss-toa) *n* library
kirjata (*keer*-^{y}ah-tah) *v* list, register; book
kirjava (*keer*-^{y}ah-vah) *adj* multi-coloured; mixed
kirje (*keer*-^{y}ay) *n* letter; **kirjattu** ~ registered letter
kirjeenvaihtaja (*keer*-^{y}ayn-*vighh*-tah-^{y}ah) *n* correspondent
kirjeenvaihto (*keer*-^{y}ayn-*vighh*-toa) *n* correspondence; **olla kirjeenvaihdossa** correspond

kirjekortti (*keer*-^{y}ayk-*koart*-ti) *n* postcard
kirjekuori (*keer*-^{y}ayk-*kwoa*-ri) *n* envelope
kirjelaatikko (*keer*-^{y}ayl-*laa*-tik-koa) *n* letterbox
kirjepaperi (*keer*-^{y}ayp-*pah*-pay-ri) *n* notepaper
kirjoittaa (*keer*-^{y}oit-taa) *v* *write; ~ **muistiin** *write down
kirjoittautua (*keer*-^{y}oit-tou-too-ah) *v* register
kirjoituskone (*keer*-^{y}oi-tooss-*koa*-nay) *n* typewriter
kirjoituslehtiö (*keer*-^{y}oi-tooss-*layh*-ti-ur) *n* writing pad
kirjoituslipasto (*keer*-^{y}oi-tooss-*li*-pahss-toa) *n* bureau
kirjoituspaperi (*keer*-^{y}oi-tooss-*pah*-pay-ri) *n* writing paper, notepaper
kirjoituspöytä (*keer*-^{y}oi-tooss-*pur*^{ew}-tæ) *n* desk
kirkaisu (*keer*-kigh-soo) *n* scream
kirkas (*keer*-kahss) *adj* clear; bright
kirkastaa (*keer*-kahss-taa) *v* brighten
kirkko (*keerk*-koa) *n* chapel, church
kirkkoherra (*keerk*-koa-*hayr*-rah) *n* rector, vicar
kirkkomaa (*keerk*-koa-*maa*) *n* churchyard
kirkonmies (*keer*-koan-*myayss*) *n* clergyman
kirkontorni (*keer*-koan-*toar*-ni) *n* steeple
kirkua (*keer*-koo-ah) *v* shriek, scream
kiroilla (*ki*-roil-lah) *v* *swear, curse
kirota (*ki*-roa-tah) *v* curse
kirottu (*ki*-roat-too) *adj* bloody (*colloquial*)
kirous (*ki*-roa-ooss) *n* curse
kirpeä (*keer*-pay-æ) *adj* savoury, pungent
kirsikka (*keer*-sik-kah) *n* cherry
kirurgi (*ki*-roor-gi) *n* surgeon
kirves (*keer*-vayss) *n* axe
kissa (*kiss*-sah) *n* cat
kita (*ki*-tah) *n* mouth, jaws, mouth
kitara (*ki*-tah-rah) *n* guitar
kitka (*kit*-kah) *n* friction
kitkerä (*kit*-kay-ræ) *adj* bitter
kiukku (*kee*^{oo}*k*-koo) *n* anger
kiusa (*kee*^{oo}-sah) *n* bother, annoyance
kiusallinen (*kee*^{oo}-sahl-li-nayn) *adj* embarrassing, awkward
kiusata (*kee*^{oo}-sah-tah) *v* bother; bully
kiusaus (*kee*^{oo}-sah-ooss) *n* temptation
kiusoitella (*kee*^{oo}-soi-tayl-lah) *v* kid, tease
kivennäinen (*ki*-vayn-næ^{ee}-nayn) *n* mineral
kivennäisvesi (*ki*-vayn-næ^{ee}ss-*vay*-si) *n* soda water, mineral water

kivetä (*ki*-vay-tæ) *v* pave
kivi (*ki*-vi) *n* stone
kivihiili (*ki*-vi-*hee*-li) *n* coal
kivinen (*ki*-vi-nayn) *adj* stone
kivääri (*ki*-væ-ri) *n* rifle, gun
klassinen (*klahss*-si-nayn) *adj* classical
klinikka (*kli*-nik-kah) *n* clinic, doctor's
kloonata (*kloa*-nah-tah) *v* clone
klooni (*kloa*-ni) *n* clone
kloori (*kloa*-ri) *n* chlorine
klubi (*kloo*-bi) *n* club
-ko (koa) *suf* whether, if; **-ko ... vai** whether ... or
kodikas (*koa*-di-kahss) *adj* cosy
koe (*koa*-ay) *n* experiment, test
koettaa (*koa*-ayt-taa) *v* attempt
kofeiini (*koa*-fay-ee-ni) *n* caffeine
kofeiiniton (*koa*-fay-ee-ni-toan) *adj* decaffeinated
kohdakkoin (*koah*-dahk-koin) *adv* soon
kohdata (*koah*-dah-tah) *v* *meet; encounter; *come across; ~ **sattumalta** run into
kohde (*koah*-day) *n* object, target
kohdella (*koah*-dayl-lah) *v* treat
kohden (*koah*-dayn) *postp* towards
kohista (*koa*-hiss-tah) *v* roar
kohmettunut (*koah*-mayt-too-noot) *adj* numb
kohota (*koa*-hoa-tah) *v* ascend, *rise; amount to
kohottaa (*koa*-hoat-taa) *v* lift
kohta (*koah*-tah) *n* item, point
kohtaaminen (*koah*-taa-mi-nayn) *n* encounter
kohtaamispaikka (*koah*-taa-miss-*pighk*-kah) *n* meeting place
kohtaan (*koah*-taan) *postp* towards
kohtalaisen (*koah*-tah-ligh-sayn) *adv* fairly
kohtalo (*koah*-tah-loa) *n* fate, destiny, lot, fortune
kohtalokas (*koah*-tah-loa-kahss) *adj* fatal
kohtaus (*koah*-tah-ooss) *n* meeting; fit; date; ~ **näytelmässä** scene
kohteliaisuus (*koah*-tay-li-igh-sooss) *n* compliment
kohtelias (*koah*-tay-li-ahss) *adj* polite, courteous
kohti (*koah*-ti) *postp* to, towards
kohtisuora (*koah*-ti-*swoa*-rah) *adj* perpendicular, vertical
kohtu (*koah*-too) *n* womb
kohtuullinen (*koah*-tool-li-nayn) *adj* moderate, reasonable
kohtuuton (*koah*-too-toan) *adj* unreasonable, unfair

koi (*koi*) *n* moth
koillinen (*koil*-li-nayn) *n* north-east
koira (*koi*-rah) *n* dog
koirankoppi (*koi*-rahng-koap-pi) *n* kennel
koirankuje (*koi*-rahng-*koo*-ʸay) *n* mischief
koiratarha (*koi*-rah-*tahr*-hah) *n* doghouse, kennel
koivu (*koi*-voo) *n* birch
koje (*koa*-ʸay) *n* gadget, apparatus; appliance
kojelauta (*koa*-ʸayl-*lou*-tah) *n* dashboard
koju (*koa*-ʸoo) *n* booth
kokaiini (*koa*-kah-ee-ni) *n* cocaine
kokea (*koa*-kay-ah) *v* experience
kokeilla (*koa*-kayl-lah) *v* try; test, experiment
kokeilu (*koa*-kay-loo) *n* experiment, test
kokematon (*koa*-kay-mah-toan) *adj* inexperienced
kokemus (*koa*-kay-mooss) *n* experience
kokenut (*koa*-kay-noot) *adj* experienced
kokkare (*koak*-kah-ray) *n* lump
kokkareinen (*koak*-kah-ray-nayn) *adj* lumpy
kokki (*koak*-ki) *n* cook
koko[1] (*koa*-koa) *n* size; **erikoissuuri ~** outsize
koko[2] (*koa*-koa) *adj* total, whole
kokoelma (*koa*-koa-ayl-mah) *n* collection
kokojyväleipä (*koa*-koa-ʸew-væ-*lay*-pæ) *n* wholemeal bread
kokonaan (*koa*-koa-naan) *adv* completely, wholly
kokonainen (*koa*-koa-nigh-nayn) *adj* entire, complete
kokonais- (*koa*-koa-nighss) overall, total
kokonaissumma (*koa*-koa-nighss-*soom*-mah) *n* lump sum
kokonaisuus (*koa*-koa-nigh-sōōss) *n* whole
kokoontua (*koa*-kōān-too-ah) *v* gather
kokoontuminen (*koa*-*kōān*-too-mi-nayn) *n* reunion; rally
kokous (*koa*-koa-ooss) *n* meeting; assembly
kolaus (*koa*-lah-ooss) *n* bang, bump
kolea (*koa*-lay-ah) *adj* chilly
kolikko (*koa*-lik-koa) *n* coin
kolina (*koa*-li-nah) *n* noise
kolja (*koal*-ʸah) *n* haddock
kolkuttaa (*koal*-koot-taa) *v* knock
kolkutus (*koal*-koo-tooss) *n* knock
kolmas (*koal*-mahss) *num* third
kolmaskymmenes (*koal*-mahss-*kewm*-may-nayss) *num* thirtieth
kolmastoista (*koal*-mahss-*toiss*-tah) *num* thirteenth
kolme (*koal*-may) *num*

three; ~ **nejännestä** three-quarters
kolmekymmentä (*koal*-may-*kewm*-mayn-tæ) *num* thirty
kolmetoista (*koal*-may-*toiss*-tah) *num* thirteen
kolmikulmainen (*koal*-mi-*kool*-migh-nayn) *adj* triangular
kolmio (*koal*-mi-oa) *n* triangle
Kolumbia (*koa*-loom-bi-ah) Colombia
kolumbialainen (*koa*-loom-bi-ah-ligh-nayn) *n* Colombian; *adj* Colombian
komea (*koa*-may-ah) *adj* handsome
komento (*koa*-mayn-toa) *n* command
komero (*koa*-may-roa) *n* cupboard, closet
komitea (*koa*-mi-tay-ah) *n* committee
kommunikoida (*koam*-moo-ni-koi-dah) *v* communicate
kommunismi (*koam*-moo-niss-mi) *n* communism
kommunisti (*koam*-moo-niss-ti) *n* communist
kompassi (*koam*-pahss-si) *n* compass
kompastua (*koam*-pahss-too-ah) *v* stumble
kone (*koa*-nay) *n* machine
koneisto (*koa*-nayss-toa) *n* machinery; mechanism
konekirjoittaa (*koa*-nayk-*keer*-ʸoit-taa) *v* type
konekirjoittaja (*koa*-nayk-*keer*-ʸoit-tah-ʸah) *n* typist
konekirjoituspaperi (*koa*-nayk-*keer*-ʸoi-tooss-*pah*-pay-ri) *n* typing paper
konepelti (*koa*-nayp-*payl*-ti) *n* bonnet; hood *nAm*
konerikko (*koa*-nayr-*rik*-koa) *n* breakdown
konevika (*koa*-nayv-*vi*-kah) *n* breakdown
konferenssi (*koan*-fay-rayns-si) *n* conference
kongressi (*koang*-rayss-si) *n* congress
konjakki (*koan*-ʸahk-ki) *n* cognac
konkreettinen (*koang*-kr<u>ay</u>t-ti-nayn) *adj* concrete
konna (*koan*-nah) *n* villain
konsertti (*koan*-sayrt-ti) *n* concert
konserttisali (*koan*-sayrt-ti-*sah*-li) *n* concert hall
konservatiivinen (*koan*-sayr-vah-tee-vi-nayn) *adj* conservative
konsulaatti (*koan*-soo-laat-ti) *n* consulate
konsuli (*koan*-soo-li) *n* consul
kontti (*koant*-ti) *n* container
konttoriaika (*koant*-toa-ri-*igh*-kah) *n* business hours
konttoristi (*koant*-toa-riss-ti) *n* clerk
kookas (*kōā*-kahss) *adj* tall, big
kookospähkinä (*kōā*-koass-

pæh-ki-næ) *n* coconut
koomikko (*kōā*-mik-koa) *n* comedian
koominen (*kōā*-mi-nayn) *adj* comic
koostua (*kōāss*-too-ah) *v* consist of
koostumus (*kōāstoo*-mooss) *n* texture
koota (*kōā*-tah) *v* gather, collect; assemble
kopea (*koa*-pay-ah) *adj* presumptuous, proud
kopio (*koa*-pi-oa) *n* copy
koppava (*koap*-pah-vah) *adj* snooty, arrogant
koppi (*koap*-pi) *n* booth
koputtaa (*koa*-poot-taa) *v* tap
koputus (*koa*-poo-tooss) *n* tap
koralli (*koa*-rahl-li) *n* coral
kori (*koa*-ri) *n* hamper, basket
korintti (*koa*-rint-ti) *n* currant
koristaa (*koa*-riss-taa) *v* decorate
koristeellinen (*koa*-riss-tāyl-li-nayn) *adj* ornamental
koristekuvio (*koa*-riss-tay-*koo*-vi-oa) *n* ornament
koristelu (*koa*-riss-tay-loo) *n* decoration
korjaava kirurgia (*koar*-ʸaa-vah *ki*-roor-gi-ah) *n*reconstructive surgery
korjata (*koar*-ʸah-tah) *v* repair; fix; mend; correct
korjaus (*koar*-ʸah-ooss) *n* reparation, repair; correction
korkea (*koar*-kay-ah) *adj* high, tall
korkeakoulu (*koar*-kay-ahk-*koa*-loo) *n* college
korkeintaan (*koar*-kayn-taan) *adv* at most
korkeus (*koar*-kay-ooss) *n* height, altitude
korkki (*koark*-ki) *n* cork; **poistaa** ~ uncork
korkkiruuvi (*koark*-ki-*rōō*-vi) *n* corkscrew
korko (*koar*-koa) *n* heel; interest
korkokuva (*koar*-koa-*koo*-vah) *n* relief
korostaa (*koa*-roass-taa) *v* emphasize
korostus (*koa*-roass-tooss) *n* accent; stress
korottaa (*koa*-roat-taa) *v* raise
korotus (*koa*-roa-tooss) *n* rise
korppi (*koarp*-pi) *n* raven
korppikotka (*koarp*-pi-*koat*-tah) *n* vulture
korsetti (*koar*-sayt-ti) *n* corset
kortteli (*koart*-tay-li) *n* house block *Am*
kortti (*koart*-ti) *n* card
koru (*koa*-roo) *n* jewel
koruompelu (*koa*-roo-*oam*-pay-loo) *n* embroidery
korut (*koa*-root) *pl* jewellery
korva (*koar*-vah) *n* ear
korvakoru (*koar*-vah-*koa*-

roo) *n* earring
korvasärky (*koar*-vah-*sær*-kew) *n* earache
korvata (*koar*-vah-tah) *v* substitute, replace; remunerate; compensate
korvaus (*koar*-vah-ooss) *n* remuneration
korvike (*koar*-vi-kay) *n* replacement, makeshift
koska (*koass*-kah) *conj* since, as, because
ei koskaan (*ay* koass-kaan) never
koskea (*koass*-kay-ah) *v* touch; **~ jtk** apply, concern
koskematon (*koass*-kay-mah-toan) *adj* intact, untouched
kosketin (*koass*-kay-tin) *n* key; contact; plug
koskettaa (*koass*-kayt-taa) *v* touch
kosketus (*koass*-kay-tooss) *n* touch; contact
koski (*koass*-ki) *n* rapids *pl*
koskien jtk (*koass*-ki-ayn) about, regarding
kostea (*koass*-tay-ah) *adj* damp, humid, moist
kosteus (*koass*-tay-ooss) *n* humidity, moisture, damp
kosteusvoide (*koass*-tay-ooss-*voi*-day) *n* moisturizing cream
kosto (*koass*-toa) *n* revenge
kostuttaa (*koass*-toot-taa) *v* moisten, damp
kotelo (*koa*-tay-loa) *n* case; sleeve
koti (*koa*-ti) *n* home; **koti-** domestic
kotiapulainen (*koa*-ti-*ah*-poo-ligh-nayn) *n* maid
kotiasu (*koa*-ti-*ah*-soo) *n* negligee, house coat
koti-ikävä (*koa*-ti-*i*-kæ-væ) *n* homesickness
kotilo (*koa*-ti-loa) *n* shell
kotimainen (*koa*-ti-migh-nayn) *adj* domestic
kotiopettajatar (*koa*-ti-*oa*-payt-tah-ʸah-tahr) *n* governess
kotipaikka (*koa*-ti-*pighk*-kah) *n* domicile; seat
kotirouva (*koa*-ti-*roa*-vah) *n* housewife
kotitehtävät (*koa*-ti-*tayh*-tæ-væt) *npl* homework
kotitekoinen (*koa*-ti-*tay*-koi-nayn) *adj* home-made
kotityöt (*koa*-ti-*t*ᵉʷ*urt*) *pl* housework
kotka (*koat*-kah) *n* eagle
kotona (*koa*-toa-nah) *adv* home, at home
kottarainen (*koat*-tah-righ-nayn) *n* starling
koukku (*koak*-koo) *n* hook
koulu (*koa*-loo) *n* school
koululaukku (*koa*-loo-*louk*-koo) *n* satchel, school bag
koulupoika (*koa*-loo-*poi*-kah) *n* schoolboy
kouluttaa (*koa*-loot-taa) *v* educate; train
kouluttaja (*koa*-loot-tah-ʸa) *n* trainer
koulutus (*koa*-loo-tooss) *n*

education; background
koulutyttö (*koa*-loo-*tewt*-tur) *n* schoolgirl
kourallinen (*koa*-rahl-li-nayn) *n* handful
kouriintuntuva (*koa*-reen-*toon*-too-vah) *adj* palpable, tangible
kouristus (*koa*-riss-tooss) *n* convulsion
kova (*koa*-vah) *adj* hard; severe
kovakuoriainen (*koa*-vah-*kwoa*-ri-igh-nayn) *n* bug, beetle
kovaonninen (*koa*-vah-*oan*-ni-nayn) *adj* unlucky, unfortunate
kraatteri (*kraat*-tay-ri) *n* crater
krapula (*krah*-poo-lah) *n* hangover
krassi (*krahss*-si) *n* watercress
Kreikka (*krayk*-kah) Greece
kreikkalainen (*krayk*-kah-ligh-nayn) *n* Greek; *adj* Greek
kreivi (*kray*-vi) *n* count, earl
kreivikunta (*kray*-vi-*koon*-tah) *n* county
kreivitär (*kray*-vi-tær) *n* countess
krikettipeli (*kri*-kayt-ti-*pay*-li) *n* cricket
kristalli (*kriss*-tahl-li) *n* crystal; **kristalli-** crystal
kristitty (*kriss*-tit-tew) *adj* Christian; *n* Christian
Kristus (*kriss*-tooss) Christ
krokotiili (*kroa*-koa-tee-li) *n* crocodile
kronologinen (*kroa*-noa-loa-gi-nayn) *adj* chronological
krooli (*kroa̅*-li) *n* crawl
krooninen (*kroa̅*-ni-nayn) *adj* chronic
krouvi (*kroa*-vi) *n* pub
krusifiksi (*kroo*-si-fik-si) *n* crucifix
kruunata (*kroo̅*-nah-tah) *v* crown
kruunu (*kroo̅*-noo) *n* crown
kuherruskuukausi (*koo*-hayr-rooss-*koo̅*-kou-si) *n* honeymoon
kuhmu (*kooh*-moo) *n* lump
kuilu (*koo^ee*-loo) *n* gorge;
kuin (*koo^ee n*) *conj* than, as; **kuinka monta** how many; **kuinka paljon** how much
kuiskata (*koo^ee ss*-kah-tah) *v* whisper
kuiskaus (*koo^ee ss*-kah-ooss) *n* whisper
kuisti (*koo^ee ss*-ti) *n* veranda
kuitenkaan (*koo^ee*-tayng-kaan) *adv* though
kuitenkin (*koo^ee*-tayng-kin) *conj* however
kuitti (*koo^ee t*-ti) *n* receipt
kuiva (*koo^ee*-vah) *adj* dry
kuivata (*koo^ee*-vah-tah) *v* dry; wipe
kuivattaa (*koo^ee*-vaht-taa) *v* dry; drain
kuivausrumpu (*koo^ee*-vah-ooss-*room*-poo) *n* dryer
kuivua (*koo^ee*-voo-ah) *v* dry

kuivuus (*koo*^{ee}-vo͞oss) *n* drought
kuja (*koo*-ʸah) *n* alley, lane
kuje (*koo*-ʸay) *n* trick
kuka (*koo*-kah) *pron* who; ~ **tahansa** whoever; anybody; **ei kukaan** nobody
kukin (*koo*-kin) *pron* each
kukinta (*koo*-kin-tah) *n* blossom
kukka (*kook*-kah) *n* flower
kukkakaali (*kook*-kah-*kaa*-li) *n* cauliflower
kukkakauppa (*kook*-kah-*koup*-pah) *n* flower shop
kukkakauppias (*kook*-kah-*koup*-pi-ahss) *n* florist
kukkapenkki (*kook*-kah-*payngk*-ki) *n* flowerbed
kukkaro (*kook*-kah-roa) *n* purse
kukkasipuli (*kook*-kah-*si*-poo-li) *n* bulb
kukko (*kook*-koa) *n* cock
kukkula (*kook*-koo-lah) *n* hill
kukoistava (*koo*-koa-i-stah-vah) *adj* flourishing
kulho (*kool*-hoa) *n* bowl, dish
kuljeskella (*kool*-ʸayss-kayl-lah) *v* roam, stroll
kuljettaa (*kool*-ʸayt-taa) *v* transport; ***drive, carry**
kuljetus (*kool*-ʸay-tooss) *n* transportation
kuljetusmaksu (*kool*-ʸay-tooss-*mahk*-soo) *n* fare
kulkea läpi (*kool*-kay-ah *læ*-pi) pass through
kulku (*kool*-koo) *n* course
kulkue (*kool*-koo-ay) *n* procession
kulkunopeus (*kool*-koo-*noa*-pay-ooss) *n* cruising speed
kulkuri (*kool*-koo-ri) *n* tramp
kullankeltainen (*kool*-lahng-*kayl*-tigh-nayn) *adj* golden
kullattu (*kool*-laht-too) *adj* gilt
kulma (*kool*-mah) *n* corner; angle
kulmakarva (*kool*-mah-*kahr*-vah) *n* eyebrow
kulmakynä (*kool*-mah-*kew*-næ) *n* eyepencil
kulta (*kool*-tah) *n* gold
kultakaivos (*kool*-tah-*kigh*-voass) *n* goldmine
kultaseppä (*kool*-tah-*sayp*-pæ) *n* goldsmith
kulttuuri (*koolt*-to͞o-ri) *n* culture
kulua (*koo*-loo-ah) *v* pass; ~ **umpeen** expire
kulunut (*koo*-loo-noot) *adj* worn
kulut (*koo*-lit) *pl* expenditure; expense
kuluttaa (*koo*-loot-taa) *v* *spend; ~ **loppuun** use up, wear out
kuluttaja (*koo*-loot-tah-ʸah) *n* consumer
kuluttua (*koo*-loot-too-ah) *postp* after

kumartua (*koo*-mahr-too-ah) *v* *bend down
kumi (*koo*-mi) *n* gum, rubber
kuminauha (*koo*-mi-*nou*-hah) *n* elastic band, rubber band
kumitossut (*koo*-mi-*toass*-soot) *pl* plimsolls *pl* ; sneakers *plAm*
kummallinen (*koom*-mahl-li-nayn) *adj* strange, odd; queer
kummisetä (*koom*-mi-*say*-tæ) *n* godfather
kummitus (*koom*-mi-tooss) *n* ghost
kummitäti (*koom*-mi-*tæ*-ti) *n* godmother
kumoon (*koo*-mōān) *adv* over
kumpi (koom-pi) *pron* which
kumpikin (*koom*-pi-kin) *pron* both; either
kumppani (*koomp*-pah-ni) *n* partner; associate
kumpu (*koom*-poo) *n* hillock
kun (koon) *conj* when; as
kuningas (*koo*-ning-ngahss) *n* king
kuningaskunta (*koo*-ning-ngahss-*koon*-tah) *n* kingdom
kuningatar (*koo*-ning-ngah-tahr) *n* queen
kuninkaallinen (*koo*-ning-kaal-li-nayn) *adj* royal
kunnallinen (*koon*-nahl-li-nayn) *adj* municipal
kunnallishallitus (*koon*-nahl-liss-*hahl*-li-tooss) *n* municipality
kunnes (*koon*-nayss) *conj* till
kunnia (*koon*-ni-ah) *n* honour, glory
kunniakas (*koon*-ni-ah-kahss) *adj* honourable
kunniallinen (*koon*-ni-ahl-li-nayn) *adj* respectable, honourable
kunnianarvoisa (*koon*-ni-ahn-*ahr*-voi-sah) *adj* venerable
kunnianhimo (*koon*-ni-ahn-*hi*-moa) *n* ambition
kunnianhimoinen (*koon*-ni-ahn-*hi*-moi-nayn) *adj* ambitious
kunnianosoitus (*koon*-ni-ahn-*oa*-soi-tooss) *n* homage
kunniantunto (*koon*-ni-ahn-*toon*-toa) *n* sense of honour
kunnioitettava (*koon*-ni-oi-tayt-tah-vah) *adj* respectable, honourable
kunnioittaa (*koon*-ni-oit-taa) *v* respect, honour
kunnioittava (*koon*-ni-oit-tah-vah) *adj* respectful
kunnioituksenosoitus (*koon*-ni-oi-took-sayn-*oa*-soi-tooss) *n* tribute
kunnioitus (*koon*-ni-oi-tooss) *n* respect, esteem; regard
kunnossa (*koon*-noass-sah) *adv* in order
kunnossapito (*koon*-noass-

sah-*pi*-toa) *n* upkeep, maintenance
kunnostaa (*koon*-noass-taa) *v* repair
kunnostautua (*koon*-noass-tou-too-ah) *v* excel
kunta (*koon*-tah) *n* commune
kunto (*koon*-toa) *n* condition; order
kuntouttaminen (*koon*-toa-oot-tah-mi-nayn) *n* rehabilitation
kuohuttava (*kwoa*-hoot-tah-vah) *adj* shocking, exciting
kuolema (*kwoa*-lay-mah) *n* death
kuolemanrangaistus (*kwoa*-lay-mahn-*rahng*-ngighss-tooss) *n* death penalty
kuolettava (*kwoa*-layt-tah-vah) *adj* fatal, mortal
kuolevainen (*kwoa*-lay-vigh-nayn) *adj* mortal
kuolla (*kwoal*-lah) *v* die
kuollut (*kwoal*-loot) *adj* dead
kuono (*kwoa*-noa) *n* snout, nose
kuoppa (*kwoap*-pah) *n* hole; pit
kuoppainen (*kwoap*-pigh-nayn) *adj* bumpy
kuori (*kwoa*-ri) *n* skin, peel
kuoria (*kwoa*-ri-ah) *v* peel
kuorma (*kwoar*-mah) *n* burden, load; charge
kuorma-auto (*kwoar*-mah-*ou*-toa) *n* lorry; truck *nAm*
kuormittaa (*kwoar*-mit-taa) *v* charge, load
kuoro (*kwoa*-roa) *n* choir
kuorsata (*kwoar*-sah-tah) *v* snore
kupari (*koo*-pah-ri) *n* copper
kupla (*koop*-lah) *n* bubble
kupoli (*koo*-poa-li) *n* dome
kuponki (*koo*-poang-ki) *n* voucher, coupon
kuppi (*koop*-pi) *n* cup
kurainen (*koo*-righ-nayn) *adj* dirty, muddy
kuri (*koo*-ri) *n* discipline
kuristaa (*koo*-riss-taa) *v* strangle, choke
kurja (*koor*-^{y}ah) *adj* miserable
kurjuus (*koor*-$^{y}\overline{oo}$ss) *n* misery
kurkistaa (*koor*-kiss-taa) *v* peep
kurkku (*koork*-koo) *n* throat; cucumber
kurkkukipu (*koork*-koo-*ki*-poo) *n* sore throat
kurkkumätä (*koork*-koo-*mæ*-tæ) *n* diphtheria
kurlata (*koor*-lah-tah) *v* gargle
kurssi (*koors*-si) *n* course
kustannukset (*kooss*-tahn-nook-sayt) *pl* cost; expenses *pl*
kustantaja (*kooss*-tahn-tah-^{y}ah) *n* publisher
kuten (*koo*-tayn) *conj* as, like, such as
kutina (*koo*-ti-nah) *n* itch
kutistua (*koo*-tiss-too-ah) *v*

*shrink
kutistumaton (*koo*-tiss-too-mah-toan) *adj* shrinkproof
kutittaa (*koo*-tit-taa) *v* tickle
kutoa (*koo*-toa-ah) *v* *weave
kutoja (*koo*-toa-ʸah) *n* weaver
kutsu (*koot*-soo) *n* invitation
kutsua (*koot*-soo-ah) *v* call; ask, invite; ~ **koolle** assemble; ~ **takaisin** recall
kutsut (*koot*-soot) *pl* party
kuu (*kōō*) *n* moon
Kuuba (*kōō*-bah) Cuba
kuubalainen (*kōō*-bah-ligh-nayn) *n* Cuban; *adj* Cuban
kuudes (*kōō*-dayss) *num* sixth
kuudestoista (*kōō*-dayss-*toiss*-tah) *num* sixteenth
kuukausi (*kōō*-*kou*-si) *n* month
kuukausijulkaisu (*kōō*-*kou*-si-ʸ*ool*-kigh-soo) *n* monthly magazine
kuukausittainen (*kōō*-*kou*-sit-tigh-nayn) *adj* monthly
kuukautiset (*kōō*-*kou*-ti-sayt) *pl* menstruation
kuula (*kōō*-lah) *n* bullet; ball
kuulakärkikynä (*kōō*-lah-*kær*-ki-*kew*-næ) *n* Biro®, ballpoint pen
kuulla (*kōōl*-lah) *v* *hear
kuulo (*kōō*-loa) *n* hearing
kuuloke (*kōō*-loa-kay) *n* receiver
kuulostaa (*kōō*-loass-taa) *v* sound
kuulua (*kōō*-loo-ah) *v* belong to; concern
kuuluisa (*kōō*-looᵉᵉ-sah) *adj* famous
kuuluisuus (*kōō*-looᵉᵉ-sōōss) *n* celebrity
kuulustella (*kōō*-looss-tayl-lah) *v* interrogate, question
kuulustelu (*kōō*-looss-tay-loo) *n* examination, interrogation
kuuluttaa (*kōō*-loot-taa) *v* announce
kuulutus (*kōō*-loo-tooss) *n* notice, announcement
kuuluva (*kōō*-loo-vah) *adj* audible
kuuma (*kōō*-mah) *adj* hot
kuumavesipullo (*kōō*-mah-*vay*-si-*pool*-loa) *n* hot-water bottle
kuume (*kōō*-may) *n* fever
kuumeinen (*kōō*-may-nayn) *adj* feverish
kuumuus (*kōō*-mōōss) *n* heat
kuunnella (*kōōn*-nayl-lah) *v* listen; ~ **salaa** eavesdrop
kuuntelija (*kōōn*-tay-li-ʸah) *n* auditor, listener
kuuro (*kōō*-roa) *adj* deaf
kuusi (*kōō*-si) *num* six; *n* fir tree
kuusikymmentä (*kōō*-si-*kewm*-mayn-tæ) *num* sixty
kuusitoista (*kōō*-si-*toiss*-tah) *num* sixteen
kuutamo (*kōō*-tah-moa) *n* moonlight
kuutio (*kōō*-ti-oa) *n* cube
kuva (*koo*-vah) *n* picture,

image
kuvailla (*koo*-vighl-lah) *v* describe
kuvanveistäjä (*koo*-vahn-*vayss*-tæ-ʸæ) *n* sculptor
kuvapatsas (*koo*-vah-*paht*-sahss) *n* statue
kuvapostikortti (*koo*-vah-*poass*-ti-*koart*-ti) *n* picture postcard
kuvaruutu (*koo*-vahr*oo*-too) *n* screen
kuvaus (*koo*-vah-ooss) *n* description
kuvaviesti (*koo*-vah-*vyayss*-ti) *n* photo message
kuvernööri (*koo*-vayr-nūr-ri) *n* governor
kuvio (*koo*-vi-oa) *n* pattern
kuvitella (*koo*-vi-tayl-lah) *v* imagine, fancy, *think; imagine; ~ **mielessään** conceive
kuvitelma (*koo*-vi-tayl-mah) *n* fancy; fiction
kuviteltu (*koo*-vi-tayl-too) *adj* imaginary
kuvittaa (*koo*-vit-taa) *v* illustrate
kuvitus (*koo*-vi-tooss) *n* illustration
kuvottava (*koo*-voat-tah-vah) *adj* revolting
kyetä (*kew*-ay-tæ) *v* *be able to
kykenemättömyys (*kew*-kay-nay-mæt-tur-mēwss) *n* impotence
kykenemätön (*kew*-kay-nay-mæ-turn) *adj* incapable, unable; impotent
kykenevä (*kew*-kay-nay-væ) *adj* able; capable
kyky (*kew*-kew) *n* ability,
kyljys (*kewl*-ʸewss) *n* cutlet, chop
kylkiluu (*kewl*-ki-l*oo*) *n* rib
kylliksi (*kewl*-lik-si) *adv* enough
kyllin (*kewl*-lin) *adv* enough; *adj* sufficient
kyllä (*kewl*-læ) yes
kyllästynyt (*kewl*-læss-tew-newt) *adj* tired of, fed up with
kylmyys (*kewl*-mēwss) *n* cold
kylmä (*kewl*-mæ) *adj* cold
kylpeä (*kewl*-pay-æ) *v* bathe
kylpy (*kewl*-pew) *n* bath
kylpyhuone (*kewl*-pew-*hwoa*-nay) *v* bathroom
kylpypyyhe (*kewl*-pew-*pēw*-hay) *n* bath towel
kylpysuola (*kewl*-pew-*swoa*-lah) *n* bath salts
kylpytakki (*kewl*-pew-*tahk*-ki) *n* bathrobe
kylvettää (*kewl*-vayt-tææ) *v* bathe
kylvää (*kewl*-vææ) *v*sow
kylä (*kew*-læ) *n* village
kymmenen (*kewm*-may-nayn) *num* ten
kymmenes (*kewm*-may-nayss) *num* tenth
kymmenjärjestelmä (*kewm*-mayn-ʸ*ær*-ʸayss-tayl-mæ) *n* decimal system

kynnys (*kewn*-newss) *n* threshold
kynsi (*kewn*-si) *n* nail; claw
kynsilakka (*kewn*-si-*lahk*-kah) *n* nail polish
kynsisakset (*kewn*-si-*sahk*-sayt) *pl* nail scissors *pl*
kynsiviila (*kewn*-si-*vee*-lah) *n* nail file
kynttilä (*kewnt*-ti-læ) *n* candle
kyntää (*kewn*-tææ) *v* plough
kynä (*kew*-næ) *n* pen
kypsyys (*kewp*-sew̄ss) *n* maturity
kypsä (*kewp*-sæ) *adj* ripe, mature
kypärä (*kew*-pæ-ræ) *n* helmet
kyseenalainen (*kew*-sāyn-*ah*-ligh-nayn) *adj* controversial, disputable
kysellä (*kew*-sayl-læ) *v* ask, query
kysely (*kew*-say-lew) *n* inquiry
kysymys (*kew*-sew-mewss) *n* question
kysymysmerkki (*kew*-sew-mewss-*mayrk*-ki) *n* question mark
kysyntä (*kew*-sewn-tæ) *n* demand
kysyvä (*kew*-sew-væ) *adj* interrogative
kysyä (*kew*-sew-æ) *v* ask; **~ neuvoa** consult
kytkeytyä (atk) (*kewt*-kayew-tew-æ) *v* log in
kytkeä (*kewt*-kay-æ) *v* connect; plug in; switch on; **~ vaihde** change gear
kytkin (*kewt*-kin) *n* clutch
kyyhkynen (*kēwh*-kew-nayn) *n* pigeon
kyynel (*kēw*-nayl) *n* tear
kyynärpää (*kēw*-nær-*pææ*) *n* elbow
kädenpuristus (*kæ*-dayn-*poo*-riss-tooss) *n* handshake
kähertää (*kæ*-hayr-tææ) *v* curl
käheä (*kæ*-hay-æ) *adj* hoarse
käki (*kæ*-ki) *n* cuckoo
käly (*kæ*-lew) *n* sister-in-law
kämmen (*kæm*-mayn) *n* palm
käpälä (*kæ*-pæ-læ) *n* paw
kärki (*kær*-ki) *n* point, tip
kärkäs (*kær*-kæss) *adj* eager
kärpänen (*kær*-pæ-nayn) *n* fly
kärsimys (*kær*-si-mewss) *n* suffering
kärsimätön (*kær*-si-mæ-turn) *adj* impatient, eager
kärsivällinen (*kær*-si-væl-li-nayn) *adj* patient
kärsivällisyys (*kær*-si-væl-li-sēwss) *n* patience
kärsiä (*kær*-si-æ) *v* suffer; *bear
käsi (*kæ*-si) *n* hand; **käsi-** manual; **käsin kosketeltava** tangible
käsiala (*kæ*-si-ah-lah) *n* handwriting
käsienhoito (*kæ*-si-ayn-*hoi*-toa) *n* manicure
käsijarru (*kæ*-si-ʸ*ahr*-roo) *n*

handbrake
käsikirja (*kæ*-si-*keer*-ʸah) *n* handbook
käsikirjoitus (*kæ*-si-*keer*-ʸoi-tooss) *n* manuscript
käsikoukkua (*kæ*-si-*koak*-koo-ah) *adv* arm-in-arm
käsilaukku (*kæ*-si-*louk*-koo) *n* bag, handbag
käsimatkatavara (*kæ*-si-*maht*-kah-*tah*-vah-rah) *n* hand luggage; hand baggage *Am*
käsinoja (*kæ*-si-*noa*-ʸah) *n* arm
käsintehty (*kæ*-sin-*tayh*-tew) *adj* hand-made
käsiraudat (*kæ*-si-*rou*-daht) *pl* handcuffs *pl*
käsite (*kæ*-si-tay) *n* concept
käsitellä (*kæ*-si-tayl-læ) *v* handle; *deal with
käsittämätön (*kæ*-sit-tæ-mæ-turn) *adj* puzzling, incomprehensible
käsittää (*kæ*-sit-tææ) *v* include, conceive; *see; ~ **väärin** *misunderstand
käsitys (*kæ*-si-tewss) *n* idea, conception; notion
käsityö (*kæ*-si-*t*ᵉʷ*ur*) *n* handwork, handicraft; needlework
käsivarsi (*kæ*-si-*vahr*-si) *n* arm
käsivoide (*kæ*-si-*voi*-day) *n* hand cream
käskeä (*kæss*-kay-æ) *v* order, command
käsky (*kæss*-kew) *n* order
kätevä (*kæ*-tay-væ) *adj* practical, handy
kätilö (*kæ*-ti-lur) *n* midwife
kätkeä (*kæt*-kay-æ) *v* hide; conceal
kävelijä (*kæ*-vay-li-ʸæ) *n* walker
kävellä (*kæ*-vayl-læ) *v* walk
kävely (*kæ*-vay-lew) *n* stroll; walk
kävelykeppi (*kæ*-vay-lew-*kayp*-pi) *n* cane, walking stick
kävelyretki (*kæ*-vay-lew-*rayt*-ki) *n* walk
kävelytapa (*kæ*-vay-lew-*tah*-pah) *n* pace, walk
kävelytie (*kæ*-vay-lew-*tyay*) *n* footpath, promenade
käydä (*kæ*ᵉʷ-dæ) *v* visit; ferment; ~ **kauppaa** trade; ~ **makuulle** *lie down; ~ **ostoksilla** shop
käymälä (*kæ*ᵉʷ-mæ-læ) *n* toilet, bathroom; washroom *nAm*
käynti (*kæ*ᵉʷ*n*-ti) *n* pace
käyntikortti (*kæ*ᵉʷ*n*-ti-*koart*-ti) *n* business card
käypä (*kæ*ᵉʷ-pæ) *adj* current
käyrä (*kæ*ᵉʷ-ræ) *adj* crooked, bent
käytetty (*kæ*ᵉʷ-tayt-tew) *adj* second-hand
käyttäjä (*kæ*ᵉʷ*t*-tæ-ʸæ) *n* user
käyttäytyä (*kæ*ᵉʷ*t*-tæᵉʷ-tew-æ) *v* act, behave
käyttää (*kæ*ᵉʷ*t*-tææ) *v* apply, employ, use; *spend;

*wear; **käytettävissä oleva** available; **~ hyväksi** exploit; **~ hyödykseen** utilize
käyttö (*kæ*ew*t*-tur) *n* use
käyttöesine (*kæ*-ewt-tur-*ay*-si-nay) *n* utensil
käyttökelpoinen (*kæ*ew*t*-tur-*kayl*-poi-nayn) *adj* usable, applicable
käyttöohje (*kæ*ew*t*-tur-*oah*-yay) *n* instructions
käyttövoima (*kæ*ew*t*-tur-*voi*-mah) *n* driving force
käytännöllinen (*kæ*ew-tæn-nurl-li-nayn) *adj* practical
käytäntö (*kæ*ew-tæn-tur) *n* usage
käytävä (*kæ*ew-tæ-væ) *n* corridor; aisle
käytös (*kæ*ew-turss) *n* behaviour, conduct; manners *pl*
käänne (*kææn*-nay) *n* turn
käännekohta (*kææn*-nayk-*koah*-tah) *n* turning point; crisis
käännellä (*kææn*-nayl-læ) *v* turn round
käännyttää (*kææn*-newt-tææ) *v* convert
käännös (*kææn*-nurss) *n* translation, version
kääntyä (*kææn*-tew-æ) *v* turn round; **~ takaisin** turn back
kääntää (*kææn*-tææ) *v* turn; translate; **~ ylösalaisin** invert; **~ ympäri** turn over
kääntöpuoli (*kææn*-tur-*pwoa*-li) *n* reverse
kääpiö (*kææ*-pi-ur) *n* dwarf
käärepaperi (*kææ*-rayp-*pah*-pay-ri) *n* wrapping paper
kääriä (*kææ*-ri-æ) *v* wrap; **~ auki** unfold; unwrap
käärme (*kæær*-may) *n* snake
käärö (*kææ*-rur) *n* bundle
köli (*kur*-li) *n* keel
kömpelö (*kurm*-pay-lur) *adj* clumsy, awkward
köyhyys (*kur*ew-hewss) *n* poverty
köyhä (*kur*ew-hæ) *adj* poor
köysi (*kur*ew-si) *n* rope, cord

L

laahata (*laa*-hah-tah) *v* drag
laaja (*laa*-yah) *adj* wide; extensive, broad
laajakaista (*laa*-yah *kighss*-tah) *n* broadband
laajakantoinen (*laa*-yah-*kahn*-toi-nayn) *adj* extensive
laajeneminen (*laa*-yay-nay-mi-nayn) *n* expansion
laajennus (*laa*-yayn-nooss) *n* extension
laajentaa (*laa*-yayn-taa) *v* widen, enlarge, expand
laajeta (*laa*-yay-tah) *v* expand

laajuus (*laa*-^{y}ōōss) *n* extent; size
laakso (*laak*-soa) *n* valley
laastari (*laas*-ta-ri) *n* plaster; **laastarilappu** strip of plaster
laatia (*laa*-tiah) *v*draw up; *make up
laatikko (*laa*-tik-koa) *n* box;
laatu (*laa*-too) *n* quality
laboratorio (*lah*-boa-rah-toa-ri-oa) *n* laboratory
ladata (*lah*-dah-tah) *v* upload
laguuni (*lah*-gōō-ni) *n* lagoon
lahdelma (*lahh*-dayl-mah) *n* bay, inlet
lahja (*lahh*-^{y}ah) *n* present, gift
lahjakas (*lahh*-^{y}ah-kahss) *adj* talented, gifted; brilliant
lahjakortti (*lahh*-^{y}ah-*koart*-ti) *n* gift card
lahjoa (*lahh*-^{y}oa-ah) *v* bribe; corrupt
lahjoittaa (*lahh*-^{y}oit-taa) *v* donate
lahjoittaja (*lahh*-^{y}oit-tah-^{y}ah) *n* donor
lahjoitus (*lahh*-^{y}oi-tooss) *n* donation
lahjominen (*lahh*-^{y}oa-mi-nayn) *n* bribery; corruption
lahti (*lahh*-ti) *n* bay; inlet
laidun (*ligh*-doon) *n* pasture
laiduntaa (*ligh*-doon-taa) *v* graze
laiha (*ligh*-hah) *adj* thin, lean
laihduttaa (*lighh*-doot-taa) *v* slim, diet
laillinen (*lighl*-li-nayn) *adj* legal, lawful, legitimate
laillistaminen (*lighl*-liss-tah-mi-nayn) *n* legalization
laimentaa (*ligh*-mayn-taa) *v* dilute
laiminlyödä (*ligh*-min-*l*^{ew}*ur*-dæ) *v* neglect
laiminlyönti (*ligh*-min-*l*^{ew}*urn*-ti) *n* neglect
laina (*ligh*-nah) *n* loan; **antaa lainaksi** *lend; **ottaa lainaksi** borrow
lainata (*ligh*-nah-tah) *v* borrow; *lend
lainaus (ligh-nah-ooss) *n* quotation
lainausmerkit (*ligh*-nah-ooss-*mayr*-kit) *pl* quotation marks
laine (*ligh*-nay) *n* wave
lainelauta (*ligh*-nayl-*lou*-tah) *n* surfboard
lainmukainen (*lighm-moo*-kigh-nayn) *adj* legal; valid
lainvastainen (*lighn-vahss*-tigh-nayn) *adj* unlawful, illegal
laiska (*lighss*-kah) *adj* lazy
laita (*ligh*-tah) *n* border, edge
laitaosa (*ligh*-tah-*oa*-sah) *n* outskirts *pl*
laite (*ligh*-tay) *n* appliance, device
laiton (*ligh*-toan) *adj* illegal
laitos (*ligh*-toass) *n* institution, institute

laitteet (*light*-tāyt) *npl* equipment; facilities
laituri (*ligh*-too-ri) *n* dock, jetty
laiva (*ligh*-vah) *n* boat, ship; **laivan kansi** deck
laivaan (*ligh*-vaan) *adv* aboard
laivanvarustaja (*ligh*-vahn-*vah*-rooss-tah-ʸah) *n* shipowner
laivassa (*ligh*-vahss-sah) *adv* aboard
laivasto (*ligh*-vahss-toa) *n* navy, fleet; **laivasto-** naval
laivata (*ligh*-vah-tah) *v* ship
laivaus (*ligh*-vah-ooss) *n* shipping; embarkation
laivaveistämö (*ligh*-vah-*vayss*-tæ-mur) *n* shipyard
laivaväylä (*ligh*-vah-*væ*ᵉʷ-læ) *n* waterway
laivayhtiö (*ligh*-vah-*ewh*-ti-ur) *n* shipping company, shipping line
laivue (*ligh*-voo-ay) *n* squadron
laji (*lah*-ʸi) *n* species; kind
lajitella (*lah*-ʸi-tayl-lah) *v* assort, sort
lajitelma (*lah*-ʸi-tayl-mah) *n* assortment
lakaista (*lah*-kighss-tah) *v*sweep
lakana (*lah*-kah-nah) *n* sheet
lakata (*lah*-kah-tah) *v* stop, discontinue; varnish
laki (*lah*-ki) *n* law
lakimääräinen (*lah*-ki-*mææ*-ræᵉᵉ-nayn) *adj* statutory, lawful
lakipiste (*lah*-ki-*piss*-tay) *n* zenith
lakitiede (*lah*-ki-*tyay*-day) *n* study of law
lakka (*lahk*-kah) *n* varnish; nail polish
lakki (*lahk*-ki) *n* cap
lakko (*lahk*-koa) *n* strike
lakkoilla (*lahk*-koil-lah) *v*go on strike
lakritsi (*lahk*-rit-si) *n* liquorice
laktoosi (*lahk*-tōā-si) *n* lactose
laktoosi-intolerantti (*lahk*-tōā-si-*in*-toa-lay-rahnt-ti) *adj* lactose intolerant
lamakausi (*lah*-mah-*kou*-si) *n* depression
lammas (*lahm*-mahss) *n* sheep
lammikko (*lahm*-mik-koa) *n* pond; pool
lampaanliha (*lahm*-paan-*li*-hah) *n* mutton
lampi (*lahm*-pi) *n* pond
lamppu (*lahmp*-poo) *n* lamp
lampunvarjostin (*lahm*-poon-*vahr*-ʸoass-tin) *n* lampshade
langaton (*lahng*-gah-toan) *adj* wireless
lanka (*lahng*-kah) *n* thread; yarn
lankku (*lahngk*-koo) *n* plank
lanko (*lahng*-koa) *n* brother--in-law
lanne (*lahn*-nay) *n* hip
lannistaa (*lahn*-niss-taa) *v*

discourage
lanta (*lahn*-tah) *n* dung, manure
lantio (*lahn*-ti-oa) *n* pelvis
lapaset (*lah*-pah-sayt) *pl* mittens *pl*
lapio (*lah*-pi-oa) *n* spade, shovel
lapsenkaitsija (*lahp*-sayng-*kight*-si-yah) *n* babysitter
lapsenlapsi (*lahp*-sayng-*lahp*-si) *n* grandchild
lapsi (*lahp*-si) *n* child; kid
lapsihalvaus (*lahp*-si-*hahl*-vah-ooss) *n* polio
lapsipuoli (*lahp*-si-*pwoa*-li) *n* stepchild
lasi (*lah*-si) *n* glass
lasikaappi (*lah*-si-*kaap*-pi) *n* showcase, glass cabinet
lasimaalaus (*lah*-si-*maa*-lah-ooss) *n* stained-glass window
lasinen (*lah*-si-nayn) *adj* glass
lasittaa (*lah*-sit-taa) *v* glaze
laskea (*lahss*-kay-ah) *v* count, reckon; lower, *strike; ~ **mukaan** include; ~ **yhteen** add
laskelma (*lahss*-kayl-mah) *n* calculation
laskelmoida (*lahss*-kayl-moi-dah) *v* calculate
laskento (*lahss*-kayn-toa) *n* arithmetic
laskeutua (*lahss*-kay^{oo}-too-ah) *v* descend; land
laskeutuminen (*lahss*-kay^{oo}-too-mi-nayn) *n* descent
laskimo (*lahss*-ki-moa) *n* vein
laskos (*lahss*-koass) *n* crease
laskostaa (*lahss*-koass-taa) *v* fold
lasku (*lahss*-koo) *n* bill; check *nAm* ; invoice
laskukausi (*lahss*-koo-*kou*-si) *n* recession, slump
laskukone (*lahss*-koo-*koa*-nay) *n* calculator
laskusilta (*lahss*-koo-*sil*-tah) *n* gangway
laskuttaa (*lahss*-koot-taa) *v* bill
laskuvesi (*lahss*-koo-*vay*-si) *n* low tide
lasta (*lahss*-tah) *n* splint, spatula
lastata (*lahss*-tah-tah) *v* charge, load
lastenhoitaja (*lahss*-tayn-*hoi*-tah-yah) *n* nurse
lastenhuone (*lahss*-tayn-*hwoa*-nay) *n* nursery
lastenseimi (*lahss*-tayn-say-mi) *n* nursery
lastentarha (*lahss*-tayn-*tahr*-hah) *n* kindergarten
lastenvaunut (*lahss*-tayn-*vou*-noot) *pl* pram, baby carriage *Am*
lasti (*lahss*-ti) *n* cargo; load
lastiruuma (*lahss*-ti-*rōō*-mah) *n* cargo hold
lastu (*lahss*-too) *n* chip
lataaminen (*lah*-taa-mi-nayn) *n* download
Latinalainen Amerikka

(*lah*-ti-nah-ligh-nayn-*ah*-may-rik-kah) Latin America
latinalaisamerikkalainen (*lah*-ti-nah-lighss-*ah*-may-rik-kah-ligh-nayn) *adj* Latin-American
latkia (*laht*-ki-ah) *v* lap
lato (*lah*-toa) *n* barn
lattia (*laht*-ti-ah) *n* floor
lauantai (*lou*-ahn-tigh) *n* Saturday
laudoitus (*lou*-doi-tooss) *n* panelling
lauha (*lou*-hah) *adj* mild
lauhtua (*louh*-too-ah) *v* thaw
laukaus (*lou*-kah-ooss) *n* shot
laukka (*louk*-kah) *n* gallop
laulaa (*lou*-laa) *v* sing
laulaja (*lou*-lah-ʸah) *n* vocalist, singer
laulelma (*lou*-layl-mah) *n* tune, song
laulu (*lou*-loo) *n* song; **laulu-**vocal
lauma (*lou*-mah) *n* flock; herd
lause (*lou*-say) *n* sentence
lausua (*lou*-soo-ah) *v* express; utter
lausunto (*lou*-soon-toa) *n* statement
lauta (*lou*-tah) *n* board
lautanen (*lou*-tah-nayn) *n* plate; **syvä ~** soup plate
lautasliina (*lou*-tahss-*leenah*) *n* serviette, napkin
lautta (*lout*-tah) *n* raft; ferry--boat
lavantauti (*lah*-vahn-*tou*-ti) *n* typhoid
lavashow (*lah*-vah-*shoa*) *n* floor show
lehdenmyyjä (*layh*-daym-*mēw*-ʸæ) *n* newsagent
lehdistötilaisuus (*layh*-diss-tur-*ti*-ligh-sōōss) *n* press conference
lehmus (*layh*-mooss) *n* lime tree
lehmä (*layh*-mæ) *n* cow
lehmänvuota (*layh*-mæn-*vwoa*-tah) *n* cowhide
lehti (*layh*-ti) *n* leaf
lehtikulta (*layh*-ti-*kool*-tah) *n* gold leaf
lehtisalaatti (*layh*-ti-*sah*-laat-ti) *n* lettuce
lehtori (*layh*-toa-ri) *n* high school teacher
leijona (*lay*-ʸoa-nah) *n* lion
leikata (*lay*-kah-tah) *v* cut; operate; **~ siistiksi** trim
leikekirja (*lay*-kayk-*keer*-ʸah) *n* scrapbook
leikillinen (*lay*-kil-li-nayn) *adj* playful, humorous
leikkaus (*layk*-kah-ooss) *n* surgery, operation
leikki (*layk*-ki) *n* play
leikkikalu (*layk*-ki-*kah*-loo) *n* toy
leikkikenttä (*layk*-ki-*kaynt*-tæ) *n* playground, recreation ground
leikkiä (*layk*-ki-æ) *v* play
leima (*lay*-mah) *n* stamp
leimata (*lay*-mah-tah) *v* mark

leipoa (*lay*-poa-ah) *v* bake
leipomo (*lay*-poa-moa) *n* bakery
leipuri (*lay*-poo-ri) *n* baker
leipä (*lay*-pæ) *n* bread
leiri (*lay*-ri) *n* camp
leirintäalue (*lay*-rin-tæ-*ah*-loo-ay) *n* camping site
leiriytyä (*lay*-ri-ew-tew-æ) *v* camp
leivonen (*lay*-voa-nayn) *n* lark
leivonnaiset (*lay*-voan-nigh-sayt) *pl* pastry
leivos (*lay*-voass) *n* cake
lelukauppa (*lay*-loo-*koup*-pah) *n* toyshop
lemmikki (*laym*-mik-ki) *n* pet; **lempi-** favourite
lemmikkieläin (*laym*-mik-ki-*ay*-læ^{ee}n) *n* pet
lempeä (*laym*-pay-æ) *adj* gentle
leninki (*lay*-ning-ki) *n* robe, dress
lento (*layn*-toa) *n* flight
lentoemäntä (*layn*-toa-*ay*-mæn-tæ) *n* stewardess
lentokapteeni (*layn*-toa-*kahp*-tay-ni) *n* captain
lentokenttä (*layn*-toa-*kaynt*-tæ) *n* airport, airfield
lentokone (*layn*-toa-*koa*-nay) *n* aeroplane, plane; airplane *nAm*
lento-onnettomuus (*layn*-toa-*oan*-nayt-tay-mooss) *n* plane crash
lentopahoinvointi (*layn*-toa-*pah*-hoin-*voin*-ti) *n* airsickness
lentoposti (*layn*-toa-*poass*-ti) *n* airmail
lentoyhtiö (*layn*-toa-*ewh*-ti-ur) *n* airline
lentäjä (*layn*-tæ-^{y}æ) *n* pilot
lentää (*layn*-tææ) *v*fly
lepo (*lay*-poa) *n* rest
lepokoti (*lay*-poa-*koa*-ti) *n* rest home
leposohva (*lay*-poa-*soah*-vah) *n* couch
lepotuoli (*lay*-poa-*twoa*-li) *n* arm-chair
leskimies (*layss*-ki-*myayss*) *n* widower
leskirouva (*layss*-ki-*roa*-vah) *n* widow
leuka (*lay*^{oo}-kah) *n* chin
leukapieli (*lay*^{oo}-kah-*pyay*-li) *n* jaw
leveys (*lay*-vay-ewss) *n* width, breadth
leveysaste (*lay*-vay-ewss-*ahss*-tay) *n* latitude
leveä (*lay*-vay-æ) *adj* wide, broad
levittää (*lay*-vit-tææ) *v*spread; expand
levoton (*lay*-voa-toan) *adj* restless; uneasy
levottomuus (*lay*-voat-toa-mooss) *n* unrest; disturbance
levy (*lay*-vew) *n* sheet, plate; record; disc
levyasema (*lay*-vew-*ah*-say-mah) *n* disk drive
levysoitin (*lay*-vew-*soi*-tin) *n* record player; gramophone

levätä (*lay*-væ-tæ) *v* rest
Libanon (*li*-bah-noan) Lebanon
libanonilainen (*li*-bah-noa-ni-ligh-nayn) *n* Lebanese; *adj* Lebanese
Liberia (*li*-bay-ri-ah) Liberia
liberialainen (*li*-bay-ri-ah-ligh-nayn) *n* Liberian; *adj* Liberian
lieju (*lyay*-ʸoo) *n* mud
liejuinen (*lyay*-ʸooᵉᵉ-nayn) *adj* muddy
liekki (*lyayk*-ki) *n* flame
liemilusikka (*lyay*-mi-loo-sik-kah) *n* soup spoon
liesi (*lyay*-si) *n* stove, cooker
lieve (*lyay*-vay) *n* hem
lievä (*lyay*-væ) *adj* slight
liftata (*lif*-tah-tah) *v* hitchhike
liha (*li*-hah) *n* flesh; meat
lihaksikas (*li*-hahk-si-kahss) *adj* muscular
lihas (*li*-hahss) *n* muscle
lihava (*li*-hah-vah) *adj* fat, stout
lihavuus (*li*-hah-vo͞oss) *n* fatness
liiallinen (*lee*-ahl-li-nayn) *adj* excessive; superfluous
liiallisuus (*lee*-ahl-li-so͞oss) *n* excess
liian (*lee*-ahn) *adv* too
liikarasittunut (*lee*-kah-*rah*-sit-too-noot) *adj* over-tired
liikavarvas (*lee*-kah-*vahr*-vahss) *n* corn
liike (*lee*-kay) *n* movement, motion; circulation
liikeasiat (*lee*-kay-*ah*-si-aht) *pl* business; **liikeasioissa** on business
liikematka (*lee*-kaym-*maht*-kah) *n* business trip
liikemies (*lee*-kaym-*myayss*) *n* businessman
liikemiesmäinen (*lee*-kaym-*myayss*-mæᵉᵉ-nayn) *adj* business-like
liikeneuvottelu (*lee*-kayn-*nay*ᵒᵒ-voat-tay-loo) *n* deal
liikenne (*lee*-kayn-nay) *n* traffic; **yksisuuntainen ~** one-way traffic
liikenneraivo (*lee*-kayn-nay-*righ*-voa) *n* roadrage
liikenneruuhka (*leekayn*-nay-*ro͞oh*-kah) *n* traffic jam
liikennevalo (*lee*-kayn-nayv-*vah*-loa) *n* traffic light
liikenneympyrä (*lee*-kayn-nay-*ewm*-pew-ræ) *n* roundabout
liikesuhteiden solminta (*lee*-kay-*sooh*-tay-dayn *soal*-min-tah) *n* networking
liiketoimi (*lee*-kayt-*toi*-mi) *n* transaction; deal
liikevaihto (*lee*-kayv-*vighh*-toa) *n* turnover
liikevaihtovero (*lee*-kayv-*vighh*-toa-*vay*-roa) *n* purchase tax, turnover tax; sales tax
liikeyritys (*lee*-kay-*ew*-ri-tewss) *n* business; concern
liikkeenharjoittaja (*leek*-ka͞yn-*hahr*-ʸoit-tah- ʸa) *n* businessman,

businesswoman
liikkua (*leek*-koo-ah) *v* move
liikkuva (*leek*-koo-vah) *adj* movable; mobile
liikuttaa (*lee*-koot-taa) *v* stir; move
liikuttava (*lee*-koot-tah-vah) *adj* touching
liima (*lee*-mah) *n* glue, gum
liimaantua (*lee*-maan-too-ah) *v*stick
liimanauha (*lee*-mah-*nou*-hah) *n* adhesive tape
liimata (*lee*-mah-tah) *v*stick
liinavaatteet (*lee*-nah-*vaat*-tay̅t) *pl* linen
liioitella (*lee*-oi-tayl-lah) *v* exaggerate
liioitteleva (*lee*-oit-tay-lay-vah) *adj* exaggerating
liipasin (*lee*-pah-sin) *n* trigger
liisteröidä (*leess*-tay-rur^ee^-dæ) *v* paste
liite (*lee*-tay) *n* enclosure; supplement, annex
liitos (*lee*-toass) *n* joint
liitto (*leet*-toa) *n* league, union; **liitto-** federal
liittolainen (*leet*-toa-ligh-nayn) *n* associate; ally
liittoutuneet (*leet*-toa-too-na̅yt) *pl* Allies *pl*
liittovaltio (*leet*-toa-*vahl*-ti-oa) *n* federation
liittynyt (*leet*-tew-newt) *adj* affiliated
liittyä (*leet*-tew-æ) *v* join
liittää (*leet*-tææ) *v* connect; attach; associate; ~ **yhteen** link, join
liitu (*lee*-too) n chalk
liivit (*lee*-vit) *pl* waistcoat; vest *nAm* ; **naisten** ~ girdle
lika (*li*-kah) *n* dirt
likainen (*li*-kigh-nayn) *adj* dirty, foul
likimäärin (*li*-ki-*mææ*-rin) *adv* approximately
likimääräinen (*li*-ki-*mææ*-ræ^ee^-nayn) *adj* approximate
likinäköinen (*li*-ki-*næ*-kur^ee^-nayn) *adj* short-sighted
likööri (*li*-ku̅r̅-ri) *n* liqueur
lilja (*lil*-^y^ah) *n* lily
limetti (*li*-mayt-ti) *n* lime
limonaati (*li*-moa-naa-ti) *n* lemonade
limonadi (*li*-moa-na-di) *n* soda
limppu (*limp*-poo) *n* loaf
linja (*lin*-^y^ah) *n* line
linja-auto (*lin*-^y^ah-*ou*-toa) *n* bus, coach
linkki (tietokone) (*link*-ki) *n* link (*computer*)
linna (*lin*-nah) *n* castle
linnoitus (*lin*-noi-tooss) *n* stronghold, fortress
linssi (*lins*-si) *n* lens
lintu (*lin*-too) *n* bird
lintukauppias (*lin*-too-*koup*-pi-ahss) *n* poulterer
liottaa (*li*-oat-taa) *v* soak
lipasto (*li*-pahss-toa) *n* chest of drawers; bureau *nAm*
lippu (*lip*-poo) *n* banner, flag; ticket
lippuautomaatti (*lip*-poo-*ou*-toa-maat-ti) *n* ticket

machine
lippuluukku (*lip*-poo-*lōōk*-koo) *n* box office
lippumyymälä (*lip*-poo-*mēw*-mæ-læ) *n* box office
lisenssi (*li*-sayns-si) *n* licence
lisko (*lis*-koa) *n* lizard
lisä- (*li*-sæ) additional; further
lisäksi (*li*-sæk-si) *adv* moreover, furthermore, besides
lisämaksu (*li*-sæ-mahk-soo) *n* surcharge
lisänimi (*li*-sæ-*ni*-mi) *n* nickname
lisärakennus (*li*-sæ-*rah*-kayn-nooss) *n* annex
lisätarvikkeet (*li*-sæ-*tahr*-vik-kayt) *pl* accessories *pl*
lisätä (*li*-sæ-tæ) *v* add; increase
lisäys (*li*-sæ-ewss) *n* addition; increase
lisääntyminen (*li*-sææn-tew-mi-nayn) *n* increase
lisääntyä (*li*-sææn-tew-æ) *v* increase
litra (*lit*-rah) *n* litre
liueta (*lee*^{oo}-ay-tah) *v* dissolve
liukas (*lee*^{oo}-kahss) *adj* slippery
liukastua (*lee*^{oo}-kahss-too-ah) *v* slip
liukeneva (*lee*^{oo}-kay-nay-vah) *adj* soluble
liukua (*lee*^{oo}-koo-ah) *v* slide, glide
liukuminen (*lee*^{oo}-koo-mi-nayn) *n* slide
liukuobjektiivi (*lee*^{oo}-koo-*oab*-^{y}ayk-tee-vi) *n* zoom lens
liukuovi (*lee*^{oo}-koo-*oa*-vi) *n* sliding door
liukurata (*lee*^{oo}-koo-*rah*-tah) *n* slide
liuos (*lee*^{oo}-oass) *n* solution, lotion
liuottaa (*lee*^{oo}-oat-taa) *v* dissolve
liuskakivi (*lee*^{oo}*ss*-kah-*ki*-vi) *n* slate
livahtaa (*li*-vahh-taa) *v* slip
logiikka (*loa*-geek-kah) *n* logic
lohduttaa (*loah*-doot-taa) *v* comfort
lohdutus (*loah*-doo-tooss) *n* comfort, consolation
lohdutuspalkinto (*loah*-doo-tooss-*pahl*-kin-toa) *n* consolation prize
lohi (*loa*-hi) *n* salmon
lohikäärme (*loa*-hi-*kæær*-may) *n* dragon
lohkaista (*loah*-kighss-tah) *v* chip
lohkare (*loah*-kah-ray) *n* boulder, block
loikata (*loi*-kah-tah) *v* leap
loistaa (*loiss*-taa) *v* shine
loistava (*loiss*-tah-vah) *adj* gorgeous, glorious, brilliant
loiste (*loiss*-tay) *n* glare
loisto (*loiss*-toa) *n* splendour
lokakuu (*loa*-kah-*kōō*) October

lokero (*loa*-kay-roa) *n* locker; compartment
lokki (*loak*-ki) *n* gull; seagull
loksahtaa paikoilleen (*loak*-sah-taa *pigh*-koil-layn) *v* click into place
loma (*loa*-mah) *n* holiday, vacation; leave; **lomalla** on holiday
lomake (*loa*-mah-kay) *n* form
lomaleiri (*loa*-mah-*lay*-ri) *n* holiday camp
lomanviettopaikka (*loa*-mahn-*vyayt*-toa-*pighk*-kah) *n* holiday resort
lommo (*loam*-moa) *n* dent
lompakko (*loam*-pahk-koa) *n* pocketbook, wallet
lopettaa (*loa*-payt-taa) *v* end, finish; cease; stop, discontinue
loppu (*loap*-poo) *n* end, finish; ending
loppua (*loap*-poo-ah) *v* finish, stop
loppupää (*loap*-poo-*pææ*) *n* end
loppusanat (*loap*-poo-*sah*-naht) *pl* epilogue
loppusointu (*loap*-poo-*soin*-too) *n* rhyme
loppusumma (*loap*-poo-*soom*-mah) *n* total
lopputulos (*loap*-poo-*too*-loass) *n* result;
loppuunmyyty (*loap*-poon-*mew*-tew) *adj* sold out
lopullinen (*loa*-pool-li-nayn) *adj* eventual, final
lopulta (*loa*-pool-tah) *adv* finally, at last
loput (*loa*-poot) *pl* remainder, rest
loputon (*loa*-poo-toan) *adj* endless
lordi (*loar*-di) *n* lord
louhos (*loa*-hoass) *n* quarry, pit
loukata (*loa*-kah-tah) *v* hurt; injure; insult
loukkaaminen (*loak*-kaa-mi-nayn) *n* violation
loukkaantunut (*loak*-kaan-too-noot) *adj* injured
loukkaava (*loak*-kaa-vah) *adj* offensive
loukkaus (*loak*-kah-ooss) *n* insult, offence
lounas (*loa*-nahss) *n* lunch, luncheon; southwest
lovi (*loa*-vi) *n* slot
LP-levy (*ayl*-pay-*lay*-vew) *n* long-playing record
lude (*loo*-day) *n* bug
luento (*loo*-ayn-toa) *n* lecture
luentosali (*loo*-ayn-toa-*sah*-li) *n* auditorium
luettavissa oleva (*loo*-ayt-tah-viss-sah *oa*-lay-vah) legible
luettelo (*loo*-ayt-tay-loa) *n* catalogue; list
luistella (*loo*[ee]*ss*-tayl-lah) *v* skate
luistelu (*loo*[ee]*ss*-tay-loo) *n* skating
luistin (*loo*[ee]*ss*-tin) *n* skate
luistinrata (*loo*[ee]*ss*-tin-*rah*-

tah) *n* skating rink
luisua (*loo*[ee]-soo-ah) *v* skid
luja (*loo*-[y]ah) *adj* steady, firm
lukea (*loo*-kay-ah) *v*read
lukeminen (*loo*-kay-mi-nayn) *n* reading
lukita (*loo*-ki-tah) *v* lock; ~ **sisään** lock up
lukko (*look*-koa) *n* lock
luksus (*look*-soos) *adj* upscale
luku (*loo*-koo) *n* number; digit
lukuisa (*loo*-koo[ee]-sah) *adj* numerous
lukukausi (*loo*-koo-*kou*-si) *n* term
lukulamppu (*loo*-koo-*lahmp*-poo) *n* reading lamp
lukumäärä (*loo*-koo-*mææ*-ræ) *n* number
lukusali (*loo*-koo-*sah*-li) *n* reading room
lukusana (*loo*-koo-*sah*-nah) *n* numeral
lukutaidoton (*loo*-koo-*tigh*-doa-toan) *n* illiterate
lumi (*loo*-mi) *n* snow
lumimyrsky (*loo*-mi-*mewrs*-kew) *n* blizzard, snowstorm
luminen (*loo*-mi-nayn) *adj* snowy
lumisohjo (*loo*-mi-*soah*-[y]oa) *n* slush
lumivyöry (*loo*-mi-*v*[ew]*ur*-rew) *n* avalanche
lumoava (*loo*-moa-ah-vah) *adj* glamorous
lumota (*loo*-moa-tah) *v* bewitch
lumous (*loo*-moa-ooss) *n* spell, glamour
lunastaa (*loo*-nahss-taa) *v* cash; redeem
lunnaat (*loon*-naat) *pl* ransom
luo (*lwoa*) to
luoda (*lwoa*-dah) *v* create
luode (*lwoa*-day) *n* north--west
luokitella (*lwoa*-ki-tayl-lah) *v* classify; grade
luokka (*lwoak*-kah) *n* class; form
luokkahuone (*lwoak*-kah-*hwoa*-nay) *n* classroom
luokkatoveri (*lwoak*-kah-*toa*-vay-ri) *n* classmate
luokse (*lwoak*-say) to
luoksepääsemätön (*lwoak*-sayp-*pææ*-say-mæ-turn) *adj* inaccessible
luola (*lwoa*-lah) *n* grotto, den, cave
luona (*lwoa*-nah) at, at, with
luonne (*lwoan*-nay) *n* character
luonnehtia (*lwoan*-nayh-ti-ah) *v* characterize
luonnollinen (*lwoan*-noal-li-nayn) *adj* natural
luonnollisesti (*lwoan*-noal-li-sayss-ti) *adv* naturally; of course
luonnonkaunis (*lwoan*-noan-*kou*-niss) *adj* scenic
luonnonlahja (*lwoan*-noan-*lahh*-[y]ah) *n* talent, faculty
luonnonsuojelualue

(*lwoan*-noan-*swoa*-ʸay-loo-*ah*-loo-ay) *n* game reserve
luonnontiede (*lwoan*-noan-*tyay*-day) *n* physics
luonnos (*lwoan-noass*) *n* sketch, design
luonnoskirja (*lwoan*-noass-*keer*-ʸah) *n* sketchbook
luonnossa hajoava (*lwoan*-noass-sah (*hah*-ʸo-ah-vah) *adj* biodegradable
luonnostella (*lwoan*-noass-tayl-lah) *v* sketch
luontainen (*lwoan*-tigh-nayn) *adj* natural
luonteenlaatu (*lwoan*-tāyn-*laa*-too) *n* nature, character
luonteenomainen (*lwoan*-tāyn-*oa*-migh-nayn) *adj* characteristic, typical
luontevuus (*lwoan*-tay-vōōss) *n* ease
luonto (*lwoan*-toa) *n* nature
luontokappale (*lwoan*-toa-*kahp*-pah-lay) *n* creature
luopua (*lwoa*-poo-ah) *v* quit, *give up
luostari (*lwoass*-tah-ri) *n* cloister, convent, monastery
luostarikirkko (*lwoass*-tah-ri-*keerk*-koa) *n* abbey
luotettava (*lwoa*-tayt-tah-vah) *adj* trustworthy, reliable
luoti (*lwoa*-ti) *n* bullet
luotsi (*lwoat*-si) *n* pilot
luottaa (*lwoat*-taa) *v* trust, rely on
luottamuksellinen (*lwoat*-tah-mook-sayl-li-nayn) *adj* confidential
luottamus (*lwoat*-tah-mooss) *n* faith, trust, confidence
luottavainen (*lwoat*-tah-vigh-nayn) *adj* confident; trustful
luotto (*lwoat*-toa) *n* credit
luottokirje (*lwoat*-toa-*keer*-ʸay) *n* letter of credit
luottokortti (*lwoat*-toa-*koart*-ti) *n* credit card; charge plate *Am*
luova (*lwoa*-vah) *adj* creative
luovuttaa (*lwoa*-voot-taa) *v*give; extradite
lupa (*loo*-pah) *n* permission, licence; permit
lupaus (*loo*-pah-ooss) *n* promise; vow
lurjus (*loor*-ʸooss) *n* rascal
lusikallinen (*loo*-si-kahl-li-nayn) *n* spoonful
lusikka (*loo*-sik-kah) *n* spoon
luu (*lōō*) *n* bone; **poistaa luut** bone
luukku (*lōōk*-koo) *n* hatch; shutter
luulla (*lōōl*-lah) *v* assume; *think; imagine
luultava (*lōōl*-tah-vah) *adj* probable
luumu (*lōō*-moo) *n* plum; **kuivattu** ~ prune
luuranko (*lōō-rahng*-koa) *n* skeleton
luuta (*lōō*-tah) *n* broom
luvata (*loo*-vah-tah) *v*

promise
luvaton (*loo*-vah-toan) *adj* unauthorized
lyhennys (*lew*-hayn-newss) *n* abbreviation
lyhentää (*lew*-hayn-tææ) *v* shorten
lyhty (*lewh*-tew) *n* lantern
lyhtypylväs (*lewh*-tew-*pewl*-væss) *n* lamppost
lyhyt (*lew*-hewt) *adj* short, brief
lyhytsanainen (*lew*-hewt-*sah*-nigh-nayn) *adj* concise
lyijy (*lew*^{ee}-^{y}ew) *n* lead
lyijykynä (*lew*^{ee}-^{y}ew-*kew*-næ) *n* pencil
lykkäys (*lewk*-kæ-ewss) *n* delay; respite
lykätä (*lew*-kæ-tæ) *v* postpone, *put off, delay
lystikäs (*lewss*-ti-kæss) *adj* funny
lysähtää (*lew*-sæh-tææ) *v* collapse
lyödä (*l*^{ew}*ur*-dæ) *v*strike, *beat; ~ **vetoa** *bet
lähde (*læh*-day) *n* source, spring, fountain
läheinen (*læ*-hay-nayn) *adj* near, close; intimate
läheisyys (*læ*-hay-sēwss) *n* vicinity
lähellä (*læ*-hayl-læ) *prep* by, near; ~ **oleva** near, nearby
lähes (*læ*-hayss) *adv* almost, nearly
lähestyvä (*læ*-hayss-tew-væ) *adj* oncoming
lähestyä (*læ*-hayss-tewæ) *v* approach
lähetin (*læ*-hay-tin) *n* transmitter
lähettiläs (*læ*-hayt-ti-læss) *n* ambassador
lähettäjä (*læ*-hayt-tæ-^{y}æ) *n*sender
lähettää (*læ*-hayt-tææ) *v*send; dispatch; *broadcast, transmit; ~ **edelleen** forward; ~ **noutamaan** *send for; ~ **pois** dismiss; *send off; ~ **(rahaa)** remit; ~ **sähköpostia** *v* e-mail
lähetys (*læ*-hay-tewss) *n* delivery; shipment; transmission, broadcast
lähetystö (*læ*-hay-tewss-tur) *n* delegation; embassy
lähimmäinen (*læ*-him-mæ^{ee}-nayn) *n* neighbour
lähiseutu (*læ*-hi-*say*^{oo}-too) *n* neighbourhood
lähteä (*læh*-tay-æ) *v*set out, *leave, depart; pull out
lähtien (*læh*-ti-ayn) as from; **siitä** ~ since
lähtö (*læh*-tur) *n* departure; take-off
lähtöaika (*læh*-tur-*igh*-kah) *n* time of departure
lähtökohta (*læh*-tur-*koah*-tah) *n* starting point
läikyttää (*læ*^{ee}-kewt-tææ) *v*spill
läimäys (*læ*^{ee}-mæ-ewss) *n* smack, slap
läimäyttää (*læ*^{ee}-mæ-ewt-tææ) *v* smack, slap

läjä (*læ*-ʸæ) *n* heap
lämmin (*læm*-min) *adj* warm
lämmittää (*læm*-mit-tææ) *v* heat, warm
lämmitys (*læm*-mi-tewss) *n* heating
lämmityslaite (*læm*-mi-tewss-*ligh*-tay) *n* heater
lämpiö (*læm*-pi-ur) *n* lobby, foyer
lämpö (*læm*-pur) *n* heat, warmth
lämpömittari (*læm*-pur-*mit*-tah-ri) *n* thermometer
lämpöpatteri (*læm*-pur-*paht*-tay-ri) *n* radiator
lämpötila (*læm*-pur-*ti*-lah) *n* temperature
lämpötyyny (*læm*-pur-*tew*-new) *n* heating pad
länsi (*læn*-si) *n* west
läntinen (*læn*-ti-nayn) *adj* westerly, western
läpi (*læ*-pi) *prep* through
läpikuultava (*læ*-pi-*kool*-tah-vah) *adj* transparent
läpipääsemätön (*læ*-pi-pææ-say-mæ-turn) *adj* impassable
olla läsnä (*oal*-lah *læss*-næ) *v* attend, be present
läsnäoleva (*læss*-næ-*oa*-lay-vah) *adj* present
läsnäolo (*læss*-næ-*oa*-loa) *n* presence
lätäkkö (*læ*-tæk-kur) *n* puddle
lävistäjä (*læ*-viss-tæ-ʸæ) *n* diagonal
lävistää (*læ*-viss-tææ) *v* pierce
lääke (*lææ*-kay) *n* medicine; remedy
lääkeaineoppi (*læækay-igh*-nay-*oap*-pi) *n* pharmacology
lääkemääräys (*lææ*-kaym-*mææ*-ræ-ewss) *n* prescription
lääketiede (*lææ*-kayt-*tyay*-day) *n* medicine
lääketieteellinen (*lææ*-kayt-*tyay*-tayl-li-nayn) *adj* medical
lääkäri (*lææ*-kæ-ri) *n* physician, doctor; **lääkärin-** medical; **naistentautien ~** gynaecologist
lääni (*lææ*-ni) *n* province
lörpöttelijä (*lurr*-purt-tay-li-ʸæ) *n* chatterbox
löyhkätä (*lurᵉʷh*-kæ-tæ) *v* stink
löytää (*lurᵉʷ*-tææ) *v* find; discover; *come across
löytö (*lurᵉʷ*-tur) *n* discovery
löytötavarat (*lurᵉʷ*-tur-*tah*-vah-raht) *pl* lost and found
löytötavaratoimisto (*lurᵉʷ*-tur-*tah*-vah-rah-*toi*-miss-toa) *n* lost property office

M

maa (*maa*) *n* land, country; soil
maaginen (*maa*-gi-nayn) *adj* magic
maahanhyökkäys (*maa*-hahn-*h*^{ew}*urk*-kæ-ewss) *n* invasion
maahanmuuttaja (*maa*-hahm-*mo͞ot*-tah-^{y}ah) *n* immigrant
maahanmuutto (*maa*-hahm-*mo͞ot*-toa) *n* immigration
maahantuoja (*maa*-hahn-*twoa*-^{y}ah) *n* importer
maailma (*maa*-il-mah) *n* world
maailmankaikkeus (*maa*-il-mahn-kighk-kay-ooss) *n* universe
maailmankuulu (*maa*-il-mahn-*ko͞o*-loo) *adj* world--famous
maailmanlaajuinen (*maa*-il-mahn-*lighoo*^{ee}-nayn) *adj*world-wide; global; **maailmanlaajuinen paikannusjärjestelmä** *n*GPS; global positioning system
maailmansota (*maa*-il-mahn-*soa*-tah) *n* world war
maailmanvalta (*maa*-il-mahn-*vahl*-tah) *n* empire; **maailmanvallan-** imperial
maakunta (maa-*koon*-tah) *n* province
maalainen (*maa*-ligh-nayn) *adj* rural; provincial; **maalais-** rustic
maalaistalo (*maa*-lighss-*tah*-loa) *n* farmhouse
maalari (*maa*-lah-ri) *n* painter
maalata (*maa*-lah-tah) *v* paint
maalauksellinen (*maa*-lah-ook-sayl-li-nayn) *adj* picturesque
maalaus (*maa*-lah-ooss) *n* painting, picture
maali (*maa*-li) *n* paint; goal, finish
maalilaatikko (*maa*-li-*laa*-tik-koa) *n* paintbox
maaliskuu (*maa*-liss-*ko͞o*) March
maalitaulu (*maa*-li-*tou*-loo) *n* mark; target
maalivahti (*maa*-li-*vahh*-ti) *n* goalkeeper
maaliviiva (*maa*-li-*vee*-vah) *n* finish
maallikko (*maal*-lik-koa) *n* layman
maamerkki (*maa*-*mayrk*-ki) *n* landmark
maanalainen (*maan*-*ah*-ligh-nayn) *adj* underground; *n* subway *nAm*
maanantai (*maa*-nahn-tigh)

n Monday
maanjäristys (*maan-ʸæ*-riss-tewss) *n* earthquake
maankamara (*maan-kah*-mah-rah) *n* soil
maankiertäjä (*maang-kyayr*-tæ-ʸæ) *n* tramp
maanmies (*maan-mi*-ayss) *n* countryman
maanosa (*maan-oa*-sah) *n* continent
maanpako (*maam-pah*-koa) *n* exile
maanpakolainen (*maam-pah*-koa-ligh-nayn) *n* exile
maantie (*maan-tyay*) *n* road, highway
maantiede (*maan-tyay*-day) *n* geography
maanviljelijä (*maan-vil-ʸay*-li-ʸæ) *n* farmer
maanviljelys (*maan-vil-ʸay*-lewss) *n* agriculture
maapallo (*maa-pahl*-loa) *n* globe
maapallon ilmaston lämpeneminen (*maa-pahl*-loan *il*-mahss-toan *læm*-pay-nay-mi-nayn) *n* global warming
maaperä (*maa-pay*-ræ) *n* earth; ground, soil
maapähkinä (*maa-pæh*-ki-næ) *n* peanut
maaseutu (*maa-say^oo*-too) *n* countryside, country
maasilta (*maa-sil*-tah) *n* viaduct
maastamuutto (*maass*-tah-*mōōt*-toa) *n* emigration
maasto (*maass*-toa) *n* terrain
maasturi (*maass*-too-ri) *n* SUV; sport utility vehicle
maata (*maa*-tah) *v*lie
maatalo (*maa-tah*-loa) *n* country house
maatila (*maa-ti*-lah) *n* farm; estate
maatilkku (*maa-tilk*-koo) *n* plot
maaöljy (*maa-url-ʸew*) *n* petroleum
magneetti (*mahng*-nāyt-ti) *n* magneto
magneettinen (*mahng*-nāyt-ti-nayn) *adj* magnetic
mahdollinen (*mahh*-doal-li-nayn) *adj* eventual, possible; realizable
mahdollisuus (*mahh*-doal-li-sōōss) *n* possibility; chance
mahdoton (*mahh*-doa-toan) *adj* impossible; **~ hyväksyä** unacceptable; **~ korjata** irreparable
mahtaa (*mahh*-taa) *v*may; *must
mahtava (*mahh*-tah-vah) *adj* mighty; powerful; magnificent
maihin (*migh*-hin) *adv* ashore
maila (*migh*-lah) *n* bat
maili (*migh*-li) *n* mile
mailimäärä (*migh*-li-*mææ*-ræ) *n* mileage
maine (*migh*-nay) *n* reputation, fame

maininta (*migh*-nin-tah) *n* mention
mainio (*migh*-ni-oa) *adj* excellent; swell
mainita (*migh*-ni-tah) *v* mention
mainonta (*migh*-noan-tah) *n* advertising
mainos (*migh*-noass) *n* commercial, advertisement
mainosvalo (*migh*-noass-*vah*-loa) *n* neon
maisema (*migh*-say-mah) *n* landscape, scenery
maisemakortti (*migh*-say-mah-*koart*-ti) *n* picture postcard
maissa (*mighss*-sah) *adv* ashore
maissi (*mighss*-si) *n* maize, corn *Am*
maissintähkä (*mighss*-sin-*tæh*-kæ) *n* corn on the cob
maistaa (*mighss*-taa) *v* taste
maistua (*mighss*-too-ah) *v* taste
maito (*migh*-toa) *n* milk
maitomainen (*migh*-toa-migh-nayn) *adj* milky
maittava (*might*-tah-vah) *adj* tasty
maja (*mah*-ʸah) *n* cabin
majakka (*mah*-ʸahk-kah) *n* lighthouse
majatalo (*mah*-ʸah-*tah*-loa) *n* inn; roadside restaurant; **majatalon isäntä** innkeeper
majava (*mah*-ʸah-vah) *n* beaver
majoittaa (*mah*-ʸoit-taa) *v* put up; accommodate
majoitus (*mah*-ʸoi-tooss) *n* accommodation
majuri (*mah*-ʸoo-ri) *n* major
makasiini (*mah*-kah-see-ni) *n* warehouse
makea (*mah*-kay-ah) *adj* sweet; **~ vesi** fresh water
makeinen (*mah*-kay-nayn) *n* sweet; candy *nAm* ; **makeiset** sweets; candy *nAm*
makeiskauppa (*mah*-kayss-*koup*-pah) *n* sweetshop; candy store *Am*
makeuttaa (*mah*-kay-oot-taa) *v* sweeten
makkara (*mahk*-kah-rah) *n* sausage
makrilli (*mahk*-ril-li) *n* mackerel
maksa (*mahk*-sah) *n* liver
maksaa (*mahk*-saa) *v* pay; *cost; **~ ennakolta** advance; **~ loppuun** *pay off; **~ takaisin** reimburse, *repay, refund
maksettava (*mahk*-sayt-tah-vah) *adj* due
maksu (*mahk*-soo) *n* payment; fee; charge
maksukyvytön (*mahk*-soo-*kew*-vew-turn) *adj* insolvent
maksulippu (*mahk*-soo-*lip*-poo) *n* coupon
maksunsaaja (*mahk*-soon-*saa*-ʸah) *n* payee
maksuosoitus (*mahk*-soo-*oa*-soi-tooss) *n* money order

maksutodiste (*mahk*-soo-*toa*-diss-tay) *n* voucher
maksuton (*mahk*-soo-toan) *adj* free of charge
maku (*mah*-koo) *n* taste, flavour
makuaisti (*mah*-koo-*ighss*-ti) *n* sense of taste
makuuhuone (*mah*-koo-*hwoa*-nay) *n* bedroom
makuupussi (*mah*-koo-*pooss*-si) *n* sleeping bag
makuusali (*mah*-koo-*sah*-li) *n* dormitory
makuusija (*mah*-koo-*si*-yah) *n* bunk
makuuvaunu (*mah*-koo-*vou*-noo) *n* sleeping car; Pullman
malaria (*mah*-lah-ri-ah) *n* malaria
Malesia (*mah*-lay-si-ah) Malaysia
malesialainen (*mah*-lay-si-ah-ligh-nayn) *n* Malay; *adj* Malaysian
malja (*mahl*-yah) *n* bowl; toast
maljakko (*mahl*-yahk-koa) *n* vase
malli (*mahl*-li) *n* model; pattern
mallinukke (*mahl*-li-*nook*-kay) *n* mannequin
malmi (*mahl*-mi) *n* ore
maltillinen (*mahl*-til-li-nayn) *adj* moderate,
malvanvärinen (*mahl*-vahn-*væ*-ri-nayn) *adj* mauve
mandariini (*mahn*-dah-ree-ni) *n* mandarin, tangerine
maneesi (*mah*-nay-si) *n* riding school
mannekiini (*mahn*-nay-kee-ni) *n* model
manner (*mahn*-nayr) *n* continent; mainland
mannermaa (*mahn*-nayr-*maa*) *n* continent
mannermainen (*mahn*-nayr-*migh*-nayn) *adj* continental
mansikka (*mahn*-sik-kah) *n* strawberry
manteli (*mahn*-tay-li) *n* almond
mantteli (*mahnt*-tay-li) *n* cloak
margariini (*mahr*-gah-ree-ni) *n* margarine
marginaali (*mahr*-gi-naa-li) *n* margin
marja (*mahr*-yah) *n* berry
markkinat (*mahrk*-ki-naht) *pl* fair
marmeladi (*mahr*-may-lah-di) *n* marmalade
marmori (*mahr*-moa-ri) *n* marble
Marokko (*mah*-roak-koa) Morocco
marokkolainen (*mah*-roak-koa-ligh-nayn) *n* Moroccan; *adj* Moroccan
marraskuu (*mahr*-rahss-*koo*) November
marssi (*mahrs*-si) *n* march
marssia (*mahrs*-siah) *v* march
marsu (*mahr*-soo) *n* guinea

pig
marttyyri (*mahrt*-tēw-ri) *n* martyr
masennus (*mah*-sayn-nooss) *n* depression
masentaa (*mah*-sayn-taa) *v* depress
masentava (*mah*-sayn-tah-vah) *adj* depressing
masentunut (*mah*-sayn-too-noot) *adj* depressed
massa (*mahss*-sah) *n* bulk
massatuotanto (*mahss*-sah-*twoa*-tahn-toa) *n* mass production
masto (*mahss*-toa) *n* mast
matala (*mah*-tah-lah) *adj* low; shallow
matalapaine (*mah*-tah-lah-*pigh*-nay) *n* depression
matelija (*mah*-tay-li-^{y}ah) *n* reptile
matemaattinen (*mah*-tay-maat-ti-nayn) *adj* mathematical
matematiikka (*mah*-tay-mah-teek-kah) *n* mathematics
matka (*maht*-kah) *n* trip, journey, voyage; stretch; **edestakainen** ~ round trip *Am*; **matkalla jhkn** bound for
matka-arkku (*maht*-kah-*ahrk*-koo) *n* trunk
matkailija (*maht*-kigh-li-^{y}ah) *n* tourist; traveller
matkailu (*maht*-kigh-loo) *n* tourism
matkailukausi (*maht*-kigh-loo-*kou*-si) *n* high season
matkailutoimisto (*maht*-kigh-loo-*toi*-miss-toa) *n* tourist office
matkakulut (*maht*-kah-*koo*-loot) *pl* travelling expenses
matkalaukku (*maht*-kah-*louk*-koo) *n* case, bag, suitcase
matkapuhelin (*maht*-kah-*poo*-hay-lin) *n*cellphone, mobile phone
matkareitti (*maht*-kah-*rayt*-ti) *n* itinerary
matkašekki (*maht*-kah-*shayk*-ki) *n* traveller's cheque
matkasuunnitelma (*maht*-kah-*sōōn*-ni-tayl-mah) *n* itinerary
matkatavarahylly (*maht*-kah-*tah*-vah-rah-*hewl*-lew) *n* luggage rack
matkatavarasäilö (*maht*-kah-*tah*-vah-*rah*-*sæ*^{ee}-lur) *n* left luggage office; luggage locker; baggage deposit office *Am*
matkatavarat (*maht*-kah-*tah*-vah-raht) *pl* baggage, luggage
matkatoimisto (*maht*-kah-*toi*-miss-toa) *n* travel agency, travel agent
matkavakuutus (*maht*-kah-*vah*-kōō-tooss) *n* travel insurance
matkia (*maht*-ki-ah) *v* imitate
matkustaa (*maht*-kooss-taa)

v travel; ~ **laivalla** sail; ~ **kimppakyydillä** *v* carpool

matkustaja (*maht*-kooss-tah-^{y}ah) *n* passenger

matkustajavaunu (*maht*-kooss-tah-^{y}ah-*vou*-noo) *n* carriage; passenger car *Am*

matkustamo (*maht*-kooss-tah-moa) *n* cabin

mato (*mah*-toa) *n* worm

matto (*maht*-toa) *n* carpet, rug

maukas (*mou*-kahss) *adj* savoury, tasty; appetizing

maustaa (*mouss*-taa) *v* flavour

mauste (*mouss*-tay) *n* spice

mausteet (*mouss*-t$\overline{ay}$t) *pl* spices

maustettu (*mouss*-tayt-too) *adj* spicy, spiced

mauton (*mou*-toan) *adj* tasteless

me (*may*) *pron* we

meduusa (*may*-d$\overline{oo}$-sah) *n* jellyfish

mehiläinen (*may*-hi-læ^{ee}-nayn) *n* bee

mehiläispesä (*may*-hi-læ^{ee}ss-*pay*-sæ) *n* beehive

mehu (*may*-hoo) *n* juice; syrup

mehukas (*may*-hoo-kahss) *adj* juicy

meidän (*may*-dæn) *pron* our

meijeri (*may*-^{y}ay-ri) *n* dairy

meille (*mayl*-lay) *pron* us

mekaanikko (*may*-kaa-nik-koa) *n* mechanic

mekaaninen (*may*-kaa-ni-nayn) *adj* mechanical

Meksiko (*mayk*-si-koa) Mexico

meksikolainen (*mayk*-si-koa-ligh-nayn) *n* Mexican; *adj* Mexican

mela (*may*-lah) *n* paddle

melkein (*mayl*-kayn) *adv* nearly, almost

melko (*mayl*-koa) *adv* quite, rather, fairly, pretty

melkoinen (*mayl*-koi-nayn) *adj* considerable; substantial

mellakka (*mayl*-lahk-kah) *n* riot; revolt

melodraama (*may*-loa-*draa*-mah) *n* melodrama

meloni (*may*-loa-ni) *n* melon

melu (*may*-loo) *n* noise

meluisa (*may*-loo^{ee}-sah) *adj* noisy; boisterous

menehtyä (*may*-nayh-tew-æ) *v* perish

menestyksellinen (*may*-nayss-tewk-sayl-li-nayn) *adj* successful

menestys (*may*-nayss-tewss) *n* prosperity, success

menetellä (*may*-nay-tayl-læ) *v* proceed

menetelmä (*may*-nay-tayl-mæ) *n* system, method

menettelytapa (*may*-nayt-tay-lew-*tah*-pah) *n* approach, method; procedure, process

menettää (*may*-nayt-tææ) *v*lose

menetys (*may*-nay-tewss) *n*

loss
menneisyys (*mayn*-nay-sewss) *n* past
mennyt (*mayn*-newt) *adj* past
mennä (*mayn*-næ) *v* go; ~ **kotiin** *go home; ~ **naimisiin** marry; ~ **nukkumaan** retire; ~ **ohitse** pass by; ~ **pois** *go away; ~ **rikki** *break down; ~ **sisään** *go in, enter; ~ **ulos** *go out, *go off
menot (*may*-noat) *pl* expenditure, expenses *pl*
merenkulku (*may*-rayng-*kool*-koo) *n* navigation
merenlahti (*may*-rayn-*lahh*-ti) *n* gulf
merenrannikko (*may*-rayn-*rahn*-nik-koa) *n* seaside, coast
merenranta (*may*-rayn-*rahn*-tah) *n* seashore
merentakainen (*may*-rayn-*tah*-kigh-nayn) *adj* overseas
meri (*may*-ri) *n* sea; **meri-** maritime
meriantura (*may*-ri-*ahn*-too-rah) *n* sole
merikortti (*may*-ri-*koart*-ti) *n* chart
merikylpylä (*may*-ri-*kewl*-pew-læ) *n* seaside resort
merilintu (*may*-ri-*lin*-too) *n* seabird
merimaisema (*may*-ri-*migh*-say-mah) *n* sea view
merimatka (*may*-ri-*maht*-kah) *n* crossing, passage, voyage
merimies (*may*-ri-*myayss*) *n* sailor, seaman
meripihka (*may*-ri-*pih*-kah) *n* amber
merirapu (*may*-ri-*rah*-poo) *n* crab
merirosvo (*may*-ri-*roass*-voa) *n* pirate
merisairas (*may*-ri-*sigh*-rahss) *adj* seasick
merisairaus (*may*-ri-*sigh*-rah-ooss) *n* seasickness
merisiili (*may*-ri-*see*-li) *n* sea urchin
merivesi (*may*-ri-*vay*-si) *n* sea water
merkinanto (*mayr*-kin-*ahn*-toa) *n* signal
merkintä (*mayr*-kin-tæ) *n* entry, item
merkittävä (*mayr*-kit-tæ-væ) *adj* significant, remarkable
merkityksellinen (*mayr*-ki-tewk-sayl-li-nayn) *adj* important
merkityksetön (*mayr*-ki-tewk-say-turn) *adj* insignificant, meaningless
merkitys (*mayr*-ki-tewss) *n* meaning, sense
merkitä (*mayr*-ki-tæ) *v* mark; imply, *mean; enter; ~ **muistiin** note, record
merkki (*mayrk*-ki) *n* sign; mark; token; brand; tick; **antaa** ~ signal; **olla jkn merkkinä** mark
messinki (*mayss*-sing-ki) *n* brass

messu (*mayss*-soo) *n* Mass
messut (*mayss*-soot) *pl* fair
mestari (*mayss*-tah-ri) *n* champion, master
mestariteos (*mayss*-tah-ri-*tay*-oass) *n* masterpiece
metalli (*may*-tahl-li) *n* metal
metallilanka (*may*-tahl-li-*lahng*-kah) *n* wire
metallinen (*may*-tahl-li-nayn) *adj* metal
meteli (*may*-tay-li) *n* noise; racket
metri (*mayt*-ri) *n* metre
metrinen (*mayt*-ri-nayn) *adj* metric
metro (*mayt*-roa) *n* underground
metsikkö (*mayt*-sik-kur) *n* wood; grove
metsä (*mayt*-sæ) *n* forest
metsäaukeama (*mayt*-sæ-*ou*-kay-ah-mah) *n* clearing
metsäinen (*mayt*-sæ^{ee}-nayn) *adj* wooded
metsäkana (*mayt*-sæ-*kah*-nah) *n* grouse
metsämaa (*mayt*-sæ-*maa*) *n* woodland
metsänvartija (*mayt*-sæn-*vahr*-ti-^{y}ah) *n* forester
metsästys (*mayt*-sæss-tewss) *n* chase, hunt
metsästysmaja (*mayt*-sæss-tewss-*mah*-^{y}ah) *n* hunting lodge
metsästäjä (*mayt*-sæss-tæ-^{y}æ) *n* hunter
metsästää (*mayt*-sæss-tææ) *v* hunt
miedontaa (*myay*-doan-taa) *v* dilute
miehekäs (*myay*-hay-kæss) *adj* masculine
miehistö (*myay*-hiss-tur) *n* crew
miehittää (*myay*-hit-tææ) *v* occupy
miehitys (*myay*-hi-tewss) *n* occupation
miekka (*myayk*-kah) *n* sword
miekkailla (*myayk*-kighl-lah) *v* fence
mielenkiinto (*myay*-layng-*keen*-toa) *n* interest
mielenkiintoinen (*myay*-layng-*keen*-toi-nayn) *adj* interesting
mielenliikutus (*myay*-layn-lee-koo-tooss) *n* excitement, emotion
mielenosoitus (*myay*-layn-*oa*-soi-tooss) *n* demonstration
mielenvikainen (*myay*-layn-*vi*-kigh-nayn) *n* lunatic
mielenvikaisuus (*myay*-layn-*vi*-kigh-sooss) *n* lunacy
mieletön (*myay*-lay-turn) *adj* mad; crazy
mieli (*myay*-li) *n* mind; **olla eri mieltä** disagree; **olla jtk mieltä** consider; **olla samaa mieltä** agree; **osoittaa mieltään** demonstrate
mieliala (*myay*-li-*ah*-lah) *n* spirit, mood, spirits
mieliharrastus (*myay*-li-*hahr*-rahss-tooss) *n* hobby

mielihyvin (*myay*-li-*hew*-vin) *adv* gladly
mielihyvä (*myay*-li-*hew*-væ) *n* pleasure
mielijohde (*myay*-li-^{y}*oah*-day) *n* idea; impulse
mielikuvituksellinen (*myay*-li-*koo*-vi-took-sayl-li-nayn) *adj* fantastic
mielikuvitus (*myay*-li-*koo*-vi-tooss) *n* imagination, fancy, fantasy
mielipide (*myay*-li-*pi*-day) *n* view, opinion
mielipidetutkimus (*myay*-li-*pi*-day-*toot*-ki-mooss) *n* poll
mielisairas (*myay*-li-*sigh*-rahss) *adj* insane, lunatic
mielitietty (*myay*-li-*tyayt*-tew) *n* sweetheart
mielivaltainen (*myay*-li-*vahl*-tigh-nayn) *adj* arbitrary; despotic
miellyttävä (*myayl*-lewt-tæ-væ) *adj* nice; pleasant, agreeable
miellyttää (*myayl*-lewt-tææ) *v* please
mieltymys (*myayl*-tew-mewss) *n* preference
mieluisampi (*myay*-loo^{ee}-sahm-pi) *adj* preferable
mieluummin (*myay*-loom-min) *adv* sooner, rather
mies (*myayss*) *n* man; fellow
miespalvelija (*myayss-pahl*-vay-li-^{y}ah) *n* valet
miespuolinen (*myayss*-*pwoa*-li-nayn) *adj* male
miestenhuone (*myayss*-tayn-*hwoa*-nay) *n* men's room
mietiskellä (*myay*-tiss-kayl-læ) *v* meditate
mieto (*myay*-toa) *adj* mild; weak
miettiväinen (*myayt*-ti-væ^{ee}-nayn) *adj* thoughtful
miettiä (*myayt*-ti-æ) *v* think over; consider
migreeni (*mig*-ray-ni) *n* migraine
miinus (*mee*-nooss) *adv* minus
mikrofoni (*mik*-roa-foa-ni) *n* microphone
miksi (*mik*-si) *adv* why, what for
mikä (*mi*-kæ) *pron* what; which; **~ tahansa** anything; whichever
mikäli (*mi*-kæ-li) *conj* if
miljardi (*mil*-yahr-di) *n* billion
miljonääri (*mil*-^{y}oa-nææ-ri) *n* millionaire
miljoona (*mil*-^{y}oa-nah) *n* million
milloin (*mil*-loin) *adv* when; **~ hyvänsä** whenever
milloinkaan (*mil*-loing-kaan) *adv* ever
minimi (*mi*-ni-mi) *n* minimum
ministeri (*mi*-niss-tay-ri) *n* minister
ministeriö (*mi*-niss-tay-ri-ur) *n* ministry
miniä (*mi*-ni-æ) *n* daughter-in-law

minkki (*mingk*-ki) *n* mink
minttu (*mint*-too) *n* mint
minulle (*mi*-nool-lay) *pron* me
minun (*mi*-noon) *pron* my
minut (*mi*-noot) *pron* me
minuutti (*mi*-nōōt-ti) *n* minute
minä (*mi*-næ) *pron* I
missä (*miss*-sæ) *adv* where; ~ **hyvänsä** wherever; anywhere; ~ **tahansa** wherever; anywhere
mitali (*mi*-tah-li) *n* medal
mitata (*mi*-tah-tah) *v* measure
miten (*mi*-tayn) *adv* how; ~ **tahansa** anyhow
mitta (*mit*-tah) *n* measure
mittakaava (*mit*-tah-*kaa*-vah) *n* scale
mittanauha (*mit*-tah-*nou*-hah) *n* tape measure
mittari (*mit*-tah-ri) *n* meter
mitä (*mi*-tæ) *pron* what; ~ **hyvänsä** whatever; ~ **jhkn tulee** as regards, regarding; **mitä ... sitä** the ... the
mitätön (*mi*-tæ-turn) *adj* insignificant, unimportant
mitäänsanomaton (*mi*-tææn-*sah*-noa-mah-toan) *adj* insignificant; bland
modeemi (*moa*-dāy-mi) *n* modem
mohair (*moa*-haheer) *n* mohair
moite (*moi*-tay) *n* reproach, blame
moitteeton (*moit*-tāy-toan) *adj* faultless; correct
moittia (*moit*-ti-ah) *v* blame, reproach
mokkanahka (*moak*-kah-*nahh*-kah) *n* suede
molemmat (*moa*-laym-maht) *pron* both
molemminpuolinen (*moa*-laym-mim-*pwoa*-li-nayn) *adj* mutual
monarkia (*moa*-nahr-ki-ah) *n* monarchy
monenlainen (*moa*-nayn-*ligh*-nayn) *adj* diverse, various
moni (*moa*-ni) *pron* many, multiple
monikko (*moa*-nik-koa) *n* plural
monikulttuurinen (*moa*-ni-*koolt*-tōō-ri-nayn) *adj* multicultural
monimutkainen (*moa*-ni-*moot*-kigh-nayn) *adj* complex, complicated
moninainen (*moa*-ni-nigh-nayn) *adj* varied
monipuolinen (*moa*-ni-*pwoa*-li-nayn) *adj* many-sided
monisaliteatteri (*moa*-ni-*sah*-li-*tay*-aht-tay-ri) *n*multiplex
moottori (*mōat*-toa-ri) *n* engine, motor
moottorialus (*mōat*-toa-ri-*ah*-looss) *n* launch
moottoripyörä (*mōat*-toa-ri-*p*^ew^*ur*-ræ) *n* motorcycle
moottoritie (*mōat*-toa-ri-

tyay) *n* motorway, highway; **maksullinen** ~ turnpike *nAm*

moottorivene (*m$\overline{oa}$t*-toa-ri-*vay*-nay) *n* motorboat

mopedi (*moa*-pay-di) *n* moped; motorbike *nAm*

moraali (*moa*-raa-li) *n* morals

moraalinen (*moa*-raa-li-nayn) *adj* moral

morfiini (*moar*-fee-ni) *n* morphine

morsian (*moar*-si-ahn) *n* bride

mosaiikki (*moa*-sah-eek-ki) *n* mosaic

moskeija (*moass*-kay-^{y}ah) *n* mosque

moskiitto (*moass*-keet-toa) *n* mosquito

motelli (*moa*-tayl-li) *n* motel

motivoida (*moa*-ti-voi-dah) *v*motivate

muhentaa (*moo*-hayn-taa) *v* mash

muinainen (*moo^{ee}*-nigh-nayn) *adj* ancient

muinaisesineet (*moo^{ee}*-nighss-*ay*-si-n$\overline{ay}$t) *pl* antiquities *pl*

muinaistiede (*moo^{ee}*-nighss-*tyay*-day) *n* archaeology

muinoin (*moo^{ee}*-noin) *adv* formerly

muistaa (*moo^{ee}ss*-taa) *v* remember; recall

muistamaton (*moo^{ee}ss*-tah-mah-toan) *adj* forgetful

muistella (*moo^{ee}ss*-tayl-lah) *v* recollect, remember

muisti (*moo^{ee}ss*-ti) *n* memory

muistiinpano (*moo^{ee}ss*-teen-*pah*-noa) *n* note

muistikirja (*moo^{ee}ss*-ti-*keer*-^{y}ah) *n* notebook; writing pad

muistikuva (*moo^{ee}ss*-ti-*koo*-vah) *n* memory

muistilehtiö (*moo^{ee}ss*-ti-*layh*-ti-ur) *n* pad

muistio (*moo^{ee}ss*-ti-oa) *n* memo

muisto (*moo^{ee}ss*-toa) *n* remembrance

muistoesine (*moo^{ee}ss*-toa-*ay*-si-nay) *n* souvenir

muistojuhla (*moo^{ee}ss*-toa-^{y}*ooh*-lah) *n* commemoration

muistomerkki (*moo^{ee}ss*-toa-*mayrk*-ki) *n* monument, memorial

muistuttaa (*moo^{ee}ss*-toot-taa) *v* remind; resemble

(jnkn) mukaan (*moo*-kaan) according to

mukaisesti (*moo*-kigh-sayss-ti) in accordance with

mukana (*moo*-kah-nah) *postp* with

mukanaolo (*moo*-kah-nah-*oa*-loa) *n* presence, attendance

mukava (*moo*-kah-vah) *adj* convenient, comfortable

mukavuus (*moo*-kah-v$\overline{oo}$ss) *n* comfort; ease

muki (*moo*-ki) *n* mug
multa (*mool*-tah) *n* earth
mummo (*moom*-moa) *n* grandmother
muna (*moo*-nah) *n* egg
munakas (*moo*-nah-kahss) *n* omelette
munakoiso (*moo*-nah-*koi*-soa) *n* eggplant
munankeltuainen (*moo*-nahn-*kayl*-too-igh-nayn) *n* egg yolk
munkki (*moongk*-ki) *n* monk
munkkiluostari (*moonk*-ki-*lwoass*-tah-ri) *n* monastery
munuainen (*moo*-noo-igh-nayn) *n* kidney
muodikas (*mwoa*-di-kahss) *adj* fashionable
muodollinen (*mwoa*-doal-li-nayn) *adj* formal
muodollisuus (*mwoa*-doal-li-s$\overline{oo}$ss) *n* formality
muodostaa (*mwoa*-doass-taa) *v* form
muoti (*mwoa*-ti) *n* fashion
muoto (*mwoa*-toa) *n* shape, form
muotokuva (*mwoa*-toa-*koo*-vah) *n* portrait
muovailla (*mwoa*-vighl-lah) *v* model, shape
muovi (*mwoa*-vi) *n* plastic
muovinen (*mwoa*-vi-nayn) *adj* plastic
muratti (*moo*-raht-ti) *n* ivy
murea (*moo*-ray-ah) *adj* tender
murha (*moor*-hah) *n* murder
murhaaja (*moor*-haa-^{y}ah) *n* murderer
murhata (*moor*-hah-tah) *v* murder
murhe (*moor*-hay) *n* sorrow, grief
murheellinen (*moor*-h$\overline{ay}$l-li-nayn) *adj* sad
murhenäytelmä (*moor*-hayn-*næ*^{ew}-tayl-mæ) *n* tragedy, drama
murista (*moo*-riss-tah) *v* growl
murskata (*moors*-kah-tah) *v* smash
murre (*moor*-ray) *n* dialect
murtaa (*moor*-taa) *v*break; force
murtautua (jhk) (*moor*-tah-oo-too-ah) *v* burgle
murto-osa (*moor*-toa-*oa*-sah) *n* fraction
murtovaras (*moor*-toa-*vah*-rahss) *n* burglar
murtuma (*moor*-too-mah) *n* break, fracture
muru (*moo*-roo) *n* crumb
museo (*moo*-say-oa) *n* museum
musiikki (*moo*-seek-ki) *n* music
musiikkikorkeakoulu (*moo*-seek-ki-*koar*-kay-ah-*koa*-loo) *n* music academy
musiikkinäytelmä (*moo*-seek-ki-*næ*^{ew}-tayl-mæ) *n* musical comedy, musical
musikaalinen (*moo*-si-kaa-li-nayn) *adj* musical
muskottipähkinä (*mooss*-

koat-ti-*pæh*-ki-næ) *n* nutmeg
musliini (*mooss*-lee-ni) *n* muslin
musta (*mooss*-tah) *adj* black
mustaherukka (*mooss*-tah-*hay*-rook-kah) *n* blackcurrant
mustalainen (*mooss*-tah-ligh-nayn) *n* gipsy
mustarastas (*mooss*-tah-*rahss*-tahss) *n* blackbird
mustasukkainen (*mooss*-tah-*sook*-kigh-nayn) *adj* jealous, envious
mustasukkaisuus (*mooss*-tah-*sook*-kigh-sōōss) *n* jealousy
muste (*mooss*-tay) *n* ink
mustekala (*mooss*-tayk-*kah*-lah) *n* octopus
mustelma (*mooss*-tayl-mah) *n* bruise; **saada ~** bruise
mutka (*moot*-kah) *n* bend; curve
mutkitella (*moot*-ki-tayl-lah) *v* wind
mutta (*moot*-tah) *conj* but
mutteri (*moot*-tay-ri) *n* nut
muu (*mōō*) *adj* remaining; **muun muassa** among other things
muualla (*mōō*-ahl-lah) *adv* elsewhere
muukalainen (*mōō*-kah-ligh-nayn) *n* alien, stranger
muuli (*mōō*-li) *n* mule
muunnos (*mōōn*-noass) *n* variation
muuntaa (*mōōn*-taa) *v* transform, modify
muuntaja (*mōōn*-tah-ʸah) *n* transformer
muuntotaulukko (*mōōn*-toa-*tou*-look-koa) *n* conversion chart
muurahainen (*mōō*-rah-high-nayn) *n* ant
muurari (*mōō*-rah-ri) *n* bricklayer
muurata (*mōō*-rah-tah) *v* lay bricks
muuri (*mōō*-ri) *n* wall
muusikko (*mōō*-sik-koa) *n* musician
muutama (*mōō*-tah-mah) *pron* some
muuten (*mōō*-tayn) *adv* by the way
muutoin (*mōō*-toin) *conj* otherwise; *adv* else
muutos (*mōō*-toass) *n* alteration, change
muuttaa (*mōōt*-taa) *v* change, alter; transform; modify; move; **~ maahan** immigrate; **~ maasta** emigrate
muutto (*mōōt*-toa) *n* move
muuttua (*mōōt*-too-ah) *v* turn into
muuttuva (*mōōt*-too-vah) *adj* variable, changing
mykkä (*mewk*-kæ) *adj* dumb, mute
mylly (*mewl*-lew) *n* mill
mylläri (*mewl*-læ-ri) *n* miller
myrkky (*mewrk*-kew) *n* poison
myrkyllinen (*mewr*-kewl-li-

nayn) *adj* toxic, poisonous
myrkyttää (*mewr*-kewt-tææ) *v* poison
myrsky (*mewrs*-kew) *n* storm, gale
myrskyinen (*mewrs*-kew^{ee}-nayn) *adj* stormy
myrskylyhty (*mewrs*-kew-*lewh*-tew) *n* hurricane lamp
mysteerio (*mewss*-tay-ri-oa) *n* mystery
myydä (*mew*-dæ) *v* *sell; **~ vähittäin** retail
myyjä (*mew*-^{y}æ) *n* shop assistant, salesperson
myymälä (*mew*-mæ-læ) *n* store
myymäläapulainen (*mew*-mæ-læ-*ah*-poo-ligh-nayn) *n* shop assistant
myynti (*mewn*-ti) *n* sale
myyntikoju (*mewn*-ti-*koa*-^{y}oo) *n* stand
myyntipöytä (*mewn*-ti-*pur*^{ew}-tæ) *n* counter
myyntitavarat (*mewn*-ti-*tah*-vah-raht) *pl* wares *pl*, merchandise
myytti (*mewt*-ti) *n* myth
myytävänä (*mew*-tæ-væ-næ) for sale
myöhemmin (*m*^{ew}*ur*-haym-min) *adv* later, afterwards
myöhempi (*m*^{ew}*ur*-haym-pi) *adj* later, subsequent
myöhäinen (*m*^{ew}*ur*-hæ^{ee}-nayn) *adj* late
myöhässä (*m*^{ew}*ur*-hæss-sæ) *adj* late
myöhästynyt (*m*^{ew}*ur*-hæss-tew-newt) *adj* overdue
myönnytys (*m*^{ew}*urn*-new-tewss) *n* concession
myönteinen (*m*^{ew}*urn*-tay-nayn) *adj* positive
myöntyä (*m*^{ew}*urn*-tew-æ) *v* consent; agree
myöntävä (*m*^{ew}*urn*-tæ-væ) *adj* affirmative
myöntää (*m*^{ew}*urn*-tææ) *v* admit, acknowledge; confess; grant; **~ lupa** license
myös (*m*^{ew}*urss*) *adv* also, too
myötätunto (*m*^{ew}*ur*-tæ-*toon*-toa) *n* sympathy
myötätuntoinen (*m*^{ew}*ur*-tæ-*toon*-toi-nayn) *adj* sympathetic
myötävirtaan (*m*^{ew}*ur*-tæ-*veer*-taan) *adv* downstream
mäenharja (*mæ*-ayn *hoo*^{ee}*p*-poo) *n* hilltop
mäki (*mæ*-ki) *n* hill; rise
mäkihyppy (*mæ*-ki-*hewp*-pew) *n* ski jump
mäkinen (*mæ*-ki-nayn) *adj* hilly
männänrengas (*mæn*-næn-*rayng*-ngahss) *n* piston ring
männänvarsi (*mæn*-næn-*vahr*-si) *n* piston rod
mänty (*mæn*-tew) *n* pine
mäntä (*mæn*-tæ) *n* piston
märkä (*mær*-kæ) *adj* moist, wet; *n* pus
märkähaava (*mær*-kæ-*haa*-vah) *n* sore, ulcer
mäti (*mæ*-ti) *n* roe
mätä (*mæ*-tæ) *adj* rotten

määritellä (*mææ*-ri-tayl-læ) *v* define
määritelmä (*mææ*-ri-tayl-mæ) *n* definition
määrä (*mææ*-ræ) *n* quantity, amount
määräaika (*mææ*-ræ-*igh*-kah) *n* term
määräinen (*mææ*-ræ^{ee}-nayn) *adj* definite
määränpää (*mææ*-ræn-*pææ*) *n* destination
määräraha (*mææ*-ræ-*rah*-hah) *n* allowance
määrätty (*mææ*-ræt-tew) *adj* definite
määrätä (*mææ*-ræ-tæ) *v* order; determine; stipulate; prescribe
määräys (*mææ*-ræ-ewss) *n* order, instruction
määräämisvalta (*mææ*-rææ-miss-*vahl*-tah) *n* authority
möhkäle (*murh*-kæ-lay) *n* block
mökki (*murk*-ki) *n* cottage

N

naamio (*naa*-mi-oa) *n* mask
naamioitua (*naa*-mi-oi-too-ah) *v* disguise
naapuri (*naa*-poo-ri) *n* neighbour; **naapuri-** neighbouring
naapurissa (*naa*-poo-riss-sah) *adv* next-door
naarmu (*naar*-moo) *n* scratch
naarmuttaa (*naar*-moot-taa) *v* scratch
nahka (*nahh*-kah) *n* leather; skin
nahkainen (*nahh*-kigh-nayn) *adj* leather
naida (*nigh*-dah) *v* marry; fuck (*vulgar*)
naiivi (*nah*-ee-vi) *adj* naïve
nailon (*nigh*-loan) *n* nylon
naimaton (*nigh*-mah-toan) *adj* single
nainen (*nigh*-nayn) *n* woman; **hieno ~** lady
naisellinen (*nigh*-sayl-li-nayn) *adj* feminine
naispuolinen (*nighss-pwoa*-li-nayn) *adj* female
naistenhuone (*nighss*-tayn-*hwoa*-nay) *n* powder room, ladies' room
napa (*nah*-pah) *n* navel
napinreikä (*nah*-pin-*ray*-kæ) *n* buttonhole
napittaa (*nah*-pit-taa) *v* button
nappi (*nahp*-pi) *n* button
napsauttaa (*nahp*-sah-oot-taa) *v* click
narista (*nah*-riss-tah) *v* creak
narri (*nahr*-ri) *n* fool
narttu (*nahrt*-too) *n* bitch
naru (*nah*-roo) *n* line
nasta (*nahss*-tah) *n* drawing

pin; thumbtack *nAm*
naudanliha (*nou*-dahn-*li*-hah) *n* beef
nauha (*nou*-hah) *n* ribbon; tape
nauhuri (*nou*-hoo-ri) *n* recorder, tape recorder
naula (*nou*-lah) *n* nail; pound
naulakko (*nou*-lahk-koa) *n* hat rack
nauraa (*nou*-raa) *v* laugh
naurettava (*nou*-rayt-tah-vah) *adj* ridiculous, ludicrous; **tehdä naurettavaksi** ridicule
nauru (*nou*-roo) *n* laugh, laughter
nautakarja (*nou*-tah-*kahr*-^{y}ah) *n* cattle *pl*
nautinto (*nou*-tin-toa) *n* pleasure; delight
nautittava (*nou*-tit-tah-vah) *adj* enjoyable
nauttia (*nout*-ti-ah) *v* enjoy
neekeri (*n$\overline{\text{ay}}$*-kay-ri) *n* Negro
negatiivinen (*nay*-gah-tee-vi-nayn) *n* negative
neiti (*nay*-ti) *n* miss
neitsyt (*nayt*-sewt) *n* virgin
neliö (*nay*-li-ur) *n* square
neliönmuotoinen (*nay*-li-urn-*mwoa*-toi-nayn) *adj* square
neljä (*nayl*-^{y}æ) *num* four
neljäkymmentä (*nayl*-^{y}æ-*kewm*-mayn-tæ) *num* forty
neljännes (*nayl*-^{y}æn-nayss) *n* quarter
neljännestunti (*nayl*-^{y}æn-nayss-*toon*-ti) *n* quarter of an hour
neljännesvuosi (*nayl*-^{y}æn-nayss-*vwoa*-si) *n* quarter
neljännesvuosittainen (*nayl*-^{y}æn-nayss-*vwoa*-sit-tigh-nayn) *adj* quarterly
neljäs (*nayl*-^{y}æss) *num* fourth
neljästoista (*nayl*-^{y}æss-*toiss*-tah) *num* fourteenth
neljätoista (*nayl*-^{y}æ-*toiss*-tah) *num* fourteen
nenä (*nay*-næ) *n* nose
nenäkäs (*nay*-næ-kæss) *adj* impertinent
nenäliina (*nay*-næ-*lee*-nah) *n* handkerchief
nero (*nay*-roa) *n* genius
neronleimaus (*nay*-roan-*lay*-mah-ooss) *n* brain wave
neste (*nayss*-tay) *n* liquid, fluid
nestemäinen (*nayss*-tay-mæ^{ee}-nayn) *adj* liquid, fluid
nettisivu (*nayt*-ti-*si*-voo) *n* website
netto (*nayt*-toa) *adv* net
neula (*nay^{oo}*-lah) *n* needle
neulepusero (*nay^{oo}*-layp-*poo*-say-roa) *n* sweater, jumper
neuloa (*nay^{oo}*-loa-ah) *v* *knit; *sew
neuroosi (*nay^{oo}*-r$\overline{\text{oa}}$-si) *n* neurosis
neutrisukuinen (*nay^{oo}t*-ri-*soo*-koo^{ee}-nayn) *adj* neuter
neuvo (*nay^{oo}*-voa) *n* advice
neuvoa (*nay^{oo}*-voa-ah) *v*

advise; **noudattaa ~** listen, obey
neuvonantaja (*nay*^{oo}-voan-*ahn*-tah-^{y}ah) *n* counsellor
neuvosmies (*nay*^{oo}-voass-*myayss*) *n* councillor
neuvosto (*nay*^{oo}-voass-toa) *n* council
Neuvostoliitto (*nay*^{oo}-voass-toa-*leet*-toa) Soviet Union
neuvostoliittolainen (*nay*^{oo}-voass-toa-*leet*-toa-ligh-nayn) *adj* Soviet
neuvotella (*nay*^{oo}-voa-tayl-lah) *v* negotiate; consult
neuvottelu (*nay*^{oo}-voat-tay-loo) *n* negotiation; consultation
nide (*ni*-day) *n* volume
nidos (*ni*-doass) *n* binding
niellä (*nyayl*-læ) *v* swallow
nielurisat (*nyay*-loo-*ri*-saht) *pl* tonsils *pl* ; **nielurisojen tulehdus** tonsilitis
niemi (*nyay*-mi) *n* cape
niemimaa (*nyay*-mi-*maa*) *n* peninsula
Nigeria (*ni*-gay-ri-ah) Nigeria
nigerialainen (*ni*-gay-ri-ah-ligh-nayn) *n* Nigerian; *adj* Nigerian
niin (*neen*) *adv* so; such, *conj* so; **~ kuin** as, like; **~ pian kuin** as soon as; **~ sanottu** so-called; **no niin!** well!
niinipuu (*nee*-ni-*pōō*) *n* limetree
niitty (*neet*-tew) *n* meadow
nikkeli (*nik*-kay-li) *n* nickel
nikotiini (*ni*-koa-tee-ni) *n* nicotine
nilkka (*nilk*-kah) *n* ankle
nimellinen (*ni*-mayl-li-nayn) *adj* nominal
nimenomainen (*ni*-mayn-*oa*-migh-nayn) *adj* explicit, express
nimetä (*ni*-may-tæ) *v* nominate; name
nimetön (*ni*-may-turn) *adj* anonymous
nimeäminen (*ni*-may-æ-mi-nayn) *n* nomination
nimi (*ni*-mi) *n* name; **olla nimeltään** *be called
nimikirjain (*ni*-mi-*keer*-^{y}ighn) *n* initial; **varustaa nimikirjaimilla** initial
nimikirjoitus (*ni*-mi-*keer*-^{y}oi-tooss) *n* signature; autograph
nimilippu (*ni*-mi-*lip*-poo) *n* label; **varustaa nimilipulla** label
nimilipuke (*ni*-mi-*li*-poo-kay) *n* tag
nimisana (*ni*-mi-*sah*-nah) *n* noun
nimissä (*ni*-miss-sæ) *postp* in the name of, on behalf of
nimittäin (*ni*-mit-tæ^{ee}n) *adv* namely
nimittää (*ni*-mit-tææ) *v* name; appoint; nominate, appoint
nimitys (*ni*-mi-tewss) *n* nomination, appointment; denomination
nipistää (*ni*-piss-tææ) *v*

pinch
niputtaa (*ni*-poot-taa) *v* bundle
nirso (*neer*-soa) *adj* picky
niska (*niss*-kah) *n* nape of the neck, neck
nisäkäs (*ni*-sæ-kæss) *n* mammal
niukasti (*nee^{oo}*-kahss-ti) *adv* barely
niukka (*nee^{oo}k*-kah) *adj* scarce
niukkuus (*nee^{oo}k*-k$\overline{oo}$ss) *n* scarcity
nivustaive (*ni*-vooss-*tigh*-vay) *n* groin
noidannuoli (*noi*-dahn-*nwoa*-li) *n* lumbago
noin (*noin*) *adv* about, approximately
noita (*noi*-tah) *n* witch
noituus (*noi*-t$\overline{oo}$ss) *n* magic
nojatuoli (*noa*-^{y}ah-*twoa*-li) *n* easy chair, armchair
nojautua (*noa*-^{y}ou-too-ah) *v*lean
nokka (*noak*-kah) *n* beak
nokkaunet (*noak*-kah-*oo*-nayt) *pl* nap
nokkela (*noak*-kay-lah) *adj* clever
nokkeluus (*noak*-kay-l$\overline{oo}$-s) *n* wit
nolla (*noal*-lah) *n* zero
nopea (*noa*-pay-ah) *adj* fast, swift, quick, rapid
nopeus (*noa*-pay-ooss) *n* speed
nopeusmittari (*noa*-pay-ooss-*mit*-tah-ri) *n* speedometer
nopeusrajoitus (*noa*-pay-ooss-*rah*-^{y}oi-tooss) *n* speed limit
Norja (*noar*-^{y}ah) Norway
norjalainen (*noar*-^{y}ah-ligh-nayn) *n* Norwegian; *adj* Norwegian
normaali (*noar*-maa-li) *adj* normal
normi (*noar*-mi) *n* standard
norsunluu (*noar*-soon-$\overline{loo}$) *n* ivory
nostaa (*noass*-taa) *v* lift; hoist; **~ rahaa** *draw
nostokurki (*noass*-toa-*koor*-ki) *n* crane
nostolaite (*noass*-toa-*ligh*-tay) *n* jack
nostosilta (*noass*-toa-*sil*-tah) *n* drawbridge
notaari (*noa*-taa-ri) *n* notary
notkea (*noat*-kay-ah) *adj* supple
nousta (*noass*-tah) *v* *get up, *rise; *get on; ascend; **~ ilmaan** *take off; **~ laivaan** embark; **~ maihin** disembark, land; **~ pystyyn** *get up
nousu (*noa*-soo) *n* rise, ascent
nousuvesi (*noa*-soo-*vay*-si) *n* high tide
noutaa (*noa*-taa) *v* fetch, pick up, collect
nuhdella (*nooh*-dayl-lah) *v* reproach, reprimand
nuija (*noo^{ee}*-^{y}ah) *n* mallet, club

nukkavieru (*nook*-kah-*vyay*-roo) *adj* threadbare, scruffy
nukke (*nook*-kay) *n* doll
nukketeatteri (*nook*-kay-*tay*-aht-tay-ri) *n* puppet-show
nukkua (*nook*-koo-ah) *v* *sleep; ~ **pommiin** *oversleep
nukutus (*noo*-koo-tooss) *n* anaesthesia, narcosis
nukutusaine (*noo*-koo-tooss-*igh*-nay) *n* anaesthetic
numero (*noo*-may-roa) *n* number, figure
numerotaulu (*noo*-may-roa-*tou*-loo) *n* dial
nummi (*noom*-mi) *n* heath
nunna (*noon*-nah) *n* nun
nunnaluostari (*noon*-nah-*lwoass*-tah-ri) *n* convent
nuo (*nwoa*) *pron* those
nuoli (*nwoa*-li) *n* arrow
nuolla (*nwoal*-lah) *v* lick
nuora (*nwoa*-rah) *n* cord, string
nuorekas (*nwoa*-ray-kahss) *adj* juvenile
nuorempi (*nwoa*-raym-pi) *adj* junior
nuori (*nwoa*-ri) *adj* young
nuoriso (*nwoa*-ri-soa) *n* youth
nuorisomaja (*nwoa*-ri-soa-*mah*-^{y}ah) *n* youth hostel
nuorukainen (*nwoa*-roo-kigh-nayn) *n* lad
nuppi (*noop*-pi) *n* knob
nuppineula (*noop*-pi-*nay*^{oo}-lah) *n* pin
nuppu (*noop*-poo) *n* bud
nurin (*noo*-rin) *adv* down
nurinpäin (*noo*-rin-pæ^{ee}n) *adv* inside out
nurista (*noo*-riss-tah) *v* grumble
nurmikenttä (*noor*-mi-*kaynt*-tæ) *n* lawn
nuttu (*noot*-too) *n* jacket
nykyaika (*new*-kew-*igh*-kah) *n* present
nykyaikainen (*new*-kew-*igh*-kigh-nayn) *adj* modern; contemporary
nykyinen (*new*-kew^{ee}-nayn) *adj* current, present
nykyään (*new*-kew-ææn) *adv* now, nowadays
nykäisy (*new*-kæ^{ee}-sew) *n* tug
nylkeä (*newl*-kay-æ) *v* skin
nyrjähdys (*newr*-^{y}æh-dewss) *n* sprain
nyrjäyttää (*newr*-^{y}æ-ewt-tææ) *v* sprain
nyrkinisku (*newr*-kin-*iss*-koo) *n* punch
nyrkkeillä (*newrk*-kayl-læ) *v* box
nyrkkeilyottelu (*newrk*-kay-lew-*oat*-tay-loo) *n* boxing match
nyrkki (*newrk*-ki) *n* fist
nyt (*newt*) *adv* now
nyökkäys (*n*^{ew}*urk*-kæ-ewss) *n* nod
nyökätä (*n*^{ew}*ur*-kæ-tæ) *v* nod
nyöri (*n*^{ew}*ur*-ri) *n* string; twine
näennäinen (*næ*-ayn-næ^{ee}-

nayn) *adj* apparent
nähden (*næh*-dayn) *postp* concerning
nähdä (*næh*-dæ) *v* *see; **~ vilahdukselta** glimpse
nähtävyys (*næh*-tæ-vewss) *n* sight
nähtäväksi (*næh*-tæ-væk-si) *adv* on approval
nähtävästi (*næh*-tæ-væss-ti) *adv* apparently
näkemiin! (*næ*-kay-meen) goodbye!
näkemys (*næ*-kay-mewss) *n* view
näkinkenkä (*næ*-king-*kayng*-kæ) *n* seashell
näky (*næ*-kew) *n* sight
näkymä (*næ*-kew-mæ) *n* outlook, view
näkymätön (*næ*-kew-mæ-turn) *adj* invisible
näkyvyys (*næ*-kew-vewss) *n* visibility
näkyvä (*næ*-kew-væ) *adj* visible
näköala (*næ*-kur-*ah*-lah) *n* view
näkökohta (*næ*-kur-*koah*-tah) *n* point of view; aspect
näköpiiri (*næ*-kur-*pee*-ri) *n* horizon
nälkä (*næl*-kæ) *n* hunger
nälkäinen (*næl*-kæ^ee^-nayn) *adj* hungry
nämä (*næ*-mæ) *pron* these
näppylä (*næp*-pew-læ) *n* pimple
näppärä (*næp*-pæ-ræ) *adj* skilful, deft
närästys (*næ*-ræss-tewss) *n* heartburn
näyte (*næ^ew^*-tay) *n* sample, specimen
näyteikkuna (*næ^ew^*-tay-*ik*-koo-nah) *n* shopwindow
näytekappale (*næ^ew^*-tayk-*kahp*-pah-lay) *n* specimen
näytellä (*næ^ew^*-tayl-læ) *v* act, play
näytelmä (*næ^ew^*-tayl-mæ) *n* play; drama; spectacle; **yksinäytöksinen ~** one-act play
näytelmäkirjailija (*næ^ew^*-tayl-mæ-*keer*-^y^igh-li-^y^ah) *n* playwright; dramatist
näytteillepano (*næ^ew^t*-tayl-lay-*pah*-noa) *n* exhibition
näyttelijä (*næ^ew^t*-tay-li-^y^æ) *n* comedian, actor
näyttelijätär (*næ^ew^t*-tay-li-^y^æ-tær) *n* actress
näyttely (*næ^ew^t*-tay-lew) *n* exposition, show, exhibition; display; **~ huone** showroom
näyttämö (*næ^ew^t*-tæ-mur) *n* stage
näyttämötaide (*næ^ew^t*-tæ-mur-*tigh*-day) *n* drama
näyttää (*næ^ew^t*-tææ) *v* *show; display; look; **~ jltk** seem, look; appear; **~ toteen** demonstrate
näytös (*næ^ew^*-turss) *n* act
nöyrä (*nur^ew^*-ræ) *adj* humble

O

objektiivinen (*oab*-^{y}ayk-tee-vi-nayn) *adj* objective
obligaatio (*oab*-li-gaa-ti-oa) *n* bond
odotettavissa (*oa*-doa-tayt-tah-viss-sah) due
odottaa (*oa*-doat-taa) *v* wait; expect
odottamaton (*oa*-doat-tah-mah-toan) *adj* unexpected
odotus (*oa*-doa-tooss) *n* waiting; expectation
odotushuone (*oa*-doa-tooss-*hwoa*-nay) *n* waiting room
odotuslista (*oa*-doa-tooss-*liss*-tah) *n* waiting list
ohdake (*oah*-dah-kay) *n* thistle
oheistaa (*oa*-hayss-taa) *v* enclose
ohi (*oa*-hi) *adv* over, *postp* past
ohikulkija (*oa*-hi-*kool*-ki-^{y}ah) *n* passer-by
ohikulkutie (*oa*-hi-*kool*-koo-*tyay*) *n* by-pass
ohimo (*oa*-hi-moa) *n* temple
ohittaa (*oa*-hit-taa) *v* pass by; *overtake; **ohitus kielletty** no overtaking; no passing *Am*
ohjaaja (*oah*-^{y}aa-^{y}ah) *n* director; instructor
ohjata (*oah*-^{y}ah-tah) *v* direct; steer; navigate
ohjaus (*oah*-^{y}ah-ooss) *n* direction; steering
ohjauspyörä (*oah*-^{y}ah-ooss-*p^{ew}ur*-ræ) *n* steering wheel
ohjaustanko (*oah*-^{y}ah-ooss-*tahng*-koa) *n* handlebar, steering column
ohje (*oah*-^{y}ay) *n* direction, instruction
ohjelma (*oah*-^{y}ayl-mah) *n* programme
ohjelmisto (*oah*-^{y}ayl-miss-toa) *n* repertoire, programme
ohjesääntö (*oah*-^{y}ayss-*sææn*-tur) *n* regulation
ohjus (*oah*-^{y}ooss) *n* missile, rocket
ohra (*oah*-rah) *n* barley
ohut (*oa*-hoot) *adj* thin; sheer
oikaista (*oi*-kighss-tah) *v* correct
oikaisu (*oi*-kigh-soo) *n* correction
oikea (*oi*-kay-ah) *adj* appropriate, right, correct, just; **olla oikeassa** *be right
oikealla (*oi*-kay-ahl-lah) *adj* on the right
oikeamielinen (*oi*-kay-ah-*myay*-li-nayn) *adj* righteous
oikeanpuoleinen (*oi*-kay-ahn-*pwoa*-lay-nayn) *adj* right-hand, right; right

oikeaoppinen (*oi*-kay-ah-*oap*-pi-nayn) *adj* orthodox
oikein (*oi*-kayn) *adv* correctly
oikeinkirjoitus (*oi*-kayn-*keer*-ʸoi-tooss) *n* spelling
oikeudenkäynti (*oi*-kay-oo-dayng-*kæᵉʷn*-ti) *n* lawsuit
oikeudenmukainen (*oi*-kay-oo-daym-*moo*-kigh-nayn) *adj* just, fair, right
oikeudenmukaisuus (*oi*-kay-oo-daym-*moo*-kigh-sōōss) *n* justice
oikeudenpäätös (*oi*-kay-oo-daym-*pææ*-turss) *n* verdict
oikeus (*oi*-kay-ooss) *n* right; justice; court
oikeusjuttu (*oi*-kay-ooss-ʸ*oot*-too) *n* lawsuit; case
oikeutettu (*oi*-kay-oo-*tayt*-too) *adj* authorised, justified
oikeutetusti (*oi*-kay-oo-*tay*-tooss-ti) *adv* rightly
oikeuttaa (*oi*-kay-oot-taa) *v* justify
oikku (*oik*-koo) *n* whim
oikosulku (*oi*-koa-*sool*-koo) *n* short circuit
oire (*oi*-ray) *n* symptom
oivallus (*oi*-vahl-looss) *n* insight
oivaltaa (*oi*-vahl-taa) *v* realize
oja (*oa*-ʸah) *n* ditch
ojentaa (*oa*-ʸayn-taa) *v* pass; hand
ojittaa (*oa*-ʸit-taa) *v* drain
oksa (*oak*-sah) *n* branch
oksentaa (*oak*-sayn-taa) *v* vomit
olemassaolo (*oa*-lay-mahss-sah-*oa*-loa) *n* existence
olennainen (*oa*-layn-nigh-nayn) *adj* essential
olento (*oa*-layn-toa) *n* being; creature
oleskella (*oa*-layss-kayl-lah) *v* stay
oleskelu (*oa*-layss-kay-loo) *n* stay
oleskelulupa (*oa*-layss-kay-loo-*loo*-pah) *n* residence permit
olettaa (*oa*-layt-taa) *v* suppose, assume
oliivi (*oa*-lee-vi) *n* olive
oliiviöljy (*oa*-lee-vi-*url*-ʸew) *n* olive oil
olkaimet (*oal*-kigh-mayt) *pl* braces *pl*
olki (*oal*-ki) *n* straw
olkikatto (*oal*-ki-*kaht*-toa) *n* thatched roof
olla (*oal*-lah) *v* *be; **~ jklla** *have; **~ jkn veroinen** equal; **~ jnkn arvoinen** *be worth; **~ jtkn mieltä** *think; **~ jtkn vailla** lack; **~ läsnä** attend; **~ mieltynyt** fancy; **~ olemassa** exist; **~ varaa** afford; **~ yllä** *wear
ollenkaan (*oal*-layng-kaan) *adv* at all
olohuone (*oa*-loa-*hwoa*-nay) *n* living room
olosuhde (*oa*-loa-*sooh*-day) *n* condition
olut (*oa*-loot) *n* beer, ale

olutpanimo (*oa*-loot-*pah*-ni-moa) *n* brewery
oluttupa (*oa*-loot-*too*-pah) *n* tavern; public house, pub
oma (*oa*-mah) *adj* own
omahyväinen (*oa*-mah-*hew*-væ^ee-nayn) *adj* presumptuous; smug
omaisuus (*oa*-migh-sōōss) *n* property; fortune; possessions, belongings *pl*
omaksua (*oa*-mahk-soo-ah) *v* adopt
omalaatuinen (*oa*-mah-laa-too^ee-nayn) *adj* peculiar, original, quaint
omalaatuisuus (*oa*-mah-*laa*-too^ee-sōōss) *n* peculiarity
omatunto (*oa*-mah-*toon*-toa) *n* conscience
omena (*oa*-may-nah) *n* apple
ominainen (*oa*-mi-nigh-nayn) *adj* characteristic; specific
ominaispiirre (*oa*-mi-nighss-*peer*-ray) *n* characteristic
ominaisuus (*oa*-mi-nigh-sōōss) *n* property, quality
omintakeinen (*oa*-min-*tah*-kay-nayn) *adj* original
omistaa (*oa*-miss-taa) *v* possess, own
omistaja (*oa*-miss-tah-^yah) *n* proprietor, owner
omistus (*oa*-miss-tooss) *n* possession
omituinen (*oa*-mi-too^ee-nayn) *adj* curious, strange, odd, peculiar
ommel (*oam*-mayl) *n* stitch
ommella (*oam*-mayl-lah) *v* *sew; ~ **haava** *sew up
ompelija (*oam*-pay-li-^yah) *n* dressmaker
ompelukone (*oam*-pay-loo-*koa*-nay) *n* sewing machine
ongelma (*oang*-ngayl-mah) *n* problem
ongenkoukku (*oang*-ngayn-koak-koo) *n* fishing hook
ongensiima (*oang*-ngayn-*see*-mah) *n* fishing line
onkalo (*oan*-kah-loa) *n* cave
onkia (*oang*-ki-ah) *v* angle
onkivapa (*oang*-ki-*vah*-pah) *n* fishing rod
onnea (yritykseen) (*oan*-nay-ah [*ew*-ri-tewk-sāyn]) good luck!
onnekas (*oan*-nay-kahss) *adj* lucky, fortunate
onneksi (*oan*-nayk-si) *adv*fortunately
onnellinen (*oan*-nayl-li-nayn) *adj* happy
onnentoivotus (*oan*-nayn-*toi*-voa-tooss) *n* congratulation
onneton (*oan*-nay-toan) *adj* unhappy, miserable
onnettomuus (*oan*-nayt-toa-mōōss) *n* disaster, accident; calamity
onni (*oan*-ni) *n* fortune, happiness; prosperity
onnistua (*oan*-niss-too-ah) *v* succeed, manage
onnitella (*oan*-ni-tayl-lah) *v* congratulate, compliment

onnittelu (*oan*-nit-tay-loo) *n* congratulation
ontelo (*oan*-tay-loa) *n* cavity
ontto (*oant*-toa) *adj* hollow
ontua (*oan*-too-ah) *v* limp
ontuva (*oan*-too-vah) *adj* lame, limping
onyksi (*oa*-newk-si) *n* onyx
ooppera (*ōap*-pay-rah) *n* opera
oopperatalo (*ōap*-pay-rah-*tah*-loa) *n* opera house
opaali (*oa*-paa-li) *n* opal
opas (*oa*-pahss) *n* guide
opaskirja (*oa*-pahss-*keer*-ʸah) *n* guidebook
opaskoira (*oa*-pahss-*koi*-rah) *n* guide dog
opastaa (*oa*-pahss-taa) *v* guide
opaste (*oa*-pahss-tay) *n* signal
opettaa (*oa*-payt-taa) *v* *teach; instruct
opettaja (*oa*-payt-tah-ʸah) *n* teacher, schoolteacher, master, schoolmaster
opettavainen (*oa*-payt-tah-vigh-nayn) *adj* instructive
opetus (*oa*-pay-tooss) *n* education, instruction; teaching; moral
opinnot (*oa*-pin-noat) *pl* study
opiskelija (*oa*-piss-kay-li-ʸah) *n* student
opiskella (*oa*-piss-kayl-lah) *v* study
oppia (*oap*-pi-ah) *v* *learn; ~ **ulkoa** memorize
oppiarvo (*oap*-pi-*ahr*-voa) *n* degree
oppikirja (*oap*-pi-*keer*-ʸah) *n* textbook
oppikoulu (*oap*-pi-*koa*-loo) *n* secondary school
oppilas (*oap*-pi-lahss) *n* pupil
oppimaton (*oap*-pi-mah-toan) *adj* uneducated
oppinut (*oap*-pi-noot) *n* scholar; *adj* learned
oppitunti (*oap*-pi-*toon*-ti) *n* lesson
optikko (*oap*-tik-koa) *n* optician
optimismi (*oap*-ti-miss-mi) *n* optimism
optimisti (*oap*-ti-miss-ti) *n* optimist
optimistinen (*oap*-ti-miss-ti-nayn) *adj* optimistic
oranssinvärinen (*oa*-rahns-sin-*væ*-ri-nayn) *adj* orange
orava (*oa*-rah-vah) *n* squirrel
organisoida (*oar*-gah-ni-soi-dah) *v* organize
orja (*oar*-ʸah) *n* slave
orkesteri (*oar*-kayss-tay-ri) *n* orchestra
orkesterinjohtaja (*oar*-kayss-tay-rin-ʸ*oah*-tah-ʸah) *n* conductor
orpo (*oar*-poa) *n* orphan
orvokki (*oar*-voak-ki) *n* violet
osa (*oa*-sah) *n* part; lot
osaaottavainen (*oa*-saa-*oat*-tah-vigh-nayn) *adj* sympathetic

osakas (*oa*-sah-kahss) *n* partner
osake (*oa*-sah-kay) *n* share
osakkeet (*oa*-sahk-kāyt) *pl* stocks and shares
osaksi (*oa*-sahk-si) *adv* partly
osallinen (*oa*-sahl-li-nayn) *adj* concerned
osallistua (*oa*-sahl-liss-too-ah) *v* participate
osamaksuerä (*oa*-sah-*mahk*-soo-*ay*-ræ) *n* instalment
osanottaja (*oa*-sahn-*oat*-tah-ʸah) *n* participant
osanotto (*oa*-sahn-*oat*-toa) *n* participation; condolences
osasto (*oa*-sahss-toa) *n* division, department; section
osittain (*oa*-sit-tighn) *adv* partly
osittainen (*oa*-sit-tigh-nayn) *adj* partial
osoite (*oa*-soi-tay) *n* address
osoittaa (*oa*-soit-taa) *v* *show; point out; indicate; demonstrate
osoittautua (*oa*-soit-tah-oo-too-ah) *v* prove
osoitus (*oa*-soi-tooss) *n* indication; token
ostaa (*oass*-taa) *v* *buy, purchase
ostaja (*oass*-tah-ʸah) *n* buyer, purchaser
osteri (*oass*-tay-ri) *n* oyster
osto (*oass*-toa) *n* purchase
ostohinta (*oass*-toa-*hin*-tah) *n* purchase price
ostoskeskus (*oass*-toass-*kayss*-kooss) *n* shopping centre
ostoslaukku (*oass*-toass-*louk*-koo) *n* shopping bag
osua (*oa*-soo-ah) *v* *hit
osuus (*oa*-sōōss) *n* share, part
osuustoiminnallinen (*oa*-sōōss-*toi*-min-nahl-li-nayn) *adj* co-operative
osuustoiminta (*oa*-sōōss-*toi*-min-tah) *n* co-operative
otaksua (*oa*-tahk-soo-ah) *v* assume
otaksuttava (*oa*-tahk-soot-tah-vah) *adj* presumable
ote (*oa*-tay) *n* grasp, grip; **tiukka ~** clutch
otsa (*oat*-sah) *n* forehead
otsikko (*oat*-sik-koa) *n* headline, heading
otsoni (*oat*-soa-ni) *n* ozone
ottaa (*oat*-taa) *v* *take; **~ haltuunsa** *take up; **~ huolekseen** *take charge of; **~ kiinni** *catch; **~ palvelukseen** employ; **~ pois** *take out; **~ puheeksi** *bring up; **~ tehtäväkseen** *take over; **~ yhteys** contact
ottelu (*oat*-tay-loo) *n* match
outo (*oa*-toa) *adj* strange, unfamiliar; odd
ovela (*oa*-vay-lah) *adj* cunning, sly
ovenvartija (*oa*-vayn-*vahr*-

ti-ʸah) *n* doorkeeper, porter
ovi (*oa*-vi) *n* door
ovikello (*oa*-vi-*kayl*-loa) *n* doorbell
ovimatto (*oa*-vi-*maht*-toa) *n* mat
ovimikko (*oa*-vi-*mik*-koa) *n* doorman

P

paahtaa (*paah*-taa) *v* roast
paahtoleipä (*paah*-toa-*lay*-pæ) *n* toast
paavi (*paa*-vi) *n* pope
paeta (*pah*-ay-tah) *v* escape, *flee
paha (*pah*-hah) *adj* bad; naughty; *n* mischief; evil
pahaenteinen (*pah*-hah-*ayn*-tay-nayn) *adj* threatening, ominous
pahamaineinen (*pah*-hah-*migh*-nay-nayn) *adj* notorious
pahanhajuinen (*pah*-hahn-*hah*-ʸoo^ee^-nayn) *adj* smelly
pahanlaatuinen (*pah*-hahn-*laa*-too^ee^-nayn) *adj* malignant
pahansuopa (*pah*-hahn-*swoa*-pah) *adj* spiteful; malicious
pahansuopuus (*pah*-hahn-*swoa*-pōōss) *n* spite
pahastuttaa (*pah*-hahss-toot-taa) *v* offend
paheellinen (*pah*-hāyl-li-nayn) *adj* vicious
paheksua (*pah*-hayk-soo-ah) *v* disapprove
pahemmin (*pah*-haym-min) *adv* worse
pahempi (*pah*-haym-pi) *adj* worse
pahimmin (*pah*-him-min) *adv* worst
pahin (*pah*-hin) *adj* worst
pahoillaan (*pah*-hoil-laan) *adv* sorry
pahoinvointi (*pah*-hoin-*voin*-ti) *n* sickness, nausea
pahoinvoipa (*pah*-hoin-*voi*-pah) *adj* sick
pahoitella (*pah*-hoi-tayl-lah) *v* regret
pahoittelu (*pah*-hoit-tay-loo) *n* regret
paholainen (*pah*-hoa-ligh-nayn) *n* devil
pahus! (*pah*-hooss) damn!
pahuus (*pah*-hōōss) *n* evil
pahvi (*pahh*-vi) *n* cardboard
pahvilaatikko (*pahh*-vi-*laa*-tik-koa) *n* carton
pahvinen (*pahh*-vi-nayn) *adj* cardboard
paikallinen (*pigh*-kahl-li-nayn) *adj* local; **paikallis-** local
paikallisjuna (*pigh*-kahl-liss-ʸ*oo*-nah) *n* local train; stopping train
paikallispuhelu (*pigh*-kahl-liss-*poo*-hay-loo) *n* local

call
paikannäyttäjä (*pigh*-kahn-*næ^ew^t*-tæ-*^y^æ*) *n* usher; usherette
paikantaa (*pigh*-kahn-taa) *v* locate
paikata (*pigh*-kah-tah) *v* patch
paikka (*pighk*-kah) *n* place; spot
paikkakunta (*pighk*-kah-*koon*-tah) *n* locality
paimen (*pigh*-mayn) *n* shepherd
painaa (*pigh*-naa) *v* press; print
paine (*pigh*-nay) *n* pressure
painekeitin (*pigh*-nay-*kay*-tin) *n* pressure cooker
paino (*pigh*-noa) *n* weight
painonappi (*pigh*-noa-nahp-pi) *n* push button
painos (*pigh*-noass) *n* edition; issue
painostus (*pigh*-noass-tooss) *n* pressure
painottaa (*pigh*-noat-taa) *v* stress
painotuote (*pigh*-noa-*twoa*-tay) *n* printed matter
painovoima (*pigh*-noa-*voi*-mah) *n* gravity
paise (*pigh*-say) *n* boil
paiskata (*pighss*-kah-tah) *v* *throw
paistaa (*pighss*-taa) *v* fry; *shine, roast; fry
paistinkastike (*pighss*-tin-*kahss*-ti-kay) *n* gravy
paistinpannu (*pighss*-tin-*pahn*-noo) *n* frying pan
paisua (*pigh*-soo-ah) *v* *swell
paita (*pigh*-tah) *n* shirt
paitsi (*pight*-si) *prep* except, but
pakana (*pah*-kah-nah) *n* heathen, pagan
pakanallinen (*pah*-kah-nahl-li-nayn) *adj* heathen, pagan
pakara (*pah*-kah-rah) *n* buttock
pakasteet (*pah*-kahss-tayt) *pl* frozen food
pakastin (*pah*-kahss-tin) *n* deep-freeze
pakata (*pah*-kah-tah) *v* pack up, pack
paketti (*pah*-kayt-ti) *n* parcel, package
pakettiauto (*pah*-kayt-ti-*ou*-toa) *n* van; pick-up van
Pakistan (*pah*-kiss-tahn) Pakistan
pakistanilainen (*pah*-kiss-tah-ni-ligh-nayn) *n* Pakistani; *adj* Pakistani
pakkasneste (*pahk*-kahss-*nayss*-tay) *n* antifreeze
pakkaus (*pahk*-kah-ooss) *n* packing
pakko (*pahk*-koa) *n* need; **olla ~** *be obliged to
pakkomielle (*pahk*-koa-*myayl*-lay) *n* obsession
pako (*pah*-koa) *n* escape
pakokaasu (*pah*-koa-*kaa*-soo) *n* exhaust, exhaust gases

pakokauhu (*pah*-koa-*kou*-hoo) *n* panic
pakolainen (*pah*-koa-ligh-nayn) *n* refugee
pakollinen (*pah*-koal-li-nayn) *adj* obligatory, compulsory
pakoputki (*pah*-koa-*poot*-ki) *n* exhaust
pakottaa (*pah*-koat-taa) *v* compel, force
paksu (*pahk*-soo) *adj* fat, thick; bulky
paksuus (*pahk*-sōōss) *n* thickness
pala (*pah*-lah) *n* piece; scrap; lump
palaa (*pah*-laa) *v*burn; ~ **pohjaan** *burn
palanen (*pah*-lah-nayn) *n* bit, fragment, lump; morsel
palapeli (*pah*-lah-*pay*-li) *n* jigsaw puzzle, puzzle
palata (*pah*-lah-tah) *v* return, *go back, *get back
palatsi (*pah*-laht-si) *n* palace
palauttaa (*pah*-lah-oot-taa) *v*send back, *bring back
paljas (*pahl*-ʸahss) *adj* bare
paljastaa (*pahl*-ʸahss-taa) *v* reveal; uncover
paljastus (*pahl*-ʸahss-tooss) *n* revelation
paljon (*pahl*-ʸoan) *adv* a lot; much
paljous (*pahl*-ʸoa-ooss) *n* mass; amount; volume
palkankorotus (*pahl*-kahn-*koa*-roa-tooss) *n* rise; raise *nAm*
palkata (*pahl*-kah-tah) *v* recruit, engage, hire
palkinto (*pahl*-kin-toa) *n* prize, award
palkita (*pahl*-ki-tah) *v* reward; award
palkka (*pahlk*-kah) *n* wages *pl* , salary, pay
palkkio (*pahlk*-ki-oa) *n* reward; fee
pallas (*pahl*-lahss) *n* halibut
pallero (*pahl*-lay-roa) *n* toddler, tot
pallo (*pahl*-loa) *n* ball
palmu (*pahl*-moo) *n* palm
palomuuri (*pah*-loa-*mōō*-ri) *n*firewall
palohaava (*pah*-loa-*haa*-vah) *n* burn
palohälytys (*pah*-loa-*hæ*-lew-tewss) *n* fire alarm
palokunta (*pah*-loa-*koon*-tah) *n* fire brigade
palomies (*pah*-loa- *myayss*) *n* firefighter
paloportaat (*pah*-loa-*poar*-taat) *pl* fire escape
paloöljy (*pah*-loa-*url*-ʸew) *n* paraffin; kerosene
palsta (*pahls*-tah) *n* column
paluu (*pah*-lōō) *n* return
paluulento (*pah*-lōō-*layn*-toa) *n* return flight
paluumatka (*pah*-lōō-*maht*-kah) *n* return journey
paluutie (*pah*-lōō-*tyay*) *n* way back
palvelija (*pahl*-vay-li-ʸah) *n* servant, domestic; boy
palvella (*pahl*-vayl-lah) *v*

attend on, wait on
palvelu (*pahl*-vay-loo) *n* service
palvelumaksu (*pahl*-vay-loo-*mahk*-soo) *n* service charge
palvelus (*pahl*-vay-looss) *n* favour, service
palvelut (*pahl*-vay-loot) *npl* services; facilities
palvoa (*pahl*-voa-ah) *v* worship
paneeli (*pah*-nay̅-li) *n* panel
panettelu (*pah*-nayt-tay-loo) *n* slander
pankki (*pahngk*-ki) *n* bank
pankkiautomaatti (*pahngk*-ki-*ou*-toa-*maat*-ti) *n* ATM; automatic teller machine
pankkikortti (*pahngk*-ki-*koart*-ti) *n* debit card
pankkitili (*pahngk*-ki-*ti*-li) *n* bank account
panna (*pahn*-nah) *v* put, *lay; ~ **alulle** launch; ~ **merkille** notice; ~ **olutta** brew; ~ **pahakseen** resent; ~ **paikoilleen** *put away
pannu (*pahn*-noo) *n* pan
pantata (*pahn*-tah-tah) *v* pawn
pantti (*pahnt*-ti) *n* pawn; deposit
panttilainaaja (*pahnt*-ti-*ligh*-naa-ʸah) *n* pawnbroker
panttivanki (*pahnt*-ti-*vahng*-ki) *n* hostage
paperi (*pah*-pay-ri) *n* paper
paperiarkki (*pah*-pay-ri-ahrk-ki) *n* sheet
paperikauppa (*pah*-pay-ri-*koup*-pah) *n* stationer's
paperikori (*pah*-pay-ri-*koa*-ri) *n* wastepaper basket
paperilautasliina (*pah*-pay-ri-*lou*-tahss-*lee*-nah) *n* paper napkin
paperinen (*pah*-pay-ri-nayn) *adj* paper
paperinenäliina (*pah*-pay-ri-*nay*-næ-*lee*-nah) *n* tissue, paper handkerchief
paperipussi (*pah*-pay-ri-*pooss*-si) *n* paper bag
paperitavarat (*pah*-pay-ri-*tah*-vah-raht) *pl* stationery
paperiveitsi (*pah*-pay-ri-*vayt*-si) *n* paper knife
papiljotit (*pah*-pil-ʸoa-tit) *pl* hair rollers
papiljotti (*pah*-pil-ʸoat-ti) *n* curler, roller
pappi (*pahp*-pi) *n* minister, clergyman, priest
pappila (*pahp*-pi-lah) *n* parsonage, vicarage
papu (*pah*-poo) *n* bean
papukaija (*pah*-poo-kigh-ʸah) *n* parrot
paraati (*pah*-raa-ti) *n* parade
parannus (*pah*-rahn-nooss) *n* improvement
parannuskeino (*pah*-rahn-nooss-*kay*-noa) *n* remedy
parannuskuuri (*pah*-rahn-nooss-*koo̅*-ri) *n* cure
parantaa (*pah*-rahn-taa) *v* improve; cure, heal
parantola (*pah*-rahn-toa-lah) *n* sanatorium

parantumaton (*pah*-rahn-too-mah-toan) *adj* incurable
parantuminen (*pah*-rahn-too-mi-nayn) *n* recovery; cure
paras (*pah*-rahss) *adj* best
paratiisi (*pah*-rah-tee-si) *n* paradise
parempi (*pah*-raym-pi) *adj* superior, better; preferable
pari (*pah*-ri) *n* couple, pair
parila (*pah*-ri-lah) *n* grill
parillinen (*pah*-ril-li-nayn) *adj* even
pariloida (*pah*-ri-loi-dah) *v* grill
parissa (*pah*-riss-sah) *postp* among
paristo (*pah*-riss-toa) *n* battery
pariton (*pah*-ri-toan) *adj* odd
parlamentaarinen (*pahr*-lah-mayn-taa-ri-nayn) *adj* parliamentary
parlamentti (*pahr*-lah-maynt-ti) *n* parliament
parranajokone (*pahr*-rahn-*ah*-ʸoa-*koa*-nay) *n* safety razor, razor
parranajosaippua (*pahr*-rahn-*ah*-ʸoa-*sighp*-poo-ah) *n* shaving soap
parsa (*pahr*-sah) *n* asparagus
parsia (*pahr*-si-ah) *v* darn
parsinlanka (*pahr*-sin-*lahng*-kah) *n* darning wool
partasuti (*pahr*-tah-*soo*-ti) *n* shaving brush
partaterä (*pahr*-tah-*tay*-ræ) *n* razor blade
partavaahdoke (*pahr*-tah-*vaah*-doa-kay) *n* shaving cream
partavesi (*pahr*-tah-*vay*-si) *n* aftershave lotion
partio (*pahr*-ti-oa) *n* patrol
partioida (*pahr*-ti-oi-dah) *v* patrol
partiolainen (*pahr*-ti-oa-*ligh*-nayn) *n* scout
partiopoika (*pahr*-ti-oa-*poi*-kah) *n* boy scout
partiotyttö (*pahr*-ti-oa-*tewt*-tur) *n* girl guide
parturi (*pahr*-too-ri) *n* barber
parveke (*pahr*-vay-kay) *n* balcony
parvi (*pahr*-vi) *n* gallery; upper circle (*theatre*)
pasifisti (*pah*-si-fiss-ti) *n* pacifist
pasifistinen (*pah*-si-fiss-ti-nayn) *adj* pacifist
paska (*pahss*-kah) *n* crap (*vulgar*)
passi (*pahss*-si) *n* passport
passiivinen (*pahss*-see-vi-nayn) *adj* passive
passikuva (*pahss*-si-*koo*-vah) *n* passport photograph
passitarkastus (*pahss*-si-*tahr*-kahss-tooss) *n* passport control
pasteija (*pahss*-tay- ʸa) *n*pasty
pastori (*pahss*-toa-ri) *n* clergyman; parson
pata (*pah*-tah) *n* pot

patentti (*pah*-taynt-ti) *n* patent
patja (*paht*-ʸah) *n* mattress
pato (*pah*-toa) *n* dam; dike
patruuna (*paht*-rōō-nah) *n* cartridge
patukka (*pah*-took-kah) *n* club
pauhu (*pou*-hoo) *n* roar
paviljonki (*pah*-vil-ʸoang-ki) *n* pavilion
pehmennysaine (*payh*-mayn-newss-*igh*-nay) *n* water softener
pehmeä (*payh*-may-æ) *adj* soft
pehmittää (*payh*-mit-tææ) *v* soften
pehmustaa (*payh*-mooss-taa) *v* upholster
peili (*pay*-li) *n* mirror, looking-glass
peilikuva (*pay*-li-*koo*-vah) *n* reflection
peippo (*payp*-poa) *n* finch
peittää (*payt*-tææ) *v* cover
pekoni (*pay*-koa-ni) *n* bacon
pelaaja (*pay*-laa-ʸah) *n* player
pelastaa (*pay*-lahss-taa) *v* save, rescue
pelastaja (*pay*-lahss-tah-ʸah) *n* rescuer; saviour
pelastaminen (*pay*-lahss-tah-mi-nayn) *n* rescue
pelastus (*pay*-lahss-tooss) *n* rescue, delivery; salvation
pelastusliivit (*pay*-lahss-tooss-*lee*-vit) *npl* life jacket
pelastusrengas (*pay*-lahss-tooss-*rayng*-ngahss) *n* life-buoy
peli (*pay*-li) *n* game
pelikaani (*pay*-li-kaa-ni) *n* pelican
pelikortti (*pay*-li-*koart*-ti) *n* playing card
pelikuula (*pay*-li-*kōō*-lah) *n* marble
pelimarkka (*pay*-li-*mahrk*-kah) *n* chip
pelkkä (*paylk*-kæ) *adj* sheer
pelko (*payl*-koa) *n* fear, dread; scare, fright
pelkuri (*payl*-koo-ri) *n* coward
pelkästään (*payl*-kæss-tææn) *adv* merely
pellava (*payl*-lah-vah) *n* linen
peloissaan (*pay*-loiss-saan) *adv* afraid
pelottava (*pay*-loat-tah-vah) *adj* terrifying, awful
peltirasia (*payl*-ti-*rah*-si-ah) *n* can, tin
pelto (*payl*-toa) *n* field
peltopyy (*payl*-toa-*pēw*) *n* partridge
pelästynyt (*pay*-læss-tew-newt) *adj* frightened
pelästys (*pay*-læss-tewss) *n* fright
pelästyttää (*pay*-læss-tewt-tææ) *v* scare, frighten; alarm
pelästyä (*pay*-læss-tew-æ) *v*be frightened
pelätä (*pay*-læ-tæ) *v*be afraid; fear, dread

pengerrys (*payng*-ngayr-rewss) *n* embankment
penisilliini (*pay*-ni-sil-lee-ni) *n* penicillin
penkki (*payngk*-ki) *n* bench
pensaikko (*payn*-sighk-koa) *n* scrub, bush
pensas (*payn*-sahss) *n* bush, shrub
pensasaita (*payn*-sahss-*igh*-tah) *n* hedge
per (*payr*) *prep* per
perhe (*payr*-hay) *n* family
perhonen (*payr*-hoa-nayn) *n* butterfly
perhosuinti (*payr*-hoass-*oo*^ee^*n*-ti) *n* butterfly stroke
periaate (*pay*-ri-*aatay*) *n* principle
perilletulo (*pay*-ril-layt-*too*-loa) *n* arrival
perillinen (*pay*-ril-li-nayn) *n* heir; heiress
perinne (*pay*-rin-nay) *n* tradition
perinnöllinen (*pay*-rin-nurl-li-nayn) *adj* hereditary
perinpohjainen (*pay*-rim-*poah*-^y^igh-nayn) *adj* thorough
perinteinen (*pay*-rin-tay-nayn) *adj* traditional
perintö (*pay*-rin-tur) *n* inheritance
periä (*pay*-ri-æ) *v* inherit
perjantai (*payr*-^y^ahn-tigh) *n* Friday
permanentti (*payr*-mah-naynt-ti) *n* permanent wave
permantopaikka (*payr*-mahn-toa-*pighk*-kah) *n* stalls seat; orchestra seat *Am*
Persia (*payr*-si-ah) Persia
persialainen (*payr*-si-ah-ligh-nayn) *adj* Persian; *n* Persian
persikka (*payr*-sik-kah) *n* peach
persilja (*payr*-sil-^y^ah) *n* parsley
persoonallisuus (*payr*-soa-nahl-li-sooss) *n* personality
persoonaton (*payr*-soa-nah-toan) *adj* impersonal
perspektiivi (*payrs*-payk-tee-vi) *n* perspective
peruna (*pay*-roo-nah) *n* potato; **ranskalaiset perunat** chips
perunamuusi (*pay*-roo-nah-*moo*-si) *n* mashed potatoes
perus- (*pay*-rooss) basic
perusaine (*pay*-rooss-*igh*-nay) *n* element
perusajatus (*pay*-rooss-*ah*-^y^ah-tooss) *n* principle, basic idea
perusolemus (*pay*-rooss-*oa*-lay-mooss) *n* essence
perusta (*pay*-rooss-tah) *n* base, basis
perustaa (*pay*-rooss-taa) *v* found, institute; establish; base; **perustavaa laatua oleva** fundamental
peruste (*pay*-rooss-tay) *n* cause; argument; basis
perusteellinen (*pay*-rooss-tayl-li-nayn) *adj* thorough

peruukki (*pay*-ro͞ok-ki) *n* wig
peruuttaa (*pay*-ro͞ot-taa) *v* recall, cancel; reverse
peruuttamaton (*pay*-ro͞ot-tah-mah-toan) *adj* irrevocable
peruutus (*pay*-ro͞o-tooss) *n* cancellation
peruutusvaihde (*pay*-ro͞o-tooss-*vighh*-day) *n* reverse
peräkkäisyys (*pay*-ræk-kæ^ee-se͞wss) *n* sequence, succession
perämies (*pay*-ræ-*myayss*) *n* steersman; co-pilot
peräpuikko (*pay*-ræ-*poo^ee k*-koa) *n* suppository
peräpukamat (*pay*-ræ-*poo*-kah-maht) *pl* piles *pl*, haemorrhoids *pl*
peräsin (*pay*-ræ-sin) *n* helm, rudder
perästäpäin (*pay*-ræss-tæ-*pæ^ee n*) *adv* afterwards
peräsuoli (*pay*-ræ-*swoa*-li) *n* rectum
perävaunu (*pay*-ræ-*vou*-noo) *n* trailer
pessimismi (*payss*-si-miss-mi) *n* pessimism
pessimisti (*payss*-si-miss-ti) *n* pessimist
pessimistinen (*payss*-si-miss-ti-nayn) *adj* pessimistic
pestä (*payss*-tæ) *v* wash; **~ astiat** wash up; **~ kemiallisesti** dry-clean
pesu (*pay*-soo) *n* washing
pesuaine (*pay*-soo-*igh*-nay) *n* detergent
pesuallas (*pay*-soo-*ahl*-lahss) *n* sink, washbasin
pesuhuone (*pay*-soo-*hwoa*-nay) *n* lavatory
pesujauhe (*pay*-soo-^y*ou*-hay) *n* washing powder
pesukone (*pay*-soo-*koa*-nay) *n* washing machine
pesula (*pay*-soo-lah) *n* laundry, cleaner's
pesunkestävä (*pay*-soong-*kayss*-tæ-væ) *adj* washable
pesupulveri (*pay*-soo-*pool*-vay-ri) *n* soap powder, washing powder
pesusieni (*pay*-soo-*syay*-ni) *n* sponge
pesä (*pay*-sæ) *n* nest
pesäpallo (*pay*-sæ-*pahl*-loa) *n* baseball
petkuttaa (*payt*-koot-taa) *v* swindle, cheat
petoeläin (*pay*-toa-*ay*-læ^ee n) *n* beast of prey
petos (*pay*-toass) *n* fraud; deceit
petturi (*payt*-too-ri) *n* traitor
pettymys (*payt*-tew-mewss) *n* disappointment
pettää (*payt*-tææ) *v* betray; deceive; *let down; **~ toiveet** disappoint
peukalo (*pay^oo*-kah-loa) *n* thumb
peukalokyytiläinen (*pay^oo*-kah-loa-*ke͞w*-ti-læ^ee-nayn) *n* hitchhiker
pian (*pi*-ahn) *adv* soon, shortly

pianisti (*pi*-ah-niss-ti) *n* pianist
piano (*pi*-ah-noa) *n* piano
pidellä (*pi*-dayl-læ) *v*hold, *keep
pidennys (*pi*-dayn-newss) *n* extension
pidentää (*pi*-dayn-tææ) *v* lengthen; extend
pidättyä jstk (*pi*-dæt-tew-æ) abstain from; refrain from
pidättää (*pi*-dæt-tææ) *v* arrest; restrain
pidätys (*pi*-dæ-tewss) *n* arrest
pielus (*pyay*-looss) *n* pillow
pienentää (*pyay*-nayn-tææ) *v* reduce, lessen
pieni (*pyay*-ni) *adj* little, small; petty, minor
pienin (*pyay*-nin) *adj* least, smallest
pienoiskuva (*pyay*-noiss-*koo*-vah) *n* miniature
piha (*pi*-hah) *n* yard
pihdit (*pih*-dit) *pl* pliers *pl*, tongs *pl*
pihka (*pih*-kah) *n* resin
pihvi (*pih*-vi) *n* steak
piikivi (*pee-ki*-vi) *n* flint
piikki (*peek*-ki) *n* thorn
piikkilanka (*peek*-ki-*lahng*-kah) *n* barbed wire
piikkisika (*peek*-ki-*si*-kah) *n* porcupine
piilolasit (*pee*-loa-*lah*-sit) *pl* contact lenses
piilottaa (*pee*-loat-taa) *v*hide
piippu (*peep*-poo) *n* pipe
piipputupakka (*peep*-poo-*too*-pahk-kah) *n* pipe tobacco
piipunpuhdistaja (*pee*-poon-*pooh*-diss-tah-^{y}ah) *n* pipe cleaner
piiri (*pee*-ri) *n* circle; sphere; district
piiritys (*pee*-ri-tewss) *n* siege
piirre (*peer*-ray) *n* feature, trait
piirros (peer-roass) *n* picture, drawing
piirtää (*peer*-tææ) *v*draw, sketch
piirustus (*peerooss*-tooss) *n* sketch, drawing
piispa (*peess*-pah) *n* bishop
pikabaari (*pi*-kah-*baa*-ri) *n* snack bar
pikainen (*pi*-kigh-nayn) *adj* rapid; prompt; **pika-** express; quick
pikajuna (*pi*-kah-^{y}*oo*-nah) *n* express train; through train
pikakirjoitus (*pi*-kah-*keer*-^{y}oi-tooss) *n* shorthand
pikakurssi (*pi*-kah-*koors*-si) *n* intensive course
pikakuva (*pi*-kah-*koo*-vah) *n* snapshot
pikaposti (*pi*-kah-*poass*-ti) *n* special delivery
pikaside (*pi*-kah-*si*-day) *n* adhesive plaster, bandaid®
pikavalinta (*pi*-kah-*vah*-lin-tah) *n* speed dial(ing)
pikaviesti (*pi*-kah-*vyayss*-ti) *n* instant message
pikemminkin (*pi*-kaym-ming-kin) *adv* rather

pikkelssi (*pik*-kayls-si) *n* pickles *pl*
pikkukatu (*pik*-koo-*kah*-too) *n* lane
pikkukivi (*pik*-koo-*ki*-vi) *n* pebble
pikkukylä (*pik*-koo-*kew*-læ) *n* hamlet
pikkulapsi (*pik*-koo-*lahp*-si) *n* infant
pikkupaketti (*pik*-koo-*pah*-kayt-ti) *n* packet
pikkuraha (*pik*-koo-*rah*-hah) *n* change, coins *pl*
pikkuruinen (*pik*-koo-*roo*ee-nayn) *adj* minute, tiny
pikkusormi (*pik*-koo-*soar*-mi) *n* little finger
pikkutakki (*pik*-koo-*tahk*-ki) *n* jacket
pila (*pi*-lah) *n* joke
pilaantuva (*pi*-laan-too-vah) *adj* perishable
pilari (*pi*-lah-ri) *n* column, pillar
pilkahdus (*pil*-kahh-dooss) *n* glimpse
pilkata (*pil*-kah-tah) *v* mock
pilkka (*pilk*-kah) *n* mockery, scorn
pilkku (*pilk*-koo) *n* comma
pilleri (*pil*-lay-ri) *n* pill
pilvenpiirtäjä (*pil*-vayn-*peer*-tæ-yæ) *n* skyscraper
pilvi (*pil*-vi) *n* cloud
pilvinen (*pil*-vi-nayn) *adj* overcast, cloudy
pimennys (*pi*-mayn-newss) *n* eclipse
pimeys (*pi*-may-ewss) *n* darkness
pimeä (*pi*-may-æ) *adj* obscure, dark
pinaatti (*pi*-naat-ti) *n* spinach
pingottaa (*ping*-ngoat-tah) *v* tighten
pingviini (*ping*-vee-ni) *n* penguin
pinna (*pin*-nah) *n* spoke
pinnallinen (*pin*-nahl-li-nayn) *adj* superficial
pinnata (*pin*-nah-tah) *v* play truant
pino (*pi*-noa) *n* pile, stack
pinota (*pi*-noa-tah) *v* pile
pinsetit (*pin*-say-tit) *n* tweezers *pl*
pinta (*pin*-tah) *n* surface
pinta-ala (*pin*-tah-*ah*-lah) *n* area
pintapuolinen (*pin*-tah-*pwoa*-li-nayn) *adj* superficial
piparjuuri (*pi*-pahr-yoo-ri) *n* horseradish
piparminttu (*pi*-pahr-*mint*-too) *n* peppermint
pippuri (*pip*-poo-ri) *n* pepper
piristysaine (*pi*-riss-tewss-*ighnay*) *n* stimulant
piristyslääke (*pi*-riss-tewss-*lææ*-kay) *n* tonic
piristää (*pi*-riss-tææ) *v* stimulate
pirtelö (*peer*-tay-lur) *n* milkshake
pisara (*pi*-sah-rah) *n* drop
piste (*piss*-tay) *n* period, full

stop; **saada pisteitä** score
pistemäärä (*piss*-taym-*mææ*-ræ) *n* score
pistooli (*piss*-tōā-li) *n* pistol
pistorasia (*piss*-toa-*rah*-si-ah) *n* socket
pistos (*piss*-toass) *n* sting; stitch
pistää (*piss*-tææ) *v*sting; prick
pitkin (*pit*-kin) *prep* along
pitkittäin (*pit*-kit-tæ[ee]n) *adv* lengthways
pitkulainen (*pit*-koo-ligh-nayn) *adj* oblong
pitkä (*pit*-kæ) *adj* long
pitkäaikainen (*pit*-kæ-*igh*-kigh-nayn) *adj* long, chronic
pitsi (*pit*-si) *n* lace
pituus (*pi*-tōōss) *n* length
pituusaste (*pi*-tōōss-*ahss*-tay) *n* longitude
pitäisi (*pi*-tæi-si) *v* ought
pitää (*pi*-tææ) *v*hold; *shall, need to; **ei ~** dislike; **~ jnak** regard as, consider; **~ jstk** like; *be fond of; **~ parempana** prefer; **~ yllä** *wear
planeetta (*plah*-nāyt-tah) *n* planet
planetaario (*plah*-nay-taa-ri-oa) *n* planetarium
platina (*plah*-ti-nah) *n* platinum
pohdinta (*poah*-din-tah) *n* contemplation
pohja (*poah*-[y]ah) *n* bottom
pohjakerros (*poah*-[y]ah-*kayr*-roass) *n* ground floor
pohjavirta (*poah*-[y]ah-*veer*-tah) *n* undercurrent
pohje (*poah*-[y]ay) *n* (pl pohkeet) calf
pohjoinen (*poah*-[y]oi-nayn) *adj* northerly, north; *n* north; **pohjois-** northern
pohjoisnapa (*poah*-[y]oiss-*nah*-pah) *n* North Pole
poiju (*poi*-[y]oo) *n* buoy
poika (*poi*-kah) *n* boy; son
poikakaveri (*poi*-kah-*kah*-vay-ri) *n* boyfriend
poikamies (*poi*-kah-*myayss*) *n* bachelor
poiketa (*poi*-kay-tah) *v* vary; call at, drop in
poikkeuksellinen (*poik*-kay-ook-sayl-li-nayn) *adj* exceptional
poikkeus (*poik*-kay-ooss) *n* exception
poikki (*poik*-ki) *postp* across
poikue (*poi*-koo-ay) *n* litter
poimia (*poi*-mi-ah) *v* pick up, pick
poiminto (*poi*-min-toa) *n* excerpt
poimu (*poi*-moo) *n* crease
pois (*poiss*) *adv* off
poissa (*poiss*-sah) *adv* out of, gone, away
poissaoleva (*poiss*-sah-*oa*-lay-vah) *adj* absent
poissaolo (*poiss*-sah-*oa*-loa) *n* absence
poistaa (*poiss*-taa) *v*take away, remove; abolish, eliminate

poisto (*poiss*-toa) *n* removal
poistua (*poiss*-too-ah) *v*leave, depart; *get off
pojanpoika (*poa*-^{y}ahm-*poi*-kah) *n* grandson
pojantytär (*poa*-^{y}ahn-*tew*-tær) *n* granddaughter
pokaali (*poa*-kaa-li) *n* cup
poliisi (*poa*-lee-si) *n* policeman, police *pl*
poliisiasema (*poa*-lee-si-*ah*-say-mah) *n* police station
poliitikko (*poa*-lee-tik-koa) *n* politician
poliittinen (*poa*-leet-ti-nayn) *adj* political
politiikka (*poa*-li-teek-kah) *n* policy, politics
poljin (*poal*-^{y}in) *n* pedal
polku (*poal*-koo) *n* path; trail
polkupyörä (*poal*-koo-*p*^{ew}*ur*-ræ) *n* bicycle
polttaa (*poalt*-taa) *v*burn; ~ **ruumis** cremate
polttoaine (*poalt*-toa-*igh*-nay) *n* fuel
polttohautaus (*poalt*-toa-*hou*-tah-ooss) *n* cremation
polttomerkki (*poalt*-toa-*mayrk*-ki) *n* brand
polttopiste (*poalt*-toa-*piss*-tay) *n* focus
polttoöljy (*poalt*-toa-*url*-^{y}ew) *n* fuel oil
polvi (*poal*-vi) *n* knee
polvilumpio (*poal*-vi-*loom*-pi-oa) *n* kneecap
polvistua (*poal*-viss-too-ah) *v*kneel
pommi (*poam*-mi) *n* bomb
pommittaa (*poam*-mit-taa) *v* bomb
pomo (*poa*-moa) *n* boss
poni (*poa*-ni) *n* pony
ponnistus (*poan*-niss-tooss) *n* effort, struggle
popmusiikki (*poap*-*moo*-seek-ki) *n* pop music
pora (*poa*-rah) *n* drill
porata (*poa*-rah-tah) *v* bore, drill
poreilu (*poa*-ray-loo) *n* fizz
porkkana (*poark*-kah-nah) *n* carrot
pormestari (*poar*-*mayss*-tah-ri) *n* mayor
poro (*poa*-roa) *n* reindeer
porras (*poar*-rahss) *n* step
porsas (*poar*-sahss) *n* pig
portaat (*poar*-taat) *pl* stairs *pl* , staircase
portinvartija (*poar*-tin-*vahr*-ti-^{y}ah) *n* concierge
portti (*poart*-ti) *n* gate
portto (*poart*-toa) *n* prostitute
porttola (*poart*-toa-lah) *n* brothel
Portugali (*poar*-too-gah-li) Portugal
portugalilainen (*poar*-too-gah-li-*ligh*-nayn) *n* Portuguese; *adj* Portuguese
porukka (*poa*-rook-kah) *n* gang
porvarillinen (*poar*-vah-ril-li-nayn) *adj* middle-class
positiivi (*poa*-si-tee-vi) *n* positive

poski (*poass*-ki) *n* cheek
poskihammas (*poass*-ki-*hahm*-mahss) *n* molar
poskiparta (*poass*-ki-*pahr*-tah) *n* sideburns *pl*
poskipuna (*poass*-ki-*poo*-nah) *n* rouge
poskipää (*poass*-ki-*pææ*) n cheekbone
posliini (*poass*-lee-ni) *n* porcelain, china
possu (*poass*-soo) *n* piglet
poste restante (*poass*-tay *rayss*-tahn-tay) poste restante
posti (*poass*-ti) *n* mail, post
postikortti (*poass*-ti-*koart*-ti) *n* postcard
postilaatikko (*poass*-ti-*laa*-tik-koa) *n* pillarbox; mailbox *nAm*
postilaitos (*poass*-ti-*ligh*-toass) *n* post office, postal service
postimaksu (*poass*-ti-*mahk*-soo) *n* postage
postimaksuton (*poass*-ti-*mahk*-soo-toan) *adj* postage paid, post-paid
postimerkki (*poass*-ti-*mayrk*-ki) *n* stamp, postage stamp; **varustaa postimerkillä** stamp
postimerkkiautomaatti (*poass*-ti-*mayrk*-ki-*ou*-toa-maat-ti) *n* stamp machine
postinkantaja (*poass*-ting-*kahn*-tah-ʸah) *n* postman
postinumero (*poass*-ti-*noo*-may-roa) *n* post code, zip code *Am*
postiosoitus (*poass*-ti-*oa*-soi-tooss) *n* postal order; mail order *Am*
postitoimisto (*poass*-ti-*toi*-miss-toa) *n* post office
postittaa (*poass*-tit-taa) *v* mail, post
potilas (*poa*-ti-lahss) *n* patient
potkaista (*poat*-kighss-tah) *v* kick
potkia (*poat*-ki-ah) *v* kick
potku (*poat*-koo) *n* kick
potkulauta (*poat*-koo-*lou*-tah) *n* scooter
potkuri (*poat*-koo-ri) *n* propeller
povi (*poa*-vi) *n* bosom
prepositio (*pray*-poa-si-ti-oa) *n* preposition
presidentti (*pray*-si-daynt-ti) *n* president
prinsessa (*prin*-sayss-sah) *n* princess
prinssi (*prins*-si) *n* prince
profeetta (*proa*-fayt-tah) *n* prophet
professori (*proa*-fayss-soa-ri) *n* professor
pronomini (*proa*-noa-mi-ni) *n* pronoun
pronssi (*proans*-si) *n* bronze
pronssinen (*proans*-si-nayn) *adj* bronze
propaganda (*proa*-pah-gahn-dah) *n* propaganda
prosentti (*proa*-saynt-ti) *n* percent
prosenttimäärä (*proa*-

saynt-ti-*mææ*-ræ) *n* percentage
protestanttinen (*proa*-tayss-tahnt-ti-nayn) *adj* Protestant
psykiatri (*psew*-ki-aht-ri) *n* psychiatrist
psykoanalyytikko (*psew*-koa-*ah*-nah-lew̄-tik-koa) *n* psychoanalyst
psykologi (*psew*-koa-loa-gi) *n* psychologist
psykologia (*psew*-koa-loa-gi-ah) *n* psychology
psykologinen (*psew*-koa-loa-gi-nayn) *adj* psychological
pudota (*poo*-doa-tah) *v*fall
pudottaa (*poo*-doat-taa) *v* drop
puhallettava (*poo*-hahl-layt-tah-vah) *adj* inflatable
puhaltaa (*poo*-hahl-taa) *v*blow; ~ **täyteen** inflate
puhdas (*pooh*-dahss) *adj* pure, clean
puhdistaa (*pooh*-diss-taa) *v* clean
puhdistamo (*pooh*-diss-tah-moa) *n* refinery
puhdistus (*pooh*-diss-tooss) *n* cleaning
puhdistusaine (*pooh*-diss-tooss-igh-nay) *n* cleaning fluid
puhe (*poo*-hay) *n* speech
puheenjohtaja (*poo*-hāyn-ʸ*oah*-tah-ʸah) *n* president, chairman
puhekyky (*poo*-hay-*kew*-kew) *n* speech
puhelias (*poo*-hay-li-ahss) *adj* talkative
puhelin (*poo*-hay-lin) *n* phone, telephone
puhelinkeskus (*poo*-hay-lin-*kayss*-kooss) *n* telephone exchange, switchboard
puhelinkoppi (*poo*-hay-lin-*koap*-pi) *n* telephone booth
puhelinkortti (*poo*-hay-lin-*koart*-ti) *n* phone card
puhelinluettelo (*poo*-hay-lin-*loo*-ayt-tay-loa) *n* telephone directory; telephone book *Am*
puhelinneiti (*poo*-hay-lin-*nay*-ti) *n* telephonist
puhelinsoitto (*poo*-hay-lin-*soit*-toa) *n* phone call
puhelu (*poo*-hay-loo) *n* telephone call
puhelunvälittäjä (*poo*-hay-loon-*væ*-lit-tæ-ʸæ) *n* operator, telephone operator
puheposti (*poo*-hay-*poass*-ti) *n* voice mail
puhetapa (*poo*-hay-*tah*-pah) *n* manner of speaking
puhjennut (*pooh*-ʸayn-noot) *adj* punctured
puhjeta (*pooh*-ʸay-tah) *v*burst
puhkeaminen (*pooh*-kay-ah-mi-nayn) *n* puncture
puhua (*poo*-hoo-ah) *v*speak, talk; ~ **puolesta** plead
puhujakoroke (*poo*-hoo-

ʸah-*koa*-roa-kay) *n* platform
puhutella (*poo*-hoo-tayl-lah) *v* address
puijata (*pooᵉᵉ*-ʸah-tah) *v* fool
puinen (*pooᵉᵉ*-nayn) *adj* wooden
puisto (*pooᵉᵉss*-toa) *n* park; **yleinen ~** public garden
puistotie (*pooᵉᵉss*-toa-*tyay*) *n* avenue
puitteet (*pooᵉᵉt*-t*āy*t) *pl* circumstances
pujottaa (*poo*-ʸoat-taa) *v* thread
pukea (*poo*-kay-ah) *v*become; **~ ylleen** *put on
pukeutua (*poo*-kayᵒᵒ-too-ah) *v* dress up
pukeutumishuone (*poo*-kayᵒᵒ-too-miss-*hwoa*-nay) *n* dressing room
pukeutumiskoppi (*poo*-kayᵒᵒ-too-miss-*koap*-pi) *n* cabin
puku (*poo*-koo) *n* suit
pula (*poo*-lah) *n* shortage
pulisongit (*poo*-li-soang-ngit) *pl* whiskers *pl*
pullea (*pool*-lay-ah) *adj* plump
pullo (*pool*-loa) *n* bottle; flask
pullonavaaja (*pool*-loan-*ah*-vaa-ʸah) *n* bottle opener
pullonkaula (*pool*-loang-*kou*-lah) *n* bottleneck
pulma (*pool*-mah) *n* problem
pulmakysymys (*pool*-mah-*kew*-sew-mewss) *n* issue
pulmallinen (*pool*-mahl-li-nayn) *adj* complicated
pulpetti (*pool*-payt-ti) *n* desk
pultti (*poolt*-ti) *n* bolt
pumpata (*poom*-pah-tah) *v* pump
pumppu (*poomp*-poo) *n* pump
punainen (*poo*-nigh-nayn) *adj* red
punajuuri (*poo*-nah-ʸ*o͞o*-ri) *n* beetroot
punakampela (*poo*-nah-*kahm*-pay-lah) *n* plaice
punarinta (*poo*-nah-*rin*-tah) *n* robin
punastua (*poo*-nahss-too-ah) *v* blush
punnita (*poon*-ni-tah) *v* weigh
Puola (*pwoa*-lah) Poland
puola (*pwoa*-lah) *n* spool
puolalainen (*pwoa*-lah-ligh-nayn) *n* Pole; *adj* Polish
puoleensavetävä (*pwoa*-l*āy*n-sah-*vay*-tæ-væ) *adj* attractive
puoleksi (*pwoa*-layk-si) *adv* half
puolesta (*pwoa*-layss-tah) *postp* on behalf of
puoli (*pwoa-li*) *n* side; **puoli-** half, semi-
puoliaika (*pwoa*-li-*igh*-kah) *n* half time
puolikas (*pwoa*-li-kahss) *n* half

puolipiste (*pwoa*-li-*piss*-tay) *n* semicolon
puoliso (*pwoa*-li-soa) *n* spouse
puolisukka (*pwoa*-li-*sook*-kah) *n* sock
puolitiessä (*pwoa*-li-*tyayss*-sæ) *adv* halfway
puolittaa (*pwoa*-lit-taa) *v* halve
puoliympyrä (*pwoa*-li-*ewm*-pew-ræ) *n* semicircle
puoltaa (*pwoal*-taa) *v* recommend
puolue (*pwoa*-loo-ay) *n* party
puolueellinen (*pwoa*-loo-a͞yl-li-nayn) *adj* partial
puolueeton (*pwoa*-loo-a͞y-toan) *adj* impartial; neutral
puolustaa (*pwoa*-looss-taa) *v* defend
puolustus (*pwoa*-looss-tooss) *n* defence
puolustuspuhe (*pwoa*-looss-tooss-*poo*-hay) *n* plea
puomi (*pwoa*-mi) *n* barrier
puoskari (*pwoass*-kah-ri) *n* quack
puoti (*pwoa*-ti) *n* shop
purema (*poo*-ray-mah) *n* bite
pureskella (*poo*-rayss-kayl-lah) *v* chew
pureva (*poo*-ray-vah) *adj* cynical
puristaa (*poo*-riss-taa) *v* squeeze
purje (*poor*-ʸay) *n* sail
purjehduskelpoinen (*poor*-ʸayh-dooss-*kayl*-poi-nayn) *adj* navigable
purjehduskilpailu (*poor*-ʸayh-dooss-*kil*-pigh-loo) *n* regatta
purjehdusseura (*poor*-ʸayh-dooss-*say*ᵒᵒ-rah) *n* yacht club
purjehtia (*poor*-ʸayh-ti-ah) *v* sail
purjehtiminen (*poor*-ʸayh-ti-mi-nayn) *n* yachting
purjekangas (*poor*-ʸay-*kahng*-ngahss) *n* canvas
purjelentokone (*poor*-ʸayl-*layn*-toa-*koa*-nay) *n* glider
purjevene (*poor*-ʸayv-*vay*-nay) *n* sailing boat
purkaa (*poor*-kaa) *v* discharge; demolish; unpack; ~ **lasti** unload
purkaantua (*poor*-kaan-too-ah) *v* fray
purkaminen (*poor*-kah-mi-nayn) *n* demolition
purkinavaaja (*poor*-kin-*ah*-vaa-ʸah) *n* can opener, tin opener
purnata (*poor*-nah-tah) *v* grumble
puro (*poo*-roa) *n* brook; stream
purolohi (*poo*-roa-*loa*-hi) *n* trout
purppuranpunainen (*poorp*-poo-rahm-*poo*-nigh-nayn) *adj* purple
purra (*poor*-rah) *v*bite
purukumi (*poo*-roo-*koo*-mi) *n* chewing gum

pusero (*poo*-say-roa) *n* blouse
pusertaa (*poo*-sayr-taa) *v* squeeze
pussi (*pooss*-si) *n* bag, pouch
putiikki (*poo*-teek-ki) *n* boutique
putki (*poot*-ki) *n* pipe, tube
putkilo (*poot*-ki-loa) *n* tube
putkimies (*poot*-ki-*myayss*) *n* plumber
putoaminen (*poo*-toa-ah-mi-nayn) *n* fall
puu (po͞o) *n* tree; wood
puuhiili (*po͞o-hee*-li) *n* charcoal
puukenkä (*po͞o-kayng*-kæ) *n* wooden shoe
puuleikkaus (*po͞o-layk*-kah-ooss) *n* wood carving
puunrunko (*po͞on-roong*-koa) *n* trunk
puuseppä (*po͞o-sayp*-pæ) *n* carpenter
puutarha (*po͞o-tahr*-hah) *n* garden
puutarhanhoito (*po͞o-tahr*-hahn-*hoi*-toa) *n* gardening
puutarhuri (*po͞o-tahr*-hoo-ri) *n* gardener
puute (*po͞o*-tay) *n* lack, want
puuteri (*po͞o*-tay-ri) *n* face--powder
puuterirasia (*po͞o*-tay-ri-*rah*-si-ah) *n* powder compact
puutteellinen (*po͞ot*-ta͞yl-li-nayn) *adj* faulty, defective
puuttua (*po͞ot*-too-ah) *v* lack; ~ **asiaan** interfere
puuttuva (*po͞ot*-too-vah) *adj* missing
puuvilla (*po͞o-vil*-lah) *n* cotton
puuvillainen (*po͞o-vil*-ligh-nayn) *adj* cotton
puuvillasametti (*po͞o-vil*-lah-*sah*-mayt-ti) *n* velveteen
pyhiinvaellusmatka (*pew*-heen-*vah*-ayl-looss-*maht*-kah) *n* pilgrimage
pyhiinvaeltaja (*pew*-heen-*vah*-ayl-tah-ʸah) *n* pilgrim
pyhimys (*pew*-hi-mewss) *n* saint
pyhittää (*pew*-hit-tææ) *v* dedicate
pyhä (*pew*-hæ) *adj* sacred, holy
pyhäinhäväistys (*pew*-hæᵉᵉn-*hæ*-væᵉᵉss-tewss) *n* sacrilege
pyhäinjäännös (*pew*-hæᵉᵉn-ʸ*ææn*-nurss) *n* relic
pyhäinjäännöslipas (*pew*-hæᵉᵉn-ʸ*ææn*-nurss-*li*-pahss) *n* shrine
pyhäkkö (*pew*-hæk-kur) *n* sanctuary, temple
pyhäpäivä (*pew*-hæ-*pæ*ᵉᵉ-væ) *n* (religious) holiday
pykälä (*pew*-kæ-læ) *n* paragraph
pylväs (*pewl*-væss) *n* column, pillar
pyrkiä (*pewr*-ki-æ) *v* aspire; tend; ~ **jhk** aim at
pysty (*pewss*-tew) *adj*

upright; erect
pystyssä (*pewss*-tewss-sæ) *adv* upright
pystysuora (*pewss*-tew-*swoa*-rah) *adj* vertical
pystyttää (*pewss*-tewt-tææ) *v* erect
pystyvä (*pewss*-tew-væ) *adj* able, capable
pysyvä (*pew*-sew-væ) *adj* permanent, fixed
pysyä poissa *keep away from; ~ **tasalla** *keep up with
pysäyttää (*pew*-sæht-tææ) *v* stop
pysähtyä (*pew*-sæh-tew-æ) *v* pull up, halt
pysäkki (*pew*-sæk-ki) *n* bus stop
pysäköidä (*pew*-sæ-kur^{ee}-dæ) *v* park
pysäköimisalue (*pew*-sæ-kur^{ee}-miss-*ah*-loo-ay) *n* car park, parking zone; parking lot *Am*
pysäköinti (*pew*-sæ-kur^{ee}n-ti) *n* parking; ~ **kielletty** no parking
pysäköintimaksu (*pew*-sæ-kur^{ee}n-ti-*mahk*-soo) *n* parking fee
pysäköintimittari (*pew*-sæ-kur^{ee}n-ti-*mit*-tah-ri) *n* parking meter
pyyhekumi ($\overline{pew}$-hayk-*koo*-mi) *n* eraser, rubber
pyyheliina ($\overline{pew}$-hayl-*lee*-nah) *n* towel
pyyhkiä ($\overline{pewh}$-ki-æ) *v* wipe
pyykki ($\overline{pewk}$-ki) *n* laundry, washing
pyylevä ($\overline{pew}$-lay-væ) *adj* corpulent
pyyntö ($\overline{pewn}$-tur) *n* request; wish
pyytää ($\overline{pew}$-tææ) *v* ask, beg; request; ~ **anteeksi** apologize
pyökki (*p^{ew}urk*-ki) *n* beech
pyöreä (*p^{ew}ur*-ray-æ) *adj* round
pyöristetty (*p^{ew}ur*-riss-tayt-tew) *adj* rounded
pyörittää (*p^{ew}ur*-rit-tææ) *v* spin
pyörremyrsky (*p^{ew}urr*-raym-*mewrs*-kew) *n* hurricane
pyörtyä (*p^{ew}urr*-tew-æ) *v* faint
pyörä (*p^{ew}ur*-ræ) *n* wheel; bike
pyöräilijä (*p^{ew}ur*-ræ^{ee}-li-^{y}æ) *n* cyclist
pyöräillä (*p^{ew}ur*-ræ^{ee}l-læ) *v* bike
pyöröovi (*p^{ew}ur*-rur-*oa*-vi) *n* revolving door
pyöveli (*p^{ew}ur*-vay-li) *n* executioner
pähkinä (*pæh*-ki-næ) *n* nut; hazelnut
pähkinänkuori (*pæh*-ki-næng-*kwoa*-ri) *n* nutshell
pähkinänsärkijä (*pæh*-ki-næn-*sær*-ki-^{y}æ) *n* nutcrackers *pl*
päihtynyt (*pæ^{ee}h*-tew-newt) *adj* intoxicated, drunk

päinvastainen (*pæ*^{ee}*n-vahss*-tigh-nayn) *adj* opposite, contrary
päinvastoin (*pæ*^{ee}*n-vahss*-toin) *adv* the other way round, on the contrary
päivetys (*pæ*^{ee}-vay-tewss) *n* suntan, sunburn
päivittäin (*pæ*^{ee}-vit-tæ^{ee}n) *adv* per day
päivittäinen (*pæ*^{ee}-vit-tæ^{ee}-nayn) *adj* daily
päivä (*pæ*^{ee}-væ) *n* day
päiväjärjestys (*pæ*^{ee}-væ-^{y}*ær*-^{y}ayss-tewss) *n* agenda
päiväkirja (*pæ*^{ee}-væ-*keer*-^{y}ah) *n* diary
päivälehti (*pæ*^{ee}-væ-*layh*-ti) *n* daily
päivällinen (*pæ*^{ee}-væl-li-nayn) *n* dinner
päivällä (*pæ*^{ee}-væl-læ) *adv* by day
päivämatka (*pæ*^{ee}-væ-*maht*-kah) *n* day trip
päivämäärä (*pæ*^{ee}-væ-*mææ*-ræ) *n* date
päivänkoitto (*pæ*^{ee}-væng-*koit*-toa) *n* daybreak
päiväntasaaja (*pæ*^{ee}-væn-*tah*-sighah) *n* equator
päivänvalo (*pæ*^{ee}-væn-*vah*-loa) *n* daylight
päiväpeite (*pæ*^{ee}-væ-*pay*-tay) *n* bedspread
päivää (*pæ*^{ee}-vææ) hello
pätemätön (*pæ*-tay-mæ-turn) *adj* void, invalid
pätevyys (*pæ*-tay-vewss) *n* qualification
pätevä (*pæ*-tay-væ) *adj* qualified; **olla ~** qualify
pää (*pææ*) *n* head; **pää-** chief, main
pääasiallinen (*pææ-ah*-si-ahl-li-nayn) *adj* principal, capital, main; cardinal
pääasiallisesti (*pææ-ah*-si-ahl-li-sayss-ti) *adv* mainly
päähine (*pææ*-hi-nay) *n* cap
päähänpisto (*pææ*-hæn-*piss*-toa) *n* whim; fancy
pääkaapeli (*pææ*-kaa-pay-li) *n* mains *pl*
pääkansi (*pææ-kahn*-si) *n* main deck
pääkatu (*pææ-kah*-too) *n* main street
pääkaupunki (*pææ-kou*-poong-ki) *n* capital
päällikkö (*pææl*-lik-kur) *n* boss, chief; commander; chieftain
päällinen (*pææl*-li-nayn) *n* cover
päällys (*pææl*-lewss) *n* coating
päällystakki (*pææl*-lewss-*tahk*-ki) *n* coat, overcoat
päällystää (*pææl*-lewss-tææ) *v* pave; cover
päällä (*pææl*-læ) *postp* on top of, upon, over
päämaja (*pææ-mah*-^{y}ah) *n* headquarters *pl*
pääministeri (*pææ-mi*-niss-tay-ri) *n* Prime Minister
päämäärä (*pææ-mææ*-ræ) *n* goal
päänsärky (*pææn-sær*-kew)

n headache
pääoma (*pææ-oa*-mah) *n* capital
pääosa (*pææ-oa*-sah) *n* bulk
päärata (*pææ*-rah-tah) *n* main line
päärme (*pæær*-may) *n* hem
päärynä (*pææ*-rew-næ) *n* pear
pääsiäinen (*pææ*-si-æ^ee^-nayn) Easter
pääskynen (*pææss*-kew-nayn) *n* swallow
päästä (*pææss*-tæ) *v*get; ~ **eläkkeelle** retire; ~ **jäljille** trace; ~ **pakoon** escape
päästää (*pææss*-tææ) *v*let *go, release; deliver; ~ **sisään** admit
pääsy (*pææ*-sew) *n* access, approach, admittance, entrance; ~ **kielletty** no entry, no admittance
pääsymaksu (*pææ*-sew-mahk-soo) *n* entrance fee
pääteasema (*pææ*-tay-*ah*-say-mah) *n* terminal
päätie (*pææ-tyay*) *n* main road
päättyminen (*pææt*-tew-mi-nayn) *n* expiry; termination
päättyä (*pææt*-tew-æ) *v* end, expire
päättäväinen (*pææt*-tæ-væ^ee^-nayn) *adj* resolute, determined
päättää (*pææt*-tææ) *v* decide; determine
päätykolmio (*pææ*-tew-*koal*-mi-oa) *n* gable
päätös (*pææ*-turss) *n* decision
pöllö (*purl*-lur) *n* owl
pöly (*pur*-lew) *n* dust
pölyinen (*pur*-lew^ee^-nayn) *adj* dusty
pölynimuri (*pur*-lewn-*i*-moo-ri) *n* vacuum cleaner
pörinä (*pur*-ri-næ) *n* buzz
pörssi (*purrs*-si) *n* exchange; **musta** ~ black market
pöty (*pur*-tew) *n* rubbish
pöyristyttävä (*pur^ew^*-riss-tewt-tæ-væ) *adj* horrible
pöytä (*pur^ew^*-tæ) *n* table; **seisova** ~ buffet
pöytäkirja (*pur^ew^*-tæ-*keer*-^y^ah) *n* record; minutes
pöytälaatikko (*pur^ew^*-tæ-*laa*-tik-koa) *n* drawer
pöytäliina (*pur^ew^*-tæ-*lee*-nah) *n* tablecloth
pöytätennis (*pur^ew^*-tæ-*tayn*-niss) *n* ping-pong, table tennis

R

raahata (*raa*-hah-tah) *v* haul
raaja (*righah*) *n* limb
raajarikkoinen (*raa*-^{y}ah-*rik*-koi-nayn) *adj* crippled
raaka (*raa*-kah) *adj* raw
raaka-aine (*raa*-kah-*igh*-nay) *n* raw material
raakamainen (*raa*-kah-migh-nayn) *adj* brutal
raamattu (*raa*-maht-too) *n* bible
raapia (*raapi*-ah) *v* scratch, scrape; grate
raataa (*raa*-taa) *v* labour
radikaali (*rah*-di-kaa-li) *adj* radical
radio (*rah*-di-oa) *n* radio; wireless
rae (*rah*-ay) *n* (pl rakeet) hail
raha (*rah*-hah) *n* money; **käteinen ~** cash; **raha-** monetary; **vaihtaa rahaksi** cash
rahake (*rah*-hah-kay) *n* token
rahalähetys (*rah*-hah-*læ*-hay-tewss) *n* remittance
rahansijoitus (*rah*-hahn-si-^{y}oi-tooss) *n* investment
rahanvaihto (*rah*-hahn-*vighh*-toa) *n* exchange office, money exchange
rahastaja (*rah*-hahss-tah-^{y}ah) *n* ticket collector, conductor
rahasto (*rah*-hahss-toa) *n* fund
rahastonhoitaja (*rah*-hahss-toan-*hoi*-tah-^{y}ah) *n* treasurer
rahaton (*rah*-hah-toan) *adj* broke
rahavarat (*rah*-hah-*vah*-raht) *pl* finances *pl*
rahayksikkö (*rah*-hah-*ewk*-sik-kur) *n* monetary unit
rahoittaa (*rah*-hoit-taa) *v* finance
rahti (*rahh*-ti) *n* freight
rahvaanomainen (*rahh*-vaan-*oa*-migh-nayn) *adj* vulgar; common
raidallinen (*righ*-dahl-li-nayn) *adj* striped
raide (*righ*-day) *n* track
raikas (*righ*-kahss) *adj* fresh
raiskata (*righss*-kah-tah) *v* rape
raita (*righ*-tah) *n* stripe
raitiovaunu (*righ*-ti-oa-*vou*-noo) *n* tram; streetcar *nAm*
raitis (*righ*-tiss) *adj* sober
raivo (*righ*-voa) *n* rage
raivoisa (*righ*-voi-sah) *adj* furious
raivostunut (*righ*-voass-too-noot) *adj* mad
raivota (*righ*-voa-tah) *v* rage
raja (*rah*-^{y}ah) *n* limit, boundary, frontier, bound, border
rajaton (*rah*-^{y}ah-toan) *adj*

unlimited
rajoitettu (*rah*-ʸoi-tayt-too) *adj* limited
rajoittaa (*rah*-ʸoit-taa) *v* limit
rajoittamaton (*rah*-ʸoit-tah-mah-toan) *adj* unlimited
rajoitus (*rah*-ʸoi-tooss) *n* restriction; qualification
raju (*rah*-ʸoo) *adj* fierce, violent
rajuilma (*rah*-ʸoo-*il*-mah) *n* tempest
rakas (*rah*-kahss) *adj* dear; *n* darling
rakastaa (*rah*-kahss-taa) *v* love
rakastaja (*rah*-kahss-tah-ʸah) *n* lover
rakastajatar (*rah*-kahss-tah-ʸah-tahr) *n* mistress
rakastava (*rah*-kahss-tah-vah) *adj* affectionate
rakastettu (*rah*-kahss-tayt-too) *adj* beloved
rakastunut (*rah*-kahss-too-noot) *adj* in love
rakenne (*rah*-kayn-nay) *n* structure, construction, fabric
rakennus (*rah*-kayn-nooss) *n* house, construction, building
rakennuskompleksi (*rah*-kayn-nooss-*koamp*-layk-si) *n* group of buildings
rakennuspuut (*rah*-kayn-nooss-*pōōt*) *pl* timber
rakennustaide (rah-kayn-nooss-*tigh*-day) *n* architecture
rakennustelineet (*rah*-kayn-nooss-*tay*-li-nāyt) *pl* scaffolding
rakentaa (*rah*-kayn-taa) *v* build, construct
rakentaminen (*rah*-kayn-tah-mi-nayn) *n* construction
rakkaus (*rahk*-kah-ooss) *n* love
rakkausjuttu (*rahk*-kah-ooss-ʸ*oot*-too) *n* affair, love story
rakko (*rahk*-koa) *n* bladder
rakkula (*rahk*-koo-lah) *n* blister
rampa (*rahm*-pah) *adj* lame
ramppi (*rahmp*-pi) *n* ramp
rangaista (*rahng*-ngighss-tah) *v* punish
rangaistus (*rahng*-ngighss-tooss) *n* punishment; penalty
rangaistuspotku (*rahng*-ngighss-tooss-*poat*-koo) *n* penalty kick
ranne (*rahn*-nay) *n* wrist
rannekello (*rahn*-nayk-*kayl*-loa) *n* wristwatch
rannerengas (*rahn*-nayr-*rayng*-ngahss) *n* bracelet; bangle
rannikko (*rahn*-nik-koa) *n* coast
Ranska (*rahns*-kah) France
ranskalainen (*rahns*-kah-ligh-nayn) *n* Frenchman; *adj* French
ranskalaiset (*rahns*-kah-ligh-sayt) *npl* the French;

French fries
ranta (*rahn*-tah) *n* shore
rantakallio (*rahn*-tah-*kahl*-li-oa) *n* cliff
rantakotilo (*rahn*-tah-*koa*-ti-loa) *n* winkle
rantatörmä (*rahn*-tah-*turr*-mæ) *n* cliff
raparperi (*rah*-pahr-pay-ri) *n* rhubarb
rapea (*rah*-pay-ah) *adj* crisp
rap(musiikki) (*ræp*-[*moo*-seek-ki]) *n* rap (*music*)
rappaus (*rahp*-pah-ooss) *n* plastering
rappeutunut (*rahp*-pay-oo-too-noot) *adj* dilapidated
rasite (*rah*-si-tay) *n* burden
rasittaa (*rah*-sit-taa) *v* strain
rasitus (*rah*-si-tooss) *n* strain; stress
raskas (*rahss*-kahss) *adj* heavy; **raskaana oleva** pregnant, *adj* pregnant
rastas (*rahss*-tahss) *n* thrush
rastia (*rahss*-ti-ah) *v* tick off
rasva (*rahss*-vah) *n* fat; grease
rasvaimu (*rahss*-vah-*i*-moo) *n* liposuction
rasvainen (*rahss*-vigh-nayn) *adj* fat, greasy, fatty
rasvata (*rahss*-vah-tah) *v* grease
rasvaton (*rahss*-vah-toan) *adj* fat free
rata (*rah*-tah) *n* track, railroad
ratkaista (*raht*-kighss-tah) *v* solve; decide
ratkaisu (*raht*-kigh-soo) *n* solution
ratsastaa (*raht*-sahss-taa) *v*ride
ratsastaja (*raht*-sahss-tah-ʸah) *n* rider
ratsastus (*raht*-sahss-tooss) *n* riding
ratsastuskilpailu (*raht*-sahss-tooss-*kil*-pigh-loo) *n* horserace
ratsastuskoulu (*raht*-sahss-tooss-*koa*-loo) *n* riding school
rattaat (*raht*-taat) *pl* cart; carriage
rauha (*rou*-hah) *n* peace
rauhallinen (*rou*-hahl-li-nayn) *adj* calm, peaceful; quiet
rauhanaate (*rou*-hahn-*aa*-tay) *n* pacifism
rauhanen (*rou*-hah-nayn) *n* gland
rauhantuomari (*rou*-hahn-*twoa*-mah-ri) *n* magistrate
rauhaton (*rou*-hah-toan) *adj* restless
rauhoittava (*rou*-hoit-tah-vah) *adj* restful; **~ lääke** tranquillizer; sedative
rauhoittua (*rou*-hoit-too-ah) *v* calm down
raukkamainen (*rouk*-kah-migh-nayn) *adj* cowardly
raunio (*rou*-ni-oa) *n* ruins
rauta (*rou*-tah) *n* iron
rautainen (*rou*-tigh-nayn) *adj* iron
rautakauppa (*rou*-tah-*koup*-

pah) *n* hardware store
rautalanka (*rou*-tah-*lahng*-kah) *n* wire
rautaromu (*rou*-tah-*roa*-moo) *n* scrapiron
rautatavarat (*rou*-tah-*tah*-vah-raht) *pl* hardware
rautatie (*rou*-tah-*tyay*) *n* railway; railroad *nAm*
rautatieasema (*rou*-tah-*tyay*-*ah*-say-mah) *n* railway station
ravinto (*rah*-vin-toa) *n* food
ravintoaineet (*rah*-vin-toa-*igh*-n$\overline{ayt}$) *pl* foodstuffs *pl*
ravintola (*rah*-vin-toa-lah) *n* restaurant
ravintolavaunu (*rah*-vin-toa-lah-*vou*-noo) *n* dining car
ravistaa (*rah*-viss-taa) *v*shake
ravistus (*rah*-viss-tooss) *n* wrench
ravitseva (*rah*-vit-say-vah) *adj* nutritious, nourishing
reagoida (*ray*-ah-goi-dah) *v* react
rehellinen (*ray*-hayl-li-nayn) *adj* honest, straight; fair
rehellisyys (*ray*-hayl-li-s$\overline{ew}$ss) *n* honesty
rehtori (*rayh*-toa-ri) *n* headmaster, principal
reikä (*ray*-kæ) *n* hole
reipas (*ray*-pahss) *adj* brisk
reipastuttaa (*ray*-pahss-toot-taa) *v* cheer up
reisi (*ray*-si) *n* thigh
reitti (*rayt*-ti) *n* route
reki (*ray*-ki) *n* sleigh, sledge
rekisterikilpi (*ray*-kiss-tay-ri-*kil*-pi) *n* registration plate; licence plate *Am*
rekisterinumero (*ray*-kiss-tay-ri-noo-may-roa) *n* registration number; licence number *Am*
rengas (*rayng*-ngahss) *n* tyre, tire
rengaspaine (*rayng*-ngahss-*pigh*-nay) *n* tyre pressure
rengasrikko (*rayng*-ngahss-*rik*-koa) *n* puncture, blowout, flat tyre
rentoutua (*rayn*-toa-too-ah) *v* relax
rentoutuminen (*rayn*-toa-oo-too-mi-nayn) *n* relaxation
repeämä (*ray*-pay-æ-mæ) *n* tear
repiä (*ray*-pi-æ) *v*tear; rip
reppu (*rayp*-poo) *n* backpack
reputtaa (*ray*-poot-taa) *v* fail
retiisi (*ray*-tee-si) *n* radish
retkeilijä (*rayt*-kay-li-^{y}æ) *n* camper
retkeillä (*rayt*-kayl-læ) *v* hike
retkeilymaja (*rayt*-kay-lew-*mah*-^{y}ah) *n* youth hostel
retki (*rayt*-ki) *n* excursion
reumatismi (*ray*^{oo}-mah-tiss-mi) *n* rheumatism
reuna (*ray*^{oo}-nah) *n* edge, verge, side, rim; brim; **kadun** ~ curb
reunus (*ray*^{oo}-nooss) *n* margin; border

revolveri (*ray*-voal-vay-ri) *n* revolver, gun
revyy (*ray*-vew̄) *n* revue
revyyteatteri (*ray*-vew̄-*tay*-aht-tay-ri) *n* music hall
riemujuhla (*ryay*-moo-ʸ*ooh*-lah) *n* jubilee
riemukas (*ryay*-moo-kahss) *adj* joyful
riemuvoitto (*ryay*-moo-*voit*-toa) *n* triumph
rientää (*ryayn*-tææ) *v* hurry
riepu (*ryay*-poo) *n* cloth, rag
rihma (*rih*-mah) *n* thread
riidellä (*ree*-dayl-læ) *v* quarrel
riikinkukko (*ree*-king-*kook*-koa) *n* peacock
riippua (*reep*-poo-ah) *v**hang; ~ **jostakin** depend on
riippulukko (*reep*-poo-*look*-koa) *n* padlock
riippumaton (*reep*-poo-mah-toan) *adj* independent
riippumatto (*reep*-poo-maht-toa) *n* hammock
riippumattomuus (*ree*-p-poo-maht-toa-moo̅oss) *n* independence
riippusilta (*reep*-poo-*sil*-tah) *n* suspension bridge
riippuvainen (*reep*-poo-vigh-nayn) *adj* dependant; **olla ~ jstk** depend on
riipus (*ree*-pooss) *n* pendant
riisi (*ree*-si) *n* rice
riista (*reess*-tah) *n* game
riistää (*reess*-tææ) *v* exploit; ~ **jltk** deprive of
riisuutua (*ree*-so̅o̅-too-ah) *v* undress
riita (*ree*-tah) *n* quarrel, row; dispute
riittämätön (*reet*-tæ-mæ-turn) *adj* insufficient, inadequate
riittävä (*reet*-tæ-væ) *adj* sufficient, enough, adequate
riittää (*reet*-tææ) *v* suffice; *do
riivattu (*reevaht*-too) *adj* possessed
riivinrauta (*ree*-vin-*rou*-tah) *n* grater
rikas (*ri*-kahss) *adj* rich
rikastin (ri-kahss-tin) *n* choke
rikkalaatikko (*rik*-kah-*laa*-tik-koa) *n* dustbin; trash can *Am*
rikkaruoho (*rik*-kah-*rwoa*-hoa) *n* weed
rikkaus (*rik*-kah-ooss) *n* riches *pl*
rikki (*rik*-ki) *adv* broken
rikkinäinen (*rik*-ki-næ^ee^-nayn) *adj* broken
rikkoa (*rik*-koa-ah) *v*break; ~ **jtkn vastaan** offend
rikkomus (*rik*-koa-mooss) *n* offence
rikoksentekijä (*ri*-koak-sayn-*tay*-ki-ʸæ) *n* criminal
rikollinen (*ri*-koal-li-nayn) *n* criminal; *adj* criminal
rikollisuus (*ri*-koal-li-so̅oss) *n* crime
rikos (*ri*-koass) *n* crime;

rikos- criminal
rikoslaki (*ri*-koass-*lah*-ki) *n* criminal law
rikostoveri (*ri*-koass-toa-vay-ri) *n* accomplice
rinnakkainen (*rin*-nahk-kigh-nayn) *adj* parallel
rinnastaa (*rin*-nahss-taa) *v* coordinate
rinnastus (*rin*-nahss-tooss) *n* coordination
rinne (*rin*-nay) *n* hillside, slope
rinta (*rin*-tah) *n* breast, chest, bosom
rintakehä (*rin*-tah-kay-hæ) *n* chest
rintakuva (*rin*-tah-*koo*-vah) *n* bust
rintaliivit (*rin*-tah-*lee*-vit) *pl* bra
rintaneula (*rin*-tah-*nay*^{oo}-lah) *n* brooch
rintauinti (*rin*-tah-*oo*^{ee}*n*-ti) *n* breaststroke
ripeä (*ri*-pay-æ) *adj* prompt
ripittäytyä (*ri*-pit-tæ^{ew}-tew-æ) *v* confess
rippi (*rip*-pi) *n* confession
ripuli (*ri*-poo-li) *n* diarrhoea
ripustaa (*ri*-pooss-taa) *v*hang
ripustin (*ri*-pooss-tin) *n* hanger
riski (*riss*-ki) *n* chance
risteily (*riss*-tay-lew) *n* cruise
risteys (*riss*-tay-ewss) *n* intersection, crossing; junction, crossroads
risti (*riss*-ti) *n* cross
ristiinnaulita (*riss*-teen-*nou*-li-tah) *v* crucify
ristiinnaulitseminen (*riss*-teen-*nou*-lit-say-mi-nayn) *n* crucifixion
ristimänimi (*riss*-ti-mæ-*ni*-mi) *n* Christian name
ristiretki (*riss*-ti-*rayt*-ki) *n* crusade
ristiriita (*riss*-ti-*ree*-tah) *n* conflict
ristiriitainen (*riss*-ti-*ree*-tigh-nayn) *adj* contradictory
ritari (*ri*-tah-ri) *n* knight
riutta (ree^{oo}t-tah) *n* reef
rivi (*ri*-vi) *n* rank, row; line
rivistö (*ri*-viss-tur) *n* column
rohdoskauppa (*roah*-doass-*koup*-pah) *n* chemist's; drugstore *nAm*
rohjeta (*roah*-^{y}ay-tah) *v* dare
rohkaista (*roah*-kighss-tah) *v* encourage
rohkea (*roah*-kay-ah) *adj* brave, courageous; bold
rohkeus (*roah*-kay-ooss) *n* courage
roju (*roa*-^{y}oo) *n* trash
rokottaa (*roa*-koat-taa) *v* vaccinate; inoculate
rokotus (*roa*-koa-tooss) *n* vaccination; inoculation
romaani (*roa*-maa-ni) *n* novel
romaanikirjailija (*roa*-maa-ni-*keer*-^{y}igh-li-^{y}ah) *n* novelist
romahtaa (*roa*-mahh-taa) *v* collapse

Romania (*roa*-mah-ni-ah) Rumania
romanialainen (*roa*-mah-ni-ah-ligh-nayn) *n* Rumanian; *adj* Rumanian
romanssi (*roa*-mahns-si) *n* romance
romanttinen (*roa*-mahnt-ti-nayn) *adj* romantic
romu (*roa*-moo) *n* junk
roomalaiskatolinen (*rōā*-mah-lighss-*kah*-toa-li-nayn) *adj* Roman Catholic
roska (*roass*-kah) *n* rubbish
roskasanko (*roass*-kah-*sahng*-koa) *n* rubbish bin
rosvo (*roass*-voa) *n* bandit, robber
rotko (*roat*-koa) *n* gorge
rotta (*roat*-tah) *n* rat
rottinki (*roat*-ting-ki) *n* rattan
rotu (*roa*-too) *n* breed, race; **rotu-** racial
routa (*roa*-tah) *n* frost
rouva (*roa*-vah) *n* madam
rubiini (*roo*-bee-ni) *n* ruby
ruiske (*roo*^ee^*ss*-kay) *n* injection, shot
ruisku (*roo*^ee^*ss*-koo) *n* syringe, spout
ruiskuttaa (*roo*^ee^*ss*-koot-taa) *v* inject
rukoilla (*roo*-koil-lah) *v* pray
rukous (*roo*-koa-ooss) *n* prayer
rukousnauha (*roo*-koa-ooss-*nou*-hah) *n* rosary
rulettipeli (*roo*-layt-ti-*pay*-li) *n* roulette
rulla (*rool*-lah) *n* roll
rullaluistella (*rool*-lah-*loo*^ee^*ss*-tayl-lah) *v* Rollerblade®
rullaluistelu (*rool*-lah-*loo*^ee^*ss*-tay-loo) *n* roller--skating
rullaportaat (*rool*-lah-*poar*-taat) *pl* escalator
rullatuoli (*rool*-lah-*twoa*-li) *n* wheelchair
ruma (*roo*-mah) *adj* ugly
rumpu (*room*-poo) *n* drum
runo (*roo*-noa) *n* poem
runoilija (*roo*-noi-li-^y^ah) *n* poet
runous (*roo*-noa-ooss) *n* poetry
runsas (*roon*-sahss) *adj* abundant, plentiful
runsaus (*roon*-sah-ooss) *n* abundance, plenty
ruoansulatus (*rwoa*-ahn-*soo*-lah-tooss) *n* digestion
ruoansulatushäiriö (*rwoa*-ahn-*soo*-lah-tooss-*hæ*^ee^-ri-ur) *n* indigestion
ruoho (*rwoa*-hoa) *n* grass
ruohokenttä (*rwoa*-hoa-*kaynt*-tæ) *n* lawn
ruoholaukka (*rwoa*-hoa-*louk*-kah) *n* chives *pl*
ruoka (*rwoa*-kah) *n* food; fare; **laittaa ruokaa** cook
ruoka-annos (*rwoa*-kah-*ahn*-noass) *n* helping
ruokahalu (*rwoa*-kah-*hah*-loo) *n* appetite
ruokailuvälineet (*rwoa*-kigh-loo-*væ*-li-nāyt) *pl*

cutlery
ruokakauppa (*rwoa*-kah-*koup*-pah) *n* grocer's; grocery *nAm*
ruokalaji (*rwoa*-kah-*lah*-ʸi) *n* course, dish
ruokalista (*rwoa*-kah-*liss*-tah) *n* menu; **kiinteä ~** set menu
ruokalusikka (*rwoa*-kah-*loo*-sik-kah) *n* tablespoon
ruokamyrkytys (*rwoa*-kah-*mewr*-kew-tewss) *n* food poisoning
ruokasali (*rwoa*-kah-*sah*-li) *n* dining room
ruokatarvikkeet (*ay*-lin-*tahr*-vik-kāyt) *pl* provisions *pl* , food-stuffs *pl*
ruokavalio (*rwoa*-kah-*vah*-li-oa) *n* diet
ruokaöljy (*rwoa*-kah-*url*-ʸew) *n* salad-oil
ruokkia (*rwoak*-ki-ah) *v*feed
ruoko (*rwoa*-koa) *n* cane
ruokoton (*rwoa*-koa-toan) *adj* obscene
ruorimies (*rwoa*-ri-*myayss*) *n* helmsman
ruoska (*rwoass*-kah) *n* whip
ruoskia (*rwoass*-ki-ah) *v* flog; whip
ruoste (*rwoass*-tay) *n* rust
ruosteinen (*rwoass*-tay-nayn) *adj* rusty
ruoto (*rwoa*-toa) *n* fishbone, bone
ruotsalainen (*rwoat*-sah-ligh-nayn) *n* Swede; *adj* Swedish
Ruotsi (*rwoat*-si) Sweden
rupatella (*roo*-pah-tayl-lah) *v* chat
rupattelu (*roo*-paht-tay-loo) *n* chat
rupisammakko (*roo*-pi-*sahm*-mahk-koa) *n* toad
rusetti (*roo*-sayt-ti) *n* bow tie
rusina (*roo*-si-nah) *n* raisin
ruskea (*rooss*-kay-ah) *adj* brown
ruskeaverikkö (*rooss*-kay-ah-*vay*-rik-kur) *n* brunette
ruskettunut (*rooss*-kayt-too-noot) *adj* tanned
rusto (*rooss*-toa) *n* cartilage
rutiini (*roo*-tee-ni) *n* routine
ruudullinen (*rōō*-dool-li-nayn) *adj* checkered, plaid
ruuhka (*rōōh*-kah) *n* jam
ruuhka-aika (*rōōh*-kah-*igh*-kah) *n* rush hour, peak hour
ruukku (*rōōk*-koo) *n* jar
ruumiinavaus (*rōō*-meen-*ah*-vah-ooss) *n* autopsy
ruumis (*rōō*-miss) *n* corpse
ruusu (*rōō*-soo) *n* rose
ruusukaali (*rōō*-soo-*kaa*-li) *n* sprouts *pl*
ruuti (*rōō*-ti) *n* gunpowder
ruutu (*rōō*-too) *n* pane; check
ruuvata (*rōō*-vah-tah) *v* screw
ruuvi (*rōō*-vi) *n* screw
ruuvipuristin (*rōō*-vi-*poo*-riss-tin) *n* clamp
ruuvitaltta (*rōō*-vi-*tahlt*-tah)

n screwdriver
ryhmä (*rewh*-mæ) *n* group; bunch
ryhtyä jhk (*rewh*-tew-æ) *undertake; **ryhtyä uudelleen** resume
rynnätä (*rewn*-næ-tæ) *v* rush
rypistää (*rew*-piss-tææ) *v* crease
ryppy (*rewp*-pew) *n* wrinkle
rystynen (*rewss*-tew-nayn) *n* knuckle
rytmi (*rewt*-mi) *n* rhythm
ryypätä (*rew*-pæ-tæ) *v* booze (*colloquial*)
ryömiä (*r^{ew}ur*-mi-æ) *v* creep, crawl
ryöstää (*r^{ew}urss*-tææ) *v* rob
ryöstö (*r^{ew}urss*-tur) *n* robbery; **aseellinen ~** hold-up
räiskyttää (*ræ^{ee}ss*-kewt-tææ) *v* splash
räjähdys (*ræ*-^{y}æh-dewss) *n* explosion, blast
räjähdysaine (*ræ*-^{y}æh-dewss-*igh*-nay) *n* explosive
räjähtävä (*ræ*-^{y}æh-tæ-væ) *adj* explosive
räjähtää (*ræ*-^{y}æh-tææ) *v* explode
räme (*ræ*-may) *n* marsh
ränsistynyt (*ræn*-siss-tew-newt) *adj* ramshackle
räsähdys (*ræ*-sæh-dewss) *n* crack
räsähtää (*ræ*-sæh-tææ) *v* crack
räyhäävä (*ræ^{ew}*-hææ-væ) *adj* rowdy
rääkäisy (*rææ*-kæ^{ee}-sew) *n* shriek
räätäli (*rææ*-tæ-li) *n* tailor
räätälintekemä (*rææ*-tæ-lin-*tay*-kay-mæ) *adj* tailor-made
röntgenkuva (*rurnt*-gayn-*koo*-vah) *n* X-ray; **ottaa ~** X-ray
röyhkeys (*rur^{ew}h*-kay-ewss) *n* insolence; nerve
röyhkeä (*rur^{ew}h*-kay-æ) *adj* insolent, bold

S

saada (*saa*-dah) *v* get; *may, *be allowed to; **~ aikaan** achieve; **~ alkunsa** *arise; **~ luopumaan** dissuade from; **~ oppiarvo** graduate; **~ osakseen** receive; **~ takaisin** recover; **~ tekemään jtn** cause to; **~ vakuuttuneeksi** convince
saakka (*saak*-kah) *postp* until, till
saapas (*saapahss*) *n* boot
saapua (*saa*-poo-ah) *v* arrive
saapuminen (*saa*-poo-mi-nayn) *n* arrival
saapumisaika (*saa*-poo-miss-*igh*-kah) *n* time of arrival

saari (*saa*-ri) *n* island
saarna (*saar*-nah) *n* sermon
saarnata (*saar*-nah-tah) *v* preach
saarnatuoli (*saar*-nah-*twoa*-li) *n* pulpit
saartaa (*saar*-taa) *v* encircle; surround
saastainen (*saass*-tigh-nayn) *adj* filthy
saaste (*saass*-tay) *n* pollution
saastuttaa (*saass*-toot-taa) *v* pollute
saastuttaminen (*saass*-toot-tah-mi-nayn) *n* pollution
saatavat (*saa*-tah-vaht) *pl* dues *pl*
saattaa (*saat*-taa) *v* conduct, accompany, escort; *take; ~ **hämilleen** embarrass; ~ **päätökseen** accomplish; ~ **ymmälle** confuse
saattaisi (*saat*-tigh-si) *v* (p saattaa) *might
saattue (*saat*-too-ay) *n* escort
saavuttaa (*saa*-voot-taa) *v* attain, achieve; reach; obtain
saavutus (*saa*-voo-tooss) *n* achievement
sade (*sah*-day) *n* rain
sadekuuro (*sah*-dayk-*kōō*-roa) *n* shower
sademetsä (*sah*-daym-*mayt*-sæ) *n* rainforest
sadetakki (*sah*-dayt-*tahk*-ki) *n* raincoat, mackintosh
safiiri (*sah*-fee-ri) *n* sapphire
saha (*sah*-hah) *n* saw
sahajauho (*sah*-hah-*you*-hoa) *n* sawdust
sahalaitos (*sah*-hah-*ligh*-toass) *n* sawmill
saippua (*sighp*-poo-ah) *n* soap
sairaala (*sigh*-raa-lah) *n* hospital
sairaanhoitaja (*sigh*-raan-*hoi*-tah-yah) *n* nurse
sairas (*sigh*-rahss) *adj* ill, unhealthy
sairasauto (*sigh*-rahss-*ou*-toa) *n* ambulance
sairaus (*sigh*-rah-ooss) *n* sickness, illness
saita (*sigh*-tah) *adj* stingy
sakea (*sah*-kay-ah) *adj* thick
sakki (*sahk*-ki) *n* gang
šakki! (*shahk*-ki) check!
šakkilauta (shahk-ki-*lou*-tah) *n* checkerboard *nAm*
šakkipeli (*shahk*-ki-*pay*-li) *n* chess
sakko (*sahk*-koa) *n* penalty, fine
sakkolappu (*sahk*-koa-*lahp*-poo) *n* ticket
Saksa (*sahk*-sah) Germany
saksalainen (sahk-sah-ligh-nayn) *n* German; *adj* German
saksanpähkinä (*sahk*-sahn-*pæh*-ki-næ) *n* walnut
sakset (*sahk*-sayt) *pl* scissors *pl*
sala-ampuja (*sah*-lah-*ahm*-poo-yah) *n* sniper
salaatti (*sah*-laat-ti) *n* salad

salahanke (*sah*-lah-*hahng*-kay) *n* plot
salainen (*sah*-ligh-nayn) *adj* secret
salaisuus (*sah*-ligh-sōōss) *n* secret
salakieli (*sah*-lah-*kyay*-li) *n* code
salakuljettaa (*sah*-lah-*kool*-ʸayt-taa) *v* smuggle
salaliitto (*sah*-lah-*leet*-toa) *n* conspiracy
salama (*sah*-lah-mah) *n* lightning
salamavalolamppu (*sah*-lah-mah-*vah*-loa-*lahmp*-poo) *n* flash bulb
salaperäinen (*sah*-lah-*pay*-ræᵉᵉ-nayn) *adj* mysterious
salapoliisiromaani (*sah*-lah-*poa*-lee-si-*roa*-maa-ni) *n* detective story
saldo (*sahl*-doa) *n* balance
sali (*sah*-li) *n* drawing room
salkku (*sahlk*-koo) *n* briefcase
sallia (*sahl*-li-ah) *v* permit, allow; *let; **olla sallittua** *be allowed
sallimus (*sahl*-li-mooss) *n* destiny, fate
salonki (*sah*-loang-ki) *n* salon, lounge
salpa (*sahl*-pah) *n* bolt
salva (*sahl*-vah) *n* salve
sama (*sah*-mah) *adj* same
samalla (*sah*-mahl-lah) *adv* at the same time; **~ kun** whilst; **~ tavalla** alike
samanaikainen (*sah*-mahn-*igh*-kigh-nayn) *adj* simultaneous, contemporary
samanaikaisesti (*sah*-mahn-*igh*-kigh-sayss-ti) *adv* simultaneously
samanarvoinen (*sah*-mahn-*ahr*-voi-nayn) *adj* equivalent
samankaltainen (*sah*-mahn-kahl-tigh-nayn) *adj* alike
samanlainen (*sah*-mahn-ligh-nayn) *adj* similar; even
samanlaisuus (*sah*-mahn-ligh-sōōss) *n* similarity
samanmielinen (*sah*-mahn-*myay*-li-nayn) *adj* like--minded
sametinpehmeä (*sah*-may-tin-*payh*-may-æ) *adj* velvety
sametti (*sah*-mayt-ti) *n* velvet
sammakko (*sahm*-mahk-koa) *n* frog
sammal (*sahm*-mahl) *n* moss
sammutin (*sahm*-moo-tin) *n* fire extinguisher
sammuttaa (*sahm*-moot-taa) *v* extinguish, *put out; switch off
samoin (*sah*-moin) *adv* as well, likewise
samppanja (*sahmp*-pahn-ʸah) *n* champagne
sana (*sah*-nah) *n* word
sanakirja (*sah*-nah-*keer*-ʸah) *n* dictionary
sanaleikki (*sah*-nah- *layk*-ki) *n* pun

sananlasku (*sah*-nahn-*lahss*-koo) *n* proverb
sanansaattaja (*sah*-nahn-*saat*-tah-^{y}ah) *n* messenger
sanasto (*sah*-nahss-toa) *n* vocabulary
sanaton (*sah*-nah-toan) *adj* speechless
sanavarasto (*sah*-nah-*vah*-rahss-toa) *n* vocabulary
sandaali (*sahn*-daa-li) *n* sandal
sanella (*sah*-nayl-lah) *v* dictate
sanelu (*sah*-nay-loo) *n* dictation
sanelukone (*sah*-nay-loo-*koa*-nay) *n* dictaphone
sangat (*sahng*-ngaht) *pl* frame
sankari (*sahng*-kah-ri) *n* hero
sanko (*sahng*-koa) *n* pail, bucket
sanoa (*sah*-noa-ah) *v**say; **~ terveisiä** say hello to
sanoma (*sah*-noa-mah) *n* message
sanomalehdistö (*sah*-noa-mah-*layh*-diss-tur) *n* press
sanomalehti (*sah*-noa-mah-*layh*-ti) *n* paper, newspaper
sanomalehtiala (*sah*-noa-mah-*layh*-ti-*ah*-lah) *n* journalism
sanomalehtikoju (*sah*-noa-mah-*layh*-ti-*koa*-^{y}oo) *n* newsstand
sanomalehtimies (*sah*-noa-mah-*layh*-ti-*myayss*) *n* journalist
sanonta (*sah*-noan-tah) *n* phrase
saostaa (*sah*-oass-taa) *v* thicken
sappi (*sahp*-pi) *n* gall, bile
sappikivi (*sahp*-pi-*ki*-vi) *n* gallstone
sappirakko (*sahp*-pi-*rahk*-koa) *n* gall bladder
sarana (*sah*-rah-nah) *n* hinge
sarastus (*sah*-rahss-tooss) *n* dawn
sardiini (*sahr*-dee-ni) *n* sardine
sarja (*sahr*-^{y}ah) *n* series; set
sarjakuva (*sahr*-^{y}ah-*koo*-vah) *n* comics *pl*
sarvi (*sahr*-vi) *n* horn
sarvikuono (*sahr*-vi-*kwoa*-noa) *n* rhinoceros
sata (*sah*-tah) *num* hundred
sataa (*sah*-taa) *v* rain; **~ lunta** snow
satakieli (*sah*-tah-*kyay*-li) *n* nightingale
satama (*sah*-tah-mah) *n* port, harbour
satamalaituri (*sah*-tah-mah-*ligh*-too-ri) *n* quay, pier, wharf
satamatyöläinen (*sah*-tah-mah-*t^{ew}ur*-læ^{ee}-nayn) *n* docker
sateenkaari (*sah*-tāyng-*kaa*-ri) *n* rainbow
sateenpitävä (*sah*-tāym-*pi*-tæ-væ) *adj* rainproof
sateensuoja (*sah*-tāyn-*swoa*-^{y}ah) *n* umbrella

sateinen (*sah*-tay-nayn) *adj* rainy
satelliitti (*sah*-tayl-leet-ti) *n* satellite
satelliittiantenni (*sah*-tayl-leet-ti-*ahn*-tayn-ni) *n* satellite dish
satelliittiradio (*sah*-tayl-leet-ti-*rah*-di-oa) *n*satellite radio
satiini (*sah*-teeni) *n* satin
sato (*sah*-toa) *n* crop, harvest
sattua (*saht*-too-ah) *v* occur, happen; **~ samaan aikaan** coincide
sattuma (*saht*-too-mah) *n* luck; chance
sattumalta (*saht*-too-mahl-tah) *adv* by chance
satu (*sah*-too) *n* fairytale
satula (*sah*-too-lah) *n* saddle
satunnainen (*sah*-toon-nigh-nayn) *adj* accidental, incidental
satuttaa (*sah*-toot-taa) *v*hit
Saudi-Arabia (*sou*-di-*ah*-rah-bi-ah) Saudi Arabia
saudiarabialainen (*sou*-di-*ah*-rah-bi-ah-ligh-nayn) *adj* Saudi Arabian
sauma (*sou*-mah) *n* seam
saumaton (*sou*-mah-toan) *adj* seamless
sauna (*sou*-nah) *n* sauna; **turkkilainen ~** Turkish bath
savi (*sah*-vi) *n* clay
saviastiat (*sah*-vi-*ahss*-ti-aht) *pl* pottery, crockery
savitavara (*sah*-vi-*tah*-vah-rah) *n* pottery, crockery
savu (*sah*-voo) *n* smoke
savuke (*sah*-voo-kay) *n* cigarette
savukekotelo (*sah*-voo-kayk-*koa*-tay-loa) *n* cigarette case
savuketupakka (*sah*-voo-kay-*too*-pahk-kah) *n* cigarette tobacco
savukkeensytytin (*sah*-vook-kāyn-*sew*-tew-tin) *n* cigarette lighter
savupiippu (*sah*-voo-*peep*-poo) *n* chimney
savuton (*sah*-voo-toan) *adj* smoke-free
se (*say*) *pron* it
seepra (*sāyp*-rah) *n* zebra
seesteinen (*sāyss*-tay-nayn) *adj* serene
seikkailu (*sayk*-kigh-loo) *n* adventure
seikkaperäinen (*sayk*-kah-*pay*-ræ^{ee}-nayn) *adj* detailed
seimi (*say*-mi) *n* manger
seinä (*say*-næ) *n* wall
seinäpaperi (*say*-næ-*pah*-pay-ri) *n* wallpaper
seinävaate (*say*-næ-*vaa*-tay) *n* hanging
seis! (*sayss*) stop!
seisoa (*say*-soa-ah) *v*stand
seisontavalo (*say*-soan-tah-*vah*-loa) *n* parking light
seitsemän (*sayt*-say-mæn) *num* seven
seitsemänkymmentä (*sayt*-say-mæn-*kewm*-mayn-tæ) *num* seventy

seitsemäntoista (*sayt*-say-mæn-*toiss*-tah) *num* seventeen
seitsemäs (*sayt*-say-mæss) *num* seventh
seitsemästoista (*sayt*-say-mæss-*toiss*-tah) *num* seventeenth
seiväs (*say*-væss) *n* pole
sekaantua (*say*-kaan-too-ah) *v* interfere with; involve
sekaantunut (*say*-kaan-too-noot) *adj* involved
sekalainen (*say*-kah-ligh-nayn) *adj* miscellaneous
sekamelska (*say*-kah-*mayls*-kah) *n* muddle
sekasorto (*say*-kah-*soar*-toa) *n* chaos
sekasortoinen (*say*-kah-*soar*-toi-nayn) *adj* chaotic
sekasotku (*say*-kah-*soat*-koo) *n* mess
sekatavarakauppias (*say*-kah-*tah*-vah-rah-*koup*-pi-ahss) *n* grocer
sekava (*say*-kah-vah) *adj* confused
šekki (*shayk*-ki) *n* cheque; check *nAm*
šekkivihko (*shayk*-ki-*vih*-koa) *n* chequebook; checkbook *nAm*
sekoitettu (*say*-koi-tayt-too) *adj* mixed
sekoittaa (*say*-koit-taa) *v* mix; muddle; **~ kortit** shuffle
sekunti (*say*-koon-ti) *n* second
sekä ... että (*say*-kæ *ayt*-tæ) both ... and
selittämätön (*say*-lit-tæ-mæ-turn) *adj* inexplicable
selittää (*say*-lit-tææ) *v* explain
selitys (*say*-li-tewss) *n* explanation
selkä (*sayl*-kæ) *n* back
selkäranka (*sayl*-kæ-*rahng*-kah) *n* spine, backbone
selkäreppu (*sayl*-kæ-*rayp*-poo) *n* rucksack; knapsack
selkäsauna (*sayl*-kæ-*sou*-nah) *n* spanking
selkäsärky (*sayl*-kæ-*sær*-kew) *n* backache
sellainen (*sayl*-ligh-nayn) *adj* such
selleri (*sayl*-lay-ri) *n* celery
selli (*sayl*-li) *n* cell
selonteko (*say*-loan-*tay*-koa) *n* report, account
selostus (*say*-loass-tooss) *n* report
selventää (*sayl*-vayn-tææ) *v* clarify
selvittää (*sayl*-vit-tææ) *v* clarify;
selvitys (*sayl*-vi-tewss) *n* explanation
selvä (*sayl*-væ) *adj* clear, distinct, plain, evident
sementti (*say*-maynt-ti) *n* cement
sen (sayn) *pron* its
senaatti (*say*-naat-ti) *n* senate
senaattori (*say*-naat-toa-ri) *n* senator

sen jälkeen (sayn *ʸæl*-kāyn) thereafter; **sen jälkeen kun** since, after
sensaatio (*sayn*-saa-ti-oa) *n* sensation
sensuuri (*sayn*-sōō-ri) *n* censorship
senttimetri (*saynt*-ti-*mayt*-ri) *n* centimetre
seos (*say*-oass) *n* mixture
seppä (*sayp*-pæ) *n* smith, blacksmith
septinen (*sayp*-ti-nayn) *adj* septic
serkku (*sayrk*-koo) *n* cousin
seteli (*say*-tay-li) *n* banknote
setä (*say*-tæ) *n* uncle
seula (*say*ᵒᵒ-lah) *n* sieve
seuloa (*say*ᵒᵒ-loa-ah) *v* sift, sieve
seura (*say*ᵒᵒ-rah) *n* society, association
seuraava (*say*ᵒᵒ-raa-vah) *adj* next, following
seurakunta (*say*ᵒᵒ-rah-*koon*-tah) *n* congregation; parish
seuralainen (*say*ᵒᵒ-rah-ligh-nayn) *n* companion
seurata (*say*ᵒᵒ-rah-tah) *v* follow; succeed
seuraus (*soo*-rah-ooss) *n* consequence, result; **olla seurauksena** result
seurue (*say*ᵒᵒ-roo-ay) *n* party
seurustella (*say*ᵒᵒ-rooss-tayl-lah) *v* mix with, associate with
seurustelu (*say*ᵒᵒ-rooss-tay-loo) *n* intercourse
seutu (*say*ᵒᵒ-too) *n* region
shortsit (*shoart*-sit) *pl* shorts *pl*
siamilainen (*si*-ah-mi-ligh-nayn) *n* Siamese; *adj* Siamese
sianliha (*si*-ahn-*li*-hah) *n* pork
siannahka (*si*-ahn-*nahh*-kah) *n* pigskin
side (*si*-day) *n* bandage
siedettävä (*syay*-dayt-tæ-væ) *adj* tolerable
siellä (*syayl*-læ) *adv* there
sielu (*syay*-loo) *n* soul; spirit
siemaus (*syay*-mah-ooss) *n* sip
siemen (*syay*-mayn) *n* pip; seed
siemenkota (*syay*-mayng-*koa*-tah) *n* core
sieni (*syay*-ni) *n* mushroom, toadstool
sierain (*syay*-righn) *n* nostril
sietämätön (*syay*-tæ-mæ-turn) *adj* unbearable; intolerable
sietää (*syay*-tææ) *v*bear, endure
sievä (*syay*-væ) *adj* pretty
sihteeri (*sih*-tāy-ri) *n* secretary
siili (*see*-li) *n* hedgehog
siipi (*see*-pi) *n* wing
siipikarja (*see*-pi-*kahr*-ʸah) *n* fowl, poultry
siirappi (*see*-rahp-pi) *n* syrup
siirrettävä (*seer*-rayt-tæ-væ)

adj transferable, mobile
siirto (*seer*-toa) *n* transport; move
siirtokunta (*seer*-toa-*koon*-tah) *n* colony
siirtolainen (*seer*-toa-ligh-nayn) *n* emigrant
siirtyminen (*seer*-tew-mi-nayn) *n* transition
siirtää (*seer*-tææ) *v* transfer; move
siis (*seess*) *adv* consequently
siisti (*seess*-ti) *adj* clean, tidy
siistiä (*seess*-ti-æ) *v* clean; groom
siivilä (*see*-vi-læ) *n* strainer
siivilöidä (*see*-vi-lur^ee-dæ) *v* strain
siivota (*see*-voa-tah) *v* clean; tidy up
siivoton (*see*-voa-toan) *adj* filthy, foul
siivottomuus (*see*-voat-toa-mooss) *n* mess
siivous (*seevoa*-ooss) *n* cleaning
sija (*si*-^yah) *n* position, place
sijainen (*si*-^yigh-nayn) *n* substitute, deputy
sijainti (*si*-^yighn-ti) *n* situation, location, site
sijaitseva (*si*-^yight-say-vah) *adj* situated
sijasta (*si*-^yahss-tah) *postp* instead of
sijoittaa (*si*-^yoit-taa) *v* lay, *put; place
sijoittaja (*si*-^yoit-tah-^yah) *n* investor
sijoitus (*si*-^yoi-tooss) *n* investment
sikari (*si*-kah-ri) *n* cigar
sikotauti (*si*-koa-*tou*-ti) *n* mumps
siksi (*sik*-si) *adv* therefore
sileä (*si*-lay-æ) *adj* smooth, even; level
silittää (*si*-lit-tææ) *v* iron
silitysrauta (*si*-li-tewss-*rou*-tah) *n* iron
silkka (*silk*-kah) *adj* sheer
silkki (*silk*-ki) *n* silk
silli (*sil*-li) *n* herring
silloin (*sil*-loin) *adv* then; **~ kun** when; **~ tällöin** occasionally, now and then
sillä (*sil*-læ) *conj* for; **~ aikaa kun** while; **~ välin** in the meantime, meanwhile
silmiinpistävä (*sil*-mææm-*piss*-tæ-væ) *adj* striking
silminnäkijä (*sil*-min-*næ*-ki-^yæ) *n* eyewitness
silmukka (*sil*-mook-kah) *n* loop, link
silmä (*sil*-mæ) *n* eye
silmäillä (*sil*-mæ^eel-læ) *v* glance
silmälasit (*sil*-mæ-*lah*-sit) *pl* spectacles, glasses
silmäluomi (*sil*-mæ-*lwoa*-mi) *n* eyelid
silmälääkäri (*sil*-mæ-*lææ*-kæ-ri) *n* oculist
silmämeikki (*sil*-mæ-*ay*-hoass-tooss) *n* eye make-up
silmänräpäys (*sil*-mæn-*ræ*-pæ-ewss) *n* second
silmäripsi (*sil*-mæ-*rip*-si) *n* eyelash

silmäripsiväri (*sil*-mæ-*rip*-si-*væ*-ri) *n* mascara
silmäys (*sil*-mæ-ewss) *n* look, glance
silokampela (*si*-loa-*kahm*-pay-lah) *n* brill
silta (*sil*-tah) *n* bridge
silti (*sil*-ti) *adv* however
simpukka (*sim*-pook-kah) *n* mussel
sinappi (*si*-nahp-pi) *n* mustard
sinetti (*si*-nayt-ti) *n* seal
sinfonia (*sin*-foa-ni-ah) *n* symphony
singahduttaa (*sing*-gahh-doot-taa) *v* launch
sininen (*si*-ni-nayn) *adj* blue
sinipunainen (*si*-ni-*poo*-nigh-nayn) *adj* violet
sinkilä (*sin*-ki-læ) *n* clamp, staple
sinkki (*singk*-ki) *n* zinc
sinne (*sin*-nay) *adv* there
sinulle (*si*-nool-lay) *pron* you
sinun (*si*-noon) *pron* your
sinä (*si*-næ) *pron* you
sipuli (*si*-poo-li) *n* onion; bulb
sireeni (*si*-rāy-ni) *n* siren
sirkka (*seerk*-kah) *n* cricket
sirkus (*seer*-kooss) *n* circus
sirotella (*si*-roa-tayl-lah) *v* scatter
sirpale (*seer*-pah-lay) *n* splinter
sisar (*si*-sahr) *n* sister
sisarenpoika (*si*-sah-raym-*poi*-kah) *n* nephew
sisarentytär (*si*-sah-rayn-*tew*-tær) *n* niece
sisu (*si*-soo) *n* guts
sisukas (*si*-soo-kahss) *adj* persistent
sisus (*si*-sooss) *n* core
sisusta (*si*-sooss-tah) *n* interior
sisustaa (*si*-sooss-taa) *v* furnish
sisä- (*si*-sæ) indoor
sisäinen (*si*-sæ^{ee}-nayn) *adj* inner, internal; **sisä-** inside
sisäkatto (*si*-sæ-*kaht*-toa) *n* ceiling
sisäkkö (*si*-sæk-kur) *n* housemaid
sisällys (*si*-sæl-lewss) *n* contents *pl*
sisällysluettelo (*si*-sæl-lewss-*loo*-ayt-tay-loa) *n* table of contents
sisällytetty (*si*-sæl-lew-tayt-tew) *adj* included
sisällyttää (*si*-sæl-lewt-tææ) *v* include
sisällä (*si*-sæl-læ) *postp* inside; *adv* within, indoors
sisälmykset (*si*-sæl-mewk-sayt) *pl* bowels *pl*, entrails
sisältä (*si*-sæl-tæ) *adv* inside
sisältää (*si*-sæl-tææ) *v* contain, comprise, include
sisäoppilaitos (*si*-sæ-*oap*-pi-*ligh*-toass) *n* boarding school
sisäpuolella (*si*-sæ-*pwoa*-layl-lah) *postp* within
sisäpuoli (*si*-sæ-*pwoa*-li) *n* inside
sisärengas (*si*-sæ-*rayng*-

ngahss) *n* inner tube
sisässä (*si*-sæss-sæ) *adv* inside
sisään (*si*-sææn) *adv* in; *postp* inside, into
sisäänkäynti (*si*-sææng-*kæ*^ew^*n*-ti) *n* entry, way in
sisäänkäytävä (*si*-sææng-*kæ*^ew^-tæ-væ) *n* entrance, entry
sisäänpäin (*si*-sææm-*pæ*^ee^*n*) *adv* inwards
sisäänpääsy (*si*-sææn-*pææ*-sew) *n* admission, entry
sisääntulo (*si*-sææn-*too*-loa) *n* entrance
siteerata (*si*-tāy-rah-tah) *v* quote
siten (*si*-tayn) *adv* so
sitkeä (*sit*-kay-æ) *adj* tough
sitoa (*si*-toa-ah) *v*bind, tie; **~ haava** dress; **~ yhteen** bundle
sitoumus (*si*-toa-oo-mooss) *n* engagement
sitoutua (*si*-toa-oo-too-ah) *v* engage
sitruuna (*sit*-rōō-nah) *n* lemon
sitten (*sit*-tayn) *adv* then; *postp* ago
sittenkin (*sit*-tayng-kin) *adv* still
sitäpaitsi (*si*-tæ-*pight*-si) *adv* besides, also
siunata (*see*^oo^-nah-tah) *v* bless
siunaus (*see*^oo^-nah-ooss) *n* blessing
siveellinen (*si*-vāyl-li-nayn) *adj* ethical, moral
sivellin (*si*-vayl-lin) *n* paintbrush, brush
siveysoppi (*si*-vay-ewss-*oap*-pi) *n* morality
siveä (*si*-vay-æ) *adj* chaste
siviili- (*si*-vee-li) civilian
siviilioikeus (*si*-vee-li-*oi*-kay-ooss) *n* civil law, civilian
sivistymätön (*si*-viss-tew-mæ-turn) *adj* vulgar
sivistynyt (*si*-viss-tew-newt) *adj* cultured, civilized
sivistys (*si*-viss-tewss) *n* civilization; culture
sivu (*si*-voo) *n* page; side; **sivu-** additional
sivujoki (*si*-voo-^y^*oa*-ki) *n* tributary
sivukatu (*si*-voo-*kah*-too) *n* side street
sivulaiva (*si*-voo-*ligh*-vah) *n* aisle
sivulle (*si*-vool-lay) *adv* sideways
sivumennen sanoen (*si*-voo-mayn-nayn *sah*-noa-ayn) by the way
sivumerkitys (*si*-voo-*mayr*-ki-tewss) *n* connotation
sivuun (*si*-vōōn) *adv* aside
sivuuttaa (*si*-vōōt-taa) *v* pass
sivuvalo (*si*-voo-*vah*-loa) *n* sidelight
skandinaavi (*skahn*-di-naa-vi) *n* Scandinavian
skandinaavinen (*skahn*-di-naa-vi-nayn) *adj*

Scandinavian
Skandinavia (*skahn*-di-nah-vi-ah) Scandinavia
skannata (*skahn*-nah-tah) *v*scan
skannaus (*skahn*-nah-oos) *n*scan
skanneri (*skahn*-nayr-ri) *n*scanner
skootteri (*skōōt*-tay-ri) *n* scooter
Skotlanti (*skoat*-lahn-ti) Scotland
skotlantilainen (*skoat*-lahn-ti-ligh-nayn) *adj* Scottish
slangi (*slahng*-ngi) *n* slang
slummi (*sloom*-mi) *n* slum
smaragdi (*smah*-rahg-di) *n* emerald
smokki (*smoak*-ki) *n* dinner jacket; tuxedo *nAm*
sohva (*soah*-vah) *n* sofa
soihtu (*soih*-too) *n* torch
soikea (*soi*-kay-ah) *adj* oval
sointi (*soin*-ti) *n* tone
sointu (*soin*-too) *n* sound
sointuva (*soin*-too-vah) *adj* tuneful
soitin (*soi*-tin) *n* musical instrument
soittaa (*soit*-taa) *v*ring; play; ~ **puhelimella** phone, call, ring up; call up *Am*
soittajan numeron näyttö (*soit*-tah--*y*ahn *noo*-may-roan *næ*^{ew}*t*-tur) *n* caller ID
soittokello (*soit*-toa-*kayl*-loa) *n* bell
sokaista (*soa*-kighss-tah) *v* blind
sokea (*soa*-kay-ah) *adj* blind
sokeri (*soa*-kay-ri) *n* sugar
sokerileipomo (*soa*-kay-ri-lay-poa-moa) *n* pastry shop
sokerileipuri (*soa*-kay-ri-*lay*-poo-ri) *n* confectioner
sokeripala (*soa*-kay-ri-*pah*-lah) *n* lump of sugar
sokeritauti (*soa*-kay-ri-*tou*-ti) *n* diabetes
sokeritautinen (*soa*-kay-ri-*tou*-ti-nayn) *n* diabetic
sokkelo (*soak*-kay-loa) *n* maze, labyrinth
sola (*soa*-lah) *n* mountain pass
solakka (*soa*-lahk-kah) *adj* slim
solisluu (*soa*-liss-*lōō*) *n* collarbone
solki (*soal*-ki) *n* buckle
solmia (*soal*-mi-ah) *v* tie
solmio (*soal*-mi-oa) *n* necktie, tie
solmu (*soal*-moo) *n* knot
solmuke (*soal*-moo-kay) *n* bow tie
soma (*soa*-mah) *adj* cute
sommitella (*soam*-mi-tayl-lah) *v* compile
sommittelu (*soam*-mit-tay-loo) *n* composition
sonta (*soan*-tah) *n* muck
soodavesi (*sōā*-dah-*vay*-si) *n*soda water
sooloesitys (*sōā*-loa-*ay*-si-tewss) *n* recital
sopeuttaa (*soa*-pay-oot-taa) *v* adapt; integrate
sopia (*soa*-pi-ah) *v* fit; agree

~ **jklle** suit; ~ **yhteen** match
sopimaton (*soa*-pi-mah-toan) *adj* improper, unsuitable, unfit; misplaced, inconvenient
sopimus (*soa*-pi-mooss) *n* agreement; treaty, settlement; contract
sopiva (*soa*-pi-vah) *adj* proper, suitable, appropriate, convenient
sopusointu (*soa*-poo-soin-too) *n* harmony
sora (*soa*-rah) *n* grit, gravel
sorkkarauta (*soark*-kah-*rou*-tah) *n* crowbar
sormenjälki (*soar*-mayn-*yæl*-ki) *n* fingerprint
sormi (*soar*-mi) *n* finger
sormus (*soar*-mooss) *n* ring
sormustin (*soar*-mooss-tin) *n* thimble
sortaa (*soar*-taa) *v* oppress
soseuttaa (*soa*-say-oot-taa) *v* mash
sosialismi (*soa*-si-ah-liss-mi) *n* socialism
sosialisti (*soa*-si-ah-liss-ti) *n* socialist
sosialistinen (*soa*-siah-liss-ti-nayn) *adj* socialist
sota (*soa*-tah) *n* war; **sotaa edeltävä** pre-war
sotalaiva (*soa*-tah-ligh-vah) *n* man-of-war
sotamies (*soa*-tah-*myayss*) *n* knave
sotavanki (*soa*-tah-*vahng*-ki) *n* prisoner of war
sotavoimat (*soa*-tah-*voi*-maht) *pl* military force; armed forces
sotilas (*soa*-ti-lahss) *n* soldier
sotkea (*soat*-kay-ah) *v* mess up
sotku (*soat*-koo) *n* muddle
soutaa (*soa*-taa) *v* row
soutuvene (*soa*-too-*vay*-nay) *n* rowing boat
sovelias (*soa*-vay-li-ahss) *adj* proper, fit
soveltaa (*soa*-vayl-taa) *v* adjust, apply
soveltaminen (*soa*-vayl-tah-mi-nayn) *n* application
sovinto (*soa*-vin-toa) *n* reconciliation; settlement
sovittaa (*soa*-vit-taa) *v* adapt, suit; try on
sovittelija (*soa*-vit-tay-li-*y*a) *n* arbitrator, mediator, referee
sovitteluratkaisu (*soa*-vit-tay-loo-*raht*-kigh-soo) *n* compromise
sovittu! (*soa*-vit-too) okay!
sovitushuone (*soa*-vi-tooss-*hwoa*-nay) *n* fitting room
spitaalitauti (*spi*-taa-li-*tou*-ti) *n* leprosy
spriikeitin (*spree*-*kay*-tin) *n* spirit stove
stadion (stah-di-oan) *n* stadium
stereo (*stay*-ray-oa) *n*stereo
steriili (*stay*-ree-li) *adj* sterile
steriloida (*stay*-ri-loi-dah) *v* sterilize
strutsi (*stroot*-si) *n* ostrich

stuertti (*stoo*-ayrt-ti) *n* steward
swahili (*soo*-ah-hi-li) *n* Swahili
substantiivi (*soob*-stahn-tee-vi) *n* noun
suhde (*soohday*) *n* relation, proportion; connection; affair
suhteellinen (*sooh*-tay-l-li-nayn) *adj* relative, comparative
suhteen (*sooh*-tayn) *postp* concerning
suihke (*soo^{ee}h*-kay) *n* spray
suihku (*soo^{ee}h*-koo) *n* shower; jet, squirt
suihkukaivo (*soo^{ee}h*-koo-*kigh*-voa) *n* fountain
suihkukone (*soo^{ee}h*-koo-*koa*-nay) *n* jet
suihkuttaa (*soo^{ee}h*-koot-taa) *v* spray
suihkuturbiini (*soo^{ee}h*-koo-*toor*-bee-ni) *n* turbojet
suippo (*soo^{ee}p*-poa) *adj* pointed
suisto (*soo^{ee}ss*-toa) *n* estuary
suitsuke (*soo^{ee}t*-soo-kay) *n* incense
sujuva (*soo*-^{y}oo-vah) *adj* fluent
sukellusvene (*soo*-kayl-loos-*vay*-nay) *n* submarine
sukeltaa (*soo*-kayl-taa) *v* dive
sukka (*sook*-kah) *n* stocking
sukkahousut (*sook*-kah-*hoa*-soot) *pl* panty hose, tights *pl*
sukkanauhavyö (*sook*-kah-*nou*-hah-v^{ew}er) *pl*garter belt *Am*
sukkela (*sook*-kay-lah) *adj* witty
suklaa (*sook*-laa) *n* chocolate
suklaajuoma (*sook*-laa-^{y}*woa*-mah) *n* chocolate
suksi (*sook*-si) *n* ski
suksisauvat (*sook*-si-*sou*-vaht) *pl* ski sticks; ski poles *Am*
suku (*soo*-koo) *n* family; gender
sukulainen (*soo*-koo-ligh-nayn) *n* relative, relation
sukunimi (*soo*-koo-*ni*-mi) *n* family name, surname
sukupolvi (*soo*-koo-*poal*-vi) *n* generation
sukupuoli (*soo*-koo-*pwoa*-li) *n* sex; **sukupuoli-** genital; sexual
sukupuolielämä (*soo*-koo-*pwoa*-li-*ay*-læ-mæ) *n* sex life
sukupuolisuus (*soo*-koo-*pwoa*-li-sōōss) *n* sexuality
sukupuolitauti (*soo*-koo-*pwoa*-li-*tou*-ti) *n* venereal disease
sulaa (*soo*-laa) *v* melt; thaw
sulake (*soo*-lah-kay) *n* fuse
sulattaa (*soo*-laht-taa) *v* digest
sulatusuuni (*soo*-lah-tooss-ōō-ni) *n* furnace
sulhanen (*sool*-hah-nayn) *n*

fiancé, bridegroom
suljettu (*sool*-^{y}ayt-too) *adj* shut, closed
sulkea (*sool*-kay-ah) *v* shut, close; fasten, turn off; ~ **pois** exclude; ~ **syliin** hug
sulku (*sool*-koo) *n* lock
sulkuportti (*sool*-koo-*poart*-ti) *n* sluice-gate
sulo (*soo*-loa) *n* grace
suloinen (*soo*-loi-nayn) *adj* lovely, graceful
summa (*soom*-mah) *n* sum, amount
sumu (*soo*-moo) *n* fog, mist
sumuinen (*soo*-moo^{ee}-nayn) *adj* foggy
sumutin (*soo*-moo-tin) *n* atomizer
sumuvalo (*soo*-moo-*vah*-loa) *n* foglamp
sunnuntai (*soon*-noon-tigh) *n* Sunday
suo (*swoa*) *n* bog, swamp
suoda (*swoa*-dah) *v* allow, permit; grant
suodatin (*swoa*-dah-tin) *n* filter
suoja (*swoa*-^{y}ah) *n* shelter, cover
suojakaide (*swoa*-^{y}ah-*kigh*-day) *n* crash barrier
suojalasit (*swoa*-^{y}ah-*lah*-sit) *pl* goggles *pl*
suojapuku (*swoa*-^{y}ah-*poo*-koo) *n* overalls *pl*
suojasää (*swoa*-^{y}ah-*sææ*) *n* thaw
suojata (*swoa*-^{y}ah-tah) *v* shelter
suojatie (*swoa*-^{y}ah-*tyay*) *n* pedestrian crossing; crosswalk *nAm*
suojella (*swoa*-^{y}ayl-lah) *v* protect
suojelus (*swoa*-^{y}ay-looss) *n* protection
suojus (*swoa*-^{y}ooss) *n* screen; jacket; case
suola (*swoa*-lah) *n* salt
suola-astia (*swoa*-lah-*ahss*-ti-ah) *n* salt cellar, salt shaker *Am*
suolainen (*swoa*-ligh-nayn) *adj* salty
suoli (*swoa*-li) *n* gut, intestine
suolisto (*swoa*-liss-toa) *n* intestines, bowels *pl*
suomalainen (*swoa*-mah-ligh-nayn) *n* Finn; *adj* Finnish
Suomi (*swoa*-mi) Finland
suomus (*swoa*-mooss) *n* scale
suonenveto (*swoa*-nayn-*vay*-toa) *n* cramp
suonikohju (*swoa*-ni-*koah*-^{y}oo) *n* varicose vein
suora (*swoa*-rah) *adj* straight; direct; right; **suoraa päätä** straight away
suoraan (*swoa*-raan) *adv* straight; ~ **eteenpäin** straight ahead; straight on
suorakaide (*swoa*-rah-*kigh*-day) *n* oblong
suorakulmainen (*swoa*-rah-*kool*-migh-nayn) *adj* rectangular

suorakulmio (*swoa*-rah-*kool*-mi-oa) *n* rectangle
suorittaa (*swoa*-rit-taa) *v* perform, execute; **~ loppuun** complete
suosia (*swoa*-si-ah) *v* favour
suosikki (*swoa*-sik-ki) *n* favourite; **suosikki-** pet
suosio (*swoa*-si-oa) *n* popularity; **osoittaa suosiota** clap
suosionosoitus (*swoa*-si-oan-*oa*-soi-tooss) *n* applause
suositella (*swoa*-si-tayl-lah) *v* recommend
suosittelija (*swoa*-sit-tay-li-^{y}ah) *n* referee
suosittu (*swoa*-sit-too) *adj* popular
suositus (*swoa*-si-tooss) *n* recommendation
suosituskirje (*swoa*-si-tooss-*keer*-^{y}ay) *n* letter of recommendation
suostua (*swoass*-too-ah) *v* consent, agree
suostumus (*swoass*-too-mooss) *n* consent
suostutella (*swoass*-too-tayl-lah) *v* persuade
suotuisa (*swoa*-too^{ee}-sah) *adj* favourable
superlatiivi (*soo*-payr-lah-tee-vi) *n* superlative
superoksidi (*soo*-payr-*oak*-si-di) *n* peroxide
supistaa (*soo*-piss-taa) *v*cut down, shorten
suppea (*soop*-pay-ah) *adj* abridged
suppilo (*soop*-pi-loa) *n* funnel
surffata (netissä) (*soorf*-fah-tah) *v* surf (the Net)
surkea (*soor*-kay-ah) *adj* miserable
surkeus (*soor*-kay-ooss) *n* misery
surkutella (*soor*-koo-tayl-lah) *v* complain, feel sorry
surmata (*soor*-mah-tah) *v* kill
surra (*soor*-rah) *v* grieve
suru (*soo*-roo) *n* sorrow, grief
suruaika (*soo*-roo-*igh*-kah) *n* mourning
surullinen (*soo*-rool-li-nayn) *adj* sad
surumielisyys (*soo*-roo-*myay*-li-se͞wss) *n* melancholy
susi (*soo*-si) *n* wolf
suu (*so͞o*) *n* mouth
suudella (*so͞o*-dayl-lah) *v* kiss
suudelma (*so͞o*-dayl-mah) *n* kiss
suukappale (*so͞o*-*kahp*-pah-lay) *n* nozzle
suukko (*so͞ok*-koa) *n* kiss
suullinen (*so͞ol*-li-nayn) *adj* oral, verbal
suunnata (*so͞on*-nah-tah) *v* direct
suunnaton (*so͞on*-nah-toan) *adj* enormous, huge; immense
suunnilleen (*so͞on*-nil-la͞yn)

adv about
suunnistaa (*soo͞n*-niss-tah) *v* orientate
suunnitella (*soo͞n*-ni-tayl-lah) *v* plan
suunnitelma (*soo͞n*-ni-tayl-mah) *n* plan; project
suunta (*soo͞n*-tah) *n* direction, way; course
suuntanumero (*soo͞n*-tah-*noo*-may-roa) *n* area code
suuntavilkku (*soo͞n*-tah-*vilk*-koo) *n* blinkers, turn signal; directional signal *Am*
suupala (*soo͞-pah*-lah) *n* bite
suurempi (*soo͞*-raym-pi) *adj* bigger
suurenmoinen (*soo͞*-raym-moi-nayn) *adj* grand, splendid, magnificent, superb
suurennus (*soo͞*-rayn-nooss) *n* enlargement
suurennuslasi (*soo͞*-rayn-nooss-*lah*-si) *n* magnifying glass
suurentaa (*soo͞*-rayn-taa) *v* enlarge
suuri (*soo͞*-ri) *adj* big, large, great; major
suurin (*soo͞*-rin) *adj* biggest
suurlähettiläs (*soo͞r-læ*-hayt-ti-læss) *n* ambassador
suurlähetystö (*soo͞r-læ*-hay-tewss-tur) *n* embassy
suurpiirteinen (*soo͞r*-peer-tay-nayn) *adj* liberal
suuruus (*soo͞*-roo͞ss) *n* size
suutari (*soo͞*-tah-ri) *n* shoemaker
suuttumus (*soo͞t*-too-mooss) *n* anger; indignation
suuttunut (*soo͞t*-too-noot) *adj* angry
suuvesi (*soo͞-vay*-si) *n* mouthwash
Sveitsi (*svayt*-si) Switzerland
sveitsiläinen (*svayt*-si-læ^{ee}-nayn) *n* Swiss; *adj* Swiss
sydämellinen (*sew*-dæm-mayl-li-nayn) *adj* cordial, hearty
sydämentykytys (*sew*-dæm-mayn-*tew*-kew-tewss) *n* palpitation
sydämetön (*sew*-dæm-may-turn) *adj* heartless
sydän (*sew*-dæn) *n* heart
sydänkohtaus (*sew*-dæng-*koah*-tah-ooss) *n* heart attack
sydänkäpy (*sew*-dæn-*kæ*-pew) *n* sweetheart
syksy (*sewk*-sew) *n* autumn; fall *nAm*
syleillä (*sew*-lyayl-læ) *v* hug, embrace; cuddle
syleily (*sew*-lay-lew) *n* hug, embrace
syli (*sew*-li) *n*lap
sylimikro (*sew*-li-*mik*-roa) *n* laptop
sylinteri (*sew*-lin-tay-ri) *n* cylinder
sylinterinkansi (*sew*-lin-tay-ring-*kahn*-si) *n* cylinder head
sylkeä (*sewl*-kay-æ) *v*spit
sylki (*sewl*-ki) *n* spit
synagoga (*sew*-nah-*goa͞*-

gah) *n* synagogue
synkkyys (*sewngk*-kēwss) *n* gloom
synkkä (*sewnk*-kæ) *adj* obscure, sombre, gloomy; dark
synnyinmaa (*sewn*-new-im-*maa*) *n* native country
synnynnäinen (*sewn*-newn-næ^ee-nayn) *adj* born
synnytys (*sewn*-new-tewss) *n* childbirth, delivery
synnytyspoltot (*sewn*-new-tewss-*poal*-toat) *pl* labour
synonyymi (*sew*-noa-nēw-mi) *n* synonym
synteettinen (*sewn*-tāyt-ti-nayn) *adj* synthetic
synti (*sewn*-ti) *n* sin
syntipukki (*sewn*-ti-*pook*-ki) *n* scapegoat
synty (*sewn*-tew) *n* birth; rise
syntymä (*sewn*-tew-mæ) *n* birth
syntymäpaikka (*sewn*-tew-mæ-*pighk*-kah) *n* place of birth
syntymäpäivä (*sewn*-tew-mæ-*pæ^ee*-væ) *n* birthday
syntyperä (*sewn*-tew-*pay*-ræ) *n* origin
syntyperäinen (*sewn*-tew-*pay*-ræ^ee-nayn) *adj* native
syrjäinen (*sewr*-^yæ^ee-nayn) *adj* remote; out of the way
syrjään (*sewr*-^yææn) *adv* aside
sysätä (*sew*-sæ-tæ) *v* push
sysäys (*sew*-sæ-ewss) *n* push; impulse
syttyminen (*sewt*-tew-mi-nayn) *n* outbreak
sytytin (*sew*-tew-tin) *n* lighter
sytyttää (*sew*-tewt-tææ) *v* light; turn on
sytytys (*sew*-tew-tewss) *n* ignition
sytytyslaite (*sew*-tew-tewss-*ligh*-tay) *n* ignition coil
sytytyslanka (*sew*-tew-tewss-*lahng*-kah) *n* fuse
sytytystulppa (*sew*-tew-tewss-*toolp*-pah) *n* spark plug
syvyys (*sew*-vēwss) *n* depth
syvä (*sew*-væ) *adj* deep
syvämielinen (*sew*-væ-*myay*-li-nayn) *adj* profound
syy (*sēw*) *n* cause, reason; blame
syyhy (*sēw*-hew) *n* itch
syyhytä (*sēw*-hew-tæ) *v* itch
syyllinen (*sēwl*-li-nayn) *adj* guilty
syyllisyys (*sēwl*-li-sēwss) *n* guilt
Syyria (*sēw*-ri-ah) Syria
syyrialainen (*sēw*-ri-ah-ligh-nayn) *n* Syrian; *adj* Syrian
syyskuu (*sēwss-kōo*) September
syytetty (*sēw*-tayt-tew) *n* accused
syyttää (*sēwt*-tææ) *v* accuse; charge
syytös (*sēw*-turss) *n* charge
syödä (*s^ew ur*-dæ) *v* eat; ~ **illallista** have supper

syöksyä (*s^ew^urk*-sew-æ) *v* dash; ~ **maahan** crash
syöpä (*s^ew^ur*-pæ) *n* cancer
syötti (*s^ew^urt*-ti) *n* bait
syötävä (*s^ew^ur*-tæ-væ) *adj* edible; **syötäväksi kelpaamaton** inedible
säde (*sæ*-day) *n* ray, beam; radius
säe (*sæ*-ay) *n* verse
säestää (*sæ*-ayss-tææ) *v* accompany
sähke (*sæh*-kay) *n* telegram
sähkö (*sæh*-kur) *n* electricity
sähköasentaja (*sæh*-kur-*ah*-sayn-tah-^y^ah) *n* electrician
sähköinen (*sæh*-kur^ee^-nayn) *adj* electric
sähköparranajokone (*sæh*-kur-*pahr*-rahn-*ah*-^y^oa-*koa*-nay) *n* electric razor, shaver
sähköposti (*sæh*-kur- *poass*-ti) *n* e-mail
sähkösanoma (*sæh*-kur-*sah*-noa-mah) *n* telegram, cable
sähköttää (*sæh*-kurt-tææ) *v* telegraph, cable
säie (*sæ^ee^*-ay) *n* fibre
säihke (*sæ^ee^h*-kay) *n* glare
säiliö (*sæ^ee^*-li-ur) *n* container, reservoir; tank
säiliöalus (*sæ^ee^*-li-ur-*ah*-looss) *n* tanker
säilykepurkki (*sæ^ee^*-lew-kay-*poork*-ki) *n* tin
säilykeruoka (*sæ^ee^*-lew-kayr-*rwoa*-kah) *n* tinned food
säilyttäminen (*sæ^ee^*-lewt-tæ-mi-nayn) *n* preservation
säilyttää (*sæ^ee^*-lewt-tææ) *v* *keep, preserve
säilytyspaikka (*sæ^ee^*-lew-tewss-*pighk*-kah) *n* depository
säilöä (*sæ^ee^*-lur-æ) *v* preserve
säkki (*sæk*-ki) *n* sack
sälekaihdin (*sæ*-layk-*kighh*-din) *n* blind
sälelaatikko (*sæ*-layl-*laa*-tik-koa) *n* crate
sämpylä (*sæm*-pew-læ) *n* bun, roll
särkeä (*sær*-kay-æ) *v* crack; ache
särki (*sær*-ki) *n* roach
särky (*sær*-kew) *n* ache
särkylääke (*sær*-kew- *lææ*-kay) *n* painkiller
särkymätön (*sær*-kew-mæ-turn) *adj* unbreakable
särkyä (*sær*-kew-æ) *v* crack; **helposti särkyvä** fragile
sättiä (*sæt*-ti-æ) *v* scold
sävel (*sæ*-vayl) *n* melody, note
sävellys (*sæ*-vayl-lewss) *n* composition
sävelmä (*sæ*-vayl-mæ) *n* tune
säveltäjä (*sæ*-vayl-tæ-^y^æ) *n* composer
sävy (*sæ*-vew) *n* nuance
säyseä (*sæ^ew^*-say-æ) *adj* gentle, docile
sää (*sææ*) *n* weather
säädyllinen (*sæædewl*-li-nayn) *adj* decent; proper

säädyllisyys (*sææ*-dewl-li-sewss) *n* decency
säädytön (*sææ*-dew-turn) *adj* indecent
sääli (*sææ*-li) *n* pity
säälia (*sææ*-li-æ) *v* pity
säännöllinen (*sææn*-nurl-li-nayn) *adj* regular
säännönmukainen (*sææn*-nurm-*moo*-kigh-nayn) *adj* regular
säännös (*sææn*-nurss) *n* regulation
säännöstellä (*sææn*-nurss-tayl-læ) *v* ration
sääntö (*sææn*-tur) *n* rule
sääri (*sææ*-ri) *n* leg
sääski (*sææss*-ki) *n* mosquito
säästäväinen (*sææss*-tæ-væ^{ee}-nayn) *adj* economical, frugal
säästää (*sææss*-tææ) *v* save; economize
säästöpankki (*sææss*-tur-*pahngk*-ki) *n* savings bank
säästöporsas (*sææss*-tur-*poar*-sahss) *n* piggy bank
säästöt (*sææss*-turt) *pl* savings *pl*
säätiedotus (*sææ*-*tyay*-doa-tooss) *n* weather forecast
säätiö (*sææ*-ti-ur) *n* foundation
säätää (*sææ*-tææ) *v* regulate
säätö (*sææ*-tur) *n* regulation

T

taajuus (*taa*-^{y}ooss) *n* frequency
taaksepäin (*taak*-sayp-*pæ*^{ee}*n*) *adv* backwards
taantuminen (*taan*-too-mi-nayn) *n* recession
taapertaja (*taa*-payr-tah-^{y}ah) *n* toddler
taas (*taass*) *adv* again
taata (*taa*-tah) *v* guarantee
taateli (*taa*-tay-li) *n* date
tabletti (*tahb*-layt-ti) *n* tablet
tabu (*tah*-boo) *n* taboo
tahallaan (*tah*-hahl-laan) *adv* on purpose
tahallinen (*tah*-hahl-li-nayn) *adj* intentional
tahaton (*tah*-hah-toan) *adj* unintentional
tahdonvoima (tahh-doan-*voi*-mah) *n* willpower
tahmea (*tahh*-may-ah) *adj* sticky
tahna (*tahh*-nah) *n* paste
taho (*tah*-hoa) *n* direction
tahra (*tahh*-rah) *n* spot, stain; blot
tahrainen (*tahh*-righ-nayn) *adj* spotted
tahranpoistoaine (*tahh*-rahn-*poiss*-toa-*igh*-nay) *n* stain remover
tahrata (*tahh*-rah-tah) *v* stain
tahraton (*tahh*-rah-toan) *adj* stainless, spotless
tahti (*tahh*-ti) *n* pace

tahto (*tahh*-toa) *n* will
tahtoa (*tahh*-toa-ah) *v* *will
tai (*tigh*) *conj* or
taide (*tigh*-day) *n* art; fine arts
taidegalleria (*tigh*-dayg-*gahl*-lay-ri-ah) *n* gallery, art gallery
taidehistoria (*tigh*-dayh-*hiss*-toa-ri-ah) *n* art history
taidekokoelma (*tigh*-dayk-*koa*-koa-ayl-mah) *n* art collection
taidekorkeakoulu (*tigh*-dayk-*koar*-kay-ah-*koa*-loo) *n* art school
taidenäyttely (*tigh*-dayn-*næ^ew^t*-tay-lew) *n* art exhibition
taideteollisuus (*tigh*-dayt-*tay*-oal-li-sōōss) *n* industrial art, arts and crafts
taideteos (*tigh*-dayt-*tay*-oass) *n* work of art
taika (*tigh*-kah) *n* magic
taikausko (*tigh*-kah-*ooss*-koa) *n* superstition
taikina (*tigh*-ki-nah) *n* dough, batter
taikuri (*tigh*-koo-ri) *n* magician
taimisto (*tigh*-miss-toa) *n* nursery
taipuisa (*tigh*-poo^ee^-sah) *adj* flexible, supple
taipumus (*tigh*-poo-mooss) *n* tendency, inclination
taipuvainen (*tigh*-poo-vigh-nayn) *adj* inclined; **olla ~** *be inclined to
taistella (*tighss*-tayl-lah) *v* *fight, battle; **~ jtkn vastaan** combat
taistelu (*tighss*-tay-loo) *n* fight, battle; combat; contest
taitava (*tigh*-tah-vah) *adj* skilled, smart, skilful
taite (*tigh*-tay) *n* fold
taiteellinen (*tigh*-tāyl-li-nayn) *adj* artistic
taiteilija (*tigh*-tay-li-^y^ah) *n* artist
taito (*tigh*-toa) *n* art; ability, skill
taittaa (*tigh*-taa) *v* fold; fracture
taivaanranta (*tigh*-vaan-*rahn*-tah) *n* horizon
taivas (*tigh*-vahss) *n* heaven, sky
taivuttaa (*tigh*-voot-taa) *v* *bend; bow
tajuta (*tah*-^y^oo-tah) *v* realize; *take
tajuton (*tah*-^y^oo-toan) *adj* unconscious
tajuttomuus (*tah*-^y^oot-toa-mōōss) *n* coma
takaisin (*tah*-kigh-sin) *adv* back
takaisinmaksu (*tah*-kigh-sin-*mahk*-soo) *n* refund, repayment
takamus (*tah*-kah-mooss) *n* bottom
takana (*tah*-kah-nah) *postp* behind
takaosa (*tah*-kah-*oa*-sah) *n* rear

takaus (*tah*-kah-ooss) *n* bail
takavalo (*tah*-kah-*vah*-loa) *n* taillight, rear light
takavarikoida (*tah*-kah-*vah*-ri-koi-dah) *v* confiscate
takertua (*tah*-kayr-too-ah) *v* cling to
takia (*tah*-ki-ah) *postp* because of
takka (*tahk*-kah) *n* fireplace
takki (*tahk*-ki) *n* coat
taksamittari (*tahk*-sah-*mit*-tah-ri) *n* taximeter
taksi (*tahk*-si) *n* cab, taxi
taksiasema (*tahk*-si-*ah*-say-mah) *n* taxi rank; taxi stand *Am*
taksinkuljettaja (*tahk*-sin-*kool*-ʸayt-tah-ʸah) *n* taxi driver
taktiikka (*tahk*-teek-kah) *n* tactics *pl*
takuu (*tah*-koo) *n* guarantee; security
talja (*tahl*-ʸah) *n* hide
talkki (*tahlk*-ki) *n* talc powder
tallata (*tahl*-lah-tah) *v* stamp
tallelokero (*tahl*-layl-*loa*-kay-roa) *n* safe
tallettaa (*tahl*-layt-taa) *v* deposit; ~ **pankkiin** deposit in a bank
talletus (*tahl*-lay-tooss) *n* deposit
talli (*tahl*-li) *n* stable
talo (*tah*-loa) *n* house
talonmies (*tah*-loam-*myayss*) *n* janitor
talonomistaja (*tah*-loan-*oa*-miss-tah-ʸah) *n* homeowner
talonpoika (*tah*-loam-*poi*-kah) *n* peasant
talonpoikaisvaimo (*tah*-loam-*poi*-kighss-*vigh*-moa) *n* farmer's wife
taloudellinen (*tah*-loa-oo-dayl-li-nayn) *adj* economical
taloudenhoitaja (*tah*-loa-oo-dayn-*hoi*-tah-ʸah) *n* housekeeper
taloudenhoito (*tah*-loa-oo-dayn-*hoi*-toa) *n* housekeeping
talous (*tah*-loa-ooss) *n* economy; household
talousarvio (*tah*-loa-ooss-*ahr*-vi-oa) *n* budget
taloustieteellinen (*tah*-loa-ooss-*tyay*-tayl-li-nayn) *adj* economic
taloustieteilijä (*tah*-loa-ooss-*tyay*-tay-li-ʸæ) *n* economist
taltta (*tahlt*-tah) *n* chisel
talutushihna (*tah*-loo-tooss-*hih*-nah) *n* lead
talutusnuora (*tah*-loo-tooss-*nwoa*-rah) *n* leash
talvi (*tahl*-vi) *n* winter
talviurheilu (*tahl*-vi-*oor*-hay-loo) *n* winter sports
tamma (*tahm*-mah) *n* mare
tammenterho (*tahm*-mayn-*tayr*-hoa) *n* acorn
tammi (*tahm*-mi) *n* oak
tammikuu (*tahm*-mi-*koo*) January
tammipeli (*tahm*-mi-*pay*-li)

n draughts; checkers *plAm*
tamponi (*tahm*-poa-ni) *n* tampon
tanko (*tahng*-koa) *n* bar
Tanska (*tahns*-kah) Denmark
tanskalainen (*tahns*-kah-ligh-nayn) *n* Dane; *adj* Danish
tanssi (*tahns*-si) *n* dance
tanssia (*tahns*-si-ah) *v* dance
tanssiaiset (*tahns*-si-igh-sayt) *pl* ball
tanssisali (*tahns*-si-*sah*-li) *n* ballroom
tapa (*tah*-pah) *n* manner, fashion; custom, way; **oli tapana** used to, would
tapaaminen (*tah*-paa-mi-nayn) *n* meeting; appointment
tapahtua (*tah*-pahh-too-ah) *v* happen, occur; *take place
tapahtuma (*tah*-pahh-too-mah) *n* incident, happening, occurrence, event
tapaturma (*tah*-pah-*toor*-mah) *n* accident
tapaus (*tah*-pah-ooss) *n* case, instance; **joka tapauksessa** in any case, still; **siinä tapauksessa** in that case
tapella (*tah*-payl-lah) *v* *fight; struggle
tappaa (*tahp*-paa) *v* kill
tappelu (*tahp*-pay-loo) *n* fight
tappio (*tahp*-pi-oa) *n* defeat
taputtaa (*tah*-poot-taa) *v* clap
tariffi (*tah*-rif-fi) *n* rate, tariff
tarina (*tah*-ri-nah) *n* tale; story
tarjoilija (*tahr*-ʸoi-li-ʸah) *n* waiter
tarjoilijatar (*tahr*-ʸoi-li-ʸah-tahr) *n* waitress
tarjoilla (*tahr*-ʸoil-lah) *v* serve
tarjonta (*tahr*-ʸoan-tah) *n* supply
tarjota (*tahr*-ʸoa-tah) *v* offer
tarjotin (*tahr*-ʸoa-tin) *n* tray
tarjous (*tahr*-ʸoa-ooss) *n* offer
tarkastaa (*tahr*-kahss-taa) *v* inspect; search, check
tarkastaja (*tahr*-kahss-tah-ʸah) *n* inspector
tarkastus (*tahr*-kahss-tooss) *n* inspection; revision, checkup
tarkata (*tahr*-kah-tah) *v* observe, pay attention to
tarkistaa (*tahr*-kiss-taa) *v* check; revise
tarkka (*tahrk*-kah) *adj* precise, accurate
tarkkaavainen (*tahrk*-kaa-vigh-nayn) *adj* attentive
tarkkaavaisuus (*tahrk*-kaa-vigh-sōōss) *n* attention; notice
tarkkanäköisyys (*tahrk*-kah-næ-kurᵉᵉ-sēwss) *n* perceptiveness
tarkoittaa (*tahr*-koit-taa) *v*

*mean; aim at
tarkoituksenmukainen (*tahr*-koi-took-sayn-*moo*-kigh-nayn) *adj* appropriate
tarkoitus (*tahr*-koi-tooss) *n* purpose
tarmokas (*tahr*-moa-kahss) *adj* energetic
tarpeellinen (*tahr*-pa͞yl-li-nayn) *adj* useful, necessary
tarpeeton (*tahr*-pa͞y-toan) *adj* unnecessary
tarra (*tahr*-rah) *n* sticker
tarrautua (*tahr*-rou-tooah) *v* *hold on
tarttua (*tahrt*-too-ah) *v* grasp, *take, grip, seize
tarttuva (*tahrt*-too-vah) *adj* contagious, infectious
tartunta (*tahr*-toon-tah) *n* infection
tartuttaa (*tahr*-toot-taa) *v* infect
tarve (*tahr*-vay) *n* need, want; **olla tarpeen** need
tarvita (*tahr*-vi-tah) *v* need
tasa-arvoisuus (*tah*-sah-*ahr*-voi-so͞oss) *n* equality
tasainen (*tah*-sigh-nayn) *adj* level, even; flat, plane
tasanko (*tah*-sahng-koa) *n* plain
tasapaino (*tah*-sah-*pigh*-noa) *n* balance
tasavalta (*tah*-sah-*vahl*-tah) *n* republic
tasavaltalainen (*tah*-sah-*vahl*-tah-ligh-nayn) *adj* republican
tasavirta (*tah*-sah-*veer*-tah) *n* direct current
tase (*tah*-say) *n* balance
tasku (*tahss*-koo) *n* pocket
taskukirja (*tahss*-koo-*keer*-yah) *n* paperback
taskulamppu (*tahss*-koo-*lahmp*-poo) *n* torch, flashlight
taskuveitsi (*tahss*-koo-*vayt*-si) *n* penknife, pocketknife
taso (*tah*-soa) *n* level
tasoittaa (*tah*-soit-taa) *v* equalize; level
tasoitus (*tah*-soi-tooss) *n* trim; handicap
tasoristeys (*tah*-soa-*riss*-tay-ewss) *n* crossing
tasoylikäytävä (*tah*-soa-*ew*-li-*kæ*ew-tæ-væ) *n* level crossing
tauko (*tou*-koa) *n* break, pause; **pitää ~** have a break
taulu (*tou*-loo) *n* board; picture; **luokan ~** whiteboard
taulukko (*tou*-look-koa) *n* chart, table
tausta (*touss*-tah) *n* background
tauti (*tou*-ti) *n* disease
tavallinen (*tah*-vahl-li-nayn) *adj* common, ordinary, plain; usual, regular, simple; frequent
tavallisesti (*tah*-vahl-li-sayss-ti) *adv* as a rule, usually
tavanmukainen (*tah*-vahm-*moo*-kigh-nayn) *adj* usual
tavanomainen (*tah*-vahn-

oa-migh-nayn) *adj* customary; habitual
tavara (*tah*-vah-rah) *n* thing
tavara-auto (*tah*-vah-rah-*ou*-toa) *n* delivery van
tavarajuna (*tah*-vah-rah-*ʸoo*-nah) *n* goods train; freight train *nAm*
tavaramerkki (*tah*-vah-rah-*mayrk*-ki) *n* trademark
tavarat (*tah*-vah-raht) *pl* goods *pl*
tavaratalo (*tah*-vah-rah-*tah*-loa) *n* department store;
tavaratila (*tah*-vah-rah-*ti*-lah) *n* boot; trunk *nAm*
tavaravaunu (*tah*-vah-rah-*vou*-noo) *n* luggage van
tavata (*tah*-vah-tah) *v* *meet; *spell
tavaton (*tah*-vah-toan) *adj* unusual, extraordinary
tavoite (*tah*-voi-tay) *n* aim, objective
tavoiteltava (*tah*-voi-tayl-tah-vah) *adj* desirable
tavoittaa (*tah*-voit-taa) *v* reach, *catch
tavu (*tah*-voo) *n* syllable
Te (*tay*) *pron* you (*polite form*)
te (*tay*) *pron* you *pl*
teatteri (*tay*-aht-tay-ri) *n* theatre
tee (*tay̅*) *n* tea
teeastiasto (*tay̅-ahss*-ti-ahss-toa) *n* tea service
teehuone (*tay̅-hwoa*-nay) *n* tea-shop
teekannu (*tay̅-kahn*-noo) *n* teapot
teekuppi (*tay̅-koop*-pi) *n* teacup
teelusikallinen (*tay̅-loo*-si-kahl-li-nayn) *n* teaspoonful
teelusikka (*tay̅-loo*-sik-kah) *n* teaspoon
teennäinen (*tay̅n*-næ^ee^-nayn) *adj* artificial
teeskennellä (*tay̅ss*-kayn-nayl-læ) *v* pretend
teeskentelevä (*tay̅ss*-kayn-tay-lay-væ) *adj* false
teeskentelijä (*tay̅ss*-kayn-tay-li-ʸæ) *n* pretender
teevati (*tay̅-vah*-ti) *n* saucer
tehdas (*tayh*-dahss) *n* works *pl* , plant, factory, mill
tehdä (*tayh*-dæ) *v* *do; *make; commit; **~ liikaa** overdo; **~ mahdolliseksi** enable; **~ mieli** *feel like, fancy; **~ vaihtokauppa** swap; **~ yhteistyötä** collaborate
teho (*tay*-hoa) *n* capacity
tehokas (*tay*-hoa-kahss) *adj* efficient, effective
tehota (*tay*-hoa-tah) *v* take effect
tehoton (*tay*-hoa-toan) *adj* inefficient
tehtävä (*tayh*-tæ-væ) *n* assignment, errand, task
teidän (*tay*-dæn) *pron* your
teidät (*tay*-dæt) *pron* you
teille (*tayl*-lay) *pron* you
teini-ikäinen (*tay*-ni-*i*-kæ^ee^-nayn) *n* teenager
teippi (*tayp*-pi) *n* adhesive

tape
tekeytyä jksk (*tay*-kay-ew-tew-æ) pretend
tekijä (*tay*-ki-ʸæ) *n* author; factor
tekniikka (*tayk*-neek-kah) *n* technique
teknikko (*tayk*-nik-koa) *n* technician
tekninen (*tayk*-ni-nayn) *adj* technical
tekninen tuki (*tayk*-ni-nayn *too*-ki) *n* technical support
teknologia (*tayk*-noa-loa-gi-ah) *n* technology
teko (*tay*-koa) *n* action, deed, act
tekohampaat (*tay*-koa-*hahm*-paat) *pl* denture, false teeth
tekopyhyys (*tay*-koa-*pew*-h͞ews) *n* hypocrisy
tekopyhä (*tay*-koa-*pew*-hæ) *adj* hypocritical
tekosyy (*tay*-koa-*s͞ew*) *n* excuse
tekstata (*tayks*-tah-tah) *v* text
teksti (*tayks*-ti) *n* text
tekstiili (*tayks*-tee-li) *n* textile
telakka (*tay*-lahk-kah) *n* dock
telakoida (*tay*-lah-koi-dah) *v* dock
teleobjektiivi (*tay*-lay-*oab*-ʸayk-tee-vi) *n* telephoto lens
telepatia (*tay*-lay-pah-ti-ah) *n* telepathy
televisio (*tay*-lay-vi-si-oa) *n* television
televisiovastaanotin (*tay*-lay-vi-si-oa-*vahss*-taan-*oa*-tin) *n* television set
teljetä (*tayl*-ʸay-tæ) *v* *shut in
telkkari (*taylk*-kah-ri) *n* telly (*colloquial*)
teloitus (*tay*-loi-tooss) *n* execution
teltta (*taylt*-tah) *n* tent
telttailu (*taylt*-tigh-loo) *n* camping
telttasänky (*taylt*-tah-*sæng*-kew) *n* camp bed; cot *nAm*
temppeli (*taymp*-pay-li) *n* temple
temppu (*taymp*-poo) *n* trick
tenhoava (*tayn*-hoa-ah-vah) *adj* charming
tennis (*tayn*-niss) *n* tennis
tenniskengät (*tayn*-niss-*kayng*-ngæt) *pl* tennis shoes
tenniskenttä (*tayn*-niss-*kaynt*-tæ) *n* tennis court
tentti (*taynt*-ti) *n* exam (*colloquial*)
teollisuus (*tay*-oal-li-s͞ooss) *n* industry
teollisuusalue (*tay*-oal-li-s͞ooss-*ah*-loo-ay) *n* industrial area
teoreettinen (*tay*-oa-r͞ayt-ti-nayn) *adj* theoretical
teoria (*tay*-oa-ri-ah) *n* theory
terassi (*tay*-rahss-si) *n* terrace
termospullo (*tayr*-moass-*pool*-loa) *n* vacuum flask,

thermos flask
termostaatti (*tayr*-moass-taat-ti) *n* thermostat
teroitin (*tay*-roi-tin) *n* pencil sharpener
teroittaa (*tay*-roit-taa) *v* sharpen
terrorismi (*tayr*-roa-riss-mi) *n* terrorism
terroristi (*tayr*-roa-riss-ti) *n* terrorist
terva (*tayr*-vah) *n* tar
terve (*tayr*-vay) *adj* healthy, well; **terve!** hello!
terveellinen (*tayr*-va͞yl-li-nayn) *adj* wholesome
tervehdys (*tayr*-vayh-dewss) *n* greeting
tervehtiä (*tayr*-vayh-ti-æ) *v* greet
tervetullut (*tayr*-vayt-*tool*-loot) *adj* welcome
tervetuloa (*tayr*-vayt-*too*-loa) *n* welcome
terveydenhoidollinen (*tayr*-vay^{ew}-dayn-*hoi*-doal-li-nayn) *adj* sanitary
terveys (*tayr*-vay-ewss) *n* health
terveyskeskus (*tayr*-vay-ewss-*kayss*-kooss) *n* health centre
terveyskylpylä (*tayr*-vay-ewss-*kewl*-pew-læ) *n* spa
terveysside (*tayr*-vay-ewss-*si*-day) *n* sanitary towel
terä (*tay*-ræ) *n* blade; edge
terälehti (*tay*-ræ-*layh*-ti) *n* petal
teräs (*tay*-ræss) *n* steel; **ruostumaton** ~ stainless steel
terävä (*tay*-ræ-væ) *adj* sharp
testamentti (*tayss*-tah-maynt-ti) *n* will
testamenttilahjoitus (*tayss*-tah-maynt-ti-*lahh*-^{y}oi-tooss) *n* legacy
teurastaja (*tay*^{oo}-rahss-tah-^{y}ah) *n* butcher
Thaimaa (*tigh*-maa) Thailand
thaimaalainen (*tigh-maa*-ligh-nayn) *n* Thai; *adj* Thai
tie (*tyay*) *n* road, way
tiede (*tyay*-day) *n* science
tiedekunta (*tyay*-dayk-*koon*-tah) *n* faculty
tiedemies (*tyay*-daym-*myayss*) *n* scientist
tiedonanto (*tyay*-doan-*ahn*-toa) *n* announcement, notice; **virallinen ~** communiqué
tiedonantotoimisto (*tyay*-doan-*ahn*-toa-*toi*-miss-toa) *n* information bureau, inquiry office
tiedonhaluinen (*tyay*-doan-*hah*-loo^{ee}-nayn) *adj* enquiring
tiedote (*tyay*-doa-tay) *n* bulletin
tiedottaa (*tyay*-doat-taa) *v* inform; notify, report
tiedotus (*tyay*-doa-tooss) *n* communication, information
tiedotusvälineet (*tyay*-doa-tooss-*væ*-li-na͞yt) *npl* media

tiedustella (*tyay*-dooss-tayl-lah) *v* enquire, inquire
tiedustelu (*tyay*-dooss-tay-loo) *n* query, inquiry, enquiry
tiekartta (*tyay-kahrt*-tah) *n* road map
tiemaksu (*tyay-mahk*-soo) *n* toll
tienristeys (*tyayn-riss*-tay-ewss) *n* junction
tienvieri (*tyayn-vyay*-ri) *n* roadside, wayside
tienviitta (*tyayn-veet*-tah) *n* signpost, milepost
tieteellinen (*tyay*-ta͞yl-li-nayn) *adj* scientific
tietenkin (*tyay*-tayng-kin) *adv* of course, naturally
tieto (*tyay*-toa) *n* knowledge; information
tietoinen (*tyay*-toi-nayn) *adj* aware; conscious
tietoisuus (*tyay*-toi-so͞oss) *n* consciousness
tietokilpailu (*tyay*-toa-*kil*-pigh-loo) *n* quiz
tietokoneohjelma (*tyay*-toa-*koa*-nay-*oah*-^{y}ayl-mah) *n*software
tietoliikenne (*tyay*-toa-*lee*-kayn-nay) *n* telecommunications
tietosanakirja (*tyay*-toa-*sah*-nah-*keer*-^{y}ah) *n* encyclopaedia
tietty (*tyayt*-tew) *adj* certain
tietyö (*tyay-t^{ew}ur*) *n pl* roadworks
tietämätön (*tyay*-tæ-mæ-turn) *adj* ignorant, unaware
tietää (*tyay*-tææ) *v* *know
tieverkko (*tyay-vayrk*-koa) *n* road network
tiheä (*ti*-hay-æ) *adj* dense
tihkusade (*tih*-koo-*sah*-day) *n* drizzle
tiikeri (*tee*-kay-ri) *n* tiger
tiili (*tee*-li) *n* brick; tile
tiistai (*teess*-tigh) *n* Tuesday
tiivis (*tee*-viss) *adj* tight
tiivistelmä (*tee*-viss-tayl-mæ) *n* résumé, summary
tiivistää (*tee*-viss-tææ) *v* tighten
tikapuut (*ti*-kah-*po͞ot*) *pl* ladder
tikki (*tik*-ki) *n* stitch
tila (*ti*-lah) *n* space, room; condition, state
tilaaja (*ti*-laa-^{y}ah) *n* subscriber
tilaavievä (*ti*-laa-*vyay*-væ) *adj* bulky
tilaisuus (*ti*-ligh-so͞oss) *n* chance, occasion, opportunity
tilanne (*ti*-lahn-nay) *n* situation, position
tilapäinen (*ti*-lah-*pæ^{ee}*-nayn) *adj* temporary
tilasto (*ti*-lahss-toa) *n* statistics *pl*
tilata (*ti*-lah-tah) *v* order; book; **tilauksesta valmistettu** made to order
tilaus (*ti*-lah-ooss) *n* order; booking; subscription
tilauslento (*ti*-lah-ooss-*layn*-toa) *n* charter flight

tilauslomake (*ti*-lah-ooss-*loa*-mah-kay) *n* order form
tilava (*ti*-lah-vah) *adj* spacious, large, roomy
tilavuus (*ti*-lah-vōōss) *n* volume
tili (*ti*-li) *n* account; pay; **tehdä ~** account for
tilinylitys (*ti*-lin-*ew*-*li*-tewss) *n* overdraft
timantti (*ti*-mahnt-ti) *n* diamond
timjami (*tim*-ʸah-mi) *n* thyme
tina (*ti*-nah) *n* pewter, tin
tinapaperi (*ti*-nah-*pah*-pay-ri) *n* tinfoil
tiski (*tiss*-ki) *n* counter
tiukasti (*tee*ᵒᵒ-kahss-ti) *adv* tight
tiukka (*tee*ᵒᵒ*k*-kah) *adj* tight
toalettilaukku (*toaah*-layt-ti-*louk*-koo) *n* toilet case
toalettipaperi (*toaah*-layt-ti-*pah*-pay-ri) *n* toilet paper
toalettitarvikkeet (*toaah*-layt-ti-*tahr*-vik-kāyt) *pl* toiletry
todella (*toa*-dayl-lah) *adv* really; indeed
todellinen (*toa*-dayl-li-nayn) *adj* actual, very, true, substantial, real
todellisuudessa (*toa*-dayl-li-sōō-dayss-sah) *adv* in reality
todellisuus (*toa*-dayl-li-sōōss) *n* reality
todennäköinen (*toa*-dayn-*næ*-kurᵉᵉ-nayn) *adj* probable, likely
todennäköisesti (*toa*-dayn-*næ*-kurᵉᵉ-sayss-ti) *adv* probably
todentaa (*toa*-dayn-taa) *v* verify
todeta (*toa*-day-tah) *v* verify
todistaa (*toa*-diss-taa) *v* prove; testify; *show
todistaja (*toa*-diss-tah-ʸah) *n* witness
todiste (*toa*-diss-tay) *n* evidence
todistus (*toa*-diss-tooss) *n* certificate; proof; **kirjallinen ~** certificate; **lääkärin ~** health certificate
toffeekaramelli (*toaf*-fāy-*kah*-rah-mayl-li) *n* toffee
tohtori (*toah*-toa-ri) *n* doctor
tohveli (*toah*-vay-li) *n* slipper
toimeenpaneva (*toi*-māym-*pah*-nay-vah) *adj* executive
toimeenpanovalta (*toi*-māyn-*pah*-noa-*vahl*-tah) *n* executive authority
toimeentulo (*toi*-māyn-*too*-loa) *n* livelihood
toimenpide (*toi*-maym-*pi*-day) *n* measure
toimeton (*toi*-may-toan) *adj* idle
toimi (*toi*-mi) *n* occupation, employment; job, business
toimia (*toi*-mi-ah) *v* operate, work; act
toimikunta (*toi*-mi-*koon*-tah) *n* commission
toimilupa (*toi*-mi-*loo*-pah) *n*

licence
toiminimi (*toi*-mi-*ni*-mi) *n* firm, company
toiminta (*toi*-min-tah) *n* action, activity; working, operation; function
toimintaohje (*toi*-min-tah-*oah*-ʸay) *n* directive
toimisto (*toi*-miss-toa) *n* office, agency
toimistoaika (*toi*-miss-toa-*igh*-kah) *n* office hours
toimittaa (*toi*-mit-taa) *v* deliver
toimittaja (*toi*-mit-tah-ʸah) *n* editor
toimitus (*toi*-mi-tooss) *n* delivery
toinen[1] (*toi*-nayn) *num* second
toinen[2] (*toi*-nayn) *adj* other; ~ **toistaan** each other
tointua (*toin*-too-ah) *v* recover
toipua (*toi*-poo-ah) *v* recover
toipuminen (*toi*-poo-mi-nayn) *n* recovery
toisarvoinen (*toiss-ahr*-voi-nayn) *adj* secondary, subordinate
toisella puolella (*toi*-sayl-lah *pwoa*-layl-lah) across
toisin (*toi*-sin) *adv* otherwise
toisinaan (*toi*-si-naan) *adv* sometimes
toissapäivänä (*toiss*-sah-*pæee*-væ-næ) *adv* the day before yesterday
toistaa (*toiss*-taa) *v* repeat
toistaiseksi (*toiss*-tigh-sayk-si) *adv* so far
toistaminen (*toiss*-tah-mi-nayn) *n* repetition
toistuminen (*toiss*-too-mi-nayn) *n* frequency
toistuva (*toiss*-too-vah) *adj* frequent
toiveikas (*toi*-vay-kahss) *adj* hopeful
toiveunelma (*toi*-vay-*oo*-nayl-mah) *n* illusion
toivo (*toi*-voa) *n* hope
toivoa (*toi*-voa-ah) *v* hope; desire, wish, want
toivomus (*toi*-voa-mooss) *n* desire, wish
toivoton (*toi*-voa-toan) *adj* hopeless
toivottomuus (*toi*-voat-toa-mooss) *n* despair
tolppa (*toalp*-pah) *n* post
tomaatti (*toa*-maat-ti) *n* tomato
tonni (*toan*-ni) *n* ton
tonnikala (*toan*-ni-*kah*-lah) *n* tuna
tontti (*toant*-ti) *n* plot of land
tori (*toa*-ri) *n* marketplace; market
torjua (*toar*-ʸoo-ah) *v* turn down; reject
torni (*toar*-ni) *n* tower
tornikello (*toar*-ni-*kayl*-loa) *n* bell
torstai (*toars*-tigh) *n* Thursday
torua (*toa*-roo-ah) *v* scold
torvi (*toar*-vi) *n* horn; trumpet
torvisoittokunta (*toar*-vi-

soit-toa-*koon*-tah) *n* brass band
tosi (*toa*-si) *adj* true
tosiasia (*toa*-si-*ah*-si-ah) *n* fact
tosiasiallinen (*toa*-si-*ah*-si-ahl-li-nayn) *adj* factual
tosiasiallisesti (*toa*-si-*ah*-si-ahl-li-sayss-ti) *adv* in fact
tosiseikka (*toa*-si-*sayk*-kah) *n* bottom line
totalitaarinen (*toa*-tah-li-taa-ri-nayn) *adj* totalitarian
totella (*toa*-tayl-lah) *v* obey
toteuttaa (*toa*-tay-oot-taa) *v* realize; implement; carry out
tottelevainen (*toat*-tay-lay-vigh-nayn) *adj* obedient
tottelevaisuus (*toat*-tay-lay-vigh-sōōss) *n* obedience
tottumaton (*toat*-too-mah-toan) *adj* unaccustomed
tottumus (*toat*-too-mooss) *n* custom, habit
tottunut (*toat*-too-noot) *adj* accustomed
totunnainen (*toa*-toon-nigh-nayn) *adj* conventional
totuttaa (*toa*-toot-taa) *v* familiarize
totuudenmukainen (*toa*-tōō-daym-*moo*-kigh-nayn) *adj* truthful
totuus (*toa*-tōōss) *n* truth
touhu (*toa*-hoo) *n* bustle; fuss
toukokuu (*toa*-koa-*kōō*) May
traaginen (*traa*-gi-nayn) *adj* tragic
traktori (*trahk*-toa-ri) *n* tractor
trendikäs (*trayn*-di-kæs) *adj* trendy (*colloquial*)
trooppinen (*trōap*-pi-nayn) *adj* tropical
tropiikki (*troa*-peek-ki) *n* tropics *pl*
tšekki (*chayk*-ki) *n* Czech
Tšekkoslovakia (*chayk*-koa-sloa-vah-ki-ah) Czechoslovakia
tšekkoslovakialainen (*chayk*-koa-sloa-vah-ki-ah-ligh-nayn) *adj* Czech
tuberkuloosi (*too*-bayr-koo-lōa-si) *n* tuberculosis
tuhat (*too*-haht) *num* thousand
tuhka (*tooh*-kah) *n* ash
tuhkakuppi (*tooh*-kah-*koop*-pi) *n* ashtray
tuhkarokko (*tooh*-kah-*roak*-koa) *n* measles
tuhlaavainen (*tooh*-laa-vigh-nayn) *adj* extravagant
tuhlata (*tooh*-lah-tah) *v* waste
tuhlaus (*tooh*-lah-ooss) *n* waste, extravagance
tuhma (*tooh*-mah) *adj* naughty
tuho (*too*-hoa) *n* destruction; disaster
tuhoisa (*too*-hoi-sah) *adj* disastrous
tuhota (*too*-hoa-tah) *v* destroy, ruin, wreck
tuijottaa (*too*^{ee}-^{y}oat-taa) *v*

stare, gaze
tukahduttaa (*too*-kahh-doot-taa) *v* suppress
tukanleikkuu (*too*-kahn-*layk*-ko͞o) *n* haircut
tukanpesuaine (*too*-kahn-*pay*-soo-*igh*-nay) *n* shampoo
tukea (*too*-kay-ah) *v* support; *hold up
tukehtua (*too*-kayh-too-ah) *v* choke
tukeva (*too*-kay-vah) *adj* corpulent, stout
tuki (*too*-ki) *n* support
tukikohta (*too*-ki-*koah*-tah) *n* base
tukisukka (*too*-ki-sook-kah) *n* support hose
tukka (*took*-kah) *n* hair
tukki (*took*-ki) *n* log
tukkia (*took*-ki-ah) *v* block
tukkukauppa (*took*-koo-*koup*-pah) *n* wholesale
tukkukauppias (*took*-koo-*koup*-pi-ahss) *n* wholesale dealer
tulehdus (*too*-layh-dooss) *n* inflammation; **kurkunpään ~** laryngitis
tulehtua (*too*-layh-too-ah) *v* infect, *become septic
tulenarka (*too*-layn-*ahr*-kah) *adj* inflammable
tulenkestävä (*too*-layn-*kayss*-tæ-væ) *adj* fireproof
tuleva (*too*-lay-vah) *adj* future
tulevaisuudennäkymä (*too*-lay-vigh-so͞o-*dayn-næ*-kew-mæ) *n* prospect
tulevaisuus (*too*-lay-vigh-so͞oss) *n* future
tuli (*too*-li) *n* fire
tulipalo (*too*-li-*pah*-loa) *n* fire
tulisija (*too*-li-*si*-ʸah) *n* hearth
tulitauko (*too*-li-*tou*-koa) *n* ceasefire
tulitikku (*too*-li-*tik*-koo) *n* match
tulitikkulaatikko (*too*-li-*tik*-koo-*laa*-tik-koa) *n* matchbox
tulivuori (*too*-li-*vwoa*-ri) *n* volcano
tulkinta (*tool*-kin-tah) *n* interpretation
tulkita (*tool*-ki-tah) *v* interpret
tulkki (*toolk*-ki) *n* interpreter
tulkkisanakirja (*toolk*-ki-*sah*-nah-*keer*-ʸah) *n* phrase book
tulla (*tool*-lah) *v* *come; **~ jksk** *go, *become, *grow, *get; **~ toimeen** *make do with; **~ väliin** intervene
tulli (*tool*-li) *n* Customs duty, Customs *pl* ; **ilmoittaa tullattavaksi** declare
tulli-ilmoitus (*tool*-li-*il*-moi-tooss) *n* Customs declaration
tullimaksu (*tool*-li-*mahk*-soo) *n* Customs duty
tulliton (*tool*-li-toan) *adj* duty-free
tullivirkailija (*tool*-li-*veer*-

kigh-li-ʸah) *n* Customs officer
tulo (*too*-loa) *n* coming
tulos (*too*-loass) *n* issue, outcome, result
tulot (*too*-loat) *pl* earnings *pl*, revenue, income
tulovero (*too*-loa-*vay*-roa) *n* income tax
tulppa (*toolp*-pah) *n* plug, stopper
tulppaani (*toolp*-paa-ni) *n* tulip
tulva (*tool*-vah) *n* flood
tungettelija (*toong*-ngayt-tay-li-ʸah) *n* trespasser
tungos (*toong*-ngoass) *n* crowd
tunika (*too*-ni-kah) *n* tunic
Tunisia (*too*-ni-si-ah) Tunisia
tunisialainen (*too*-ni-si-ah-ligh-nayn) *n* Tunisian; *adj* Tunisian
tunkea (*toong*-kay-ah) *v* push
tunkeutua (*toong*-kayᵒᵒ-tooah) *v* trespass; ~ **läpi** penetrate
tunne (*toon*-nay) *n* feeling, sensation, emotion
tunneli (*toon*-nay-li) *n* tunnel
tunnelma (*toon*-nayl-mah) *n* atmosphere
tunnettu (*toon*-nayt-too) *adj* well-known
tunnistaa (*toon*-niss-taa) *v* identify; recognize
tunnistaminen (*toon*-niss-tah-mi-nayn) *n* identification
tunnus (*toon*-nooss) *n* sign, motto
tunnuskuva (*toon*-nooss-*koo*-vah) *n* symbol
tunnuslause (*toon*-nooss-*lou*-say) *n* motto
tunnusluku (*toon*-nooss-*loo*-koo) *n* PIN; personal identification number
tunnusmerkki (*toon*-nooss-*mayrk*-ki) *n* characteristic; emblem
tunnussana (*toon*-nooss-*sah*-nah) *n* password
tunnustaa (*toon*-nooss-taa) *v* acknowledge, admit, confess; ~ **syylliseksi** plead guilty
tunnustella (*toon*-nooss-tayl-lah) *v* feel
tunnustus (*toon*-nooss-tooss) *n* confession; recognition
tuntea (*toon*-tay-ah) *v* feel; *know
tunteellinen (*toon*-tāyl-li-nayn) *adj* sentimental
tunteeton (*toon*-tāy-toan) *adj* insensitive
tunteileva (*toon*-tay-lay-vah) *adj* tearjerker, misty-eyed
tuntematon (*toon*-tay-mah-toan) *adj* unknown, *n* stranger
tunti (*toon*-ti) *n* hour; lesson
tuntija (*toon*-ti-ʸah) *n* connoisseur
tunto (*toon*-toa) *n* touch
tuntomerkit (*toon*-toa-*mayr*-

kit) *pl* description
tuntua (*toon*-too-ah) *v* seem; ~ **oudolta** *strike
tuo (twoa) *pron* (nuo) that
tuoda (*twoa*-dah) *v*bring; ~ **maahan** import
tuokio (*twoa*-ki-oa) *n* moment
tuoksu (*twoak*-soo) *n* scent
tuoli (*twoa*-li) *n* chair
tuolla (*twoal*-lah) *adv* over there; ~ **puolen** beyond
tuomari (*twoa*-mah-ri) *n* judge
tuomaristo (*twoa*-mah-riss-toa) *n* jury
tuomio (*twoa*-mi-oa) *n* judgment, sentence
tuomioistuin (*twoa*-mi-oa-*iss*-too^ee^n) *n* court, law court
tuomiokirkko (*twoa*-mi-oa-*keerk*-koa) *n* cathedral
tuomita (*twoa*-mi-tah) *v* judge; sentence
tuomitseminen (*twoa*-mit-say-mi-nayn) *n* conviction
tuomittu (*twoa*-mit-too) *n* convict
tuonti (*twoan*-ti) *n* import
tuontitavarat (*twoan*-ti-*tah*-vah-raht) *pl* imported goods *pl*
tuontitulli (*twoan*-ti-*tool*-li) *n* duty, import duty
tuoppi (*twoap*-pi) *n* pint
tuore (*twoa*-ray) *adj* fresh
tuotanto (*twoa*-tahn-toa) *n* output, production
tuotapikaa (*twoa*-tah-*pi*-kaa) *adv* soon
tuote (*twoa*-tay) *n* product, produce
tuottaa (*twoat*-taa) *v* produce; generate
tuottaja (*twoat*-tah-^y^ah) *n* producer
tuottoisa (*twoat*-toi-sah) *adj* profitable
tupakka (*too*-pahk-kah) *n* tobacco
tupakkakauppa (*too*-pahk-kah-*koup*-pah) *n* cigar shop, tobacconist's
tupakkakauppias (*too*-pahk-kah-*koup*-pi-ahss) *n* tobacconist
tupakkakukkaro (*too*-pahk-kah-*kook*-kah-roa) *n* tobacco pouch
tupakkaosasto (*too*-pahk-kah-*oa*-sahss-toa) *n* smoking compartment, smoker
tupakoida (*too*-pah-koi-dah) *v* smoke; **tupakointi kielletty** no smoking
tupakoimaton (*too*-pah-koi-mah-toan) *n, adj* non--smoker
tupakoitsija (*too*-pah-koit-si-^y^ah) *n* smoker
turbiini (*toor*-bee-ni) *n* turbine
turha (*toor*-hah) *adj* unnecessary
turhaan (*toor*-haan) *adv* in vain
turhamainen (*toor*-hah-migh-nayn) *adj* vain

turistiluokka (*too*-riss-ti-*lwoak*-kah) *n* tourist class
turkis (*toor*-kiss) *n* fur
Turkki (*toork*-ki) Turkey
turkki (*toork*-ki) *n* fur coat
turkkilainen (*toork*-ki-ligh-nayn) *adj* Turkish
turkkuri (*toork*-koo-ri) *n* furrier
turmella (*toor*-mayl-lah) *v*spoil
turmeltunut (*toor*-mayl-too-noot) *adj* corrupt
turmio (*toor*-mi-oa) *n* ruin
turnaus (*toor*-nah-ooss) *n* tournament
turska (*toors*-kah) *n* cod
turta (*toor*-tah) *adj* numb
turvakoti (*toor*-vah-*koa*-ti) *n* shelter
turvallinen (*toor*-vahl-li-nayn) *adj* safe
turvallisuus (*toor*-vahl-li-sōōss) *n* security, safety
turvapaikka (*toor*-vah-*pighk*-kah) *n* asylum
turvaton (*toor*-vah-toan) *adj* unprotected
turvatyyny (*toor*-vah- *tew*-new) *n*airbag
turvavyö (*toor*-vah-*v*[ew]*ur*) *n* seat belt, safety belt
turvotus (*toor*-voa-tooss) *n* swelling
tusina (*too*-si-nah) *n* dozen
tuska (*tooss*-kah) *n* pain, anguish
tuskallinen (*tooss*-kahl-li-nayn) *adj* painful
tuskaton (*tooss*-kah-toan) *adj* painless
tuskin (*tooss*-kin) *adv* hardly, scarcely
tutkia (*toot*-ki-ah) *v* examine; explore; investigate
tutkielma (*toot*-ki-ayl-mah) *n* thesis, essay
tutkimus (*toot*-ki-mooss) *n* inquiry, enquiry, investigation; research
tutkimusretki (*toot*-ki-mooss-*rayt*-ki) *n* expedition
tutkinto (*toot*-kin-toa) *n* examination
tuttava (*toot*-tah-vah) *n* acquaintance
tuttavallinen (*toot*-tah-vahl-li-nayn) *adj* familiar
tuttavuus (*toot*-tah-*vōōss*) *n* acquaintance
tuttu (*toot*-too) *adj* familiar
tuulahdus (*tōō*-lahh-dooss) *n* breath of air
tuulenhenkäys (*tōō*-layn-hayng-kæ-ewss) *n* breeze
tuulenpuuska (*tōō*-layn-*pōōss*-kah) *n* gust
tuuletin (*tōō*-lay-tin) *n* fan
tuuletinhihna (*tōō*-lay-tin-hih-nah) *n* fan belt
tuulettaa (*tōō*-layt-taa) *v* ventilate; air
tuuletus (*tōō*-lay-tooss) *n* ventilation
tuuli (*tōō*-li) *n* wind; mood
tuulilasi (*tōō*-li-*lah*-si) *n* windscreen; windshield *nAm*
tuulilasinpyyhkijä (*tōō*-li-

lah-sim-*pēwh*-ki-ʸæ) *n* windscreen wiper; windshield wiper *Am*
tuulimylly (*tōō*-li-*mewl*-lew) *n* windmill
tuulinen (*tōō*-li-nayn) *adj* gusty, windy
tuulla (*tōōl*-lah) *v* blow
tuuma (*tōō*-mah) *n* inch (2,54 cm)
TV (*tāy*-vāy) *n* TV (*colloquial*)
tweedkangas (*tvāyd-kahng*-ngahss) *n* tweed
tyhjentäminen (*tewh*-ʸayn-tæ-mi-nayn) *n* clearance, evacuation
tyhjentää (*tewh*-ʸayn-tææ) *v* empty; vacate
tyhjiö (*tewh*-ʸi-ur) *n* vacuum
tyhjä (*tewh*-ʸæ) *adj* empty; blank; **tehdä tyhjäksi** *upset
tyhmä (*tewh*-mæ) *adj* dumb, stupid
tykki (*tewk*-ki) *n* gun
tylppä (*tewlp*-pæ) *adj* blunt
tylsä (*tewl*-sæ) *adj* dull, blunt
tylsämielinen (*tewl*-sæ-*myay*-li-nayn) *adj* idiotic
tynnyri (*tewn*-new-ri) *n* cask, barrel
tynnyriolut (*tewn*-new-ri-*oa*-loot) *n* draught beer
typerä (*tew*-pay-tæ) *adj* silly, dumb, foolish
typpi (*tewp*-pi) *n* nitrogen
tyranni (*tew*-rahn-ni) *n* tyrant
tyrä (*tew*-ræ) *n* hernia; slipped disc
tyttärenpoika (*tewt*-tæ-raym-*poi*-kah) *n* grandson
tyttärentytär (*tewt*-tæ-rayn-*tew*-tær) *n* granddaughter
tyttö (*tewt*-tur) *n* girl
tyttönimi (*tewt*-tur-*ni*-mi) *n* maiden name
tyttöystävä (*tewt*-tur-*ewss*-tæ-væ) *n* girlfriend
tytär (*tew*-tær) *n* daughter
tyven (*tew*-vayn) *adj* calm
tyydyttävä (*tēw*-dewt-tæ-væ) *adj* satisfactory
tyydyttää (*tēw*-dewt-tææ) *v* satisfy
tyydytys (*tēw*-dew-tewss) *n* satisfaction
tyyli (*tēw*-li) *n* style
tyylikkyys (*tēw*-lik-kēwss) *n* elegance
tyylikäs (*tēw*-li-kæss) *adj* posh
tyyni (*tēw*-ni) *adj* calm; serene
Tyynimeri (*tēw*-ni-*may*-ri) Pacific Ocean
tyynnyttää (*tēwn*-newt-tææ) *v* reassure, calm down
tyyny (*tēw*-new) *n* pillow; cushion, pad
tyynyliina (*tēw*-new-*leenah*) *n* pillowcase
tyypillinen (*tēw*-pil-li-nayn) *adj* typical
tyyppi (*tēwp*-pi) *n* type
tyyris (*tēw*-riss) *adj* expensive
tyyrpuuri (*tēwr*-pōō-ri) *n* starboard

tyytymätön (*tew*-tew-mæ-turn) *adj* discontented, dissatisfied
tyytyväinen (*tew*-tew-væ^{ee}-nayn) *adj* pleased, content, satisfied
tyytyväisyys (*tew*-tew-væ^{ee}-sewss) *n* satisfaction
työ (t^{ew}ur) *n* work; labour; employment
työhuone (*t^{ew}ur-hwoa*-nay) *n* study
työkalu (*t^{ew}ur-kah*-loo) *n* tool, utensil
työkalulaatikko (*t^{ew}ur-kah*-loo-*laatik*-koa) *n* tool kit
työlupa (*t^{ew}ur-loo*-pah) *n* work permit; labor permit *Am*
työläinen (*t^{ew}ur*-læ^{ee}-nayn) *n* worker, labourer
työmies (*t^{ew}ur-myayss*) *n* workman
työnantaja (*t^{ew}urn-ahn*-tah-^{y}ah) *n* employer
työnarkomaani (t^{ew}ur-*nahr*-koa-maa-ni) *n* workaholic
työnjohtaja (*t^{ew}urn-^{y}oah*-tah-^{y}ah) *n* foreman
työntekijä (*t^{ew}urn*-tay-ki-^{y}æ) *n* employee
työntää (*t^{ew}urn*-tææ) *v* push
työntökärryt (*t^{ew}urn*-tur-*kær*-rewt) *pl* wheelbarrow
työnvälitystoimisto (*t^{ew}urn-væ*-li-tewss-*toi*-miss-toa) *n* employment agency
työpaikka (*t^{ew}ur-pighk*-kah) *n* job; post
työpaja (*t^{ew}ur-pah*-^{y}ah) *n* workshop
työpäivä (*t^{ew}ur-pæ^{ee}*-væ) *n* working day
työryhmä (*t^{ew}ur-rewh*-mæ) *n* team
työskennellä (*t^{ew}urss*-kayn-nayl-læ) *v* work
työtoveri (*t^{ew}ur-toa*-vay-ri) *n* *co-worker*; associate
työttömyys (*t^{ew}urt*-tur-mewss) *n* unemployment
työtäsäästävä (*t^{ew}ur*-tæ-*sææss*-tæ-væ) *adj* labour-saving
työtön (*t^{ew}ur*-turn) *adj* unemployed
työvuoro (*t^{ew}ur-voo*-oa-roa) *n* shift
työväline (*t^{ew}ur-væ*-li-nay) *n* implement; instrument
tähdätä (*tæh*-dæ-tæ) *v* aim at
tähti (*tæh*-ti) *n* star
tähtitiede (*tæh*-ti-*tyay*-day) *n* astronomy
tähtitorni (*tæh*-ti-*toar*-ni) *n* observatory
tähän asti (*tæ*-hæn *ahss*-ti) so far
täi (tæ^{ee}) *n* louse
täkki (*tæk*-ki) *n* quilt
tämä (*tæ*-mæ) *pron* (pl nämä) this
tänään (*tæ*-nææn) *adv* today
täplä (*tæp*-læ) *n* speck
täpötäysi (*tæ*-pur-*tæ^{ew}*-si) *adj* crowded, full up; chock-full
tärkeys (*tær*-kay-ewss) *n* importance

tärkeä (*tær*-kay-æ) *adj* big, important; capital; **olla tärkeää** matter
tärkätä (*tær*-kæ-tæ) *v* starch
tärpätti (*tær*-pæt-ti) *n* turpentine
tärykalvo (*tæ*-rew-*kahl*-voa) *n* eardrum
täsmälleen (*tæss*-mæl-layn) *adv* exactly
täsmällinen (*tæss*-mæl-li-nayn) *adj* precise, punctual
täsmällisyys (*tæss*-mæl-li-sewss) *n* punctuality
täten (*tæ*-tayn) *adv* thus
täti (*tæ*-ti) *n* aunt
täydellinen (*tæ*^{ew}-dayl-li-nayn) *adj* perfect; complete
täydellisesti (*tæ*^{ew}-dayl-li-sayss-ti) *adv* completely
täydellisyys (*tæ*-dayl-li-sewss) *n* perfection
täysi (*tæ*^{ew}-si) *adj* whole
täysiaikainen (*tæ*^{ew}-si-igh-kigh-nayn) *adj* mature
täysihoito (*tæ*^{ew}-si-hoi-toa) *n* board and lodging
täysihoitola (*tæ*^{ew}-si-*hoi*-toa-lah) *n* pension, guesthouse, boardinghouse
täysihoitolainen (*tæ*^{ew}-si-*hoi*-toa-ligh-nayn) *n* boarder
täysi-ikäinen (*tæ*^{ew}-si-*i*-kæ^{ee}-nayn) *adj* of age, adult
täysikasvuinen (*tæ*^{ew}-si-*kahss*-voo^{ee}-nayn) *adj* grown-up
täysin (*tæ*^{ew}-sin) *adv* completely, entirely, quite
täysinäinen (*tæ*^{ew}-si-næ^{ee}-nayn) *adj* full
täyskäännös (*tæ*^{ew}*ss*-kææn-nurss) *n* about-face; reversal
täyte (*tæ*^{ew}-tay) *n* stuffing, filling
täytekynä (*tæ*^{ew}-tayk-*kew*-næ) *n* fountain pen
täytetty (*tæ*^{ew}-tayt-tew) *adj* stuffed
täyttää (*tæ*^{ew}*t*-tææ) *v* fill up, fill in; fill out *Am*
täytyä (*tæ*^{ew}-tew-æ) *v* ought to, *must, *have to
täällä (*tææl*-læ) *adv* here
tölkki (*turlk*-ki) *n* can
törky (*turr*-kew) *n* rubbish
törmätä (*turr*-m-*æ*-tæ) *v* bump; collide, clash; ~ **yhteen** crash
törmäys (*turr*-mæ-ewss) *n* bump
töyhtöhyyppä (*tur*^{ew}*h*-tur-*hewp*-pæ) *n* pewit
töyräs (*tur*^{ew}-ræss) *n* bank
töytäys (tur^{ew}-tæ-ewss) *n* push

U

uhata (*oo*-hah-tah) *v* threaten
uhka (*ooh*-kah) *n* threat; risk
uhkaava (*ooh*-kaa-vah) *adj* threatening
uhkaus (*ooh*-kah-ooss) *n* threat
uhmata (*ooh*-mah-tah) *v* face
uhrata (*ooh*-rah-tah) *v* sacrifice
uhraus (*ooh*-rah-ooss) *n* sacrifice
uhri (*ooh*-ri) *n* victim, casualty
uida (*oo*^{ee}-dah) *v*swim
uima-allas (*oo*^{ee}-mah-*ahl*-lahss) *n* swimming pool
uima-altaan hoitaja (*oo*^{ee}-mah-*ahl*-taan *hoi*-ta-^{y}ah) *n* pool attendant
uimahousut (*oo*^{ee}-mah-*hoa*-soot) *pl* swimmingtrunks *pl*
uimalakki (*oo*^{ee}-mah-*lahk*-ki) *n* bathing cap
uimapuku (*oo*^{ee}-mah-*poo*-koo) *n* swimsuit, swimming suit *nAm* , bathing suit
uimaranta (*oo*^{ee}-mah-rahn-tah) *n* beach; **nudisti~** nudist beach
uimari (*oo*^{ee}-mah-ri) *n* swimmer
uimuri (*oo*^{ee}-moo-ri) *n* float
uinti (*oo*^{ee}*n*-ti) *n* swimming
ujo (*oo*-^{y}oa) *adj* timid, shy
ujostuttaa (*oo*-^{y}oass-toot-taa) *v* embarrass
ujous (*oo*-^{y}oa-ooss) *n* timidity
ukkonen (*ook*-koa-nayn) *n* thunder; **ukkosluonteinen** thundery
ukonilma (*oo*-koan-*il*-mah) *n* thunderstorm
ulkoa (*ool*-koa-ah) *adv* by heart
ulkoinen (*ool*-koi-nayn) *adj* outward, exterior
ulkoistaa (*ool*-kois-taa) *v* outsource
ulkokultainen (*ool*-koa-*kool*-tigh-nayn) *adj* hypocritical
ulkomaalainen (*ool*-koa-*maa*-ligh-nayn) *n* foreigner; *adj* foreign
ulkomaanvaluutta (*ool*-koa-*maan*-*vah*-lo͞ot-tah) *n* foreign currency
ulkomailla (*ool*-koa-*mighl*-lah) abroad
ulkomaille (*ool*-koa-*mighl*-lay) abroad
ulkomainen (*ool*-koa-*migh*-nayn) *adj* foreign
ulkomuoto (*ool*-koa-mwoa-toa) *n* outward appearance
ulkona (*ool*-koa-nah) *adv* outdoors, outside, out
ulkonäkö (*ool*-koa-*nœ*-kur) *n* appearance

ulkopuolella (*ool*-koa-*pwoa*-layl-lah) *postp* outside
ulkopuoli (*ool*-koa-*pwoa*-li) *n* exterior, outside
ulkopuolinen (*ool*-koa-*pwoa*-li-nayn) *adj* external
ullakko (*ool*-lahk-koa) *n* attic
ulos (*oo*-loass) *adv* out; **~ jstk** out of
uloskäynti (*oo*-loass-*kæ*ᵉʷ*n*-ti) exit, *n* way out
ulospäin (*oo*-loass-*pæ*ᵉᵉ*n*) *adv* outwards
ulospääsy (*oo*-loass-*pææ*-sew) *n* exit
ulostusaine (*oo*-loass-tooss-*igh*-nay) *n* laxative
ultravioletti (*oolt*-rah-*vioa*-layt-ti) *adj* ultraviolet
ummehtunut (*oom*-mayh-too-noot) *adj* stuffy
ummetus (*oom*-may-tooss) *n* constipation
umpeenkasvanut (*oom*-pa̅y̅n-*kahss*-vah-noot) *adj* overgrown
umpikuja (*oom*-pi-*koo*-ʸah) *n* cul-de-sac
umpilisäke (*oom*-pi-*li*-sæ-kay) *n* appendix; **umpilisäkkeen tulehdus** appendicitis
umpinainen (*oom*-pi-nigh-nayn) *adj* closed
uneksia (*oonayk*-si-ah) *v*dream
unessa (*oo*-nayss-sah) *adv* asleep
uneton (*oo*-nay-toan) *adj* sleepless
unettomuus (*oo*-nayt-toa-mo̅o̅ss) *n* insomnia
uni (*oo*-ni) *n* sleep; dream; **nähdä unta** *dream
unikko (*oo*-nik-koa) *n* poppy
uninen (*oo*-ni-nayn) *adj* sleepy
unipilleri (*oo*-ni-*pil*-lay-ri) *n* sleeping pill
Unkari (*oong*-kah-ri) Hungary
unkarilainen (*oong*-kah-ri-ligh-nayn) *n* Hungarian; *adj* Hungarian
unohtaa (*oo*-noah-taa) *v*forget; unlearn
unssi (*oons*-si) *n* ounce
untuva (*oon*-too-vah) *n* down
untuvapeite (*oon*-too-vah-*pay*-tay) *n* eiderdown
upea (*oo*-pay-ah) *adj* magnificent
upouusi (*oo*-poa-*o̅o̅*-si) *adj* brand-new
uppiniskainen (*oop*-pi-*niss*-kigh-nayn) *adj* obstinate, head-strong
uppokuumennin (*oop*-poa-ko̅o̅-mayn-nin) *n* immersion heater
upseeri (*oop*-sa̅y̅-ri) *n* officer
urakoitsija (*oo*-rah-koit-si-ʸah) *n* contractor
urheilija (*oor*-hay-li-ʸah) *n* athlete, sportsman
urheilu (*oor*-hay-loo) *n* sport
urheiluasusteet (*oor*-hay-

loo-*ah*-sooss-ta͞yt) *pl* sportswear
urheiluauto (*oor*-hay-loo-*ou*-toa) *n* sports car
urheiluhousut (*oor*-hay-loo-*hoa*-soot) *n* trunks *pl*
urheilutakki (*oor*-hay-loo-*tahk*-ki) *n* sports jacket
urheus (*oor*-hay-ooss) *n* courage
urhoollinen (*oor*-ho͞al-li-nayn) *adj* brave, courageous
urotyö (*oo*-roa-t^{ew}*ur*) *n* feat
Uruguay (*oo*-roo-gooigh) Uruguay
uruguaylainen (*oo*-roo-goo-igh-ligh-nayn) *n* Uruguayan; *adj* Uruguayan
urut (*oo*-root) *pl* organ
useampi (*oo*-say-ahm-pi) *adj* more
useat (*oo*-say-aht) *adj* several
useimmat (*oo*-saym-maht) *adj* most
usein (*oo*-sayn) *adv* frequently, often
uskalias (*ooss*-kah-li-ahss) *adj* daring, bold
uskallettu (*ooss*-kahl-layt-too) *adj* risky
uskaltaa (*ooss*-kahl-taa) *v* venture, dare
usko (*ooss*-koa) *n* belief, faith
uskoa (*ooss*-koa-ah) *v* believe; **uskoa (jllk)** commit
uskollinen (*ooss*-koal-li-nayn) *adj* true, faithful; loyal
uskomaton (*ooss*-koa-mah-toan) *adj* incredible, inconceivable
uskonnollinen (*ooss*-koan-noal-li-nayn) *adj* religious
uskonpuhdistus (*ooss*-koan-*pooh*-diss-tooss) *n* reformation
uskonto (*ooss*-koan-toa) *n* religion
uskoton (*ooss*-koa-toan) *adj* unfaithful
uskottava (*ooss*-koat-tah-vah) *adj* credible
usva (*ooss*-vah) *n* mist
usvainen (*ooss*-vigh-nayn) *adj* hazy, misty
uteliaisuus (*oo*-tay-li-igh-so͞oss) *n* curiosity
utelias (*oo*-tay-li-ahss) *adj* inquisitive, curious
utu (*oo*-too) *n* haze
utuinen (*oo*-too^{ee}-nayn) *adj* hazy
uudestaan (*o͞o*-dayss-taan) once more
uudisraivaaja (*o͞o*-diss-*righ*-vaa-^{y}ah) *n* pioneer
uudistaa (*o͞o*-diss-taa) *v* renew
uuni (*o͞o*-ni) *n* oven, stove
uupunut (*o͞o*-poo-noot) *adj* tired, weary
uurre (*o͞or*-ray) *n* groove
uusi (*o͞o*-si) *adj* new
Uusi Seelanti (o͞o-si say-lahn-ti) New Zealand
uusiutuva (*o͞o*-si-oo-too-vah) *adj*renewable

uutiset (*o͞o*-ti-sayt) *pl* news
uutisfilmi (*o͞o*-tiss-*fil*-mi) *n* newsreel
uutislähetys (*o͞o*-tiss-*læ*-hay-tewss) *n* news broadcast
uutistoimittaja (*o͞o*-tiss-*toi*-mit-tah-[y]ah) *n* reporter
uuttera (*o͞ot*-tay-rah) *adj* diligent
uutteruus (*o͞ot*-tay-ro͞oss) *n* diligence
uuvuttaa (*o͞o*-voot-taa) *v* exhaust

V

vaahdota (*vaah*-doa-tah) *v* foam
vaahtera (*vaah*-tay-rah) *n* maple
vaahto (*vaah*-toa) *n* lather, foam
vaahtokumi (*vaah*-toa-*koo*-mi) *n* foam rubber
vaaka (*vaa*-kah) *n* scales *pl* , weighing machine
vaakasuora (*vaa*-kah-*swoa*-rah) *adj* horizontal
vaalea (*vaa*-lay-ah) *adj* pale, fair, light
vaaleanpunainen (*vaa*-lay-ahn-*poo*-nigh-nayn) *adj* pink
vaaleatukkainen (*vaa*-lay-ah-*took*-kigh-nayn) *adj* fair
vaaleaverikkö (*vaa*-lay-ah-*vay*-rik-kur) *n* blonde
vaalipiiri (*vaa*-li-*pee*-ri) *n* constituency
vaalit (*vaa*-lit) *pl* election
vaan (vaan) *conj* but
vaania (*vaa*-niah) *v* prowl
vaara (*vaa*-rah) *n* peril, danger; risk, hazard
vaarallinen (*vaa*-rahl-li-nayn) *adj* perilous, dangerous; risky
vaaranalainen (*vaa*-rahn-*ah*-ligh-nayn) *adj* endangered
vaarantaa (*vaa*-rahn-taa) *v* risk
vaaraton (*vaa*-rah-toan) *adj* harmless
vaari (*vaa*-ri) *n* grandfather
vaatekaappi (*vaa*-tayk-*kaap*-pi) *n* wardrobe; closet *nAm*
vaatenaulakko (*vaa*-tay-*nou*-lahk-koa) *n* peg
vaateripustin (*vaa*-tayr-*ri*-pooss-tin) *n* coat hanger
vaatesäilö (*vaa*-tayss-*sæ*[ee]-lur) *n* cloakroom; checkroom *nAm*
vaatevarasto (*vaa*-tayv-*vah*-rahss-toa) *n* wardrobe
vaatia (*vaa*-ti-ah) *v* require, claim, charge, demand;
vaatimalla ~ insist
vaatimaton (*vaa*-ti-mah-toan) *adj* modest, simple
vaatimattomasti (*vaa*-ti-maht-toa-mahss-ti) *adv*

simply
vaatimattomuus (*vaa*-ti-maht-toa-mōōss) *n* modesty
vaatimus (*vaa*-ti-mooss) *n* requirement, demand, claim
vaatteet (*vaat*-tāyt) *pl*clothes *pl*; **vaihtaa vaatteita** change
vadelma (*vah*-dayl-mah) *n* raspberry
vaeltaa (*vah*-ayl-taa) *v* tramp, wander; walk
vaha (*vah*-hah) *n* wax
vahakabinetti (*vah*-hah-*kah*-bi-nayt-ti) *n* waxworks *pl*
vahingoittaa (*vah*-hing-ngoit-taa) *v* harm
vahingoittumaton (*vah*-hing-ngoit-too-mah-toan) *adj* unhurt
vahingollinen (*vah*-hing-ngoal-li-nayn) *adj* hurtful, harmful
vahingonkorvaus (*vah*-hing-ngoang-*koar*-vah-ooss) *n* indemnity, compensation
vahinko (*vah*-hing-koa) *n* harm, damage; **mikä vahinko!** what a pity!
vahva (*vahh*-vah) *adj* strong
vahvistaa (*vahh*-viss-taa) *v* acknowledge, confirm; establish
vahvistus (*vahh*-viss-tooss) *n* confirmation
vahvuus (*vahh*-vōōss) *n* strength
vaientaa (*vigh*-ayn-taa) *v* silence
vaieta (*vigh*-ay-tah) *v*keep quiet, *be silent
vaihde (*vighh*-day) *n* gear
vaihdelaatikko (*vighh*-dayl-*laa*-tik-koa) *n* gearbox
vaihdella (*vighh*-dayl-lah) *v* vary
vaihdepöytä (*vighh*-day-*pur*ᵉʷ-tæ) *n* switchboard
vaihdetanko (*vighh*-dayt-tahng-koa) *n* gear lever
vaihdos (*vighh*-doass) *n* change
vaihe (*vigh*-hay) *n* phase, stage
vaihtaa (*vighh*-taa) *v* change; switch, exchange; **~ kulkuneuvoa** change
vaihteeksi (*vighh*-tāyk-si) for a change
vaihtelu (*vighh*-tay-loo) *n* variation
vaihto (*vighh*-toa) *n* exchange
vaihtoehto (*vighh*-toa-*ayh*-toa) *n* alternative
vaihtokurssi (*vighh*-toa-*koors*-si) *n* rate of exchange, exchange rate
vaihtoraha (*vighh*-toa-*rah*-hah) *n* change
vaihtovirta (*vighh*-toa-*veer*-tah) *n* alternating current
vaikea (*vigh*-kay-ah) *adj* hard, difficult
vaikeroida (*vigh*-kay-roi-dah) *v* moan
vaikeus (*vigh*-kay-ooss) *n*

difficulty
vaikka (*vighk*-kah) *conj* though, although
vaikkakin (*vighk*-kah-kin) *conj* though
vaikutelma (*vigh*-koo-tayl-mah) *n* impression
vaikutin (*vigh*-koo-tin) *n* motive
vaikuttaa (*vigh*-koot-taa) *v* affect, influence
vaikuttava (*vigh*-koot-tah-vah) *adj* imposing, impressive
vaikutus (*vigh*-koo-tooss) *n* effect; influence; **tehdä ~** impress; **tehdä valtava ~** overwhelm
vaikutusvalta (*vigh*-koo-tooss-*vahl*-tah) *n* influence, authority
vaikutusvaltainen (*vigh*-koo-tooss-*vahl*-tigh-nayn) *adj* influential
vailla (*vighl*-lah) *prep* without
vaillinainen (*vighl*-li-nigh-nayn) *adj* incomplete
vaimo (*vigh*-moa) *n* wife
vain (*vighn*) *adv* only
vaisto (*vighss*-toa) *n* instinct
vaitelias (*vigh*-tay-li-ahss) *adj* quiet, silent
vaiva (*vigh*-vah) *n* trouble; inconvenience, nuisance
vaivalloinen (*vigh*-vahl-loi-nayn) *adj* troublesome
vaivannäkö (*vigh*-vahn-*næ*-kur) *n* pains
vaivata (*vigh*-vah-tah) *v* trouble; annoy
vaivautua (*vigh*-vou-too-ah) *v* bother
vaja (*vah*-ʸah) *n* shed
vajaus (*vah*-ʸah-ooss) *n* deficit
vajavuus (*vah*-ʸah-vo͞oss) *n* fault
vajota (*vah*-ʸoa-tah) *v*sink
vakaa (*vah*-kaa) *adj* stable, even
vakanssi (*vah*-kahns-si) *n* vacancy
vakaumus (*vah*-kah-oo-mooss) *n* belief
vakava (*vah*-kah-vah) *adj* serious, grave; bad
vakavuus (*vah*-kah-vo͞oss) *n* gravity, seriousness
vakio (*vah*-ki-oa) *n* standard; **vakio-** standard
vakiomitta (*vah*-ki-oa-*mit*-tah) *n* standard measure
vakituinen (*vah*-ki-tooᵉᵉ-nayn) *adj* permanent
vakoilija (*vah*-koi-li-ʸah) *n* spy
vakosametti (*vah*-koa-*sah*-mayt-ti) *n* corduroy
vakuus (*vah*-ko͞oss) *n* guarantee
vakuuttaa (*vah*-ko͞ot-taa) *v* insure, assure; persuade
vakuutus (*vah*-ko͞o-tooss) *n* insurance
vakuutuskirja (*vah*-ko͞o-tooss-*keer*-ʸah) *n* policy, insurance policy; **auton vakuutuskortti** green card
vakuutusmaksu (*vah*-ko͞o-

tooss-*mahk*-soo) *n* premium
vala (*vah*-lah) *n* oath, vow; **väärä ~** perjury
valaista (*vah*-lighss-tah) *v* illuminate; elucidate
valaistus (*vah*-lighss-tooss) *n* lighting; illumination
valas (*vah*-lahss) *n* whale
valehdella (*vah*-layh-dayl-lah) *v* lie
valehtelija (*vah*-layh-tay-li-ʸah) *n* liar
valepuku (*vah*-layp-*poo*-koo) *n* disguise
valhe (*vahl*-hay) *n* lie
valheellinen (*vahl*-hayl-li-nayn) *adj* untrue, false
valikoida (*vah*-li-koi-dah) *v* pick; select
valikoima (*vah*-li-koi-mah) *n* choice, assortment, selection; variety
valikoitu (*vah*-li-koi-too) *adj* select
valinnainen (*vah*-lin-nigh-nayn) *adj* optional
valinta (*vah*-lin-tah) *n* pick, choice
valintamyymälä (*vah*-lin-tah-*mew*-mæ-læ) *n* supermarket
valiokunta (*vah*-li-oa-*koon*-tah) *n* committee
valita (*vah*-li-tah) *v* select, *choose; elect; **~ puhelinnumero** *v* dial
valitettava (*vah*-li-tayt-tah-vah) *adj* unfortunate
valitettavasti (*vah*-li-tayt-tah-vahss-ti) *adv* unfortunately
valittaa (*vah*-lit-taa) *v* complain
valitus (*vah*-li-tooss) *n* complaint
valituskirja (*vah*-li-tooss-*keer*-ʸah) *n* complaints book
valkaista (*vahl*-kighss-tah) *v* bleach
valkoinen (*vahl*-koi-nayn) *adj* white
valkokangas (*vahl*-koa-*kahng*-ngahss) *n* screen
valkosipuli (*vahl*-koa-*si*-poo-li) *n* garlic
valkoturska (*vahl*-koa-*toors*-kah) *n* whiting
valkuaisaine (*vahl*-koo-ighss-*igh*-nay) *n* protein
vallankumouksellinen (*vahl*-lahn-*koo*-moa-ook-sayl-li-nayn) *adj* revolutionary
vallankumous (*vahl*-lahng-*koo*-moa-ooss) *n* revolution
vallata (*vahl*-lah-tah) *v* captivate, overpower; **~ kokonaan** overwhelm
vallaton (*vahl*-lah-toan) *adj* mischievous
valli (*vahl*-li) *n* dike, mound
vallihauta (*vahl*-li-*hou*-tah) *n* moat
vallita (*vahl*-li-tah) *v* rule
valloittaa (*vahl*-loit-taa) *v* conquer; invade
valloittaja (*vahl*-loit-tah-ʸah) *n* conqueror

valloitus (*vahl*-loi-tooss) *n* conquest
valmennus (*vahl*-mayn-nooss) *n* training
valmentaa (*vahl*-mayn-taa) *v* train
valmentaja (*vahl*-mayn-tah-ʸah) *n* coach
valmis (*vahl*-miss) *adj* finished, ready; prepared; **valmis-** ready-made; **~ yhteistyöhön** co-operative
valmistaa (*vahl*-miss-taa) *v* prepare; manufacture; **~ huolellisesti** elaborate; **~ ruokaa** *v* cook
valmistaja (*vahl*-miss-tah-ʸah) *n* manufacturer
valmistaminen (*vahl*-miss-tah-mi-nayn) *n* preparation
valmistava (*vahl*-miss-tah-vah) *adj* preliminary
valmistella (*vahl*-miss-tayl-lah) *v* prepare, arrange
valmistusohje (*vahl*-miss-tooss-*oah*-ʸay) *n* recipe
valo (*vah*-loa) *n* light
valoisa (*vah*-loi-sah) *adj* bright; luminous
valokopio (*vah*-loa-*koa*-pi-oa) *n* photocopy
valokuva (*vah*-loa-*koo*-vah) *n* photograph, photo; snapshot
valokuvaaja (*vah*-loa-*koo*-vaa-ʸah) *n* photographer
valokuvata (*vah*-loa-*koo*-vah-tah) *v* photograph
valokuvaus (*vah*-loa-*koo*-vah-ooss) *n* photography
valokuvausliike (*vah*-loa-*koo*-vah-ooss-*lee*-kay) *n* camera shop
valonheitin (*vah*-loan-*hay*-tin) *n* searchlight, floodlight
valottua (*vah*-loat-too-ah) *v* expose
valotus (*vah*-loa-tooss) *n* exposure
valotusmittari (*vah*-loa-tooss-*mit*-tah-ri) *n* exposure meter
valpas (*vahl*-pahss) *adj* vigilant
valssi (*vahls*-si) *n* waltz
valta (*vahl*-tah) *n* power; authority
valtaistuin (*vahl*-tah-*iss*-tooᵉᵉn) *n* throne
valtakunta (*vahl*-tah-*koon*-tah) *n* state, kingdom
valtameri (*vahl*-tah-*may*-ri) *n* ocean
valtatie (*vahl*-tahtyay) *n* highway
valtaus (*vahl*-tah-ooss) *n* capture
valtava (*vahl*-tah-vah) *adj* vast, immense, tremendous, huge
valtias (*vahl*-ti-ahss) *n* ruler
valtimo (*vahl*-ti-moa) *n* artery; pulse
valtio (*vahl*-ti-oa) *n* state
valtiollinen (*vahl*-ti-oal-li-nayn) *adj* national
valtiomies (*vahl*-ti-oa-*myayss*) *n* statesman
valtionpäämies (*vahl*-ti-

oan-pææ-mi-ayss) *n* head of state

valtionvirkamies (*vahl*-ti-oan veer-kah-*myayss*) civil servant

valtiopäivämies (*vahl*-ti-oa-*pæ*^{ee}-væ-*myayss*) *n* Member of Parliament

valtiosääntö (*vahl*-ti-oa-*sææn*-tur) *n* constitution

valtiovarainministeriö (*vahl*-ti-oa-*vah*-righn-*mi*-niss-tay-ri-ur) *n* Treasury

valtuus (*vahl*-to͞oss) *n* authority; mandate

valtuuskunta (*vahl*-to͞oss-*koon*-tah) *n* delegation

valtuutettu (*vahl*-to͞o-tayt-too) *n* delegate

valtuutus (*vahl*-to͞o-tooss) *n* authorization

valurauta (*vah*-loo-*rou*-tah) *n* cast iron

valuutta (*vah*-lo͞ot-tah) *n* currency

valvoa (*vahl*-voa-ah) *v* watch; look after; supervise; control

valvoja (*vahl*-voa-^{y}ah) *n* supervisor; attendant

valvonta (*vahl*-voan-tah) *n* control, supervision

vamma (*vahm*-mah) *n* injury

vammainen (*vahm*-migh-nayn) *adj* disabled, invalid

vanginvartija (*vahng*-ngin-*vahr*-ti-^{y}ah) *n* prison guard, warden

vangita (*vahng*-ngi-tah) *v* imprison, capture

vangitseminen (*vahng*-ngit-say-mi-nayn) *n* capture

vanha (*vahn*-hah) *adj* aged, old; ancient

vanhahko (*vahn*-hahh-koa) *adj* elderly

vanhanaikainen (*vahn*-hahn-*igh*-kigh-nayn) *adj* old-fashioned, ancient; quaint

vanhemmat (*vahn*-haym-maht) *pl* parents *pl*

vanhempi (*vahn*-haym-pi) *adj* elder

vanhentunut (*vahn*-hayn-too-noot) *adj* ancient; out of date, expired

vanhin (*vahn*-hin) *adj* eldest

vanhoillinen (*vahn*-hoil-li-nayn) *adj* conservative

vanhuudenheikko (*vahn*-ho͞o-dayn-*hayk*-koa) *adj* senile

vanhuus (*vahn*-ho͞oss) *n* age, old age

vanilja (*vah*-nil-^{y}ah) *n* vanilla

vankeus (*vahng*-kay-ooss) *n* imprisonment; custody

vanki (*vahng*-ki) *n* prisoner

vankila (*vahng*-ki-lah) *n* jail, prison

vankka (*vahngk*-kah) *adj* robust, firm

vanne (*vahn*-nay) *n* hoop

vannoa (*vahn*-noa-ah) *v*swear, vow

vanu (*vah*-noo) *n* cotton wool

vapa (*vah*-pah) *n* rod

vapaa (*vah*-paa) *adj* free; unoccupied, vacant; **vapautettu jstk** exempt
vapaa-aika (*vah*-paa-*igh*-kah) *n* leisure
vapaaehtoinen (*vah*-paa-*ayh*-toi-nayn) *n* volunteer; *adj* voluntary
vapaalippu (*vah*-paa-*lip*-poo) *n* free ticket
vapaamielinen (*vah*-paa-*myay*-li-nayn) *adj* liberal
vapaus (*vah*-pah-ooss) *n* freedom, liberty
vapauttaa (*vah*-pah-oot-taa) *v* exempt; discharge of, relieve
vapauttaminen (*vah*-pah-oot-tah-mi-nayn) *n* emancipation; **syytteestä ~** acquittal
vapautua (*vah*-pah-oo-too-ah) *v* rid
vapautus (*vah*-pah-oo-tooss) *n* liberation; exemption
vapista (*vah*-piss-tah) *v* shiver, tremble
varakas (*vah*-rah-kahss) *adj* wealthy, well-to-do
varallisuus (*vah*-rahl-li-so͞oss) *n* wealth
varaosa (*vah*-rah-*oa*-sah) *n* spare part
varapresidentti (*vah*-rah-*pray*-si-daynt-ti) *n* vice president
varapyörä (*vah*-rah-*p^ew^ur*-ræ) *n* spare wheel
vararengas (*vah*-rah-*rayng*-ngahss) *n* spare tyre
vararikkoinen (*vah*-rah-*rik*-koi-nayn) *adj* bankrupt
varas (*vah*-rahss) *n* thief
varastaa (*vah*-rahss-taa) *v* steal
varasto (*vah*-rahss-toa) *n* store, supply, stock; depot, warehouse, store house
varastoida (*vah*-rahss-toi-dah) *v* stock, store
varastointi (*vah*-rahss-toin-ti) *n* storage
varasäiliö (*vah*-rah-*sæ^ee^*-li-ur) *n* refill
varata (*vah*-rah-tah) *v* reserve, book; engage
varattu (*vah*-raht-too) *adj* reserved, occupied, engaged
varauloskäytävä (*vah*-rah-*oo*-loass-*kæ^ew^*-tæ-væ) *n* emergency exit
varaus (*vah*-rah-ooss) *n* booking, reservation
varhainen (*vahr*-high-nayn) *adj* early
varhaisempi (*vahr*-high-saym-pi) *adj* earlier
varietee-esitys (*vah*-ri-ay-tāy-*ay*-si-tewss) *n* variety show
varieteeteatteri (*vah*-ri-ay-tāy-*tay*-aht-tay-ri) *n* variety theatre
varis (*vah*-riss) *n* crow
varjo (*vahr*-^y^oa) *n* shadow, shade
varjoisa (*vahr*-^y^oi-sah) *adj* shady

varkaus (*vahr*-kah-ooss) *n* theft, robbery
varma (*vahr*-mah) *adj* certain, sure
varmasti (*vahr*-mahss-ti) *adv* surely; **aivan ~** definitely
varmistua (*vahr*-miss-too-ah) *v* make sure; **~ jstk** ascertain
varoa (*vah*-roa-ah) *v* beware, mind; **olla varuillaan** watch out, look out, beware
varoittaa (*vah*-roi-taa) *v* warn
varoitus (*vah*-roi-tooss) *n* warning
varovainen (*vah*-roa-vigh-nayn) *adj* careful, cautious; wary
varovaisuus (*vah*-roa-vigh-sōōss) *n* caution; precaution
varpu (*vahr*-poo) *n* twig
varpunen (*vahr*-poo-nayn) *n* sparrow
varras (*vahr*-rahss) *n* spit
varrella (*vahr*-rayl-lah) *postp* on, over
varsi (*vahr*-si) *n* handle; stem
varsinainen (*vahr*-si-nigh-nayn) *adj* actual
varsinkin (*vahr*-sing-kin) *adv* especially
vartalo (*vahr*-tah-loa) *n* figure, body
varten (*vahr*-tayn) *postp* for
vartija (*vahr*-ti-ʸah) *n* guard
vartio (*vahr*-ti-oa) *n* guard; **olla vartiossa** patrol, keep guard
vartioida (*vahr*-ti-oi-dah) *v* guard; watch
varustaa (*vah*-rooss-taa) *v* equip; furnish; **~ jllk** furnish with
varusteet (*vah*-rooss-tāyt) *pl* outfit, kit, equipment
varvas (*vahr*-vahss) *n* toe
vasara (*vah*-sah-rah) *n* hammer
vasemmanpuolinen (*vah*-saym-mahm-*pwoa*-li-nayn) *adj* left-hand
vasen (*vah*-sayn) *adj* left--hand, left
vasenkätinen (*vah*-sayng-*kæ*-ti-nayn) *adj* left-handed
vasikanliha (*vah*-si-kahn-*li*-hah) *n* veal
vasikannahka (*vah*-si-kahn-*nahh*-kah) *n* calfskin
vasikka (*vah*-sik-kah) *n* calf
vasta-alkaja (*vahss*-tah-*ahl*-kah-ʸah) *n* beginner
vastaan (*vahss*-taan) *postp* against; versus; **olla jtk ~** mind; **~ tuleva** oncoming
vastaanottaa (*vahss*-taan-*oat*-taa) *v* receive
vastaanottaja (*vahss*-taan-*oat*-tah-ʸah) *n* addressee
vastaanotto (*vahss*-taan-*oat*-toa) *n* reception, receipt
vastaanottoaika (*vahss*-taan-*oat*-toa-*igh*-kah) *n* consultation hours
vastaanottoapulainen

(*vahss*-taan-*oat*-toa-*ah*-poo-ligh-nayn) *n* receptionist
vastaanottohuone (*vahss*-taan-*oat*-toa-*hwoa*-nay) *n* surgery, reception office
vastaava (*vahss*-taa-vah) *adj* equivalent
vastahakoinen (*vahss*-tah-*hah*-koi-nayn) *adj* unwilling, averse
vastakohta (*vahss*-tah-*koah*-tah) *n* opposite, contrast
vastalause (*vahss*-tah-*lou*-say) *n* protest, objection; **esittää ~** protest
vastapäinen (*vahss*-tah-*pææ*-nayn) *adj* opposite
vastapäätä (*vahss*-tah-*pææ*-tæ) *postp* opposite
vastata (*vahss*-tah-tah) *v* answer, reply; correspond
vastaus (*vahss*-tah-ooss) *n* reply, answer; **vastaukseksi** *adv* in reply
vastavaikutus (*vahss*-tah-*vigh*-koo-tooss) *n* reaction
vastavirtaan (*vahss*-tah-*veer*-taan) *adv* upstream
vastaväite (*vahss*-tah-væee-tay) *n* objection
vastenmielinen (*vahss*-taym-*myay*-li-nayn) *adj* unpleasant, repulsive, disgusting, repellent
vastenmielisyys (*vahss*-taym-*myay*-li-sewss) *n* aversion, dislike, antipathy; **tuntea vastenmielisyyttä** dislike
vastoinkäyminen (*vahss*-toin-kæew-mi-nayn) *n* adversity
vastustaa (*vahss*-tooss-taa) *v* object, oppose
vastustaja (*vahss*-tooss-tah-yah) *n* opponent
vastustus (*vahss*-tooss-tooss) *n* resistance
vastuu (*vahss*-too) *n* responsibility; **vastuussa jstk** in charge of
vastuullinen (*vahss*-tool-li-nayn) *adj* responsible; liable
vastuuvelvollisuus (*vahss*-too-*vayl*-voal-li-sooss) *n* liability
vati (*vah*-ti) *n* dish, basin
vatkain (*vaht*-kighn) *n* mixer
vatkata (*vaht*-kah-tah) *v* whip; mix
vatsa (*vaht*-sah) *n* belly, stomach
vatsahaava (*vaht*-sah-*haa*-vah) *n* gastric ulcer
vatsakipu (*vaht*-sah-*ki*-poo) *n* stomach ache
vauhti (*vouh*-ti) *n* rate, speed; **hiljentää vauhtia** slow down
vaunu (*vou*-noo) *n* coach, car
vaununosasto (*vou*-noon-*oa*-sahss-toa) *n* compartment
vaunut (*vou*-noot) *pl* carriage, coach
vauraus (*vou*-rah-ooss) *n* prosperity

vaurio (*vou*-ri-oa) *n* damage
vaurioittaa (*vou*-ri-oit-taa) *v* damage
vauva (*vou*-vah) *n* baby; **vauvan kantokassi** carrycot
vauvanvaippa (*vou*-vahn-*vighp*-pah) *n* diaper *nAm*
vedenalainen (*vay*-dayn-*ah*-ligh-nayn) *adj* underwater
vedenpitävä (*vay*-daym-*pi*-tæ-væ) *adj* waterproof
vedonlyönti (*vay*-doan-*lewurn*-ti) *n* bet; **vedonlyönnin välittäjä** book-maker
vedos (*vay*-doass) *n* print
vehkeillä (*vayh*-kayl-læ) *v* conspire
vehkeily (*vayh*-kay-lew) *n* intrigue
vehnä (*vayh*-næ) *n* wheat
vehnäjauho (*vayh*-næ-*you*-hoa) *n* flour
veistos (*vayss*-toass) *n* sculpture; carving
veistää (*vayss*-tææ) *v* carve
veitsi (*vayt*-si) *n* knife
vekotin (*vay*-koa-tin) *n* gadget
vekseli (*vayk*-say-li) *n* draft
veli (*vay*-li) *n* brother
veljenpoika (*vayl*-*y*aym-*poi*-kah) *n* nephew
veljentytär (*vayl*-*y*ayn-*tew*-tær) *n* niece
veljeys (*vayl*-*y*ay-ewss) *n* fraternity
velka (*vayl*-kah) *n* debt; **olla velkaa** owe
velkoja (*vayl*-koa-*y*ah) *n* creditor
veltto (*vaylt*-toa) *adj* flabby, sodden
velvoittaa (*vayl*-voit-taa) *v* oblige
velvollisuus (*vayl*-voal-li-sooss) *n* duty
vene (*vay*-nay) *n* boat
Venezuela (*vay*-nayt-soo-ay-lah) Venezuela
venezuelalainen (*vay*-nayt-soo-ay-lah-ligh-nayn) *n* Venezuelan; *adj* Venezuelan
venttiili (*vaynt*-teeli) *n* valve
venyttää (*vaynewt*-tææ) *v* stretch
Venäjä (*vay*-næ-*y*æ) Russia
venäläinen (*vay*-næ-læee-nayn) *n* Russian; *adj* Russian
verbi (*vayr*-bi) *n* verb
verenkierto (*vay*-rayng-*kyayr*-toa) *n* blood circulation
verenmyrkytys (*vay*-raym-*mewr*-kew-tewss) *n* blood poisoning
verenpaine (*vay*-raym-*pigh*-nay) *n* blood pressure
verenvuoto (*vay*-rayn-*vwoa*-toa) *n* haemorrhage; **~ nenästä** nosebleed
verho (*vayr*-hoa) *n* curtain
verhoilla (*vayr*-hoil-lah) *v* upholster
veri (*vay*-ri) *n* blood
verisuoni (*vay*-ri-*swoa*-ni) *n* blood vessel

verkko (*vayrk*-koa) *n* net
verkkokalvo (*vayrk*-koa-*kahl*-voa) *n* retina
verkkoryhmä (*vayrk*-koa-*rewh*-mæ) *n* network
verkkotyöskentely (*vayrk*-koa-*t*ᵉʷ*urss*-kayn-ta-lew) *n* networking
verkonsilmä (*vayr*-koan-*sil*-mæ) *n* mesh
vernissa (*vayr*-niss-sah) *n* varnish
vero (*vay*-roa) *n* tax
veroton (*vay*-roa-toan) *adj* tax-free
verottaa (*vay*-roat-taa) *v* tax
verotus (*vay*-roa-tooss) *n* taxation
verrata (*vayr*-rah-tah) *v* compare
verraton (*vayr*-rah-toan) *adj* priceless, exquisite, terrific; superlative
vertailukohta (*vayr*-tah-*i*-loo-koah-tah) *n* point of comparison
vertaus (*vayr*-tah-ooss) *n* comparison
veruke (*vay*-roo-kay) *n* pretence
veräjä (*vay*-*ræ*-ʸæ) *n* gate
vesi (*vay*-si) *n* water; **juokseva** ~ running water
vesikauhu (*vay*-si-*kou*-hoo) *n* rabies
vesillelasku (*vay*-sil-layl-*lahss*-koo) *n* launching
vesimeloni (*vay*-si-*may*-loa-ni) *n* watermelon
vesipannu (*vay*-si-*pahn*-noo) *n* kettle
vesipumppu (*vay*-si-*poomp*-poo) *n* water pump
vesiputous (*vay*-si-*poo*-toa-ooss) *n* waterfall
vesirokko (*vay*-si-*roak*-koa) *n* chickenpox
vesisuksi (*vay*-si-*sook*-si) *n* water ski
vesivaaka (*vay*-si-*vaa*-kah) *n* level
vesiväri (*vay*-si-*væ*-ri) *n* watercolo(u)r
vesivärimaalaus (*vay*-si-*væ*-ri-*maa*-lah-ooss) *n* watercolo(u)r
veto (*vay*-toa) *n* draught
vetoketju (*vay*-toa-*kayt*-ʸoo) *n* zip, zipper
vetoomus (*vay*-tōā-mooss) *n* appeal
vetovoima (*vay*-toa-*voi*-mah) *n* attraction
veturi (*vay*-too-ri) *n* locomotive, engine
vety (*vay*-tew) *n* hydrogen
vetäytyä (*vay*-tæᵉʷ-tew-æ) *v* withdraw; ~ **jonnekin** retire
vetää (*vay*-tææ) *v* pull, *draw; *wind; ~ **puoleensa** attract; ~ **ulos** extract
viallinen (*vi*-ahl-li-nayn) *adj* defective
viaton (*vi*-ah-toan) *adj* innocent
viattomuus (*vi*-aht-toa-mōōss) *n* innocence
video (*vi*-day-oa) *n* video
videokasetti (*vi*-day-oa-*kah*-

sayt-ti) *n* video cassette
videonauhuri (*vi*-day-oa-*nou*-hoo-ri) *n* video recorder
videopeli (*vi*-day-oa-*pay*-li) *n* video game
videotallennus (*vi*-day-oa-*tahl*-layn-nooss) *n* video recording
viedä (*vi*-ay-dæ) *v* take away; ~ **kirjoihin** book; ~ **maasta** export
viehkeä (*vyayh*-kay-æ) *adj* graceful
viehättävä (*vyay*-hæt-tæ-væ) *adj* charming, lovely
viehätys (*vyay*-hæ-tewss) *n* charm, attraction
vielä (*vyay*-læ) *adv* yet, still
viemäri (*vyay*-mæ-ri) *n* drain, sewer
vienti (*vyayn*-ti) *n* export, exportation
vientitavarat (*vyayn*-ti-*tah*-vah-raht) *pl* exports *pl*
vieraanvarainen (*vyay*-raan-*vah*-righ-nayn) *adj* hospitable
vieraanvaraisuus (*vyay*-raan-*vah*-righ-sooss) *n* hospitality
vierailija (*vyay*-righ-li-^{y}ah) *n* visitor
vierailla (*vyay*-righl-lah) *v* call on, visit
vierailu (*vyay*-righ-loo) *n* visit, call
vierailuaika (*vyay*-righ-loo-*igh*-kah) *n* visiting hours
vieras (*vyay*-rahss) *n* guest; *adj* foreign
vierashuone (*vyay*-rahss-*hwoa*-nay) *n* spare room, guest room
vieressä (*vyay*-rayss-sæ) *postp* beside, next to
viesti (*vyayss*-ti) *n* message
viestintä (*vyayss*-tin-tæ) *n* communication
vietellä (*vyay*-tayl-læ) *v* seduce
viettävä (*vyayt*-tæ-væ) *adj* sloping
viettää[1] (*vyayt*-tææ) *v* spend; ~ **riemuvoittoa** triumph
viettää[2] (*vyayt*-tææ) *v* slope
viha (*vi*-hah) *n* hate, hatred
vihainen (*vi*-high-nayn) *adj* cross, angry
vihamielinen (*vi*-hah-*myay*-li-nayn) *adj* hostile
vihannekset (*vi*-hahn-nayk-sayt) *pl* greens *pl*
vihanneskauppias (*vi*-hahn-nayss-*koup*-pi-ahss) *n* greengrocer; vegetable merchant
vihata (*vi*-hah-tah) *v* hate
vihdoin (*vih*-doin) *adv* at last
vihellyspilli (*vi*-hayl-lewss-*pil*-li) *n* whistle
viheltää (*vi*-hayl-tææ) *v* whistle
vihjata (*vih*-^{y}ah-tah) *v* imply
vihje (*vih*-^{y}ay) *n* hint
vihkisormus (*vih*-ki-*soar*-mooss) *n* wedding ring
vihollinen (*vi*-hoal-li-nayn) *n* enemy

vihreä (*vih*-ray-æ) *adj* green
viidakko (*vee*-dahk-koa) *n* jungle
viides (*vee*-dayss) *num* fifth
viidestoista (*vee*-dayss-*toiss*-tah) *num* fifteenth
viihde (*veeh*-day) *n* entertainment
viihdyttävä (*veeh*-dewt-tæ-væ) *adj* entertaining
viihdyttää (*veeh*-dewt-tææ) *v* entertain
viikko (*veek*-koa) *n* week; **kaksi viikkoa** fortnight
viikonloppu (*vee*-koan-*loap*-poo) *n* weekend
viikottainen (*vee*-koat-tigh-nayn) *adj* weekly
viikset (*veek*-sayt) *pl* moustache
viikuna (*vee*-koo-nah) *n* fig
viila (*vee*-lah) *n* file
viileä (*vee*-lay-æ) *adj* cool
viilto (*veel*-toa) *n* cut
viime (*vee*-may) *adj* past, last; **~ aikoina** lately
viimeinen (*vee*-may-nayn) *adj* ultimate, last
viimeistellä (*vee*-mayss-tayl-læ) *v* finish
viina (*vee*-nah) *n* liquor
viini (*vee*-ni) *n* wine
viinikauppias (*vee*-ni-*koup*-pi-ahss) *n* wine merchant
viinikellari (*vee*-ni-*kayl*-lah-ri) *n* wine cellar
viiniköynnös (*vee*-ni-*kur*[ew]*n*-nurss) *n* vine
viinilista (*vee*-ni-*liss*-tah) *n* wine list
viininkorjuu (*vee*-nin-*koar*-[y]oo) *n* vintage
viinirypäleet (*vee*-ni-*rew*-pæ-layt) *pl* grapes *pl*
viinitarha (*vee*-ni-*tahr*-hah) *n* vineyard
viipale (*vee*-pah-lay) *n* slice
viipymättä (*vee*-pew-mæt-tæ) *adv* immediately
viiriäinen (*vee*-ri-æ[ee]-nayn) *n* quail
viisas (*vee*-sahss) *adj* wise
viisaus (*vee*-sah-ooss) *n* wisdom
viisi (*vee*-si) *num* five
viisikymmentä (*vee*-si-*kewm*-mayn-tæ) *num* fifty
viisitoista (*vee*-si-*toiss*-tah) *num* fifteen
viisto (*veess*-toa) *adj* slanting
viisumi (*vee*-soo-mi) *n* visa
viitata (*vee*-tah-tah) *v* beckon; **~ jhk** refer to
viitaten (*vee*-tah-tayn) *adv* with reference to
viite (*vee*-tay) *n* reference
viitta (*veet*-tah) *n* robe
viittaus (*veet*-tah-ooss) *n* allusion
viiva (*vee*-vah) *n* line
viivoitin (*vee*-voi-tin) *n* ruler
viivyttää (*vee*-vewt-tææ) *v* delay
viivytys (*vee*-vew-tewss) *n* delay
vika (*vi*-kah) *n* fault; deficiency
vilahdus (*vi*-lahh-dooss) *n* glimpse

vilja (*vil*-ʸah) *n* corn
viljapelto (*vil*-ʸah-*payl*-toa) *n* cornfield
viljelemätön (*vil*-ʸay-lay-mæ-turn) *adj* uncultivated
viljellä (*vil*-ʸayl-læ) *v* cultivate; raise
viljelys (*vil*-ʸay-lewss) *n* plantation
vilkas (*vil*-kahss) *adj* active
vilkasliikenteinen (*vil*-kahss-*lee*-kayn-tay-nayn) *adj* busy
vilkkuvalo (*vilk*-koo-*vah*-loa) *n* indicator
villa (*vil*-lah) *n* wool
villainen (*vil*-ligh-nayn) *adj* woollen
villapaita (*vil*-lah-*pigh*-tah) *n* jersey
villatakki (*vil*-lah-*tahk*-ki) *n* cardigan
villi (*vil*-li) *adj* savage, wild; fierce
villitys (*vil*-lew-tewss) *n* craze
vilpillinen (*vil*-pil-li-nayn) *adj* false
vilpittömästi (*vil*-pit-tur-mæss-ti) *adv* sincerely
vilpitön (*vil*-pi-turn) *adj* sincere, honest
vilustua (*vi*-looss-too-ah) *v*catch a cold
vilustuminen (*vi*-looss-too-mi-nayn) *n* cold
vimma (*vim*-mah) *n* fury
vino (*vi*-noa) *adj* slanting
vinottainen (*vi*-noat-tigh-nayn) *adj* diagonal
vintiö (*vin*-ti-ur) *n* rascal
vinttikoira (*vint*-ti-*koi*-rah) *n* greyhound
VIP (*vip*) *n* VIP
vipu (*vi*-poo) *n* lever
vipuvarsi (*vi*-poo-vahr-si) *n* lever pin
virallinen (*vi*-rahl-li-nayn) *adj* official
viranomaiset (*vi*-rahn-*oa*-migh-sayt) *pl* authorities *pl*
virasto (*vi*-rahss-toa) *n* office
virhe (*veer*-hay) *n* mistake, fault, error
virheellinen (veer-hay̅l-li-nayn) *adj* incorrect, faulty
virheetön (*veer*-hay̅-turn) *adj* faultless
virittää (*vi*-rit-tææ) *v* tune in
virka (*veer*-kah) *n* office
virkapuku (*veer*-kah-*poo*-koo) *n* uniform
virkata (*veer*-kah-tah) *v* crochet
virkaura (*veer*-kah-*oo*-rah) *n* career
virkavaltaisuus (*veer*-kah-*vahl*-tigh-sooss) *n* bureaucracy
virkaveli (*veer*-kah-*vay*-li) *n* colleague
virkistys (*veer*-kiss-tewss) *n* recreation
virkistyskeskus (*veer*-kiss-tewss-*kayss*-kooss) *n* recreation centre
virkistää (*veer*-kiss-tææ) *v* refresh
virnistys (*veer*-*niss*-tewss) *n*

grin
virnistää (*veer*-niss-tææ) *v* grin
virranjakaja (*veer*-rahn-^{y}*ah*-kah-^{y}ah) *n* distributor
virrata (*veer*-rah-tah) *v* flow, stream
virsi (*veer*-si) *n* hymn
virta (*veer*-tah) *n* stream; current
virtsa (*veert*-sah) *n* urine
virus (*vee*-roos) *n* virus
virvoke (*veer*-voa-kay) *n* refreshment
vitamiini (*vi*-tah-mee-ni) *n* vitamin
vitsaus (*vit*-sah-ooss) *n* plague
vitsi (*vit*-si) *n* joke
viuhka (*vee^{oo}h*-kah) *n* fan
viulu (*vee^{oo}*-loo) *n* violin
vivahdus (*vi*-vahh-dooss) *n* shade
vohveli (*voah*-vay-li) *n* wafer, waffle
voi (*voi*) *n* butter
voida (*voi*-dah) *v* can, *be able to
voide (*voi*-day) *n* cream; ointment
voidella (*voi*-dayl-lah) *v* lubricate
voihkia (*voih*-ki-ah) *n* groan
voikukka (*voi-kook*-kah) *n* dandelion
voileipä (*voi-lay*-pæ) *n* sandwich
voima (*voi*-mah) *n* strength, energy, force, power
voimakas (*voi*-mah-kahss) *adj* strong; powerful
voimakkuus (*voi*-mahk-kōōss) *n* power
voimalaitos (*voi*-mah-*ligh*-toass) *n* power plant
voimaton (*voi*-mah-toan) *adj* powerless; faint
voimistelija (*voi*-miss-tay-li-^{y}ah) *n* gymnast
voimistelu (*voi*-miss-tay-loo) *n* gymnastics *pl*
voimistelusali (*voi*-miss-tay-loo-*sah*-li) *n* gymnasium
voimistelutossut (*voi*-miss-tay-loo-*toass*-soot) *pl* gym shoes
voitelu (*voi*-tay-loo) *n* lubrication
voitelujärjestelmä (*voi*-tay-loo-^{y}*ær*-^{y}ayss-tayl-mæ) *n* lubrication system
voiteluöljy (*voi*-tay-loo-*url*-^{y}ew) *n* lubrication oil
voitollinen (*voi*-toal-li-nayn) *adj* winning
voittaa (*voit*-taa) *v* gain, *win; defeat, *beat; *overcome
voittaja (*voit*-tah-^{y}ah) *n* winner
voittamaton (*voit*-tah-mah-toan) *adj* unsurpassed
voitto (*voit*-toa) *n* victory; profit
voittoisa (*voit*-toi-sah) *adj* triumphant
voittosumma (*voit*-toa-*soom*-mah) *n* winnings *pl*
vokaali (*voa*-kaa-li) *n* vowel

voltti (*voalt*-ti) *n* volt
vuodattaa (*vwoa*-daht-taa) *v*shed
vuode (*vwoa*-day) *n* bed
vuodenaika (*vwoa*-dayn-*igh*-kah) *n* season
vuodevaatteet (*vwoa*-dayv-*vaat*-tayt) *pl* bedding
vuohennahka (*vwoa*-hayn-*nahh*-kah) *n* buckskin
vuohi (*vwoa*-hi) *n* goat
vuohipukki (*vwoa*-hi-*pook*-ki) *n* goat
vuokra (*vwoak*-rah) *n* rent; **antaa vuokralle** lease
vuokra-autoilija (*vwoak*-rah-*ou*-toi-li-^{y}ah) *n* taxi driver
vuokraemäntä (*vwoak*-rah-*ay*-mæn-tæ) *n* landlady
vuokraisäntä (*vwoak*-rah-*i*-sæn-tæ) *n* landlord
vuokralainen (*vwoak*-rah-ligh-nayn) *n* lodger, tenant
vuokrasopimus (*vwoak*-rah-*soa*-pi-mooss) *n* rental agreement
vuokrata (*vwoak*-rah-tah) *v*let, hire, rent, lease
vuokratalo (*vwoak*-rah-*tah*-loa) *n* apartment house *Am*
vuokrattavana (*vwoak*-raht-tah-vah-nah) for hire
vuoksi (*vwoak*-si) *postp* owing to, because of, for; *n* flood
vuolla (*lay*-kah-tah) *v* carve
vuorenharjanne (*vwoa*-rayn-*hahr*-^{y}ahn-nay) *n* ridge
vuori (*vwoa*-ri) *n* mount, mountain; lining
vuorijono (*vwoa*-ri-^{y}*oa*-noa) *n* mountain range
vuorinen (*vwoa*-ri-nayn) *adj* mountainous
vuoristokiipeily (*vwoa*-riss-toa-*kee*-pay-lew) *n* mountaineering
vuoro (*vwoa*-roa) *n* turn
vuorokausi (*vwoa*-roa-*kou*-si) *n* twenty-four hours
vuorolaiva (*vwoa*-roa-*ligh*-vah) *n* liner
vuorottainen (*vwoa*-roat-tigh-nayn) *adj* alternate
vuorovesi (*vwoa*-roa-*vay*-si) *n* tide
vuosi (*vwoa*-si) *n* year; **uusi ~** New Year
vuosikirja (*vwoa*-si-*keer*-^{y}ah) *n* annual
vuosipäivä (*vwoa*-si-*pæ*^{ee}-væ) *n* anniversary
vuosisata (*vwoa*-si-*sah*-tah) *n* century
vuosittain (*vwoa*-sit-tighn) *adv* per annum
vuotaa (*vwoa*-taa) *v* leak; **~ verta** *bleed
vuotava (*vwoa*-tah-vah) *adj* leaky
vuoto (*vwoa*-toa) *n* leak
vuotuinen (*vwoa*-tigh-nayn) *adj* yearly, annual
vyö (*v*^{ew}*ur*) *n* belt
vyöhyke (*v*^{ew}*ur*-hew-kay) *n* zone
vyötärö (*v*^{ew}*ur*-tæ-rur) *n* waist
väestö (*væ*-ayss-tur) *n*

population
vähemmistö (*væ*-haym-miss-tur) *n* minority
vähemmän (*væ*-haym-mæn) *adv* less
vähennys (*væ*-hayn-newss) *n* decrease; discount
vähentää (*væ*-hayn-tææ) *v* reduce, lessen, decrease; subtract, deduct
vähetä (*væ*-hay-tææ) *v* decrease
vähin (*væ*-hin) *adj* least
vähintään (*væ*-hin-tææn) *adv* at least
vähitellen (*væ*-hi-tayl-layn) *adv* gradually
vähittäiskauppa (*væ*-hit-tæ^ee^ss-*koup*-pah) *n* retail trade
vähittäiskauppias (*væ*-hit-tæ^ee^ss-*koup*-pi-ahss) *n* retailer
vähittäismaksukauppa (*væ*-hit-tæ^ee^ss-mahk-soo-*koup*-pah) *n*hire purchase, installment plan *nAm*
vähäinen (*væ*-hæ^ee^-nayn) *adj* minor, small; slight
vähäisin (*væ*-hæ^ee^-sin) *adj* least
vähän (*væ*-hæn) *adv* some; ~ **lisää** some more
vähäpätöinen (*væ*-hæ-*pæ*-tur^ee^-nayn) *adj* petty; minor
vähätellä (*væ*-hæ-tayl-læ) *v* understate
vähättely (*væ*-hæt-tay-lew) *n* understatement
väijytys (*væ^ee^*-^y^ew-tewss) *n* ambush
väistämätön (*væ^ee^ss*-tæ-mæ-turn) *adj* unavoidable, inevitable
väite (*væ^ee^*-tay) *n* statement
väitellä (*væ^ee^*-tayl-læ) *v* argue
väittely (*væ^ee^t*-tay-lew) *n* argument; discussion
väittää (*væ^ee^t*-tææ) *v* insist, claim; ~ **vastaan** object to
väkevä (*væ*-kay-væ) *adj* powerful
väkijuomat (*væ*-ki-^y^*woa*-maht) *pl* spirits
väkipyörä (*væ*-ki-*p^ew^ur*-ræ) *n* pulley
väkirikas (*væ*-ki-*ri*-kahss) *adj* populous
väkisin (*væ*-ki-sin) *adv* by force
väkivalta (*væ*-ki-*vahl*-tah) *n* violence; force; **tehdä väkivaltaa** assault
väkivaltainen (*væ*-ki-*vahl*-tigh-nayn) *adj* violent
väli (*væ*-li) *n* space; interval
väliaika (*væ*-li-*igh*-kah) *n* interval, intermission; interim
väliaikainen (*væ*-li-*igh*-kigh-nayn) *adj* temporary; provisional
väliintulo (*væ*-leen-*too*-loa) *n* interference
välikohtaus (*væ*-li-*koah*-tah-ooss) *n* episode, interlude
välimatka (*væ*-li-*maht*-kah) *n* space

Välimeri (*væ*-li-*may*-ri) Mediterranean
väline (*væ*-li-nay) *n* tool
välinpitämätön (*væ*-lim-*pi*-tæ-mæ-turn) *adj* indifferent
välipala (*væ*-li-*pah*-lah) *n* snack
väliseinä (*væ*-li-*say*-næ) *n* partition
välissä (*væ*-liss-sæ) *postp* between
välittäjä (*væ*-lit-tæ-ʸæ) *n* intermediary, mediator; broker
välittää (*væ*-lit-tææ) *v* mediate; **olla välittämättä** ignore; ~ **jstk** care for
välittömästi (*væ*-lit-tur-mæss-ti) *adv* instantly, immediately
välitunti (*væ*-li-*toon*-ti) *n* break
välitysliike (*væ*-li-tewss-*lee*-kay) *n* agency
välitön (*væ*-li-turn) *adj* direct, immediate
väljähtynyt (*væl*-ʸæh-tew-newt) *adj* stale
välttämättömyydet (*vælt*-tæ-mæt-tur-mew̄-dayt) *npl* basics
välttämättömyys (*vælt*-tæ-mæt-tur-mēwss) *n* necessity
välttämätön (*vælt*-tæ-mæ-turn) *adj* necessary; essential
välttää (*vælt*-tææ) *v* avoid; escape
välähdys (*væ*-læh-dewss) *n* flash
väri (*væ*-ri) *n* colour
värifilmi (*væ*-ri-*fil*-mi) *n* colour film
värikäs (*væ*-ri-kæss) *adj* colourful
värillinen (*væ*-ril-li-nayn) *adj* coloured
värinpitävä (*væ*-rim-*pi*-tæ-væ) *adj* fast-dyed
värisokea (*væ*-ri-*soa*-kay-ah) *adj* colour-blind
väristys (*væ*-riss-tewss) *n* chill; shiver, shudder
väristä (*væ*-riss-tæ) *v* tremble, shiver
värjätä (*vær*-ʸæ-tæ) *v* dye
värjäys (*vær*-ʸæ-ewss) *n* dye
värähdellä (*væ*-ræh-dayl-læ) *v* vibrate
värähtely (*væ*-ræh-tay-lew) *n* vibration
väsynyt (*væ*-sew-newt) *adj* tired
väsyttävä (*væ*-sewt-tæ-væ) *adj* weary, tiring
väsyttää (*væ*-sewt-tææ) *v* tire
vävy (*væ*-vew) *n* son-in-law
väylä (*vææw*-læ) *n* passage
vääntynyt (*væœn*-tew-newt) *adj* crooked
vääntää (*væœn*-tææ) *v* wrench, twist
vääntö (*væœn*-tur) *n* twist
väärennös (*væœ*-rayn-nurss) *n* counterfeit, fake
väärentää (*væœ*-rayn-tææ) *v* forge, counterfeit
väärinkäsitys (*væœ*-ring-*kæ*-si-tewss) *n*

misunderstanding; mistake
väärinkäyttö (*vææ*-ring-*kæ*ew*t*-tur) *n* abuse, misuse
vääryys (*vææ*-rewss) *n* injustice, wrong; **tehdä vääryyttä** wrong
väärä (*vææ*-ræ) *adj* incorrect, wrong, false; **olla väärässä** *be wrong

W

watti (*vaht*-ti) *n* watt
WC (*vay*-say) *n* rest room, facilities

Y

ydin (*ew*-din) *n* heart, essence, nucleus; marrow; **ydin-** nuclear, atomic
ydinvoima (*ew*-din-*voi*-mah) *n* nuclear energy
yhdeksän (*ewh*-dayk-sæn) *num* nine
yhdeksänkymmentä (*ewh*-dayk-sæng-*kewm*-mayn-tæ) *num* ninety
yhdeksäntoista (*ewh*-dayk-sæn-*toiss*-tah) *num* nineteen
yhdeksäs (*ewh*-dayk-sæss) *num* ninth
yhdeksästoista (*ewh*-dayk-sæss-*toiss*-tah) *num* nineteenth
yhdenmukainen (*ewh*-daym-*moo*-kigh-nayn) *adj* uniform
yhdenmukaistaa (*ewh*-daym-moo-kighss-taa) *v* standardize
yhdennäköisyys (*ewh*-dayn-*næ*-kur^ee-sewss) *n* resemblance
yhdensuuntainen (*ewh*-dayn-*soon*-tigh-nayn) *adj* parallel
yhdessä (*ewh*-dayss-sæ) *adv* together
yhdestoista (*ewh*-dayss-*toiss*-tah) *num* eleventh
yhdistelmä (*ewh*-diss-tayl-mæ) *n* combination
yhdistetty (*ewh*-diss-tayt-tew) *adj* joint
yhdistynyt (*ewh*-diss-tew-newt) *adj* united
yhdistys (*ewh*-diss-tewss) *n* society, association; union
yhdistyä (*ewh*-diss-tew-æ) *v* merge
yhdistää (*ewh*-diss-tææ) *v* unite; join; connect; combine; **~ jälleen** reunite
yhdyskunta (*ewh*-dewss-*koon*-tah) *n* community
yhdysside (*ewh*-dewss-*si*-

day) *n* band, link
Yhdysvallat (*ewh*-dewss-*vahl*-laht) the United States
yhdysviiva (*ewh*-dewss-*vee*-vah) *n* hyphen
yhteenlasku (*ewh*-tayn-*lahss*-koo) *n* addition
yhteensattuma (*ewh*-tayn-*saht*-too-mah) *n* concurrence
yhteentörmäys (*ewh*-tayn-*turr*-mæ-ewss) *n* collision, crash
yhteenveto (*ewh*-tayn-*vay*-toa) *n* summary
yhteinen (*ewh*-tay-nayn) *adj* common, joint; **yhteis-** collective
yhteiskunnallinen (*ewh*-tayss-*koon*-nahl-li-nayn) *adj* social
yhteiskunta (*ewh*-tayss-*koon*-tah) *n* society
yhteistoiminnallinen (*ewh*-tayss-*toi*-min-nahl-li-nayn) *adj* co-operative
yhteistoiminta (*ewh*-tayss-*toi*-min-tah) *n* cooperation
yhteistyö (*ewh*-tayss-*t^{ew}ur*) *n* cooperation
yhteisymmärrys (*ewh*-tayss-*ewm*-mær-rewss) *n* consensus
yhteisö (*ewh*-tay-sur) *n* community
yhtenäisyys (*ewh*-tay-næ^{ee}-sewss) *n* coherence
yhteys (*ewh*-tay-ewss) *n* connection; touch, contact
yhtiö (*ewh*-ti-ur) *n* company
yhtye (*ewh*-tew-ay) *n* band
yhtymä (*ewh*-tew-mæ) *n* concern; merger
yhtyä (*ewh*-tew-æ) *v* join
yhtä (*ewh*-tæ) *adv* equally; ~ **paljon** as much; as
yhtäläinen (*ewh*-tæ-læ^{ee}-nayn) *adj* equal
yhä (*ew*-hæ) *adv* ever; ~ **uudelleen** again and again
ykseys (*ewk*-say-ewss) *n* unity
yksi (*ewk*-si) *num* one
yksikkö (*ewk*-sik-kur) *n* singular; unit
yksilö (*ewk*-si-lur) *n* individual
yksilöllinen (*ewk*-si-lurl-li-nayn) *adj* individual
yksimielinen (*ewk*-si-*myay*-li-nayn) *adj* unanimous
yksin (*ewk*-sin) *adv* alone
yksinkertainen (*ewk*-sing-*kayr*-tigh-nayn) *adj* simple, plain
yksinkertaisesti (*ewk*-sing-*kayr*-tigh-sayss-ti) *adv* simply
yksinoikeus (*ewk*-sin-*oi*-kay-ooss) *n* monopoly
yksinomaan (*ewk*-sin-*oa*-maan) *adv* exclusively, solely
yksinomainen (*ewk*-sin-*oa*-migh-nayn) *adj* exclusive
yksinpuhelu (*ewk*-sim-*poo*-hay-loo) *n* monologue
yksinäinen (*ewk*-si-næ^{ee}-nayn) *adj* lonely
yksipuolinen (*ewk*-si-*pwoa*-

li-nayn) *adj* one-sided
yksitoikkoinen (*ewk*-si-*toik*-koi-nayn) *adj* monotonous
yksitoista (*ewk*-si-*toiss*-tah) *num* eleven
yksityinen (*ewk*-si-tew^ee^-nayn) *adj* private; individual
yksityiselämä (*ewk*-si-tew^ee^ss-*ay*-læ-mæ) *n* privacy
yksityiskohta (*ewk*-si-tew^ee^ss-*koah*-tah) *n* detail
yksityiskohtainen (*ewk*-si-tew^ee^ss-*koah*-tigh-nayn) *adj* detailed
yksityisopettaja (*ewk*-si-tew^ee^ss-*oa*-payt-tah-^y^ah) *n* tutor
yleensä (*ew*-layn-sæ) *adv* as a rule, in general
yleinen (*ew*-lay-nayn) *adj* public, general; total, universal
yleiskatsaus (*ew*-layss-*kaht*-sah-ooss) *n* survey
yleislääkäri (*ew*-layss-*lææ*-kæ-ri) *n* general practitioner
yleismaailmallinen (*ew*-layss-*maa*-il-mahl-li-nayn) *adj* universal
yleisurheilu (*ew*-layss-*oor*-hay-loo) *n* athletics *pl*
yleisö (*ew*-lay-sur) *n* audience, public
ylellinen (*ew*-layl-li-nayn) *adj* luxurious
ylellisyys (*ew*-layl-li-sewss) *n* luxury
ylempi (*ew*-laym-pi) *adj* upper, superior
ylenkatse (*ew*-layng-*kaht*-say) *n* scorn, contempt
ylennys (*ew*-layn-newss) *n* promotion
ylenpalttinen (*ew*-layn-*pahlt*-ti-nayn) *adj* profuse
ylentää (*ew*-layn-tæ) *v* promote
yli (*ew*-li) *prep / postp* over, above; beyond; ~ **yön** overnight
yliherkkyys (*ew*-li-*hayrk*-kewss) *n* allergy
yliherruus (*ew*-li-*hayr*-rooss) *n* supremacy, dominance
ylijäämä (*ew*-li-^y^*ææ*-mæ) *n* remainder, surplus
ylimielinen (*ew*-li-*myay*-li-nayn) *adj* arrogant
ylimääräinen (*ew*-li-*mææ*-ræ^ee^-nayn) *adj* extra, spare
ylin (*ew*-lin) *adj* top; chief
ylinopeus (*ew*-li-*noa*-pay-ooss) *n* speeding
yliopisto (*ew*-li-*oa*-piss-toa) *n* university
ylioppilas (*ewli*-oap-pi-lahss) *n* student
ylipaino (*ew*-li-*pigh*-noa) *n* overweight
ylirasittua (*ew*-li-*rah*-sit-too-ah) *v* overwork
ylirasittunut (*ew*-li-*rah*-sit-too-noot) *adj* overworked
ylistys (*ew*-liss-tewss) *n* praise, glory
ylistää (*ew*-liss-tææ) *v* praise
ylittää (*ew*-lit-tææ) *v* cross;

exceed, *outdo; ~ **sallittu ajonopeus** *speed; ~ **tili** overdraw
ylityspaikka (*ewli*-tewss-*pighk*-kah) *n* crossing
ylivoimainen (*ew*-li-*voi*-migh-nayn) *adj* insurmountable
ylivoimaisesti (*ew*-li-*voi*-migh-sayss-ti) by far
ylläpito (*ewl*-læ-*pi*-toa) *n* maintenance
ylläpitää (*ewl*-læ-*pi*-tææ) *v* maintain; *keep up
yllättää (*ewl*-læt-tææ) *v* surprise; *catch
yllätys (*ewl*-læ-tewss) *n* surprise
ylpeys (*ewl*-pay-ewss) *n* pride
ylpeä (*ewl*-pay-æ) *adj* proud
yltäkylläisyys (*ewl*-tæ-*kewl*-læ^ee^-sewss) *n* abundance
ylä- (*ew*-læ) upper
yläkerta (*ew*-læ-*kayr*-tah) *n* upstairs
yläkertaan (*ew*-læ-*kayr*-taan) *adv* upstairs
ylänkö (*ew*-læn-kur) *n* uplands *pl*
yläosa (*ew*-læ-*oa*-sah) *n* top
yläpuolella (*ew*-læ-*pwoa*-layl-lah) *postp* over; *adv* above, overhead
yläpuoli (*ew*-læ-*pwoa*-li) *n* top side
ylätasanko (*ew*-læ-*tah*-sahng-koa) *n* plateau
ylös (*ew*-lurss) *adv* up
ylösalaisin (*ew*-lurss-*ah*-ligh-sin) *adv* upside down
ylöspäin (*ew*-lurss-*pæ^ee^n*) *adv* upwards; up
ymmärrys (*ewm*-mær-rewss) *n* understanding; reason
ymmärtää (*ewm*-mær-tææ) *v* understand; *take
ympyrä (*ewm*-pew-ræ) *n* circle
ympäri (*ewm*-pæ-ri) *prep / postp* around; *adv* about, around
ympärillä (*ewm*-pæ-ril-læ) *postp* round; about, around; *adv* round
ympäristö (*ewm*-pæ-riss-tur) *n* environment, surroundings *pl*
ympäröidä (*ewm*-pæ-rur^ee^-dæ) *v* circle, surround; encircle
ympäröivä (*ewm*-pæ-rur^ee^-væ) *adj* surrounding
ynnä (*ewn*-næ) *conj* plus
yrittää (*ew*-rit-tææ) *v* try, attempt
yritys (*ew*-ri-tewss) *n* attempt, try; enterprise, undertaking
yrtti (*ewrt*-ti) *n* herb
yskiä (*ewss*-ki-æ) *v* cough
yskä (*ewss*-kæ) *n* cough
ystävyys (*ewss*-tæ-vewss) *n* friendship
ystävä (*ewss*-tæ-væ) *n* friend
ystävällinen (*ewss*-tæ-væl-li-nayn) *adj* friendly; kind
ystävätär (*ewss*-tæ-væ-tær) *n* friend
yö (^ew^*ur*) *n* night; **tänä yönä**

tonight
yöjuna (^{ew}*ur-^{y}oo*-nah) *n* night train
yökerho (^{ew}*ur-kayr*-hoa) *n* nightclub
yölento (^{ew}*ur-layn*-toa) *n* night flight
yöllä (^{ew}*url*-læ) *adv* by night
yöpaita (^{ew}*ur-pigh*-tah) *n* nightdress
yöpuku (^{ew}*ur-poo*-koo) *n* pyjamas *pl*
yötaksa (^{ew}*ur-tahk*-sah) *n* night rate
yövoide (^{ew}*ur-voi*-day) *n* night cream

Ä

äidinkieli (*æ^{ee}*-ding-*kyay*-li) *n* native language, mother tongue
äiti (*æ^{ee}*-ti) *n* mother
äitipuoli (*æ^{ee}*-ti-*pwoa*-li) *n* stepmother
äkillinen (*æ*-kil-li-nayn) *adj* sudden; acute
äkkijyrkkä (*æk*-ki-^{y}*ewrk*-kæ) *adj* steep
äkkipikainen (*æk*-ki-*pi*-kigh-nayn) *adj* quick-tempered
äkkiä (*æk*-ki-æ) *adv* suddenly
äkäinen (*æ*-kæ^{ee}-nayn) *adj* cross
ällistyttää (*æl*-liss-tewt-tææ) *v* amaze
äly (*æ*-lew) *n* intellect, brain; wits *pl*
älykkyys (*æ*-lewk-kewss) *n* intelligence
älykäs (*æ*-lew-kæss) *adj* clever, intelligent; smart, bright
älyllinen (*æ*-lewl-li-nayn) *adj* intellectual
änkyttää (*æng*-kewt-tææ) *v* stutter
äpärä (*æ*-pæ-ræ) *n* bastard
äristä (*æ*-riss-tæ) *v* growl
ärsyttävä (*ær*-sewt-tæ-væ) *adj* annoying
ärsyttää (*ær*-sewt-tææ) *v* irritate, annoy
ärtyisä (*ær*-tew^{ee}-sæ) *adj* irritable
äskeinen (*æss*-kay-nayn) *adj* recent
äskettäin (*æss*-kayt-tæ^{ee}n) *adv* recently
äyriäinen (*æ^{ew}*-ri-æ^{ee}-nayn) *n* shellfish
ääneen (*ææ*-nayn) *adv* aloud
äänekäs (*ææ*-nay-kæss) *adj* loud
äänensävy (*ææ*-nayn-*sæ*-vew) *n* tone
äänenvaimennin (*ææ*-nayn-*vigh*-mayn-nin) *n* silencer; muffler *nAm*
äänestys (*ææ*-nayss-tewss) *n* vote
äänestäjä (*ææ*-nayss-tæ-^{y}æ) *n* voter

äänestää (*ææ*-nayss-tææ) *v* vote
äänetön (*ææ*-nay-turn) *adj* silent
ääni (*ææ*-ni) *n* voice; sound; vote; **antaa äänimerkki** hoot; honk *vAm* , toot *vAm*
äänieristetty (*ææ*-ni-*ay*-riss-tayt-tew) *adj* soundproof
äänilevy (*ææ*-ni-*lay*-vew) *n* record, disc
äänioikeus (*ææ*-ni-*oi*-kay-ooss) *n* suffrage
äänitorvi (*ææ*-ni-*toar*-vi) *n* horn
äänitys (*ææ*-ni-tewss) *n* recording
ääntäminen (*ææn*-tæ-mi-nayn) *n* pronunciation
ääntää (*ææn*-tææ) *v* pronounce
ääretön (*ææ*-ray-turn) *adj* infinite; immense
äärimmäinen (*ææ*-rim-mæ^ee^-nayn) *adj* utmost, extreme
äärimmäisyys (*ææ*-rim-mæ^ee^-sēwss) *n* extreme
ääriviiva (*ææ*-ri-*vee*-vah) *n* outline, contour

Ö

öinen (*ur^ee^*-nayn) *adj* nightly
öljy (*url*-^y^ew) *n* oil
öljyinen (*url*-^y^ew^ee^-nayn) *adj* oily
öljylähde (*url*-^y^ew-*læh*-day) *n* oil well
öljymaalaus (*url*-^y^ew-*maa*-lah-ooss) *n* oil painting
öljynjalostamo (*url*-^y^ewn-^y^ah-loass-tah-moa) *n* oil refinery
öljynsuodatin (*url*-^y^ewn-*swoa*-dah-tin) *n* oil filter

English – Finnish
Englanti – Suomi

A

abbey ['æbi] *n* luostarikirkko
abbreviation [əˌbri:vi'eiʃən] *n* lyhennys
ability [ə'biləti] *n* kyky
able ['eibəl] *adj* kykenevä; pystyvä; ***be ~ to** kyetä
aboard [ə'bɔ:d] *adv* kulkuneuvossa
abolish [ə'bɔliʃ] *v* lakkauttaa
abortion [ə'bɔ:ʃən] *n* raskauden keskeytys
about [ə'baut] *prep* -sta; koskien jtk; ympärillä ; *adv* noin
above [ə'bʌv] *prep* yllä; *adv* yläpuolella
abroad [ə'brɔ:d] *adv* ulkomaille, ulkomailla
abscess ['æbses] *n* paise
absence ['æbsəns] *n* poissaolo
absent ['æbsənt] *adj* poissaoleva
absolutely ['æbsəlu:tli] *adv* ehdottomasti
abstain from [əb'stein] pidättyä jstk
abstract ['æbstrækt] *adj* käsitteellinen
absurd [əb'sə:d] *adj* mieletön
abundance [ə'bʌndəns] *n* runsaus
abundant [ə'bʌndənt] *adj* runsas
abuse [ə'bju:s] *n* väärinkäyttö
abyss [ə'bis] *n* kuilu
academy [ə'kædəmi] *n* akatemia
accelerate [ək'seləreit] *v* kiihdyttää
accelerator [ək'seləreitə] *n* kaasupoljin
accent ['æksənt] *n* korostus
accept [ək'sept] *v* hyväksyä
access ['ækses] *n* pääsy
accessible [ək'sesəbəl] *adj* helppopääsyinen
accessories [ək'sesəriz] *pl* asusteet *pl*
accident ['æksidənt] *n* tapaturma
accidental [ˌæksi'dentəl] *adj* satunnainen
accommodate [ə'kɔmədeit] *v* majoittaa
accommodation [əˌkɔmə'deiʃən] *n* majoitus
accompany [ə'kʌmpəni] *v* säestää

accomplish [ə'kʌmpliʃ] *v* toteuttaa
in accordance with [in ə'kɔːdəns wið] sopusoinnussa jnk kanssa
according to [ə'kɔːdiŋ tuː] jnk mukaan
account [ə'kaunt] *n* tili; selonteko; ~ **for** tehdä tiliä; **on** ~ **of** johdosta
accountable [ə'kauntəbəl] *adj* selitettävissä oleva
accurate ['ækjurət] *adj* tarkka
accuse [ə'kjuːz] *v* syyttää; **accused** syytetty
accustom [ə'kʌstəm] *v* totuttaa
accustomed tottunut
ache [eik] *v* särkeä; *n* särky
achieve [ə'tʃiːv] *v* saavuttaa; saada aikaan
achievement [ə'tʃiːvmənt] *n* saavutus
acid ['æsid] *n* happo
acknowledge [ək'nɔlidʒ] *v* myöntää; tunnustaa
acne ['ækni] *n* finni
acorn ['eikɔːn] *n* tammenterho
acquaintance [ə'kweintəns] *n* tuttavuus, tuttava
acquire [ə'kwaiə] *v* hankkia
acquisition [ˌækwi'ziʃən] *n* hankinta
acquittal [ə'kwitəl] *n* vapauttava tuomio
across [ə'krɔs] *adv* ristissä; *prep* poikki
act [ækt] *n* teko; näytös; numero; *v* toimia; käyttäytyä; näytellä
action ['ækʃən] *n* teko, toiminta
active ['æktiv] *adj* aktiivinen; vilkas
activewear ['æktivˌweə] *n* vapaa-ajan asu
activity [æk'tivəti] *n* toiminta
actor ['æktə] *n* näyttelijä
actress ['æktris] *n* näyttelijätär
actual ['æktʃuəl] *adj* varsinainen, todellinen
actually ['æktʃuəli] *adv* oikeastaan
acute [ə'kjuːt] *adj* vakava
adapt [ə'dæpt] *v* sopeuttaa
add [æd] *v* laskea yhteen; lisätä
adding-machine ['ædiŋməˌʃiːn] *n* laskukone
addition [ə'diʃən] *n* yhteenlasku; lisäys
additional [ə'diʃənəl] *adj* täydentävä
address [ə'dres] *n* osoite; *v* osoittaa; puhutella
addressee [ˌædre'siː] *n* vastaanottaja
adequate ['ædikwət] *adj* riittävä
adjective ['ædʒiktiv] *n* adjektiivi
adjourn [ə'dʒəːn] *v* lykätä
adjust [ə'dʒʌst] *v* sopeutua
administer [əd'ministə] *v* hallita
administration

[əd,mini'streiʃən] *n* hallinto
administrative [əd'ministrətiv] *adj* hallinnollinen; **~ law** hallinto-oikeus
admiration [,ædmə'reiʃən] *n* ihailu
admire [əd'maiə] *v* ihailla
admission [əd'miʃən] *n* sisäänpääsy
admit [əd'mit] *v* myöntää; päästää
admittance [əd'mitəns] *n* pääsy; **no ~** pääsy kielletty
adopt [ə'dɔpt] *v* adoptoida; omaksua
adorable [ə'dɔ:rəbəl] *adj* hurmaava
adult ['ædʌlt] *n* aikuinen
advance [əd'vɑ:ns] *n* eteneminen; ennakko; *v* edistyä; maksaa ennakolta; **in ~** etukäteen
advanced [əd'vɑ:nst] *adj* edistynyt
advantage [əd'vɑ:ntidʒ] *n* etu
advantageous [,ædvən'teidʒəs] *adj* hyödyllinen
adventure [əd'ventʃə] *n* seikkailu
adverb ['ædvə:b] *n* adverbi
advertisement [əd'və:tismənt] *n* ilmoitus; mainos
advertising ['ædvətaiziŋ] *n* mainonta
advice [əd'vais] *n* neuvo
advise [əd'vaiz] *v* neuvoa
advocate ['ædvəkət] *n* puolestapuhuja
aerial ['ɛəriəl] *n* antenni
aeroplane ['ɛərəplein] *n* lentokone
affair [ə'fɛə] *n* asia
affect [ə'fekt] *v* vaikuttaa
affected [ə'fektid] *adj* teennäinen
affection [ə'fekʃən] *n* kiintymys; sairaus
affectionate [ə'fekʃənit] *adj* hellä, rakastava
affiliated [ə'filieitid] *adj* liitetty
affirm [ə'fə:m] *v* vakuuttaa
affirmative [ə'fə:mətiv] *adj* myöntävä
afford [ə'fɔ:d] *v* olla varaa
afraid [ə'freid] *adj* pelokas; ***be ~** pelätä
Africa ['æfrikə] Afrikka
African ['æfrikən] *adj* afrikkalainen
after ['ɑ:ftə] *prep* kuluttua, jälkeen; *conj* sen jälkeen kun
afternoon [,ɑ:ftə'nu:n] *n* iltapäivä; **this ~** tänään iltapäivällä
afterwards ['ɑ:ftəwədz] *adv* myöhemmin, jälkeenpäin
again [ə'gen] *adv* taas, jälleen; **~ and again** yhä uudestaan
against [ə'genst] *prep* vastaan
age [eidʒ] *n* ikä; vanhuus; **of ~** täysi-ikäinen; **under ~** alaikäinen

aged ['eidʒid] *adj* iäkäs, vanha
agency ['eidʒənsi] *n* välitystoimisto
agenda [ə'dʒendə] *n* esityslista
agent ['eidʒənt] *n* edustaja
aggressive [ə'gresiv] *adj* hyökkäävä
ago [ə'gou] *adv* sitten
agree [ə'gri:] *v* olla samaa mieltä; suostua; sopia
agreeable [ə'gri:əbəl] *adj* miellyttävä
agreement [ə'gri:mənt] *n* sopimus
agriculture ['ægrikʌltʃə] *n* maatalous
ahead [ə'hed] *adv* edessäpäin; edellä **~ of** edellä ***go ~** jatkaa; **straight ~** suoraan eteenpäin
aid [eid] *n* apu; *v* auttaa, avustaa
aim [eim] *n* tavoite; **~ at** tähdätä, tarkoittaa, pyrkiä jhk
air [ɛə] *n* ilma; *v* tuoda julki
air conditioning ['ɛəkən,diʃəniŋ] *n* ilmastointi; **air-conditioned** *adj* ilmastoitu
airbag ['ɛəbæg] *n* turvatyyny
aircraft ['ɛəkrɑ:ft] *n* (pl ~) lentokone
airfield ['ɛəfi:ld] *n* lentokenttä
air-filter ['ɛə,filtə] *n* ilmanpuhdistin
airline ['ɛəlain] *n* lentoyhtiö
airmail ['ɛəmeil] *n* lentoposti
airplane ['ɛəplein] *nAm* lentokone
airport ['ɛəpɔ:t] *n* lentokenttä
airsickness ['ɛə,siknəs] *n* lentopahoinvointi
airtight ['ɛətait] *adj* ilmatiivis
airy ['ɛəri] *adj* ilmava
aisle [ail] *n* käytävä
alarm [ə'lɑ:m] *n* pelko; *v* pelästyttää
alarm-clock [ə'lɑ:mklɔk] *n* herätyskello
album ['ælbəm] *n* albumi
alcohol ['ælkəhɔl] *n* alkoholi
alcoholic [,ælkə'hɔlik] *adj* alkoholipitoinen
ale [eil] *n* ale (oluttyyppi)
algebra ['ældʒibrə] *n* algebra
Algeria [æl'dʒiəriə] Algeria
Algerian [æl'dʒiəriən] *adj* algerialainen
alien ['eiliən] *n* ulkomaalainen; *adj* ulkomainen
alike [ə'laik] *adj* samanlainen; *adv* samalla tavalla
alive [ə'laiv] *adj* elossa
all [ɔ:l] *pron* kaikki; **~ in** kaiken kaikkiaan; **~ right** hyvä on; **at ~** ollenkaan
allergy ['ælədʒi] *n* yliherkkyys
alley ['æli] *n* kuja
alliance [ə'laiəns] *n* liitto
Allies ['ælaiz] *pl* liittoutuneet

allow [ə'lau] *v* sallia, antaa (lupa); ***be allowed** olla sallittua; ***be allowed to** saada
allowance [ə'lauəns] *n* määräraha
all-round [ˌɔ:l'raund] *adj* monipuolinen
almond ['ɑ:mənd] *n* manteli
almost ['ɔ:lmoust] *adv* melkein
alone [ə'loun] *adv* yksin
along [ə'lɔŋ] *prep* pitkin
aloud [ə'laud] *adv* ääneen
alphabet ['ælfəbet] *n* aakkoset *pl*
already [ɔ:l'redi] *adv* jo
also ['ɔ:lsou] *adv* myös
alteration [ˌɔ:ltə'reiʃən] *n* muutos
altar ['ɔ:ltə] *n* alttari
alter ['ɔ:ltə] *v* muuttaa
alternate [ɔ:l'tə:nət] *adj* joka toinen
alternative [ɔ:l'tə:nətiv] *n* vaihtoehto
although [ɔ:l'ðou] *conj* vaikka
altitude ['æltitju:d] *n* korkeus
alto ['æltou] *n* (pl ~s) altto
altogether [ˌɔ:ltə'geðə] *adv* kokonaan; kaiken kaikkiaan
always ['ɔ:lweiz] *adv* aina
am [æm] *v* (pr be)
amaze [ə'meiz] *v* hämmästyttää, ällistyttää
amazement [ə'meizmənt] *n* hämmästys
amazing [ə'meiziŋ] *adj* ihmeellinen
ambassador [æm'bæsədə] *n* suurlähettiläs
amber ['æmbə] *n* meripihka; keltainen väri
ambiguous [æm'bigjuəs] *adj* monitulkintainen
ambition [æm'biʃən] *n* kunnianhimo
ambitious [æm'biʃəs] *adj* kunnianhimoinen
ambulance ['æmbjuləns] *n* ambulanssi, sairasauto
ambush ['æmbuʃ] *n* väijytys
America [ə'merikə] Amerikka
American [ə'merikən] *adj* amerikkalainen
amethyst ['æmiθist] *n* ametisti
amid [ə'mid] *prep* joukossa, keskellä
ammonia [ə'mouniə] *n* ammoniakki
amnesty ['æmnisti] *n* yleinen armahdus
among [ə'mʌŋ] *prep* keskellä; **~ other things** muun muassa
amount [ə'maunt] *n* määrä; summa; **~ to** nousta jhk määrään
amuse [ə'mju:z] *v* hauskuttaa, huvittaa
amusement [ə'mju:zmənt] *n* huvitus, huvi
amusing [ə'mju:ziŋ] *adj* huvittava
anaemia [ə'ni:miə] *n* anemia

anaesthesia [,ænis'θi:ziə] *n* nukutus
anaesthetic [,ænis'θetik] *n* nukute
analyse ['ænəlaiz] *v* eritellä, analysoida
analysis [ə'næləsis] *n* (pl -ses) erittely
analyst ['ænəlist] *n* analyytikko; psykoanalyytikko
anarchy ['ænəki] *n* anarkia
anatomy [ə'nætəmi] *n* anatomia
ancestor ['ænsestə] *n* esi-isä
anchor ['æŋkə] *n* ankkuri
ancient ['einʃənt] *adj* muinainen
and [ænd, ənd] *conj* ja
angel ['eindʒəl] *n* enkeli
anger ['æŋgə] *n* suuttumus, kiukku
angle ['æŋgəl] *v* onkia; *n* kulma
angry ['æŋgri] *adj* suuttunut, vihainen
animal ['æniməl] *n* eläin
ankle ['æŋkəl] *n* nilkka
annex[1] ['æneks] *n* lisärakennus; liite
annex[2] [ə'neks] *v* ottaa haltuun; liittää
anniversary [,æni'və:səri] *n* vuosipäivä
announce [ə'nauns] *v* julkistaa, julistaa
announcement [ə'naunsmənt] *n* ilmoitus, tiedote
annoy [ə'nɔi] *v* suututtaa, ärsyttää
annoyance [ə'nɔiəns] *n* mielipaha
annoying [ə'nɔiiŋ] *adj* suututtava
annual ['ænjuəl] *adj* vuotuinen; *n* vuosikirja
per annum [pər 'ænəm] vuodessa
anonymous [ə'nɔniməs] *adj* nimetön
another [ə'nʌðə] *adj* toinen
answer ['ɑ:nsə] *v* vastata; *n* vastaus
ant [ænt] *n* muurahainen
antibiotic [,æntibai'ɔtik] *n* antibiootti
anticipate [æn'tisipeit] *v* ennakoida; aavistaa
antifreeze ['æntifri:z] *n* pakkasneste
antipathy [æn'tipəθi] *n* vastenmielisyys
antique [æn'ti:k] *adj* antiikkinen; *n* antiikkiesine; ~ **dealer** antiikkikauppias
antiquity [æn'tikwəti] *n* muinaisaika; **antiquities** *pl* muinaisesineet *pl*
antiseptic [,ænti'septik] *n* antiseptinen aine
anxiety [æŋ'zaiəti] *n* huoli
anxious ['æŋkʃəs] *adj* huolestunut
any ['eni] *adj* kukaan, mikään
anybody ['enibɔdi] *pron* kukaan; joku
anyhow ['enihau] *adv*

millään tavoin
anyone ['eniwʌn] *pron* kukaan; joku
anything ['eniθiŋ] *pron* mitään
anyway ['eniwei] *adv* millään tavoin
anywhere ['eniwɛə] *adv* missään
apart [ə'pɑːt] *adv* syrjässä ~ **from** lukuun ottamatta
apartment [ə'pɑːtmənt] *nAm* huoneisto; ~ **house** *Am* vuokratalo; kerrostalo
aperitif [ə'perətiv] *n* aperitiivi
apologize [ə'pɔlədʒaiz] *v* pyytää anteeksi
apology [ə'pɔlədʒi] *n* anteeksipyyntö
apparatus [ˌæpə'reitəs] *n* laite
apparent [ə'pærənt] *adj* näennäinen; ilmeinen
apparently [ə'pærəntli] *adv* ilmeisesti; nähtävästi
appeal [ə'piːl] *n* vetoomus
appear [ə'piə] *v* näyttää jltk, tuntua; ilmetä
appearance [ə'piərəns] *n* ulkonäkö; vaikutelma; saapuminen
appendicitis [əˌpendi'saitis] *n* umpilisäketulehdus
appendix [ə'pendiks] *n* (pl -dices, -dixes) liite; umpilisäke
appetite ['æpətait] *n* ruokahalu
appetizer ['æpətaizə] *n* alkuruoka; ruokaryyppy
appetizing ['æpətaiziŋ] *adj* ruokahalua kiihottava
applaud [ə'plɔːd] *v* taputtaa
applause [ə'plɔːz] *n* suosionosoitukset
apple ['æpəl] *n* omena
appliance [ə'plaiəns] *n* laite, koje
application [ˌæpli'keiʃən] *n* hakemus; soveltaminen
apply [ə'plai] *v* hakea, pyytää
appoint [ə'pɔint] *v* nimittää
appointment [ə'pɔintmənt] *n* tapaaminen; nimitys; toimi
appreciate [ə'priːʃieit] *v* arvostaa
appreciation [əˌpriːʃi'eiʃən] *n* arvostus
apprentice [ə'prentis] *n* harjoittelija
approach [ə'proutʃ] *v* lähestyä; *n* menettelytapa; lähestyminen
appropriate [ə'proupriət] *adj* tarkoituksenmukainen, sopiva
approval [ə'pruːvəl] *n* hyväksyntä; **on** ~ näytteeksi (ostoa varten)
approve [ə'pruːv] *v* hyväksyä; vahvistaa; ~ **of** antaa hyväksyminen
approximate [ə'prɔksimət] *adj* likimääräinen
approximately [ə'prɔksimətli] *adv* noin
apricot ['eiprikɔt] *n*

aprikoosi
April ['eiprəl] huhtikuu
apron ['eiprən] *n* esiliina
Arab ['ærəb] *adj* arabialainen; *n* arabi
arbitrary ['ɑːbitrəri] *adj* sattumanvarainen
arcade [ɑː'keid] *n* kaarikäytävä
arch [ɑːtʃ] *n* holvikaari
archaeologist [ˌɑːki'ɔlədʒist] *n* arkeologi
archaeology [ˌɑːki'ɔlədʒi] *n* arkeologia, muinaistiede
archbishop [ˌɑːtʃ'biʃəp] *n* arkkipiispa
arched [ɑːtʃt] *adj* holvi-, kaari-
architect ['ɑːkitekt] *n* arkkitehti
architecture ['ɑːkitektʃə] *n* rakennustaide, arkkitehtuuri
archives ['ɑːkaivz] *pl* arkisto
are [ɑː] *v* (pr be)
area ['ɛəriə] *n* alue ~ **code** suuntanumero
Argentina [ˌɑːdʒən'tiːnə] Argentiina
Argentinian [ˌɑːdʒən'tiniən] *adj* argentiinalainen
argue ['ɑːgjuː] *v* väitellä, kiistellä, riidellä
argument ['ɑːgjumənt] *n* kiista, riita
***arise** [ə'raiz] *v* saada alkunsa
arithmetic [ə'riθmətik] *n* aritmetiikka
arm [ɑːm] *n* käsivarsi; käsinoja; *v* aseistaa
armchair ['ɑːmtʃɛə] *n* nojatuoli
armed [ɑːmd] *adj* aseistettu; ~ **forces** sotavoimat *pl*
armour ['ɑːmə] *n* haarniska
army ['ɑːmi] *n* armeija
aroma [ə'roumə] *n* aromi
around [ə'raund] *prep* ympäri *adv* ympärillä
arrange [ə'reindʒ] *v* järjestää; asetella
arrangement [ə'reindʒmənt] *n* järjestely
arrest [ə'rest] *v* pidättää; *n* pidätys
arrival [ə'raivəl] *n* saapuminen, tulo
arrive [ə'raiv] *v* saapua
arrow ['ærou] *n* nuoli
art [ɑːt] *n* taide; taito; ~ **collection** taidekokoelma; ~ **exhibition** taidenäyttely; ~ **gallery** taidegalleria; ~ **history** taidehistoria; **arts and crafts** taideteollisuus; ~ **school** taidekorkeakoulu
artery ['ɑːtəri] *n* valtimo
artichoke ['ɑːtitʃouk] *n* artisokka
article ['ɑːtikəl] *n* esine; artikkeli; pykälä
artificial [ˌɑːti'fiʃəl] *adj* keinotekoinen
artist ['ɑːtist] *n* taiteilija
artistic [ɑː'tistik] *adj* taiteellinen
as [æz] *conj* niin kuin, yhtä; ~ **from** lähtien; ~ **if** ikään kuin
asbestos [æz'bestɔs] *n*

asbesti
ascend [ə'send] *v* kohota, nousta
ascent [ə'sent] *n* nousu
ascertain [ˌæsə'tein] *v* varmistaa; vahvistaa
ash [æʃ] *n* tuhka
ashamed [ə'ʃeimd] *adj* nolo, häpeissään; ***be ~** hävetä
ashore [ə'ʃɔː] *adv* maissa, maihin
ashtray ['æʃtrei] *n* tuhkakuppi
Asia ['eiʃə] Aasia
Asian ['eiʃən] *adj* aasialainen
aside [ə'said] *adv* syrjään, sivuun
ask [ɑːsk] *v* kysyä; pyytää; kutsua
asleep [ə'sliːp] *adj* unessa
asparagus [ə'spærəgəs] *n* parsa
aspect ['æspekt] *n* näkökohta
asphalt ['æsfælt] *n* asfaltti
aspire [ə'spaiə] *v* haluta, pyrkiä
aspirin ['æspərin] *n* aspiriini
assassination [əˌsæsi'neiʃən] *n* salamurha
assault [ə'sɔːlt] *v* hyökätä kimppuun, tehdä väkivaltaa
assemble [ə'sembəl] *v* kokoontua
assembly [ə'sembli] *n* kokous
assignment [ə'sainmənt] *n* toimeksianto
assign to [ə'sain] *v* antaa tehtäväksi
assist [ə'sist] *v* avustaa, auttaa; **~ at** olla läsnä
assistance [ə'sistəns] *n* apu; tuki
assistant [ə'sistənt] *n* avustaja
associate[1] [ə'souʃiət] *n* työtoveri, kollega
associate[2] [ə'souʃieit] *v* liittää; **~ with** seurustella
association [əˌsousi'eiʃən] *n* yhdistys
assort [ə'sɔːt] *v* lajitella
assortment [ə'sɔːtmənt] *n* valikoima, lajitelma
assume [ə'sjuːm] *v* olettaa
assure [ə'ʃuə] *v* vakuuttaa
asthma ['æsmə] *n* astma
astonish [ə'stɔniʃ] *v* hämmästyttää
astonishing [ə'stɔniʃiŋ] *adj* hämmästyttävä
astonishment [ə'stɔniʃmənt] *n* hämmästys
astronaut ['æstrənɔːt] *n* astronautti
astronomy [ə'strɔnəmi] *n* tähtitiede
asylum [ə'sailəm] *n* turvapaikka
at [æt] *prep* luona; jtk kohti
ate [et] *v* (p eat)
atheist ['eiθiist] *n* ateisti
athlete ['æθliːt] *n* (yleis)urheilija
athletics [æθ'letiks] *pl* yleisurheilu
Atlantic [ət'læntik] Atlantti

ATM ['eiti:'em], **automatic teller machine** *n* pankkiautomaatti
atmosphere ['ætməsfiə] *n* ilmakehä, ilma
atom ['ætəm] *n* atomi
atomic [ə'tɔmik] *adj* atomi-
atomizer ['ætəmaizə] *n* sumutin
attach [ə'tætʃ] *v* kiinnittää, liittää; **attached to** kiintynyt
attack [ə'tæk] *v* hyökätä; *n* hyökkäys
attain [ə'tein] *v* saavuttaa
attainable [ə'teinəbəl] *adj* saavutettavissa oleva;
attempt [ə'tempt] *v* yrittää, koettaa; *n* yritys
attend [ə'tend] *v* olla läsnä; **~ on** palvella; **~ to** käsitellä, hoitaa
attendance [ə'tendəns] *n* osallistuminen
attendant [ə'tendənt] *n* hoitaja
attention [ə'tenʃən] *n* tarkkaavaisuus; ***pay ~** kiinnittää huomiota
attentive [ə'tentiv] *adj* tarkkaavainen
attest [ə'test] *v* vahvistaa
attic ['ætik] *n* ullakko
attitude ['ætitju:d] *n* asenne
attorney [ə'tə:ni] *n* asianajaja
attract [ə'trækt] *v* vetää puoleensa
attraction [ə'trækʃən] *n* houkutus; vetovoima
attractive [ə'træktiv] *adj* viehättävä
auction ['ɔ:kʃən] *n* huutokauppa
audible ['ɔ:dibəl] *adj* kuuluva
audience ['ɔ:diəns] *n* yleisö
auditor ['ɔ:ditə] *n* tilintarkastaja
auditorium [,ɔ:di'tɔ:riəm] *n* luentosali
August ['ɔ:gəst] elokuu
aunt [ɑ:nt] *n* täti
Australia [ɔ'streiliə] Australia
Australian [ɔ'streiliən] *adj* australialainen
Austria ['ɔstriə] Itävalta
Austrian ['ɔstriən] *adj* itävaltalainen
authentic [ɔ:'θentik] *adj* aito
author ['ɔ:θə] *n* tekijä, kirjailija
authoritarian [ɔ:,θɔri'tɛəriən] *adj* autoritarinen
authority [ɔ:'θɔrəti] *n* auktoriteetti; valtuus; **authorities** *pl* viranomaiset *pl*
authorization [,ɔ:θərai'zeiʃən] *n* valtuutus; oikeuttaminen
automatic [,ɔ:tə'mætik] *adj* automaattinen
automation [,ɔ:tə'meiʃən] *n* automaatio
automobile ['ɔ:təməbi:l] *n* auto; **~ club** autoklubi
autonomous [ɔ:'tɔnəməs]

adj autonominen, itsenäinen
autopsy ['ɔ:tɔpsi] *n* ruumiinavaus
autumn ['ɔ:təm] *n* syksy
available [ə'veiləbəl] *adj* saatavissa oleva, käytettävissä oleva
avalanche ['ævəlɑ:nʃ] *n* lumivyöry
avenue ['ævənju:] *n* (valta)katu
average ['ævəridʒ] *adj* keskimääräinen; *n* keskiarvo; **on ~** keskimäärin
averse [ə'və:s] *adj* vastakkainen
aversion [ə'və:ʃən] *n* vastenmielisyys
avert [ə'və:t] *v* torjua
avoid [ə'vɔid] *v* välttää; välttyä
await [ə'weit] *v* odottaa
awake [ə'weik] *adj* hereillä
***awake** [ə'weik] *v* herättää
award [ə'wɔ:d] *n* palkinto; *v* palkita
aware [ə'wɛə] *adj* tietoinen
away [ə'wei] *adv* poissa; ***go ~** lähteä
awful ['ɔ:fəl] *adj* hirveä, kamala
awkward ['ɔ:kwəd] *adj* kiusallinen; kömpelö
awning ['ɔ:niŋ] *n* markiisi
axe [æks] *n* kirves
axle ['æksəl] *n* akseli

B

baby ['beibi] *n* vauva; **~ carriage** *Am* lastenvaunut *pl*
babysitter ['beibi,sitə] *n* lapsenvahti
bachelor ['bætʃələ] *n* poikamies
back [bæk] *n* selkä; *adv* takaisin; ***go ~** palata
backache ['bækeik] *n* selkäsärky
backbone ['bækboun] *n* selkäranka
background ['bækgraund] *n* tausta; koulutus
backwards ['bækwədz] *adv* taaksepäin
bacon ['beikən] *n* pekoni
bacterium [bæk'ti:riəm] *n* (pl -ria) bakteeri
bad [bæd] *adj* huono; vakava
bag [bæg] *n* pussi; kassi; matkalaukku
baggage ['bægidʒ] *n* matkatavarat *pl*; **~ deposit office** *Am* matkatavarasäilö; **hand ~** *Am* käsimatkatavara
bail [beil] *n* takuumaksu, vapautus takuita vastaan
bait [beit] *n* syötti
bake [beik] *v* leipoa
baker ['beikə] *n* leipuri
bakery ['beikəri] *n* leipomo

balance ['bæləns] *n* tasapaino; tase, saldo
balcony ['bælkəni] *n* parveke
bald [bɔːld] *adj* kalju
ball [bɔːl] *n* pallo; tanssiaiset *pl*
ballet ['bælei] *n* baletti
balloon [bə'luːn] *n* ilmapallo
ballpoint pen ['bɔːlpɔintpen] *n* kuulakärkikynä
ballroom ['bɔːlruːm] *n* tanssisali
bamboo [bæm'buː] *n* (pl ~s) bambu(ruoko)
banana [bə'nɑːnə] *n* banaani
band [bænd] *n* orkesteri
bandage ['bændidʒ] *n* side
bandit ['bændit] *n* rosvo
bangle ['bæŋgəl] *n* rannerengas
bank [bæŋk] *n* pankki; *v* tallettaa pankkiin; ~ **account** pankkitili
banknote ['bæŋknout] *n* seteli
bank rate ['bæŋkreit] *n* pankkikorko
bankrupt ['bæŋkrʌpt] *adj* vararikkoinen
banner ['bænə] *n* lippu
banquet ['bæŋkwit] *n* juhla-ateria
baptism ['bæptizəm] *n* kaste
baptize [bæp'taiz] *v* kastaa
bar [bɑː] *n* baari; tanko
barbecue ['bɑːbikjuː] *n* (*the grill*) grilli; (*the food*) grilliateria; *v* grillata
barbed wire ['bɑːbd waiə] *n* piikkilanka
barber ['bɑːbə] *n* parturi
bare [bɛə] *adj* alaston, paljas
barely ['bɛəli] *adv* (hädin) tuskin, niukasti
bargain ['bɑːgin] *n* hyvä kauppa; *v* tinkiä, hieroa kauppaa
baritone ['bæritoun] *n* baritoni
bark [bɑːk] *n* kaarna; *v* haukkua
barley ['bɑːli] *n* ohra
barmaid ['bɑːmeid] *n* (nais)tarjoilija
barman ['bɑːmən] *n* (pl -men) baarimikko
barn [bɑːn] *n* lato
barometer [bə'rɔmitə] *n* ilmapuntari
baroque [bə'rɔk] *n* barokki; *adj* barokki-
barracks ['bærəks] *pl* kasarmi
barrel ['bærəl] *n* tynnyri
barrier ['bæriə] *n* aita, portti
barrister ['bæristə] *n* asianajaja
bartender ['bɑːˌtendə] *n* baarimikko
base [beis] *n* tukikohta, perusta; jalusta; *v* perustaa
baseball ['beisbɔːl] *n* pesäpallo
basement ['beismənt] *n* kellarikerros
basic ['beisik] *adj* perus-, vaatimaton
basics *npl*

välttämättömyydet
basilica [bə'zilikə] *n* basilika(kirkko)
basin ['beisən] *n* pesuallas, lavuaari
basis ['beisis] *n* (pl bases) perusta, peruste
basket ['bɑ:skit] *n* kori
bass[1] [beis] *n* basso
bass[2] [bæs] *n* (pl ~) ahven
bastard ['bɑ:stəd] *n* heittiö
batch [bætʃ] *n* erä; määrä
bath [bɑ:θ] *n* kylpy; ~ **salt** kylpysuola; ~ **towel** kylpypyyhe
bathe [beið] *v* kylvettää, kylpeä
bathing cap ['beiðiŋkæp] *n* uimalakki
bathing suit ['beiðiŋsu:t] *n* uimapuku
bathrobe ['bɑ:θroub] *n* kylpytakki
bathroom ['bɑ:θru:m] *n* kylpyhuone;
batter ['bætə] *n* taikina
battery ['bætəri] *n* paristo; akku
battle ['bætəl] *n* taistelu; kamppailu; *v* taistella
bay [bei] *n* lahti
***be** [bi:] *v* olla
beach [bi:tʃ] *n* hiekkaranta; **nudist** ~ nudistiranta
bead [bi:d] *n* helmi; **prayer beads** *pl* rukousnauha
beak [bi:k] *n* nokka
beam [bi:m] *n* valonsäde; pilkahdus
bean [bi:n] *n* papu
bear [bɛə] *n* karhu
***bear** [bɛə] *v* kantaa; kärsiä; sietää
beard [biəd] *n* parta
bearer ['bɛərə] *n* kantaja
beast [bi:st] *n* elukka; ~ **of prey** petoeläin
***beat** [bi:t] *v* lyödä; voittaa
beautiful ['bju:tifəl] *adj* kaunis
beauty ['bju:ti] *n* kauneus; ~ **parlour** kauneussalonki; ~ **salon** kauneushoitola; ~ **treatment** kauneudenhoito
beaver ['bi:və] *n* majava
because [bi'kɔz] *conj* koska; ~ **of** takia, vuoksi
***become** [bi'kʌm] *v* tulla jksk;
bed [bed] *n* vuode; ~ **and board** täysihoito; ~ **and breakfast** majoitus ja aamiainen
bedding ['bediŋ] *n* vuodevaatteet *pl*
bedroom ['bedru:m] *n* makuuhuone
bee [bi:] *n* mehiläinen
beech [bi:tʃ] *n* pyökki
beef [bi:f] *n* naudanliha
beefburger ['bi:fbə:gə] *n* hampurilainen
beehive ['bi:haiv] *n* mehiläispesä
been [bi:n] *v* (pp be)
beer [biə] *n* olut
beet [bi:t] *n* juurikas
beetle ['bi:təl] *n* kovakuoriainen
beetroot ['bi:tru:t] *n*

punajuuri
before [bi'fɔː] *adv* ennen kuin, aikaisemmin; edessä; *prep* ennen edessä, edellä; *conj* ennen kuin
beg [beg] *v* anoa; pyytää
beggar ['begə] *n* kerjäläinen
***begin** [bi'gin] *v* alkaa, aloittaa
beginner [bi'ginə] *n* vasta--alkaja
beginning [bi'giniŋ] *n* alku
on behalf of [ɔn bi'hɑːf ɔv] jnk nimissä, jnk puolesta; jnk eduksi
behave [bi'heiv] *v* käyttäytyä
behaviour [bi'heivjə] *n* käytös
behind [bi'haind] *adv* takana; *prep* takana
beige [beiʒ] *adj* beige
being ['biːiŋ] *n* olento
Belgian ['beldʒən] *adj* belgialainen
Belgium ['beldʒəm] Belgia
belief [bi'liːf] *n* usko
believe [bi'liːv] *v* uskoa
bell [bel] *n* kello
bellboy ['belbɔi] *n* hotellipoika
belly ['beli] *n* maha, vatsa
belong [bi'lɔŋ] *v* kuulua
belongings [bi'lɔŋiŋz] *pl* omaisuus
beloved [bi'lʌvd] *adj* rakastettu
below [bi'lou] *prep* alla, alle
belt [belt] *n* vyö; **garter ~** *Am* sukkanauhavyö
bench [bentʃ] *n* penkki
bend [bend] *n* mutka; kaarre
***bend** [bend] *v* taivuttaa; **~ down** kumartua
beneath [bi'niːθ] *prep* alla, alle, alapuolella
benefit ['benifit] *n* etu; hyöty; *v* hyötyä jstkn
bent [bent] *adj* (pp bend) kumartua, koukistaa
beret ['berei] *n* baskeri
berry ['beri] *n* marja
beside [bi'said] *prep* vieressä
besides [bi'saidz] *adv* sitäpaitsi; sen lisäksi *prep* lukuun ottamatta
best [best] *adj* paras
bet [bet] *n* vedonlyönti
***bet** [bet] *v* lyödä vetoa
betray [bi'trei] *v* pettää
better ['betə] *adj* parempi
between [bi'twiːn] *prep* välissä, väliltä; *adv* siinä välissä
beverage ['bevəridʒ] *n* juoma
beware [bi'wɛə] *v* varoa, olla varuillaan
bewitch [bi'witʃ] *v* hurmata, lumota
beyond [bi'jɔnd] *prep adv* tuolla, tuolle puolen, toisella puolella; *adv* (sen) takana, (siitä) kauempana
bible ['baibəl] *n* raamattu
bicycle ['baisikəl] *n* polkupyörä
bid [bid] *n* tarjous; *v* tarjota
big [big] *adj* suurikokoinen, kookas;
bike [baik] *n* (*colloquial*)

pyörä; *v* pyöräillä
bile [bail] *n* sappineste
bilingual [bai'liŋgwəl] *adj* kaksikielinen
bill [bil] *n* lasku; *v* laskuttaa
billiards ['biljədz] *pl* biljardi
billion ['biljən] *n* miljardi
***bind** [baind] *v* sitoa
binding ['baindiŋ] *n* (suksi)side
binoculars [bi'nɔkjələz] *pl* kiikari
biodegradable [ˌbaioudi'greidəbəl] *adj* luonnossa hajoava
biology [bai'ɔlədʒi] *n* biologia
bipolar [ˌbai'poulə] *adj* kaksinapainen
birch [bəːtʃ] *n* koivu
bird [bəːd] *n* lintu
Biro® ['bairou] *n* kuulakärkikynä
birth [bəːθ] *n* syntymä, synty
birthday ['bəːθdei] *n* syntymäpäivä
biscuit ['biskit] *n* keksi
bishop ['biʃəp] *n* piispa
bit [bit] *n* palanen
bitch [bitʃ] *n* narttu
bite [bait] *n* suupala; purema
***bite** [bait] *v* purra
bitter ['bitə] *adj* kitkerä
black [blæk] *adj* musta; **~ market** musta pörssi
blackberry ['blækbəri] *n* karhunvatukka
Blackberry®['blækbəri] *n* Blackberry-kännykkämikro
blackbird ['blækbəːd] *n* mustarastas
blackboard ['blækbɔːd] *n* (liitu)taulu
blackcurrant [ˌblæk'kʌrənt] *n* mustaviinimarja
blackmail ['blækmeil] *n* kiristys; *v* kiristää
blacksmith ['blæksmiθ] *n* seppä
bladder ['blædə] *n* rakko
blade [bleid] *n* terä; **~ of grass** heinänkorsi
blame [bleim] *n* syy; vika; *v* syyttää
blank [blæŋk] *adj* tyhjä
blanket ['blæŋkit] *n* huopa
blast [blɑːst] *n* räjähdys
blazer ['bleizə] *n* bleiseri
bleach [bliːtʃ] *v* valkaista
bleak [bliːk] *adj* ankea; kolea; iloton
***bleed** [bliːd] *v* vuotaa verta;
bless [bles] *v* siunata
blessing ['blesiŋ] *n* siunaus
blind [blaind] *n* sälekaihdin *adj* sokea; *v* sokaista
blister ['blistə] *n* rakkula
blizzard ['blizəd] *n* lumimyrsky
block [blɔk] *v* tukkia, estää; *n* möhkäle; **~ of flats** kerrostalo
Blog [blɔg] *n* blogi
blond, blonde [blɔnd] *n* vaaleaverikkö; *adj* vaalea
blood [blʌd] *n* veri; **~ pressure** verenpaine
blood poisoning ['blʌdˌpɔizəniŋ] *n*

verenmyrkytys
blood vessel ['blʌdˌvesəl] *n* verisuoni
bloody ['blʌdi] *adj* (*colloquial*) kirottu
blossom ['blɔsəm] *n* kukinta
blot [blɔt] *n* täplä, tahra; **blotting paper** imupaperi
blouse [blauz] *n* pusero
blow [blou] *n* isku;
***blow** [blou] *v* tuulla; puhaltaa; **~ up** räjähtää
blowout ['blouaut] *n* rengasrikko
blue [bluː] *adj* sininen; alakuloinen
blunt [blʌnt] *adj* tylsä; tylppä
blush [blʌʃ] *v* punastua
board [bɔːd] *n* pelilauta; taulu; **~ and lodging** täysihoito
boarder ['bɔːdə] *n* täysihoitolainen
boardinghouse ['bɔːdiŋhaus] *n* asuntola, täysihoitola
boarding school ['bɔːdiŋskuːl] *n* sisäoppilaitos
boast [boust] *v* kerskata
boat [bout] *n* vene, laiva
body ['bɔdi] *n* keho, ruumis
bodyguard ['bɔdigɑːd] *n* henkivartija
body-work ['bɔdiwəːk] *n* (auton)kori
bog [bɔg] *n* suo
boil [bɔil] *v* kiehua; *n* paise
bold [bould] *adj* rohkea; uskalias, röyhkeä
Bolivia [bə'liviə] Bolivia
Bolivian [bə'liviən] *adj* bolivialainen
bolt [boult] *n* salpa; pultti
bomb [bɔm] *n* pommi; *v* pommittaa
bond [bɔnd] *n* obligaatio; side
bone [boun] *n* luu; ruoto; *v* poistaa luut
bonnet ['bɔnit] *n* konepelti
book [buk] *n* kirja; *v* tilata; viedä kirjoihin, varata, kirjata
booking ['bukiŋ] *n* varaus, tilaus
bookmaker ['bukˌmeikə] *n* vedonvälittäjä
bookseller ['bukˌselə] *n* kirjakauppias
bookstand ['bukstænd] *n* kirja- ja lehtikioski
bookstore ['bukstɔː] *n* kirjakauppa
boot [buːt] *n* saapas; (auton) tavaratila
booth [buːð] *n* koju; koppi
booze [buːz] *n* (*colloquial*) viina; *v* ryypätä
border ['bɔːdə] *n* raja;
bore¹ [bɔː] *v* ikävystyttää; porata; *n* tylsimys
bore² [bɔː] *v* (p bear)
bored [bɔːd] *adj* ikävystynyt
boring ['bɔːriŋ] *adj* ikävystyttävä
born [bɔːn] *adj* synnynnäinen
borrow ['bɔrou] *v* lainata
bosom ['buzəm] *n* povi;

rinta
boss [bɔs] *n* pomo, päällikkö
botany ['bɔtəni] *n* kasvitiede
both [bouθ] *adj* molemmat; **both ... and** sekä ... että
bother ['bɔðə] *v* vaivautua; *n* kiusa
bottle ['bɔtəl] *n* pullo; **~ opener** pullonavaaja; **hot-water ~** kuumavesipullo
bottleneck ['bɔtəlnek] *n* pullonkaula, tien tukko
bottom ['bɔtəm] *n* pohja; alaosa; takamus; *adj* alin
bought [bɔ:t] *v* (p, pp buy)
boulder ['bouldə] *n* siirtolohkare, vierinkivi
bound [baund] *n* raja (myös kuv); ***be ~ to** täytyä; **~ for** matkalla jhkn
boundary ['baundəri] *n* raja
bouquet [bu'kei] *n* kimppu
bourgeois ['buəʒwa:] *adj* poroporvarillinen
boutique [bu'ti:k] *n* putiikki, (pieni) muotiliike
bow¹ [bau] *v* kumartaa; taivuttaa
bow² [bou] *n* jousi; **~ tie** solmuke, rusetti
bowels [bauəlz] *pl* sisälmykset *pl*, suolisto
bowl [boul] *n* kulho
bowling ['bouliŋ] *n* keilailu; **~ alley** keilarata
box¹ [bɔks] *v* nyrkkeillä; **boxing match** nyrkkeilyottelu
box² [bɔks] *n* laatikko
box office ['bɔks,ɔfis] *n* lippumyymälä,
boy [bɔi] *n* poika; **~ scout** partiopoika
boyfriend ['bɔifrend] *n* poikakaveri
bra [bra:] *n* rintaliivit *pl*
bracelet ['breislit] *n* rannerengas
braces ['breisiz] *pl* henkselit, olkaimet *pl*
brain [brein] *n* aivot *pl*; äly
brain wave ['breinweiv] *n* neronleimaus
brake [breik] *n* jarru; **~ drum** jarrurumpu; **~ lights** jarruvalot *pl*
branch [bra:ntʃ] *n* oksa; haaraosasto
brand [brænd] *n* merkki; polttomerkki
brand-new [,brænd'nju:] *adj* upouusi
brass [bra:s] *n* messinki; **~ band** torvisoittokunta
brave [breiv] *adj* rohkea, urhea
Brazil [brə'zil] Brasilia
Brazilian [brə'ziljən] *adj* brasilialainen
breach [bri:tʃ] *n* rikkominen;
bread [bred] *n* leipä; **wholemeal ~** kokojyväleipä
breadth [bredθ] *n* leveys
break [breik] *n* murtuma; välitunti
***break** [breik] *v* rikkoa, murtaa; **~ down** mennä rikki
breakdown ['breikdaun] *n*

konerikko, konevika
breakfast ['brekfəst] *n* aamupala
breast [brest] *n* rinta
breaststroke ['breststrouk] *n* rintauinti
breath [breθ] *n* henkäys
breathe [bri:ð] *v* hengittää
breathing ['bri:ðiŋ] *n* hengitys
breed [bri:d] *n* rotu; laji
***breed** [bri:d] *v* kasvattaa
breeze [bri:z] *n* tuulenhenkäys
brew [bru:] *v* panna olutta
brewery ['bru:əri] *n* olutpanimo
bribe [braib] *v* lahjoa
bribery ['braibəri] *n* lahjominen
brick [brik] *n* tiili
bricklayer ['brikleiə] *n* muurari
bride [braid] *n* morsian
bridegroom ['braidgru:m] *n* sulhanen
bridge [bridʒ] *n* silta; bridge (korttipeli)
brief [bri:f] *adj* lyhyt
briefcase ['bri:fkeis] *n* salkku
briefs [bri:fs] *pl* alushousut *pl*
bright [brait] *adj* valoisa; kirkas; valpas, älykäs
brighten ['braitən] *v* kirkastaa
brill [bril] *n* silokampela
brilliant ['briljənt] *adj* loistava; lahjakas
brim [brim] *n* reuna
***bring** [briŋ] *v* tuoda; ~ **back** palauttaa; ~ **up** kasvattaa; ottaa puheeksi, esittää
brisk [brisk] *adj* reipas
Britain ['britən] (Iso-)Britannia
British ['britiʃ] *adj* brittiläinen; englantilainen
Briton ['britən] *n* britti; englantilainen
broad [brɔ:d] *adj* leveä; laaja
broadband ['brɔ:dæbænd] *n* laajakaista
broadcast ['brɔ:dkɑ:st] *n* lähetys
***broadcast** ['brɔ:dkɑ:st] *v* lähettää (ohjelmaa), esiintyä radiossa tai televisiossa
brochure ['brouʃuə] *n* esite
broke[1] [brouk] *v* (p break)
broke[2] [brouk] *adj* rahaton
broken ['broukən] *adj* (pp break) rikkinäinen, epäkuntoinen; rikki
broker ['broukə] *n* välittäjä
bronchitis [brɔŋ'kaitis] *n* keuhkoputken tulehdus
bronze [brɔnz] *n* pronssi; *adj* pronssinen
brooch [broutʃ] *n* rintaneula
brook [bruk] *n* puro
broom [bru:m] *n* luuta
brothel ['brɔθəl] *n* porttola
brother ['brʌðə] *n* veli
brother-in-law ['brʌðərinlɔ:] *n* (pl brothers-in-law) lanko
brought [brɔ:t] *v* (p, pp bring)

brown [braun] *adj* ruskea
bruise [bru:z] *n* mustelma; ruhjevamma *v* saada mustelma
brunette [bru:'net] *n* ruskeaverikkö
brush [brʌʃ] *n* harja; pensseli; *v* harjata
brutal ['bru:təl] *adj* raakamainen
bubble ['bʌbəl] *n* kupla
buck [bʌk] *n* (*colloquial*) fyrkka
bucket ['bʌkit] *n* ämpäri
buckle ['bʌkəl] *n* solki
bud [bʌd] *n* nuppu
buddy ['bʌdi] *n* (*colloquial*) kaveri
budget ['bʌdʒit] *n* budjetti, talousarvio
buffet ['bufei] *n* noutopöytä
bug [bʌg] *n* ötökkä, hyönteinen
***build** [bild] *v* rakentaa
building ['bildiŋ] *n* rakennus
bulb [bʌlb] *n* sipuli; kukkasipuli; **light ~** hehkulamppu
Bulgaria [bʌl'gɛəriə] Bulgaria
Bulgarian [bʌl'gɛəriən] *adj* bulgarialainen
bulk [bʌlk] *n* (suuri) koko, ainemäärä
bulky ['bʌlki] *adj* kookas, kömpelö
bull [bul] *n* härkä
bullet ['bulit] *n* luoti
bulletin ['bulitin] *n* tiedote; **~ board** ilmoitustaulu
bullfight ['bulfait] *n* härkätaistelu
bullring ['bulriŋ] *n* härkätaisteluareena
bump [bʌmp] *v* törmätä; lyödä; *n* kolaus, törmäys
bumper ['bʌmpə] *n* puskuri
bumpy ['bʌmpi] *adj* kuoppainen
bun [bʌn] *n* pulla
bunch [bʌntʃ] *n* kimppu;
bundle ['bʌndəl] *n* käärö; *v* niputtaa, sitoa yhteen
bunk [bʌŋk] *n* makuulaveri
buoy [bɔi] *n* poiju
burden ['bə:dən] *n* taakka
bureau ['bjuərou] *n* (pl ~x, ~s) toimisto; kirjoituslipasto; *nAm* lipasto
bureaucracy [bjuə'rɔkrəsi] *n* byrokratia
burglar ['bə:glə] *n* murtovaras
burgle ['bə:gəl] *v* murtautua jhk
burial ['beriəl] *n* hautajaiset *pl*, hautaus
burn [bə:n] *n* palohaava
***burn** [bə:n] *v* palaa; polttaa; palaa pohjaan
***burst** [bə:st] *v* haljeta; puhjeta; syöksyä
bury ['beri] *v* haudata
bus [bʌs] *n* bussi
bush [buʃ] *n* pensas
business ['biznəs] *n* liiketoiminta, kaupankäynti; **~ hours** toimistoaika; **~ trip**

liikematka; **on ~** liikeasioissa
business-like ['biznislaik] *adj* asiallinen
businessman ['biznəsmən] *n* (pl -men) liikemies
businesswoman ['biznəswumən] *n* (pl -women) liikenainen
bust [bʌst] *n* rintakuva
bustle ['bʌsəl] *n* vilinä, vilske
busy ['bizi] *adj* kiireinen; vilkasliikenteinen
but [bʌt] *conj* mutta; vaan; paitsi
butcher ['butʃə] *n* lihakauppias
butter ['bʌtə] *n* voi
butterfly ['bʌtəflai] *n* perhonen; **~ stroke** perhosuinti
buttock ['bʌtək] *n* pakara
button ['bʌtən] *n* nappi; *v* napittaa
buttonhole ['bʌtənhoul] *n* napinreikä
***buy** [bai] *v* ostaa; hankkia
buyer ['baiə] *n* ostaja
buzz [bʌz] *n* pörinä
by [bai] *prep* jnk avulla, ennen jtak, jhk mennessä
bye-bye [bai'bai] (*colloquial*) hei hei
by-pass ['baipɑːs] *n* ohikulkutie; *v* kiertää

C

cab [kæb] *n* taksi
cabaret ['kæbərei] *n* kabaree
cabbage ['kæbidʒ] *n* kaali
cab driver ['kæb,draivə] *n* taksinkuljettaja
cabin ['kæbin] *n* hytti, kajuutta
cabinet ['kæbinət] *n* kaappi, kaapisto
cable ['keibəl] *n* kaapeli, vaijeri; *v* sähköttää
cadre ['kɑːdə] *n* kaaderi;
café ['kæfei] *n* kahvila
cafeteria [,kæfə'tiəriə] *n* (itsepalvelu)kahvila
caffeine ['kæfiːn] *n* kofeiini
cage [keidʒ] *n* häkki
cake [keik] *n* kakku; leivos
calamity [kə'læməti] *n* suuronnettomuus
calcium ['kælsiəm] *n* kalsium
calculate ['kælkjuleit] *v* laskelmoida, laskea
calculation [,kælkju'leiʃən] *n* laskelma
calendar ['kæləndə] *n* kalenteri
calf [kɑːf] *n* (pl calves) vasikka; pohje; **~ skin** vasikannahka
call [kɔːl] *v* huutaa; *n* huuto; vierailu; ***be called** olla nimeltään; **~ names** haukkua; **~ on** vierailla; **~ up** *Am* soittaa puhelimella

call waiting ['kɔːl‿'weitiŋ] *n* koputus (puhelimessa)
caller ID ['kɔːlər‿ai'diː] *n* soittajan numeron näyttö
calm [kɑːm] *adj* rauhallinen, tyyni; ~ **down** tyyntyä
calorie ['kæləri] *n* kalori
Calvinism ['kælvinizəm] *n* kalvinismi
came [keim] *v* (p come)
camel ['kæməl] *n* kameli
cameo ['kæmiou] *n* (pl ~s) kamee
camera ['kæmərə] *n* kamera ~ **shop** valokuvausliike
camp [kæmp] *n* leiri; *v* leiriytyä
campaign [kæm'pein] *n* kampanja
camp bed [ˌkæmp'bed] *n* telttasänky
camper ['kæmpə] *n* retkeilijä
camping ['kæmpiŋ] *n* telttailu; ~ **site** leirintäalue
can [kæn] *n* purkki; ~ **opener** purkinavaaja
***can** [kæn] *v* voida
Canada ['kænədə] Kanada
Canadian [kə'neidiən] *adj* kanadalainen
canal [kə'næl] *n* kanava
canary [kə'nɛəri] *n* kanarialintu
cancel ['kænsəl] *v* peruuttaa
cancellation [ˌkænsə'leiʃən] *n* peruutus
cancer ['kænsə] *n* syöpä
candidate ['kændidət] *n* ehdokas
candle ['kændəl] *n* kynttilä
candy ['kændi] *nAm* karamelli(t); ~ **store** *Am* karkkikauppa
cane [kein] *n* ruoko; kävelykeppi
canister ['kænistə] *n* kanisteri, peltirasia
canoe [kə'nuː] *n* kanootti
canteen [kæn'tiːn] *n* ruokala
canvas ['kænvəs] *n* purjekangas; telttakangas
cap [kæp] *n* lakki, päähine
capable ['keipəbəl] *adj* pystyvä, kykenevä
capacity [kə'pæsəti] *n* kapasiteetti; teho; kyky
cape [keip] *n* niemi; viitta
capital ['kæpitəl] *n* pääkaupunki; pääoma; *adj* tärkeä, pääasiallinen; ~ **letter** iso kirjain
capitalism ['kæpitəlizəm] *n* kapitalismi
capitulation [kəˌpitju'leiʃən] *n* antautuminen
capsule ['kæpsjuːl] *n* kapseli
captain ['kæptin] *n* kapteeni; lentokapteeni
capture ['kæptʃə] *v* vangita; vallata; *n* vangitseminen; valtaus
car [kɑː] *n* auto; ~ **hire** autovuokraamo; ~ **park** pysäköintialue; ~ **rental** *Am* autovuokraamo
caramel ['kærəməl] *n* karamelli
carat ['kærət] *n* karaatti
caravan ['kærəvæn] *n*

asuntovaunu
carburettor [ˌkɑːbju'retə] *n* kaasutin
card [kɑːd] *n* kortti; postikortti
cardboard ['kɑːdbɔːd] *n* pahvi; *adj* pahvinen
cardigan ['kɑːdigən] *n* villatakki
cardinal ['kɑːdinəl] *n* kardinaali *adj* pääasiallinen
care [kɛə] *n* huolenpito; huoli; **~ about** huolehtia jstk; **~ for** välittää jstk; ***take ~ of** huolehtia jstk
career [kə'riə] *n* ura, työ
carefree ['kɛəfriː] *adj* huoleton
careful ['kɛəfəl] *adj* varovainen; huolellinen
careless ['kɛələs] *adj* huolimaton; välinpitämätön
caretaker ['kɛəˌteikə] *n* talonmies
cargo ['kɑːgou] *n* (pl **~es**) lasti
carjacking ['kɑːˌdʒækiŋ] *n* auton kaappaaminen (omistajan ollessa autossa)
carnival ['kɑːnivəl] *n* karnevaali
carp [kɑːp] *n* (pl **~**) karppi
carpenter ['kɑːpintə] *n* puuseppä
carpet ['kɑːpit] *n* matto
carpool ['kɑːˌpuːl] *n* kimppakyyti; *v* matkustaa kimppakyydillä
carriage ['kæridʒ] *n* matkustajavaunu; vaunut *pl*, rattaat *pl*
carriageway ['kæridʒwei] *n* (moottoritien) ajorata
carrot ['kærət] *n* porkkana
carry ['kæri] *v* kantaa; kuljettaa; **~ on** jatkaa; **~ out** toteuttaa
carrycot ['kærikɔt] *n* vauvan kantokassi
cart [kɑːt] *n* rattaat *pl*
cartilage ['kɑːtilidʒ] *n* rusto
carton ['kɑːtən] *n* tölkki; rasia
cartoon [kɑː'tuːn] *n* piirretty filmi
cartridge ['kɑːtridʒ] *n* patruuna
carve [kɑːv] *v* vuolla, veistää
carving ['kɑːviŋ] *n* veistos
case [keis] *n* tapaus; oikeusjuttu; matkalaukku; kotelo; **attaché ~** asiakirjasalkku; **in ~** siltä varalta että; **in ~ of** siinä tapauksessa että
cash [kæʃ] *n* käteinen raha; *v* periä rahoja, vaihtaa rahaksi, lunastaa
cashier [kæ'ʃiə] *n* kassanhoitaja
cashmere ['kæʃmiə] *n* kašmir(villa)
casino [kə'siːnou] *n* (pl **~s**) kasino
cask [kɑːsk] *n* tynnyri
cassette [kə'set] *n* kasetti
cast [kɑːst] *n* heitto
***cast** [kɑːst] *v* heittää, luoda; **cast iron** valurauta
castle ['kɑːsəl] *n* linna

casual ['kæʒuəl] *adj* rento, huoleton
casualty ['kæʒuəlti] *n* haavoittunut
cat [kæt] *n* kissa
catacomb ['kætəkoum] *n* katakombi
catalogue ['kætəlɔg] *n* luettelo
catarrh [kə'tɑ:] *n* katarri
catastrophe [kə'tæstrəfi] *n* katastrofi
***catch** [kætʃ] *v* ottaa kiinni; tavoittaa; yllättää, ehtiä
catchword ['kætʃwə:d] *n* iskusana
category ['kætigəri] *n* kategoria
cathedral [kə'θi:drəl] *n* katedraali, tuomiokirkko
catholic ['kæθəlik] *adj* katolinen
cattle ['kætəl] *pl* nautakarja
caught [kɔ:t] *v* (p, pp catch)
cauliflower ['kɔliflauə] *n* kukkakaali
cause [kɔ:z] *v* aiheuttaa; *n* syy; peruste, aihe; asia; **~ to** saada tekemään jtn
caution ['kɔ:ʃən] *v* varoittaa *n* varovaisuus
cautious ['kɔ:ʃəs] *adj* varovainen
cave [keiv] *n* luola; onkalo
cavern ['kævən] *n* luola
caviar ['kæviɑ:] *n* kaviaari
cavity ['kævəti] *n* ontelo, kolo
CD player ['si:'di:‿ˌpleiə] *n* CD-soitin
CD(-ROM) [si:'di:(-)] *n* CD(-ROM)
cease [si:s] *v* lopettaa
ceasefire ['si:sfaiə] *n* tulitauko
ceiling ['si:liŋ] *n* sisäkatto
celebrate ['selibreit] *v* juhlia
celebration [ˌseli'breiʃən] *n* juhla
celebrity [si'lebrəti] *n* kuuluisuus
celery ['seləri] *n* selleri
cell [sel] *n* selli
cellar ['selə] *n* kellari
cellphone ['selfoun] *n* matkapuhelin
cement [si'ment] *n* sementti
cemetery ['semitri] *n* hautausmaa
censorship ['sensəʃip] *n* sensuuri
center ['sentə] *nAm* keskusta
centigrade ['sentigreid] *n* celsiusaste
centimetre ['sentimi:tə] *n* senttimetri
central ['sentrəl] *adj* keski-; **~ heating** keskuslämmitys; **~ station** keskusasema
centralize ['sentrəlaiz] *v* keskittää
centre ['sentə] *n* keskusta; keskipiste
century ['sentʃəri] *n* vuosisata
ceramics [si'ræmiks] *pl* keramiikkataide
ceremony ['serəməni] *n* seremonia *pl*

certain ['sə:tən] *adj* varma; tietty
certainly ['sə:tənli] *adv* todella(kin)
certificate [sə'tifikət] *n* kirjallinen todistus,
chain [tʃein] *n* ketju
chair [tʃεə] *n* tuoli
chairman ['tʃεəmən] *n* (pl -men) puheenjohtaja
chairwoman ['tʃεəwumən] *n* (pl -women) puheenjohtaja (naispuolinen)
chalet ['ʃælei] *n* alppimaja
chalk [tʃɔ:k] *n* liitu
challenge ['tʃæləndʒ] *v* haastaa; *n* haaste
chamber ['tʃeimbə] *n* sali, istuntosali
champagne [ʃæm'pein] *n* samppanja
champion ['tʃæmpjən] *n* mestari
chance [tʃɑ:ns] *n* sattuma; mahdollisuus, tilaisuus; riski; **by ~** sattumalta
change [tʃeindʒ] *v* muuttaa; vaihtaa; vaihtaa pukua; vaihtaa kulkuneuvoa; *n* muutos, vaihdos; pikkuraha, vaihtoraha; **for a ~** *n* vaihteeksi
channel ['tʃænəl] *n* kanaali; **The English Channel** Englannin kanaali
chaos ['keiɔs] *n* sekasorto
chaotic [kei'ɔtik] *adj* sekasortoinen
chap [tʃæp] *n* kaveri
chapel ['tʃæpəl] *n* kappeli, kirkko
chaplain ['tʃæplin] *n* pappi
character ['kærəktə] *n* luonne
characteristic [,kærəktə'ristik] *adj* ominainen, luonteenomainen; *n* ominaispiirre
characterize ['kærəktəraiz] *v* luonnehtia
charcoal ['tʃɑ:koul] *n* puuhiili
charge [tʃɑ:dʒ] *v* vaatia maksua, veloittaa; syyttää; lastata; *n* maksu; lasti, kuorma; syytös; **~ plate** *Am* luottokortti; **free of ~** maksuton; **in ~ of** vastuussa jstk; ***take ~ of** ottaa huolekseen
charity ['tʃærəti] *n* hyväntekeväisyys
charm [tʃɑ:m] *n* viehätys, charmi
charming ['tʃɑ:miŋ] *adj* hurmaava
chart [tʃɑ:t] *n* taulukko; kaavio; merikortti; **conversion ~** muuntotaulukko
chase [tʃeis] *v* ajaa takaa; karkottaa; *n* metsästys, takaa-ajo
chasm ['kæzəm] *n* kuilu
chassis ['ʃæsi] *n* (pl ~) autonrunko, alusta
chaste [tʃeist] *adj* siveä
chat [tʃæt] *v* jutella,

rupatella; *n* juttelu, rupattelu
chatterbox ['tʃætəbɔks] *n* lörpöttelijä
chauffeur ['ʃoufə] *n* autonkuljettaja
cheap [tʃi:p] *adj* halpa; edullinen
cheat [tʃi:t] *v* petkuttaa
check [tʃek] *v* tarkistaa; *n* rasti; *nAm* lasku; *nAm* šekki; **check!** šakki!; **~ in** tehdä lähtöselvitys; **~ out** maksaa lasku ja lähteä hotellista
checkbook ['tʃekbuk] *nAm* šekkivihko
checkerboard ['tʃekəbɔ:d] *nAm* šakkilauta
checkers ['tʃekəz] *plAm* tammipeli
checkroom ['tʃekru:m] *nAm* narikka
checkup ['tʃekʌp] *n* tarkastus
cheek [tʃi:k] *n* poski
cheekbone ['tʃi:kboun] *n* poskipää
cheeky ['tʃi:ki] *adj* (*colloquial*) hävytön
cheer [tʃiə] *v* hurrata; **~ up** piristää
cheerful ['tʃiəfəl] *adj* iloinen, hilpeä
cheese [tʃi:z] *n* juusto
chef [ʃef] *n* keittiömestari
chemical ['kemikəl] *adj* kemiallinen
chemist ['kemist] *n* apteekkari, farmaseutti
chemist's apteekki; kemikaalikauppa
chemistry ['kemistri] *n* kemia
cheque [tʃek] *n* šekki
chequebook ['tʃekbuk] *n* šekkivihko
chequered ['tʃekəd] *adj* ruudullinen
cherry ['tʃeri] *n* kirsikka
chess [tʃes] *n* šakkipeli
chest [tʃest] *n* rinta; rintakehä; kirstu; **~ of drawers** lipasto
chestnut ['tʃesnʌt] *n* kastanja
chew [tʃu:] *v* pureskella
chewing gum ['tʃu:iŋgʌm] *n* purukumi
chicken ['tʃikin] *n* kana, kananpoika
chickenpox ['tʃikinpɔks] *n* vesirokko
chief [tʃi:f] *n* päällikkö; *adj* pää-, ylin
chieftain ['tʃi:ftən] *n* heimopäällikkö
child [tʃaild] *n* (pl children) lapsi
childbirth ['tʃaildbə:θ] *n* synnytys
childhood ['tʃaildhud] *n* lapsuus
Chile ['tʃili] Chile
Chilean ['tʃiliən] *adj* chileläinen
chill [tʃil] *n* väristys
chilly ['tʃili] *adj* kolea
chime [tʃaim] *n* kello, kellonsoitto

chimney ['tʃimni] *n* savupiippu
chin [tʃin] *n* leuka
China ['tʃainə] Kiina
china ['tʃainə] *n* posliini
Chinese [tʃai'ni:z] *adj* kiinalainen
chip [tʃip] *v* lohkaista; *n* lastu; **chips** ranskanperunat; perunalastut
chisel ['tʃizəl] *n* taltta
chives [tʃaivz] *pl* ruohosipuli
chlorine ['klɔ:ri:n] *n* kloori
chock-full [tʃɔk'ful] *adj* täpötäysi
chocolate ['tʃɔklət] *n* suklaa; kaakao
choice [tʃɔis] *n* valinta; valikoima
choir [kwaiə] *n* kuoro
choke [tʃouk] *v* tukehtua; kuristaa; *n* rikastin
***choose** [tʃu:z] *v* valita
chop [tʃɔp] *v* pilkkoa *n* kyljys
Christ [kraist] Kristus
christen ['krisən] *v* kastaa
christening ['krisəniŋ] *n* ristiäiset
Christian ['kristʃən] *adj* kristitty; **~ name** ristimänimi
Christmas ['krisməs] joulu
chromium ['kroumiəm] *n* kromi
chronic ['krɔnik] *adj* krooninen
chronological [,krɔnə'lɔdʒikəl] *adj* kronologinen
chuckle ['tʃʌkəl] *v* hykerrellä
chunk [tʃʌŋk] *n* kimpale
church [tʃə:tʃ] *n* kirkko
churchyard ['tʃə:tʃjɑ:d] *n* kirkkomaa
cigar [si'gɑ:] *n* sikari **~ shop** tupakkakauppa
cigarette [,sigə'ret] *n* savuke; **~ tobacco** savuketupakka
cigarette case [,sigə'retkeis] *n* savukekotelo
cigarette holder [,sigə'ret,houldə] *n* holkki
cigarette lighter [,sigə'ret,laitə] *n* tupakansytytin
cinema ['sinəmə] *n* elokuvateatteri
cinnamon ['sinəmən] *n* kaneli
circle ['sə:kəl] *n* ympyrä; piiri; *v* ympäröidä, saartaa
circulation [,sə:kju'leiʃən] *n* verenkierto; kiertokulku
circumstance ['sə:kəmstæns] *n* seikka, asianhaara
circus ['sə:kəs] *n* sirkus
citizen ['sitizən] *n* kansalainen
citizenship ['sitizənʃip] *n* kansalaisuus
city ['siti] *n* suurkaupunki
civic ['sivik] *adj* kaupungin-, kunnallinen

civil ['sivəl] *adj* yhteiskunnallinen, siviili-; ~ **law** siviilioikeus; ~ **servant** valtionvirkamies
civilian [si'viljən] *adj* siviili-; *n* siviilihenkilö
civilization [ˌsivəlai'zeiʃən] *n* sivistys
civilized ['sivəlaizd] *adj* sivistynyt
claim [kleim] *v* vaatia; väittää; *n* vaatimus
clamp [klæmp] *n* pidike; ruuvipuristin
clap [klæp] *v* taputtaa, osoittaa suosiota
clarify ['klærifai] *v* selvittää, selventää
class [klɑːs] *n* luokka
classical ['klæsikəl] *adj* klassinen
classify ['klæsifai] *v* luokitella
classmate ['klɑːsmeit] *n* luokkatoveri
classroom ['klɑːsruːm] *n* luokkahuone
clause [klɔːz] *n* ehto; sivulause
claw [klɔː] *n* (eläimen) kynsi
clay [klei] *n* savi
clean [kliːn] *adj* puhdas, siisti; *v* puhdistaa, siivota
cleaning ['kliːniŋ] *n* siivous, puhdistus; ~ **fluid** puhdistusaine
clear [kliə] *adj* kirkas; selvä; *v* selvittää; puhdistaa
clearing ['kliəriŋ] *n* metsäaukio
cleft [kleft] *n* rako, halkeama
clergyman ['kləːdʒimən] *n* (pl -men) pappi; kirkonmies
clerk [klɑːk] *n* kanslisti
clever ['klevə] *adj* älykäs, kekseliäs, nokkela
click [klik] *v* napsauttaa; ~ **into place** loksahtaa paikoilleen
client ['klaiənt] *n* asiakas
cliff [klif] *n* rantakallio, rantatörmä
climate ['klaimit] *n* ilmasto
climb [klaim] *v* kavuta; kiivetä; *n* kiipeäminen
cling [kliŋ] *v* tarrautua; ~ **to** takertua
clinic ['klinik] *n* klinikka
cloak [klouk] *n* viitta, mantteli
cloakroom ['kloukruːm] *n* narikka
clock [klɔk] *n* kello; **at … o'clock** kello …
cloister ['klɔistə] *n* pylväskäytävä; luostari
clone [kloun] *v* kloonata; *n* klooni
close[1] [klouz] *v* sulkea; **closed** *adj* suljettu, umpinainen
close[2] [klous] *adj* läheinen
closet ['klɔzit] *n* komero; *nAm* vaatekaappi
cloth [klɔθ] *n* kangas; riepu
clothes [klouðz] *pl* vaatteet *pl*
clothing ['klouðiŋ] *n* vaatetus
cloud [klaud] *n* pilvi

cloudy ['klaudi] *adj* pilvinen
clover ['klouvə] *n* apila
clown [klaun] *n* klovni, sirkuspelle
club [klʌb] *n* kerho, klubi; nuija, patukka
clumsy ['klʌmzi] *adj* kömpelö
clutch [klʌtʃ] *n* kytkin; tiukka ote
coach [koutʃ] *n* (pitkän matkan) bussi; vaunu;
coal [koul] *n* kivihiili
coarse [kɔ:s] *adj* karkea; hienostumaton
coast [koust] *n* rannikko
coat [kout] *n* päällystakki, takki
coat hanger ['kout,hæŋə] *n* vaateripustin
cocaine [kou'kein] *n* kokaiini
cock [kɔk] *n* kukko
cocktail ['kɔkteil] *n* cocktail
coconut ['koukənʌt] *n* kookospähkinä
cod [kɔd] *n* (pl ~) turska
code [koud] *n* koodi; säännöt
coffee ['kɔfi] *n* kahvi
cognac ['kɔnjæk] *n* konjakki
coherence [kou'hiərəns] *n* yhtenäisyys
coin [kɔin] *n* kolikko
coincide [,kouin'said] *v* sattua samaan aikaan
cold [kould] *adj* kylmä; *n* kylmyys; vilustuminen; ***catch a ~** vilustua
collaborate [kə'læbərait] *v* tehdä yhteistyötä
collapse [kə'læps] *v* lysähtää, romahtaa
collar ['kɔlə] *n* kaulus; **~ stud** kauluksennappi
collarbone ['kɔləboun] *n* solisluu
colleague ['kɔli:g] *n* kollega
collect [kə'lekt] *v* koota; noutaa; kerätä
collection [kə'lekʃən] *n* kokoelma; keräys
collective [kə'lektiv] *adj* yhteis-
collector [kə'lektə] *n* keräilijä; kerääjä
college ['kɔlidʒ] *n* opisto, oppilaitos
collide [kə'laid] *v* törmätä yhteen
collision [kə'liʒən] *n* yhteentörmäys
Colombia [kə'lɔmbiə] Kolumbia
Colombian [kə'lɔmbiən] *adj* kolumbialainen
colonel ['kə:nəl] *n* eversti
colony ['kɔləni] *n* siirtokunta
colour ['kʌlə] *v* värittää; *n* väri; **~ film** värifilmi
colour-blind ['kʌləblaind] *adj* värisokea
coloured ['kʌləd] *adj* värillinen
colourful ['kʌləfəl] *adj* värikäs
column ['kɔləm] *n* pylväs, pilari; palsta; rivistö
coma ['koumə] *n* kooma,

tajuttomuus
comb [koum] *v* kammata; *n* kampa
combat ['kɔmbæt] *v* taistella jtkn vastaan, kamppailla; *n* kamppailu
combination [ˌkɔmbi'neiʃən] *n* yhdistelmä
combine [kəm'bain] *v* yhdistää
***come** [kʌm] *v* tulla; **~ across** kohdata; löytää
comedian [kə'mi:diən] *n* koomikko
comedy ['kɔmədi] *n* komedia; **musical ~** musikaali
comfort ['kʌmfət] *n* mukavuus, hyvinvointi; lohdutus; *v* lohduttaa
comfortable ['kʌmfətəbəl] *adj* mukava
comic ['kɔmik] *adj* koominen
comics ['kɔmiks] *pl* sarjakuvat
coming ['kʌmiŋ] *n* tulo
comma ['kɔmə] *n* pilkku
command [kə'mɑ:nd] *v* käskeä; *n* käsky, määräys
commander [kə'mɑ:ndə] *n* komentaja (sot)
commemoration [kəˌmemə'reiʃən] *n* muistojuhla
commence [kə'mens] *v* alkaa
comment ['kɔment] *n* kommentti, huomautus; *v* kommentoida
commerce ['kɔmə:s] *n* kauppa
commercial [kə'mə:ʃəl] *adj* kauppa-, kaupallinen; *n* mainos; **~ law** kauppaoikeus
commission [kə'miʃən] *n* komissio, tehtävä
commit [kə'mit] *v* syyllistyä, sitoa
committee [kə'miti] *n* komitea, valiokunta
common ['kɔmən] *adj* tavallinen; yhteinen
commune ['kɔmju:n] *n* kunta
communicate [kə'mju:nikeit] *v* viestiä, kommunikoida
communication [kəˌmju:ni'keiʃən] *n* viestintä; tiedotus
communiqué [kə'mju:nikei] *n* virallinen tiedonanto
communism ['kɔmjunizəm] *n* kommunismi
communist ['kɔmjunist] *n* kommunisti
community [kə'mju:nəti] *n* yhteisö, yhdyskunta
commuter [kə'mju:tə] *n* työmatkalainen
compact ['kɔmpækt] *adj* kiinteä, tehokas tilankäytöltään
compact disc ['kɔmpækt‿'disk] *n* CD--levy
companion [kəm'pænjən] *n*

seuralainen
company ['kʌmpəni] *n* yhtiö, yritys, toiminimi
comparative [kəm'pærətiv] *adj* suhteellinen
compare [kəm'pɛə] *v* verrata
comparison [kəm'pærisən] *n* vertaus
compartment [kəm'pɑːtmənt] *n* vaunuosasto
compass ['kʌmpəs] *n* kompassi
compel [kəm'pel] *v* pakottaa
compensate ['kɔmpənseit] *v* korvata
compensation [ˌkɔmpən'seiʃən] *n* hyvitys; kompensaatio
compete [kəm'piːt] *v* kilpailla
competition [ˌkɔmpə'tiʃən] *n* kilpailu
competitor [kəm'petitər] *n* kilpailija
compile [kəm'pail] *v* koota (tietoa), laatia
complain [kəm'plein] *v* valittaa
complaint [kəm'pleint] *n* valitus; **complaints book** valituskirja
complete [kəm'pliːt] *adj* täydellinen, kokonainen; *v* suorittaa loppuun
completely [kəm'pliːtli] *adv* täydellisesti, kokonaan, täysin
complex ['kɔmpleks] *n* rakennuskompleksi; *adj* monimutkainen, sekava
complexion [kəm'plekʃən] *n* (kasvojen) iho
complicated ['kɔmplikeitid] *adj* pulmallinen, monimutkainen
compliment ['kɔmplimənt] *v* lausua kohteliaisuuksia; *n* kohteliaisuus
compose [kəm'pouz] *v* säveltää
composer [kəm'pouzə] *n* säveltäjä
composition [ˌkɔmpə'ziʃən] *n* sävellys
comprehensive [ˌkɔmpri'hensiv] *adj* laaja
comprise [kəm'praiz] *v* sisältää
compromise ['kɔmprəmaiz] *n* sovitteluratkaisu
compulsory [kəm'pʌlsəri] *adj* pakollinen
comrade ['kɔmreid] *n* toveri
conceal [kən'siːl] *v* kätkeä
conceited [kən'siːtid] *adj* itserakas
conceive [kən'siːv] *v* siittää, hedelmöittää
concentrate ['kɔnsəntreit] *v* keskittää; keskittyä
concentration [ˌkɔnsən'treiʃən] *n* keskittymiskyky, keskittyminen
conception [kən'sepʃən] *n* käsitys; hedelmöitys
concern [kən'səːn] *v* koskea, kuulua; *n* huoli; asia;

konserni
concerned [kən'sə:nd] *adj* huolestunut; osallinen
concerning [kən'sə:niŋ] *prep* jtak koskien, koskeva
concert ['kɔnsət] *n* konsertti; ~ **hall** konserttisali
concession [kən'seʃən] *n* toimilupa; myönnytys
concierge [ˌkɔ̃ˑsi'ɛəʒ] *n* portinvartija
concise [kən'sais] *adj* lyhytsanainen
conclusion [kəŋ'klu:ʒən] *n* johtopäätös,
concrete ['kɔŋkri:t] *adj* konkreettinen; *n* betoni
concurrence [kəŋ'kʌrəns] *n* yhteensattuma
concussion [kəŋ'kʌʃən] *n* aivotärähdys
condition [kən'diʃən] *n* ehto; kunto, tila; olosuhde
conditional [kən'diʃənəl] *adj* ehdollinen
conduct[1] ['kɔndʌkt] *n* käytös
conduct[2] [kən'dʌkt] *v* johtaa; saattaa
conductor [kən'dʌktə] *n* kapellimestari; rahastaja;
confectioner [kən'fekʃənə] *n* kondiittori
conference ['kɔnfərəns] *n* konferenssi
confess [kən'fes] *v* myöntää; ripittäytyä; tunnustaa
confession [kən'feʃən] *n* tunnustus; rippi
confidence ['kɔnfidəns] *n* luottamus
confident ['kɔnfidənt] *adj* luottavainen
confidential [ˌkɔnfi'denʃəl] *adj* luottamuksellinen
confirm [kən'fə:m] *v* vahvistaa
confirmation [ˌkɔnfə'meiʃən] *n* vahvistus
confiscate ['kɔnfiskeit] *v* takavarikoida
conflict ['kɔnflikt] *n* ristiriita
confuse [kən'fju:z] *v* saattaa ymmälle; **confused** *adj* hämmentynyt
confusion [kən'fju:ʒən] *n* hämminki
congratulate [kəŋ'grætʃuleit] *v* onnitella
congratulation [kəŋˌgrætʃu'leiʃən] *n* onnittelu, onnentoivotus
congregation [ˌkɔŋgri'geiʃən] *n* seurakunta
congress ['kɔŋgres] *n* kongressi
connect [kə'nekt] *v* yhdistää; kytkeä; liittää
connection [kə'nekʃən] *n* suhde; yhteys, jatkoyhteys
connoisseur [ˌkɔnə'sə:] *n* tuntija
connotation [ˌkɔnə'teiʃən] *n* sivumerkitys
conquer ['kɔŋkə] *v* valloittaa
conqueror ['kɔŋkərə] *n*

valloittaja
conquest ['kɔŋkwest] *n* valloitus
conscience ['kɔnʃəns] *n* omatunto
conscious ['kɔnʃəs] *adj* tietoinen
consciousness ['kɔnʃəsnəs] *n* tietoisuus
conscript ['kɔnskript] *n* asevelvollinen
consent [kən'sent] *v* suostua; myöntyä; *n* suostumus
consequence ['kɔnsikwəns] *n* seuraus
consequently ['kɔnsikwəntli] *adv* näin ollen
conservative [kən'sə:vətiv] *adj* konservatiivinen, vanhoillinen
consider [kən'sidə] *v* miettiä; harkita; pitää jnak, olla jtk mieltä
considerable [kən'sidərəbəl] *adj* huomattava, melkoinen
considerate [kən'sidərət] *adj* huomaavainen
consideration [kən,sidə'reiʃən] *n* huomioonottaminen; harkinta; huomaavaisuus
considering [kən'sidəriŋ] *prep* huomioon ottaen
consignment [kən'sainmənt] *n* lähetys
consist of [kən'sist] koostua
conspire [kən'spaiə] *v* vehkeillä
constant ['kɔnstənt] *adj* alinomainen
constipation [,kɔnsti'peiʃən] *n* ummetus
constituency [kən'stitʃuənsi] *n* vaalipiiri
constitution [,kɔnsti'tju:ʃən] *n* valtiosääntö
construct [kən'strʌkt] *v* rakentaa
construction [kən'strʌkʃən] *n* rakenne; rakentaminen; rakennus
consul ['kɔnsəl] *n* konsuli
consulate ['kɔnsjulət] *n* konsulaatti
consult [kən'sʌlt] *v* kysyä neuvoa
consultation [,kɔnsəl'teiʃən] *n* neuvottelu; **~ hours** vastaanottoaika
consume [kən'sju:m] *v* kuluttaa
consumer [kən'sju:mə] *n* kuluttaja
contact ['kɔntækt] *n* yhteys; kosketus *v* ottaa yhteys; **~ lenses** piilolasit *pl*
contagious [kən'teidʒəs] *adj* tarttuva
contain [kən'tein] *v* sisältää
container [kən'teinə] *n* kontti
contemporary [kən'tempərəri] *adj* samanaikainen; nykyaikainen; *n* aikalainen

contempt [kən'tempt] *n* ylenkatse,
content [kən'tent] *adj* tyytyväinen
contents ['kɔntents] *pl* sisällys
contest ['kɔntest] *n* kilpailu; taistelu; ottelu
continent ['kɔntinənt] *n* maanosa; manner
continental [ˌkɔnti'nentəl] *adj* mannermainen
continual [kən'tinjuəl] *adj* alituinen; **continually** *adv* alinomaa
continue [kən'tinjuː] *v* jatkaa; jatkua
continuous [kən'tinjuəs] *adj* jatkuva, keskeytymätön
contour ['kɔntuə] *n* ääriviiva
contraceptive [ˌkɔntrə'septiv] *n* ehkäisyväline
contract[1] ['kɔntrækt] *n* sopimus
contract[2] [kən'trækt] *v* tehdä sopimus; sopia
contractor [kən'træktə] *n* urakoitsija
contradict [ˌkɔntrə'dikt] *v* vastustaa; väittää vastaan
contradictory [ˌkɔntrə'diktəri] *adj* ristiriitainen
contrary ['kɔntrəri] *n* vastakohta; *adj* päinvastainen; **on the ~** päinvastoin
contrast ['kɔntrɑːst] *n* vastakohta; eroavuus
contribution [ˌkɔntri'bjuːʃən] *n* panos, avustus
control [kən'troul] *v* valvoa, säännöstellä; *n* valvonta
controversial [ˌkɔntrə'vəːʃəl] *adj* kiistanalainen
convenience [kən'viːnjəns] *n* mukavuus
convenient [kən'viːnjənt] *adj* mukava; sopiva
convent ['kɔnvənt] *n* nunnaluostari
conversation [ˌkɔnvə'seiʃən] *n* keskustelu
convert [kən'vəːt] *v* käännyttää; muuntaa
convict[1] [kən'vikt] *v* tunnustaa syylliseksi
convict[2] ['kɔnvikt] *n* rangaistusvanki
conviction [kən'vikʃən] *n* vakaumus; tuomitseminen
convince [kən'vins] *v* saada vakuuttuneeksi
convulsion [kən'vʌlʃən] *n* kouristus
cook [kuk] *v* keittää; laittaa ruokaa, valmistaa ruokaa; *n* kokki
cookbook ['kukbuk] *nAm* keittokirja
cooker ['kukə] *n* liesi; **gas ~** kaasuliesi
cookery book ['kukəribuk] *n* keittokirja
cookie ['kuki] *nAm* keksi
cool [kuːl] *adj* viileä

cooperation [kouˌɔpəˈreiʃən] *n* yhteistyö, yhteistoiminta
co-operative [kouˈɔpərətiv] *adj* yhteistyökykyinen, osuustoiminnallinen; *n* osuustoiminta
coordinate [kouˈɔːdineit] *v* koordinoida
coordination [kouˌɔːdiˈneiʃən] *n* koordinointi
cope [koup] *v* kestää
copper [ˈkɔpə] *n* kupari
copy [ˈkɔpi] *n* jäljennös, kopio; *v* jäljentää; jäljitellä; **carbon ~** hiilipaperijäljennös
coral [ˈkɔrəl] *n* koralli
cord [kɔːd] *n* köysi; nuora
cordial [ˈkɔːdiəl] *adj* sydämellinen
corduroy [ˈkɔːdərɔi] *n* vakosametti
core [kɔː] *n* sisus; siemenkota
cork [kɔːk] *n* korkki
corkscrew [ˈkɔːkskruː] *n* korkkiruuvi
corn [kɔːn] *n* rae; vilja; liikavarvas; **~ on the cob** maissintähkä
corner [ˈkɔːnə] *n* kulma
cornfield [ˈkɔːnfiːld] *n* viljapelto
corpse [kɔːps] *n* (kuollut) ruumis
corpulent [ˈkɔːpjulənt] *adj* pyylevä; tukeva, lihava
correct [kəˈrekt] *adj* moitteeton, oikea; *v* oikaista
correction [kəˈrekʃən] *n* oikaisu; korjaus
correctness [kəˈrektnəs] *n* korrektius, oikeellisuus
correspond [ˌkɔriˈspɔnd] *v* olla kirjeenvaihdossa
correspondence [ˌkɔriˈspɔndəns] *n* kirjeenvaihto
correspondent [ˌkɔriˈspɔndənt] *n* kirjeenvaihtaja
corridor [ˈkɔridɔː] *n* käytävä
corrupt [kəˈrʌpt] *adj* turmeltunut; *v* lahjoa
corruption [kəˈrʌpʃən] *n* lahjominen
corset [ˈkɔːsit] *n* korsetti
cosmetics [kɔzˈmetiks] *pl* kosmetiikka
cost [kɔst] *n* kustannukset *pl*; hinta
***cost** [kɔst] *v* maksaa
cosy [ˈkouzi] *adj* kodikas
cot [kɔt] *nAm* vauvan sänky
cottage [ˈkɔtidʒ] *n* mökki
cotton [ˈkɔtən] *n* puuvilla; puuvillainen
cotton wool [ˈkɔtənwul] *n* vanu
couch [kautʃ] *n* leposohva
cough [kɔf] *v* yskiä; *n* yskä
could [kud] *v* (p can)
council [ˈkaunsəl] *n* valtioneuvosto, neuvosto
councillor [ˈkaunsələ] *n* kunnanvaltuutettu
counsel [ˈkaunsəl] *n*

neuvonantaja; neuvottelu
counsellor ['kaunsələ] *n* neuvonantaja; lainopillinen avustaja
count [kaunt] *v* laskea; laskea mukaan; pitää jnak; *n* kreivi
counter ['kauntə] *n* myyntipöytä; tiski
counterfeit ['kauntəfi:t] *v* väärentää
counterfoil ['kauntəfɔil] *n* kantalippu
countess ['kauntis] *n* kreivitär
country ['kʌntri] *n* maa; maaseutu; ~ **house** maatalo
countryman ['kʌntrimən] *n* (pl -men) maanmies
countryside ['kʌntrisaid] *n* maaseutu
county ['kaunti] *n* maakunta
couple ['kʌpəl] *n* pari
coupon ['ku:pɔn] *n* kuponki
courage ['kʌridʒ] *n* urheus, rohkeus
courageous [kə'reidʒəs] *adj* urhea, rohkea
course [kɔ:s] *n* suunta; ruokalaji; kulku; kurssi; **intensive** ~ pikakurssi; **of** ~ tietysti
court [kɔ:t] *n* tuomioistuin; hovi
courteous ['kə:tiəs] *adj* kohtelias
cousin ['kʌzən] *n* serkku
cover ['kʌvə] *v* kattaa, peittää; *n* suoja; kansi; päällinen; ~ **charge** kattamismaksu
cow [kau] *n* lehmä
coward ['kauəd] *n* pelkuri
cowardly ['kauədli] *adj* raukkamainen
crab [kræb] *n* merirapu
crack [kræk] *v* särkeä; *n* halkeama
cracker ['krækə] *nAm* voileipäkeksi
cradle ['kreidəl] *n* kehto
cramp [kræmp] *n* suonenveto, kramppi
crane [krein] *n* nostokurki
crap [kræp] *n* (*vulgar*) paska
crash [kræʃ] *v* törmätä yhteen; syöksyä maahan *n* yhteentörmäys ~ **barrier** suojakaide
crate [kreit] *n* sälelaatikko
crater ['kreitə] *n* kraatteri
crawl [krɔ:l] *v* ryömiä; *n* krooli
craze [kreiz] *n* villitys
crazy ['kreizi] *adj* mieletön; hullu
creak [kri:k] *v* narista
cream [kri:m] *n* voide; kerma; *adj* kermanvärinen
creamy ['kri:mi] *adj* kermainen
crease [kri:s] *v* rypistää; *n* laskos; poimu
create [kri'eit] *v* luoda
creative [kri'eitiv] *adj* luova
creature ['kri:tʃə] *n* luontokappale; olento
credible ['kredibəl] *adj* uskottava
credit ['kredit] *v* hyvittää; *n*

luotto; ~ **card** luottokortti
creditor ['kreditə] *n* velkoja
credulous ['kredjuləs] *adj* herkkäuskoinen
creek [kriːk] *n* lahdelma
***creep** [kriːp] *v* ryömiä
creepy ['kriːpi] *adj* kammottava
cremate [kri'meit] *v* tuhkata
cremation [kri'meiʃən] *n* polttohautaus
crew [kruː] *n* miehistö
cricket ['krikit] *n* krikettipeli; sirkka
crime [kraim] *n* rikos
criminal ['kriminəl] *n* rikollinen, rikoksentekijä; *adj* rikollinen, rikos-; ~ **law** rikoslaki
criminality [ˌkrimi'næləti] *n* rikollisuus
crimson ['krimzən] *adj* karmiininpunainen
crippled ['kripəld] *adj* raajarikkoinen
crisis ['kraisis] *n* (pl crises) murros; kriisi(tilanne)
crisp [krisp] *adj* rapea
critic ['kritik] *n* arvostelija
critical ['kritikəl] *adj* kriittinen; arvosteleva
criticism ['kritisizəm] *n* arvostelu
criticize ['kritisaiz] *v* arvostella
crochet ['krouʃei] *v* virkata
crockery ['krɔkəri] *n* talousastiat
crocodile ['krɔkədail] *n* krokotiili
crooked ['krukid] *adj* käyrä, vääntynyt; kiero
crop [krɔp] *n* sato
cross [krɔs] *v* ylittää; *adj* äkäinen, vihainen; *n* risti
cross-eyed ['krɔsaid] *adj* kierosilmäinen
crossing ['krɔsiŋ] *n* merimatka; risteys; ylityspaikka; tasoristeys
crossroads ['krɔsroudz] *n* risteys
crosswalk ['krɔswɔːk] *nAm* suojatie
crow [krou] *n* varis
crowbar ['kroubɑː] *n* sorkkarauta
crowd [kraud] *n* joukko, tungos
crowded ['kraudid] *adj* täpötäysi
crown [kraun] *v* kruunata; *n* kruunu
crucifix ['kruːsifiks] *n* krusifiksi
crucifixion [ˌkruːsi'fikʃən] *n* ristiinnaulitseminen
crucify ['kruːsifai] *v* ristiinnaulita
cruel [kruəl] *adj* julma
cruise [kruːz] *n* risteily
crumb [krʌm] *n* muru
crusade [kruː'seid] *n* ristiretki
crust [krʌst] *n* kannikka; leivän kuori
crutch [krʌtʃ] *n* kainalosauva
cry [krai] *v* itkeä; huutaa; *n* huuto; huudahdus

crystal ['kristəl] *n* kristalli; *adj* kristalli-
Cuba ['kju:bə] Kuuba
Cuban ['kju:bən] *adj* kuubalainen
cube [kju:b] *n* kuutio
cuckoo ['kuku:] *n* käki
cucumber ['kju:kəmbə] *n* kurkku
cuddle ['kʌdəl] *v* halata, hellitellä
cuff [kʌf] *n* kalvosin
cuff links ['kʌfliŋks] *pl* kalvosinnapit *pl*
cul-de-sac ['kʌldəsæk] *n* umpikuja
cultivate ['kʌltiveit] *v* viljellä, kasvattaa
culture ['kʌltʃə] *n* kulttuuri
cultured ['kʌltʃəd] *adj* sivistynyt
cunning ['kʌniŋ] *adj* ovela
cup [kʌp] *n* kuppi; pokaali
cupboard ['kʌbəd] *n* kaappi
curb [kə:b] *n* reunakiveys, jalkakäytävän reuna; *v* hillitä
cure [kjuə] *v* parantaa; *n* hoitomenetelmä, hoitokeino
curiosity [,kjuəri'ɔsəti] *n* uteliaisuus
curious ['kjuəriəs] *adj* utelias; omituinen
curl [kə:l] *v* kähertää; kihartaa; *n* kihara
curler ['kə:lə] *n* papiljotti
curly ['kə:li] *adj* kiharainen
currant ['kʌrənt] *n* viinimarjapensas
currency ['kʌrənsi] *n* valuutta; **foreign ~** ulkomaanvaluutta
current ['kʌrənt] *n* virta; *adj* nykyinen, käypä; **alternating ~** vaihtovirta; **direct ~** tasavirta
curry ['kʌri] *n* curry
curse [kə:s] *v* kiroilla; kirota; *n* kirous
curtain ['kə:tən] *n* verho; esirippu
curve [kə:v] *n* mutka; kaarre
curved [kə:vd] *adj* kaareva
cushion ['kuʃən] *n* tyyny
custody ['kʌstədi] *n* huosta; holhous
custom ['kʌstəm] *n* tapa; tottumus
customary ['kʌstəməri] *adj* totuttu, tavanomainen
customer ['kʌstəmə] *n* asiakas
Customs ['kʌstəmz] *pl* tulli; **~ duty** tullimaksu; **~ officer** tullivirkailija
cut [kʌt] *n* viilto; haava
***cut** [kʌt] *v* leikata; supistaa; **~ off** katkaista
cutlery ['kʌtləri] *n* ruokailuvälineet *pl*
cutlet ['kʌtlət] *n* kotletti, kyljys
cycle ['saikəl] *n* kierto, syksi
cyclist ['saiklist] *n* pyöräilijä
cylinder ['silində] *n* sylinteri; **~ head** sylinterinkansi
cystitis [si'staitis] *n* virtsatietulehdus

Czech [tʃek] *adj* tšekkoslovakialainen; *n* tšekki
Czechoslovakia [ˌtʃekəslə'vɑːkiə] Tšekkoslovakia

D

dad [dæd] *n* isä
daddy ['dædi] *n* isä
daffodil ['dæfədil] *n* (kelta)narsissi
daily ['deili] *adj* päivittäinen; *n* päivälehti
dairy ['dɛəri] *n* meijeri
dam [dæm] *n* pato
damage ['dæmidʒ] *v* vahingoittaa; *n* vaurio
damn [dæm] *v* tuomita; **~!** pahus!
damp [dæmp] *adj* kostea; *v* kostuttaa; *n* kosteus
dance [dɑːns] *v* tanssia; *n* tanssi
dandelion ['dændilaiən] *n* voikukka
dandruff ['dændrəf] *n* hilse
Dane [dein] *n* tanskalainen
danger ['deindʒə] *n* vaara
dangerous ['deindʒərəs] *adj* vaarallinen
Danish ['deiniʃ] *adj* tanskalainen
dare [dɛə] *v* rohjeta, uskaltaa
daring ['dɛəriŋ] *adj* uskalias
dark [dɑːk] *adj* synkkä, pimeä; *n* pimeys
darling ['dɑːliŋ] *n* rakas
darn [dɑːn] *v* parsia
dash [dæʃ] *v* syöksyä; *n* ajatusviiva
dashboard ['dæʃbɔːd] *n* kojelauta
data ['deitə] *pl* tieto, tiedot
date[1] [deit] *v* päivätä; *n* päivämäärä; treffit; **out of ~** vanhentunut
date[2] [deit] *n* taateli
daughter ['dɔːtə] *n* tytär
daughter-in-law ['dɔːtərinlɔː] *n* (pl daughters-) miniä
dawn [dɔːn] *n* aamunkoitto; sarastus
day [dei] *n* päivä; **by ~** päivällä; **~ trip** päivämatka; **per ~** päivältä; **the ~ before yesterday** toissapäivänä
day spa ['dei‿ˌspɑː] *n* day spa, kauneushoitola
daybreak ['deibreik] *n* päivänkoitto
daylight ['deilait] *n* päivänvalo
dead [ded] *adj* kuollut
deaf [def] *adj* kuuro
deal [diːl] *n* sopimus
***deal** [diːl] *v* jakaa (kortit); **~ with** käsitellä; hoitaa, käydä kauppaa
dealer ['diːlə] *n* kauppias
dear [diə] *adj* rakas; kallis
death [deθ] *n* kuolema; **~ penalty**

kuolemanrangaistus
debate [di'beit] *n* väittely, keskustelu
debit ['debit] *n* debet
debit card ['debit‿ˌkɑːd] *n* pankkikortti
debt [det] *n* velka
decaf(feinated) [diː'kæfineitid] *adj* kofeiiniton
deceit [di'siːt] *n* petos
deceive [di'siːv] *v* pettää
December [di'sembə] joulukuu
decency ['diːsənsi] *n* kunnollisuus
decent ['diːsənt] *adj* kunnollinen
decide [di'said] *v* päättää, ratkaista
decision [di'siʒən] *n* päätös
deck [dek] *n* laivan kansi; **~ cabin** kansihytti; **~ chair** kansituoli
declaration [ˌdeklə'reiʃən] *n* julistus; julkilausuma
declare [di'klɛə] *v* julistaa; ilmoittaa; ilmoittaa tullattavaksi
decorate ['dekəreit] *v* koristaa
decoration [ˌdekə'reiʃən] *n* koristelu; remontti
decrease [diː'kriːs] *v* vähentää; vähetä; *n* vähennys
dedicate ['dedikeit] *v* omistaa
deduce [di'djuːs] *v* päätellä
deduct [di'dʌkt] *v* vähentää
deed [diːd] *n* teko
deep [diːp] *adj* syvä
deep-freeze [ˌdiːp'friːz] *n* pakastin
deer [diə] *n* (pl ~) hirvi
defeat [di'fiːt] *v* kukistaa; *n* tappio
defective [di'fektiv] *adj* puutteellinen, viallinen
defence [di'fens] *n* puolustus
defend [di'fend] *v* puolustaa
deficiency [di'fiʃənsi] *n* vika; puute, vajavuus
deficit ['defisit] *n* vajaus
define [di'fain] *v* määritellä
definite ['definit] *adj* määrätty
definition [ˌdefi'niʃən] *n* määritelmä, määritys
deformed [di'fɔːmd] *adj* epämuodostunut
degree [di'griː] *n* aste; oppiarvo
delay [di'lei] *v* viivyttää; lykätä; *n* viivytys; lykkäys
delegate ['deligət] *n* valtuutettu
delegation [ˌdeli'geiʃən] *n* valtuuskunta
deliberate[1] [di'libəreit] *v* harkita, neuvotella
deliberate[2] [di'libərət] *adj* harkittu
deliberation [diˌlibə'reiʃən] *n* harkinta, neuvottelu
delicacy ['delikəsi] *n* herkku
delicate ['delikət] *adj* hieno; arkaluonteinen
delicatessen [ˌdelikə'tesən]

n herkku;
delicious [di'liʃəs] *adj* herkullinen
delight [di'lait] *v* ihastuttaa; *n* ilo, nautinto
delighted [di'laitəd] *adj* ilahtunut
delightful [di'laitfəl] *adj* ihastuttava, ihana
deliver [di'livə] *v* toimittaa
delivery [di'livəri] *n* toimitus; jakelu; synnytys; **~ van** tavara-auto
demand [di'mɑːnd] *v* edellyttää, vaatia; *n* vaatimus; kysyntä
democracy [di'mɔkrəsi] *n* demokratia
democratic [,demə'krætik] *adj* demokraattinen
demolish [di'mɔliʃ] *v* purkaa
demolition [,demə'liʃən] *n* purkaminen
demonstrate ['demənstreit] *v* näyttää toteen; osoittaa mieltään
demonstration [,demən'streiʃən] *n* mielenosoitus
den [den] *n* luola
Denmark ['denmɑːk] Tanska
denomination [di,nɔmi'neiʃən] *n* nimitys
dense [dens] *adj* tiheä
dent [dent] *n* lommo
dentist ['dentist] *n* hammaslääkäri
denture ['dentʃə] *n* hammasproteesi
deny [di'nai] *v* kieltää; kieltäytyä; evätä, kiistää
deodorant [diː'oudərənt] *n* deodorantti
depart [di'pɑːt] *v* lähteä, poistua; kuolla
department [di'pɑːtmənt] *n* osasto; **~ store** tavaratalo
departure [di'pɑːtʃə] *n* lähtö
dependent [di'pendənt] *adj* riippuvainen
depend on [di'pend] olla riippuvainen (jstk); riippua jstak; **that depends** se riippuu tilanteesta
deposit [di'pɔzit] *v* tallettaa; *n* talletus; pantti; kerrostuma
depository [di'pɔzitəri] *n* säilytyspaikka
depot ['depou] *n* varasto; varikko; *nAm* asema
depress [di'pres] *v* masentaa
depressed [di'prest] *adj* masentunut
depression [di'preʃən] *n* masennus; matalapaine; lamakausi
deprive of [di'praiv] riistää jklta jtak
depth [depθ] *n* syvyys
deputy ['depjuti] *n* sijainen
descend [di'send] *v* laskeutua; polveutua
descendant [di'sendənt] *n* jälkeläinen
descent [di'sent] *n* laskeutuminen
describe [di'skraib] *v* kuvailla

description [di'skripʃən] *n* kuvaus; tuntomerkit *pl*
desert¹ ['dezət] *n* autiomaa; *adj* autio, asumaton
desert² [di'zəːt] *v* karata; hylätä
deserve [di'zəːv] *v* ansaita
design [di'zain] *v* hahmotella; *n* muotoilu, suunnittelu
designate ['dezigneit] *v* osoittaa; nimittää (virkaan)
desirable [di'zaiərəbəl] *adj* haluttava, tavoiteltava
desire [di'zaiə] *v* toivoa, haluta *n* toivomus; halu, himo
desk [desk] *n* kirjoituspöytä; tiski; pulpetti
despair [di'spɛə] *v* olla epätoivoinen; *n* toivottomuus
despatch [di'spætʃ] *v* lähettää
desperate ['despərət] *adj* epätoivoinen
despise [di'spaiz] *v* halveksia
despite [di'spait] *prep* huolimatta
dessert [di'zəːt] *n* jälkiruoka
destination [ˌdesti'neiʃən] *n* määränpää
destine ['destin] *v* tarkoittaa, määrätä
destiny ['destini] *n* kohtalo
destroy [di'strɔi] *v* hävittää, tuhota
destruction [di'strʌkʃən] *n* hävitys; tuho
detach [di'tætʃ] *v* irrottaa
detail ['diːteil] *n* yksityiskohta
detailed ['diːteild] *adj* yksityiskohtainen
detect [di'tekt] *v* havaita
detective [di'tektiv] *n* etsivä; ~ **story** salapoliisiromaani
detergent [di'təːdʒənt] *n* pesuaine
determine [di'təːmin] *v* määrätä, päättää
determined [di'təːmind] *adj* päättäväinen
detest [di'test] *v* inhota
detour ['diːtuə] *n* kiertotie
devaluation [ˌdiːvælju'eiʃən] *n* devalvointi
devalue [ˌdiː'væljuː] *v* alentaa arvoa
develop [di'veləp] *v* kehittää
development [di'veləpmənt] *n* kehitys
deviate ['diːvieit] *v* poiketa
devil ['devəl] *n* paholainen
devise [di'vaiz] *v* keksiä
devote [di'vout] *v* omistaa
dew [djuː] *n* kaste
diabetes [ˌdaiə'biːtiːz] *n* sokeritauti
diabetic [ˌdaiə'betik] *n* diabeetikko
diagnose [ˌdaiəg'nouz] *v* tehdä diagnoosi; todeta
diagnosis [ˌdaiəg'nousis] *n* (pl -ses) diagnoosi
diagonal [dai'ægənəl] *n* lävistäjä; *adj* vino, viisto
diagram ['daiəgræm] *n*

kaavio; graafinen esitys, kaavakuva
dial ['daiəl] *n* numerotaulu; *v* valita (puhelinnumero)
dialect ['daiəlekt] *n* murre
diamond ['daiəmənd] *n* timantti
diaper ['daiəpə] *nAm* (vauvan)vaippa
diaphragm ['daiəfræm] *n* pallea; pessaari
diarrhoea [daiə'riə] *n* ripuli
diary ['daiəri] *n* päiväkirja
dictaphone ['diktəfoun] *n* sanelukone
dictate [dik'teit] *v* sanella
dictation [dik'teiʃən] *n* sanelu
dictator [dik'teitə] *n* diktaattori
dictionary ['dikʃənəri] *n* sanakirja
did [did] *v* (p do)
die [dai] *v* kuolla
diesel ['di:zəl] *n* diesel, dieselöljy
diet ['daiət] *n* ruokavalio
differ ['difə] *v* olla erilainen
difference ['difərəns] *n* ero; erotus
different ['difərənt] *adj* erilainen
difficult ['difikəlt] *adj* vaikea; hankala
difficulty ['difikəlti] *n* vaikeus
***dig** [dig] *v* kaivaa
digest [di'dʒest] *v* sulattaa
digestible [di'dʒestəbəl] *adj* helposti sulava
digestion [di'dʒestʃən] *n* ruoansulatus
digit ['didʒit] *n* luku
digital ['didʒitəl] *adj* digitaalinen
digital camera ['didʒitəl‿'kæmərə] *n* digitaalikamera
digital photo ['didʒitəl‿'foutou] *n* digitaalikuva
digital projector ['didʒitəl‿prə'jektə] *n* digitaaliprojektori
dignified ['dignifaid] *adj* arvokas
dignity ['digniti] *n* arvo
dike [daik] *n* pato; valli; oja
dilapidated [di'læpideitid] *adj* ränsistynyt
diligence ['dilidʒəns] *n* ahkeruus
diligent ['dilidʒənt] *adj* ahkera
dilute [dai'lju:t] *v* miedontaa, laimentaa
dim [dim] *adj* hämärä, himmeä; epäselvä
dine [dain] *v* syödä illallista
dinghy ['diŋgi] *n* jolla
dining car ['dainiŋkɑ:] *n* ravintolavaunu
dining room ['dainiŋru:m] *n* ruokasali
dinner ['dinə] *n* päivällinen, illallinen
dinner jacket ['dinə,dʒækit] *n* smokki
dinner service ['dinə,sə:vis] *n* astiasto

diphtheria [dif'θiəriə] *n* kurkkumätä
diploma [di'ploumə] *n* tutkintotodistus
diplomat ['dipləmæt] *n* diplomaatti
direct [di'rekt] *adj* suora, välitön; *v* suunnata; ohjata; johtaa
direction [di'rekʃən] *n* suunta; ohje; ohjaus; johtokunta, johto; **directional signal** *Am* suuntavalo; **directions for use** käyttöohje
directive [di'rektiv] *n* toimintaohje
director [di'rektə] *n* johtaja; ohjaaja
directory [di'rektəri] *n* hakemisto
dirt [də:t] *n* lika
dirty ['də:ti] *adj* likainen, kurainen
disabled [di'seibəld] *adj* vammainen
disadvantage [ˌdisəd'vɑ:ntidʒ] *n* haitta
disagree [ˌdisə'gri:] *v* olla eri mieltä
disagreeable [ˌdisə'gri:əbəl] *adj* epämiellyttävä
disappear [ˌdisə'piə] *v* kadota
disappoint [ˌdisə'pɔint] *v* tuottaa pettymys jklle; ***be disappointing** olla masentava, pettymyksen tuottava
disappointed [ˌdisə'pɔintid] *adj* pettynyt
disappointment [ˌdisə'pɔintmənt] *n* pettymys
disapprove [ˌdisə'pru:v] *v* paheksua
disaster [di'zɑ:stə] *n* tuho; onnettomuus
disastrous [di'zɑ:strəs] *adj* tuhoisa
disc [disk] *n* levy; äänilevy; **slipped ~** nikamainvälisen ruston tyrä
discard [di'skɑ:d] *v* heittää pois
discharge [dis'tʃɑ:dʒ] *v* vapauttaa; erottaa; **~ of** vapauttaa
discipline ['disiplin] *n* kuri
discolour [di'skʌlə] *v* haalistaa
disconnect [ˌdiskə'nekt] *v* katkaista, katkaista virta
discontented [ˌdiskən'tentid] *adj* tyytymätön
discontinue [ˌdiskən'tinju:] *v* lopettaa, lakata
discount ['diskaunt] *n* alennus, vähennys
discourage [di'skʌrədʒ] *v* (koettaa) estää
discover [di'skʌvə] *v* havaita, löytää
discovery [di'skʌvəri] *n* löytö
discuss [di'skʌs] *v* keskustella; väitellä
discussion [di'skʌʃən] *n* keskustelu

disease [di'zi:z] *n* tauti
disembark [ˌdisim'bɑ:k] *v* nousta maihin
disgrace [dis'greis] *n* häpeä
disguise [dis'gaiz] *v* naamioitua; *n* valepuku
disgust [dis'gʌst] *n* vastenmielisyys; *v* inhottaa
disgusting [dis'gʌstiŋ] *adj* inhottava, vastenmielinen
dish [diʃ] *n* vati; kulho; ruokalaji
dishonest [di'sɔnist] *adj* epärehellinen
dishwasher ['diʃwɔʃə] *n* astianpesukone
disinfect [ˌdisin'fekt] *v* desinfioida
disinfectant [ˌdisin'fektənt] *n* desinfioimisaine
disk drive ['disk‿ˌdraiv] *n* levyasema
dislike [di'slaik] *v* tuntea vastenmielisyyttä; *n* vastenmielisyys, inho, antipatia
dislocated ['disləkeitid] *adj* sijoiltaan mennyt
dismiss [dis'mis] *v* lähettää pois; erottaa virasta
disorder [di'sɔ:də] *n* epäjärjestys
dispatch [di'spætʃ] *v* lähettää
display [di'splei] *v* näyttää; *n* näyttely
displease [di'spli:z] *v* ärsyttää, suututtaa
disposable [di'spouzəbəl] *adj* kertakäyttöinen
disposal [di'spouzəl] *n* hävittäminen
dispose of [di'spouz] *v* heittää pois
dispute [di'spju:t] *v* kiistellä; *n* riita, kiista
dissatisfied [di'sætisfaid] *adj* tyytymätön
dissolve [di'zolv] *v* liuottaa; liueta; hajottaa
dissuade from [di'sweid] *v* saada jk luopumaan jstak
distance ['distəns] *n* etäisyys; **~ in kilometres** etäisyys kilometreissä
distant ['distənt] *adj* etäinen
distinct [di'stiŋkt] *adj* selvä; erilainen, varma
distinction [di'stiŋkʃən] *n* ero(tus), erilaisuus
distinguish [di'stiŋgwiʃ] *v* tehdä ero, erottaa
distinguished [di'stiŋgwiʃt] *adj* hienostunut
distress [di'stres] *n* hätä; **~ signal** hätämerkki
distribute [di'stribju:t] *v* jakaa
distributor [di'stribjutə] *n* jakelija; virranjakaja
district ['distrikt] *n* seutu; alue; ympäristö
disturb [di'stə:b] *v* häiritä
disturbance [di'stə:bəns] *n* häiriö; levottomuus
ditch [ditʃ] *n* oja, kaivanto
dive [daiv] *v* sukeltaa
diversion [dai'və:ʃən] *n* kiertotie; ajanviete
divide [di'vaid] *v* jakaa;

erottaa
divine [di'vain] *adj* jumalallinen
division [di'viʒən] *n* jako; osasto
divorce [di'vɔ:s] *v* erota; *n* avioero
dizziness ['dizinəs] *n* huimaus
dizzy ['dizi] *adj* huimaava; pyörryksissä oleva
***do** [du:] *v* tehdä; riittää
dock [dɔk] *v* telakoida; *n* telakka; satama-
docker ['dɔkə] *n* satamatyöläinen
doctor ['dɔktə] *n* lääkäri; tohtori
document ['dɔkjumənt] *n* asiakirja
dog [dɔg] *n* koira
dogged ['dɔgid] *adj* itsepäinen
doll [dɔl] *n* nukke
dollar ['dʌlə] *n* dollari
dome [doum] *n* kupoli
domestic [də'mestik] *adj* koti-; kotimainen, kodin; *n* kotiapulainen
domicile ['dɔmisail] *n* kotipaikka
domination [ˌdɔmi'neiʃən] *n* valta-asema
dominion [də'minjən] *n* hallinta, herruus
donate [dou'neit] *v* lahjoittaa
donation [dou'neiʃən] *n* lahjoitus
done [dʌn] *v* pp do
donkey ['dɔŋki] *n* aasi
donor ['dounə] *n* lahjoittaja
door [dɔ:] *n* ovi; **revolving ~** pyöröovi; **sliding ~** liukuovi
doorbell ['dɔ:bel] *n* ovikello
doorkeeper ['dɔ:ˌki:pə] *n* ovimies
doorman ['dɔ:mən] *n* (pl -men) ovimikko, portieeri
dormitory ['dɔ:mitri] *n* opiskelija-asuntola
dose [dous] *n* annos
dot [dɔt] *n* pilkku, täplä
double ['dʌbəl] *adj* kaksinkertainen
doubt [daut] *v* epäillä; *n* epäilys; **without ~** epäilemättä
doubtful ['dautfəl] *adj* epävarma; kyseenalainen
dough [dou] *n* taikina
down[1] [daun] *adv* alas, alaspäin; **~ payment** etumaksu
down[2] [daun] *n* untuva(t)
download ['daunˌloud] *n* lataaminen
downpour ['daunpɔ:] *n* kaatosade
downstairs [ˌdaun'stɛəz] *adv* alakertaan, alakerrassa
downstream [ˌdaun'stri:m] *adv* myötävirtaan
down-to-earth [ˌdauntu'ə:θ] *adj* maanläheinen, järkevä
downwards ['daunwədz] *adv* alas, alaspäin
dozen ['dʌzən] *n* (pl ~, ~s) tusina
draft [drɑ:ft] *n* vekseli

drag [dræg] *v* laahata
dragon ['drægən] *n* lohikäärme
drain [drein] *v* ojittaa; kuivattaa; *n* viemäri
drama ['drɑ:mə] *n* näytelmä; draama
dramatic [drə'mætik] *adj* dramaattinen
dramatist ['dræmətist] *n* näytelmäkirjailija
drank [dræŋk] *v* (p drink)
drapery ['dreipəri] *n* kangastavarat *pl*
draught [drɑ:ft] *n* veto; **draughts** tammipeli; **~ beer** tynnyriolut
draw [drɔ:] *n* arvonta
***draw** [drɔ:] *v* piirtää; vetää; nostaa rahaa; **~ up** laatia
drawbridge ['drɔ:bridʒ] *n* nostosilta
drawer ['drɔ:ə] *n* pöytälaatikko; **drawers** alushousut (vanh) *pl*
drawing ['drɔ:iŋ] *n* piirustus
drawing pin ['drɔ:iŋpin] *n* nasta
drawing room ['drɔ:iŋru:m] *n* sali (vanh)
dread [dred] *v* pelätä; *n* pelko
dreadful ['dredfəl] *adj* kammottava
dream [dri:m] *n* uni
***dream** [dri:m] *v* uneksia, nähdä unta
dress [dres] *v* pukeutua; sitoa haava; *n* leninki
dressing gown ['dresiŋgaun] *n* aamutakki
dressing room ['dresiŋru:m] *n* pukeutumishuone
dressing table ['dresiŋ,teibəl] *n* kampauspöytä
dressmaker ['dres,meikə] *n* ompelija
drill [dril] *v* porata; harjoitella, harjoittaa; *n* pora
drink [driŋk] *n* juoma
***drink** [driŋk] *v* juoda
drinking water ['driŋkiŋ,wɔ:tə] *n* juomavesi
drip-dry [,drip'drai] *adj* silittämättä siisti
drive [draiv] *n* ajotie; ajelu
***drive** [draiv] *v* ajaa (autoa ym); kuljettaa
drive-thru ['draiv,thru:] *n* autokaista (ravintolan tms.)
driver ['draivə] *n* kuljettaja, ajaja; **driver's licence, driving licence** ajokortti
drizzle ['drizəl] *n* tihkusade
drop [drɔp] *v* pudottaa; *n* pisara
drought [draut] *n* kuivuus
drown [draun] *v* hukkua; hukuttaa; ***be drowned** hukkua
drug [drʌg] *n* lääke; huume
drugstore ['drʌgstɔ:] *nAm* apteekki, *nAm* apteekki (ja kemikaalikauppa)
drum [drʌm] *n* rumpu
drunk [drʌŋk] *adj* (pp drink)

humalassa; *n* humalainen
dry [drai] *adj* kuiva; *v* kuivua; kuivata
dry-clean [ˌdrai'kli:n] *v* pestä kemiallisesti
dry cleaner's [ˌdrai'kli:nəz] *n* kemiallinen pesula
dryer ['draiə] *n* kuivausrumpu
duchess [dʌtʃis] *n* herttuatar
duck [dʌk] *n* ankka
due [dju:] *adj* odotettavissa; maksettava; erääntyvä
dues [dju:z] *pl* tullit, maksut
dug [dʌg] *v* (p, pp dig)
duke [dju:k] *n* herttua
dull [dʌl] *adj* ikävystyttävä, tylsä; hidasälyinen
dumb [dʌm] *adj* mykkä; hölmö, typerä
dune [dju:n] *n* dyyni
dung [dʌŋ] *n* lanta
dunghill ['dʌŋhil] *n* tunkio
duration [dju'reiʃən] *n* kestoaika
during ['djuəriŋ] *prep* aikana
dusk [dʌsk] *n* hämärä
dust [dʌst] *n* pöly
dustbin ['dʌstbin] *n* roskapönttö
dusty ['dʌsti] *adj* pölyinen
Dutch [dʌtʃ] *adj* hollantilainen, Hollannin
Dutchman ['dʌtʃmən] *n* (pl -men) hollantilainen (miehestä)
duty ['dju:ti] *n* velvollisuus; tuontitulli; **Customs ~** tullimaksu
duty-free [ˌdju:ti'fri:] *adj* veroton, tulliton
DVD ['di:vi:'di:] *n* DVD-levy
DVD-ROM ['di:vi:di:'rɔm] *n* DVD-ROM
dwarf [dwɔ:f] *n* kääpiö
dye [dai] *v* värjätä; *n* värjäys
dynamo ['dainəmou] *n* (pl ~s) dynamo, laturi

E

each [i:tʃ] *adj* kukin, jokainen; **~ other** toisensa, toisiaan
eager ['i:gə] *adj* innostunut
eagle ['i:gəl] *n* kotka
ear [iə] *n* korva
earache ['iəreik] *n* korvasärky
eardrum ['iədrʌm] *n* tärykalvo
earl [ə:l] *n* kreivi
early ['ə:li] *adj* varhainen
earn [ə:n] *v* ansaita
earnest ['ə:nist] *adj* vakava, vilpitön
earnings ['ə:niŋz] *pl* tulot *pl*; ansiot *pl*
earring ['iəriŋ] *n* korvakoru
earth [ə:θ] *n* (maa)pallo; maa
earthquake ['ə:θkweik] *n* maanjäristys
ease [i:z] *n* mukavuus, luontevuus

east [i:st] *n* itä
Easter ['i:stə] pääsiäinen
easterly ['i:stəli] *adj* itäinen
eastern ['i:stən] *adj* itä-, itäinen
easy ['i:zi] *adj* helppo; mukava; ~ **chair** nojatuoli
easy-going ['i:zi,gouiŋ] *adj* huoleton
***eat** [i:t] *v* syödä
eavesdrop ['i:vzdrɔp] *v* salakuunnella
ebony ['ebəni] *n* eebenpuu
eccentric [ik'sentrik] *adj* eksentrinen, omalaatuinen
echo ['ekou] *n* (pl ~es) kaiku
eclipse [i'klips] *n* pimennys
economic [,i:kə'nɔmik] *adj* talous-, taloudellisesti kannattava
economical [,i:kə'nɔmikəl] *adj* taloudellinen
economist [i'kɔnəmist] *n* ekonomisti
economize [i'kɔnəmaiz] *v* säästää
economy [i'kɔnəmi] *n* talous
eco-tourist ['i:kou,tu:rist] *n* ekoturisti
ecstasy ['ekstəzi] *n* hurmio
Ecuador ['ekwədɔ:] Ecuador
Ecuadorian [,ekwə'dɔ:riən] *n* ecuadorilainen
eczema ['eksimə] *n* ihottuma
edge [edʒ] *n* reuna, laita
edible ['edibəl] *adj* syötävä
edit ['edit] *v* editoida
edition [i'diʃən] *n* painos; **morning** ~ aamupainos
editor ['editə] *n* toimittaja
educate ['edʒukeit] *v* kouluttaa
education [,edʒu'keiʃən] *n* koulutus; kasvatus
eel [i:l] *n* ankerias
effect [i'fekt] *n* vaikutus; *v* saada aikaan; **in** ~ itse asiassa
effective [i'fektiv] *adj* tehokas, vaikuttava
efficient [i'fiʃənt] *adj* tehokas, suorituskykyinen
effort ['efət] *n* ponnistus
egg [eg] *n* muna
eggcup ['egkʌp] *n* munakuppi
eggplant ['egplɑ:nt] *n* munakoiso
egg yolk ['egjouk] *n* munankeltuainen
egoistic [,egou'istik] *adj* itsekäs
Egypt ['i:dʒipt] Egypti
Egyptian [i'dʒipʃən] *adj* egyptiläinen
eiderdown ['aidədaun] *n* (untuvatäytteinen, tikattu) päiväpeitto
eight [eit] *num* kahdeksan
eighteen [,ei'ti:n] *num* kahdeksantoista
eighteenth [,ei'ti:nθ] *num* kahdeksastoista
eighth [eitθ] *num* kahdeksas
eighty ['eiti] *num* kahdeksankymmentä
either ['aiðə] *pron* jompikumpi; kumpi

tahansa; **either ... or** joko ... tai
elaborate [i'læbəreit] *v* käsitellä yksityiskohtaisemmin
elastic [i'læstik] *adj* kimmoisa; joustava; ~ **band** kuminauha
elasticity [ˌelæ'stisəti] *n* elastisuus
elbow ['elbou] *n* kyynärpää
elder ['eldə] *adj* vanhempi
elderly ['eldəli] *adj* vanhahko
eldest ['eldist] *adj* vanhin
elect [i'lekt] *v* valita
election [i'lekʃən] *n* vaali(t), valinta
electric [i'lektrik] *adj* sähköinen; ~ **cord** johto; ~ **razor** parranajokone
electrician [ˌilek'triʃən] *n* sähköasentaja
electricity [ˌilek'trisəti] *n* sähkö
electronic [ilek'trɔnik] *adj* sähköinen; elektroninen
elegance ['eligəns] *n* tyylikkyys
elegant ['eligənt] *adj* elegantti
element ['elimənt] *n* perusaine
elephant ['elifənt] *n* elefantti
elevator ['eliveitə] *nAm* hissi
eleven [i'levən] *num* yksitoista
eleventh [i'levənθ] *num* yhdestoista
elf [elf] *n* (pl elves) keiju
eliminate [i'limineit] *v* poistaa
elm [elm] *n* jalava
else [els] *adv* muu, toinen
elsewhere [ˌel'swɛə] *adv* muualla
elucidate [i'lu:sideit] *v* valaista
e-mail ['i:meil] *n* sähköposti; *v* lähettää sähköpostia
emancipation [iˌmænsi'peiʃən] *n* vapauttaminen
embankment [im'bæŋkmənt] *n* pengerrys
embargo [em'bɑ:gou] *n* (pl ~es) kauppasulku
embark [im'bɑ:k] *v* astua laivaan; nousta laivaan
embarkation [ˌembɑ:'keiʃən] *n* laivaus
embarrass [im'bærəs] *v* ujostuttaa; saattaa hämilleen; estää; **embarrassed** *adj* nolo, hämillinen; **embarrassing** *adj* kiusallinen; **embarrassment** *n* häpeä
embassy ['embəsi] *n* suurlähetystö
emblem ['embləm] *n* tunnusmerkki
embrace [im'breis] *v* syleillä; *n* syleily
embroider [im'brɔidə] *v* kirjailla
embroidery [im'brɔidəri] *n* koruompelu
emerald ['emərəld] *n*

smaragdi
emergency [i'mə:dʒənsi] *n* hätätapaus; hätätilanne; ~ **exit** varauloskäytävä
emigrant ['emigrənt] *n* siirtolainen
emigrate ['emigreit] *v* muuttaa maasta
emigration [,emi'greiʃən] *n* maastamuutto
emotion [i'mouʃən] *n* mielenliikutus, tunne
emperor ['empərə] *n* keisari
emphasize ['emfəsaiz] *v* korostaa
empire ['empaiə] *n* maailmanvalta, imperiumi
employ [im'plɔi] *v* palkata, työllistää
employee [,emplɔi'i:] *n* työntekijä
employer [im'plɔiə] *n* työnantaja
employment [im'plɔimənt] *n* toimi, työ; ~ **exchange** työnvälitystoimisto
empress ['empris] *n* keisarinna
empty ['empti] *adj* tyhjä; *v* tyhjentää
enable [i'neibəl] *v* tehdä mahdolliseksi
enamel [i'næməl] *n* emali
enamelled [i'næməld] *adj* emaloitu
enchanting [in'tʃɑ:ntiŋ] *adj* hurmaava
encircle [in'sə:kəl] *v* ympäröidä; saartaa
enclose [iŋ'klouz] *v* oheistaa
enclosure [iŋ'klouʒə] *n* liite
encounter [iŋ'kauntə] *v* kohdata; *n* kohtaaminen
encourage [iŋ'kʌridʒ] *v* rohkaista
encyclopaedia [en,saiklə'pi:diə] *n* tietosanakirja
end [end] *v* lopettaa; päättyä; *n* loppupää, loppu
ending ['endiŋ] *n* loppu
endless ['endləs] *adj* loputon
endorse [in'dɔ:s] *v* tukea
endure [in'djuə] *v* kestää, kärsiä
enemy ['enəmi] *n* vihollinen
energetic [,enə'dʒetik] *adj* tarmokas
energy ['enədʒi] *n* energia
engage [iŋ'geidʒ] *v* palkata; varata; sitoutua; **engaged** kihloissa; varattu
engagement [iŋ'geidʒmənt] *n* kihlaus; sitoumus; ~ **ring** kihlasormus
engine ['endʒin] *n* kone, moottori; veturi
engineer [,endʒi'niə] *n* insinööri
England ['iŋglənd] Englanti
English ['iŋgliʃ] *adj* englantilainen
Englishman ['iŋgliʃmən] *n* (pl -men) englantilainen (miehestä)
engrave [iŋ'greiv] *v* kaivertaa
engraver [iŋ'greivə] *n* kaivertaja

engraving [iŋ'greiviŋ] *n* kaiverrus
enigma [i'nigmə] *n* arvoitus
enjoy [in'dʒɔi] *v* nauttia, iloita (jstk)
enjoyable [in'dʒɔiəbəl] *adj* nautittava; miellyttävä
enjoyment [in'dʒɔimənt] *n* ilo; nautinto
enlarge [in'lɑːdʒ] *v* suurentaa; laajentaa
enlargement [in'lɑːdʒmənt] *n* suurennus
enormous [i'nɔːməs] *adj* suunnaton, tavaton
enough [i'nʌf] *adv* tarpeeksi
enquire [iŋ'kwaiə] *v* tiedustella; tutkia
enquiry [iŋ'kwaiəri] *n* tiedustelu; tutkimus
enter ['entə] *v* astua sisään; merkitä
enterprise ['entəpraiz] *n* yritys
entertain [,entə'tein] *v* viihdyttää; kestitä
entertainer [,entə'teinə] *n* viihdyttäjä, viihdetaiteilija
entertaining [,entə'teiniŋ] *adj* viihdyttävä
entertainment [,entə'teinmənt] *n* viihde,
enthusiasm [in'θjuːziæzəm] *n* into
enthusiastic [in,θjuːzi'æstik] *adj* innostunut
entire [in'taiə] *adj* kokonainen
entirely [in'taiəli] *adv* täysin
entrance ['entrəns] *n* sisäänpääsy; sisääntulo
entrance fee ['entrənsfiː] *n* pääsymaksu
entry ['entri] *n* sisäänkäynti; sisäänpääsy; merkintä; **no ~** pääsy kielletty
envelop [in'velɔp] *v* kääriä
envelope ['envəloup] *n* kirjekuori
envious ['enviəs] *adj* kateellinen
environment [in'vaiərənmənt] *n* ympäristö
envoy ['envɔi] *n* lähettiläs
envy ['envi] *n* kateus; *v* kadehtia
epic ['epik] *n* eepos; *adj* vaikuttava
epidemic [,epi'demik] *n* epidemia
epilepsy ['epilepsi] *n* kaatumatauti
epilogue ['epilɔg] *n* loppusanat *pl*
episode ['episoud] *n* tapahtuma, episodi, välikohtaus; jakso
equal ['iːkwəl] *adj* yhtäläinen; *v* olla yhtä paljon kuin
equality [i'kwɔləti] *n* tasa-arvoisuus
equalize ['iːkwəlaiz] *v* tasoittaa
equally ['iːkwəli] *adv* tasa-arvoisesti, tasan; yhtä
equator [i'kweitə] *n* päiväntasaaja

equip [i'kwip] *v* varustaa
equipment [i'kwipmənt] *n* varustus
equivalent [i'kwivələnt] *adj* vastaava, samanarvoinen
eraser [i'reizə] *n* pyyhekumi
erect [i'rekt] *v* pystyttää; *adj* pysty-
err [ə:] *v* erehtyä; tehdä syntiä
errand ['erənd] *n* tehtävä
error ['erə] *n* erehdys, virhe
escalator ['eskəleitə] *n* rullaportaat *pl*
escape [i'skeip] *v* päästä pakoon; paeta; välttää; *n* pako
escort[1] ['eskɔ:t] *n* saattue
escort[2] [i'skɔ:t] *v* saattaa
especially [i'speʃəli] *adv* erityisesti
esplanade [,esplə'neid] *n* puistokatu, esplanadi
essay ['esei] *n* essee; aine; tutkielma
essence ['esəns] *n* perusolemus, ydin
essential [i'senʃəl] *adj* välttämätön; olennainen
essentially [i'senʃəli] *adv* pohjimmiltaan
establish [i'stæbliʃ] *v* perustaa; laatia, solmia
estate [i'steit] *n* maatila
esteem [i'sti:m] *v* arvostaa; *n* arvonanto, kunnioitus
estimate[1] ['estimeit] *v* arvioida
estimate[2] ['estimət] *n* arvio
estuary ['estʃuəri] *n* joensuu
et cetera [et'setərə] ja niin edelleen
etching ['etʃiŋ] *n* etsaus
eternal [i'tə:nəl] *adj* ikuinen
eternity [i'tə:nəti] *n* ikuisuus
ether ['i:θə] *n* eetteri
Ethiopia [iθi'oupiə] Etiopia
Ethiopian [iθi'oupiən] *adj* etiopialainen
e-ticket ['i:,tikət] *n* e-lippu
EU ['i:'ju] EU
Euro ['ju:rou] *n* euro
Europe ['juərəp] Eurooppa
European [,juərə'pi:ən] *adj* eurooppalainen
evacuate [i'vækjueit] *v* evakuoida
evaluate [i'væljueit] *v* arvioida
evaporate [i'væpəreit] *v* haihtua
even ['i:vən] *adj* tasainen, sileä; vakaa; parillinen; *adv* jopa
evening ['i:vniŋ] *n* ilta; ~ **dress** iltapuku
event [i'vent] *n* tapahtuma
eventual [i'ventʃuəl] *adj* lopullinen; mahdollinen
eventually [i'ventʃuəli] *adv* lopulta
ever ['evə] *adv* koskaan; ikinä
every ['evri] *adj* jokainen
everybody ['evri,bɔdi] *pron* jokainen
everyday ['evridei] *adj* päivittäinen
everyone ['evriwʌn] *pron* jokainen

everything ['evriθiŋ] *pron* kaikki
everywhere ['evriwεə] *adv* kaikkialla
evidence ['evidəns] *n* todiste(et)
evident ['evidənt] *adj* selvä
evil ['iːvəl] *n* pahuus; *adj* ilkeä, paha
evolution [ˌiːvə'luːʃən] *n* evoluutio, kehitys
exact [ig'zækt] *adj* täsmällinen
exactly [ig'zæktli] *adv* täsmälleen
exaggerate [ig'zædʒəreit] *v* liioitella
exam [ig'zæm] *n* (*colloquial*) tentti
examination [igˌzæmi'neiʃən] *n* koe, tentti, tutkimus investigation; koe test
examine [ig'zæmin] *v* tutkia
example [ig'zɑːmpəl] *n* esimerkki; **for ~** esimerkiksi
excavation [ˌekskə'veiʃən] *n* kaivaus
exceed [ik'siːd] *v* ylittää
excel [ik'sel] *v* kunnostautua
excellent ['eksələnt] *adj* erinomainen
except [ik'sept] *prep* lukuun ottamatta, paitsi
exception [ik'sepʃən] *n* poikkeus
exceptional [ik'sepʃənəl] *adj* poikkeuksellinen, ainutlaatuinen
excerpt ['eksəːpt] *n* ote, katkelma
excess [ik'ses] *n* liiallisuus
excessive [ik'sesiv] *adj* liiallinen
exchange [iks'tʃeindʒ] *v* vaihtaa; *n* vaihto; pörssi; **~ office** rahanvaihto; **~ rate** valuuttakurssi
excite [ik'sait] *v* kiihottaa
excited [ik'saitəd] *adj* innostunut
excitement [ik'saitmənt] *n* kiihtymys
exciting [ik'saitiŋ] *adj* jännittävä
exclaim [ik'skleim] *v* huudahtaa
exclamation [ˌeksklə'meiʃən] *n* huudahdus
exclude [ik'skluːd] *v* sulkea pois
exclusive [ik'skluːsiv] *adj* yksinomainen
exclusively [ik'skluːsivli] *adv* yksinomaan
excursion [ik'skəːʃən] *n* retki
excuse[1] [ik'skjuːs] *n* puolustus, selitys
excuse[2] [ik'skjuːz] *v* antaa anteeksi
execute ['eksikjuːt] *v* suorittaa; teloittaa
execution [ˌeksi'kjuːʃən] *n* teloitus
executioner [ˌeksi'kjuːʃənə] *n* teloittaja
executive [ig'zekjutiv] *adj* toimeenpaneva; *n*

toimeenpanovalta; johtohenkilö
executive assistant [ig'zekjətiv‿ə'sistənt] *n* johdon assistentti
exempt [ig'zempt] *v* vapauttaa; *adj* vapautettu jstk
exemption [ig'zempʃən] *n* vapautus
exercise ['eksəsaiz] *v* harjoitella; harjoittaa; *n* harjoitus
exhale [eks'heil] *v* hengittää ulos
exhaust [ig'zɔːst] *v* uuvuttaa; *n* pakokaasu ~ **gases** pakokaasu
exhausted [ig'zɔːstid] *adj* uupunut
exhibit [ig'zibit] *v* asettaa näytteille; osoittaa
exhibition [ˌeksi'biʃən] *n* näyttely, näytteillepano
exile ['eksail] *n* maanpako; maanpakolainen
exist [ig'zist] *v* olla olemassa
existence [ig'zistəns] *n* olemassaolo
exit ['eksit] *n* uloskäynti
exotic [ig'zɔtik] *adj* eksoottinen
expand [ik'spænd] *v* levittää; laajeta
expansion [ik'spænʃən] *n* laajeneminen
expect [ik'spekt] *v* odottaa
expectation [ˌekspek'teiʃən] *n* odotus
expedition [ˌekspə'diʃən] *n* tutkimusmatka
expel [ik'spel] *v* karkottaa
expenditure [ik'spenditʃə] *n* menot *pl*, kulut *pl*
expense [ik'spens] *n* kulut, kustannukset *pl*
expensive [ik'spensiv] *adj* kallis
experience [ik'spiəriəns] *v* kokea; *n* kokemus;
experienced kokenut
experiment [ik'sperimənt] *v* kokeilla; *n* koe, kokeilu, testi
expert ['ekspəːt] *n* ekspertti, asiantuntija; *adj* asiantunteva
expire [ik'spaiə] *v* kulua loppuun, raueta **expired** vanhentunut
explain [ik'splein] *v* selittää
explanation [ˌeksplə'neiʃən] *n* selitys, selvitys
explicit [ik'splisit] *adj* nimenomainen
explode [ik'sploud] *v* räjähtää
exploit [ik'splɔit] *v* riistää, käyttää hyväksi
explore [ik'splɔː] *v* tutkia
explosion [ik'splouʒən] *n* räjähdys
explosive [ik'splousiv] *adj* räjähtävä; *n* räjähdysaine
export[1] [ik'spɔːt] *v* viedä maasta
export[2] ['ekspɔːt] *n* vienti
exportation [ˌekspɔː'teiʃən] *n* (maasta) vienti
exports ['ekspɔːts] *pl*

vientitavarat *pl*
expose [ik'spous] *v* (*uncover*) paljastaa; (*photo*) valottua
exposition [ˌekspə'ziʃən] *n* näyttely
exposure [ik'spouʒə] *n* alttiiksipano; valotus; ~ **meter** valotusmittari
express [ik'spres] *v* lausua; ilmaista; *adj* pika-; nimenomainen; ~ **train** pikajuna
expression [ik'spreʃən] *n* ilmaus
exquisite [ik'skwizit] *adj* verraton
extend [ik'stend] *v* pidentää; laajentaa; esittää
extension [ik'stenʃən] *n* pidennys; laajennus; alanumero; ~ **cord** jatkojohto
extensive [ik'stensiv] *adj* laaja; laajakantoinen, kauasulottuva
extent [ik'stent] *n* laajuus
exterior [ek'stiəriə] *adj* ulkoinen; *n* ulkopuoli
external [ek'stə:nəl] *adj* ulkopuolinen
extinguish [ik'stiŋgwiʃ] *v* sammuttaa
extort [ik'stɔ:t] *v* kiristää
extortion [ik'stɔ:ʃən] *n* kiristys
extra ['ekstrə] *adj* ylimääräinen
extract[1] [ik'strækt] *v* vetää ulos
extract[2] ['ekstrækt] *n* ote, katkelma
extradite ['ekstrədait] *v* luovuttaa (oik)
extraordinary [ik'strɔ:dənri] *adj* ihmeellinen
extravagant [ik'strævəgənt] *adj* tuhlaavainen, ylellinen
extreme [ik'stri:m] *adj* äärimmäinen; *n* äärimmäisyys
exuberant [ig'zju:bərənt] *adj* eloisa
eye [ai] *n* silmä
eyebrow ['aibrau] *n* kulmakarva
eyelash ['ailæʃ] *n* silmäripsi
eyelid ['ailid] *n* silmäluomi
eyebrow pencil ['ai,pensəl] *n* kulmakynä
eye shadow ['ai,ʃædou] *n* luomiväri
eyewitness ['ai,witnəs] *n* silminnäkijä

F

fable ['feibəl] *n* eläinsatu
fabric ['fæbrik] *n* kangas; rakenne
façade [fə'sɑːd] *n* julkisivu
face [feis] *n* kasvot *pl*; *v* uhmata; kohdata; **~ massage** kasvohieronta; **facing** vastapäätä
face cream ['feiskriːm] *n* kasvovoide
face pack ['feispæk] *n* kasvonaamio
face-powder ['feis,paudə] *n* puuteri
fact [fækt] *n* tosiasia; **in ~** itse asiassa
factor ['fæktə] *n* tekijä
factory ['fæktəri] *n* tehdas
factual ['fæktʃuəl] *adj* tosiasiallinen
faculty ['fækəlti] *n* kyky, taito
fade [feid] *v* haalistua
fail [feil] *v* epäonnistua; puuttua; laiminlyödä; reputtaa; **without ~** poikkeuksetta
failure ['feiljə] *n* epäonnistuminen
faint [feint] *v* pyörtyä; *adj* heikko, voimaton, hämärä
fair [fɛə] *n* markkinat *pl*; messut *pl*; *adj* oikeudenmukainen, reilu; vaaleatukkainen, vaalea; kaunis
fairly ['fɛəli] *adv* kohtalaisen, melko
fairy ['fɛəri] *n* keiju, haltijatar
fairytale ['fɛəriteil] *n* satu
faith [feiθ] *n* usko; luottamus
faithful ['feiθful] *adj* uskollinen
fake [feik] *n* väärennös, *adj* teko-, vale-
fall [fɔːl] *n* putoaminen; *nAm* syksy
***fall** [fɔːl] *v* pudota
false [fɔːls] *adj* väärä; valheellinen, epäaito; **~ teeth** tekohampaat *pl*
falter ['fɔːltə] *v* tyrehtyä; änkyttää
fame [feim] *n* maine
familiar [fə'miljə] *adj* tuttu; tunnettu, tavallinen
family ['fæməli] *n* perhe; suku; **~ name** sukunimi
famous ['feiməs] *adj* kuuluisa
fan [fæn] *n* tuuletin; viuhka; ihailija; **~ belt** tuuletinhihna
fanatical [fə'nætikəl] *adj* kiihkomielinen
fancy ['fænsi] *v* haluta, olla ihastunut; *n* päähänpisto; mielikuvitus
fantastic [fæn'tæstik] *adj* kuvitteellinen; suunnaton
fantasy ['fæntəzi] *n* mielikuvitus

far [fɑː] *adj* kaukainen, kauas; *adv* paljon; **by ~** ylivoimaisesti, kaikkein; **so ~** toistaiseksi; **~ away** kaukana
far-away ['fɑːrəwei] *adj* kaukainen
fare [fɛə] *n* matkalipun hinta; ruoka
farm [fɑːm] *n* maatila
farmer ['fɑːmə] *n* maanviljelijä; **farmer's wife** maanviljelijän vaimo
farmhouse ['fɑːmhaus] *n* maalaistalo
far-off ['fɑːrɔf] *adj* etäinen
farther ['fɑːðə] *adj* kauempana
fascinate ['fæsineit] *v* kiehtoa
fascism ['fæʃizəm] *n* fasismi
fascist ['fæʃist] *adj* fasistinen; *n* fasisti
fashion ['fæʃən] *n* muoti; tapa
fashionable ['fæʃənəbəl] *adj* muodikas
fast [fɑːst] *adj* nopea; luja
fasten ['fɑːsən] *v* kiinnittää; sulkea
fastener ['fɑːsənə] *n* kiinnike
fat [fæt] *adj* paksu, rasvainen; *n* rasva
fat free ['fæt‿'friː] *adj* rasvaton
fatal ['feitəl] *adj* kuolettava, kohtalokas
fate [feit] *n* kohtalo
father ['fɑːðə] *n* isä
father-in-law ['fɑːðərinlɔː] *n* (pl fathers-) appi
fatness ['fætnəs] *n* lihavuus
fatty ['fæti] *adj* rasvainen
faucet ['fɔːsit] *nAm* hana
fault [fɔːlt] *n* vika, virhe; vajavuus
faultless ['fɔːltləs] *adj* virheetön; moitteeton
faulty ['fɔːlti] *adj* virheellinen, puutteellinen
favour ['feivə] *v* suosia; *n* palvelus
favourable ['feivərəbəl] *adj* suotuisa
favourite ['feivərit] *n* suosikki; *adj* lempi-
fawn [fɔːn] *adj* kellertävänruskea; *n* vasa
fear [fiə] *v* pelätä *n* pelko
feasible ['fiːzəbəl] *adj* mahdollinen
feast [fiːst] *n* juhla
feat [fiːt] *n* urotyö
feather ['feðə] *n* höyhen
feature ['fiːtʃə] *n* piirre; kasvonpiirteet *pl*
February ['februəri] helmikuu
federal ['fedərəl] *adj* liitto-
federation [ˌfedə'reiʃən] *n* liittovaltio
fee [fiː] *n* palkkio
feeble ['fiːbəl] *adj* heikko
***feed** [fiːd] *v* ruokkia; **fed up with** kyllästynyt
***feel** [fiːl] *v* tuntea; tunnustella; **~ like** haluttaa, huvittaa
feeling ['fiːliŋ] *n* tunne

fell [fel] *v* (p fall)
fellow ['felou] *n* kaveri, jätkä
felt[1] [felt] *n* huopa
felt[2] [felt] *v* (p, pp feel)
female ['fi:meil] *adj* naispuolinen
feminine ['feminin] *adj* naisellinen
fence [fens] *v* miekkailla; *n* aita; aitaus
ferment [fə:'ment] *v* käydä
ferry-boat ['feribout] *n* lautta
fertile ['fə:tail] *adj* hedelmällinen
festival ['festivəl] *n* festivaali
festive ['festiv] *adj* juhlava
fetch [fetʃ] *v* noutaa
feudal ['fju:dəl] *adj* feodaalinen
fever ['fi:və] *n* kuume
feverish ['fi:vəriʃ] *adj* kuumeinen
few [fju:] *adj* harva
fiancé [fi'ɑ:sei] *n* sulhanen
fiancée [fi'ɑ:sei] *n* kihlattu (morsian)
fibre ['faibə] *n* säie
fiction ['fikʃən] *n* fiktio; kaunokirjallisuus
field [fi:ld] *n* pelto; alue; ~ **glasses** kiikari
fierce [fiəs] *adj* villi; raju
fifteen [ˌfif'ti:n] *num* viisitoista
fifteenth [ˌfif'ti:nθ] *num* viidestoista
fifth [fifθ] *num* viides
fifty ['fifti] *num* viisikymmentä
fig [fig] *n* viikuna
fight [fait] *n* tappelu, taistelu
***fight** [fait] *v* taistella, tapella
figure ['figə] *n* hahmo; vartalo; numero
file [fail] *n* viila; asiakirjakansio; jono
fill [fil] *v* täyttää; ~ **in** täyttää; **filling station** bensiiniasema; ~ **out** *Am* täyttää; ~ **up** täyttää
filling ['filiŋ] *n* hampaantäyte, paikka; täyte
film [film] *n* elokuva; filmi; *v* elokuvata
filter ['filtə] *n* suodatin
filthy ['filθi] *adj* siivoton, saastainen
final ['fainəl] *adj* lopullinen
finally ['fainəli] *adv* lopulta
finance [fai'næns] *v* rahoittaa; *n* rahatalous
finances [fai'nænsiz] *pl* raha-asiat *pl*
financial [fai'nænʃəl] *adj* finanssi-
finch [fintʃ] *n* peippo
***find** [faind] *v* löytää
fine [fain] *n* sakko; *adj* hieno; kaunis; mainio; ~ **arts** kuvataide
finger ['fiŋgə] *n* sormi; **little** ~ pikkusormi
fingerprint ['fiŋgəprint] *n* sormenjälki
finish ['finiʃ] *v* viimeistellä, lopettaa; loppua; *n* loppu;

maaliviiva; **finished** valmis
Finland ['finlənd] Suomi
Finn [fin] *n* suomalainen
Finnish ['finiʃ] *adj* suomalainen
fire [faiə] *v* ampua; *n* tuli; tulipalo;
fire alarm ['faiərə,lɑːm] *n* palohälytys
fire brigade ['faiəbri,geid] *n* palokunta
fire escape ['faiəri,skeip] *n* paloportaat *pl*
fire extinguisher ['faiərik,stiŋgwiʃə] *n* palosammutin
firefighter ['faiə,faitə] *n* palomies
fireplace ['faiəpleis] *n* takka
fireproof ['faiəpruːf] *adj* tulenkestävä
firewall ['faiə‿,wɔːl] *n* palomuuri
firm [fəːm] *adj* luja; vankka; *n* toiminimi
first [fəːst] *num* ensimmäinen; **at ~** ensiksi; alussa; **~ name** etunimi
first aid [,fəːst'eid] *n* ensiapu; **~ kit** ensiapulaukku; **~ post** ensiapuasema
first-class [,fəːst'klɑːs] *adj* ensiluokkainen
first-rate [,fəːst'reit] *adj* ensiluokkainen
fir tree ['fəːtriː] *n* havupuu, kuusi
fish[1] [fiʃ] *n* (pl ~, ~es) kala; **~ shop** kalakauppa
fish[2] [fiʃ] *v* kalastaa; **fishing gear** kalastusvälineet *pl*; **fishing hook** ongenkoukku; **fishing industry** kalastus; **fishing licence** kalastuslupa; **fishing line** ongensiima; **fishing net** kalastusverkko; **fishing rod** onkivapa; **fishing tackle** kalastusvälineet *pl*
fishbone ['fiʃboun] *n* ruoto
fisherman ['fiʃəmən] *n* (pl -men) kalastaja
fist [fist] *n* nyrkki
fit [fit] *adj* sovelias; *v* sopia; *n* kohtaus; **fitting room** sovitushuone
five [faiv] *num* viisi
fix [fiks] *v* korjata; kiinnittää; sopia
fixed [fikst] *adj* pysyvä
fizz [fiz] *n* poreilu
flag [flæg] *n* lippu
flame [fleim] *n* liekki
flamingo [flə'miŋgou] *n* (pl ~s, ~es) flamingo
flannel ['flænəl] *n* flanelli
flash [flæʃ] *n* välähdys
flash bulb ['flæʃbʌlb] *n* salamavalolamppu
flashlight ['flæʃlait] *n* taskulamppu
flask [flɑːsk] *n* pullo; **thermos ~** termospullo
flat [flæt] *adj* tasainen, litteä; *n* huoneisto; **~ tyre** rengasrikko
flavour ['fleivə] *v* maustaa; *n* maku

flee [fliː] *v* paeta
fleet [fliːt] *n* laivasto
flesh [fleʃ] *n* liha
flew [fluː] *v* (p fly)
flex [fleks] *n* johto
flexible ['fleksibəl] *adj* taipuisa; joustava
flight [flait] *n* lento; **charter ~** tilauslento
flint [flint] *n* piikivi
float [flout] *v* kellua
flock [flɔk] *n* lauma
flood [flʌd] *n* tulva
floor [flɔː] *n* lattia; kerros; **~ show** lavashow
florist ['flɔrist] *n* kukkakauppias
flour [flauə] *n* vehnäjauho, jauho
flow [flou] *v* juosta, virrata
flower [flauə] *n* kukka
flowerbed ['flauəbed] *n* kukkapenkki
flower shop ['flauəʃɔp] *n* kukkakauppa
flown [floun] *v* pp fly
flu [fluː] *n* influenssa
fluent ['fluːənt] *adj* sujuva
fluid ['fluːid] *adj* nestemäinen; *n* neste
flute [fluːt] *n* huilu
fly [flai] *n* kärpänen; sepalus
***fly** [flai] *v* lentää
foam [foum] *v* vaahdota; *n* vaahto
foam rubber ['foum,rʌbə] *n* vaahtokumi
focus ['foukəs] *n* polttopiste
fog [fɔg] *n* sumu
foggy ['fɔgi] *adj* sumuinen
foglamp ['fɔglæmp] *n* sumuvalo
fold [fould] *v* taittaa; laskostaa; *n* taite
folk [fouk] *n* kansa; **~ song** kansanlaulu
folk dance ['foukdɑːns] *n* kansantanssi
folklore ['fouklɔː] *n* kansanperinne
follow ['fɔlou] *v* seurata; **following** *adj* ensi, seuraava
***be fond of** [biː fɔnd ɔv] *v* pitää jstak
food [fuːd] *n* ruoka; ravinto; **~ poisoning** ruokamyrkytys
foodstuffs ['fuːdstʌfs] *pl* elintarvikkeet *pl*
fool [fuːl] *v* puijata; *n* hölmö, narri
foolish ['fuːliʃ] *adj* hupsu, typerä
foot [fut] *n* (pl feet) jalka; **~ powder** jalkatalkki; **on ~** jalan
football ['futbɔːl] *n* jalkapallo; **~ match** jalkapollo-ottelu
foot brake ['futbreik] *n* jalkajarru
footpath ['futpɑːθ] *n* kävelytie
footwear ['futwɛə] *n* jalkineet *pl*
for [fɔː, fə] *prep* jtak varten, jllekin; ajaksi
***forbid** [fə'bid] *v* kieltää
force [fɔːs] *v* pakottaa; murtaa; *n* voima; väkivalta;

by ~ väkisin; **driving ~** käyttövoima
forecast ['fɔːkɑːst] *v* ennustaa; *n* ennuste
foreground ['fɔːgraund] *n* etuala
forehead ['fɔred] *n* otsa
foreign ['fɔrin] *adj* ulkomaalainen; vieras
foreigner ['fɔrinə] *n* ulkomaalainen
foreman ['fɔːmən] *n* (pl -men) työnjohtaja
foremost ['fɔːmoust] *adj* tärkein, merkittävin
forest ['fɔrist] *n* metsä
forester ['fɔristə] *n* metsänhoitaja
forever [fɔ'revə] *adv* ikuisesti
forge [fɔːdʒ] *v* väärentää
***forget** [fə'get] *v* unohtaa
forgetful [fə'getfəl] *adj* huonomuistinen
***forgive** [fə'giv] *v* antaa anteeksi
fork [fɔːk] *v* haarautua; *n* haarukka; haarauma
form [fɔːm] *v* muodostaa; *n* muoto; lomake
formal ['fɔːməl] *adj* muodollinen
formality [fɔː'mæləti] *n* muodollisuus
former ['fɔːmə] *adj* entinen; edellinen; **formerly** ennen, muinoin
formula ['fɔːmjulə] *n* (pl ~e, ~s) kaava
fortnight ['fɔːtnait] *n* kaksi viikkoa
fortress ['fɔːtris] *n* linnoitus
fortunate ['fɔːtʃənət] *adj* onnekas; **fortunately** *adv* onneksi
fortune ['fɔːtʃuːn] *n* omaisuus; kohtalo, onni
forty ['fɔːti] *num* neljäkymmentä
forward ['fɔːwəd] *adv* esiin, eteenpäin; *v* lähettää edelleen
foster parents ['fɔstə,pɛərənts] *pl* kasvatusvanhemmat *pl*
fought [fɔːt] *v* p, pp fight
foul [faul] *adj* siivoton; halpamainen
found[1] [faund] *v* p, pp find
found[2] [faund] *v* perustaa
foundation [faun'deiʃən] *n* perusta; säätiö; **~ cream** alusvoide
fountain ['fauntin] *n* suihkulähde; (alku)lähde
fountain pen ['fauntinpen] *n* täytekynä
four [fɔː] *num* neljä
fourteen [,fɔː'tiːn] *num* neljätoista
fourteenth [,fɔː'tiːnθ] *num* neljästoista
fourth [fɔːθ] *num* neljäs
fowl [faul] *n* (pl ~s, ~) siipikarja
fox [fɔks] *n* kettu
foyer ['fɔiei] *n* lämpiö
fraction ['frækʃən] *n* murto-osa
fracture ['fræktʃə] *v* taittaa;

n murtuma
fragile ['frædʒail] *adj* hauras; helposti särkyvä
fragment ['frægmənt] *n* sirpale, katkelma
frame [freim] *n* kehys; sangat *pl*
France [frɑːns] Ranska
franchise ['fræntʃaiz] *n* äänioikeus; toimilupa
fraternity [frə'təːnəti] *n* veljeys
fraud [frɔːd] *n* petos
fray [frei] *v* purkaantua; rispaantua
free [friː] *adj* vapaa; ilmainen; **~ of charge** ilmainen; **~ ticket** vapaalippu
freedom ['friːdəm] *n* vapaus
***freeze** [friːz] *v* jäätyä; jäädyttää
freezer ['friːzə] *n* pakastin
freezing ['friːziŋ] *adj* jäätävä
freezing point ['friːziŋpɔint] *n* jäätymispiste
freight [freit] *n* rahti
freight train ['freittrein] *nAm* tavarajuna
French [frentʃ] *adj* ranskalainen; **the ~** *pl* ranskalaiset (ihmiset); **~ fries** *pl* ranskanperunat
Frenchman ['frentʃmən] *n* (pl -men) ranskalainen (miehestä)
frequency ['friːkwənsi] *n* taajuus; toistumistiheys
frequent ['friːkwənt] *adj* yleinen, toistuva;
frequently usein
fresh [freʃ] *adj* tuore; raikas; **~ water** makea vesi
friction ['frikʃən] *n* kitka
Friday ['fraidi] perjantai
fridge [fridʒ] *n* jääkaappi
friend [frend] *n* ystävä; ystävätär
friendly ['frendli] *adj* ystävällinen
friendship ['frendʃip] *n* ystävyys
fright [frait] *n* pelko, pelästys
frighten ['fraitən] *v* pelästyttää
frightened ['fraitənd] *adj* pelästynyt; ***be ~** pelästyä
frightful ['fraitfəl] *adj* hirvittävä, kauhea
fringe [frindʒ] *n* hapsu; reuna
frock [frɔk] *n* leninki
frog [frɔg] *n* sammakko
from [frɔm] *prep* -sta, -stä, lähtien
front [frʌnt] *n* etupuoli; **in ~ of** edessä
frontier ['frʌntiə] *n* raja
frost [frɔst] *n* routa; pakkanen
froth [frɔθ] *n* vaahto
frozen ['frouzən] *adj* jäätynyt; **~ food** pakasteet *pl*
fruit [fruːt] *n* hedelmä
fry [frai] *v* paistaa
frying pan ['fraiiŋpæn] *n* paistinpannu
fuck [fʌk] *v* (*vulgar*) naida
fuel ['fjuːəl] *n* polttoaine;

bensiini; ~ **pump** *Am* bensiinipumppu
full [ful] *adj* täysinäinen; ~ **board** täysihoito; ~ **stop** piste; ~ **up** täpötäysi
fun [fʌn] *n* huvi; hauskuus
function ['fʌŋkʃən] *n* toiminta
fund [fʌnd] *n* rahasto
fundamental [ˌfʌndə'mentəl] *adj* perustavanlaatuinen
funeral ['fju:nərəl] *n* hautajaiset *pl*
funnel ['fʌnəl] *n* suppilo; (laivan) savupiippu
funny ['fʌni] *adj* hullunkurinen; omituinen
fur [fə:] *n* turkis; ~ **coat** turkki
furious ['fjuəriəs] *adj* raivoisa, hurja
furnace ['fə:nis] *n* sulatusuuni
furnish ['fə:niʃ] *v* varustaa, hankkia; ~ **with** varustaa jllk
furniture ['fə:nitʃə] *n* huonekalut *pl*
furrier ['fʌriə] *n* turkkuri
further ['fə:ðə] *adj* kauempana, kauemmas
furthermore ['fə:ðəmɔ:] *adv* lisäksi
furthest ['fə:ðist] *adj* kauimmaisin, kauimpana
fuse [fju:z] *n* sulake; sytytyslanka
fuss [fʌs] *n* hössötys, hässäkkä
future ['fju:tʃə] *n* tulevaisuus; *adj* tuleva

G

gable ['geibəl] *n* päätyseinä
gadget ['gædʒit] *n* vekotin
gain [gein] *v* voittaa; *n* ansio
gale [geil] *n* myrskytuuli; remakka
gall [gɔ:l] *n* sappi; ~ **bladder** sappirakko
gallery ['gæləri] *n* parvi, lehteri
gallon ['gælən] *n* gallona (Brit 4,55 l; Am 3,79 l)
gallop ['gæləp] *n* laukka
gallows ['gælouz] *pl* hirsipuu
gallstone ['gɔ:lstoun] *n* sappikivi
game [geim] *n* peli; riista; ~ **reserve** luonnonsuojelualue
gang [gæŋ] *n* jengi, sakki, porukka
gangway ['gæŋwei] *n* laskusilta
gap [gæp] *n* aukko; kuilu
garage ['gærɑ:ʒ] *v* ajaa talliin; *n* autotalli
garbage ['gɑ:bidʒ] *n* jätteet *pl*
garden ['gɑ:dən] *n* puutarha; **public** ~ puisto; **zoological**

gardens eläintarha
gardener ['gɑ:dənə] *n* puutarhuri
gargle ['gɑ:gəl] *v* kurlata
garlic ['gɑ:lik] *n* valkosipuli
gas [gæs] *n* kaasu; *nAm* bensiini; ~ **cooker** kaasuliesi; ~ **pump** *Am* bensiinipumppu; ~ **station** *Am* huoltoasema; ~ **stove** kaasu-uuni
gasoline ['gæsəli:n] *nAm* bensiini
gastric ulcer ['gæstrik ʌlsə] *n* vatsahaava
gate [geit] *n* portti; veräjä
gather ['gæðə] *v* kerätä; kokoontua
gauge [geidʒ] *n* mittari
gave [geiv] *v* p give
gay [gei] *adj* iloinen; kirjava
gaze [geiz] *v* tuijottaa
gazetteer [ˌgæzə'tiə] *n* maantieteellinen
gear [giə] *n* vaihde; kamppeet; **change** ~ kytkeä vaihde; ~ **lever** vaihdetanko
gearbox ['giəbɔks] *n* vaihdelaatikko
gem [dʒem] *n* jalokivi
gender ['dʒendə] *n* sukupuoli
general ['dʒenərəl] *adj* yleinen; *n* kenraali; ~ **practitioner** yleislääkäri; **in** ~ yleensä
generate ['dʒenəreit] *v* tuottaa
generation [ˌdʒenə'reiʃən] *n* sukupolvi
generator ['dʒenəreitər] *n* generaattori
generosity [ˌdʒenə'rɔsəti] *n* anteliaisuus
generous ['dʒenərəs] *adj* antelias
genital ['dʒenitəl] *adj* sukupuoli-
genius ['dʒi:niəs] *n* nero
gentle ['dʒentəl] *adj* lempeä; hellävarainen
gentleman ['dʒentəlmən] *n* (pl -men) herrasmies
genuine ['dʒenjuin] *adj* aito
geography [dʒi'ɔgrəfi] *n* maantiede
geology [dʒi'ɔlədʒi] *n* geologia
geometry [dʒi'ɔmətri] *n* geometria
germ [dʒə:m] *n* bakteeri; itu, siemen
German ['dʒə:mən] *adj* saksalainen
Germany ['dʒə:məni] Saksa
gesticulate [dʒi'stikjuleit] *v* elehtiä
***get** [get] *v* päästä, saada; hankkia; tulla jksk; ~ **back** palata; ~ **off** poistua; ~ **on** nousta; edistyä; ~ **up** nousta ylös
ghost [goust] *n* aave; henki
giant ['dʒaiənt] *n* jättiläinen
giddiness ['gidinəs] *n* huimaus
giddy ['gidi] *adj* huimaava
gift [gift] *n* lahja; kyky
gift card ['gift‿ˌkɑ:d] *n*

lahjakortti
gifted ['giftid] *adj* lahjakas
gigantic [dʒai'gæntik] *adj* jättiläismäinen
giggle ['gigəl] *v* kikattaa
gill [gil] *n* kidus
gilt [gilt] *adj* kullattu
ginger ['dʒindʒə] *n* inkivääri
gipsy ['dʒipsi] *n* mustalainen
girdle ['gə:dəl] *n* naisten liivit
girl [gə:l] *n* tyttö; **~ guide** partiotyttö
girlfriend ['gə:lfrend] tyttöystävä
***give** [giv] *v* antaa; luovuttaa; **~ away** ilmaista; **~ in** antaa myöten; **~ up** luopua
glacier ['glæsiə] *n* jäätikkö
glad [glæd] *adj* iloinen; **gladly** ilomielin, mielihyvin
gladness ['glædnəs] *n* ilo
glamorous ['glæmərəs] *adj* hohdokas
glamour ['glæmə] *n* hohto
glance [glɑ:ns] *n* silmäys; *v* silmäillä
gland [glænd] *n* rauhanen
glare [glɛə] *n* säihke; loiste
glaring ['glɛəriŋ] *adj* häikäisevä
glass [glɑ:s] *n* lasi; lasinen; **glasses** silmälasit *pl*; **magnifying ~** suurennuslasi
glaze [gleiz] *v* lasittaa
glide [glaid] *v* liukua
glider ['glaidə] *n* purjelentokone
glimpse [glimps] *v* nähdä vilaukselta; *n* vilaus; pilkahdus
global ['gloubəl] *adj* maailmanlaajuinen
global warming ['gloubəl‿'wɔ:miŋ] *n* maapallon ilmaston lämpeneminen
globalization [ˌgloubəlai'zeiʃən] *n* kansainvälistyminen
globalize ['gloubəˌlaiz] *v* kansainvälistyä
globe [gloub] *n* maapallo
gloom [glu:m] *n* synkkyys
gloomy ['glu:mi] *adj* synkkä
glorious ['glɔ:riəs] *adj* loistava
glory ['glɔ:ri] *n* kunnia
gloss [glɔs] *n* kiilto
glossy ['glɔsi] *adj* kiiltävä
glove [glʌv] *n* hansikas
glow [glou] *v* hehkua; *n* hehku
glue [glu:] *n* liima
***go** [gou] *v* mennä; kävellä; tulla jksk; **~ ahead** jatkaa; **~ away** mennä pois; **~ back** palata; **~ home** mennä kotiin; **~ in** mennä sisään; **~ on** jatkaa; **~ out** mennä ulos; **~ through** kestää
goal [goul] *n* päämäärä, tavoite
goalkeeper ['goulˌki:pə] *n* maalivahti
goat [gout] *n* vuohi, pukki
god [gɔd] *n* jumala
goddess ['gɔdis] *n* jumalatar

godfather ['gɔd,fɑːðə] *n* kummisetä
godmother ['gɔd,mʌðə] *n* kummitäti
goggles ['gɔgəlz] *pl* suojalasit *pl*
gold [gould] *n* kulta; ~ **leaf** lehtikulta
golden ['gouldən] *adj* kullankeltainen
goldmine ['gouldmain] *n* kultakaivos
goldsmith ['gouldsmiθ] *n* kultaseppä
golf [gɔlf] *n* golf
golfclub ['gɔlfklʌb] *n* golfmaila
golf course ['gɔlfkɔːs] *n* golfkenttä
golf links ['gɔlfliŋks] *n* golfrata
gondola ['gɔndələ] *n* gondoli
gone [gɔn] *adv* (pp go) poissa
good [gud] *adj* hyvä; kiltti
goodbye [,gud'bai] näkemiin
good-humoured [,gud'hjuːməd] *adj* hyväntuulinen
good-looking [,gud'lukiŋ] *adj* hyvännäköinen
good-natured [,gud'neitʃəd] *adj* hyväluontoinen
goods [gudz] *pl* tavarat *pl*; ~ **train** tavarajuna
good-tempered [,gud'tempəd] *adj* hyväntuulinen
goodwill [,gud'wil] *n* hyväntahtoisuus
goose [guːs] *n* (pl geese) hanhi
gooseberry ['guzbəri] *n* karviaismarja
goose flesh ['guːsfleʃ] *n* kananliha
gorge [gɔːdʒ] *n* kuilu
gorgeous ['gɔːdʒəs] *adj* upea
gospel ['gɔspəl] *n* evankeliumi
gossip ['gɔsip] *v* juoruta; *n* juoru
got [gɔt] *v* p, pp get
gourmet ['guəmei] *n* herkkusuu
gout [gaut] *n* kihti
govern ['gʌvən] *v* hallita
governess ['gʌvənis] *n* kotiopettajatar
government ['gʌvənmənt] *n* hallitus
governor ['gʌvənə] *n* kuvernööri
gown [gaun] *n* (pitkä) puku
GPS ['dʒiːpiː'es], **global positioning system** *n* GPS; maailmanlaajuinen paikannusjärjestelmä
grace [greis] *n* sulous, viehkeys
graceful ['greisfəl] *adj* viehkeä, suloinen
grade [greid] *v* luokitella; *n* aste; luokka
gradient ['greidiənt] *n* kaltevuuskulma, rinne
gradual ['grædʒuəl] *adj*

asteittainen; **gradually** *adv* vähitellen
graduate ['grædʒueit] *v* suorittaa loppututkinto
grain [grein] *n* jyvänen, vilja, jyvä
gram [græm] *n* gramma
grammar ['græmə] *n* kielioppi
grammatical [grə'mætikəl] *adj* kieliopillinen
gramophone ['græməfoun] *n* levysoitin
grand [grænd] *adj* suurenmoinen
grandchild ['græn,tʃaild] *n* lapsenlapsi
granddad ['grændæd] *n* isoisä
granddaughter ['græn,dɔ:tə] *n* tyttärentytär, pojantytär
grandfather ['græn,fɑ:ðə] *n* isoisä
grandmother ['græn,mʌðə] *n* isoäiti; mummo
grandparents ['græn,pεərənts] *pl* isovanhemmat *pl*
grandson ['grænsʌn] *n* pojanpoika, tyttärenpoika
granite ['grænit] *n* graniitti
grant [grɑ:nt] *v* myöntää, suoda; antaa; *n* apuraha, avustus
grapefruit ['greipfru:t] *n* greippi
grapes [greips] *pl* viinirypäleet *pl*
graph [græf] *n* graafinen esitys
graphic ['græfik] *adj* graafinen; havainnollinen
grasp [grɑ:sp] *v* tarttua; *n* ote
grass [grɑ:s] *n* ruoho
grasshopper ['grɑ:s,hɔpə] *n* heinäsirkka
grate [greit] *n* arina; *v* raapia, raastaa
grateful ['greitfəl] *adj* kiitollinen
grater ['greitə] *n* raastinrauta
gratis ['grætis] *adj* ilmainen
gratitude ['grætitju:d] *n* kiitollisuus
gratuity [grə'tju:əti] *n* palveluraha, juomaraha
grave [greiv] *n* hauta; *adj* vakava
gravel ['grævəl] *n* sora
gravestone ['greivstoun] *n* hautakivi
graveyard ['greivjɑ:d] *n* hautausmaa
gravity ['grævəti] *n* painovoima; vakavuus
gravy ['greivi] *n* paistinkastike
graze [greiz] *v* laiduntaa; *n* hankauma
grease [gri:s] *v* rasvata; *n* rasva
greasy ['gri:si] *adj* rasvainen
great [greit] *adj* suuri; **Great Britain** Iso-Britannia
Greece [gri:s] Kreikka
greed [gri:d] *n* ahneus
greedy ['gri:di] *adj* ahne

Greek [gri:k] *adj* kreikkalainen
green [gri:n] *adj* vihreä; ~ **card** auton vakuutuskortti
greengrocer ['gri:n,grousə] *n* vihanneskauppias
greenhouse ['gri:nhaus] *n* kasvihuone
greens [gri:nz] *pl* vihannekset *pl*
greet [gri:t] *v* tervehtiä
greeting ['gri:tiŋ] *n* tervehdys
grey [grei] *adj* harmaa
greyhound ['greihaund] *n* vinttikoira
grief [gri:f] *n* suru, murhe
grieve [gri:v] *v* surra
grill [gril] *v* pariloida; *n* parila
grillroom ['grilru:m] *n* grilli
grim [grim] *adj* synkkä
grin [grin] *v* virnistää; *n* virnistys
***grind** [graind] *v* jauhaa; hienontaa
grip [grip] *v* tarttua; *n* ote; *nAm* matkalaukku
grit [grit] *n* hiekka
groan [groun] *v* voihkia
grocer ['grousə] *n* päivittäistavarakauppias, elintarvikekauppias; **grocer's, grocery** päivittäistavarakauppa, ruokakauppa
groceries ['grousəriz] *pl* ruokaostokset *pl*
groin [grɔin] *n* nivustaive
groom [gru:m] *n* sulhanen; *v* siistiä
groove [gru:v] *n* uurre
gross[1] [grous] *n* (pl ~) krossi
gross[2] [grous] *adj* karkea
grotto ['grɔtou] *n* (pl ~es, ~s) luola
ground[1] [graund] *n* maaperä, pohja; ~ **floor** pohjakerros; **grounds** tontti
ground[2] [graund] *v* (p, pp grind)
group [gru:p] *n* ryhmä
grouse [graus] *n* (pl ~) metsäkana, teeri
grove [grouv] *n* metsikkö
***grow** [grou] *v* kasvaa; kasvattaa; tulla jksk
growl [graul] *v* murista
grown-up ['grounʌp] *adj* täysikasvuinen; *n* aikuinen
growth [grouθ] *n* kasvu; kasvain
grudge [grʌdʒ] *v* kadehtia
grumble ['grʌmbəl] *v* nurista
guarantee [,gærən'ti:] *v* taata; *n* takuu; vakuus
guard [gɑ:d] *v* vartioida; *n* vartio
guardian ['gɑ:diən] *n* holhooja
guess [ges] *v* arvata, luulla; *n* arvelu
guest [gest] *n* vieras
guesthouse ['gesthaus] *n* täysihoitola
guest room ['gestru:m] *n* vierashuone
guide [gaid] *v* opastaa; *n* opas

guidebook ['gaidbuk] *n* opaskirja
guide dog ['gaiddɔg] *n* opaskoira
guideline ['gaidlain] *n* ohje(nuora)
guilt [gilt] *n* syyllisyys
guilty ['gilti] *adj* syyllinen
guinea pig ['ginipig] *n* marsu
guitar [gi'tɑ:] *n* kitara
gulf [gʌlf] *n* merenlahti
gull [gʌl] *n* lokki
gum [gʌm] *n* ien; kumi; liima
gun [gʌn] *n* revolveri; kivääri; tykki
gunpowder ['gʌn,paudə] *n* ruuti
gust [gʌst] *n* tuulenpuuska
gusty ['gʌsti] *adj* tuulinen
gut [gʌt] *n* suoli; **guts** sisu
gutter ['gʌtə] *n* katuoja
guy [gai] *n* kaveri
gymnasium [dʒim'neiziəm] *n* (pl ~s, -sia) voimistelusali
gymnast ['dʒimnæst] *n* voimistelija
gymnastics [dʒim'næstiks] *pl* voimistelu
gynaecologist [,gainə'kɔlədʒist] *n* gynekologi, naistentautien lääkäri

H

habit ['hæbit] *n* tottumus
habitable ['hæbitəbəl] *adj* asuttava
habitual [hə'bitʃuəl] *adj* tavanomainen
had [hæd] *v* p, pp have
haddock ['hædək] *n* (pl ~) kolja
haemorrhage ['hemərid3] *n* verenvuoto
haemorrhoids ['hemərɔidz] *pl* peräpukamat *pl*
hail [heil] *n* rae
hair [hɛə] *n* tukka; ~ **cream** hiusvoide; ~ **piece** hiuslisäke; ~ **rollers** papiljotit *pl*; ~ **tonic** hiusvesi
hairbrush ['hɛəbrʌʃ] *n* hiusharja
haircut ['hɛəkʌt] *n* tukanleikkuu
hairdo ['hɛədu:] *n* kampaus
hairdresser ['hɛə,dresə] *n* kampaaja
hairdrier, hairdryer ['hɛədraiə] *n* hiustenkuivaaja
hairgrip ['hɛəgrip] *n* hiussolki
hair net ['hɛənet] *n* hiusverkko
hair oil ['hɛərɔil] *n* hiusöljy
hairpin ['hɛəpin] *n* hiusneula
hair spray ['hɛəsprei] *n* hiuskiinne
hairy ['hɛəri] *adj* karvainen
half[1] [hɑ:f] *adj* puoli-; *adv*

puoliksi
half² [hɑ:f] *n* (pl halves) puolikas
half time [ˌhɑ:f'taim] *n* puoliaika
halfway [ˌhɑ:f'wei] *adv* puolitiessä
halibut ['hælibət] *n* (pl ~) ruijanpallas
hall [hɔ:l] *n* eteishalli; juhlasali
halt [hɔ:lt] *v* pysähtyä
halve [hɑ:v] *v* puolittaa
ham [hæm] *n* kinkku
hamlet ['hæmlət] *n* pieni kylä
hammer ['hæmə] *n* vasara
hammock ['hæmək] *n* riippumatto
hamper ['hæmpə] *n* kori
hand [hænd] *n* käsi; *v* ojentaa; ~ **cream** käsivoide
handbag ['hændbæg] *n* käsilaukku
handbook ['hændbuk] *n* käsikirja
handbrake ['hændbreik] *n* käsijarru
handcuffs ['hændkʌfs] *pl* käsiraudat *pl*
handful ['hændful] *n* kourallinen
handheld ['hand,held] *adj* kannettava
handicap ['hændikæp] *n* vika; *v* haitata
handicraft ['hændikrɑ:ft] *n* käsityö
handkerchief ['hæŋkətʃif] *n* nenäliina
handle ['hændəl] *v* käsitellä; *n* varsi, kahva
hand-made [ˌhænd'meid] *adj* käsintehty
handshake ['hændʃeik] *n* kättely
handsome ['hænsəm] *adj* komea
handwork ['hændwə:k] *n* käsityö
handwriting ['hænd,raitiŋ] *n* käsiala
handy ['hændi] *adj* kätevä
***hang** [hæŋ] *v* ripustaa; riippua
hanger ['hæŋə] *n* ripustin
hangover ['hæŋ,ouvə] *n* krapula
happen ['hæpən] *v* tapahtua, sattua
happening ['hæpəniŋ] *n* tapahtuma
happiness ['hæpinəs] *n* onni
happy ['hæpi] *adj* onnellinen, iloinen
harbour ['hɑ:bə] *n* satama
hard [hɑ:d] *adj* kova; vaikea; ~ **drive** kiintolevyasema; **hardly** tuskin
hardware ['hɑ:dwεə] *n* rautatavarat *pl*; laitteisto (atk) ~ **store** rautakauppa
hare [hεə] *n* jänis
harm [hɑ:m] *v* vahingoittaa; *n* vahinko, harmi
harmful ['hɑ:mfəl] *adj* vahingollinen
harmless ['hɑ:mləs] *adj* vaaraton
harmony ['hɑ:məni] *n*

sopusointu
harp [hɑːp] *n* harppu
harpsichord ['hɑːpsikɔːd] *n* cembalo
harsh [hɑːʃ] *adj* karkea; ankara; julma
harvest ['hɑːvist] *n* sato
has [hæz] *v* (pr have)
haste [heist] *n* kiire
hasten ['heisən] *v* kiirehtiä
hasty ['heisti] *adj* kiireinen
hat [hæt] *n* hattu; ~ **rack** hattuhylly
hatch [hætʃ] *n* luukku
hate [heit] *v* vihata; *n* viha
hatred ['heitrid] *n* viha
haughty ['hɔːti] *adj* ylimielinen, ylpeä
haul [hɔːl] *v* raahata
***have** [hæv] *v* olla jklla; ~ **to** täytyä
hawk [hɔːk] *n* haukka
hay [hei] *n* heinä; ~ **fever** heinänuha
hazard ['hæzəd] *n* vaara
haze [heiz] *n* utu
hazelnut ['heizəlnʌt] *n* hasselpähkinä
hazy ['heizi] *adj* usvainen, utuinen
he [hiː] *pron* hän (miehestä)
head [hed] *n* pää; *v* johtaa; ~ **of state** valtionpäämies; ~ **teacher** johtajaopettaja
headache ['hedeik] *n* päänsärky
heading ['hediŋ] *n* otsikko
headlamp ['hedlæmp] *n* etuvalo
headland ['hedlənd] *n* niemi
headlight ['hedlait] *n* etuvalo
headline ['hedlain] *n* otsikko
headmaster [ˌhed'mɑːstə] *n* rehtori, johtajaopettaja
headquarters [ˌhed'kwɔːtəz] *pl* päämaja
head-strong ['hedstrɔŋ] *adj* uppiniskainen
head waiter [ˌhed'weitə] *n* hovimestari
heal [hiːl] *v* parantaa
health [helθ] *n* terveys; ~ **centre** terveyskeskus; ~ **certificate** lääkärin todistus
healthy ['helθi] *adj* terve
heap [hiːp] *n* läjä, kasa
***hear** [hiə] *v* kuulla
hearing ['hiəriŋ] *n* kuulo
heart [hɑːt] *n* sydän; ydin; **by** ~ ulkoa; ~ **attack** sydänkohtaus
heartburn ['hɑːtbəːn] *n* närästys
hearth [hɑːθ] *n* tulisija
heartless ['hɑːtləs] *adj* sydämetön
hearty ['hɑːti] *adj* sydämellinen
heat [hiːt] *v* lämmittää; *n* kuumuus, lämpö **heating pad** lämpötyyny
heater ['hiːtə] *n* lämmityslaite; **immersion** ~ uppokuumennin
heath [hiːθ] *n* nummi
heathen ['hiːðən] *n* pakana; *adj* pakanallinen
heather ['heðə] *n* kanerva
heating ['hiːtiŋ] *n* lämmitys

heaven ['hevən] *n* taivas
heavy ['hevi] *adj* raskas
Hebrew ['hi:bru:] *n* heprea
hedge [hedʒ] *n* pensasaita
hedgehog ['hedʒhɔg] *n* siili
heel [hi:l] *n* kantapää; korko
height [hait] *n* korkeus; huippukohta;
heir [eə] *n* perillinen
heiress ['eəres] *n* perillinen (naispuolinen)
helicopter ['helikʌptə] *n* helikopteri
hell [hel] *n* helvetti
hello [he'lou] terve; päivää; hei; **say hello to** sano terveisiä
helm [helm] *n* peräsin
helmet ['helmit] *n* kypärä
helmsman ['helmzmən] *n* perämies
help [help] *v* auttaa; *n* apu
helper ['helpə] *n* auttaja
helpful ['helpfəl] *adj* avulias
helping ['helpiŋ] *n* ruoka--annos
hem [hem] *n* päärme
hemp [hemp] *n* hamppu
hen [hen] *n* kana
her [hə:] *pron* hänen, sen
herb [hə:b] *n* yrtti
herd [hə:d] *n* lauma
here [hiə] *adv* täällä; **~ you are** olkaa hyvä
hereditary [hi'reditəri] *adj* perinnöllinen
hernia ['hə:niə] *n* tyrä, revähtymä
hero ['hiərou] *n* (pl ~es) sankari
heron ['herən] *n* haikara
herring ['heriŋ] *n* (pl ~, ~s) silli
herself [hə:'self] *pron* itse; itsensä
hesitate ['heziteit] *v* epäröidä
heterosexual [ˌhetərə'sekʃuəl] *adj* heteroseksuaalinen
hiccup ['hikʌp] *n* hikka
hide [haid] *n* talja
***hide** [haid] *v* piilottaa; kätkeä
hideous ['hidiəs] *adj* inhottava
hierarchy ['haiərɑ:ki] *n* arvojärjestys
high [hai] *adj* korkea
highway ['haiwei] *n* valtatie; *nAm* moottoritie
hijack ['haidʒæk] *v* kaapata
hijacker ['haidʒækə] *n* kaappaaja
hike [haik] *v* vaeltaa, patikoida
hill [hil] *n* mäki
hillock ['hilək] *n* kumpare
hillside ['hilsaid] *n* rinne
hilltop ['hiltɔp] *n* mäenharja
hilly ['hili] *adj* mäkinen
him [him] *pron* hänet, häntä
himself [him'self] *pron* itse; itsensä
hinder ['hində] *v* estää
hinge [hindʒ] *n* sarana
hint [hint] *n* vihje; *v* vihjata
hip [hip] *n* lantio
hip-hop ['hipˌhɔp] *n* hiphop
hire [haiə] *v* vuokrata; **for ~**

vuokrattavana
hire purchase [ˌhaiəˈpəːtʃəs] *n*, **installment plan** *nAm* osamaksukauppa
his [hiz] *adj* hänen (miehestä)
historian [hiˈstɔːriən] *n* historioitsija
historic [hiˈstɔrik] *adj* historiallinen
historical [hiˈstɔrikəl] *adj* historiallinen, historianmukainen
history [ˈhistəri] *n* historia
hit [hit] *n* iskelmä
***hit** [hit] *v* iskeä; osua
hitchhike [ˈhitʃhaik] *v* liftata
hitchhiker [ˈhitʃˌhaikə] *n* liftari
hoarse [hɔːs] *adj* käheä, karhea
hobby [ˈhɔbi] *n* harrastus
hobbyhorse [ˈhɔbihɔːs] *n* keinuhevonen; keppihevonen
hockey [ˈhɔki] *n* jääkiekkoilu
hoist [hɔist] *v* nostaa
hold [hould] *n* ote; lastiruuma
***hold** [hould] *v* pidellä, pitää; **~ on** tarrautua; **~ up** tukea
hold-up [ˈhouldʌp] *n* aseellinen ryöstö
hole [houl] *n* kuoppa, reikä
holiday [ˈhɔlədi] *n* loma; juhlapäivä; **~ camp** lomaleiri; **~ resort** lomanviettopaikka; **on ~** lomalla
Holland [ˈhɔlənd] Hollanti
hollow [ˈhɔlou] *adj* ontto
holy [ˈhouli] *adj* pyhä
homage [ˈhɔmidʒ] *n* kunnianosoitus
home [houm] *n* koti; hoitokoti, asunto; *adv* kotiin päin, kotona; **at ~** kotona
home-made [ˌhoumˈmeid] *adj* kotitekoinen
homesickness [ˈhoumˌsiknəs] *n* koti-ikävä
homework [ˈhoumˌwəːk] *n* kotitehtävät
homosexual [ˌhouməˈsekʃuəl] *adj* homoseksuaalinen
honest [ˈɔnist] *adj* rehellinen; vilpitön
honesty [ˈɔnisti] *n* rehellisyys
honey [ˈhʌni] *n* hunaja
honeymoon [ˈhʌnimuːn] *n* kuherruskuukausi, häämatka
honk [hʌŋk] *vAm* antaa äänimerkki, töötätä
honour [ˈɔnə] *v* kunnioittaa; *n* kunnia
honourable [ˈɔnərəbəl] *adj* kunniakas, kunnioitettava; kunniallinen
hood [hud] *n* huppu; *nAm* konepelti
hoof [huːf] *n* kavio
hook [huk] *n* koukku
hoot [huːt] *v* antaa äänimerkki

hooter ['huːtə] *n* autontorvi
hoover ['huːvə] *v* imuroida
hop[1] [hɔp] *v* hyppiä; *n* hyppäys
hop[2] [hɔp] *n* humalakasvi
hope [houp] *v* toivoa; *n* toivo
hopeful ['houpfəl] *adj* toiveikas
hopeless ['houpləs] *adj* toivoton
horizon [hə'raizən] *n* taivaanranta, näköpiiri
horizontal [ˌhɔri'zɔntəl] *adj* vaakasuora
horn [hɔːn] *n* sarvi; torvi; äänitorvi
horrible ['hɔribəl] *adj* kamala, hirveä
horror ['hɔrə] *n* kauhu, kammo
hors d'œuvre [ɔː'dəːvr] *n* alkuruoka
horse [hɔːs] *n* hevonen
horseman ['hɔːsmən] *n* (pl -men) ratsastaja
horsepower ['hɔːsˌpauə] *n* hevosvoima
horserace ['hɔːsreis] *n* ratsastuskilpailu
horseradish ['hɔːsˌrædiʃ] *n* piparjuuri
horseshoe ['hɔːsʃuː] *n* hevosenkenkä
horticulture ['hɔːtikʌltʃə] *n* puutarhanhoito
hospitable ['hɔspitəbəl] *adj* vieraanvarainen
hospital ['hɔspitəl] *n* sairaala
hospitality [ˌhɔspi'tæləti] *n* vieraanvaraisuus
host [houst] *n* isäntä
hostage ['hɔstidʒ] *n* panttivanki
hostel ['hɔstəl] *n* retkeilymaja
hostess ['houstis] *n* emäntä
hostile ['hɔstail] *adj* vihamielinen
hot [hɔt] *adj* kuuma
hotel [hou'tel] *n* hotelli
hotspot ['hɔtˌspɔt] *n* keskus(paikka)
hot-tempered [ˌhɔt'tempəd] *adj* kiivasluonteinen
hour [auə] *n* tunti
hourly ['auəli] *adj* jokatuntinen
house [haus] *n* talo; asunto; rakennus; **~ agent** kiinteistövälittäjä; **~ block** *Am* kortteli; **public ~** kapakka
houseboat ['hausbout] *n* asuntolaiva
household ['haushould] *n* talous
housekeeper ['hausˌkiːpə] *n* taloudenhoitaja
housekeeping ['hausˌkiːpiŋ] *n* taloudenhoito
housemaid ['hausmeid] *n* sisäkkö
housewife ['hauswaif] *n* kotirouva
housework ['hauswəːk] *n* kotityöt *pl*
how [hau] *adv* miten; **~ many** kuinka monta; **~ much** kuinka paljon

however [hau'evə] *conj* kuitenkin, kuitenkaan,
hug [hʌg] *v* sulkea syliin; syleillä; *n* syleily
huge [hju:dʒ] *adj* suunnaton, valtava
hum [hʌm] *v* hyräillä
human ['hju:mən] *adj* inhimillinen; ~ **being** ihminen
humanity [hju'mænəti] *n* ihmiskunta
humble ['hʌmbəl] *adj* nöyrä
humid ['hju:mid] *adj* kostea
humidity [hju'midəti] *n* kosteus
humorous ['hju:mərəs] *adj* leikillinen, huvittava, humoristinen
humour ['hju:mə] *n* huumori
hundred ['hʌndrəd] *n* sata
Hungarian [hʌŋ'gɛəriən] *adj* unkarilainen
Hungary ['hʌŋgəri] Unkari
hunger ['hʌŋgə] *n* nälkä
hungry ['hʌŋgri] *adj* nälkäinen
hunt [hʌnt] *v* metsästää; *n* metsästys; ~ **for** etsiä
hunter ['hʌntə] *n* metsästäjä
hurricane ['hʌrikən] *n* pyörremyrsky; ~ **lamp** myrskylyhty
hurry ['hʌri] *v* rientää, kiirehtiä; *n* kiire; **in a** ~ kiireesti
***hurt** [hə:t] *v* loukata, haavoittaa
hurtful ['hə:tfəl] *adj* vahingollinen
husband ['hʌzbənd] *n* aviomies, puoliso
hut [hʌt] *n* maja
hydrogen ['haidrədʒən] *n* vety
hygiene ['haidʒi:n] *n* hygienia
hygienic [hai'dʒi:nik] *adj* hygieeninen
hymn [him] *n* hymni, virsi
hyphen ['haifən] *n* yhdysviiva
hypocrisy [hi'pɔkrəsi] *n* tekopyhyys
hypocrite ['hipəkrit] *n* teeskentelijä
hypocritical [ˌhipə'kritikəl] *adj* teeskentelevä, tekopyhä, ulkokultainen
hysterical [hi'sterikəl] *adj* hysteerinen

I

I [ai] *pron* minä
ice [ais] *n* jää
ice bag ['aisbæg] *n* jääpussi
ice cream ['aiskri:m] *n* jäätelö
Iceland ['aislənd] Islanti
Icelander ['aisləndə] *n* islantilainen
Icelandic [ais'lændik] *adj* islantilainen

icon ['aikɔn] *n* ikoni
idea [ai'diə] *n* ajatus; idea, käsitys
ideal [ai'diəl] *adj* ihanteellinen; *n* ihanne-
identical [ai'dentikəl] *adj* identtinen
identification [ai,dentifi'keiʃən] *n* tunnistaminen
identify [ai'dentifai] *v* tunnistaa
identity [ai'dentəti] *n* henkilöllisyys; ~ **card** henkilökortti
idiom ['idiəm] *n* idiomi
idiomatic [,idiə'mætik] *adj* idiomaattinen
idiot ['idiət] *n* idiootti
idiotic [,idi'ɔtik] *adj* tylsämielinen
idle ['aidəl] *adj* toimeton; joutilas; hyödytön
idol ['aidəl] *n* epäjumala; ihanne
if [if] *conj* jos; mikäli
ignition [ig'niʃən] *n* sytytys; ~ **coil** sytytyslaite
ignorant ['ignərənt] *adj* tietämätön
ignore [ig'nɔ:] *v* jättää huomiotta
ill [il] *adj* sairas; paha
illegal [i'li:gəl] *adj* laiton
illegible [i'ledʒəbəl] *adj* epäselvä, lukukelvoton
illiterate [i'litərət] *n* lukutaidoton
illness ['ilnəs] *n* sairaus
illuminate [i'lu:mineit] *v* valaista
illumination [i,lu:mi'neiʃən] *n* valaistus
illusion [i'lu:ʒən] *n* harhakuva;
illustrate ['iləstreit] *v* kuvittaa
illustration [,ilə'streiʃən] *n* kuvitus
image ['imidʒ] *n* kuva
imaginary [i'mædʒinəri] *adj* kuviteltu
imagination [i,mædʒi'neiʃən] *n* mielikuvitus
imagine [i'mædʒin] *v* kuvitella
imitate ['imiteit] *v* jäljitellä, matkia
imitation [,imi'teiʃən] *n* jäljittely, jäljennös
immediate [i'mi:djət] *adj* välitön
immediately [i'mi:djətli] *adv* välittömästi
immense [i'mens] *adj* valtava, ääretön, suunnaton
immigrant ['imigrənt] *n* maahanmuuttaja
immigrate ['imigreit] *v* muuttaa maahan
immigration [,imi'greiʃən] *n* maahanmuutto
immodest [i'mɔdist] *adj* julkea
immunity [i'mju:nəti] *n* immuniteetti
immunize ['imjunaiz] *v* immunisoida
impartial [im'pɑ:ʃəl] *adj*

puolueeton
impassable [im'pa:səbəl] *adj* ylipääsemätön
impatient [im'peiʃənt] *adj* kärsimätön
impede [im'pi:d] *v* estää
impediment [im'pedimənt] *n* este
imperfect [im'pə:fikt] *adj* epätäydellinen
imperial [im'piəriəl] *adj* keisarillinen; maailmanvallan-
impersonal [im'pə:sənəl] *adj* persoonaton
impertinence [im'pə:tinəns] *n* hävyttömyys
impertinent [im'pə:tinənt] *adj* nenäkäs
implement[1] ['implimənt] *n* työväline, työkalu
implement[2] ['impliment] *v* toteuttaa
imply [im'plai] *v* vihjata; merkitä
impolite [ˌimpə'lait] *adj* epäkohtelias
import[1] [im'pɔ:t] *v* tuoda maahan
import[2] ['impɔ:t] *n* tuonti, tuontitavarat *pl*; ~ **duty** tuontitulli
importance [im'pɔ:təns] *n* tärkeys
important [im'pɔ:tənt] *adj* tärkeä
importer [im'pɔ:tə] *n* maahantuoja
imposing [im'pouziŋ] *adj* näyttävä
impossible [im'pɔsəbəl] *adj* mahdoton
impotence ['impətəns] *n* kykenemättömyys
impotent ['impətənt] *adj* impotentti
impress [im'pres] *v* tehdä vaikutus
impression [im'preʃən] *n* vaikutelma
impressive [im'presiv] *adj* vaikuttava
imprison [im'prizən] *v* vangita
imprisonment [im'prizənmənt] *n* vankeus
improbable [im'prɔbəbəl] *adj* epätodennäköinen
improper [im'prɔpə] *adj* sopimaton
improve [im'pru:v] *v* parantaa
improvement [im'pru:vmənt] *n* parannus
improvise ['imprəvaiz] *v* improvisoida
impudent ['impjudənt] *adj* julkea
impulse ['impʌls] *n* mielijohde; sysäys
impulsive [im'pʌlsiv] *adj* impulsiivinen
in [in] *prep* -ssa; -lla, -lle *suff*; *adv* sisään
inaccessible [iˌnæk'sesəbəl] *adj* luoksepääsemätön
inaccurate [i'nækjurət] *adj* epätarkka
inadequate [i'nædikwət] *adj* riittämätön

incapable [iŋ'keipəbəl] *adj* kykenemätön
incense ['insens] *n* suitsuke
inch ['intʃ] *n* tuuma (2,54 cm)
incident ['insidənt] *n* tapahtuma
incidental [ˌinsi'dentəl] *adj* satunnainen
incite [in'sait] *v* kannustaa
inclination [ˌiŋkli'neiʃən] *n* taipumus
incline [iŋ'klain] *n* kaltevuus
inclined [iŋ'klaind] *adj* taipuvainen, halukas; ***be ~ to** olla taipuvainen
include [iŋ'klu:d] *v* käsittää, sisältää
income ['iŋkəm] *n* tulot *pl*
income tax ['iŋkəmtæks] *n* tulovero
incompetent [iŋ'kɔmpətənt] *adj* epäpätevä
incomplete [ˌinkəm'pli:t] *adj* vaillinainen, epätäydellinen
inconceivable [ˌiŋkən'si:vəbəl] *adj* käsittämätön
inconspicuous [ˌiŋkən'spikjuəs] *adj* huomaamaton
inconvenience [ˌiŋkən'vi:njəns] *n* vaiva, haitta, epämukavuus
inconvenient [ˌiŋkən'vi:njənt] *adj* sopimaton; hankala
incorrect [ˌiŋkə'rekt] *adj* virheellinen, väärä
increase[1] [iŋ'kri:s] *v* lisätä; kasvaa, lisääntyä
increase[2] ['iŋkri:s] *n* lisääntyminen; lisäys
incredible [iŋ'kredəbəl] *adj* uskomaton
incurable [iŋ'kjuərəbəl] *adj* parantumaton
indecent [in'di:sənt] *adj* sopimaton
indeed [in'di:d] *adv* todella
indefinite [in'definit] *adj* epämääräinen
indemnity [in'demnəti] *n* hyvitys
independence [ˌindi'pendəns] *n* riippumattomuus
independent [ˌindi'pendənt] *adj* riippumaton
index ['indeks] *n* hakemisto; **~ finger** etusormi
India ['indiə] Intia
Indian ['indiən] *adj* intialainen; *n* intialainen; **Red ~** intiaani
indicate ['indikeit] *v* osoittaa, ilmaista
indication [ˌindi'keiʃən] *n* osoitus
indicator ['indikeitə] *n* merkkivalo; osoitin
indifferent [in'difərənt] *adj* välinpitämätön
indigestion [ˌindi'dʒestʃən] *n* ruoansulatushäiriö
indignation [ˌindig'neiʃən] *n* suuttumus
indirect [ˌindi'rekt] *adj* epäsuora

individual [ˌindi'vidʒuəl] *adj* yksilöllinen; *n* yksilö
Indonesia [ˌində'ni:ziə] Indonesia
Indonesian [ˌində'ni:ziən] *adj* indonesialainen
indoor ['indɔ:] *adj* sisä-
indoors [ˌin'dɔ:z] *adv* sisällä
indulge [in'dʌldʒ] *v* suoda itselleen, sortua
industrial [in'dʌstriəl] *adj* teollisuus-
industrious [in'dʌstriəs] *adj* ahkera
industry ['indəstri] *n* teollisuus
inedible [i'nedibəl] *adj* syömäkelvoton
inefficient [ˌini'fiʃənt] *adj* tehoton
inevitable [i'nevitəbəl] *adj* väistämätön
inexpensive [ˌinik'spensiv] *adj* halpa
inexperienced [ˌinik'spiəriənst] *adj* kokematon
infant ['infənt] *n* pikkulapsi
infantry ['infəntri] *n* jalkaväki
infect [in'fekt] *v* tulehtua, tartuttaa
infection [in'fekʃən] *n* tartunta
infectious [in'fekʃəs] *adj* tarttuva
infer [in'fə:] *v* tehdä johtopäätös
inferior [in'fiəriə] *adj* alempiarvoinen
infinite ['infinət] *adj* ääretön
infinitive [in'finitiv] *n* infinitiivi
inflammable [in'flæməbəl] *adj* tulenarka
inflammation [ˌinflə'meiʃən] *n* tulehdus
inflatable [in'fleitəbəl] *adj* puhallettava
inflate [in'fleit] *v* puhaltaa täyteen
inflation [in'fleiʃən] *n* inflaatio
inflict [in'flikt] *v* aiheuttaa
influence ['influəns] *v* vaikuttaa; *n* vaikutus
influential [ˌinflu'enʃəl] *adj* vaikutusvaltainen
influenza [ˌinflu'enzə] *n* influenssa
inform [in'fɔ:m] *v* tiedottaa; ilmoittaa
informal [in'fɔ:məl] *adj* epävirallinen
information [ˌinfə'meiʃən] *n* tieto; ilmoitus, tiedotus; ~ **bureau** tiedonantotoimisto
infra-red [ˌinfrə'red] *adj* infrapunainen
infrequent [in'fri:kwənt] *adj* harvinainen
ingredient [iŋ'gri:diənt] *n* aines, aineosa
inhabit [in'hæbit] *v* asua
inhabitable [in'hæbitəbəl] *adj* asumiskelpoinen
inhabitant [in'hæbitənt] *n* asukas
inhale [in'heil] *v* hengittää sisään

inherit [in'herit] *v* periä
inheritance [in'heritəns] *n* perintö
inhibit [in'hibit] *v* estää
initial [i'niʃəl] *adj* alkuperäinen, alku-; *n* nimikirjain; *v* varustaa nimikirjaimilla
initiate [i'niʃieit] *v* panna alulle
initiative [i'niʃətiv] *n* aloite
inject [in'dʒekt] *v* ruiskuttaa
injection [in'dʒekʃən] *n* ruiske
injure ['indʒə] *v* loukata
injury ['indʒəri] *n* vamma
injustice [in'dʒʌstis] *n* vääryys
ink [iŋk] *n* muste
inlet ['inlet] *n* lahdelma, salmi
inn [in] *n* majatalo
inner ['inə] *adj* sisäinen; **~ tube** sisäkumi
innocence ['inəsəns] *n* viattomuus
innocent ['inəsənt] *adj* viaton
inoculate [i'nɔkjuleit] *v* rokottaa
inoculation [iˌnɔkju'leiʃən] *n* rokotus
inquire [iŋ'kwaiə] *v* tiedustella
inquiry [iŋ'kwaiəri] *n* tiedustelu, kysely; tutkimus; **~ office** tiedonantotoimisto
inquisitive [iŋ'kwizətiv] *adj* utelias
insane [in'sein] *adj* mielisairas
inscription [in'skripʃən] *n* kaiverrus; kirjoitus
insect ['insekt] *n* hyönteinen; **~ repellent** hyönteisvoide
insecticide [in'sektisaid] *n* hyönteiskarkote
insensitive [in'sensətiv] *adj* tunteeton
insert [in'səːt] *v* sisällyttää, liittää
inside [ˌin'said] *n* sisäpuoli; *adj* sisä-; *adv* sisällä; sisältä; *prep* sisällä, sisään; **~ out** nurinpäin; **insides** sisälmykset *pl*
insight ['insait] *n* oivallus
insignificant [ˌinsig'nifikənt] *adj* merkityksetön
insist [in'sist] *v* vaatimalla vaatia
insolence ['insələns] *n* röyhkeys
insolent ['insələnt] *adj* röyhkeä
insomnia [in'sɔmniə] *n* unettomuus
inspect [in'spekt] *v* tarkastaa
inspection [in'spekʃən] *n* tarkastus
inspector [in'spektə] *n* tarkastaja
inspire [in'spaiə] *v* innoittaa
install [in'stɔːl] *v* asentaa
installation [ˌinstə'leiʃən] *n* asennus

instalment [in'stɔːlmənt] *n* osamaksuerä
instance ['instəns] *n* esimerkki; tapaus; **for ~** esimerkiksi
instant ['instənt] *n* hetki
instant message ['instənt‿'mesədʒ] *n* pikaviesti
instantly ['instəntli] *adv* välittömästi, heti
instead of [in'sted ɔv] sijasta
instinct ['instiŋkt] *n* vaisto
institute ['institjuːt]*v* perustaa; *n* laitos
institution [ˌinsti'tjuːʃən] *n* instituutio, laitos
instruct [in'strʌkt] *v* opettaa
instruction [in'strʌkʃən] *n* opetus
instructive [in'strʌktiv] *adj* opettavainen
instructor [in'strʌktə] *n* ohjaaja
instrument ['instrumənt] *n* instrumentti, väline; **musical ~** soitin
insufficient [ˌinsə'fiʃənt] *adj* riittämätön
insulate ['insjuleit] *v* eristää
insulation [ˌinsju'leiʃən] *n* eriste
insulator ['insjuleitə] *n* eristin
insult[1] [in'sʌlt] *v* loukata
insult[2] ['insʌlt] *n* loukkaus
insurance [in'ʃuərəns] *n* vakuutus; **~ policy** vakuutuskirja
insure [in'ʃuə] *v* vakuuttaa
intact [in'tækt] *adj* koskematon
integrate ['intəgreit] *v* sopeuttaa incorporate; yhdistää combine
intellect ['intəlekt] *n* äly
intellectual [ˌintə'lektʃuəl] *adj* älyllinen
intelligence [in'telidʒəns] *n* älykkyys
intelligent [in'telidʒənt] *adj* älykäs
intend [in'tend] *v* aikoa
intense [in'tens] *adj* intensiivinen; kiihkeä
intention [in'tenʃən] *n* aikomus
intentional [in'tenʃənəl] *adj* tahallinen
intercourse ['intəkɔːs] *n* seurustelu, kanssakäyminen; yhdyntä
interest ['intrəst] *v* kiinnostaa; *n* mielenkiinto, kiinnostus; etu; korko; **interested** kiinnostunut
interesting ['intrəstiŋ] *adj* mielenkiintoinen
interfere [ˌintə'fiə] *v* puuttua asiaan; **~ with** sekaantua
interference [ˌintə'fiərəns] *n* väliintulo
interim ['intərim] *n* väliaika
interior [in'tiəriə] *n* sisusta
interlude ['intəluːd] *n* väliaika
intermediary [ˌintə'miːdjəri] *n* välittäjä
intermission [ˌintə'miʃən] *n* väliaika (teatt)

internal [in'tə:nəl] *adj* sisäinen
international [ˌintə'næʃənəl] *adj* kansainvälinen
Internet ['intənet] *n* Internet
interpret [in'tə:prit] *v* tulkita
interpreter [in'tə:pritə] *n* tulkki
interrogate [in'terəgeit] *v* kuulustella
interrogation [inˌterə'geiʃən] *n* kuulustelu
interrogative [ˌintə'rɔgətiv] *adj* kysyvä
interrupt [ˌintə'rʌpt] *v* keskeyttää
interruption [ˌintə'rʌpʃən] *n* keskeytys
intersection [ˌintə'sekʃən] *n* risteys, leikkauspiste
interval ['intəvəl] *n* väli, tauko; intervalli
intervene [ˌintə'vi:n] *v* tulla väliin
interview ['intəvju:] *n* haastattelu
intestine [in'testin] *n* suoli; **intestines** suolisto
intimate ['intimət] *adj* läheinen
into ['intu] *prep* johonkin
intolerable [in'tɔlərəbəl] *adj* sietämätön
intoxicated [in'tɔksikeitid] *adj* päihtynyt
intrigue [in'tri:g] *n* vehkeily
introduce [ˌintrə'dju:s] *v* esitellä
introduction [ˌintrə'dʌkʃən] *n* esittely; johdanto
invade [in'veid] *v* valloittaa
invalid[1] ['invəli:d] *n* invalidi; *adj* vammainen
invalid[2] [in'vælid] *adj* pätemätön
invasion [in'veiʒən] *n* maahanhyökkäys
invent [in'vent] *v* keksiä
invention [in'venʃən] *n* keksintö
inventive [in'ventiv] *adj* kekseliäs
inventor [in'ventə] *n* keksijä
inventory ['invəntri] *n* inventaario
invert [in'və:t] *v* kääntää ylösalaisin
invest [in'vest] *v* investoida, sijoittaa
investigate [in'vestigeit] *v* tutkia
investigation [inˌvesti'geiʃən] *n* tutkimus
investment [in'vestmənt] *n* sijoitus
investor [in'vestə] *n* sijoittaja
invisible [in'vizəbəl] *adj* näkymätön
invitation [ˌinvi'teiʃən] *n* kutsu
invite [in'vait] *v* kutsua
invoice ['invɔis] *n* lasku
involve [in'vɔlv] *v* sisältää, kuulua
inwards ['inwədz] *adv* sisäänpäin
iodine ['aiədi:n] *n* jodi
Iran [i'rɑ:n] Iran

Iranian [i'reiniən] *adj* iranilainen
Iraq [i'rɑːk] Irak
Iraqi [i'rɑːki] *adj* irakilainen
Ireland ['aiələnd] Irlanti
Irish ['aiəriʃ] *adj* irlantilainen
Irishman ['aiəriʃmən] *n* (pl -men) irlantilainen (miehestä)
iron ['aiən] *v* silittää; *n* rauta; silitysrauta; rautainen
ironical [ai'rɔnikəl] *adj* ivallinen
irony ['aiərəni] *n* iva
irregular [i'regjulə] *adj* epäsäännöllinen
irreparable [i'repərəbəl] *adj* mahdoton korjata
irrevocable [i'revəkəbəl] *adj* peruuttamaton
irritable ['iritəbəl] *adj* ärtyisä
irritate ['iriteit] *v* ärsyttää
is [iz] *v* (pr be)
island ['ailənd] *n* saari
isolate ['aisəleit] *v* eristää
isolation [ˌaisə'leiʃən] *n* eristyneisyys
Israel ['izreil] Israel
Israeli [iz'reili] *adj* israelilainen
issue ['iʃuː] *v* julkaista; *n* jakelu, painos;
it [it] *pron* se
Italian [i'tæljən] *adj* italialainen
Italy ['itəli] Italia
itch [itʃ] *v* syyhytä; *n* syyhy; kutina
item ['aitəm] *n* artikkeli; kohta
itinerary [ai'tinərəri] *n* matkasuunnitelma
its sen
itself [it'self] itse; **by ~** itsestään
ivory ['aivəri] *n* norsunluu
ivy ['aivi] *n* muratti

J

jack [dʒæk] *n* metsuri; nostovipu
jacket ['dʒækit] *n* pikkutakki
jade [dʒeid] *n* jadekivi
jail [dʒeil] *n* vankila
jam [dʒæm] *n* hillo; ruuhka
janitor ['dʒænitə] *n* talonmies
January ['dʒænjuəri] tammikuu
Japan [dʒə'pæn] Japani
Japanese [ˌdʒæpə'niːz] *adj* japanilainen
jar [dʒɑː] *n* purkki
jaundice ['dʒɔːndis] *n* keltatauti
jaw [dʒɔː] *n* leuat
jealous ['dʒeləs] *adj* mustasukkainen
jealousy ['dʒeləsi] *n* mustasukkaisuus
jeans [dʒiːnz] *pl* farkut *pl*
jelly ['dʒeli] *n* hyytelö
jellyfish ['dʒelifiʃ] *n*

meduusa
jersey ['dʒə:zi] *n* villapaita
jet [dʒet] *n* suihkukone
jet lag ['jet‿,læg] *n* aikaerorasitus
jetty ['dʒeti] *n* aallonmurtaja
Jew [dʒu:] *n* juutalainen
jewel ['dʒu:əl] *n* koru
jeweller ['dʒu:ələ] *n* kultasepänliike
jewellery ['dʒu:əlri] *n* korut *pl*
Jewish ['dʒu:iʃ] *adj* juutalainen
job [dʒɔb] *n* työ; työpaikka, toimi
jobless ['dʒɔbles] *adj* työtön
jockey ['dʒɔki] *n* kilparatsastaja
join [dʒɔin] *v* liittää yhteen; yhtyä, liittyä; yhdistää
joint [dʒɔint] *n* liitos; *adj* yhteinen, yhdistetty
jointly ['dʒɔintli] *adv* yhdessä
joke [dʒouk] *n* vitsi, pila
jolly ['dʒɔli] *adj* iloinen
Jordan ['dʒɔ:dən] Jordania
Jordanian [dʒɔ:'deiniən] *adj* jordanialainen
journal ['dʒə:nəl] *n* aikakauslehti; aikakausjulkaisu
journalism ['dʒə:nəlizəm] *n* lehtiala, journalismi
journalist ['dʒə:nəlist] *n* lehtimies
journey ['dʒə:ni] *n* matka
joy [dʒɔi] *n* ilo
joyful ['dʒɔifəl] *adj* iloinen, riemukas
jubilee ['dʒu:bili:] *n* riemujuhla
judge [dʒʌdʒ] *v* tuomita; arvostella; *n* tuomari
judgment ['dʒʌdʒmənt] *n* tuomio; arvostelukyky
jug [dʒʌg] *n* kannu
Jugoslav [,ju:gə'slɑ:v] *adj* jugoslavialainen; *n* jugoslaavi
Jugoslavia [,ju:gə'slɑ:viə] Jugoslavia
juice [dʒu:s] *n* mehu
juicy ['dʒu:si] *adj* mehukas
July [dʒu'lai] heinäkuu
jump [dʒʌmp] *v* hypätä; *n* hyppy
jumper ['dʒʌmpə] *n* neulepusero
junction ['dʒʌŋkʃən] *n* risteys
June [dʒu:n] kesäkuu
jungle ['dʒʌŋgəl] *n* viidakko
junior ['dʒu:njə] *adj* nuorempi
junk [dʒʌŋk] *n* romu
jury ['dʒuəri] *n* tuomaristo
just [dʒʌst] *adj* oikeudenmukainen, oikeutettu; oikea; *adv* juuri; aivan
justice ['dʒʌstis] *n* oikeus; oikeudenmukaisuus
justify ['dʒʌstifai] *v* oikeuttaa
juvenile ['dʒu:vənail] *adj* nuori ihminen

K

kangaroo [ˌkæŋgəˈruː] *n* kenguru
keel [kiːl] *n* köli
keen [kiːn] *adj* innokas; terävä
***keep** [kiːp] *v* pitää; säilyttää; pitää yllä; ~ **away from** pysyä poissa; ~ **off** olla kajoamatta; ~ **on** jatkaa; ~ **quiet** vaieta; ~ **up** ylläpitää; ~ **up with** pysyä tasalla
kennel [ˈkenəl] *n* koirankoppi; koiratarha
Kenya [ˈkenjə] Kenia
kerosene [ˈkerəsiːn] *n* palaöljy, kerosiini
kettle [ˈketəl] *n* vesipannu
key [kiː] *n* avain
keyhole [ˈkiːhoul] *n* avaimenreikä
khaki [ˈkɑːki] *n* khaki(kangas)
kick [kik] *v* potkaista, potkia; *n* potku
kickoff [ˌkiˈkɔf] *n* aloitus, alku
kid [kid] *v* vitsailla, pelleillä; *n* lapsi; kili
kidney [ˈkidni] *n* munuainen
kill [kil] *v* tappaa, surmata
kilogram [ˈkiləgræm] *n* kilo
kilometre [ˈkiləˌmiːtə] *n* kilometri
kind [kaind] *adj* kiltti, ystävällinen; hyväntahtoinen; *n* laji
kindergarten [ˈkindəˌgɑːtən] *n* lastentarha
king [kiŋ] *n* kuningas
kingdom [ˈkiŋdəm] *n* kuningaskunta; valtakunta
kiosk [ˈkiːɔsk] *n* kioski
kiss [kis] *v* suudella; *n* suudelma
kit [kit] *n* varusteet *pl*
kitchen [ˈkitʃin] *n* keittiö; ~ **garden** kasvitarha; ~ **towel** keittiöpyyhe
knapsack [ˈnæpsæk] *n* selkäreppu
knave [neiv] *n* sotamies
knee [niː] *n* polvi
kneecap [ˈniːkæp] *n* polvilumpio
***kneel** [niːl] *v* polvistua
knew [njuː] *v* (p know)
knife [naif] *n* (pl knives) veitsi
knight [nait] *n* ritari
***knit** [nit] *v* neuloa
knob [nɔb] *n* nuppi
knock [nɔk] *v* kolkuttaa; *n* kolkutus; ~ **against** törmätä; ~ **down** iskeä maahan
knot [nɔt] *n* solmu; *v* solmia
***know** [nou] *v* tietää; osata, tuntea
knowledge [ˈnɔlidʒ] *n* tieto
knuckle [ˈnʌkəl] *n* rystynen

L

label ['leibəl] *n* nimilippu; *v* varustaa nimilipulla
laboratory [lə'bɔrətəri] *n* laboratorio
labour ['leibə] *n* työ; synnytyskivut; *v* raataa, *v* ahertaa; **labor permit** *Am* työlupa
labourer ['leibərə] *n* työläinen
labour-saving ['leibə,seiviŋ] *adj* työtäsäästävä
labyrinth ['læbərinθ] *n* sokkelo
lace [leis] *n* pitsi; kengännauha
lack [læk] *n* puute; *v* olla jtk vailla, puuttua
lacquer ['lækə] *n* lakka
lactose ['læktous] *n* laktoosi;~ **intolerant** laktoosi-intolerantti
lad [læd] *n* poika, nuorukainen
ladder ['lædə] *n* tikkaat *pl*
lady ['leidi] *n* (hieno) nainen; **ladies' room** naisten WC, naistenhuone
lagoon [lə'gu:n] *n* laguuni
lake [leik] *n* järvi
lamb [læm] *n* karitsa; lampaanliha
lame [leim] *adj* rampa, ontuva
lamentable ['læməntəbəl] *adj* valitettava
lamp [læmp] *n* lamppu
lamppost ['læmppoust] *n* lyhtypylväs
lampshade ['læmpʃeid] *v* laskeutua, laskea maihin; nousta maihin; *n* lampunvarjostin
land [lænd] *n* maa
landlady ['lænd,leidi] *n* vuokraemäntä
landlord ['lændlɔ:d] *n* vuokraisäntä
landmark ['lændmɑ:k] *n* maamerkki
landscape ['lændskeip] *n* maisema
lane [lein] *n* kuja; ajokaista
language ['læŋgwidʒ] *n* kieli; ~ **laboratory** kielistudio
lantern ['læntən] *n* lyhty
lap ['læp] *n* syli body; kierros round; *v* latkia
lapel [lə'pel] *n* rintapieli, kauluskäänne
laptop ['læp,tɔp] *n* sylimikro
larder ['lɑ:də] *n* ruokakaappi
large [lɑ:dʒ] *adj* suuri; tilava
lark [lɑ:k] *n* leivonen
laryngitis [,lærin'dʒaitis] *n* kurkunpäätulehdus
last [lɑ:st] *adj* viimeinen; viime; *v* kestää; **at ~** vihdoin, lopulta; **at long ~** vihdoin viimein
lasting ['lɑ:stiŋ] *adj* kestävä

latchkey ['lætʃkiː] *n* oven salvan avain
late [leit] *adj* myöhäinen; myöhässä
lately ['leitli] *adv* viime aikoina
lather ['lɑːðə] *n* vaahto
Latin America ['lætin ə'merikə] Latinalainen Amerikka
Latin-American [ˌlætinə'merikən] *adj* latinalaisamerikkalainen
latitude ['lætitjuːd] *n* leveysaste
laugh [lɑːf] *v* nauraa; *n* nauru
laughter ['lɑːftə] *n* nauru
launch [lɔːntʃ] *v* panna alulle; laskea vesille; tuoda markkinoille; *n* moottorijahti
launching ['lɔːntʃiŋ] *n* vesillelasku; lanseeraus
launderette [ˌlɔːndə'ret] *n* itsepalvelupesula
laundry ['lɔːndri] *n* pesula; pyykki
lavatory ['lævətəri] *n* WC
lavish ['læviʃ] *adj* tuhlaavainen
law [lɔː] *n* laki; lakitiede; ~ **court** tuomioistuin
lawful ['lɔːfəl] *adj* laillinen
lawn [lɔːn] *n* nurmikko
lawsuit ['lɔːsuːt] *n* oikeudenkäynti, oikeusjuttu
lawyer ['lɔːjə] *n* asianajaja, juristi
laxative ['læksətiv] *n* ulostuslääke
***lay** [lei] *v* asettaa, laittaa; ~ **bricks** muurata
layer [leiə] *n* kerros
layman ['leimən] *n* maallikko
lazy ['leizi] *adj* laiska
***lead** [liːd] *v* johtaa
lead[1] [liːd] *n* etumatka; johto; talutushihna
lead[2] [led] *n* lyijy
leader ['liːdə] *n* johtaja
leadership ['liːdəʃip] *n* johtajuus
leading ['liːdiŋ] *adj* johtava
leaf [liːf] *n* (pl leaves) lehti
league [liːg] *n* liiga, sarja; liitto
leak [liːk] *v* vuotaa; *n* vuoto
leaky ['liːki] *adj* vuotava
lean [liːn] *adj* hoikka
***lean** [liːn] *v* nojautua
leap [liːp] *n* hyppy
***leap** [liːp] *v* loikata
leap year ['liːpjiə] *n* karkausvuosi
***learn** [ləːn] *v* oppia
learner ['ləːnə] *n* aloittelija, oppilas
lease [liːs] *v* antaa vuokralle; vuokrata; *n* vuokrasopimus
leash [liːʃ] *n* talutusnuora
least [liːst] *adj* vähin, vähäisin; pienin; **at** ~ ainakin, vähintään
leather ['leðə] *n* nahka; nahkainen
leave [liːv] *n* loma
***leave** [liːv] *v* jättää; ~ **alone** antaa olla; ~ **behind** jättää;

~ **out** jättää pois
Lebanese [ˌlebəˈniːz] *adj* libanonilainen
Lebanon [ˈlebənən] Libanon
lecture [ˈlektʃə] *n* luento
left[1] [left] *adj* vasen; jäljellä
left[2] [left] *v* (p, pp leave)
left-hand [ˈlefthænd] *adj* vasen, vasemmanpuoleinen
left-handed [ˌleftˈhændid] *adj* vasenkätinen
leg [leg] *n* sääri, jalka
legacy [ˈlegəsi] *n* testamenttilahjoitus
legal [ˈliːgəl] *adj* laillinen, lainmukainen
legalization [ˌliːgəlaiˈzeiʃən] *n* laillistaminen
legation [liˈgeiʃən] *n* lähetystö
legible [ˈledʒibəl] *adj* luettavissa oleva
legitimate [liˈdʒitimət] *adj* laillinen
leisure [ˈleʒə] *n* vapaa-aika
lemon [ˈlemən] *n* sitruuna
lemonade [ˌleməˈneid] *n* limonadi
*__lend__ [lend] *v* lainata, antaa lainaksi
length [leŋθ] *n* pituus
lengthen [ˈleŋθən] *v* pidentää
lengthways [ˈleŋθweiz] *adv* pitkittäin
lens [lenz] *n* linssi; **telephoto** ~ teleobjektiivi; **zoom** ~ zoomobjektiivi
leprosy [ˈleprəsi] *n* spitaalitauti
less [les] *adv* vähemmän
lessen [ˈlesən] *v* vähentää
lesson [ˈlesən] *n* oppitunti
*__let__ [let] *v* sallia; vuokrata, antaa vuokralle; ~ **down** pettää
letter [ˈletə] *n* kirje; kirjain; ~ **of credit** luottokirje; ~ **of recommendation** suosituskirje
letterbox [ˈletəbɔks] *n* kirjelaatikko
lettuce [ˈletis] *n* lehtisalaatti
level [ˈlevəl] *adj* tasainen, vaakasuora; *n* taso; vaakituskoje; *v* tasoittaa, yhdenmukaistaa; ~ **crossing** tasoylikäytävä
lever [ˈliːvə] *n* vipu
liability [ˌlaiəˈbiləti] *n* vastuu, vastuunalaisuus
liable [ˈlaiəbəl] *adj* vastuullinen; ~ **to** altis jllk, velvollinen
liar [ˈlaiə] *n* valehtelija
liberal [ˈlibərəl] *adj* vapaamielinen; avokätinen
liberation [ˌlibəˈreiʃən] *n* vapautus
Liberia [laiˈbiəriə] Liberia
Liberian [laiˈbiəriən] *adj* liberialainen
liberty [ˈlibəti] *n* vapaus
library [ˈlaibrəri] *n* kirjasto
licence [ˈlaisəns] *v* myöntää lupa; *n* lisenssi; lupa; **driving** ~ *nAm* ajokortti; ~ **number** *Am* rekisterinumero; ~ **plate** *Am* rekisterikilpi

license ['laisəns] *v* myöntää lupa
lick [lik] *v* nuolla
lid [lid] *n* kansi
lie [lai] *v* valehdella; *n* valhe
***lie** [lai] *v* maata; ~ **down** käydä makuulle
life [laif] *n* (pl lives) elämä; ~ **insurance** henkivakuutus; ~ **jacket** pelastusliivit; ~ **support** elämää ylläpitävä
lifebelt ['laifbelt] *n* pelastusrengas
lifetime ['laiftaim] *n* elinaika
lift [lift] *v* nostaa, kohottaa; *n* hissi
light [lait] *n* valo; *adj* kevyt; vaalea; ~ **bulb** hehkulamppu
***light** [lait] *v* sytyttää
lighter ['laitə] *n* sytytin
lighthouse ['laithaus] *n* majakka
lighting ['laitiŋ] *n* valaistus
lightning ['laitniŋ] *n* salama
like [laik] *v* pitää jstk; *adj* kaltainen (jkn); *conj* kuten; *prep* niin kuin
likely ['laikli] *adj* todennäköinen
like-minded [ˌlaik'maindid] *adj* samanmielinen
likewise ['laikwaiz] *adv* samoin
lily ['lili] *n* lilja
limb [lim] *n* raaja
lime [laim] *n* kalkki; lehmus; limetti
limetree ['laimtriː] *n* niinipuu
limit ['limit] *n* raja; *v* rajoittaa
limp [limp] *v* ontua; *adj* veltto
line [lain] *n* rivi; viiva; naru; linja; **stand in** ~ *Am* jonottaa
linen ['linin] *n* pellava; liinavaatteet *pl*
liner ['lainə] *n* vuorolaiva
lingerie ['lɔ̃ʒəriː] *n* (naisten) alusvaatteet
lining ['lainiŋ] *n* vuori
link [liŋk] *v* liittää yhteen; *n* rengas, lenkki, linkki (tietokone); silmukka
lion ['laiən] *n* leijona
lip [lip] *n* huuli
liposuction ['lipouˌsʌkʃən] *n* rasvaimu
lipstick ['lipstik] *n* huulipuna
liqueur [li'kjuə] *n* likööri
liquid ['likwid] *adj* nestemäinen; *n* neste
liquor ['likə] *n* viina
liquorice ['likəris] *n* lakritsi
list [list] *n* luettelo; *v* kirjata
listen ['lisən] *v* kuunnella, noudattaa neuvoa
listener ['lisnə] *n* kuuntelija
literary ['litrəri] *adj* kirjallinen
literature ['litrətʃə] *n* kirjallisuus
litre ['liːtə] *n* litra
litter ['litə] *n* roska
little ['litəl] *adj* pieni; vähän
live[1] [liv] *v* elää; asua
live[2] [laiv] *adj* elävä

livelihood ['laivlihud] *n* toimeentulo
lively ['laivli] *adj* eloisa
liver ['livə] *n* maksa
living ['liviŋ] *n* toimeentulo; *adj* elävä; ~ **room** olohuone
lizard ['lizəd] *n* lisko
load [loud] *n* kuorma; *v* lastata
loaf [louf] *n* (pl loaves) limppu, leipä
loan [loun] *n* laina
lobby ['lɔbi] *n* aula
lobster ['lɔbstə] *n* hummeri
local ['loukəl] *adj* paikallinen, paikallis-; ~ **call** paikallispuhelu; ~ **train** paikallisjuna
locality [lou'kæləti] *n* paikkakunta
locate [lou'keit] *v* paikantaa
location [lou'keiʃən] *n* sijainti
lock [lɔk] *v* lukita; *n* lukko; ~ **up** lukita sisään
locker ['lɔkə] *n* lokero
locomotive [ˌloukə'moutiv] *n* veturi
lodge [lɔdʒ] *v* majoittaa; *n* mökki, maja
lodger ['lɔdʒə] *n* vuokralainen
lodgings ['lɔdʒiŋz] *pl* vuokrahuone
log [lɔg] *n* (*tree*) tukki; (*record*) luettelo; ~ **in** *v* kytkeytyä (atk); ~ **off** *v* lopettaa (atk)
logic ['lɔdʒik] *n* logiikka
logical ['lɔdʒikəl] *adj* johdonmukainen
lonely ['lounli] *adj* yksinäinen
long [lɔŋ] *adj* pitkä; ~ **for** ikävöidä; **no longer** ei enää
longing ['lɔŋiŋ] *n* kaipaus
longitude ['lɔndʒitju:d] *n* pituusaste
look [luk] *v* katsoa; näyttää, näyttää jltk; *n* silmäys, katse; ulkonäkö; ~ **after** valvoa, huolehtia jstk, hoitaa; ~ **at** katsella, katsoa; ~ **for** etsiä; ~ **out** olla varuillaan; ~ **up** hakea (sanakirjasta)
looking-glass ['lukiŋglɑ:s] *n* peili
loop [lu:p] *n* silmukka
loose [lu:s] *adj* irtonainen
loosen ['lu:sən] *v* irrottaa
lord [lɔ:d] *n* lordi
lorry ['lɔri] *n* kuorma-auto
***lose** [lu:z] *v* kadottaa, menettää
loser ['lu:sə] *n* häviäjä
loss [lɔs] *n* menetys, tappio
lost [lɔst] *adj* eksynyt; kadonnut; ~ **and found** löytötavarat *pl*; ~ **property office** löytötavaratoimisto
lot [lɔt] *n* kohtalo, arpa, osa; suuri määrä, joukko
lotion ['louʃən] *n* kasvovesi; **aftershave** ~ partavesi
lottery ['lɔtəri] *n* arpajaiset *pl*
loud [laud] *adj* äänekäs
loudspeaker [ˌlaud'spi:kə] *n* kaiutin

lounge [laundʒ] *n* odotushalli
louse [laus] *n* (pl lice) täi
love [lʌv] *v* rakastaa; *n* rakkaus; **in ~** rakastunut
lovely ['lʌvli] *adj* viehättävä, suloinen, ihana
lover ['lʌvə] *n* rakastaja
love story ['lʌv,stɔ:ri] *n* rakkaustarina
low [lou] *adj* matala; alakuloinen; **~ tide** laskuvesi
lower ['louə] *v* alentaa; laskea; *adj* alempi, ala-
lowlands ['louləndz] *pl* alamaa
loyal ['lɔiəl] *adj* uskollinen
lubricate ['lu:brikeit] *v* voidella
lubrication [,lu:bri'keiʃən] *n* voitelu; **~ oil** voiteluöljy; **~ system** voitelujärjestelmä
luck [lʌk] *n* menestys, onni; sattuma; **bad ~** huono onni; **good ~!** onnea (yritykseen)
lucky ['lʌki] *adj* onnekas; **~ charm** amuletti
ludicrous ['lu:dikrəs] *adj* naurettava, mieletön
luggage ['lʌgidʒ] *n* matkatavarat *pl*; **hand ~** käsimatkatavara; **left ~ office** matkatavarasäilö; **~ rack** matkatavarahylly; **~ van** tavaravaunu
lukewarm ['lu:kwɔ:m] *adj* haalea
lumbago [lʌm'beigou] *n* noidannuoli
luminous ['lu:minəs] *adj* valoisa
lump [lʌmp] *n* pala, möhkäle; kuhmu; **~ of sugar** sokeripala; **~ sum** kokonaissumma
lumpy ['lʌmpi] *adj* kokkareinen
lunacy ['lu:nəsi] *n* mielenvikaisuus
lunatic ['lu:nətik] *adj* mielisairas; *n* mielenvikainen
lunch [lʌntʃ] *n* aamiainen, lounas
luncheon ['lʌntʃən] *n* lounas
lung [lʌŋ] *n* keuhko
lust [lʌst] *n* aistillisuus, himo
luxurious [lʌg'ʒuəriəs] *adj* ylellinen
luxury ['lʌkʃəri] *n* ylellisyys

M

machine [mə'ʃi:n] *n* kone
machinery [mə'ʃi:nəri] *n* koneisto
mackerel ['mækrəl] *n* (pl ~) makrilli
mackintosh ['mækintɔʃ] *n* sadetakki
mad [mæd] *adj* hullu, mieletön; raivostunut
madam ['mædəm] *n* rouva

madness ['mædnəs] *n* hulluus
magazine [ˌmægə'zi:n] *n* aikakauslehti
magic ['mædʒik] *n* taika, noituus; *adj* maaginen
magician [mə'dʒiʃən] *n* taikuri
magistrate ['mædʒistreit] *n* rauhantuomari
magnetic [mæg'netik] *adj* magneettinen
magneto [mæg'ni:tou] *n* (pl ~s) magneetti
magnificent [mæg'nifisənt] *adj* upea, suurenmoinen
magnify ['mægnifai] *v* suurentaa
magpie ['mægpai] *n* harakka
maid [meid] *n* kotiapulainen
maiden name ['meidən neim] tyttönimi
mail [meil] *n* posti; *v* postittaa; ~ **order** *Am* postiosoitus
mailbox ['meilbɔks] *nAm* postilaatikko
main [mein] *adj* pää-, pääasiallinen; suurin; ~ **deck** pääkansi; ~ **line** päärata; ~ **road** päätie; ~ **street** pääkatu
mainland ['meinlənd] *n* mantere
mainly ['meinli] *adv* pääasiallisesti
mains [meinz] *pl* pääjohto
maintain [mein'tein] *v* ylläpitää
maintenance ['meintənəns] *n* ylläpito
maize [meiz] *n* maissi
major ['meidʒə] *adj* suuri; suurempi; *n* majuri
majority [mə'dʒɔrəti] *n* enemmistö
***make** [meik] *v* tehdä; ansaita; ehtiä; ~ **do with** tulla toimeen; ~ **good** hyvittää; ~ **up** laatia
make-up ['meikʌp] *n* ehostus
malaria [mə'lɛəriə] *n* malaria
Malay [mə'lei] *n* malesialainen
Malaysia [mə'leiziə] Malesia
Malaysian [mə'leiziən] *adj* malesialainen
male [meil] *adj* miespuolinen
malicious [mə'liʃəs] *adj* pahansuopa
malignant [mə'lignənt] *adj* pahanlaatuinen
mall [mɔ:l] *nAm* ostoskeskus
mallet ['mælit] *n* puunuija
malnutrition [ˌmælnju'triʃən] *n* aliravitsemus
mammal ['mæməl] *n* nisäkäs
mammoth ['mæməθ] *n* mammutti
man [mæn] *n* (pl men) mies; ihminen; **men's room** miestenhuone
manage ['mænidʒ] *v* onnistua; johtaa; selviytyä
manageable ['mænidʒəbəl] *adj* helppohoitoinen
management ['mænidʒmənt] *n* johto

manager ['mænidʒə] *n* johtaja
mandarin ['mændərin] *n* mandariini
mandate ['mændeit] *n* valtuus
manger ['meindʒə] *n* seimi
manicure ['mænikjuə] *n* käsienhoito; *v* hoitaa käsiä
mankind [mæn'kaind] *n* ihmiskunta
mannequin ['mænəkin] *n* mallinukke
manner ['mænə] *n* tapa; **manners** *pl* käytös
man-of-war [ˌmænəv'wɔ:] *n* sotalaiva
manor house ['mænəhaus] *n* kartano
mansion ['mænʃən] *n* kartano, palatsi
manual ['mænjuəl] *adj* käsi-
manufacture [ˌmænju'fæktʃə] *v* valmistaa
manufacturer [ˌmænju'fæktʃərə] *n* valmistaja
manure [mə'njuə] *n* lanta
manuscript ['mænjuskript] *n* käsikirjoitus
many ['meni] *adj* monet
map [mæp] *n* kartta
maple ['meipəl] *n* vaahtera
marble ['mɑ:bəl] *n* marmori; pelikuula
March [mɑ:tʃ] maaliskuu
march [mɑ:tʃ] *v* marssia; *n* marssi
mare [mɛə] *n* tamma
margarine [ˌmɑ:dʒə'ri:n] *n* margariini
margin ['mɑ:dʒin] *n* marginaali, reunus
maritime ['mæritaim] *adj* meri-
mark [mɑ:k] *v* leimata; merkitä; olla jkn merkkinä; *n* merkki; arvosana; maalitaulu
market ['mɑ:kit] *n* tori
marketplace ['mɑ:kitpleis] *n* tori
marmalade ['mɑ:məleid] *n* marmeladi
marriage ['mæridʒ] *n* avioliitto
marrow ['mærou] *n* luuydin
marry ['mæri] *v* mennä naimisiin; **married couple** aviopari
marsh [mɑ:ʃ] *n* räme
martyr ['mɑ:tə] *n* marttyyri
marvel ['mɑ:vəl] *n* ihme; *v* ihmetellä
marvellous ['mɑ:vələs] *adj* ihmeellinen
mascara [mæ'skɑ:rə] *n* ripsiväri
masculine ['mæskjulin] *adj* miehekäs
mash [mæʃ] *v* muhentaa, soseuttaa; **mashed potatoes** *npl* perunamuusi
mask [mɑ:sk] *n* naamio
Mass [mæs] *n* messu
mass [mæs] *n* paljous; massa; ~ **media** *pl* tiedotusvälineet *pl*; ~ **production** massatuotanto

massage ['mæsɑːʒ] *v* hieroa; *n* hieronta
masseur [mæ'səː] *n* hieroja
massive ['mæsiv] *adj* jykevä
mast [mɑːst] *n* masto
master ['mɑːstə] *n* mestari; isäntä; opettaja; *v* hallita
masterpiece ['mɑːstəpiːs] *n* mestariteos
mat [mæt] *n* ovimatto; *adj* himmeä, kiilloton
match [mætʃ] *v* sopia yhteen; vetää vertoja; *n* tulitikku
matchbox ['mætʃbɔks] *n* tulitikkulaatikko
material [mə'tiəriəl] *n* aine; kangas; *adj* aineellinen
mathematical [ˌmæθə'mætikəl] *adj* matemaattinen
mathematics [ˌmæθə'mætiks] *n* matematiikka
matrimony ['mætriməni] *n* avioliitto
matter ['mætə] *v* olla tärkeää; *n* aine, aihe; kysymys, asia; **as a ~ of fact** itse asiassa
matter-of-fact [ˌmætərəv'fækt] *adj* asiallinen
mattress ['mætrəs] *n* patja
mature [mə'tjuə] *adj* kypsä
maturity [mə'tjuərəti] *n* kypsyys
mausoleum [ˌmɔːsə'liːəm] *n* mausoleumi
mauve [mouv] *adj* malvanvärinen
May [mei] toukokuu
***may** [mei] *v* saattaa; saada
maybe ['meibiː] *adv* kenties
mayor [mɛə] *n* pormestari
maze [meiz] *n* sokkelo
me [miː] *pron* minut, minulle
meadow ['medou] *n* niitty
meal [miːl] *n* ateria
mean [miːn] *adj* halpamainen; *n* keskiverto
***mean** [miːn] *v* merkitä; tarkoittaa; aikoa
meaning ['miːniŋ] *n* merkitys
meaningless ['miːniŋləs] *adj* merkityksetön
means [miːnz] *n* keino; **by no ~** ei suinkaan
in the meantime [in ðə 'miːntaim] sillä välin
meanwhile ['miːnwail] *adv* sillä välin
measles ['miːzəlz] *n* tuhkarokko
measure ['meʒə] *v* mitata; *n* mitta; toimenpide
meat [miːt] *n* liha
mechanic [mi'kænik] *n* mekaanikko, asentaja
mechanical [mi'kænikəl] *adj* mekaaninen
mechanism ['mekənizəm] *n* koneisto
medal ['medəl] *n* mitali
media ['miːdiə] *pl* tiedotusvälineet
mediaeval [ˌmedi'iːvəl] *adj* keskiaikainen
mediate ['miːdieit] *v* välittää

mediator ['mi:dieitə] *n* välittäjä
medical ['medikəl] *adj* lääketieteellinen, lääkärin-
medicine ['medsin] *n* lääke; lääketiede
meditate ['mediteit] *v* mietiskellä
Mediterranean [,meditə'reiniən] Välimeri
medium ['mi:diəm] *adj* keskimääräinen, keski-
***meet** [mi:t] *v* kohdata; tavata
meeting ['mi:tiŋ] *n* kokous; tapaaminen
meeting place ['mi:tiŋpleis] *n* kohtaamispaikka
melancholy ['meləŋkəli] *n* surumielisyys
mellow ['melou] *adj* täyteläinen, kypsä
melodrama ['melə,dra:mə] *n* melodraama
melody ['melədi] *n* sävel
melon ['melən] *n* meloni
melt [melt] *v* sulaa
member ['membə] *n* jäsen; **Member of Parliament** kansanedustaja
membership ['membəʃip] *n* jäsenyys
memo ['memou] *n* (pl ~s) muistio
memorable ['memərəbəl] *adj* ikimuistettava
memorial [mə'mɔ:riəl] *n* muistomerkki
memorize ['meməraiz] *v* oppia ulkoa
memory ['meməri] *n* muisti; muistikuva
mend [mend] *v* korjata
menstruation [,menstru'eiʃən] *n* kuukautiset *pl*
mental ['mentəl] *adj* henkinen
mention ['menʃən] *v* mainita; *n* maininta
menu ['menju:] *n* ruokalista
merchandise ['mə:tʃəndaiz] *n* kauppatavara
merchant ['mə:tʃənt] *n* kauppias
merciful ['mə:sifəl] *adj* armelias
mercury ['mə:kjuri] *n* elohopea
mercy ['mə:si] *n* armo, armeliaisuus
mere [miə] *adj* pelkkä
merely ['miəli] *adv* pelkästään
merge [mə:dʒ] *v* yhdistyä
merger ['mə:dʒə] *n* (yritysten) fuusio, yhteensulautuminen
merit ['merit] *v* ansaita; *n* ansio
merry ['meri] *adj* iloinen, hilpeä
merry-go-round ['merigou,raund] *n* karuselli
mesh [meʃ] *n* verkosto, verkko
mess [mes] *n* sekasotku, siivottomuus; ~ **up** sotkea
message ['mesidʒ] *n* viesti,

sanoma
message board ['mesədʒ͜ˌbɔːd] ilmoitustaulu
messenger ['mesindʒə] *n* sanansaattaja
metal ['metəl] *n* metalli; metallinen
meter ['miːtə] *n* mittari
method ['meθəd] *n* menetelmä, menettelytapa
methodical [mə'θɔdikəl] *adj* järjestelmällinen
metre ['miːtə] *n* metri
metric ['metrik] *adj* metrinen
Mexican ['meksikən] *adj* meksikolainen
Mexico ['meksikou] Meksiko
microphone ['maikrəfoun] *n* mikrofoni
midday ['middei] *n* keskipäivä
middle ['midəl] *n* keskikohta; *adj* keskimmäinen; **Middle Ages** keskiaika; **~ class** keskiluokka; **middleclass** *adj* porvarillinen
midnight ['midnait] *n* keskiyö
midst [midst] *n* keskusta
midsummer ['mid,sʌmə] *n* keskikesä
midwife ['midwaif] *n* (pl -wives) kätilö
might [mait] *n* valta
***might** [mait] *v* saattaisi
mighty ['maiti] *adj* mahtava
migraine ['migrein] *n* migreeni
mild [maild] *adj* mieto; leuto
mildew ['mildju] *n* home
mile [mail] *n* maili
mileage ['mailidʒ] *n* mailimäärä
milepost ['mailpoust] *n* tienviitta
milestone ['mailstoun] *n* kilometripylväs
milieu ['miːljəː] *n* elinympäristö
military ['militəri] *adj* sotilas; **~ force** sotavoimat *pl*
milk [milk] *n* maito
milkman ['milkmən] *n* (pl -men) maitokauppias
milkshake ['milkʃeik] *n* pirtelö
milky ['milki] *adj* maitomainen
mill [mil] *n* mylly; tehdas
miller ['milə] *n* mylläri
million ['miljən] *n* miljoona
millionaire [ˌmiljə'nɛə] *n* miljonääri
mince [mins] *v* hakata hienoksi
mind [maind] *v* olla jtk vastaan; huolehtia jstk; varoa; *n* mieli
mine [main] *n* kaivos
miner ['mainə] *n* kaivosmies
mineral ['minərəl] *n* kivennäinen; **~ water** kivennäisvesi
mingle ['mingl] *v* (*mix*) sekoittaa; (*people*) seurustella
miniature ['minjətʃə] *n*

pienoiskuva
minimum ['miniməm] *n* minimi
mining ['mainiŋ] *n* kaivostyö
minister ['ministə] *n* ministeri; pappi; **Prime Minister** pääministeri
ministry ['ministri] *n* ministeriö
mink [miŋk] *n* minkki
minor ['mainə] *adj* vähäinen, pieni; vähäpätöinen; *n* alaikäinen
minority [mai'nɔrəti] *n* vähemmistö
mint [mint] *n* minttu
minus ['mainəs] *prep* miinus
minute[1] ['minit] *n* minuutti; **minutes** pöytäkirja
minute[2] [mai'nju:t] *adj* pikkuruinen
miracle ['mirəkəl] *n* ihme
miraculous [mi'rækjuləs] *adj* ihmeellinen
mirror ['mirə] *n* peili
misbehave [ˌmisbi'heiv] *v* käyttäytyä huonosti
miscarriage [mis'kæridʒ] *n* keskenmeno
miscellaneous [ˌmisə'leiniəs] *adj* sekalainen
mischief ['mistʃif] *n* kujeilu, ilkivalta
mischievous ['mistʃivəs] *adj* vallaton
miserable ['mizərəbəl] *adj* kurja, onneton
misery ['mizəri] *n* kurjuus, surkeus
misfortune [mis'fɔ:tʃen] *n* epäonni, huono onni
mishap ['mishæp] *n* onnettomuus
***mislay** [mis'lei] *v* hukata
misplaced [mis'pleist] *adj* sopimaton;
mispronounce [ˌmisprə'nauns] *v* ääntää väärin
miss[1] [mis] neiti
miss[2] [mis] *v* kaivata
missing ['misiŋ] *adj* puuttuva; **~ person** kadonnut henkilö
mist [mist] *n* sumu, usva
mistake [mi'steik] *n* väärinkäsitys, erehdys, virhe
***mistake** [mi'steik] *v* erehtyä
mistaken [mi'steikən] *adj* erheellinen; ***be ~** erehtyä
mister ['mistə] herra
mistress ['mistrəs] *n* emäntä; rakastajatar
mistrust [mis'trʌst] *v* epäillä
misty ['misti] *adj* usvainen
***misunderstand** [ˌmisʌndə'stænd] *v* käsittää väärin
misunderstanding [ˌmisʌndə'stændiŋ] *n* väärinkäsitys
misuse [mis'ju:s] *n* väärinkäyttö
mittens ['mitənz] *pl* lapaset *pl*
mix [miks] *v* sekoittaa; **~ with** seurustella
mixed [mikst] *adj* kirjava,

sekoitettu
mixer ['miksə] *n* vatkain
mixture ['mikstʃə] *n* seos
moan [moun] *v* vaikertaa
moat [mout] *n* vallihauta
mobile ['moubail] *adj* siirrettävä, liikkuva; *n* kännykkä; ~ **phone** matkapuhelin
mock [mɔk] *v* pilkata
mockery ['mɔkəri] *n* pilkka
model ['mɔdəl] *v* muovailla; *n* malli
modem ['moudem] *n* modeemi
moderate ['mɔdərət] *adj* maltillinen, kohtuullinen
modern ['mɔdən] *adj* nykyaikainen
modest ['mɔdist] *adj* vaatimaton
modesty ['mɔdisti] *n* vaatimattomuus
modify ['mɔdifai] *v* muuttaa
mohair ['mouhɛə] *n* mohair
moist [mɔist] *adj* kostea, märkä
moisten ['mɔisən] *v* kostuttaa
moisture ['mɔistʃə] *n* kosteus; **moisturizing cream** kosteusvoide
molar ['moulə] *n* poskihammas
moment ['moumənt] *n* hetki, tuokio
momentary ['mouməntəri] *adj* hetkellinen
monarch ['mɔnək] *n* hallitsija
monarchy ['mɔnəki] *n* monarkia
monastery ['mɔnəstri] *n* munkkiluostari
Monday ['mʌndi] maanantai
monetary ['mʌnitəri] *adj* raha-; ~ **unit** rahayksikkö
money ['mʌni] *n* raha; ~ **exchange** rahanvaihto; ~ **order** maksuosoitus
monk [mʌŋk] *n* munkki
monkey ['mʌŋki] *n* apina
monologue ['mɔnəlɔg] *n* yksinpuhelu
monopoly [mə'nɔpəli] *n* yksinoikeus
monotonous [mə'nɔtənəs] *adj* yksitoikkoinen
month [mʌnθ] *n* kuukausi
monthly ['mʌnθli] *adj* kuukausittainen; ~ **magazine** kuukausijulkaisu
monument ['mɔnjumənt] *n* muistomerkki
mood [mu:d] *n* mieliala
moon [mu:n] *n* kuu
moonlight ['mu:nlait] *n* kuutamo
moor [muə] *n* (kanerva)nummi
moose [mu:s] *n* (pl ~, ~s) hirvi
moped ['mouped] *n* mopedi
moral ['mɔrəl] *n* opetus; *adj* moraalinen, siveellinen; **morals** moraali
morality [mə'ræləti] *n* siveysoppi
more [mɔ:] *adj* useampi; **once** ~ kerran vielä

moreover [mɔː'rouvə] *adv* lisäksi, sitäpaitsi
morning ['mɔːniŋ] *n* aamu, aamupäivä; ~ **paper** aamulehti; **this** ~ tänä aamuna
Moroccan [mə'rɔkən] *adj* marokkolainen
Morocco [mə'rɔkou] Marokko
morphia ['mɔːfiə] *n* morfiini
morphine ['mɔːfiːn] *n* morfiini
morsel ['mɔːsəl] *n* muru
mortal ['mɔːtəl] *adj* kuolettava; kuolevainen
mortgage ['mɔːgidʒ] *n* kiinnelaina
mosaic [mə'zeiik] *n* mosaiikki
mosque [mɔsk] *n* moskeija
mosquito [mə'skiːtou] *n* (pl ~es) sääski; hyttynen
mosquito net [mə'skiːtounet] *n* hyttysverkko
moss [mɔs] *n* sammal
most [moust] *adj* useimmat; **at** ~ enintään, korkeintaan; ~ **of all** kaikkein eniten
mostly ['moustli] *adv* enimmäkseen
motel [mou'tel] *n* motelli
moth [mɔθ] *n* koi
mother ['mʌðə] *n* äiti; ~ **tongue** äidinkieli
mother-in-law ['mʌðərinlɔː] *n* (pl mothers-) anoppi
mother of pearl [ˌmʌðərəv'pəːl] *n* helmiäinen
motion ['mouʃən] *n* liike; aloite
motivate ['moutiveit] *v* motivoida
motive ['moutiv] *n* vaikutin
motor ['moutə] *v* ajaa autolla; *n* moottori; ~ **body** *nAm* autonkori; **starter** ~ käynnistysmoottori
motorbike ['moutəbaik] *nAm* moottoripyörä
motorboat ['moutəbout] *n* moottorivene
motorcar ['moutəkɑː] *n* auto
motorcycle ['moutəˌsaikəl] *n* moottoripyörä
motoring ['moutəriŋ] *n* autoilu
motorist ['moutərist] *n* autoilija
motorway ['moutəwei] *n* moottoritie
motto ['mɔtou] *n* (pl ~es, ~s) tunnuslause
mouldy ['mouldi] *adj* homeinen
mound [maund] *n* valli
mount [maunt] *v* kiivetä; *n* vuori
mountain ['mauntin] *n* vuori; ~ **pass** sola; ~ **range** vuorijono
mountaineering [ˌmaunti'niəriŋ] *n* vuoristokiipeily
mountainous ['mauntinəs] *adj* vuorinen
mourning ['mɔːniŋ] *n* suruaika

mouse [maus] *n* (pl mice) hiiri
moustache [məˈstɑːʃ] *n* viikset *pl*
mouth [mauθ] *n* suu; kita
mouthwash [ˈmauθwɔʃ] *n* suuvesi
movable [ˈmuːvəbəl] *adj* liikkuva
move [muːv] *v* siirtää; muuttaa; liikkua; liikuttaa; *n* siirto, liike
movement [ˈmuːvmənt] *n* liike
movie [ˈmuːvi] *n* elokuva; **movies** *Am* elokuvat *pl*; **~ theater** *Am* elokuvat *pl*
much [mʌtʃ] *adj* paljon; *adv* paljon; **as ~** yhtä paljon
muck [mʌk] *n* sonta, lanta; moska
mud [mʌd] *n* lieju
muddle [ˈmʌdəl] *n* sekamelska, sotku; *v* sekoittaa
muddy [ˈmʌdi] *adj* liejuinen
muffler [ˈmʌflə] *nAm* äänenvaimennin
mug [mʌg] *n* muki
mule [mjuːl] *n* muuli
multicultural [ˌmʌltiˈkʌltʃərəl] *adj* monikulttuurinen
multiplex [ˈmʌltiˌpleks] *n* monisaliteatteri theater
multiplication [ˌmʌltipliˈkeiʃən] *n* kertolasku
multiply [ˈmʌltiplai] *v* kertoa
mumps [mʌmps] *n* sikotauti
municipal [mjuːˈnisipəl] *adj* kunnallinen
municipality [mjuːˌnisiˈpæləti] *n* kunta; kunnanhallitus
murder [ˈməːdə] *v* murhata; *n* murha
murderer [ˈməːdərə] *n* murhaaja
muscle [ˈmʌsəl] *n* lihas
muscular [ˈmʌskjulə] *adj* lihas-, lihaksikas
museum [mjuːˈziːəm] *n* museo
mushroom [ˈmʌʃruːm] *n* sieni; herkkusieni
music [ˈmjuːzik] *n* musiikki; **~ academy** musiikkiakatemia
musical [ˈmjuːzikəl] *adj* musikaalinen; *n* musiikkinäytelmä
music hall [ˈmjuːzikhɔːl] *n* varietee
musician [mjuːˈziʃən] *n* muusikko
muslin [ˈmʌzlin] *n* musliini
mussel [ˈmʌsəl] *n* simpukka
***must** [mʌst] *v* täytyä
mustard [ˈmʌstəd] *n* sinappi
mute [mjuːt] *adj* mykkä
mutiny [ˈmjuːtini] *n* kapina
mutton [ˈmʌtən] *n* lampaanliha
mutual [ˈmjuːtʃuəl] *adj* molemminpuolinen
my [mai] *adj* minun
myself [maiˈself] *pron* itse
mysterious [miˈstiəriəs] *adj* arvoituksellinen,

salaperäinen
mystery ['mistəri] *n* arvoitus, mysteerio
myth [miθ] *n* myytti

N

nail [neil] *n* kynsi; naula
nailbrush ['neilbrʌʃ] *n* kynsiharja
nail file ['neilfail] *n* kynsiviila
nail polish ['neil,pɔliʃ] *n* kynsilakka
nail scissors ['neil,sizəz] *pl* kynsisakset *pl*
naïve [nɑː'iːv] *adj* naiivi
naked ['neikid] *adj* alaston
name [neim] *v* nimittää; *n* nimi; **in the ~ of** nimissä
namely ['neimli] *adv* nimittäin
nap [næp] *n* nokkaunet *pl*
napkin ['næpkin] *n* lautasliina, servetti
nappy ['næpi] *n* vaippa
narcosis [nɑː'kousis] *n* (pl -ses) nukutus
narcotic [nɑː'kɔtik] *n* nukutusaine
narrow ['nærou] *adj* ahdas, kapea, suppea
narrow-minded [,nærou'maindid] *adj* ahdasmielinen
nasty ['nɑːsti] *adj* epämiellyttävä, paha
nation ['neiʃən] *n* kansakunta; kansa
national ['næʃənəl] *adj* kansallinen; kansan-; valtiollinen; **~ anthem** kansallislaulu; **~ dress** kansallispuku; **~ park** kansallispuisto
nationality [,næʃə'næləti] *n* kansallisuus
nationalize ['næʃənəlaiz] *v* kansallistaa
native ['neitiv] *n* alkuasukas; *adj* syntyperäinen; **~ country** synnyinmaa, isänmaa; **~ language** äidinkieli
natural ['nætʃərəl] *adj* luonnollinen; luontainen
naturally ['nætʃərəli] *adv* luonnollisesti, tietenkin
nature ['neitʃə] *n* luonto; luonteenlaatu
naughty ['nɔːti] *adj* tuhma
nausea ['nɔːsiə] *n* pahoinvointi
naval ['neivəl] *adj* laivasto-
navel ['neivəl] *n* napa
navigable ['nævigəbəl] *adj* purjehduskelpoinen
navigate ['nævigeit] *v* ohjata; purjehtia
navigation [,nævi'geiʃən] *n* merenkulku
navy ['neivi] *n* laivasto
near [niə] *prep* lähellä; *prep, adj* lähellä oleva, läheinen
nearby ['niəbai] *adj* lähellä

oleva
nearly ['niəli] *adv* melkein, lähes
neat [ni:t] *adj* huoliteltu, siisti
necessary ['nesəsəri] *adj* välttämätön
necessity [nə'sesəti] *n* välttämättömyys
neck [nek] *n* niska; **nape of the ~** niska
necklace ['nekləs] *n* kaulanauha
necktie ['nektai] *n* solmio
need [ni:d] *v* tarvita, olla tarpeen; *n* tarve; **~ to** pitää
needle ['ni:dəl] *n* neula
needlework ['ni:dəlwə:k] *n* käsityö
negative ['negətiv] *adj* kielteinen, kieltävä; *n* negatiivi
neglect [ni'glekt] *v* laiminlyödä; *n* laiminlyönti
neglectful [ni'glektfəl] *adj* huolimaton
negligee ['neglіʒei] *n* (naisten) aamutakki
negotiate [ni'gouʃieit] *v* neuvotella
negotiation [ni,gouʃi'eiʃən] *n* neuvottelu
Negro ['ni:grou] *n* (pl ~es) neekeri
neighbour ['neibə] *n* lähimmäinen, naapuri
neighbourhood ['neibəhud] *n* naapurusto
neighbouring ['neibəriŋ] *adj* naapuri-
neither ['naiðə] *pron* ei kumpikaan; **neither ... nor** ei ... eikä
neon ['ni:ɔn] *n* mainosvalo
nephew ['nefju:] *n* veljenpoika, sisarenpoika
nerve [nə:v] *n* hermo; röyhkeys
nervous ['nə:vəs] *adj* hermostunut
nest [nest] *n* pesä
net [net] *n* verkko; *adj* netto
the Netherlands ['neðələndz] Alankomaat *pl*
network ['netwə:k] *n* verkosto, verkko
networking ['net,wə:kiŋ] *n* (*business*) liikesuhteiden solminta ; (*computers*) verkkotyöskentely
neuralgia [njuə'rældʒə] *n* hermosärky
neurosis [njuə'rousis] *n* neuroosi
neuter ['nju:tə] *adj* neutrisukuinen; kastroitu
neutral ['nju:trəl] *adj* puolueeton
never ['nevə] *adv* ei koskaan
nevertheless [,nevəðə'les] *adv* siitä huolimatta
new [nju:] *adj* uusi; **New Year** uusi vuosi
news [nju:z] *n* uutislähetys, uutiset *pl*
newsagent ['nju:,zeidʒənt] *n* lehtimyyjä
newspaper ['nju:z,peipə] *n* sanomalehti

newsreel ['nju:zri:l] *n* uutiskatsaus
newsstand ['nju:zstænd] *n* lehtikioski
New Zealand [nju: 'zi:lənd] Uusi Seelanti
next [nekst] *adj* ensi, seuraava; **~ to** vieressä
next-door [,nekst'dɔ:] *adv* naapurissa
nice [nais] *adj* kiva, miellyttävä, hauska
nickel ['nikəl] *n* nikkeli
nickname ['nikneim] *n* lempinimi
nicotine ['nikəti:n] *n* nikotiini
niece [ni:s] *n* sisarentytär, veljentytär
Nigeria [nai'dʒiəriə] Nigeria
Nigerian [nai'dʒiəriən] *adj* nigerialainen
night [nait] *n* yö; ilta; **by ~** yöllä; **~ flight** yölento; **~ rate** yötaksa; **~ train** yöjuna
nightclub ['naitklʌb] *n* yökerho
night cream ['naitkri:m] *n* yövoide
nightdress ['naitdres] *n* yöpaita
nightingale ['naitiŋgeil] *n* satakieli
nightly ['naitli] *adj* öinen
nine [nain] *num* yhdeksän
nineteen [,nain'ti:n] *num* yhdeksäntoista
nineteenth [,nain'ti:nθ] *num* yhdeksästoista
ninety ['nainti] *num* yhdeksänkymmentä
ninth [nainθ] *num* yhdeksäs
nitrogen ['naitrədʒən] *n* typpi
no [nou] ei; *adj* ei mikään; **~ one** ei kukaan
nobility [nou'biləti] *n* aatelisto
noble ['noubəl] *adj* aatelinen; jalo
nobody ['noubɔdi] *pron* ei kukaan
nod [nɔd] *n* nyökkäys; *v* nyökätä
noise [nɔiz] *n* meteli, hälinä; ääni, melu
noisy ['nɔizi] *adj* meluisa
nominal ['nɔminəl] *adj* nimellinen
nominate ['nɔmineit] *v* nimetä, nimittää
nomination [,nɔmi'neiʃən] *n* nimeäminen; nimitys
none [nʌn] *pron* ei yhtään
nonsense ['nɔnsəns] *n* hölynpöly
non-smoker [,nɔn'smoukə] *n* tupakoimaton
noon [nu:n] *n* keskipäivä
nor ['nɔ:] eikä; **neither... nor** ei... eikä
normal ['nɔ:məl] *adj* normaali, tavanmukainen
north [nɔ:θ] *n* pohjoinen; *adj* pohjoinen; **North Pole** pohjoisnapa
north-east [,nɔ:θ'i:st] *n* koillinen
northerly ['nɔ:ðəli] *adj* pohjoisenpuoleinen

northern ['nɔːðən] *adj* pohjois-
north-west [ˌnɔːθ'west] *n* luode
Norway ['nɔːwei] Norja
Norwegian [nɔː'wiːdʒən] *adj* norjalainen
nose [nouz] *n* nenä
nosebleed ['nouzbliːd] *n* verenvuoto nenästä
nostril ['nɔstril] *n* sierain
nosy ['nouzi] *adj* (*colloquial*) utelias
not [nɔt] *adv* ei
notary ['noutəri] *n* notaari
note [nout] *n* muistiinpano; huomautus; sävel; *v* merkitä muistiin; huomata, todeta
notebook ['noutbuk] *n* vihko, muistikirja
noted ['noutid] *adj* tunnettu
notepaper ['noutˌpeipə] *n* kirjepaperi, kirjoituspaperi
nothing ['nʌθiŋ] *n* ei mitään
notice ['noutis] *v* kiinnittää huomiota, huomata, panna merkille; havaita; *n* tiedonanto, kuulutus; huomio
noticeable ['noutisəbəl] *adj* havaittava; huomattava
notify ['noutifai] *v* tiedottaa; ilmoittaa
notion ['nouʃən] *n* käsitys, näkemys
notorious [nou'tɔːriəs] *adj* pahamaineinen
nougat ['nuːgɑː] *n* nougat
nought [nɔːt] *n* nolla
noun [naun] *n* substantiivi, nimisana
nourishing ['nʌriʃiŋ] *adj* ravitseva
novel ['nɔvəl] *n* romaani
novelist ['nɔvəlist] *n* romaanikirjailija
November [nou'vembə] marraskuu
now [nau] *adv* nyt; nykyään; ~ **and then** silloin tällöin
nowadays ['nauədeiz] *adv* nykyään
nowhere ['nouwεə] *adv* ei missään
nozzle ['nɔzəl] *n* suukappale
nuance [njuː'ɑ̃ːs] *n* sävy
nuclear ['njuːkliə] *adj* ydin-; ~ **energy** ydinvoima
nucleus ['njuːkliəs] *n* ydin
nude [njuːd] *adj* alaston; *n* alastonkuva
nuisance ['njuːsəns] *n* riesa
numb [nʌm] *adj* turta; kohmettunut
number ['nʌmbə] *n* numero; luku, lukumäärä
numeral ['njuːmərəl] *n* lukusana
numerous ['njuːmərəs] *adj* lukuisa
nun [nʌn] *n* nunna
nunnery ['nʌnəri] *n* nunnaluostari
nurse [nəːs] *n* sairaanhoitaja; *v* hoitaa; imettää
nursery ['nəːsəri] *n* lastenhuone; lastentarha; taimitarha

nut [nʌt] *n* pähkinä; mutteri
nutcrackers ['nʌtˌkrækəz] *pl* pähkinäsakset
nutmeg ['nʌtmeg] *n* muskottipähkinä
nutritious [nju:'triʃəs] *adj* ravitseva
nutshell ['nʌtʃel] *n* pähkinänkuori
nylon ['nailɔn] *n* nailon

O

oak [ouk] *n* tammi
oar [ɔ:] *n* airo
oasis [ou'eisis] *n* (pl oases) keidas
oath [ouθ] *n* vala
oats [outs] *pl* kaura
obedience [ə'bi:diəns] *n* tottelevai
obedient [ə'bi:diənt] *adj* tottelevainen
obey [ə'bei] *v* totella
object¹ ['ɔbdʒikt] *n* esine; kohde
object² [əb'dʒekt] *v* vastustaa; ~ **to** väittää vastaan
objection [əb'dʒekʃən] *n* vastalause
objective [əb'dʒektiv] *adj* objektiivinen; *n* tavoite
obligatory [ə'bligətəri] *adj* pakollinen
oblige [ə'blaidʒ] *v* velvoittaa; ***be obliged to** olla pakko; täytyä
obliging [ə'blaidʒiŋ] *adj* avulias
oblong ['ɔblɔŋ] *adj* suorakaiteen; *n* suorakaide
obscene [əb'si:n] *adj* rivo
obscure [əb'skjuə] *adj* synkkä; hämärä, pimeä, hämäräperäinen
observation [ˌɔbzə'veiʃən] *n* havainto; huomautus
observatory [əb'zə:vətri] *n* tähtitorni
observe [əb'zə:v] *v* huomata; huomauttaa, havainnoida
obsession [əb'seʃən] *n* pakkomielle
obstacle ['ɔbstəkəl] *n* este
obstinate ['ɔbstinət] *adj* itsepäinen
obtain [əb'tein] *v* hankkia, saavuttaa
obtainable [əb'teinəbəl] *adj* saatavissa oleva
obvious ['ɔbviəs] *adj* ilmeinen
occasion [ə'keiʒən] *n* tilaisuus, tilanne
occasionally [ə'keiʒənəli] *adv* aika ajoin
occupant ['ɔkjupənt] *n* haltija
occupation [ˌɔkju'peiʃən] *n* toimi, ammatti; miehitys
occupy ['ɔkjupai] *v* pitää hallussaan; miehittää; vallata; **occupied** *adj*

varattu
occur [ə'kəː] *v* tapahtua, esiintyä, sattua
occurrence [ə'kʌrəns] *n* tapahtuma
ocean ['ouʃən] *n* valtameri
October [ɔk'toubə] lokakuu
octopus ['ɔktəpəs] *n* mustekala
oculist ['ɔkjulist] *n* silmälääkäri
odd [ɔd] *adj* outo, kummallinen; pariton
odour ['oudə] *n* haju
of [ɔv, əv] *prep* -sta, omistuksesta
off [ɔf] *adv* pois; *prep* –sta, sammutettu
offence [ə'fens] *n* rikkomus; loukkaus
offend [ə'fend] *v* loukata; rikkoa
offensive [ə'fensiv] *adj* vastenmielinen; loukkaava; *n* hyökkäys
offer ['ɔfə] *v* tarjota; tarjoutua; *n* tarjous
office ['ɔfis] *n* toimisto, virasto; virka; ~ **hours** toimistoaika
officer ['ɔfisə] *n* upseeri; toimihenkilö
official [ə'fiʃəl] *adj* virallinen
off-licence['ɔf,laisəns] *n*, **liquor store** *nAm* alkoholiliike
often ['ɔfən] *adv* usein
oil [ɔil] *n* öljy; **fuel** ~ polttoöljy; ~ **filter** öljynsuodatin
oil painting [,ɔil'peintiŋ] *n* öljymaalaus
oil refinery ['ɔilri,fainəri] *n* öljynjalostamo
oil well ['ɔilwel] *n* öljylähde
oily ['ɔili] *adj* öljyinen
ointment ['ɔintmənt] *n* voide
okay [,ou'kei] selvä, ok
old [ould] *adj* vanha; ~ **age** vanhuus
old-fashioned [,ould'fæʃənd] *adj* vanhanaikainen
olive ['ɔliv] *n* oliivi; ~ **oil** oliiviöljy
omelette ['ɔmlət] *n* munakas
ominous ['ɔminəs] *adj* pahaenteinen
omit [ə'mit] *v* jättää pois
omnipotent [ɔm'nipətənt] *adj* kaikkivaltias
on [ɔn] *prep* -lla, -llä,-lle; varrella
once [wʌns] *adv* kerran; **at** ~ heti, samalla; **for** ~ kerrankin; ~ **more** kerran vielä, uudestaan
oncoming ['ɔn,kʌmiŋ] *adj* lähestyvä, vastaantuleva
one [wʌn] *num* yksi; se joka
oneself [wʌn'self] *pron* itse
onion ['ʌnjən] *n* sipuli
only ['ounli] *adj* ainoa; *adv* ainoastaan, vain; *conj* mutta
onwards ['ɔnwədz] *adv* eteenpäin
onyx ['ɔniks] *n* onyksi
opal ['oupəl] *n* opaali
open ['oupən] *v* avata; *adj*

avoin; avomielinen; auki; **opener** *n* avaaja
opening ['oupəniŋ] *n* aukko
opera ['ɔpərə] *n* ooppera; ~ **house** oopperatalo
operate ['ɔpəreit] *v* toimia; käyttää; suorittaa leikkaus
operation [ˌɔpə'reiʃən] *n* toiminta; leikkaus
operator ['ɔpəreitə] *n* puhelunvälittäjä
operetta [ˌɔpə'retə] *n* operetti
opinion [ə'pinjən] *n* mielipide
opponent [ə'pounənt] *n* vastustaja
opportunity [ˌɔpə'tju:nəti] *n* tilaisuus
oppose [ə'pouz] *v* vastustaa
opposite ['ɔpəzit] *prep* vastapäätä; *adj* vastapäinen, päinvastainen
opposition [ˌɔpə'ziʃən] *n* oppositio
oppress [ə'pres] *v* sortaa, ahdistaa
optician [ɔp'tiʃən] *n* optikko
optimism ['ɔptimizəm] *n* optimismi
optimist ['ɔptimist] *n* optimisti
optimistic [ˌɔpti'mistik] *adj* optimistinen
optional ['ɔpʃənəl] *adj* valinnainen
or [ɔ:] *conj* tai
oral ['ɔ:rəl] *adj* suullinen
orange ['ɔrindʒ] *n* appelsiini; *adj* oranssi
orbit ['ɔ:bit] *n* kiertorata
orchard ['ɔ:tʃəd] *n* hedelmätarha
orchestra ['ɔ:kistrə] *n* orkesteri; ~ **seat** *Am* permantopaikka
order ['ɔ:də] *v* käskeä; tilata; *n* järjestys, kunto; käsky, määräys; tilaus; **in** ~ kunnossa; **in** ~ **to** jotta; **made to** ~ tilauksesta valmistettu; **out of** ~ epäkuntoinen; **postal** ~ postiosoitus
order form ['ɔ:dəfɔ:m] *n* tilauslomake
ordinary ['ɔ:dənri] *adj* tavallinen, arkipäiväinen
ore [ɔ:] *n* malmi
organ ['ɔ:gən] *n* elin; urut *pl*
organic [ɔ:'gænik] *adj* elimellinen
organization [ˌɔ:gənai'zeiʃən] *n* järjestö
organize ['ɔ:gənaiz] *v* organisoida
Orient ['ɔ:riənt] *n* itämaat *pl*
oriental [ˌɔ:ri'entəl] *adj* itämainen
orientate ['ɔ:riənteit] *v* suunnata, suuntautua
origin ['ɔridʒin] *n* alkulähde, alkuperä; syntyperä
original [ə'ridʒinəl] *adj* omintakeinen; alkuperäinen
originally [ə'ridʒinəli] *adv* alunperin
ornament ['ɔ:nəmənt] *n* koriste-esine, ornamentti

ornamental [ˌɔːnəˈmentəl] *adj* koristeellinen
orphan [ˈɔːfən] *n* orpo
orthodox [ˈɔːθədɔks] *adj* oikeaoppinen; ortodoksi
ostrich [ˈɔstritʃ] *n* strutsi
other [ˈʌðə] *adj* toinen
otherwise [ˈʌðəwaiz] *conj* muutoin; *adv* toisin
***ought**[ɔːt] *v* pitäisi
ounce [ˈauns] *n* unssi
our [auə] *adj* meidän
ours [ˈauəz] *pron* meidän
ourselves [auəˈselvz] *pron* itse, itsemme
out [aut] *adv* ulkona, ulos; ~ **of** poissa, ulos jstk
outbreak [ˈautbreik] *n* syttyminen
outcome [ˈautkʌm] *n* tulos
***outdo** [ˌautˈduː] *v* ylittää
outdoors [ˌautˈdɔːz] *adv* ulkona
outer [ˈautə] *adj* ulompi
outfit [ˈautfit] *n* asu
outing [ˈautiŋ] *n* (*trip*) retki; (*appearance*) esiintyminen
outline [ˈautlain] *n* ääriviiva; *v* hahmotella
outlook [ˈautluk] *n* näkymä; katsantokanta
output [ˈautput] *n* tuotanto
outrage [ˈautreidʒ] *n* ilkityö; raivo
outside [ˌautˈsaid] *adv* ulkona; *prep* ulkopuolella ; *n* ulkopuoli
outsize [ˈautsaiz] *n* normaalia suurempi koko
outskirts [ˈautskəːts] *pl* laitakaupunki
outsource [ˈautˌsɔːs] *v* ulkoistaa
outstanding [ˌautˈstændiŋ] *adj* huomattava
outward [ˈautwəd] *adj* ulkoinen
outwards [ˈautwədz] *adv* ulospäin
oval [ˈouvəl] *adj* soikea
oven [ˈʌvən] *n* uuni
over [ˈouvə] *adv* yläpuolella, päällä; yli; kumoon; ohi; ~ **there** tuolla
overall [ˈouvərɔːl] *adj* kokonais-
overalls [ˈouvərɔːlz] *pl* haalari
overcast [ˈouvəkɑːst] *adj* pilvinen
overcoat [ˈouvəkout] *n* päällystakki
***overcome** [ˌouvəˈkʌm] *v* voittaa
overdo [ˌouvəˈduː] *v* liioitella, tehdä liikaa
overdraft [ˈouvədrɑːft] *n* tilinylitys
overdraw [ˌouvəˈdrɔː] *v* ylittää tili
overdue [ˌouvəˈdjuː] *adj* erääntynyt
overgrown [ˌouvəˈgroun] *adj* villiintynyt, liian suureksi kasvanut
overhaul [ˌouvəˈhɔːl] *v* huoltaa
overhead [ˌouvəˈhed] *adv* yläpuolella
overlook [ˌouvəˈluk] *v* jättää

overnight [ˌouvə'nait] *adv* yli yön
overseas [ˌouvə'si:z] *adj* merentakainen
oversight ['ouvəsait] *n* tarkkaamattomuus, epähuomio
***oversleep** [ˌouvə'sli:p] *v* nukkua liikaa
overstrung [ˌouvə'strʌŋ] *adj* ylirasittunut
***overtake** [ˌouvə'teik] *v* ohittaa; **no overtaking** ohitus kielletty
over-tired [ˌouvə'taiəd] *adj* liikarasittunut
overture ['ouvətʃə] *n* alkusoitto
overweight ['ouvəweit] *n* ylipaino
overwhelm [ˌouvə'welm] *v* vallata, ottaa valtaansa
overwork [ˌouvə'wə:k] *v* ylirasittua
owe [ou] *v* olla velkaa; olla kiitollisuuden velassa; **owing to** johdosta , vuoksi
owl [aul] *n* pöllö
own [oun] *v* omistaa; *adj* oma
owner ['ounə] *n* omistaja, haltija
ox [ɔks] *n* (pl oxen) härkä
oxygen ['ɔksidʒən] *n* happi
oyster ['ɔistə] *n* osteri
ozone ['ouzoun] *n* otsoni

P

pace [peis] *n* käynti; askel, kävelytapa; tahti
Pacific Ocean [pə'sifik 'ouʃən] Tyynimeri
pacifism ['pæsifizəm] *n* rauhanaate
pacifist ['pæsifist] *n* pasifisti; pasifistinen
pack [pæk] *v* pakata; **~ up** pakata
package ['pækidʒ] *n* paketti
packet ['pækit] *n* pikkupaketti
packing ['pækiŋ] *n* pakkaus
pact ['pækt] *n* sopimus
pad [pæd] *n* toppaus; muistilehtiö
paddle ['pædəl] *n* mela
padlock ['pædlɔk] *n* riippulukko
pagan ['peigən] *adj* pakanallinen; *n* pakana
page [peidʒ] *n* sivu
pageboy ['peidʒbɔi] *n* hotellipoika
pail [peil] *n* sanko
pain [pein] *n* tuska; **pains** vaivannäkö
painful ['peinfəl] *adj* tuskallinen
painkiller ['peinkilə] *n* särkylääke
painless ['peinləs] *adj* tuskaton
paint [peint] *n* maali; *v* maalata

paintbox ['peintbɔks] *n* maalilaatikko
paintbrush ['peintbrʌʃ] *n* pensseli
painter ['peintə] *n* maalari
painting ['peintiŋ] *n* maalaus
pair [pɛə] *n* pari
Pakistan [ˌpɑːki'stɑːn] Pakistan
Pakistani [ˌpɑːki'stɑːni] *adj* pakistanilainen
palace ['pæləs] *n* palatsi
pale [peil] *adj* kalpea; vaalea
palm [pɑːm] *n* palmu; kämmen
palpable ['pælpəbəl] *adj* kouriintuntuva
palpitation [ˌpælpi'teiʃən] *n* sydämentykytys
pan [pæn] *n* pannu
pane [pein] *n* lasiruutu
panel ['pænəl] *n* paneeli
panelling ['pænəliŋ] *n* panelointi
panic ['pænik] *n* pakokauhu
pant [pænt] *v* huohottaa
panties ['pæntiz] *pl* alushousut *pl*
pants [pænts] *pl* alushousut *pl*; *plAm* housut *pl*
pant suit ['pæntsuːt] *n* housupuku
panty hose ['pæntihouz] *n* sukkahousut *pl*
paper ['peipə] *n* paperi; sanomalehti; paperinen; **carbon** ~ hiilipaperi; ~ **bag** paperipussi; ~ **napkin** paperilautasliina; **typing** ~ konekirjoituspaperi; **wrapping** ~ käärepaperi
paperback ['peipəbæk] *n* pehmeäkantinen kirja
paper knife ['peipənaif] *n* paperiveitsi
parade [pə'reid] *n* paraati
paradise ['pærədais] *n* paratiisi
paraffin ['pærəfin] *n* parafiini
paragraph ['pærəgrɑːf] *n* pykälä; kappale
parakeet ['pærəkiːt] *n* papukaija
parallel ['pærəlel] *adj* rinnakkainen, yhdensuuntainen; *n* vertailu
paralyse ['pærəlaiz] *v* halvaannuttaa
parcel ['pɑːsəl] *n* paketti
pardon ['pɑːdən] *n* anteeksianto; armahdus
parent ['pɛərənt] *n* vanhempi, toinen vanhemmista
parents ['pɛərənts] *pl* vanhemmat *pl*
parents-in-law ['pɛərəntsinlɔː] *pl* appivanhemmat *pl*
parish ['pæriʃ] *n* seurakunta
park [pɑːk] *n* puisto; *v* pysäköidä
parking ['pɑːkiŋ] *n* pysäköinti; **no** ~ pysäköinti kielletty; ~ **fee** pysäköintimaksu; ~ **light** seisontavalo; ~ **lot** *Am* pysäköimisalue; ~ **meter** pysäköintimittari; ~ **zone**

pysäköimisalue
parliament ['pɑːləmənt] *n* parlamentti
parliamentary [ˌpɑːlə'mentəri] *adj* parlamentaarinen
parrot ['pærət] *n* papukaija
parsley ['pɑːsli] *n* persilja
parson ['pɑːsən] *n* pastori
parsonage ['pɑːsənidʒ] *n* pappila
part [pɑːt] *n* osa; osuus; *v* erottaa; **spare ~** varaosa
partial ['pɑːʃəl] *adj* osittainen; puolueellinen
participant [pɑː'tisipənt] *n* osanottaja
participate [pɑː'tisipeit] *v* osallistua
particular [pə'tikjulə] *adj* erityinen, erikoinen; nirso; **in ~** etenkin
parting ['pɑːtiŋ] *n* jäähyväiset *pl*; jakaus
partition [pɑː'tiʃən] *n* väliseinä
partly ['pɑːtli] *adv* osaksi, osittain
partner ['pɑːtnə] *n* kumppani; osakas
partridge ['pɑːtridʒ] *n* peltopyy
party ['pɑːti] *n* puolue; kutsut *pl*; seurue
pass [pɑːs] *v* kulua, sivuuttaa, ohittaa; ojentaa; tulla hyväksytyksi; **~ away** loppua; **~ by** kulkea, mennä, mennä ohitse; **~ out** pyörtyä, menettää tajuntansa, sammua; **~ through** kulkea läpi
passage ['pæsidʒ] *n* väylä; merimatka; kappale; kauttakulku
passenger ['pæsəndʒə] *n* matkustaja; **~ car** *Am* matkustajavaunu; **~ train** henkilöjuna
passer-by [ˌpɑːsə'bai] *n* ohikulkija
passion ['pæʃən] *n* intohimo
passionate ['pæʃənət] *adj* intohimoinen
passive ['pæsiv] *adj* passiivinen
passport ['pɑːspɔːt] *n* passi; **~ control** passitarkastus; **~ photograph** passikuva
password ['pɑːswəːd] *n* tunnussana
past [pɑːst] *n* menneisyys; *adj* viime, mennyt; ohi
paste [peist] *n* tahna; *v* liisteröidä
pastime ['pɑːstaim] *n* ajanviete
pastry ['peistri] *n* leivonnaiset *pl*; **~ shop** sokerileipomo
pasture ['pɑːstʃə] *n* laidun
pasty ['peisti] *n* pasteija
patch [pætʃ] *v* paikata
patent ['peitənt] *n* patentti
path [pɑːθ] *n* polku
patience ['peiʃəns] *n* kärsivällisyys
patient ['peiʃənt] *adj* kärsivällinen; *n* potilas
patriot ['peitriət] *n*

isänmaanystävä
patrol [pə'troul] *n* partio; *v* partioida; olla vartiossa
pattern ['pætən] *n* malli; kaava; kuvio
pause [pɔːz] *n* tauko; *v* pitää tauko
pave [peiv] *v* päällystää, kivetä
pavement ['peivmənt] *n* jalkakäytävä; katukiveys
pavilion [pə'viljən] *n* paviljonki
paw [pɔː] *n* käpälä
pawn [pɔːn] *v* pantata; *n* šakkinappula
pawnbroker ['pɔːn,broukə] *n* panttilainaamo
pay [pei] *n* tili, palkka
***pay** [pei] *v* maksaa; kannattaa; **~ attention to** kiinnittää huomiota; **paying** kannattava; **~ off** maksaa loppuun; **~ on account** maksaa vähittäismaksulla
pay desk ['peidesk] *n* kassa
payee [pei'iː] *n* maksunsaaja
payment ['peimənt] *n* maksu
pea [piː] *n* herne
peace [piːs] *n* rauha
peaceful ['piːsfəl] *adj* rauhallinen
peach [piːtʃ] *n* persikka
peacock ['piːkɔk] *n* riikinkukko
peak [piːk] *n* huippu; **~ hour** ruuhka-aika; **~ season** huippukausi
peanut ['piːnʌt] *n* maapähkinä
pear [pɛə] *n* päärynä
pearl [pəːl] *n* helmi
peasant ['pezənt] *n* talonpoika
pebble ['pebəl] *n* pikkukivi
peculiar [pi'kjuːljə] *adj* omituinen; erikoinen, omalaatuinen
peculiarity [pi,kjuːli'ærəti] *n* omalaatuisuus
pedal ['pedəl] *n* poljin
pedestrian [pi'destriən] *n* jalankulkija; **no pedestrians** jalankulku kielletty; **~ crossing** suojatie
peel [piːl] *v* kuoria; *n* kuori
peep [piːp] *v* kurkistaa
peg [peg] *n* tappi, pultti
pelican ['pelikən] *n* pelikaani
pelvis ['pelvis] *n* lantio
pen [pen] *n* kynä
penalty ['penəlti] *n* sakko; rangaistus; **~ kick** rangaistuspotku
pencil ['pensəl] *n* lyijykynä
pencil sharpener ['pensəl,ʃɑːpnə] *n* terotin
pendant ['pendənt] *n* riipus
penetrate ['penitreit] *v* tunkeutua läpi
penguin ['peŋgwin] *n* pingviini
penicillin [,peni'silin] *n* penisilliini
peninsula [pə'ninsjulə] *n* niemimaa
penknife ['pennaif] *n* (pl

-knives) linkkuveitsi
penny ['peni] *n* (pl pennies, pence) *Br* penny, *Am* sentti, penni
pension[1] ['pɑ̃ːsiɔ̃ː] *n* täysihoitola
pension[2] ['penʃən] *n* eläke
Pentecost ['pentikast] *n* helluntai
people ['piːpəl] *pl* ihmiset *pl*; kansa
pepper ['pepə] *n* pippuri
peppermint ['pepəmint] *n* piparminttu
per [pəː] *prep* per; ~ **cent** prosentti
perceive [pə'siːv] *v* tajuta, havaita
percentage [pə'sentidʒ] *n* prosenttimäärä
perceptible [pə'septibəl] *adj* havaittava
perception [pə'sepʃən] *n* havaitseminen
perch [pəːtʃ] (pl ~) ahven
percolator ['pəːkəleitə] *n* aromikeitin
perfect ['pəːfikt] *adj* täydellinen
perfection [pə'fekʃən] *n* täydellisyys
perform [pə'fɔːm] *v* suorittaa
performance [pə'fɔːməns] *n* esitys
perfume ['pəːfjuːm] *n* hajuvesi
perhaps [pə'hæps] *adv* ehkä, kenties
peril ['peril] *n* vaara
perilous ['periləs] *adj* vaarallinen
period ['piəriəd] *n* ajanjakso, kausi; piste
periodical [ˌpiəri'ɔdikəl] *n* aikakauslehti; *adj* ajoittainen
perish ['periʃ] *v* menehtyä
perishable ['periʃəbəl] *adj* pilaantuva
perjury ['pəːdʒəri] *n* väärä vala
permanent ['pəːmənənt] *adj* vakituinen, pysyvä; ~ **wave** permanentti
permission [pə'miʃən] *n* lupa
permit[1] [pə'mit] *v* suoda, sallia
permit[2] ['pəːmit] *n* lupa
peroxide [pə'rɔksaid] *n* superoksidi
perpendicular [ˌpəːpən'dikjulə] *adj* kohtisuora
Persia ['pəːʃə] Persia
Persian ['pəːʃən] *adj* persialainen
person ['pəːsən] *n* henkilö; **per** ~ henkeä kohti
personal ['pəːsənəl] *adj* henkilökohtainen
personality [ˌpəːsə'næləti] *n* persoonallisuus
personnel [ˌpəːsə'nel] *n* henkilökunta
perspective [pə'spektiv] *n* perspektiivi
perspiration [ˌpəːspə'reiʃən] *n* hiki, hikoilu

perspire [pə'spaiə] *v* hikoilla
persuade [pə'sweid] *v* suostutella
persuasion [pə'sweiʒən] *n* vakaumus, suostuttelu
pessimism ['pesimizəm] *n* pessimismi
pessimist ['pesimist] *n* pessimisti
pessimistic [ˌpesi'mistik] *adj* pessimistinen
pet [pet] *n* lemmikkieläin; lempi-
petal ['petəl] *n* terälehti
petition [pi'tiʃən] *n* anomus
petrol ['petrəl] *n* bensiini; ~ **pump** bensiinipumppu; ~ **station** bensiiniasema; ~ **tank** bensiinisäiliö
petroleum [pi'trouliəm] *n* raakaöljy
petty ['peti] *adj* vähäpätöinen, pieni; ~ **cash** pikkuraha
pewit ['pi:wit] *n* töyhtöhyyppä
pewter ['pju:tə] *n* tina
phantom ['fæntəm] *n* aave
pharmacology [ˌfɑ:mə'kɔlədʒi] *n* lääkeaineoppi
pharmasist ['fɑ:məsist] *n* farmaseutti
pharmacy ['fɑ:məsi] *n* apteekki
phase [feiz] *n* vaihe
pheasant ['fezənt] *n* fasaani
Philippine ['filipain] *adj* filippiiniläinen
Philippines ['filipi:nz] *pl* Filippiinit *pl*
philosopher [fi'lɔsəfə] *n* filosofi
philosophy [fi'lɔsəfi] *n* filosofia
phone [foun] *n* puhelin; *v* soittaa puhelimella
phone card ['foun‿ˌkɑ:d] *n* puhelinkortti
phonetic [fə'netik] *adj* foneettinen
photo ['foutou] *n* (pl ~s) valokuva
photo message ['foutou‿ˌmesədʒ] *n* kuvaviesti
photograph ['foutəgrɑ:f] *v* valokuvata; *n* valokuva
photographer [fə'tɔgrəfə] *n* valokuvaaja
photography [fə'tɔgrəfi] *n* valokuvaus
photostat ['foutəstæt] *n* valokopio
phrase [freiz] *n* sanonta
phrase book ['freizbuk] *n* fraasisanakirja
physical ['fizikəl] *adj* fyysinen
physician [fi'ziʃən] *n* lääkäri
physicist ['fizisist] *n* fyysikko
physics ['fiziks] *n* fysiikka
physiology [ˌfizi'ɔlədʒi] *n* elintoimintaoppi, fysiologia
pianist ['pi:ənist] *n* pianisti
piano [pi'ænou] *n* piano; **grand** ~ flyygeli
pick [pik] *v* poimia; valikoida; *n* valinta; ~ **up**

noutaa; **pick-up van** avopakettiauto
pickles ['pikəlz] *pl* pikkelssi
picnic ['piknik] *n* eväsretki; *v* tehdä eväsretki
picture ['piktʃə] *n* maalaus; taulu, piirros; kuva; ~ **postcard** kuvapostikortti, maisemakortti; **pictures** elokuvat *pl*
picturesque [ˌpiktʃə'resk] *adj* maalauksellinen
piece [piːs] *n* pala, kappale
pier [piə] *n* laituri
pierce [piəs] *v* lävistää
pig [pig] *n* porsas
pigeon ['pidʒən] *n* kyyhkynen
piggy bank ['pigibæŋk] *n* säästöporsas
pig-headed [ˌpig'hedid] *adj* härkäpäinen
piglet ['piglət] *n* possu
pigskin ['pigskin] *n* siannahka
pike [paik] (pl ~) hauki
pile [pail] *n* pino; *v* pinota; **piles** *pl* peräpukamat *pl*
pilgrim ['pilgrim] *n* pyhiinvaeltaja
pilgrimage ['pilgrimidʒ] *n* pyhiinvaellusmatka
pill [pil] *n* pilleri
pillar ['pilə] *n* pilari, pylväs
pillarbox ['piləbɔks] *n* postilaatikko
pillow ['pilou] *n* pielus, tyyny
pillowcase ['pniloukeis] *n* tyynyliina
pilot ['pailət] *n* lentäjä; luotsi
pimple ['pimpəl] *n* näppylä
PIN [pin]; **personal identification number** *n* tunnusluku
pin [pin] *v* kiinnittää neulalla; *n* nuppineula; **bobby** ~ *Am* hiusneula
pincers ['pinsəz] *pl* hohtimet *pl*; pihdit *pl*
pinch [pintʃ] *v* nipistää; näpistää
pine [pain] *n* mänty
pineapple ['paiˌnæpəl] *n* ananas
ping-pong ['piŋpɔŋ] *n* pöytätennis
pink [pink] *adj* vaaleanpunainen
pioneer [ˌpaiə'niə] *n* uudisraivaaja
pious ['paiəs] *adj* hurskas
pip [pip] *n* siemen; piippaus
pipe [paip] *n* piippu; putki; ~ **cleaner** piipunpuhdistaja; ~ **tobacco** piipputupakka
pirate ['paiərət] *n* merirosvo
pistol ['pistəl] *n* pistooli
piston ['pistən] *n* mäntä; ~ **ring** männänrengas
pit [pit] *n* kuoppa; kuilu
pitcher ['pitʃə] *n* kannu
pity ['piti;] *n* sääli *v* surkutella, sääliä; **what a pity** mikä vahinko
placard ['plækɑːd] *n* seinämainos
place [pleis] *v* sijoittaa, asettaa; *n* paikka; ~ **of birth** syntymäpaikka; ***take** ~ tapahtua

plague [pleig] *n* rutto, kulkutauti
plaice [pleis] (pl ~) punakampela
plain [plein] *adj* selvä; tavallinen, yksinkertainen; *n* tasanko
plan [plæn] *v* suunnitella; *n* suunnitelma; asemakaava
plane [plein] *adj* tasainen; *n* lentokone; ~ **crash** lento--onnettomuus
planet ['plænit] *n* planeetta
planetarium [,plæni'tɛəriəm] *n* planetaario
plank [plæŋk] *n* lankku
plant [plɑ:nt] *v* istuttaa; *n* kasvi; tehdas
plantation [plæn'teiʃən] *n* viljelys
plaster ['plɑ:stə] *n* rappaus, kipsi; laastari
plastic ['plæstik] *adj* muovinen; *n* muovi
plate [pleit] *n* lautanen; levy
plateau ['plætou] *n* (pl ~x, ~s) ylätasanko
platform ['plætfɔ:m] *n* asemalaituri; ~ **ticket** asemalaiturilippu
platinum ['plætinəm] *n* platina
play [plei] *v* leikkiä; soittaa; näytellä; *n* leikki; näytelmä; **one-act** ~ yksinäytöksinen näytelmä; ~ **truant** pinnata
player [pleiə] *n* pelaaja
playground ['pleigraund] *n* leikkikenttä
playing card ['pleiiŋkɑ:d] *n* pelikortti
playwright ['pleirait] *n* näytelmäkirjailija
plea [pli:] *n* vetoomus
plead [pli:d] *v* anoa, pyytää hartaasti
pleasant ['plezənt] *adj* miellyttävä, mukava
please [pli:z] olkaa hyvä; *v* miellyttää; **pleased** tyytyväinen; **pleasing** miellyttävä
pleasure ['pleʒə] *n* mielihyvä, ilo, nautinto
plentiful ['plentifəl] *adj* runsas
plenty ['plenti] *n* runsaus; ~ **of** paljon
pliers [plaiəz] *pl* pihdit *pl*
plimsolls ['plimsəlz] *pl* kumitossut *pl*
plot [plɔt] *n* juoni; salaliitto; maatilkku
plough [plau] *n* aura; *v* kyntää
plucky ['plʌki] *adj* sisukas
plug [plʌg] *n* tulppa; pistorasia; ~ **in** kytkeä
plum [plʌm] *n* luumu
plumber ['plʌmə] *n* putkimies
plump [plʌmp] *adj* pullea
plural ['pluərəl] *n* monikko
plus [plʌs] *prep* ynnä
pneumatic [nju:'mætik] *adj* paineilmatoiminen
pneumonia [nju:'mouniə] *n* keuhkokuume
poach [poutʃ] *v* harjoittaa

salametsästystä
pocket ['pɔkit] *n* tasku
pocketbook ['pɔkitbuk] *n* taskukirja, pokkari; lompakko
pocketknife ['pɔkitnaif] *n* (pl -knives) linkkuveitsi
poem ['pouim] *n* runo
poet ['pouit] *n* runoilija
poetry ['pouitri] *n* runous
point [pɔint] *v* viitata; *n* kohta; kärki; ~ **of view** näkökanta; ~ **out** osoittaa
pointed ['pɔintid] *adj* suippo
poison ['pɔizən] *v* myrkyttää; *n* myrkky
poisonous ['pɔizənəs] *adj* myrkyllinen
Poland ['poulənd] Puola
Pole [poul] *n* puolalainen
pole [poul] *n* pylväs
police [pə'li:s] *pl* poliisi
policeman [pə'li:smən] *n* (pl -men) poliisi
police station [pə'li:s,steiʃən] *n* poliisiasema
policy ['pɔlisi] *n* politiikka; vakuutuskirja
polio ['pouliou] *n* lapsihalvaus
Polish ['pouliʃ] *adj* puolalainen
polish ['pɔliʃ] *v* kiillottaa
polite [pə'lait] *adj* kohtelias
political [pə'litikəl] *adj* poliittinen
politician [,pɔli'tiʃən] *n* poliitikko
politics ['pɔlitiks] *n* politiikka
poll [poul] *n* vaalit voting; mielipidetutkimus opinions; ***go to the polls** äänestää
pollute [pə'lu:t] *v* saastuttaa
pollution [pə'lu:ʃən] *n* saastuminen
pond [pɔnd] *n* lampi
pony ['pouni] *n* poni
pool [pu:l] *n* (*swimming*) uima-allas; (*game*) biljardi; ~ **attendant** uima-altaan hoitaja
poor [puə] *adj* köyhä; huono; parka
pope [poup] *n* paavi
pop music [pɔp 'mju:zik] popmusiikki
poppy ['pɔpi] *n* unikko
popular ['pɔpjulə] *adj* suosittu
population [,pɔpju'leiʃən] *n* väestö
populous ['pɔpjuləs] *adj* väkirikas
porcelain ['pɔ:səlin] *n* posliini
porcupine ['pɔ:kjupain] *n* piikkisika
pork [pɔ:k] *n* sianliha
port [pɔ:t] *n* satama; portviini
portable ['pɔ:təbəl] *adj* kannettava
porter ['pɔ:tə] *n* kantaja; portieeri
porthole ['pɔ:thoul] *n* hytin ikkuna
portion ['pɔ:ʃən] *n* annos

portrait ['pɔ:trit] *n* muotokuva
Portugal ['pɔ:tjugəl] Portugali
Portuguese [,pɔ:tju'gi:z] *adj* portugalilainen
posh [pɔʃ] *adj* (*colloquial*) upea
position [pə'ziʃən] *n* asema; tilanne; asento
positive ['pɔzətiv] *adj* myönteinen; *n* positiivi
possess [pə'zes] *v* omistaa; **possessed** *adj* riivattu
possession [pə'zeʃən] *n* omistus; **possessions** omaisuus
possibility [,pɔsə'biləti] *n* mahdollisuus
possible ['pɔsəbəl] *adj* mahdollinen
post [poust] *v* postittaa; *n* posti; työpaikka; **post-office** posti
postage ['poustidʒ] *n* postimaksu; **~ paid** postimaksuton; **~ stamp** postimerkki
postcard ['poustkɑ:d] *n* postikortti
poster ['poustə] *n* juliste
poste restante [poust re'stɑ:t] poste restante
postman ['poustmən] *n* (pl -men) postinkantaja
post-paid [,poust'peid] *adj* postimaksuton
pot [pɔt] *n* pata
potato [pə'teitou] *n* (pl ~es) peruna
pottery ['pɔtəri] *n* keramiikka; saviastiat *pl*
pouch [pautʃ] *n* pussi
poulterer ['poultərə] *n* siipikarjakauppias
poultry ['poultri] *n* siipikarja
pound [paund] *n* naula
pour [pɔ:] *v* kaataa
poverty ['pɔvəti] *n* köyhyys
powder ['paudə] *n* jauhe; puuteri; ruuti; **~ compact** kivipuuteri; **talc ~** talkki
powder room ['paudəru:m] *n* naistenhuone
power [pauə] *n* voima, voimakkuus; valta
powerful ['pauəfəl] *adj* voimakas, mahtava; väkevä
powerless ['pauələs] *adj* voimaton
power station ['pauə,steiʃən] *n* voimalaitos
practical ['præktikəl] *adj* käytännöllinen
practically ['præktikli] *adv* melkein
practice ['præktis] *n* harjoittelu
practise ['præktis] *v* harjoittaa; harjoitella
praise [preiz] *v* ylistää; *n* ylistys
pram [præm] *n* lastenvaunut *pl*
prawn [prɔ:n] *n* katkarapu
pray [prei] *v* rukoilla
prayer [prɛə] *n* rukous
preach [pri:tʃ] *v* saarnata
precarious [pri'kɛəriəs] *adj*

epävarma
precaution [pri'kɔːʃən] *n* varovaisuus; varokeino
precede [pri'siːd] *v* edeltää
preceding [pri'siːdiŋ] *adj* edeltävä
precious ['preʃəs] *adj* kallisarvoinen
precipice ['presipis] *n* jyrkänne
precipitation [pri,sipi'teiʃən] *n* sademäärä; hätäisyys
precise [pri'sais] *adj* täsmällinen, tarkka
predecessor ['priːdisesə] *n* edeltäjä
predict [pri'dikt] *v* ennustaa
prefer [pri'fəː] *v* pitää parempana, haluta mieluummin
preferable ['prefərəbəl] *adj* parempi, mieluisampi
preference ['prefərəns] *n* etusija
prefix ['priːfiks] *n* etuliite
pregnant ['pregnənt] *adj* raskaana oleva
prejudice ['predʒədis] *n* ennakkoluulo
preliminary [pri'liminəri] *adj* valmistava; alustava
premature ['premətʃuə] *adj* ennenaikainen
premier ['premiə] *adj* tärkein
premises ['premisiz] *pl* toimitilat
premium ['priːmiəm] *n* vakuutusmaksu
prepaid [,priː'peid] *adj* ennakolta maksettu
preparation [,prepə'reiʃən] *n* valmistaminen
prepare [pri'pɛə] *v* valmistaa
prepared [pri'pɛəd] *adj* valmis
preposition [,prepə'ziʃən] *n* prepositio
prescribe [pri'skraib] *v* määrätä (lääkettä)
prescription [pri'skripʃən] *n* lääkemääräys
presence ['prezəns] *n* läsnäolo; mukanaolo
present1 ['prezənt] *n* lahja; nykyaika; *adj* nykyinen; läsnäoleva
present2 [pri'zent] *v* esitellä; esittää
presently ['prezəntli] *adv* heti, pian
preservation [,prezə'veiʃən] *n* säilyttäminen
preserve [pri'zəːv] *v* säilyttää; säilöä
president ['prezidənt] *n* presidentti; toimitusjohtaja
press [pres] *n* sanomalehdistö; *v* painaa, pusertaa; silittää; ~ **conference** lehdistötilaisuus
pressing ['presiŋ] *adj* kiireellinen
pressure ['preʃə] *n* paine; painostus; **atmospheric** ~ ilmanpaine
pressure cooker ['preʃə,kukə] *n* painekeitin
prestige [pre'stiːʒ] *n*

arvovalta
presumable [pri'zju:məbəl] *adj* otaksuttava
presumptuous [pri'zʌmpʃəs] *adj* röyhkeä
pretence [pri'tens] *n* teeskentely
pretend [pri'tend] *v* teeskennellä
pretext ['pri:tekst] *n* tekosyy
pretty ['priti] *adj* sievä; *adv* melkoisen
prevent [pri'vent] *v* estää, ehkäistä
preventive [pri'ventiv] *adj* ehkäisevä
preview ['privju:] *n* ennakkoesitys
previous ['pri:viəs] *adj* aikaisempi, edeltävä, edellinen
pre-war [,pri:'wɔ:] *adj* sotaa edeltävä
price [prais] *v* hinnoitella; *n* hinta
priceless ['praisləs] *adj* verraton
price list ['prais,list] *n* hinnasto
prick [prik] *v* pistää
pride [praid] *n* ylpeys
priest [pri:st] *n* pappi
primary ['praiməri] *adj* perus-, ensisijainen; alkeis-
prince [prins] *n* prinssi
princess [prin'ses] *n* prinsessa
principal ['prinsəpəl] *adj* pääasiallinen; *n* rehtori
principle ['prinsəpəl] *n* periaate
print [print] *v* painaa; *n* vedos; kaiverrus; **printed matter** painotuote
prior [praiə] *adj* varhaisempi
priority [prai'ɔrəti] *n* etuoikeus
prison ['prizən] *n* vankila
prisoner ['prizənə] *n* vanki; **~ of war** sotavanki
privacy ['praivəsi] *n* yksityisyys
private ['praivit] *adj* yksityinen
privilege ['privilidʒ] *n* etuoikeus
prize [praiz] *n* palkinto; palkkio
probable ['prɔbəbəl] *adj* todennäköinen
probably ['prɔbəbli] *adv* todennäköisesti
problem ['prɔbləm] *n* ongelma; pulma
procedure [prə'si:dʒə] *n* menettelytapa
proceed [prə'si:d] *v* jatkaa; menetellä
process ['prouses] *n* kehityskulku, menettelytapa; oikeudenkäynti
procession [prə'seʃən] *n* kulkue
pro-choice ['prou‿'tʃois] *adj* aborttia kannattava
proclaim [prə'kleim] *v* julistaa
produce[1] [prə'dju:s] *v* tuottaa

produce[2] ['prɔdju:s] *n* tuote
producer [prə'dju:sə] *n* tuottaja
product ['prɔdʌkt] *n* tuote
production [prə'dʌkʃən] *n* tuotanto
profession [prə'feʃən] *n* ammatti
professional [prə'feʃənəl] *adj* ammattimainen
professor [prə'fesə] *n* professori
profit ['prɔfit] *n* voitto, etu; hyöty; *v* hyötyä jstkn
profitable ['prɔfitəbəl] *adj* tuottoisa
profound [prə'faund] *adj* syvällinen
programme ['prougræm] *n* ohjelma
progress[1] ['prougres] *n* edistys
progress[2] [prə'gres] *v* edistyä
progressive [prə'gresiv] *adj* edistyksellinen, edistysmielinen
prohibit [prə'hibit] *v* kieltää
prohibition [,proui'biʃən] *n* kielto
prohibitive [prə'hibitiv] *adj* ostamista ehkäisevä
project ['prɔdʒekt] *n* hanke, suunnitelma
pro-life ['prou‿'laif] *adj* aborttia vastustava
promenade [,prɔmə'nɑ:d] *n* rantakatu
promise ['prɔmis] *v* luvata; *n* lupaus
promote [prə'mout] *v* ylentää, edistää
promotion [prə'mouʃən] *n* ylennys
prompt [prɔmpt] *adj* pikainen, ripeä
pronoun ['prounaun] *n* pronomini
pronounce [prə'nauns] *v* ääntää
pronunciation [,prənʌnsi'eiʃən] *n* ääntäminen
proof [pru:f] *n* todistus
propaganda [,prɔpə'gændə] *n* propaganda
propel [prə'pel] *v* kuljettaa eteenpäin
propeller [prə'pelə] *n* potkuri
proper ['prɔpə] *adj* asianmukainen, kunnollinen; sovelias
property ['prɔpəti] *n* omaisuus; ominaisuus
prophet ['prɔfit] *n* profeetta
proportion [prə'pɔ:ʃən] *n* suhde
proportional [prə'pɔ:ʃənəl] *adj* suhteellinen
proposal [prə'pouzəl] *n* ehdotus
propose [prə'pouz] *v* ehdottaa
proposition [,prɔpə'ziʃən] *n* ehdotus
proprietor [prə'praiətə] *n* omistaja
prospect ['prɔspekt] *n* tulevaisuudennäkymä

prospectus [prə'spektəs] *n* esite
prosperity [prɔ'sperəti] *n* menestys, vauraus
prosperous ['prɔspərəs] *adj* menestyvä, varakas
prostitute ['prɔstitjuːt] *n* prostituoitu
protect [prə'tekt] *v* suojella
protection [prə'tekʃən] *n* suojelus
protein ['proutiːn] *n* valkuaisaine
protest[1] ['proutest] *n* vastalause
protest[2] [prə'test] *v* esittää vastalause
Protestant ['prɔtistənt] *adj* protestanttinen
proud [praud] *adj* ylpeä
prove [pruːv] *v* todistaa; osoittautua
proverb ['prɔvəːb] *n* sananlasku
provide [prə'vaid] *v* hankkia; **provided that** edellyttäen
province ['prɔvins] *n* lääni; maakunta
provincial [prə'vinʃəl] *adj* maalainen
provisional [prə'viʒənəl] *adj* väliaikainen
provisions [prə'viʒənz] *pl* ruokatarvikkeet *pl*
prune [pruːn] *n* kuivattu luumu
psychiatrist [sai'kaiətrist] *n* psykiatri
psychoanalyst [ˌsaikou'ænəlist] *n* psykoanalyytikko
psychological [ˌsaikɔ'lɔdʒikəl] *adj* psykologinen
psychologist [sai'kɔlədʒist] *n* psykologi
psychology [sai'kɔlədʒi] *n* psykologia
pub [pʌb] *n* pubi; kapakka
public ['pʌblik] *adj* julkinen; yleinen; *n* yleisö; **~ garden** yleinen puisto; **~ house** oluttupa, pubi
publication [ˌpʌbli'keiʃən] *n* julkaiseminen
publicity [pʌ'blisəti] *n* julkisuus
publish ['pʌbliʃ] *v* julkaista
publisher ['pʌbliʃə] *n* kustantaja
puddle ['pʌdəl] *n* lätäkkö
pull [pul] *v* vetää; **~ out** lähteä liikkeelle; **~ up** pysähtyä
pulley ['puli] *n* (pl ~s) väkipyörä
Pullman ['pulmən] *n* makuuvaunu
pullover ['puˌlouvə] *n* villapusero
pulpit ['pulpit] *n* saarnatuoli
pulse [pʌls] *n* valtimo
pump [pʌmp] *n* pumppu; *v* pumpata
pun [pʌn] *n* sanaleikki
punch [pʌntʃ] *n* lävistin; nyrkinisku
punctual ['pʌŋktʃuəl] *adj* täsmällinen

puncture ['pʌŋktʃə] *n* rengasrikko
punctured ['pʌŋktʃəd] *adj* puhjennut
punish ['pʌniʃ] *v* rangaista
punishment ['pʌniʃmənt] *n* rangaistus
pupil ['pju:pəl] *n* oppilas
puppet-show ['pʌpitʃou] *n* nukketeatteri
purchase ['pə:tʃəs] *v* ostaa; *n* osto, hankinta; ~ **price** ostohinta; ~ **tax** liikevaihtovero
purchaser ['pə:tʃəsə] *n* ostaja
pure [pjuə] *adj* puhdas
purple ['pə:pəl] *adj* purppuranpunainen
purpose ['pə:pəs] *n* tarkoitus; **on** ~ tahallaan
purse [pə:s] *n* kukkaro
pursue [pə'sju:] *v* ajaa takaa; harjoittaa
pus [pʌs] *n* märkä
push [puʃ] *v* työntää; sysätä; tunkea; *n* töytäys
push button ['puʃ,bʌtən] *n* painonappi
***put** [put] *v* asettaa, panna, sijoittaa; esittää; ~ **away** panna paikoilleen; ~ **off** lykätä; ~ **on** pukea ylleen; ~ **out** sammuttaa
puzzle ['pʌzəl] *v* saattaa ymmälle; *n* palapeli; arvoitus; **jigsaw** ~ palapeli
puzzling ['pʌzliŋ] *adj* käsittämätön
pyjamas [pə'dʒɑ:məz] *pl* yöpuku

Q

quack [kwæk] *n* puoskari
quail [kweil] *n* (pl ~, ~s) viiriäinen
quaint [kweint] *adj* omalaatuinen; vanhanaikainen
qualification [,kwɔlifi'keiʃən] *n* pätevyys;
qualified ['kwɔlifaid] *adj* pätevä
qualify ['kwɔlifai] *v* hankkia pätevyys
quality ['kwɔləti] *n* laatu; ominaisuus
quantity ['kwɔntəti] *n* määrä
quarantine ['kwɔrənti:n] *n* karanteeni
quarrel ['kwɔrəl] *v* riidellä, kiistellä; *n* kiista, riita
quarry ['kwɔri] *n* louhos
quarter ['kwɔ:tə] *n* neljännes; neljännesvuosi; kortteli; ~ **of an hour** neljännestunti
quarterly ['kwɔ:təli] *adj* neljännesvuosittainen
quay [ki:] *n* satamalaituri
queen [kwi:n] *n* kuningatar
queer [kwiə] *adj* omituinen;

kummallinen
query ['kwiəri] *v* kysellä; *n* tiedustelu
question ['kwestʃən] *v* kysellä; kuulustella; *n* kysymys
queue [kju:] *v* jonottaa; *n* jono
quick [kwik] *adj* pika-, nopea
quick-tempered [ˌkwik'tempəd] *adj* äkkipikainen
quiet ['kwaiət] *adj* hiljainen, vaitelias; *n* hiljaisuus, rauha
quilt [kwilt] *n* täkki
quit [kwit] *v* luopua, lakata jstk
quite [kwait] *adv* aivan, melko; hyvin, oikein
quiz [kwiz] *n* (pl ~zes) tietokilpailu
quota ['kwoutə] *n* kiintiö
quotation [kwou'teiʃən] *n* lainaus; ~ **marks** lainausmerkit *pl*
quote [kwout] *v* siteerata

R

rabbit ['ræbit] *n* kaniini
rabies ['reibiz] *n* vesikauhu
race [reis] *n* kilpajuoksu, kilpa-ajo; rotu
racecourse ['reiskɔ:s] *n* kilpa-ajorata, kilparata
racehorse ['reishɔ:s] *n* kilpahevonen
racetrack ['reistræk] *n* kilparata
racial ['reiʃəl] *adj* rotu-
racket ['rækit] *n* meteli; maila
radiator ['reidieitə] *n* lämpöpatteri
radical ['rædikəl] *adj* radikaali
radio ['reidiou] *n* radio
radish ['rædiʃ] *n* retiisi
radius ['reidiəs] *n* (pl radii) säde
raft [ra:ft] *n* lautta
rag [ræg] *n* riepu
rage [reidʒ] *v* raivota; *n* raivo
raid [reid] *n* hyökkäys
rail [reil] *n* kaide; kisko, raide
railing ['reiliŋ] *n* kaide
railroad ['reilroud] *nAm* rautatie
railway ['reilwei] *n* rautatie; ~ **carriage** rautatievaunu
rain [rein] *n* sade; *v* sataa
rainbow ['reinbou] *n* sateenkaari
raincoat ['reinkout] *n* sadetakki
rainproof ['reinpru:f] *adj* sateenkestävä
rainy ['reini] *adj* sateinen
raise [reiz] *v* korottaa; viljellä, kasvattaa; *nAm* palkankorotus, nousu
raisin ['reizən] *n* rusina
rake [reik] *n* harava

rally ['ræli] *n* kokoontuminen; ralli
ramp [ræmp] *n* ramppi
ramshackle ['ræm,ʃækəl] *adj* ränsistynyt
rancid ['rænsid] *adj* härskiintynyt
rang [ræŋ] *v* (p ring)
range [reindʒ] *n* etäisyys; piiri; ulottuvuus
range finder ['reindʒ,faində] *n* etäisyysmittari
rank [ræŋk] *n* arvoaste
ransom ['rænsəm] *n* lunnaat *pl*
rap [ræp] *n* rap(musiikki)
rape [reip] *v* raiskata
rapid ['ræpid] *adj* nopea, pikainen
rapids ['ræpidz] *pl* koski
rare [rεə] *adj* harvinainen
rarely ['rεəli] *adv* harvoin
rascal ['rɑ:skəl] *n* vintiö, lurjus
rash [ræʃ] *n* ihottuma; *adj* harkitsematon
raspberry ['rɑ:zbəri] *n* vadelma
rat [ræt] *n* rotta
rate [reit] *n* tariffi, määrä; vauhti; **at any ~** joka tapauksessa; **~ of exchange** vaihtokurssi
rather ['rɑ:ðə] *adv* melko; mieluummin
ration ['ræʃən] *n* annos
rattan [ræ'tæn] *n* rottinki
raven ['reivən] *n* korppi
raw [rɔ:] *adj* raaka; **~ material** raaka-aine
ray [rei] *n* säde
rayon ['reiɔn] *n* raion
razor ['reizə] *n* parranajokone
razor blade ['reizəbleid] *n* partaterä
reach [ri:tʃ] *v* saavuttaa; *n* kantama
react [ri'ækt] *v* reagoida
reaction [ri'ækʃən] *n* reaktio
***read** [ri:d] *v* lukea
reading ['ri:diŋ] *n* lukeminen
reading lamp ['ri:diŋlæmp] *n* lukulamppu
reading room ['ri:diŋru:m] *n* lukusali
ready ['redi] *adj* valmis, aulis
ready-made [,redi'meid] *adj* tehdasvalmisteinen, valmis-
real [riəl] *adj* todellinen
reality [ri'æləti] *n* todellisuus
realizable ['riəlaizəbəl] *adj* toteutuskelpoinen
realize ['riəlaiz] *v* oivaltaa; toteuttaa
really ['riəli] *adv* todella
rear [riə] *n* takaosa; *v* kasvattaa
rear light [riə'lait] *n* takavalo
reason ['ri:zən] *n* syy, aihe; järki, ymmärrys; *v* järkeillä
reasonable ['ri:zənəbəl] *adj* järkevä; kohtuullinen
reassure [,ri:ə'ʃuə] *v* rauhoittaa
rebate ['ri:beit] *n* ostohyvitys
rebellion [ri'beljən] *n* kapina
recall [ri'kɔ:l] *v* muistaa; kutsua takaisin; peruuttaa
receipt [ri'si:t] *n* kuitti;

vastaanottaminen
receive [ri'si:v] *v* saada, vastaanottaa
receiver [ri'si:və] *n* kuuloke
recent ['ri:sənt] *adj* äskeinen
recently ['ri:səntli] *adv* äskettäin, hiljattain
reception [ri'sepʃən] *n* vastaanotto; ~ **office** vastaanottohuone
receptionist [ri'sepʃənist] *n* vastaanottoapulainen; portieeri
recession [ri'seʃən] *n* taantuma; vetäytyminen
recipe ['resipi] *n* ruokaohje
recital [ri'saitəl] *n* sooloesitys, solistikonsertti
reckon ['rekən] *v* laskea; arvella
recognition [,rekəg'niʃən] *n* tunteminen; tunnustus
recognize ['rekəgnaiz] *v* tunnistaa
recollect [,rekə'lekt] *v* muistella
recommence [,ri:kə'mens] *v* aloittaa uudestaan
recommend [,rekə'mend] *v* suositella
recommendation [,rekəmen'deiʃən] *n* suositus
reconciliation [,rekənsili'eiʃən] *n* sovinto
reconstructive surgery [,ri:kən'strʌktiv‿'sə:dʒəri] korjaava kirurgia
record[1] ['rekɔ:d] *n* äänilevy; ennätys; pöytäkirja; **long-playing** ~ LP-levy
record[2] [ri'kɔ:d] *v* merkitä muistiin
recorder [ri'kɔ:də] *n* nauhuri
recording [ri'kɔ:diŋ] n äänitys
record player ['rekɔ:d,pleiə] *n* levysoitin
recover [ri'kʌvə] *v* saada takaisin; tointua, toipua
recovery [ri'kʌvəri] *n* parantuminen, toipuminen
recreation [,rekri'eiʃən] *n* virkistys; ~ **centre** virkistyskeskus; ~ **ground** leikkikenttä
recruit [ri'kru:t] *n* alokas
rectangle ['rektæŋgəl] *n* suorakulmio
rectangular [rek'tæŋgjulə] *adj* suorakulmainen
rector ['rektə] *n* kirkkoherra
rectum ['rektəm] *n* peräsuoli
recyclable [ri:'saikləbəl] *adj* kierrätettävä
red [red] *adj* punainen
redeem [ri'di:m] *v* pelastaa, säästää
reduce [ri'dju:s] *v* vähentää, pienentää
reduction [ri'dʌkʃən] *n* alennus, hinnanalennus
redundant [ri'dʌndənt] *adj* liiallinen
reed [ri:d] *n* kaisla, ruoko
reef [ri:f] *n* riutta
referee [,refə'ri:] *n* (*in case*) suosittelija; (*in argument*) sovittelija; (*in game*) erotuomari

reference ['refrəns] *n* tiedon hakeminen **with ~ to** viitaten
refer to [ri'fəː] viitata jhk
refill ['riːfil] *n* täyttöpullo
refinery [ri'fainəri] *n* jalostamo
reflect [ri'flekt] *v* heijastaa
reflection [ri'flekʃən] *n* heijastus; peilikuva
reflector [ri'flektə] *n* heijastin
reformation [ˌrefə'meiʃən] *n* parannus; uudelleen järjestely
refresh [ri'freʃ] *v* virkistää
refreshment [ri'freʃmənt] *n* virvoke
refrigerator [ri'fridʒəreitə] *n* jääkaappi
refugee [ˌrefju'dʒiː] *n* pakolainen
refund[1] [ri'fʌnd] *v* maksaa takaisin
refund[2] ['riːfʌnd] *n* takaisinmaksu
refusal [ri'fjuːzəl] *n* kieltäytyminen
refuse[1] [ri'fjuːz] *v* kieltäytyä
refuse[2] ['refjuːs] *n* jätteet *pl*
regard [ri'gɑːd] *v* pitää jnak; *n* arvostus; **as regards** mitä jhkn tulee
regarding [ri'gɑːdiŋ] *prep* mitä jhkn tulee; koskien (jtk)
regatta [ri'gætə] *n* purjehduskilpailu
régime [rei'ʒiːm] *n* hallitusjärjestelmä
region ['riːdʒən] *n* alue; seutu
regional ['riːdʒənəl] *adj* alueellinen
register ['redʒistə] *v* kirjoittautua; kirjata; **registered letter** kirjattu kirje
registration [ˌredʒi'streiʃən] *n* ilmoittautuminen; **~ form** ilmoittautumislomake; **~ number** rekisterinumero; **~ plate** rekisterikilpi
regret [ri'gret] *v* katua, pahoitella; *n* katumus, pahoittelu
regular ['regjulə] *adj* säännöllinen; tavallinen
regulate ['regjuleit] *v* säädellä
regulation [ˌregju'leiʃən] *n* ohjesääntö; säätö
rehabilitation [ˌriːhəˌbili'teiʃən] *n* kuntouttaminen
rehearsal [ri'həːsəl] *n* harjoitus
rehearse [ri'həːs] *v* harjoitella
reign [rein] *n* hallitusaika; *v* hallita
reimburse [ˌriːim'bəːs] *v* maksaa takaisin
reindeer ['reindiə] *n* (pl ~) poro
reject [ri'dʒekt] *v* hylätä; torjua
relate [ri'leit] *v* kertoa
related [ri'leitid] *adj* sukua oleva

relation [ri'leiʃən] *n* suhde, yhteys; sukulainen
relative ['relətiv] *n* sukulainen; *adj* suhteellinen
relax [ri'læks] *v* rentoutua
relaxation [ˌrilæk'seiʃən] *n* rentoutuminen
reliable [ri'laiəbəl] *adj* luotettava
relic ['relik] *n* pyhäinjäännös
relief [ri'li:f] *n* helpotus, huojennus; apu; korkokuva
relieve [ri'li:v] *v* helpottaa; vapauttaa
religion [ri'lidʒən] *n* uskonto
religious [ri'lidʒəs] *adj* uskonnollinen
rely on [ri'lai] luottaa
remain [ri'mein] *v* jäädä; jäädä jäljelle
remainder [ri'meində] *n* loput *pl*, jäännös, ylijäämä
remaining [ri'meiniŋ] *adj* muu, jäljellä oleva
remark [ri'mɑ:k] *v* huomauttaa; *n* huomautus
remarkable [ri'mɑ:kəbəl] *adj* merkittävä
remedy ['remədi] *n* parannuskeino; lääke
remember [ri'membə] *v* muistaa
remembrance [ri'membrəns] *n* muisto
remind [ri'maind] *v* muistuttaa
remit [ri'mit] *v* lähettää (rahaa)
remittance [ri'mitəns] *n* rahalähetys
remnant ['remnənt] *n* jäänne, jäännös
remote [ri'mout] *adj* kaukainen, syrjäinen
remote control [ri'mout‿kən'troul] *n* kaukosäätö control
removal [ri'mu:vəl] *n* poisto; muutto
remove [ri'mu:v] *v* poistaa; muuttaa
remunerate [ri'mju:nəreit] *v* korvata
remuneration [riˌmju:nə'reiʃən] *n* korvaus
renew [ri'nju:] *v* uudistaa; pidentää
renewable [ri'nju:əbəl] *adj* uusiutuva
rent [rent] *v* vuokrata; *n* vuokra
repair [ri'pɛə] *v* korjata, kunnostaa; *n* korjaus
reparation [ˌrepə'reiʃən] *n* korjaus
***repay** [ri'pei] *v* maksaa takaisin
repayment [ri'peimənt] *n* takaisinmaksu
repeat [ri'pi:t] *v* toistaa
repellent [ri'pelənt] *adj* vastenmielinen
repentance [ri'pentəns] *n* katumus
repertory ['repətəri] *n* ohjelmisto
repetition [ˌrepə'tiʃən] *n* toistaminen
replace [ri'pleis] *v* korvata

reply [ri'plai] *v* vastata; *n* vastaus; **in ~** vastaukseksi
report [ri'pɔːt] *v* tiedottaa; ilmoittaa; ilmoittautua; *n* selonteko, selostus
reporter [ri'pɔːtə] *n* toimittaja
represent [ˌrepri'zent] *v* edustaa; esittää
representation [ˌreprizen'teiʃən] *n* edustus
representative [ˌrepri'zentətiv] *adj* edustava
reprimand ['reprimɑːnd] *v* nuhdella
reproach [ri'proutʃ] *v* moittia; *n* moite
reproduce [ˌriːprə'djuːs] *v* jäljentää
reproduction [ˌriːprə'dʌkʃən] *n* jäljennös
reptile ['reptail] *n* matelija
republic [ri'pʌblik] *n* tasavalta
republican [ri'pʌblikən] *adj* tasavaltalainen
repulsive [ri'pʌlsiv] *adj* vastenmielinen
reputation [ˌrepju'teiʃən] *n* maine
request [ri'kwest] *n* pyyntö; *v* pyytää
require [ri'kwaiə] *v* vaatia
requirement [ri'kwaiəmənt] *n* vaatimus
requisite ['rekwizit] *adj* pakollinen
rescue ['reskjuː] *v* pelastaa; *n* pelastaminen
research [ri'səːtʃ] *n* tutkimus
resemblance [ri'zembləns] *n* yhdennäköisyys
resemble [ri'zembəl] *v* muistuttaa
resent [ri'zent] *v* panna pahakseen
reservation [ˌrezə'veiʃən] *n* varaus
reserve [ri'zəːv] *v* varata; *n* vara, reservi
reserved [ri'zəːvd] *adj* varattu
reservoir ['rezəvwɑː] *n* säiliö
reside [ri'zaid] *v* asua
residence ['rezidəns] *n* asuinpaikka; **~ permit** oleskelulupa
resident ['rezidənt] *n* vakinainen asukas; *adj* vakinaisesti asuva
resign [ri'zain] *v* erota
resignation [ˌrezig'neiʃən] *n* eron pyyntö
resin ['rezin] *n* pihka
resist [ri'zist] *v* vastustaa
resistance [ri'zistəns] *n* vastustus, vastarintaliike
resolute ['rezəluːt] *adj* päättäväinen
respect [ri'spekt] *v* kunnioittaa; *n* kunnioitus, arvonanto
respectable [ri'spektəbəl] *adj* kunnioitettava, kunniallinen
respectful [ri'spektfəl] *adj* kunnioittava

respective [ri'spektiv] *adj* asianomainen
respiration [ˌrespə'reiʃən] *n* hengitys
respite ['respait] *n* lykkäys
responsibility [riˌspɔnsə'biləti] *n* vastuu
responsible [ri'spɔnsəbəl] *adj* vastuullinen
rest [rest] *n* lepo; jäännös; *v* levätä
rest room ['restru:m] *nAm* WC
restaurant ['restərɔ̃:] *n* ravintola
restful ['restfəl] *adj* rauhoittava
rest home ['resthoum] *n* lepokoti
restless ['restləs] *adj* levoton, rauhaton
restrain [ri'strein] *v* pidättää, hillitä
restriction [ri'strikʃən] *n* rajoitus
result [ri'zʌlt] *v* olla seurauksena; *n* seuraus
resume [ri'zju:m] *v* ryhtyä uudelleen
résumé ['rezjumei] *n* tiivistelmä
retail ['ri:teil] *v* myydä vähittäin; ~ **trade** vähittäiskauppa
retailer ['ri:teilə] *n* vähittäiskauppias; jälleenmyyjä
retina ['retinə] *n* verkkokalvo
retire [ri'taiə] *v* (*work*) päästä eläkkeelle; (*withdraw*) vetäytyä jonnekin; (*go to bed*) mennä nukkumaan
retired [ri'taiəd] *adj* eläkkeellä oleva
retirement [ri'taiəment] *n* eläke(vuodet)
return [ri'tə:n] *v* palata; *n* paluu; ~ **flight** paluulento; ~ **journey** paluumatka; ~ **ticket** edestakainen lippu
reunite [ˌri:ju:'nait] *v* yhdistää uudelleen
reveal [ri'vi:l] *v* ilmaista, paljastaa
revelation [ˌrevə'leiʃən] *n* paljastus
revenge [ri'vendʒ] *n* kosto
revenue ['revənju:] *n* tulot *pl*
reverse [ri'və:s] *v* peruuttaa; *n* vastakohta; kääntöpuoli; peruutusvaihde; vastoinkäyminen, täyskäännös; *adj* päinvastainen
review [ri'vju:] *n* arvostelu
revise [ri'vaiz] *v* tarkistaa
revision [ri'viʒən] *n* tarkastus
revival [ri'vaivəl] *n* elpyminen
revolt [ri'voult] *v* kapinoida; *n* kapina, mellakka
revolting [ri'voultiŋ] *adj* inhottava, kuvottava, kuohuttava
revolution [ˌrevə'lu:ʃən] *n* vallankumous; kiertoliike

revolutionary [ˌrevəˈluːʃənəri] *adj* vallankumouksellinen
revolver [riˈvɔlvə] *n* revolveri
revue [riˈvjuː] *n* revyy
reward [riˈwɔːd] *n* palkkio; *v* palkita
rheumatism [ˈruːmətizəm] *n* reumatismi
rhinoceros [raiˈnɔsərəs] *n* (pl ~, ~es) sarvikuono
rhubarb [ˈruːbɑːb] *n* raparperi
rhyme [raim] *n* loppusointu
rhythm [ˈriðəm] *n* rytmi
rib [rib] *n* kylkiluu
ribbon [ˈribən] *n* nauha
rice [rais] *n* riisi
rich [ritʃ] *adj* rikas
riches [ˈritʃiz] *pl* rikkaus
rid [rid] *v* vapautua; **get ~ of** hankkiutua eroon
riddle [ˈridəl] *n* arvoitus
ride [raid] *n* ajelu
***ride** [raid] *v* ajaa; ratsastaa
rider [ˈraidə] *n* ratsastaja
ridge [ridʒ] *n* vuorenharjanne
ridicule [ˈridikjuːl] *v* tehdä naurettavaksi
ridiculous [riˈdikjuləs] *adj* naurettava
riding [ˈraidiŋ] *n* ratsastus
riding school [ˈraidiŋskuːl] *n* ratsastuskoulu
rifle [ˈraifəl] *v* kivääri
right [rait] *n* oikeus; *adj* oikea; suora; oikeanpuoleinen; oikeudenmukainen; **all right** hyvä on; ***be ~** olla oikeassa; **~ of way** etuajo-oikeus
righteous [ˈraitʃəs] *adj* oikeamielinen
right-hand [ˈraithænd] *adj* oikeanpuoleinen
rightly [ˈraitli] *adv* oikeutetusti
rim [rim] *n* vanne; reuna
ring [riŋ] *n* sormus; rengas, kehä
***ring** [riŋ] *v* soittaa; **~ up** soittaa puhelimella
rinse [rins] *v* huuhtoa; *n* huuhtelu
riot [ˈraiət] *n* mellakka
rip [rip] *v* repiä
ripe [raip] *adj* kypsä
rise [raiz] *n* korotus, palkankorotus; mäki; nousu
***rise** [raiz] *v* nousta; kohota
rising [ˈraiziŋ] *n* kansannousu
risk [risk] *n* vaara; uhka; *v* vaarantaa
risky [ˈriski] *adj* vaarallinen, uskallettu
rival [ˈraivəl] *n* kilpailija; *v* kilpailla
rivalry [ˈraivəlri] *n* kilpailu
river [ˈrivə] *n* joki; **~ bank** jokipenger
riverside [ˈrivəsaid] *n* joenvarsi
roach [routʃ] *n* (pl ~) särki
road [roud] *n* katu, tie; **~ fork** tienristeys; **~ map** tiekartta; **~ system** tieverkko; **~ up**

tietyö
roadhouse ['roudhaus] *n* majatalo
roadrage ['roud,reidʒ] *n* liikenneraivo
roadside ['roudsaid] *n* tienvieri
roadway ['roudwei] *n Am* ajorata
roam [roum] *v* kuljeskella
roar [rɔː] *v* karjua, kohista; *n* pauhu, karjunta
roast [roust] *v* paistaa, paahtaa
rob [rɔb] *v* ryöstää
robber ['rɔbə] *n* rosvo
robbery ['rɔbəri] *n* ryöstö
robe [roub] *n* kylpytakki; viitta
robin ['rɔbin] *n* punarinta
robust [rou'bʌst] *adj* vankka
rock [rɔk] *n* kallio; *v* keinua
rocket ['rɔkit] *n* ohjus; raketti
rocky ['rɔki] *adj* kallioinen
rod [rɔd] *n* vapa, keppi
roe [rou] *n* mäti; kauris
roll [roul] *v* kierittää; *n* rulla; sämpylä
Rollerblade® ['roulə,bleid] *n* rullaluistelu; *v* rullaluistella
roller-skating ['roulə,skeitiŋ] *n* rullaluistelu
Roman Catholic ['roumən 'kæθəlik] roomalaiskatolinen
romance [rə'mæns] *n* romanssi
romantic [rə'mæntik] *adj* romanttinen
roof [ruːf] *n* katto; **thatched ~** olkikatto
room [ruːm] *n* huone; sija, tila; **~ and board** täysihoito; **~ service** huonepalvelu; **~ temperature** huonelämpötila
roomy ['ruːmi] *adj* tilava
root [ruːt] *n* juuri
rope [roup] *n* köysi
rosary ['rouzəri] *n* rukousnauha
rose [rouz] *n* ruusu; *adj* ruusunpunainen
rotten ['rɔtən] *adj* mätä
rouge [ruːʒ] *n* poskipuna
rough [rʌf] *adj* epätasainen, karkea
roulette [ruː'let] *n* ruletti
round [raund] *adj* pyöreä; *prep* ympäri; *n* kierros; **~ trip** *Am* edestakainen matka
roundabout ['raundəbaut] *n* liikenneympyrä
rounded ['raundid] *adj* pyöristetty
route [ruːt] *n* reitti
routine [ruː'tiːn] *n* rutiini
row[1] [rou] *n* rivi; *v* soutaa
row[2] [rau] *n* riita
rowdy ['raudi] *adj* räyhäävä
rowing boat ['rouiŋbout] *n* soutuvene
royal ['rɔiəl] *adj* kuninkaallinen
rub [rʌb] *v* hieroa
rubber ['rʌbə] *n* kumi; pyyhekumi; **~ band**

kuminauha
rubbish ['rʌbiʃ] *n* roskat *pl*; pöty; **talk ~** jaaritella
rubbish bin ['rʌbiʃbin] *n* roskasanko
ruby ['ru:bi] *n* rubiini
rucksack ['rʌksæk] *n* rinkka
rudder ['rʌdə] *n* peräsin
rude [ru:d] *adj* karkea
rug [rʌg] *n* matto
ruin ['ru:in] *v* tuhota; *n* turmio; **ruins** rauniot *pl*
rule [ru:l] *n* sääntö; hallitus, valta; *v* hallita, vallita; **as a ~** yleensä, tavallisesti
ruler ['ru:lə] *n* hallitsija, valtias; viivoitin
Rumania [ru:'meiniə] Romania
Rumanian [ru:'meiniən] *adj* romanialainen
rumour ['ru:mə] *n* huhu
***run** [rʌn] *v* juosta; **~ into** kohdata sattumalta
runaway ['rʌnəwei] *n* karkuri
rung [rʌŋ] *v* (pp ring)
runner ['rʌnə] *n* juoksija
runway ['rʌnwei] *n* kiitorata
rural ['ruərəl] *adj* maalainen
ruse [ru:z] *n* juoni
rush [rʌʃ] *v* rynnätä; *n* kaisla
rush hour ['rʌʃauə] *n* ruuhka-aika
Russia ['rʌʃə] Venäjä
Russian ['rʌʃən] *adj* venäläinen
rust [rʌst] *n* ruoste
rustic ['rʌstik] *adj* maalais-
rusty ['rʌsti] *adj* ruosteinen

S

sack [sæk] *n* säkki
sacred ['seikrid] *adj* pyhä
sacrifice ['sækrifais] *v* uhrata; *n* uhraus
sacrilege ['sækrilidʒ] *n* pyhäinhäväistys
sad [sæd] *adj* surullinen; alakuloinen
saddle ['sædəl] *n* satula
sadness ['sædnəs] *n* apeus
safe [seif] *adj* turvallinen; *n* kassakaappi, tallelokero
safety ['seifti] *n* turvallisuus
safety belt ['seiftibelt] *n* turvavyö
safety pin ['seiftipin] *n* hakaneula
safety razor ['seifti,reizə] *n* parranajokone
sail [seil] *v* purjehtia, matkustaa laivalla; *n* purje
sailing boat ['seiliŋbout] *n* purjevene
sailor ['seilə] *n* merimies
saint [seint] *n* pyhimys
salad ['sæləd] *n* salaatti
salad-oil ['sælədɔil] *n* ruokaöljy
salary ['sæləri] *n* palkka
sale [seil] *n* myynti; **clearance ~** tyhjennysmyynti; **for ~**

myytävänä; **sales** myynti, alennusmyynti; **sales tax** liikevaihtovero
saleable ['seiləbəl] *adj* kaupaksi menevä
salesgirl ['seilzgə:l] *n* myyjätär
salesman ['seilzmən] *n* (pl -men) myyjä
salmon ['sæmən] *n* (pl ~) lohi
salon ['sælɔ:] *n* salonki
saloon [sə'lu:n] *n* baari, kapakka
salt [sɔ:lt] *n* suola
salt cellar['sɔ:lt,selə] *n*, **salt shaker** *nAm* suola-astia
salty ['sɔ:lti] *adj* suolainen
salute [sə'lu:t] *v* tervehtiä
salve [sɑ:v] *n* salva
same [seim] *adj* sama
sample ['sɑ:mpəl] *n* näyte
sanatorium [,sænə'tɔ:riəm] *n* (pl ~s, -ria) parantola
sand [sænd] *n* hiekka
sandal ['sændəl] *n* sandaali
sandpaper ['sænd,peipə] *n* hiekkapaperi
sandwich ['sænwidʒ] *n* voileipä
sandy ['sændi] *adj* hiekkainen
sanitary ['sænitəri] *adj* hygieeninen, terveys-; **~ towel** terveysside
sapphire ['sæfaiə] *n* safiiri
sardine [sɑ:'di:n] *n* sardiini
satchel ['sætʃəl] *n* koululaukku
satellite ['sætəlait] *n* satelliitti
satellite dish ['sætəlait‿,diʃ] *n* satelliittiantenni
satellite radio ['satəlait‿'reidiou] *n* satelliittiradio
satin ['sætin] *n* satiini
satisfaction [,sætis'fækʃən] *n* tyydytys, tyytyväisyys
satisfactory [,sætis'fæktəri] *adj* tyydyttävä
satisfy ['sætisfai] *v* tyydyttää; **satisfied** tyytyväinen
Saturday ['sætədi] lauantai
sauce [sɔ:s] *n* kastike
saucepan ['sɔ:spən] *n* kasari
saucer ['sɔ:sə] *n* teevati
Saudi Arabia [,saudiə'reibiə] Saudi--Arabia
Saudi Arabian [,saudiə'reibiən] *adj* saudiarabialainen
sauna ['sɔ:nə] *n* sauna
sausage ['sɔsidʒ] *n* makkara
savage ['sævidʒ] *adj* villi
save [seiv] *v* pelastaa; säästää
savings ['seiviŋz] *pl* säästöt *pl*; **~ bank** säästöpankki
saviour ['seivjə] *n* pelastaja
savoury ['seivəri] *adj* maukas
***saw** [sɔ:] *v* sahata
saw[1] [sɔ:] *v* p see
saw[2] [sɔ:] *n* saha
sawdust ['sɔ:dʌst] *n* sahajauho
sawmill ['sɔ:mil] *n* sahalaitos

***say** [sei] *v* sanoa
scaffolding ['skæfəldiŋ] *n* rakennustelineet *pl*
scale [skeil] *n* mittakaava; asteikko; suomu; **scales** *pl* vaaka
scan [skæn] *v* skannata; *n* skannaus
scandal ['skændəl] *n* häväistysjuttu
Scandinavia [ˌskændi'neiviə] Skandinavia
Scandinavian [ˌskændi'neiviən] *adj* skandinaavinen; *n* skandinaavi
scanner ['skænə] *n* skanneri
scapegoat ['skeipgout] *n* syntipukki
scar [skɑ:] *n* arpi
scarce [skεəs] *adj* niukka
scarcely ['skεəsli] *adv* tuskin
scarcity ['skεəsəti] *n* niukkuus
scare [skεə] *v* pelästyttää; *n* pelko
scarf [skɑ:f] *n* (pl ~s, scarves) huivi, kaulaliina
scarlet ['skɑ:lət] *adj* helakanpunainen
scary ['skεəri] *adj* huolestuttava, pelottava
scatter ['skætə] *v* sirotella
scene [si:n] *n* kohtaus (näytelmässä); tapahtumapaikka
scenery ['si:nəri] *n* maisema
scenic ['si:nik] *adj* luonnonkaunis
scent [sent] *n* tuoksu
schedule ['ʃedju:l] *n* aikataulu
scheme [ski:m] *n* kaava
scholar ['skɔlə] *n* oppinut; akatemian jäsen
scholarship ['skɔləʃip] *n* apuraha
school [sku:l] *n* koulu
schoolboy ['sku:lbɔi] *n* koulupoika
schoolgirl ['sku:lgə:l] *n* koulutyttö
schoolmaster ['sku:lˌmɑ:stə] *n* (mies)opettaja (vanh)
schoolteacher ['sku:lˌti:tʃə] *n* opettaja
science ['saiəns] *n* tiede, luonnontiede
scientific [ˌsaiən'tifik] *adj* tieteellinen
scientist ['saiəntist] *n* tiedemies
scissors ['sizəz] *pl* sakset *pl*
scold [skould] *v* torua; sättiä
scooter ['sku:tə] *n* skootteri; potkulauta
score [skɔ:] *n* pistemäärä; *v* saada pisteitä
scorn [skɔ:n] *n* pilkka, ylenkatse; *v* halveksia
Scot [skɔt] *n* skotlantilainen
Scotch [skɔtʃ] *adj* skotlantilainen
Scotland ['skɔtlənd] Skotlanti
Scottish ['skɔtiʃ] *adj* skotlantilainen

scout [skaut] *n* partiolainen
scrap [skræp] *n* pala; romu
scrapbook ['skræpbuk] *n* leikekirja
scrape [skreip] *v* raapia
scratch [skrætʃ] *v* naarmuttaa, raapia; *n* naarmu
scream [skri:m] *v* kirkua, huutaa; *n* kirkaisu
screen [skri:n] *n* suojus; kuvaruutu, valkokangas
screw [skru:] *n* ruuvi; *v* ruuvata
screwdriver ['skru:ˌdraivə] *n* ruuvimeisseli; ruuvitaltta
scrub [skrʌb] *v* hangata; *n* pensaikko
sculptor ['skʌlptə] *n* kuvanveistäjä
sculpture ['skʌlptʃə] *n* veistos
sea [si:] *n* meri
seabird ['si:bə:d] *n* merilintu
seashore ['si:koust] *n* merenranta
seagull ['si:gʌl] *n* kalalokki, lokki
seal [si:l] *n* sinetti; hylje
seam [si:m] *n* sauma
seaman ['si:mən] *n* (pl -men) merimies
seamless ['si:mləs] *adj* saumaton
seaport ['si:pɔ:t] *n* satama
search [sə:tʃ] *v* etsiä; tarkastaa, etsiä tarkoin; *n* tarkastus
searchlight ['sə:tʃlait] *n* valonheitin
seascape ['si:skeip] *n* merimaisema
seashell ['si:ʃel] *n* näkinkenkä
seashore ['si:ʃɔ:] *n* merenranta
seasick ['si:sik] *adj* merisairas
seasickness ['si:ˌsiknəs] *n* merisairaus
seaside ['si:said] *n* merenrannikko; **~ resort** merikylpylä
season ['si:zən] *n* kausi, vuodenaika; **high ~** huippusesonki; **low ~** hiljainen kausi; **off ~** sesongin ulkopuolinen aika
season ticket ['si:zənˌtikit] *n* kausilippu
seat [si:t] *n* istuin; istumapaikka
seat belt ['si:tbelt] *n* turvavyö
sea urchin ['si:ˌə:tʃin] *n* merisiili
sea water ['si:ˌwɔ:tə] *n* merivesi
second ['sekənd] *num* toinen; *n* sekunti; silmänräpäys
secondary ['sekəndəri] *adj* toisarvoinen; **~ school** yläaste ja lukio
second-hand [ˌsekənd'hænd] *adj* käytetty
secret ['si:krət] *n* salaisuus; *adj* salainen
secretary ['sekrətri] *n* sihteeri

section ['sekʃən] *n* osasto; lokero; jaosto
secure [si'kjuə] *adj* varma; *v* varmistua
security [si'kjuərəti] *n* turvallisuus; takuu
sedative ['sedətiv] *n* rauhoittava lääke
seduce [si'dju:s] *v* vietellä
***see** [si:] *v* nähdä; ymmärtää; ~ **to** huolehtia jstk
seed [si:d] *n* siemen
***seek** [si:k] *v* etsiä
seem [si:m] *v* tuntua, näyttää jltk
seen [si:n] *v* pp see
seesaw ['si:sɔ:] *n* keinulauta
seize [si:z] *v* tarttua
seldom ['seldəm] *adv* harvoin
select [si'lekt] *v* valita, valikoida; *adj* hieno, valikoitu
selection [si'lekʃən] *n* valikoima
self [self] *n* (*pl* selves) itse
self-centred [,self'sentəd] *adj* itsekeskeinen
self-employed [,selfim'plɔid] *adj* itsenäinen ammatinharjoittaja, yksityisyrittäjä
self-evident [,sel'fevidənt] *adj* itsestään selvä
self-government [,self'gʌvəmənt] *n* itsehallinto
selfish ['selfiʃ] *adj* itsekäs
selfishness ['selfiʃnəs] *n* itsekkyys
self-service [,self'sə:vis] *n* itsepalvelu; ~ **restaurant** itsepalveluravintola
***sell** [sel] *v* myydä
semblance ['sembləns] *n* näköisyys, kaltaisuus
semi- ['semi] puoli-
semicircle ['semi,sə:kəl] *n* puoliympyrä
semicolon [,semi'koulən] *n* puolipiste
senate ['senət] *n* senaatti
senator ['senətə] *n* senaattori
***send** [send] *v* lähettää; ~ **back** palauttaa; ~ **for** lähettää noutamaan; ~ **off** lähettää pois
sender ['sendə] *n* lähettäjä
senile ['si:nail] *adj* vanhuudenhöperö
sensation [sen'seiʃən] *n* sensaatio; aistimus, tunne
sensational [sen'seiʃənəl] *adj* huomiota herättävä
sense [sens] *n* aisti; järki; merkitys; taju, merkitys; *v* aavistaa; ~ **of honour** kunniantunto
senseless ['sensləs] *adj* järjetön
sensible ['sensəbəl] *adj* järkevä
sensitive ['sensitiv] *adj* herkkä
sentence ['sentəns] *n* lause; tuomio; *v* tuomita
sentimental [,senti'mentəl] *adj* tunteellinen

separate¹ ['sepəreit] *v* erottaa
separate² ['sepərət] *adj* erillinen
separately ['sepərətli] *adv* erikseen
September [sep'tembə] syyskuu
septic ['septik] *adj* tulehtunut; ***become ~** tulehtua
sequel ['si:kwəl] *n* jatko-osa
sequence ['si:kwəns] *n* järjestys; peräkkäisyys; sarja
serene [sə'ri:n] *adj* tyyni; seesteinen
serial ['siəriəl] *n* sarjaohjelma
series ['siəri:z] *n* (pl ~) sarja, jakso
serious ['siəriəs] *adj* vakava
seriousness ['siəriəsnəs] *n* vakavuus
sermon ['sə:mən] *n* saarna
serum ['siərəm] *n* seerumi
servant ['sə:vənt] *n* palvelija
serve [sə:v] *v* tarjoilla
service ['sə:vis] *n* palvelus; palvelu; **~ charge** palvelumaksu; **~ station** huoltoasema
serviette [ˌsə:vi'et] *n* lautasliina
session ['seʃən] *n* istunto
set [set] *n* sarja
***set** [set] *v* asettaa; **~ menu** kiinteä ruokalista; **~ out** lähteä
setting ['setiŋ] *n* puitteet *pl*; **~ lotion** kampausneste
settle ['setəl] *v* järjestää, selvittää; **~ down** asettua asumaan
settlement ['setəlmənt] *n* järjestely, sopimus; siirtokunta
seven ['sevən] *num* seitsemän
seventeen [ˌsevən'ti:n] *num* seitsemäntoista
seventeenth [ˌsevən'ti:nθ] *num* seitsemästoista
seventh ['sevənθ] *num* seitsemäs
seventy ['sevənti] *num* seitsemänkymmentä
several ['sevərəl] *adj* usea
severe [si'viə] *adj* kova, ankara
***sew** [sou] *v* ommella; **~ up** ommella haava
sewer ['su:ə] *n* viemäri
sewing machine ['souiŋməˌʃi:n] *n* ompelukone
sex [seks] *n* sukupuoli; seksi
sexual ['sekʃuəl] *adj* seksuaalinen, seksi-
sexuality [ˌsekʃu'æləti] *n* seksuaalisuus
shade [ʃeid] *n* varjo; vivahdus
shadow ['ʃædou] *n* varjo
shady ['ʃeidi] *adj* varjoisa
***shake** [ʃeik] *v* ravistaa
shaky ['ʃeiki] *adj* vapiseva
***shall** [ʃæl] *v* pitää, täytyä
shallow ['ʃælou] *adj* matala
shame [ʃeim] *n* häpeä;

shame! hyi
shampoo [ʃæm'puː] *n* sampoo
shamrock ['ʃæmrɔk] *n* apilanlehti
shape [ʃeip] *v* muovata; *n* muoto
share [ʃɛə] *v* jakaa; *n* osuus; osake
shark [ʃɑːk] *n* hai
sharp [ʃɑːp] *adj* terävä
sharpen ['ʃɑːpən] *v* teroittaa
shave [ʃeiv] *v* ajaa parta
shaver ['ʃeivə] *n* parranajokone
shaving brush ['ʃeiviŋbrʌʃ] *n* partasuti
shaving cream ['ʃeiviŋkriːm] *n* partavaahto
shaving soap ['ʃeiviŋsoup] *n* parranajosaippua
shawl [ʃɔːl] *n* hartiahuivi
she [ʃiː] *pron* hän (naisesta)
shed [ʃed] *n* vaja
***shed** [ʃed] *v* vuodattaa, valaa
sheep [ʃiːp] *n* (pl ~) lammas
sheer [ʃiə] *adj* pelkkä, silkka
sheet [ʃiːt] *n* lakana; paperiarkki; levy
shelf [ʃelf] *n* (pl shelves) hylly
shell [ʃel] *n* simpukankuori
shellfish ['ʃelfiʃ] *n* äyriäinen
shelter ['ʃeltə] *n* suoja; *v* suojata
shepherd ['ʃepəd] *n* paimen
shift [ʃift] *n* vaihto; työvuoro
***shine** [ʃain] *v* kiiltää, loistaa
ship [ʃip] *n* laiva; *v* laivata;
shipping line laivayhtiö
shipowner ['ʃiˌpounə] *n* laivanvarustaja
shipyard ['ʃipjɑːd] *n* laivaveistämö
shirt [ʃəːt] *n* paita
shiver ['ʃivə] *v* vapista, väristä; *n* väristys
shock [ʃɔk] *v* järkyttää; *n* järkytys; ~ **absorber** iskunvaimentaja
shocking ['ʃɔkiŋ] *adj* järkyttävä
shoe [ʃuː] *n* kenkä; **gym shoes** voimistelutossut *pl*; ~ **polish** kengänkiiloke
shoelace ['ʃuːleis] *n* kengännauha
shoemaker ['ʃuːˌmeikə] *n* suutari
shoe shop ['ʃuːʃɔp] *n* kenkäkauppa
shook [ʃuk] *v* (p shake)
***shoot** [ʃuːt] *v* ampua
shop [ʃɔp] *v* käydä ostoksilla; *n* kauppa; ~ **assistant** myyjä; **shopping bag** ostoslaukku; **shopping centre** ostoskeskus
shopkeeper ['ʃɔpˌkiːpə] *n* kauppias
shopwindow [ˌʃɔp'windou] *n* näyteikkuna
shore [ʃɔː] *n* ranta
short [ʃɔːt] *adj* lyhyt; ~ **circuit** oikosulku
shortage ['ʃɔːtidʒ] *n* pula
shorten ['ʃɔːtən] *v* lyhentää
shorthand ['ʃɔːthænd] *n* pikakirjoitus

shortly ['ʃɔ:tli] *adv* pian
shorts [ʃɔ:ts] *pl* shortsit *pl*; *plAm* alushousut *pl*
short-sighted [,ʃɔ:t'saitid] *adj* likinäköinen
shot [ʃɔt] *n* laukaus; ruiske; otos
***should** [ʃud] *v* täytyisi, pitäisi
shoulder ['ʃouldə] *n* hartia
shout [ʃaut] *v* kirkua, huutaa; *n* huuto
shovel ['ʃʌvəl] *n* lapio
show [ʃou] *n* esitys; näyttely
***show** [ʃou] *v* näyttää; osoittaa
showcase ['ʃoukeis] *n* lasikaappi, vitriini
shower [ʃauə] *n* suihku; sadekuuro
showroom ['ʃouru:m] *n* näyttelytila
shriek [ʃri:k] *v* kirkua; *n* kirkaisu
shrimp [ʃrimp] *n* katkarapu
shrine [ʃrain] *n* pyhiinvaelluspaikka, pyhäkkö
***shrink** [ʃriŋk] *v* kutistua
shrinkproof ['ʃriŋkpru:f] *adj* kutistumaton
shrub [ʃrʌb] *n* pensas
shudder ['ʃʌdə] *n* väristys
shuffle ['ʃʌfəl] *v* sekoittaa kortit; *n* satunnaissoitto (CD-soittimessa)
***shut** [ʃʌt] *v* sulkea; **shut** suljettu; ~ **in** teljetä
shutter ['ʃʌtə] *n* ikkunaluukku, luukku
shy [ʃai] *adj* ujo, arka
shyness ['ʃainəs] *n* ujous
Siamese [,saiə'mi:z] *adj* siamilainen
sick [sik] *adj* sairas
sickness ['siknəs] *n* sairaus; pahoinvointi
side [said] *n* reuna, sivu; puoli; **onesided** *adj* yksipuolinen
sideburns ['saidbə:nz] *pl* pulisongit
sidelight ['saidlait] *n* sivuvalo
side street ['saidstri:t] *n* sivukatu
sidewalk ['saidwɔ:k] *nAm* jalkakäytävä
sideways ['saidweiz] *adv* sivulle, sivuttain
siege [si:dʒ] *n* piiritys
sieve [siv] *n* sihti; *v* seuloa
sift [sift] *v* seuloa
sight [sait] *n* näky; nähtävyys
sign [sain] *n* tunnus, merkki; kyltti; viittaus, ele; *v* allekirjoittaa
signal ['signəl] *v* antaa merkki; *n* merkki
signature ['signətʃə] *n* nimikirjoitus
significant [sig'nifikənt] *adj* merkittävä
signpost ['sainpoust] *n* tienviitta
silence ['sailəns] *n* hiljaisuus; *v* vaientaa
silencer ['sailənsə] *n* äänenvaimennin

silent ['sailənt] *adj* vaitelias, äänetön; ***be ~** vaieta
silk [silk] *n* silkki
silly ['sili] *adj* typerä
silver ['silvə] *n* hopea; hopeinen
silversmith ['silvəsmiθ] *n* hopeaseppä
silverware ['silvəwɛə] *n* hopeatavara
similar ['similə] *adj* samanlainen
similarity [ˌsimi'lærəti] *n* samanlaisuus
simple ['simpəl] *adj* yksinkertainen
simply ['simpli] *adv* yksinkertaisesti
simulate ['simjuleit] *v* simuloida, jäljitellä
simultaneous [ˌsiməl'teiniəs] *adj* samanaikainen
sin [sin] *n* synti
since [sins] *prep* jstak alkaen, jstak asti;; *conj* sen jälkeen kun; koska
sincere [sin'siə] *adj* vilpitön; **sincerely** vilpittömästi
sinew ['sinju:] *n* jänne
***sing** [siŋ] *v* laulaa
singer ['siŋə] *n* laulaja
single ['siŋgəl] *adj* ainoa; naimaton; **~ room** yhden hengen huone
singular ['siŋgjulə] *n* yksikkö; *adj* epätavallinen
sinister ['sinistə] *adj* pahaenteinen
sink [siŋk] *n* pesuallas
***sink** [siŋk] *v* vajota
sip [sip] *n* siemaus
sir [sə:] hyvä herra
siren ['saiərən] *n* sireeni
sister ['sistə] *n* sisar
sister-in-law ['sistərinlɔ:] *n* (pl sisters-) käly
***sit** [sit] *v* istua; **~ down** istuutua
site [sait] *n* tontti; sijainti
sitting room ['sitiŋru:m] *n* olohuone
situated ['sitʃueitid] *adj* sijaitseva
situation [ˌsitʃu'eiʃən] *n* tilanne; sijainti, asema
six [siks] *num* kuusi
sixteen [ˌsiks'ti:n] *num* kuusitoista
sixteenth [ˌsiks'ti:nθ] *num* kuudestoista
sixth [siksθ] *num* kuudes
sixty ['siksti] *num* kuusikymmentä
size [saiz] *n* koko; suuruus
skate [skeit] *v* luistella; *n* luistin
skating ['skeitiŋ] *n* luistelu
skating rink ['skeitiŋriŋk] *n* luistinrata
skeleton ['skelitən] *n* luuranko
sketch [sketʃ] *n* luonnos, piirustus; *v* piirtää, luonnostella
ski[1] [ski:] *v* hiihtää
ski[2] [ski:] *n* (pl ~, ~s) suksi; **~ boots** monot *pl*; **~ pants** hiihtohousut *pl*; **~ poles** *Am* suksisauvat *pl*; **~ sticks**

suksisauvat *pl*
skid [skid] *v* luisua
skier ['ski:ə] *n* hiihtäjä
skiing ['ski:iŋ] *n* hiihto
ski jump ['ski:dʒʌmp] *n* mäkihyppy
skilful ['skilfəl] *adj* taitava, näppärä, etevä
ski lift ['ski:lift] *n* hiihtohissi
skill [skil] *n* taito
skilled [skild] *adj* taitava; ammattitaitoinen
skin [skin] *n* iho, nahka; kuori; ~ **cream** ihovoide
skip [skip] *v* hyppiä; hypätä yli
skirt [skə:t] *n* hame
skull [skʌl] *n* kallo
sky [skai] *n* taivas
skyscraper ['skai,skreipə] *n* pilvenpiirtäjä
slack [slæk] *adj* hidas
slacks [slæks] *pl* (vapaa--ajan) housut
slam [slæm] *v* paukauttaa kiinni
slander ['sla:ndə] *n* panettelu
slang [slæŋ] *n* slangi
slant [slɑ:nt] *v* kallistua
slanting ['sla:ntiŋ] *adj* vino, kalteva
slap [slæp] *v* läimäyttää; *n* läimäys
slate [sleit] *n* liuskakivi
slave [sleiv] *n* orja
sledge [sledʒ] *n* reki, kelkka
sleep [sli:p] *n* uni
***sleep** [sli:p] *v* nukkua
sleeping bag ['sli:piŋbæg] *n* makuupussi
sleeping car ['sli:piŋka:] *n* makuuvaunu
sleeping pill ['sli:piŋpil] *n* unilääke
sleepless ['sli:pləs] *adj* uneton
sleepy ['sli:pi] *adj* uninen
sleeve [sli:v] *n* hiha; kotelo
sleigh [slei] *n* kelkka, reki
slender ['slendə] *adj* hoikka
slice [slais] *n* viipale
slide [slaid] *n* liukuminen; liukurata; kuultokuva, diakuva
***slide** [slaid] *v* liukua
slight [slait] *adj* vähäinen; lievä
slim [slim] *adj* solakka; *v* laihduttaa
slip [slip] *v* liukastua; livahtaa; *n* horjahdus; alushame
slipper ['slipə] *n* tohveli
slippery ['slipəri] *adj* liukas
slogan ['slougən] *n* iskulause
slope [sloup] *n* rinne; *v* viettää
sloping ['sloupiŋ] *adj* viettävä
sloppy ['slɔpi] *adj* epäsiisti
slot [slɔt] *n* lovi
slot machine ['slɔt,məʃi:n] *n* kolikkoautomaatti, raha--automaatti
slovenly ['slʌvənli] *adj* sottainen
slow [slou] *adj* hidas; ~ **down** hiljentää vauhtia;

hidastaa
sluice [slu:s] *n* ränni, sulkuportti
slum [slʌm] *n* slummi
slump [slʌmp] *n* laskukausi
slush [slʌʃ] *n* lumisohjo
sly [slai] *adj* ovela
smack [smæk] *v* läimäyttää; *n* läimäys
small [smɔ:l] *adj* pieni; vähäinen
smallpox ['smɔ:lpɔks] *n* isorokko
smart [smɑ:t] *adj* tyylikäs; älykäs, taitava
smash [smæʃ] *n* räsähdys; *v* murskata
smell [smel] *n* haju
***smell** [smel] *v* haista
smelly ['smeli] *adj* pahanhajuinen
smile [smail] *v* hymyillä; *n* hymy
smith [smiθ] *n* seppä
smoke [smouk] *v* tupakoida; *n* savu; **no smoking** tupakointi kielletty
smoke-free ['smouk'fri:] *adj* savuton
smoker ['smoukə] *n* tupakoitsija; tupakkaosasto
smoking compartment ['smoukiŋkəm,pa:tmənt] *n* tupakkaosasto
smooth [smu:ð] *adj* sileä, tyven; joustava
smuggle ['smʌgəl] *v* salakuljettaa
snack [snæk] *n* välipala
snack bar ['snækbɑ:] *n* pikabaari
snail [sneil] *n* etana
snake [sneik] *n* käärme
snapshot ['snæpʃɔt] *n* tilannekuva
sneakers ['sni:kəz] *plAm* lenkkitossut *pl*
sneeze [sni:z] *v* aivastaa
sniper ['snaipə] *n* sala--ampuja
snooty ['snu:ti] *adj* koppava
snore [snɔ:] *v* kuorsata
snorkel ['snɔ:kəl] *n* snorkkeli
snout [snaut] *n* kuono
snow [snou] *n* lumi; *v* sataa lunta
snowstorm ['snoustɔ:m] *n* lumimyrsky
snowy ['snoui] *adj* luminen
so [sou] *conj* niin; *adv* siten; niin, siinä määrin; **and ~ on** ja niin edespäin; **~ far** tähän asti; **~ that** joten, jotta
soak [souk] *v* liottaa, kastella läpimäräksi
soap [soup] *n* saippua; **~ powder** pesupulveri
sober ['soubə] *adj* raitis
so-called [,sou'kɔ:ld] *adj* niin sanottu
soccer ['sɔkə] *n* jalkapallo; **~ team** joukkue
social ['souʃəl] *adj* sosiaalinen
socialism ['souʃəlizəm] *n* sosialismi
socialist ['souʃəlist] *adj* sosialistinen; *n* sosialisti
society [sə'saiəti] *n*

yhteiskunta; seurapiiri; yhdistys
sock [sɔk] *n* sukka
socket ['sɔkit] *n* pistorasia
soda ['soudə] *nAm* limonadi; ~ **water** soodavesi
sofa ['soufə] *n* sohva
soft [sɔft] *adj* pehmeä; ~ **drink** alkoholiton juoma
soften ['sɔfən] *v* pehmittää
software ['sɔftweə] *n* tietokoneohjelma
soil [sɔil] *n* maa, maaperä
soiled [sɔild] *adj* likainen
solar ['soulə] *adj* aurinko-; ~ **system** aurinkokunta
sold [sould] *v* (p, pp sell); ~ **out** loppuunmyyty
soldier ['souldʒə] *n* sotilas
sole[1] [soul] *adj* ainoa
sole[2] [soul] *n* kengänpohja; meriantura
solely ['soulli] *adv* yksinomaan
solemn ['sɔləm] *adj* juhlallinen
solicitor [sə'lisitə] *n* asianajaja
solid ['sɔlid] *adj* kiinteä; jykevä; *n* kiinteä aine
soluble ['sɔljubəl] *adj* liukeneva
solution [sə'lu:ʃən] *n* ratkaisu; liuos
solve [sɔlv] *v* ratkaista
sombre ['sɔmbə] *adj* synkkä
some [sʌm] *adj* joku, muutama; *pron* jotkut, muutamat; vähän; ~ **day** joskus; ~ **more** vähän lisää; ~ **time** joskus
somebody ['sʌmbədi] *pron* joku
somehow ['sʌmhau] *adv* jotenkin, jollakin
someone ['sʌmwʌn] *pron* joku
something ['sʌmθiŋ] *pron* jotakin
sometimes ['sʌmtaimz] *adv* toisinaan, joskus
somewhat ['sʌmwɔt] *adv* hiukan
somewhere ['sʌmweə] *adv* jossain
son [sʌn] *n* poika
song [sɔŋ] *n* laulu
son-in-law ['sʌninlɔ:] *n* (pl sons-) vävy
soon [su:n] *adv* pian; **as** ~ **as** niin pian kuin
sooner ['su:nə] *adv* mieluummin
sore [sɔ:] *adj* kipeä; *n* kipeä, hellä, arka; ~ **throat** kipeä kurkku
sorrow ['sɔrou] *n* suru, murhe
sorry ['sɔri] *adj* pahoillaan; **sorry** anteeksi
sort [sɔ:t] *v* järjestää, lajitella; *n* laji; **all sorts of** kaikenlaisia
soul [soul] *n* sielu; henki
sound [saund] *v* kuulostaa; *n* sointu, ääni; *adj* terve, järkevä
soundproof ['saundpru:f] *adj* äänieristetty
soup [su:p] *n* keitto

soup plate ['su:ppleit] *n* syvä lautanen
soup spoon ['su:pspu:n] *n* keittolusikka
sour [sauə] *adj* hapan
source [sɔ:s] *n* lähde
south [sauθ] *n* etelä; **South Pole** etelänapa
South Africa [sauθ 'æfrikə] Etelä-Afrikka
southeast [ˌsauθ'i:st] *n* kaakko
southerly ['sʌðəli] *adj* eteläinen
southern ['sʌðən] *adj* eteläinen
southwest [ˌsauθ'west] *n* lounas
souvenir ['su:vəniə] *n* matkamuisto
sovereign ['sɔvrin] *n* hallitsija
Soviet ['souviət] *adj* neuvostoliittolainen; ~ **Union** Neuvostoliitto
***sow** [sou] *v* kylvää
spa [spɑ:] *n* kylpylä
space [speis] *v* harventaa; *n* tila; avaruus; väli; ~**shuttle** avaruussukkula
spacious ['speiʃəs] *adj* tilava
spade [speid] *n* lapio
Spain [spein] Espanja
Spaniard ['spænjəd] *n* espanjalainen
Spanish ['spæniʃ] *adj* espanjalainen
spanking ['spæŋkiŋ] *n* selkäsauna
spanner ['spænə] *n* jakoavain, mutterinavain
spare [spɛə] *adj* ylimääräinen; *v* säästää; ~ **part** varaosa; ~ **room** vierashuone; ~ **time** vapaa-aika; ~ **tyre** vararengas; ~ **wheel** varapyörä
spark [spɑ:k] *n* kipinä
sparking plug ['spa:kiŋplʌg] *n* sytytystulppa
sparkling ['spa:kliŋ] *adj* kipinöivä; helmeilevä
sparrow ['spærou] *n* varpunen
***speak** [spi:k] *v* puhua
speaker phone ['spi:kə‿ˌfoun] *n* kaiutinpuhelin
spear [spiə] *n* keihäs
special ['speʃəl] *adj* erityinen, erikoinen; ~ **delivery** pikaposti
specialist ['speʃəlist] *n* asiantuntija
speciality [ˌspeʃi'æləti] *n* erikoisuus
specialize ['speʃəlaiz] *v* erikoistua
specially ['speʃəli] *adv* etenkin
species ['spi:ʃi:z] *n* (pl ~) laji
specific [spə'sifik] *adj* nimenomainen; ominainen
specimen ['spesimən] *n* näyte, näytekappale
speck [spek] *n* täplä
spectacle ['spektəkəl] *n*

näytelmä; **spectacles** silmälasit *pl*
spectator [spek'teitə] *n* katselija
speculate ['spekjuleit] *v* keinotella; mietiskellä
speech [spiːtʃ] *n* puhekyky; puhe
speechless ['spiːtʃləs] *adj* sanaton
speed [spiːd] *n* nopeus; vauhti; **cruising ~** kulkunopeus; **~ limit** nopeusrajoitus
***speed** [spiːd] *v* ajaa nopeasti; ylittää sallittu ajonopeus
speed dial(ing) ['spiːd‿,dail(iŋ)] *n* pikavalinta
speeding ['spiːdiŋ] *n* ylinopeus
speedometer [spiː'dɔmitə] *n* nopeusmittari
spell [spel] *n* lumous
***spell** [spel] *v* tavata
spelling ['speliŋ] *n* oikeinkirjoitus
***spend** [spend] *v* käyttää, kuluttaa; viettää
sphere [sfiə] *n* pallo; piiri
spice [spais] *n* mauste
spiced [spaist] *adj* maustettu
spicy ['spaisi] *adj* maustettu
spider ['spaidə] *n* hämähäkki; **spider's web** hämähäkinverkko
***spill** [spil] *v* läikyttää
***spin** [spin] *v* kehrätä; pyörittää
spinach ['spinidʒ] *n* pinaatti
spine [spain] *n* selkäranka
spinster ['spinstə] *n* vanhapiika (halv)
spire [spaiə] *n* torni
spirit ['spirit] *n* sielu; aave; mieliala; **spirits** väkijuomat *pl*; **~ stove** spriikeitin
spiritual ['spiritʃuəl] *adj* hengellinen
spit [spit] *n* sylki; varras
***spit** [spit] *v* sylkeä
spite [spait] *n* pahansuopuus; *v* ärsyttää; **in ~ of** huolimatta
spiteful ['spaitfəl] *adj* pahansuopa
splash [splæʃ] *v* räiskyttää
splendid ['splendid] *adj* loistava, suurenmoinen
splendour ['splendə] *n* loisto
splint [splint] *n* lasta
splinter ['splintə] *n* sirpale
***split** [split] *v* halkaista
***spoil** [spɔil] *v* turmella; hemmotella
spoke[1] [spouk] *v* (p speak)
spoke[2] [spouk] *n* (pyörän) pinna
sponge [spʌndʒ] *n* pesusieni
spook [spuːk] *n* aave, kummitus
spool [spuːl] *n* puola
spoon [spuːn] *n* lusikka
spoonful ['spuːnful] *n* lusikallinen
sport [spɔːt] *n* urheilu
sports car ['spɔːtskaː] *n* urheiluauto

sports jacket ['spɔːtsˌdʒækit] *n* urheilutakki
sportsman ['spɔːtsmən] *n* (pl -men) urheilija
sportswear ['spɔːtswɛə] *n* urheiluasusteet *pl*
sportswoman ['spɔːtswumən] *n* (pl -women) urheilija (nainen)
spot [spɔt] *n* tahra, täplä; paikka
spotless ['spɔtləs] *adj* tahraton
spotlight ['spɔtlait] *n* valonheitin
spotted ['spɔtid] *adj* täplikäs
spout [spaut] *n* ruisku; kouru, nokka
sprain [sprein] *v* nyrjäyttää; *n* nyrjähdys
spray [sprei] *n* suihke; *v* suihkuttaa
***spread** [spred] *v* levittää
spring [spriŋ] *n* kevät; jousi; lähde
springtime ['spriŋtaim] *n* kevätaika
sprouts [sprauts] *pl* ruusukaali
spy [spai] *n* vakoilija
squadron ['skwɔdrən] *n* laivue; eskadeeri
square [skwɛə] *adj* neliönmuotoinen; *n* neliö; aukio
squash [skwɔʃ] *n* hedelmämehu
squeeze [skwiːz] *v* puristaa
squirrel ['skwirəl] *n* orava
squirt [skwəːt] *n* suihku
stable ['steibəl] *adj* vakaa; *n* talli
stack [stæk] *n* pino
stadium ['steidiəm] *n* stadion
staff [stɑːf] *n* henkilökunta
stage [steidʒ] *n* näyttämö; vaihe, aste; etappi
stain [stein] *v* tahrata; *n* tahra; **stained glass** polttovärjätty lasi; **~ remover** tahranpoistoaine
stainless ['steinləs] *adj* tahraton; **~ steel** ruostumaton teräs
staircase ['stɛəkeis] *n* portaikko *pl*
stairs [stɛəz] *pl* portaat *pl*
stale [steil] *adj* väljähtynyt
stall [stɔːl] *n* kauppakoju; permanto (teatt)
stamp [stæmp] *n* postimerkki; leima; *v* varustaa postimerkillä; tallata; **~ machine** postimerkkiautomaatti
stand [stænd] *n* myyntikoju; puhujakoroke
***stand** [stænd] *v* seisoa
standard ['stændəd] *n* vakio, normi; vakio-; **~ of living** elintaso
stanza ['stænzə] *n* (runo)säkeistö
staple ['steipəl] *n* hakanen
star [stɑː] *n* tähti
starboard ['stɑːbəd] *n* tyyrpuuri
stare [stɛə] *v* tuijottaa

starling ['sta:liŋ] *n* kottarainen
start [stɑ:t] *v* aloittaa; *n* alku
starting point ['sta:tiŋpɔint] *n* lähtökohta
state [steit] *n* valtio; tila; *v* ilmoittaa
the States [ðə steits] Yhdysvallat
statement ['steitmənt] *n* lausunto
statesman ['steitsmən] *n* (pl -men) valtiomies
station ['steiʃən] *n* rautatieasema; asema
stationary ['steiʃənəri] *adj* paikallaan pysyvä
stationer's ['steiʃənəz] *n* paperikauppa
stationery ['steiʃənəri] *n* paperitavarat *pl*
statistics [stə'tistiks] *pl* tilastotiede
statue ['stætʃu:] *n* patsas
stay [stei] *v* jäädä, pysyä; oleskella; *n* oleskelu
steadfast ['stedfɑ:st] *adj* järkkymätön
steady ['stedi] *adj* luja, vakaa
steak [steik] *n* pihvi
***steal** [sti:l] *v* varastaa
steam [sti:m] *n* höyry
steamer ['sti:mə] *n* höyrylaiva
steel [sti:l] *n* teräs
steep [sti:p] *adj* jyrkkä
steeple ['sti:pəl] *n* kirkontorni
steer [stiə] *v* ohjata
steering column ['stiəriŋ,kɔləm] *n* ohjaustanko
steering wheel ['stiəriŋwi:l] *n* ohjauspyörä
steersman ['stiəzmən] *n* (pl -men) perämies
stem [stem] *n* varsi
stem cell ['stem‿sel] *n* kantasolu
step [step] *n* askel; porras; *v* astua
stepchild ['steptʃaild] *n* (pl -children) lapsipuoli
stepfather ['step,fa:ðə] *n* isäpuoli
stepmother ['step,mʌðə] *n* äitipuoli
stereo [steriou] *n* stereo
sterile ['sterail] *adj* steriili
sterilize ['sterilaiz] *v* sterilisoida
steward ['stju:əd] *n* stuertti
stewardess ['stju:ədes] *n* lentoemäntä
stick [stik] *n* keppi
***stick** [stik] *v* tarttua, pitää kiinni; liimata
sticker ['stikə] *n* tarra
sticky ['stiki] *adj* tahmea
stiff [stif] *adj* kankea
still [stil] *adv* vielä; sittenkin; *adj* hiljainen
stimulant ['stimjulənt] *n* piristysaine
stimulate ['stimjuleit] *v* piristää
sting [stiŋ] *n* pistos
***sting** [stiŋ] *v* pistää
stingy ['stindʒi] *adj* saita

***stink** [stiŋk] *v* löyhkätä
stipulate ['stipjuleit] *v* määrätä
stipulation [,stipju'leiʃən] *n* määräys
stir [stəː] *v* liikuttaa; hämmentää
stitch [stitʃ] *n* ommel, pistos; tikki
stock [stɔk] *n* varasto; *v* varastoida; **~ exchange** arvopaperipörssi; **~ market** arvopaperimarkkinat; **stocks and shares** osakkeet *pl*
stocking ['stɔkiŋ] *n* (pitkä) sukka
stole¹ [stoul] *v* (p steal)
stole² [stoul] *n* stoola
stomach ['stʌmək] *n* vatsa
stomach ache ['stʌməkeik] *n* vatsakipu
stone [stoun] *n* kivi; jalokivi; kivinen; **pumice ~** hohkakivi
stood [stud] *v* (p, pp stand)
stop [stɔp] *v* lopettaa; pysähdyttää; *n* pysäkki; **stop** seis
stopper ['stɔpə] *n* tulppa
storage ['stɔːridʒ] *n* varastointi
store [stɔː] *n* varasto; myymälä; *v* varastoida
store house ['stɔːhaus] *n* varasto
storey ['stɔːri] *n* kerros
stork [stɔːk] *n* haikara
storm [stɔːm] *n* myrsky
stormy ['stɔːmi] *adj* myrskyinen
story ['stɔːri] *n* kertomus
stout [staut] *adj* tukeva
stove [stouv] *n* uuni; liesi
straight [streit] *adj* suora; rehellinen; *adv* suoraan; **~ away** heti paikalla, suoraa päätä; **~ on** suoraan eteenpäin
strain [strein] *v* rasittaa; siivilöidä; *n* rasitus
strainer ['streinə] *n* siivilä, suodatin
strange [streindʒ] *adj* outo; kummallinen
stranger ['streindʒə] *n* muukalainen
strangle ['stræŋgəl] *v* kuristaa
strap [stræp] *n* hihna
straw [strɔː] *n* olki
strawberry ['strɔːbəri] *n* mansikka
stream [striːm] *v* virrata; *n* puro; virta
street [striːt] *n* katu
streetcar ['striːtkɑː] *nAm* raitiovaunu
strength [streŋθ] *n* voima, vahvuus
stress [stres] *v* painottaa; *n* rasitus; korostus
stretch [stretʃ] *v* venyttää; *n* matkaosuus
strict [strikt] *adj* ankara
strike [straik] *n* lakko
***strike** [straik] *v* lyödä; tuntua (jltkn); lakkoilla
striking ['straikiŋ] *adj* silmiinpistävä, huomiota

herättävä
string [striŋ] *n* nyöri; kieli, jänne
strip [strip] *n* kaistale; *v* riisua
stripe [straip] *n* raita
striped [straipt] *adj* raidallinen
stroke [strouk] *n* aivohalvaus
stroll [stroul] *v* kuljeskella; *n* kävely
strong [strɔŋ] *adj* vahva, voimakas
stronghold ['strɔŋhould] *n* tukikohta
structure ['strʌktʃə] *n* rakenne
struggle ['strʌgəl] *v* tapella; *n* ponnistus, kamppailu
stub [stʌb] *n* kanta
stubborn ['stʌbən] *adj* itsepäinen
student ['stju:dənt] *n* opiskelija; ylioppilas
studies ['stʌdiz] *npl* jatko--opinnot
study ['stʌdi] *v* opiskella; *n* opinnot *pl*; työhuone
stuff [stʌf] *n* aine; tavara
stuffed [stʌft] *adj* täytetty
stuffing ['stʌfiŋ] *n* täyte
stuffy ['stʌfi] *adj* ummehtunut
stumble ['stʌmbəl] *v* kompastua
stung [stʌŋ] *v* pp sting
stupid ['stju:pid] *adj* tyhmä
style [stail] *n* tyyli
subject[1] ['sʌbdʒikt] *n* aihe; alamainen; ~ **to** altis jllk
subject[2] [səb'dʒekt] *v* alistaa
submarine ['sʌbməri:n] *n* sukellusvene
submit [səb'mit] *v* alistua
subordinate [sə'bɔ:dinət] *adj* alainen; toisarvoinen
subscriber [səb'skraibə] *n* tilaaja
subscription [səb'skripʃən] *n* tilaus
subsequent ['sʌbsikwənt] *adj* myöhempi
subsidy ['sʌbsidi] *n* apuraha
substance ['sʌbstəns] *n* aine
substantial [səb'stænʃəl] *adj* aineellinen; tukeva; melkoinen
substitute ['sʌbstitju:t] *v* korvata; *n* korvike; sijainen
subtitle ['sʌbˌtaitəl] *n* alaotsikko
subtle ['sʌtəl] *adj* hiuksenhieno
subtract [səb'trækt] *v* vähentää
suburb ['sʌbə:b] *n* esikaupunki
suburban [sə'bə:bən] *adj* esikaupunkilainen
subway ['sʌbwei] *nAm* maanalainen
succeed [sək'si:d] *v* onnistua; seurata
success [sək'ses] *n* menestys
successful [sək'sesfəl] *adj* menestyvä

succumb [sə'kʌm] *v* antaa myöten
such [sʌtʃ] *adj* sellainen; *adv* niin; **~ as** kuten
suck [sʌk] *v* imeä
sudden ['sʌdən] *adj* äkillinen
suddenly ['sʌdənli] *adv* äkkiä
suede [sweid] *n* mokkanahka
suffer ['sʌfə] *v* kärsiä
suffering ['sʌfəriŋ] *n* kärsimys
suffice [sə'fais] *v* riittää
sufficient [sə'fiʃənt] *adj* kyllin, riittävä
suffrage ['sʌfridʒ] *n* äänioikeus
sugar ['ʃugə] *n* sokeri
suggest [sə'dʒest] *v* ehdottaa
suggestion [sə'dʒestʃən] *n* ehdotus
suicide ['su:isaid] *n* itsemurha
suicide attack ['sju:əsaid‿əˌtæk] *n* itsemurhaisku
suicide bomber ['sju:əsaid‿ˌbɔmə] *n* itsemurhapommittaja
suit [su:t] *v* sopia; sovittaa; *n* puku
suitable ['su:təbəl] *adj* sopiva
suitcase ['su:tkeis] *n* matkalaukku
suite [swi:t] *n* huoneisto
sum [sʌm] *n* summa
summary ['sʌməri] *n* tiivistelmä, yhteenveto
summer ['sʌmə] *n* kesä; **~time** kesäaika
summit ['sʌmit] *n* huippu
sun [sʌn] *n* aurinko
sunbathe ['sʌnbeið] *v* ottaa aurinkoa
sunburn ['sʌnbə:n] *n* päivetys
Sunday ['sʌndi] sunnuntai
sunglasses ['sʌnˌglɑ:siz] *pl* aurinkolasit *pl*
sunlight ['sʌnlait] *n* päivänvalo
sunny ['sʌni] *adj* aurinkoinen
sunrise ['sʌnraiz] *n* auringonnousu
sunset ['sʌnset] *n* auringonlasku
sunshade ['sʌnʃeid] *n* aurinkovarjo
sunshine ['sʌnʃain] *n* auringonpaiste
sunstroke ['sʌnstrouk] *n* auringonpistos
suntan oil ['sʌntænɔil] aurinkoöljy
super ['sju:pə] *adj* (*colloquial*) huippuhyvä
superb [su'pə:b] *adj* suurenmoinen, erinomainen
superficial [ˌsu:pə'fiʃəl] *adj* pinnallinen
superfluous [su'pə:fluəs] *adj* liiallinen
superior [su'piəriə] *adj* ylempi, ylivoimainen,

parempi, suurempi
superlative [su'pə:lətiv] *adj* verraton; *n* superlatiivi
supermarket ['su:pə,ma:kit] *n* valintamyymälä
supersonic [,su:pə'sɔnik] *adj* ääntä nopeampi
superstition [,su:pə'stiʃən] *n* taikausko
supervise ['su:pəvaiz] *v* valvoa
supervision [,su:pə'viʒən] *n* valvonta
supervisor ['su:pəvaizə] *n* valvoja
supper ['sʌpə] *n* illallinen
supple ['sʌpəl] *adj* taipuisa, notkea
supplement ['sʌplimənt] *n* liite
supply [sə'plai] *n* hankinta; varasto; tarjonta; *v* hankkia
support [sə'pɔ:t] *v* tukea, avustaa; *n* tuki; **~ hose** tukisukka
supporter [sə'pɔ:tə] *n* kannattaja
suppose [sə'pouz] *v* olettaa; **supposing that** edellyttäen
suppository [sə'pɔzitəri] *n* peräpuikko
suppress [sə'pres] *v* tukahduttaa
surcharge ['sə:tʃɑ:dʒ] *n* lisämaksu
sure [ʃuə] *adj* varma
surely ['ʃuəli] *adv* varmasti
surf [sə:f] *v* surffata (netissä)
surface ['sə:fis] *n* pinta
surfboard ['sə:fbɔ:d] *n* lainelauta
surgeon ['sə:dʒən] *n* kirurgi; **veterinary ~** eläinlääkäri
surgery ['sə:dʒəri] *n* leikkaus; vastaanottohuone
surname ['sə:neim] *n* sukunimi
surplus ['sə:pləs] *n* ylijäämä
surprise [sə'praiz] *v* yllättää; hämmästyttää; *n* yllätys
surrender [sə'rendə] *v* antautua; *n* antautuminen
surround [sə'raund] *v* ympäröidä
surrounding [sə'raundiŋ] *adj* ympäröivä
surroundings [sə'raundiŋz] *pl* ympäristö
survey ['sə:vei] *n* yleiskatsaus
survival [sə'vaivəl] *n* eloonjääminen
survive [sə'vaiv] *v* jäädä eloon
suspect[1] [sə'spekt] *v* epäillä; arvella
suspect[2] ['sʌspekt] *n* epäilyksenalainen henkilö
suspend [sə'spend] *v* ripustaa; erottaa
suspenders [sə'spendəz] *plAm* housunkannattimet *pl*
suspension [sə'spenʃən] *n* autonjousitus, kiinnitys; **~ bridge** riippusilta
suspicion [sə'spiʃən] *n* epäilys; epäluulo
suspicious [sə'spiʃəs] *adj* epäilyttävä; epäilevä,

epäluuloinen
sustain [sə'stein] *v* kannattaa; kestää
SUV ['esyu:'vi:]; **sport utility vehicle** *n* [kaupunki]maasturi
Swahili [swə'hi:li] *n* suahili
swallow ['swɔlou] *v* niellä; *n* pääskynen
swam [swæm] *v* (p swim)
swamp [swɔmp] *n* suo
swan [swɔn] *n* joutsen
swap [swɔp] *v* tehdä vaihtokauppa
***swear** [swɛə] *v* vannoa; kiroilla
sweat [swet] *n* hiki; *v* hikoilla
sweater ['swetə] *n* neulepusero
Swede [swi:d] *n* ruotsalainen
Sweden ['swi:dən] Ruotsi
Swedish ['swi:diʃ] *adj* ruotsalainen
***sweep** [swi:p] *v* lakaista
sweet [swi:t] *adj* makea; herttainen; *n* makeinen; jälkiruoka
sweeten ['swi:tən] *v* makeuttaa
sweetheart ['swi:thɑ:t] *n* mielitietty
sweetshop ['swi:tʃɔp] *n* makeiskauppa
swell [swel] *adj* mainio
***swell** [swel] *v* paisua
swelling ['sweliŋ] *n* turvotus
swift [swift] *adj* nopea
***swim** [swim] *v* uida
swimmer ['swimə] *n* uimari
swimming ['swimiŋ] *n* uinti; **~ pool** uima-allas
swimmingtrunks ['swimiŋtrʌŋks] *pl* uimahousut *pl*
swimsuit ['swimsu:t] *n*, **swimming suit** *nAm* uimapuku
swindle ['swindəl] *v* petkuttaa; *n* huijaus
swindler ['swindlə] *n* huijari
swing [swiŋ] *n* keinu
***swing** [swiŋ] *v* keinuttaa; keinua
Swiss [swis] *adj* sveitsiläinen
switch [switʃ] *n* katkaisin; *v* vaihtaa; **~ off** sammuttaa; **~ on** kytkeä päälle
switchboard ['switʃbɔ:d] *n* puhelinvaihde
Switzerland ['switsələnd] Sveitsi
sword [sɔ:d] *n* miekka
swum [swʌm] *v* (pp swim)
syllable ['siləbəl] *n* tavu
symbol ['simbəl] *n* symboli
sympathetic [,simpə'θetik] *adj* osaaottava, myötätuntoinen
sympathy ['simpəθi] *n* myötätunto
symphony ['simfəni] *n* sinfonia
symptom ['simtəm] *n* oire
synagogue ['sinəgɔg] *n* synagoga
synonym ['sinənim] *n* synonyymi

synthetic [sin'θetik] *adj* synteettinen
Syria ['siriə] Syyria
Syrian ['siriən] *adj* syyrialainen
syringe [si'rindʒ] *n* injektioruisku
syrup ['sirəp] *n* siirappi
system ['sistəm] *n* järjestelmä; **decimal ~** kymmenjärjestelmä
systematic [ˌsistə'mætik] *adj* järjestelmällinen

T

table ['teibəl] *n* pöytä; taulukko; **~ of contents** sisällysluettelo; **~ tennis** pöytätennis
tablecloth ['teibəlklɔθ] *n* pöytäliina
tablespoon ['teibəlspu:n] *n* ruokalusikka
tablet ['tæblit] *n* tabletti
taboo [tə'bu:] *n* tabu
tactics ['tæktiks] *pl* taktiikka
tag [tæg] *n* nimilipuke
tail [teil] *n* häntä
taillight ['teillait] *n* takavalo
tailor ['teilə] *n* räätäli
tailor-made ['teiləmeid] *adj* mittatilaustyönä tehty
***take** [teik] *v* ottaa; viedä; saattaa; tajuta, ymmärtää; **~ away** viedä; poistaa; **~ off** nousta ilmaan; **~ out** ottaa pois; **~ over** ottaa tehtäväkseen; **~ place** tapahtua; **~ up** ottaa haltuunsa
take-off ['teikɔf] *n* lentokoneen nousu
tale [teil] *n* kertomus, tarina
talent ['tælənt] *n* lahjakkuus
talented ['tæləntid] *adj* lahjakas
talk [tɔ:k] *v* keskustella, puhua; *n* keskustelu
talkative ['tɔ:kətiv] *adj* puhelias
tall [tɔ:l] *adj* korkea; pitkä
tame [teim] *adj* kesy, säyseä; *v* kesyttää
tampon ['tæmpən] *n* tamponi
tangerine [ˌtændʒə'ri:n] *n* mandariini
tangible ['tændʒibəl] *adj* käsin kosketeltava
tank [tæŋk] *n* säiliö
tanker ['tæŋkə] *n* säiliöalus
tanned [tænd] *adj* ruskettunut
tap [tæp] *n* hana; koputus; *v* koputtaa
tape [teip] *n* nauha; **adhesive ~** teippi
tape measure ['teipˌmeʒə] *n* mittanauha
tape recorder ['teipriˌkɔ:də] *n* nauhuri
tar [ta:] *n* terva

target ['ta:git] *n* tavoite, päämäärä
tariff ['tærif] *n* tariffi
task [tɑ:sk] *n* tehtävä
taste [teist] *v* maistua; *n* maku, makuaisti
tasteless ['teistləs] *adj* mauton
tasty ['teisti] *adj* maittava, maukas
taught [tɔ:t] *v* pp teach
tavern ['tævən] *n* taverna
tax [tæks] *n* vero; *v* verottaa
taxation [tæk'seiʃən] *n* verotus
tax-free ['tæksfri:] *adj* veroton
taxi ['tæksi] *n* taksi; ~ **rank** taksiasema; ~ **stand** *Am* taksiasema
taxi driver ['tæksi,draivə] *n* vuokraautoilija
taximeter ['tæksi,mi:tə] *n* taksamittari
tea [ti:] *n* tee
***teach** [ti:tʃ] *v* opettaa
teacher ['ti:tʃə] *n* opettaja
teachings ['ti:tʃiŋz] *pl* opetus
teacup ['ti:kʌp] *n* teekuppi
team [ti:m] *n* työryhmä
teapot ['ti:pɔt] *n* teekannu
***tear** [tεə] *v* repiä
tear[1] [tiə] *n* kyynel
tear[2] [tεə] *n* repeämä
tearjerker ['tiə,dʒə:kə] *n* nyyhkyleffa
tease [ti:z] *v* kiusoitella
tea set ['ti:set] *n* teeastiasto
tea-shop ['ti:ʃɔp] *n* teehuone
teaspoon ['ti:spu:n] *n* teelusikka
teaspoonful ['ti:spu:n,ful] *n* teelusikallinen
technical ['teknikəl] *adj* tekninen
technical support ['teknikəl‿sə'pɔ:t] *n* tekninen tuki
technician [tek'niʃən] *n* teknikko
technique [tek'ni:k] *n* tekniikka
technological [,teknə'lɔdʒikəl] *adj* tekninen
technology [tek'nɔlədʒi] *n* teknologia
teenager ['ti:,neidʒə] *n* teini-ikäinen
teetotaller [ti:'toutələ] *n* absolutisti
telecommunications [,telikəmju:ni'keiʃənz] *n* tietoliikenne
telegram ['teligræm] *n* sähke
telegraph ['teligra:f] *v* sähköttää
telepathy [ti'lepəθi] *n* telepatia
telephone ['telifoun] *n* puhelin; ~ **book** *Am* puhelinluettelo, *Am* puhelinrekisteri; ~ **booth** puhelinkoppi; ~ **call** puhelu; ~ **directory** puhelinluettelo; ~ **exchange** puhelinkeskus; ~

operator puhelunvälittäjä
telephonist [ti'lefənist] *n* puhelunvälittäjä
television ['teliviʒən] *n* televisio; ~ **set** televisiovastaanotin
***tell** [tel] *v* kertoa
telly ['teli] *n* *(colloquial)* telkkari
temper ['tempə] *n* mieliala, tuuli; kiivaus
temperature ['temprətʃə] *n* lämpötila
tempest ['tempist] *n* rajuilma
temple ['tempəl] *n* temppeli; ohimo
temporary ['tempərəri] *adj* väliaikainen, tilapäinen
tempt [tempt] *v* houkutella
temptation [temp'teiʃən] *n* kiusaus
ten [ten] *num* kymmenen
tenant ['tenənt] *n* vuokralainen
tend [tend] *v* pyrkiä; hoitaa; ~ **to** olla taipuvainen jhk
tendency ['tendənsi] *n* taipumus
tender ['tendə] *adj* hellä, herkkä; murea
tendon ['tendən] *n* jänne
tennis ['tenis] *n* tennis; ~ **shoes** tenniskengät *pl*
tennis court ['teniskɔ:t] *n* tenniskenttä
tense [tens] *adj* jännittynyt
tension ['tenʃən] *n* jännitys
tent [tent] *n* teltta
tenth [tenθ] *num* kymmenes
tepid ['tepid] *adj* haalea
term [tə:m] *n* termi; lukukausi, määräaika; ehto
terminal ['tə:minəl] *n* pääteasema
terrace ['terəs] *n* terassi
terrain [te'rein] *n* maasto
terrible ['teribəl] *adj* kauhea, hirveä, kauhistava
terrific [tə'rifik] *adj* verraton
terrify ['terifai] *v* kauhistuttaa; **terrifying** pelottava
territory ['teritəri] *n* alue
terror ['terə] *n* kauhu
terrorism ['terərizəm] *n* terrorismi
test [test] *n* kokeilu, koe; *v* kokeilla
testify ['testifai] *v* todistaa
text [tekst] *n* teksti; *v* tekstata
textbook ['teksbuk] *n* oppikirja
textile ['tekstail] *n* tekstiili
texture ['tekstʃə] *n* koostumus
Thai [tai] *adj* thaimaalainen
Thailand ['tailænd] Thaimaa
than [ðæn] *conj* kuin
thank [θæŋk] *v* kiittää; ~ **you** kiitos
thankful ['θæŋkfəl] *adj* kiitollinen
that [ðæt] *adj* tuo; *pron* joka; mikä; *conj* että
thaw [θɔ:] *v* lauhtua, sulaa; *n* suojasää
theatre ['θiətə] *n* teatteri
theft [θeft] *n* varkaus

their [ðɛə] *adj* heidän
them [ðem] *pron* heidät; heille
theme [θi:m] *n* aihe, teema
themselves [ðəm'selvz] *pron* itse; itsensä
then [ðen] *adv* silloin; sitten, sen jälkeen
theology [θi'ɔlədʒi] *n* jumaluusoppi
theoretical [θiə'retikəl] *adj* teoreettinen
theory ['θiəri] *n* teoria
therapy ['θerəpi] *n* hoito
there [ðɛə] *adv* siellä; sinne
therefore ['ðɛəfɔ:] *conj* siksi
thermometer [θə'mɔmitə] *n* lämpömittari
thermostat ['θə:məstæt] *n* termostaatti
these [ði:z] *adj* nämä
thesis ['θi:sis] *n* (pl theses) teesi
they [ðei] *pron* he
thick [θik] *adj* paksu; sakea
thicken ['θikən] *v* paksuntaa
thickness ['θiknəs] *n* paksuus
thief [θi:f] *n* (pl thieves) varas
thigh [θai] *n* reisi
thimble ['θimbəl] *n* sormustin
thin [θin] *adj* ohut; laiha
thing [θiŋ] *n* esine, asia
***think** [θiŋk] *v* ajatella; arvella; ~ **over** miettiä
thinker ['θiŋkə] *n* ajattelija
third [θə:d] *num* kolmas
thirst [θə:st] *n* jano
thirsty ['θə:sti] *adj* janoinen
thirteen [ˌθə:'ti:n] *num* kolmetoista
thirteenth [ˌθə:'ti:nθ] *num* kolmastoista
thirtieth ['θə:tiəθ] *num* kolmaskymmenes
thirty ['θə:ti] *num* kolmekymmentä
this [ðis] *adj* tämä; *pron* tämä
thistle ['θisəl] *n* ohdake
thorn [θɔ:n] *n* piikki
thorough ['θʌrə] *adj* perinpohjainen, perusteellinen
thoroughfare ['θʌrəfɛə] *n* kauttakulku
those [ðouz] *pron* nuo; ne
though [ðou] *conj* vaikka; *adv* kuitenkin
thought[1] [θɔ:t] *v* (p, pp think)
thought[2] [θɔ:t] *n* ajatus
thoughtful ['θɔ:tfəl] *adj* miettiväinen; huomaavainen
thousand ['θauzənd] *num* tuhat
thread [θred] *v* pujottaa; *n* lanka; rihma
threadbare ['θredbɛə] *adj* nukkavieru
threat [θret] *n* uhkaus, uhka
threaten ['θretən] *v* uhata
three [θri:] *num* kolme
three-quarter [ˌθri:'kwɔ:tə] *adj* kolme nejännestä
threshold ['θreʃould] *n* kynnys

threw [θruː] *v* (p throw)
thrifty ['θrifti] *adj* säästäväinen
throat [θrout] *n* kurkku; kaula
throne [θroun] *n* valtaistuin
through [θruː] *prep* läpi
throughout [θruː'aut] *adv* kauttaaltaan
throw [θrou] *n* heitto
***throw** [θrou] *v* paiskata, heittää
thrush [θrʌʃ] *n* rastas
thumb [θʌm] *n* peukalo
thumbtack ['θʌmtæk] *nAm* nasta
thump [θʌmp] *v* jyskyttää
thunder ['θʌndə] *v* jyristä; *n* ukkonen
thunderstorm ['θʌndəstɔːm] *n* ukonilma
thundery ['θʌndəri] *adj* ukkosta ennustava
Thursday ['θəːzdi] torstai
thus [ðʌs] *adv* näin ollen
thyme [taim] *n* timjami
tick [tik] *n* merkki, rasti; **~ off** rastia
ticket ['tikit] *n* lippu; sakkolappu; **~ collector** rahastaja; **~ machine** lippuautomaatti
tickle ['tikəl] *v* kutittaa
tide [taid] *n* vuorovesi; **high ~** nousuvesi; **low ~** laskuvesi
tidy ['taidi] *adj* siisti; **~ up** siivota
tie [tai] *v* sitoa, solmia; *n* solmio
tiger ['taigə] *n* tiikeri
tight [tait] *adj* tiukka; tiivis; *adv* tiukasti
tighten ['taitən] *v* kiristää, tiivistää; pingottua
tights [taits] *pl* sukkahousut *pl*
tile [tail] *n* kaakeli; tiili
till [til] *prep conj* saakka, asti, kunnes
timber ['timbə] *n* puutavara
time [taim] *n* aika; kerta; **all the ~** kaiken aikaa; **in ~** ajoissa; **~ of arrival** saapumisaika; **~ of departure** lähtöaika
time-saving ['taim,seiviŋ] *adj* aikaa säästävä
timetable ['taim,teibəl] *n* aikataulu
timid ['timid] *adj* ujo
timidity [ti'midəti] *n* ujous
tin [tin] *n* tina; säilykepurkki
tinned food säilykeruoka
tinfoil ['tinfɔil] *n* tinapaperi
tin opener ['ti,noupənə] *n* purkin avaaja
tiny ['taini] *adj* pikkuruinen
tip [tip] *n* kärki; juomaraha
tire[1] [taiə] *n* rengas
tire[2] [taiə] *v* väsyttää
tired [taiəd] *adj* uupunut, väsynyt; **~ of** kyllästynyt
tiring ['taiəriŋ] *adj* väsyttävä
tissue ['tiʃuː] *n* kangas; paperinenäliina
title ['taitəl] *n* arvonimi; otsikko
to [tuː] *prep* luo, luokse, kohti, vailla
toad [toud] *n* rupisammakko

toadstool ['toudstu:l] *n* myrkkysieni
toast [toust] *n* paahtoleipä; malja
tobacco [tə'bækou] *n* (pl ~s) tupakka; ~ **pouch** tupakkakukkaro
tobacconist [tə'bækənist] *n* tupakkakauppias; **tobacconist's** tupakkakauppa
today [tə'dei] *adv* tänään
toddler ['tɔdlə] *n* taapertaja
toe [tou] *n* varvas
toffee ['tɔfi] *n* toffee
together [tə'geðə] *adv* yhdessä
toilet ['tɔilət] *n* WC; ~ **case** toalettilaukku
toilet paper ['tɔilət,peipə] *n* WC-paperi
toiletry ['tɔilətri] *n* hygieniatarvikkeet *pl*
token ['toukən] *n* lahjakortti
told [tould] *v* (p, pp tell)
tolerable ['tɔlərəbəl] *adj* siedettävä
toll [toul] *n* tiemaksu
tomato [tə'mɑ:tou] *n* (pl ~es) tomaatti
tomb [tu:m] *n* hauta
tombstone ['tu:mstoun] *n* hautakivi
tomorrow [tə'mɔrou] *adv* huomenna
ton [tʌn] *n* tonni
tone [toun] *n* äänensävy; sointi
tongs [tɔŋz] *pl* pihdit *pl*
tongue [tʌŋ] *n* kieli
tonic ['tɔnik] *n* piristyspilleri
tonight [tə'nait] *adv* tänä iltana, tänä yönä
tonsilitis [,tɔnsə'laitis] *n* nielurisatulehdus
tonsils ['tɔnsəlz] *pl* nielurisat *pl*
too [tu:] *adv* liian; myös
took [tuk] *v* (p take)
tool [tu:l] *n* työkalu, väline; ~ **kit** työkalupakki
toot [tu:t] *vAm* antaa äänimerkki
tooth [tu:θ] *n* (pl teeth) hammas
toothache ['tu:θeik] *n* hammassärky
toothbrush ['tu:θbrʌʃ] *n* hammasharja
toothpaste ['tu:θpeist] *n* hammastahna
toothpick ['tu:θpik] *n* hammastikku
toothpowder ['tu:θ,paudə] *n* hammasjauhe
top [tɔp] *n* huippu; yläosa; kansi; ylin; **on** ~ **of** päällä ~ **side** yläpuoli
topic ['tɔpik] *n* aihe
topical ['tɔpikəl] *adj* ajankohtainen
torch [tɔ:tʃ] *n* soihtu; taskulamppu
torment[1] [tɔ:'ment] *v* kiusata
torment[2] ['tɔ:ment] *n* kärsimys
torture ['tɔ:tʃə] *n* kidutus; *v* kiduttaa
toss [tɔs] *v* heittää

tot [tɔt] *n* napero
total ['toutəl] *adj* koko; täydellinen, yleinen; *n* loppusumma
totalitarian [ˌtoutæli'tɛəriən] *adj* totalitaarinen
touch [tʌtʃ] *v* koskettaa, koskea; *n* kosketus; tunto; yhteys
touching ['tʌtʃiŋ] *adj* liikuttava
tough [tʌf] *adj* sitkeä; kova, luja
tour [tuə] *n* kiertomatka
tourism ['tuərizəm] *n* matkailu
tourist ['tuərist] *n* turisti; ~ **class** turistiluokka; ~ **office** matkailutoimisto
tournament ['tuənəmənt] *n* turnaus
tow [tou] *v* hinata
towards [tə'wɔːdz] *prep* kohti; kohtaan
towel [tauəl] *n* pyyheliina
towelling ['tauəliŋ] *n* froteepyyhekangas
tower [tauə] *n* torni
town [taun] *n* kaupunki; ~ **centre** kaupungin keskusta; ~ **hall** kaupungintalo
townspeople ['taunzˌpiːpəl] *pl* kaupunkilaiset *pl*
toxic ['tɔksik] *adj* myrkyllinen
toy [tɔi] *n* leikkikalu
toyshop ['tɔiʃɔp] *n* lelukauppa
trace [treis] *v* päästä jäljille; jäljittää; *n* jälki
track [træk] *n* raide; rata; jälki
tractor ['træktə] *n* traktori
trade [treid] *v* käydä kauppaa; *n* elinkeino; kaupankäynti; ammatti
trade union [ˌtreid'juːnjən] *n* ammattiyhdistys
trademark ['treidmaːk] *n* tavaramerkki
trader ['treidə] *n* elinkeinonharjoittaja
tradesman ['treidzmən] *n* (pl -men) liikkeenharjoittaja
tradeswoman ['treidzwumən] *n* (pl -women) liikkeenharjoittaja (nainen)
tradition [trə'diʃən] *n* perinne
traditional [trə'diʃənəl] *adj* perinteinen
traffic ['træfik] *n* liikenne; ~ **jam** liikenneruuhka; ~ **light** liikennevalo
trafficator ['træfikeitə] *n* suuntavilkku
tragedy ['trædʒədi] *n* murhenäytelmä
tragic ['trædʒik] *adj* traaginen
trail [treil] *n* polku, jälki
trailer ['treilə] *n* perävaunu; *nAm* asuntovaunu
train [trein] *n* juna; *v* kouluttaa, valmentaa; **stopping** ~ paikallisjuna; **through** ~ pikajuna; ~ **ferry**

junalautta
trainee [trei'ni:] *n* harjoittelija
trainer ['treinə] *n* kouluttaja
training ['treiniŋ] *n* valmennus, koulutus
trait [treit] *n* piirre
traitor ['treitə] *n* petturi
tram [træm] *n* raitiovaunu
tramp [træmp] *v* talsia*n* maankiertäjä, kulkuri
tranquil ['træŋkwil] *adj* tyyni
tranquillizer ['træŋkwilaizə] *n* rauhoittava lääke
transaction [træn'zækʃən] *n* liiketoimi
transatlantic [ˌtrænzət'læntik] *adj* Atlantin ylittävä
transfer [træns'fə:] *v* siirtää
transform [træns'fɔ:m] *v* muuttaa
transformer [træns'fɔ:mə] *n* muuntaja
transition [træn'siʃən] *n* siirtyminen
translate [træns'leit] *v* kääntää
translation [træns'leiʃən] *n* käännös
translator [træns'leitə] *n* kääntäjä
transmission [trænz'miʃən] *n* lähetys
transmit [trænz'mit] *v* lähettää
transmitter [trænz'mitə] *n* lähetin
transparent [træn'spɛərənt] *adj* läpikuultava
transport¹ ['trænspɔ:t] *n* siirto, kuljetus
transport² [træn'spɔ:t] *v* kuljettaa
transportation [ˌtrænspɔ:'teiʃən] *n* kuljetus
trap [træp] *n* ansa
trash [træʃ] *n* roju; ~ **can** *Am* jäteastia
travel ['trævəl] *v* matkustaa; ~ **agency** matkatoimisto; ~ **agent** matkatoimistovirkailija; ~ **insurance** matkavakuutus; **travelling expenses** matkakulut *pl*
traveller ['trævələ] *n* matkailija; **traveller's cheque** matkašekki
tray [trei] *n* tarjotin
treason ['tri:zən] *n* kavallus
treasure ['treʒə] *n* aarre
treasurer ['treʒərə] *n* rahastonhoitaja
treasury ['treʒəri] *n* valtiovarainministeriö
treat [tri:t] *v* kohdella; hoitaa
treatment ['tri:tmənt] *n* hoito; kohtelu
treaty ['tri:ti] *n* sopimus
tree [tri:] *n* puu
tremble ['trembəl] *v* vapista, väristä
tremendous [tri'mendəs] *adj* valtava; mahtava
trendy ['trendi] *adj* (*colloquial*) trendikäs
trespass ['trespəs] *v* tunkeutua

trespasser ['trespəsə] *n* tungettelija
trial [traiəl] *n* oikeudenkäynti
triangle ['traiæŋgəl] *n* kolmio
triangular [trai'æŋgjulə] *adj* kolmikulmainen
tribe [traib] *n* heimo
tributary ['tribjutəri] *n* sivujoki
tribute ['tribju:t] *n* kunnioituksenosoitus
trick [trik] *n* kepponen, temppu
trigger ['trigə] *n* liipasin
trim [trim] *v* leikata siistiksi
trip [trip] *n* matka, retki
triumph ['traiəmf] *n* riemuvoitto; *v* viettää riemuvoittoa
triumphant [trai'ʌmfənt] *adj* voitonriemuinen, voittoisa
troops [tru:ps] *pl* joukot *pl*
tropical ['trɔpikəl] *adj* trooppinen
tropics ['trɔpiks] *pl* tropiikki
trouble ['trʌbəl] *n* huoli, vaiva; *v* vaivata
troublesome ['trʌbəlsəm] *adj* vaivalloinen
trousers ['trauzəz] *pl* housut *pl*
trout [traut] *n* (pl ~) taimen
truck [trʌk] *nAm* kuorma-auto
true [tru:] *adj* tosi; aito, todellinen; uskollinen
trumpet ['trʌmpit] *n* torvi
trunk [trʌŋk] *n* matka-arkku; puunrunko; *nAm* tavaratila;
trunks *pl* urheiluhousut
long-distance call ['trʌŋkkɔ:l] *n* kaukopuhelu
trust [trʌst] *v* luottaa; *n* luottamus
trustworthy ['trʌst,wə:ði] *adj* luotettava
truth [tru:θ] *n* totuus
truthful ['tru:θfəl] *adj* totuudenmukainen
try [trai] *v* yrittää; kokeilla; *n* yritys; ~ **on** sovittaa
tube [tju:b] *n* putki; putkilo
tuberculosis [tju:,bə:kju'lousis] *n* tuberkuloosi
Tuesday ['tju:zdi] tiistai
tug [tʌg] *v* hinata; *n* hinaaja; nykäisy
tuition [tju:'iʃən] *n* opetus
tulip ['tju:lip] *n* tulppaani
tumbler ['tʌmblə] *n* juomalasi
tumour ['tju:mə] *n* kasvain
tuna ['tju:nə] *n* (pl ~, ~s) tonnikala
tune [tju:n] *n* laulelma, sävelmä; ~ **in** virittää
tuneful ['tju:nfəl] *adj* sointuva
tunic ['tju:nik] *n* tunika
Tunisia [tju:'niziə] Tunisia
Tunisian [tju:'niziən] *adj* tunisialainen
tunnel ['tʌnəl] *n* tunneli
turbine ['tə:bain] *n* turbiini
turbojet [,tə:bou'dʒet] *n* suihkuturbiini
Turk [tə:k] *n* turkkilainen
Turkey ['tə:ki] Turkki

turkey ['tə:ki] *n* kalkkuna
Turkish ['tə:kiʃ] *adj* turkkilainen; ~ **bath** turkkilainen sauna
turn [tə:n] *v* kääntää, kiertää; *n* kierros, käänne; käännös; vuoro; ~ **back** kääntyä takaisin; ~ **down** hylätä; ~ **into** muuttua; ~ **off** kytkeä pois päältä; ~ **on** kytkeä päälle; ~ **over** kääntää ympäri; ~ **round** käännellä; kääntyä ympäri
turning ['tə:niŋ] *n* kaarre
turning point ['tə:niŋpɔint] *n* käännekohta
turnover ['tə:,nouvə] *n* liikevaihto; ~ **tax** liikevaihtovero
turnpike ['tə:npaik] *nAm* maksullinen moottoritie
turpentine ['tə:pəntain] *n* tärpätti
turtle ['tə:təl] *n* kilpikonna
tutor ['tju:tə] *n* yksityisopettaja
tuxedo [tʌk'si:dou] *nAm* (pl ~s, ~es) smokki
TV [,ti:'vi:] *n* (*colloquial*) TV; **on** ~ televisiossa
tweed [twi:d] *n* tweedkangas
tweezers ['twi:zəz] *pl* pinsetit *pl*
twelfth [twelfθ] *num* kahdestoista
twelve [twelv] *num* kaksitoista
twentieth ['twentiəθ] kahdeskymmenes
twenty ['twenti] *num* kaksikymmentä
twice [twais] *adv* kahdesti
twig [twig] *n* varpu
twilight ['twailait] *n* iltahämärä
twine [twain] *n* nyöri; *v* kiertyä
twins [twinz] *pl* kaksoset *pl*; **twin beds** kaksoisvuode
twist [twist] *v* vääntää; *n* vääntö
two [tu:] *num* kaksi
two-piece [,tu:'pi:s] *adj* kaksiosainen
type [taip] *v* konekirjoittaa; *n* tyyppi
typewriter ['taipraitə] *n* kirjoituskone
typhoid ['taifɔid] *n* lavantauti
typical ['tipikəl] *adj* tyypillinen, luonteenomainen
typist ['taipist] *n* konekirjoittaja
tyrant ['taiərənt] *n* tyranni
tyre [taiə] *n* rengas; ~ **pressure** rengaspaine

U

ugly ['ʌgli] *adj* ruma
ulcer ['ʌlsə] *n* vatsahaava
ultimate ['ʌltimət] *adj* viimeinen
ultraviolet [ˌʌltrə'vaiələt] *adj* ultravioletti
umbrella [ʌm'brelə] *n* sateensuoja
umpire ['ʌmpaiə] *n* erotuomari
unable [ʌ'neibəl] *adj* kykenemätön
unacceptable [ˌʌnək'septəbəl] *adj* mahdoton hyväksyä
unaccountable [ˌʌnə'kauntəbəl] *adj* selittämätön
unaccustomed [ˌʌnə'kʌstəmd] *adj* tottumaton
unanimous [juː'næniməs] *adj* yksimielinen
unanswered [ˌʌ'nɑːnsəd] *adj* ilman vastausta
unauthorized [ˌʌ'nɔːθəraizd] *adj* luvaton
unavoidable [ˌʌnə'vɔidəbəl] *adj* väistämätön
unaware [ˌʌnə'wɛə] *adj* tietämätön
unbearable [ʌn'bɛərəbəl] *adj* sietämätön
unbreakable [ˌʌn'breikəbəl] *adj* särkymätön
unbroken [ˌʌn'broukən] *adj* eheä
unbutton [ˌʌn'bʌtən] *v* aukaista napit
uncertain [ʌn'səːtən] *adj* epävarma
uncle ['ʌŋkəl] *n* setä, eno
unclean [ˌʌn'kliːn] *adj* epäpuhdas
uncomfortable [ʌn'kʌmfətəbəl] *adj* epämukava
uncommon [ʌn'kɔmən] *adj* epätavallinen
unconditional [ˌʌnkən'diʃənəl] *adj* ehdoton
unconscious [ʌn'kɔnʃəs] *adj* tajuton
uncork [ˌʌn'kɔːk] *v* poistaa korkki
uncover [ʌn'kʌvə] *v* paljastaa
uncultivated [ˌʌn'kʌltiveitid] *adj* viljelemätön
under ['ʌndə] *prep* alla, alapuolella
undercurrent ['ʌndəˌkʌrənt] *n* pohjavirta
underestimate [ˌʌndə'restimeit] *v* aliarvioida
underground ['ʌndəgraund] *adj* maanalainen; *n* metro
underline [ˌʌndə'lain] *v* alleviivata

underneath [ˌʌndəˈniːθ] *adv* alla
underpants [ˈʌndəpænts] *plAm* alushousut *pl*
undershirt [ˈʌndəʃəːt] *n* aluspaita
***understand** [ˌʌndəˈstænd] *v* ymmärtää
understanding [ˌʌndəˈstændiŋ] *n* ymmärrys
understate [ˌʌndəˈsteit] *v* vähätellä
understatement [ˌʌndəˈsteitmənt] *n* vähättely
***undertake** [ˌʌndəˈteik] *v* ryhtyä jhk
undertaking [ˌʌndəˈteikiŋ] *n* yritys
underwater [ˈʌndəˌwɔːtə] *adj* vedenalainen
underwear [ˈʌndəwɛə] *n* alusvaatteet *pl*
undesirable [ˌʌndiˈzaiərəbəl] *adj* epämieluinen
***undo** [ˌʌnˈduː] *v* avata; tehdä tyhjäksi
undoubtedly [ʌnˈdautidli] *adv* epäilemättä
undress [ˌʌnˈdres] *v* riisuutua
unearned [ˌʌˈnəːnd] *adj* ansaitsematon
uneasy [ʌˈniːzi] *adj* levoton
uneducated [ˌʌˈnedjukeitid] *adj* sivistymätön
unemployed [ˌʌnimˈplɔid] *adj* työtön
unemployment [ˌʌnimˈplɔimənt] *n* työttömyys
unequal [ˌʌˈniːkwəl] *adj* epäoikeudenmukainen
uneven [ˌʌˈniːvən] *adj* epätasainen
unexpected [ˌʌnikˈspektid] *adj* odottamaton
unfair [ˌʌnˈfɛə] *adj* epäreilu
unfaithful [ˌʌnˈfeiθfəl] *adj* uskoton
unfamiliar [ˌʌnfəˈmiljə] *adj* tuntematon
unfasten [ˌʌnˈfɑːsən] *v* irrottaa
unfavourable [ˌʌnˈfeivərəbəl] *adj* epäsuotuisa
unfit [ˌʌnˈfit] *adj* sopimaton
unfold [ʌnˈfould] *v* kääriä auki
unfortunate [ʌnˈfɔːtʃənət] *adj* kovaonninen
unfortunately [ʌnˈfɔːtʃənətli] *adv* valitettavasti
unfriendly [ˌʌnˈfrendli] *adj* epäystävällinen
ungrateful [ʌnˈgreitfəl] *adj* kiittämätön
unhappy [ʌnˈhæpi] *adj* onneton
unhealthy [ʌnˈhelθi] *adj* epäterveellinen
unhurt [ˌʌnˈhəːt] *adj* vahingoittumaton
uniform [ˈjuːnifɔːm] *n* virkapuku; *adj* yhdenmukainen

unimportant [ˌʌnim'pɔːtənt] *adj* mitätön
uninhabitable [ˌʌnin'hæbitəbəl] *adj* asuttavaksi kelpaamaton
uninhabited [ˌʌnin'hæbitid] *adj* asumaton
unintentional [ˌʌnin'tenʃənəl] *adj* tahaton
union ['juːnjən] *n* yhdistys
unique [juː'niːk] *adj* ainutlaatuinen
unit ['juːnit] *n* yksikkö
unite [juː'nait] *v* yhdistää
united [ju'naitid] *adj* (*opinion*) yksimielinen; (*combined*) yhdistynyt
United States [juː'naitid steits] Yhdysvallat
unity ['juːnəti] *n* ykseys, yhtenäisyys
universal [ˌjuːni'vəːsəl] *adj* yleismaailmallinen, yleinen
universe ['juːnivəːs] *n* maailmankaikkeus
university [ˌjuːni'vəːsəti] *n* yliopisto
unjust [ˌʌn'dʒʌst] *adj* epäoikeudenmukainen
unkind [ʌn'kaind] *adj* epäystävällinen
unknown [ˌʌn'noun] *adj* tuntematon
unlawful [ˌʌn'lɔːfəl] *adj* lainvastainen
unlearn [ˌʌn'ləːn] *v* unohtaa
unless [ən'les] *conj* ellei
unlike [ˌʌn'laik] *adj* erilainen; *prep* toisin kuin
unlikely [ʌn'laikli] *adj* epätodennäköinen
unlimited [ʌn'limitid] *adj* rajaton, rajoittamaton
unload [ˌʌn'loud] *v* keventää (kuormaa), purkaa lasti
unlock [ˌʌn'lɔk] *v* avata lukko
unlucky [ʌn'lʌki] *adj* kovaonninen
unnecessary [ʌn'nesəsəri] *adj* tarpeeton
unoccupied [ˌʌ'nɔkjupaid] *adj* vapaa
unofficial [ˌʌnə'fiʃəl] *adj* epävirallinen
unpack [ˌʌn'pæk] *v* purkaa
unpleasant [ʌn'plezənt] *adj* epämiellyttävä
unpopular [ˌʌn'pɔpjulə] *adj* epäsuosittu
unprotected [ˌʌnprə'tektid] *adj* turvaton
unqualified [ˌʌn'kwɔlifaid] *adj* epäpätevä
unreal [ˌʌn'riəl] *adj* epätodellinen
unreasonable [ʌn'riːzənəbəl] *adj* kohtuuton
unreliable [ˌʌnri'laiəbəl] *adj* epäluotettava
unrest [ˌʌn'rest] *n* levottomuus
unsafe [ˌʌn'seif] *adj* epävarma, vaarallinen
unsatisfactory [ˌʌnsætis'fæktəri] *adj* epätyydyttävä
unscrew [ˌʌn'skruː] *v* kiertää auki

unselfish [ˌʌn'selfiʃ] *adj* epäitsekäs
unskilled [ˌʌn'skild] *adj* ammattitaidoton
unsound [ˌʌn'saund] *adj* epäterve
unstable [ˌʌn'steibəl] *adj* epävakainen
unsteady [ˌʌn'stedi] *adj* horjuva, häilyväinen
unsuccessful [ˌʌnsək'sesfəl] *adj* epäonnistunut
unsuitable [ˌʌn'su:təbəl] *adj* sopimaton
unsurpassed [ˌʌnsə'pɑ:st] *adj* voittamaton
untidy [ʌn'taidi] *adj* epäsiisti
untie [ˌʌn'tai] *v* aukaista
until [ən'til] *prep* asti , saakka
untrue [ˌʌn'tru:] *adj* valheellinen
untrustworthy [ˌʌn'trʌstˌwə:ði] *adj* epäluotettava
unusual [ʌn'ju:ʒuəl] *adj* epätavallinen
unwell [ˌʌn'wel] *adj* huonovointinen
unwilling [ˌʌn'wiliŋ] *adj* vastahakoinen
unwise [ˌʌn'waiz] *adj* epäviisas
unwrap [ˌʌn'ræp] *v* kääriä auki
up [ʌp] *adv* ylös, ylöspäin
upholster [ʌp'houlstə] *v* verhoilla, pehmustaa
upkeep ['ʌpki:p] *n* kunnossapito
uplands ['ʌpləndz] *pl* ylänkö
upload ['ʌpˌloud] *v* ladata
upon [ə'pɔn] *prep* päällä
upper ['ʌpə] *adj* ylempi, ylä-
upright ['ʌprait] *adj* pysty; *adv* pystyssä
upscale ['ʌpˌskeil] *adj* luksus
***upset** [ʌp'set] *v* saattaa tolaltaan; *adj* järkyttynyt
upside down [ˌʌpsaid'daun] *adv* ylösalaisin
upstairs [ˌʌp'stɛəz] *adv* yläkerta; yläkertaan
upstream [ˌʌp'stri:m] *adv* vastavirtaan
upwards ['ʌpwədz] *adv* ylöspäin
urban ['ə:bən] *adj* kaupunki-
urge [ə:dʒ] *v* yllyttää; *n* kiihkeä halu
urgency ['ə:dʒənsi] *n* kiireellisyys
urgent ['ə:dʒənt] *adj* kiireellinen
urine ['juərin] *n* virtsa
Uruguay ['juərəgwai] Uruguay
Uruguayan [ˌjuərə'gwaiən] *adj* uruguaylainen
us [ʌs] *pron* meille
usable ['ju:zəbəl] *adj* käyttökelpoinen
usage ['ju:zidʒ] *n* käytäntö
use[1] [ju:z] *v* käyttää; ***be used to** olla tottunut; **~ up** kuluttaa loppuun
use[2] [ju:s] *n* käyttö; hyöty; ***be of ~** hyödyttää

useful ['ju:sfəl] *adj* hyödyllinen
useless ['ju:sləs] *adj* hyödytön
user ['ju:zə] *n* käyttäjä
usher ['ʌʃə] *n* paikannäyttäjä
usherette [ˌʌʃə'ret] *n* paikannäyttäjä
usual ['ju:ʒuəl] *adj* tavallinen
usually ['ju:ʒuəli] *adv* tavallisesti
utensil [ju:'tensəl] *n* käyttöesine, työkalu
utility [ju:'tiləti] *n* hyödyllisyys
utilize ['ju:tilaiz] *v* käyttää hyödykseen
utmost ['ʌtmoust] *adj* äärimmäinen
utter ['ʌtə] *adj* täydellinen, ehdoton; *v* lausua

V

vacancy ['veikənsi] *n* vakanssi, avoin virka
vacant ['veikənt] *adj* vapaa
vacate [və'keit] *v* tyhjentää
vacation [və'keiʃən] *n* loma
vaccinate ['væksineit] *v* rokottaa
vaccination [ˌvæksi'neiʃən] *n* rokotus
vacuum ['vækjuəm] *n* tyhjiö; *vAm* imuroida; ~ **cleaner** pölynimuri; ~ **flask** termospullo
vague [veig] *adj* epämääräinen
vain [vein] *adj* turhamainen; turha; **in ~** turhaan
valet ['vælit] *n* miespalvelija, hotellipalvelija
valid ['vælid] *adj* lainmukainen, voimassa oleva
valley ['væli] *n* laakso
valuable ['væljubəl] *adj* arvokas; **valuables** *pl* arvoesineet *pl*
value ['vælju:] *n* arvo; *v* arvioida
valve [vælv] *n* venttiili, läppä
van [væn] *n* pakettiauto
vanilla [və'nilə] *n* vanilja
vanish ['væniʃ] *v* häipyä
vapour ['veipə] *n* höyry; utu
variable ['vɛəriəbəl] *adj* muuttuva
variation [ˌvɛəri'eiʃən] *n* muunnos; vaihtelu
varied ['vɛərid] *adj* moninainen
variety [və'raiəti] *n* valikoima; ~ **show** varietee-esitys; ~ **theatre** varieteeteatteri
various ['vɛəriəs] *adj* eri
varnish ['vɑ:niʃ] *n* vernissa, lakka; *v* lakata
vary ['vɛəri] *v* vaihdella
vase [vɑ:z] *n* maljakko
vast [vɑ:st] *adj* valtava

vault [vɔːlt] *n* holvikaari; pankkiholvi
veal [viːl] *n* vasikanliha
vegetable ['vedʒətəbəl] *n* vihannes; ~ **merchant** vihanneskauppias
vegetarian [ˌvedʒi'tɛəriən] *n* kasvissyöjä
vegetation [ˌvedʒi'teiʃən] *n* kasvillisuus
vehicle ['viːəkəl] *n* ajoneuvo
veil [veil] *n* harso
vein [vein] *n* laskimo; **varicose** ~ suonikohju
velvet ['velvit] *n* sametti
velveteen [ˌvelvi'tiːn] *n* puuvillasametti
venerable ['venərəbəl] *adj* kunnianarvoisa
venereal disease [vi'niəriəl di'ziːz] sukupuolitauti
Venezuela [ˌveni'zweilə] Venezuela
Venezuelan [ˌveni'zweilən] *adj* venezuelalainen
ventilate ['ventileit] *v* tuulettaa
ventilation [ˌventi'leiʃən] *n* tuuletus; ilmanvaihto
ventilator ['ventileitə] *n* tuuletin
venture ['ventʃə] *v* uskaltaa
veranda [və'rændə] *n* kuisti
verb [vəːb] *n* verbi
verbal ['vəːbəl] *adj* suullinen
verdict ['vəːdikt] *n* oikeudenpäätös
verge [vəːdʒ] *n* reuna; piennar
verify ['verifai] *v* todentaa
verse [vəːs] *n* säe
version ['vəːʃən] *n* versio
versus ['vəːsəs] *prep* vastaan
vertical ['vəːtikəl] *adj* pystysuora
very ['veri] *adv* hyvin, erittäin; kaikkein; *adj* tosi, juuri se; ~ **well** hyvä on
vessel ['vesəl] *n* alus; astia
vest [vest] *n* aluspaita; *nAm* liivit *pl*
veterinary surgeon ['vetrinəri 'səːdʒən] eläinlääkäri
via [vaiə] *prep* kautta
viaduct ['vaiədʌkt] *n* maasilta
vibrate [vai'breit] *v* värähdellä
vibration [vai'breiʃən] *n* värähtely
vicar ['vikə] *n* kirkkoherra
vicarage ['vikəridʒ] *n* pappila
vice president [ˌvais'prezidənt] *n* varapääjohtaja
vicinity [vi'sinəti] *n* läheisyys
vicious ['viʃəs] *adj* paheellinen
victim ['viktim] *n* uhri
victory ['viktəri] *n* voitto
video ['vidiou] *n* video; ~ **cassette** videokasetti; ~ **game** videopeli; ~ **recorder** videonauhuri; ~ **recording** videotallennus
view [vjuː] *n* näköala; mielipide, näkemys; *v*

katsella
viewfinder ['vju:ˌfaində] *n* etsin (kamerassa)
vigilant ['vidʒilənt] *adj* valpas
villa ['vilə] *n* huvila
village ['vilidʒ] *n* kylä
villain ['vilən] *n* konna
vine [vain] *n* viiniköynnös
vinegar ['vinigə] *n* etikka
vineyard ['vinjəd] *n* viinitarha
vintage ['vintidʒ] *n* viinisato, korjuu
violation [vaiə'leiʃən] *n* loukkaaminen
violence ['vaiələns] *n* väkivalta
violent ['vaiələnt] *adj* väkivaltainen, raju
violet ['vaiələt] *n* orvokki; *adj* sinipunainen
violin [vaiə'lin] *n* viulu
VIP [ˌvi: ai'pi:] *n* VIP, hyvin tärkeä henkilö
virgin ['və:dʒin] *n* neitsyt
virtue ['və:tʃu:] *n* hyve
virus ['vairəs] *n* virus
visa ['vi:zə] *n* viisumi
visibility [ˌvizə'biləti] *n* näkyvyys
visible ['vizəbəl] *adj* näkyvä
vision ['viʒən] *n* näkemys, visio
visit ['vizit] *v* vierailla; *n* vierailu; **visiting hours** vierailuaika
visiting-card ['vizitiŋkɑ:d] *n* käyntikortti
visitor ['vizitə] *n* vierailija
vital ['vaitəl] *adj* elintärkeä
vitamin ['vitəmin] *n* vitamiini
vivid ['vivid] *adj* eloisa
vocabulary [və'kæbjuləri] *n* sanavarasto; sanasto
vocal ['voukəl] *adj* laulu-
vocalist ['voukəlist] *n* laulaja
voice [vɔis] *n* ääni
voice mail ['vois‿ˌmeil] *n* puheposti
void [vɔid] *adj* mitätön
volcano [vɔl'keinou] *n* (pl ~es, ~s) tulivuori
volt [voult] *n* voltti
voltage ['voultidʒ] *n* jännite
volume ['vɔljum] *n* tilavuus; nide
voluntary ['vɔləntəri] *adj* vapaaehtoinen
volunteer [ˌvɔlən'tiə] *n* vapaaehtoinen
vomit ['vɔmit] *v* oksentaa
vote [vout] *v* äänestää; *n* ääni; äänestys
voter ['voutə] *n* äänestäjä
voucher ['vautʃə] *n* voucher, maksutodiste
vow [vau] *v* vannoa; *n* lupaus, vala
vowel [vauəl] *n* vokaali
voyage ['vɔiidʒ] *n* matka
vulgar ['vʌlgə] *adj* rahvaanomainen
vulnerable ['vʌlnərəbəl] *adj* haavoittuva
vulture ['vʌltʃə] *n* korppikotka

W

wade [weid] *v* kahlata
wafer ['weifə] *n* vohvelikeksi
waffle ['wɔfəl] *n* vohveli
wages ['weidʒiz] *pl* palkka
waggon ['wægən] *n* rattaat
waist [weist] *n* vyötärö
waistcoat ['weiskout] *n* liivit *pl*
wait [weit] *v* odottaa; **~ on** palvella
waiter ['weitə] *n* tarjoilija
waiting ['weitiŋ] *n* odotus
waiting list ['weitiŋlist] *n* odotuslista
waiting room ['weitiŋru:m] *n* odotushuone
waitress ['weitris] *n* tarjoilijatar
***wake** [weik] *v* herättää; **~ up** herätä
walk [wɔ:k] *v* kävellä; vaeltaa; *n* kävelyretki; kävely; **walking** jalan
walker ['wɔ:kə] *n* kävelijä
walking stick ['wɔ:kiŋstik] *n* kävelykeppi
wall [wɔ:l] *n* seinä; muuri
wallet ['wɔlit] *n* lompakko
wallpaper ['wɔ:l,peipə] *n* tapetti
walnut ['wɔ:lnʌt] *n* saksanpähkinä
waltz [wɔ:ls] *n* valssi
wander ['wɔndə] *v* harhailla, vaeltaa
want [wɔnt] *v* haluta; *n* tarve; puute
war [wɔ:] *n* sota
warden ['wɔ:dən] *n* vartija
wardrobe ['wɔ:droub] *n* vaatekaappi, vaatevarasto
warehouse ['wɛəhaus] *n* varasto, makasiini
wares [wɛəz] *pl* myyntitavarat *pl*
warm [wɔ:m] *adj* lämmin; *v* lämmittää
warmth [wɔ:mθ] *n* lämpö
warn [wɔ:n] *v* varoittaa
warning ['wɔ:niŋ] *n* varoitus
wary ['wɛəri] *adj* varovainen
was [wɔz] *v* (p be)
wash [wɔʃ] *v* pestä; **~ and wear** silittämättä siisti; **~ up** pestä astiat
washable ['wɔʃəbəl] *adj* pesunkestävä
washbasin ['wɔʃ,beisən] *n* pesuallas
washing ['wɔʃiŋ] *n* pesu; pyykki
washing machine ['wɔʃiŋmə,ʃi:n] *n* pesukone
washing powder ['wɔʃiŋ,paudə] *n* pesupulveri
washroom ['wɔʃru:m] *nAm* WC
wasp [wɔsp] *n* ampiainen
waste [weist] *v* tuhlata; *n* tuhlaus; *adj* autio
wasteful ['weistfəl] *adj*

tuhlaavainen
wastepaper basket [weist'peipə,baːskit] *n* paperikori
watch [wɔtʃ] *v* katsella; vartioida; *n* kello; ~ **for** tarkata; ~ **out** olla varuillaan
watchmaker ['wɔtʃ,meikə] *n* kelloseppä
watchstrap ['wɔtʃstræp] *n* kellonremmi
water ['wɔːtə] *n* vesi; **iced** ~ jäävesi; **running** ~ juokseva vesi; ~ **pump** vesipumppu; ~ **ski** vesisuksi
watercolo(u)r ['wɔːtə,kʌlə] *n* vesiväri; vesivärimaalaus
watercress ['wɔːtəkres] *n* krassi
waterfall ['wɔːtəfɔːl] *n* vesiputous
watermelon ['wɔːtə,melən] *n* vesimeloni
waterproof ['wɔːtəpruːf] *adj* vedenpitävä
water softener [,wɔːtə,sɔfnə] *n* pehmennysaine
waterway ['wɔːtəwei] *n* laivaväylä
watt [wɔt] *n* watti
wave [weiv] *n* aalto; *v* heiluttaa
wavelength ['weivleŋθ] *n* aallonpituus
wavy ['weivi] *adj* aaltoileva
wax [wæks] *n* vaha
waxworks ['wækswəːks] *pl* vahakabinetti
way [wei] *n* tapa; tie; suunta, taho; etäisyys; **any** ~ kuinka tahansa; **by the** ~ sivumennen sanoen; **one-way traffic** yksisuuntainen liikenne; **out of the** ~ syrjäinen; **the other** ~ **round** päinvastoin; ~ **back** paluutie; ~ **in** sisäänkäynti; ~ **out** uloskäynti
wayside ['weisaid] *n* tienvieri
we [wiː] *pron* me
weak [wiːk] *adj* heikko; mieto
weakness ['wiːknəs] *n* heikkous
wealth [welθ] *n* varallisuus
wealthy ['welθi] *adj* varakas
weapon ['wepən] *n* ase
***wear** [wɛə] *v* käyttää, olla yllä; ~ **out** kuluttaa loppuun
weary ['wiəri] *adj* uupunut, väsynyt
weather ['weðə] *n* sää; ~ **forecast** säätiedotus
***weave** [wiːv] *v* kutoa
weaver ['wiːvə] *n* kutoja
website ['web,sait] *n* nettisivu
wedding ['wediŋ] *n* häät *pl*
wedding ring ['wediŋriŋ] *n* vihkisormus
wedge [wedʒ] *n* kiila
Wednesday ['wenzdi] keskiviikko
weed [wiːd] *n* rikkaruoho
week [wiːk] *n* viikko
weekday ['wiːkdei] *n* arkipäivä

weekend ['wi:kend] *n* viikonloppu
weekly ['wi:kli] *adj* viikottainen
***weep** [wi:p] *v* itkeä
weigh [wei] *v* punnita; painaa
weighing machine ['weiiŋmə,ʃi:n] *n* vaaka
weight [weit] *n* paino
welcome ['welkəm] *n* tervehdys; *v* toivottaa tervetulleeksi
weld [weld] *v* hitsata
welfare ['welfεə] *n* hyvinvointi
well[1] [wel] *adv* hyvin; *adj* terve; **as ~** samoin; **as ~ as** sekä … että; **well** no niin
well[2] [wel] *n* kaivo
well-founded [,wel'faundid] *adj* hyvin perusteltu
well-known ['welnoun] *adj* tunnettu
well-to-do [,weltə'du:] *adj* varakas
went [went] *v* (p go)
were [wə:] *v* (p be)
west [west] *n* länsi
westerly ['westəli] *adj* läntinen
western ['westən] *adj* läntinen
wet [wet] *adj* märkä
whale [weil] *n* valas
wharf [wɔ:f] *n* (pl ~s, wharves) satamalaituri
what [wɔt] *pron* mikä; mitä; **~ for** miksi
whatever [wɔ'tevə] *pron* mitä hyvänsä
wheat [wi:t] *n* vehnä
wheel [wi:l] *n* pyörä
wheelbarrow ['wi:l,bærou] *n* kottikärryt *pl*
wheelchair ['wi:ltʃεə] *n* rullatuoli
when [wen] *adv* milloin; *conj* jolloin, silloin kun, kun
whenever [we'nevə] *conj* milloin hyvänsä
where [wεə] *adv* missä; *conj* missä
wherever [wεə'revə] *conj* missä hyvänsä
whether ['weðə] *conj* -ko *suf*; **whether … or** -ko … vai
which [witʃ] *pron* mikä; joka
whichever [wi'tʃevə] *adj* kumpi tahansa
while [wail] *conj* sillä aikaa kun; kun taas; *n* tuokio
whilst [wailst] *conj* samalla kun
whim [wim] *n* päähänpisto, oikku
whip [wip] *n* ruoska; *v* vatkata
whiskers ['wiskəz] *pl* viikset *pl*
whisper ['wispə] *v* kuiskata; *n* kuiskaus
whistle ['wisəl] *v* viheltää; *n* vihellyspilli
white [wait] *adj* valkoinen
whiting ['waitiŋ] *n* (pl ~) valkoturska
Whitsun ['witsən] helluntai
who [hu:] *pron* kuka; joka

whoever [hu:'evə] *pron* kuka tahansa
whole [houl] *adj* kokonainen, koko; eheä; *n* kokonaisuus
wholesale ['houlseil] *n* tukkukauppa; ~ **dealer** tukkukauppias
wholesome ['houlsəm] *adj* terveellinen
wholly ['houlli] *adv* kokonaan
whom [hu:m] *pron* jolle, jota
whore [hɔ:] *n* huora
whose [hu:z] *pron* jonka; kenen
why [wai] *adv* miksi
wicked ['wikid] *adj* ilkeä
wide [waid] *adj* leveä, laaja
widen ['waidən] *v* laajentaa
widow ['widou] *n* leskirouva
widower ['widouə] *n* leskimies
width [widθ] *n* leveys
wife [waif] *n* (pl wives) vaimo
wig [wig] *n* peruukki
wild [waild] *adj* villi; hurja
will [wil] *n* tahto; testamentti
***will** [wil] *v* tulee (tekemään)
willing ['wiliŋ] *adj* halukas
willingly ['wiliŋli] *adv* halukkaasti
willpower ['wilpauə] *n* tahdonvoima
***win** [win] *v* voittaa
wind [wind] *n* tuuli
***wind** [waind] *v* mutkitella; vetää, kiertää
winding ['waindiŋ] *adj* kiemurteleva
windmill ['windmil] *n* tuulimylly
window ['windou] *n* ikkuna
windowsill ['windousil] *n* ikkunalauta
windscreen ['windskri:n] *n* tuulilasi; ~ **wiper** tuulilasinpyyhkijä
windshield ['windʃi:ld] *nAm* tuulilasi; ~ **wiper** *Am* tuulilasinpyyhkijä
windy ['windi] *adj* tuulinen
wine [wain] *n* viini
wine cellar ['wain,selə] *n* viinikellari
wine list ['wainlist] *n* viinilista
wine merchant ['wain,mə:tʃənt] *n* viinikauppias
wing [wiŋ] *n* siipi
winkle ['wiŋkəl] *n* rantakotilo
winner ['winə] *n* voittaja
winning ['winiŋ] *adj* voitollinen; **winnings** *pl* voittosumma
winter ['wintə] *n* talvi; ~ **sports** talviurheilu
wipe [waip] *v* pyyhkiä, kuivata
wire [waiə] *n* rautalanka
wireless ['waiələs] *adj* langaton; *n* radio
wisdom ['wizdəm] *n* viisaus
wise [waiz] *adj* viisas
wish [wiʃ] *v* haluta, toivoa; *n* toivomus, pyyntö
wit ['wit] *n* nokkeluus

witch [witʃ] *n* noita
with [wið] *prep* kanssa ; mukana ; -sta
***withdraw** [wið'drɔ:] *v* vetäytyä
within [wi'ðin] *prep* sisäpuolella; *adv* sisällä
without [wi'ðaut] *prep* ilman
witness ['witnəs] *n* todistaja
wits [wits] *pl* äly
witty ['witi] *adj* sukkela
WMD ['dʌbəlju:'em'di:]; **weapons of mass destruction** *n* joukkotuhoaseet
wolf [wulf] *n* (pl wolves) susi
woman ['wumən] *n* (pl women) nainen
womb [wu:m] *n* kohtu
won [wʌn] *v* (p, pp win)
wonder ['wʌndə] *n* ihme; ihmettely; *v* ihmetellä
wonderful ['wʌndəfəl] *adj* ihana, ihmeellinen
wood [wud] *n* puu; metsikkö
wood carving ['wud,kɑ:viŋ] *n* puuleikkaus
wooded ['wudid] *adj* metsäinen
wooden ['wudən] *adj* puinen; ~ **shoe** puukenkä
woodland ['wudlənd] *n* metsämaa
wool [wul] *n* villa; **darning** ~ parsinlanka
woollen ['wulən] *adj* villainen
word [wə:d] *n* sana
wore [wɔ:] *v* (p wear)
work [wə:k] *n* työ; *v* työskennellä; toimia; **working day** työpäivä; ~ **of art** taideteos; ~ **permit** työlupa
workaholic [,wə:kə'hɔlik] *n* työnarkomaani
worker ['wə:kə] *n* työläinen
working ['wə:kiŋ] *n* toiminta
workman ['wə:kmən] *n* (pl -men) työmies
works [wə:ks] *pl* tehdas
workshop ['wə:kʃɔp] *n* työpaja
world [wə:ld] *n* maailma; ~ **war** maailmansota
world-famous [,wə:ld'feiməs] *adj* maailmankuulu
world-wide ['wə:ldwaid] *adj* maailmanlaajuinen
worm [wə:m] *n* mato
worn [wɔ:n] *adj* (pp wear) kulunut
worn-out [,wɔ:n'aut] *adj* loppuun kulunut
worried ['wʌrid] *adj* huolestunut
worry ['wʌri] *v* olla huolissaan; *n* huoli
worse [wə:s] *adj* huonompi; *adv* huonommin
worship ['wə:ʃip] *v* palvoa; *n* palvonta
worst [wə:st] *adj* huonoin; *adv* huonoimmin
worth [wə:θ] *n* arvo; ***be** ~ olla jnkn arvoinen; ***be worth-while** kannattaa
worthless ['wə:θləs] *adj* arvoton

worthy of ['wə:ði əv] arvoinen
would [wud] *v* (p will)
wound[1] [wu:nd] *n* haava; *v* haavoittaa
wound[2] [waund] *v* p, pp wind
wrap [ræp] *v* kääriä
wreck [rek] *n* hylky; *v* tuhota
wrench [rentʃ] *v* vääntää; *n* jakoavain; riuhtaisu
wrinkle ['riŋkəl] *n* ryppy
wrist [rist] *n* ranne
wristwatch ['ristwɔtʃ] *n* rannekello
***write** [rait] *v* kirjoittaa; **in writing** kirjallisesti; **~ down** kirjoittaa muistiin
writer ['raitə] *n* kirjailija
writing pad ['raitiŋpæd] *n* kirjoituslehtiö
writing paper ['raitiŋ,peipə] *n* kirjoituspaperi
written ['ritən] *adj* (pp write) kirjallinen
wrong [rɔŋ] *adj* väärä, virheellinen; *n* vääryys; *v* tehdä vääryyttä; ***be ~** olla väärässä
wrote [rout] *v* (p write)

X

Xmas ['krisməs] joulu
X-ray ['eksrei] *n* röntgenkuva; *v* ottaa röntgenkuva

Y

yacht [jɔt] *n* huvipursi
yacht club ['jɔtklʌb] *n* purjehdusseura
yachting ['jɔtiŋ] *n* purjehtiminen
yard [jɑ:d] *n* piha
yarn [jɑ:n] *n* lanka
yawn [jɔ:n] *v* haukotella
year [jiə] *n* vuosi
yearly ['jiəli] *adj* vuotuinen
yeast [ji:st] *n* hiiva
yell [jel] *v* kiljua; *n* kiljaisu
yellow ['jelou] *adj* keltainen
yes [jes] kyllä
yesterday ['jestədi] *adv* eilen
yet [jet] *adv* vielä; *conj* kuitenkin
yield [ji:ld] *v* tuottaa; antaa myöten
yoke [jouk] *n* ies
yolk [jouk] *n* keltuainen
you [ju:] *pron* sinä; sinut; sinulle; Te; te *pl*; teidät; teille
young [jʌŋ] *adj* nuori
your [jɔ:] *adj* sinun; teidän
yours [jɔ:z] *pron* sinun
yourself [jɔ:'self] *pron* itse, itsesi

yourselves [jɔːˈselvz] *pron* itse, itsenne
youth [juːθ] *n* nuoriso; ~ **hostel** retkeilymaja
Yugoslav [ˌjuːgəˈslɑːv] *n* jugoslaavi
Yugoslavia [ˌjuːgəˈslɑːviə] Jugoslavia
yuppie [ˈjʌpi] *n* juppi

Z

zap [zæp] *v* tuhota
zeal [ziːl] *n* into
zealous [ˈzeləs] *adj* innokas
zebra [ˈziːbrə] *n* seepra
zebra crossing [ˈziːbrə krɔsiŋ] *n* suojatie
zenith [ˈzeniθ] *n* lakipiste;
zero [ˈziərou] *n* (pl ~s) nolla
zest [zest] *n* innostus
zinc [ziŋk] *n* sinkki
zip [zip] *n* vetoketju; ~ **code** *Am* postinumero
zipper [ˈzipə] *n* vetoketju
zodiac [ˈzoudiæk] *n* eläinrata
zone [zoun] *n* vyöhyke; alue
zoo [zuː] *n* (pl ~s) eläintarha
zoology [zouˈɔlədʒi] *n* eläintiede

Some Basic Phrases	Eräitä avainilmaisuja
Please.	Olkaa hyvä.
Thank you very much.	Kiitoksia paljon.
Don't mention it.	Ei kestä.
Good morning.	Hyvää huomenta.
Good afternoon.	Hyvää päivää (*iltapäivällä*).
Good evening.	Hyvää iltaa.
Good night.	Hyvää yötä.
Good-bye.	Näkemiin.
See you later.	Pikaisiin näkemiin.
Where is/Where are…?	Missä on/Missä ovat…?
What do you call this?	Miksi tätä kutsutaan?
What does that mean?	Mitä tuo tarkoittaa?
Do you speak English?	Puhutteko englantia?
Do you speak German?	Puhutteko saksaa?
Do you speak French?	Puhutteko ranskaa?
Do you speak Spanish?	Puhutteko espanjaa?
Do you speak Italian?	Puhutteko italiaa?
Could you speak more slowly, please?	Voisitteko puhua hitaammin?
I don't understand.	En ymmärrä.
Can I have…?	Voinko saada…?
Can you show me…?	Voitteko näyttää minulle…?
Can you tell me…?	Voitteko sanoa minulle…?
Can you help me, please?	Voitteko auttaa minua?
I'd like…	Haluaisin…
We'd like…	Haluaisimme…
Please give me…	Olkaa hyvä ja antakaa minulle…
Please bring me…	Tuokaa minulle…
I'm hungry.	Minun on nälkä.
I'm thirsty.	Minun on jano.
I'm lost.	Olen eksyksissä.
Hurry up!	Pitäkää kiirettä!
There is/There are…	Siellä on/Siellä ovat…
There isn't/There aren't…	Siellä ei ole…

Arrival	Perilletulo
Your passport, please.	Passinne, olkaa hyvä.
Have you anything to declare?	Onko teillä mitään tullattavaa?
No, nothing at all.	Ei, ei mitään.
Can you help me with my luggage, please?	Voitteko auttaa minua kantamaan matkatavarani?
Where's the bus to the centre of town, please?	Mistä lähtee bussi keskikaupungille?
This way, please.	Tätä tietä, olkaa hyvä.
Where can I get a taxi?	Mistä voin saada taksin?
What's the fare to…?	Paljonko se maksaa … n?
Take me to this address, please.	Viekää minut tähän osoitteeseen.
I'm in a hurry.	Minulla on kiire.

Hotel	Hotelli
My name is…	Nimeni on…
Have you a reservation?	Onko teillä varaus?
I'd like a room with a bath.	Haluaisin huoneen jossa on kylpyhuone.
What's the price per night?	Paljonko se maksaa yöltä?
May I see the room?	Saanko nähdä huoneen?
What's my room number, please?	Mikä on huoneeni numero?
There's no hot water.	Huoneessa ei ole kuumaa vettä.
May I see the manager, please?	Haluaisin tavata johtajan.
Did anyone telephone me?	Onko kukaan soittanut minulle?
Is there any mail for me?	Onko minulle postia?
May I have my bill (check), please?	Saisinko laskun?

Eating out	Ravintolassa
Do you have a fixed-price menu?	Onko teillä päivän ateriaa?

May I see the menu?	Saanko à la carte -ruokalistan?
May we have an ashtray, please?	Saisimmeko tuhkakupin?
Where's the toilet, please?	Missä on WC?
I'd like an hors d'œuvre (starter).	Haluaisin alkupalat.
Have you any soup?	Onko teillä keittoa?
I'd like some fish.	Haluaisin kalaa.
What kind of fish do you have?	Mitä kalaa teillä on?
I'd like a steak.	Haluaisin pihvin.
What vegetables have you got?	Mitä vihanneksia teillä on?
Nothing more, thanks.	Ei muuta, kiitos.
What would you like to drink?	Mitä haluaisitte juoda?
I'll have a beer, please.	Haluaisin oluen.
I'd like a bottle of wine.	Haluaisin pullon viiniä.
May I have the bill (check), please?	Saisinko laskun?
Is service included?	Sisältyykö siihen palvelu?
Thank you, that was a very good meal.	Kiitoksia, se oli erittäin hyvä ateria.

Travelling	**Matkalla**
Where's the railway station, please?	Missä on rautatieasema?
Where's the ticket office, please?	Missä on lipunmyynti?
I'd like a ticket to…	Haluaisin lipun …n.
First or second class?	Ensimmäinen vai toinen luokka?
First class, please.	Ensimmäinen.
Single or return (one way or roundtrip)?	Yhdensuuntainen vai edestakainen?
Do I have to change trains?	Täytyykö minun vaihtaa junaa?
What platform does the train for … leave from?	Miltä laiturilta juna lähtee …n?

Where's the nearest underground (subway) station?	Missä on lähin maanalaisen asema?
Where's the bus station, please?	Missä on linja-autoasema?
When's the first bus to...?	Milloin lähtee ensimmäinen bussi ...n?
Please let me off at the next stop.	Päästäisittekö minut pois seuraavalla pysäkillä?

Relaxing / Huvitukset

What's on at the cinema (movies)?	Mitä elokuvissa esitetään?
What time does the film begin?	Mihin aikaan elokuva alkaa?
Are there any tickets for tonight?	Onko täksi illaksi vielä lippuja?
Where can we go dancing?	Mihin voimme mennä tanssimaan?

Meeting people / Tutustuminen

How do you do.	Hyvää päivää.
How are you?	Mitä kuuluu?
Very well, thank you. And you?	Kiitos, erittäin hyvää. Entä teille?
May I introduce...?	Saanko esitellä ...n?
My name is...	Nimeni on...
I'm very pleased to meet you.	Hauska tavata.
How long have you been here?	Kauanko olette ollut täällä?
It was nice meeting you.	Oli hauska tavata.
Do you mind if I smoke?	Häiritseekö teitä jos tupakoin?
Do you have a light, please?	Onko teillä tulta?
May I get you a drink?	Saanko tarjota teille lasillisen?
May I invite you for dinner tonight?	Saanko pyytää teidät päivälliselle tänä iltana?
Where shall we meet?	Missä tapaamme?

Shops, stores and services	**Liikkeet ja palvelut**
Where's the nearest bank, please?	Missä on lähin pankki?
Where can I cash some travellers' cheques?	Missä voin vaihtaa matkašekkejä?
Can you give me some small change, please?	Voitteko antaa minulle vaihtorahaa?
Where's the nearest chemist's (pharmacy)?	Missä on lähin apteekki?
How do I get there?	Miten sinne pääsee?
Is it within walking distance?	Onko se kävelymatkan päässä?
Can you help me, please?	Voitteko auttaa minua?
How much is this? And that?	Paljonko tämä maksaa? Entä tuo?
It's not quite what I want.	Se ei ole aivan sitä mitä haluan.
I like it.	Pidän siitä.
Can you recommend something for sunburn?	Voitteko suositella jotakin auringonpolttamaan?
I'd like a haircut, please.	Haluaisin hiustenleikkuun.
I'd like a manicure, please.	Haluaisin käsienhoidon.
Street directions	**Tien kysyminen**
Can you show me on the map where I am?	Voitteko näyttää minulle kartalta missä olen?
You are on the wrong road.	Olette väärällä tiellä.
Go/Walk straight ahead.	Menkää suoraan eteenpäin.
It's on the left/on the right.	Se on vasemmalla/oikealla.
Emergencies	**Onnettomuudet**
Call a doctor quickly.	Kutsukaa nopeasti lääkäri.
Call an ambulance.	Kutsukaa ambulanssi.
Please call the police.	Olkaa hyvä ja kutsukaa poliisi.

Finnish Abbreviations

AL	*Autoliitto*	Finnish Automobile Association
ao.	*asianomainen*	person or thing in question
ap.	*aamupäivä(llä)*	(in the) morning
as.	*asukas (ta)*	inhabitants
ed.	*edellinen*	former, above-mentioned
eKr.	*ennen Kristuksen syntymää*	B.C.
em.	*edellä mainittu*	afore-mentioned
ent.	*entinen*	former, ex-
esim.	*esimerkiksi*	e.g.
fil. tri	*filosofian tohtori*	Ph.D.
ha	*hehtaari*	hectare
Hki	*Helsinki*	Helsinki
HKL	*Helsingin Kaupungin Liikennelaitos*	Helsinki Municipal Transport Authority
HO	*Hovioikeus*	Court of Appeals
hra	*herra*	Mr.
huom.	*huomaa, huomautus*	note, remark
hv	*hevosvoima(a)*	horsepower
ip.	*iltapäivä(llä)*	(in the) afternoon
JK	*jälkikirjoitus*	P.S.
jKr.	*jälkeen Kristuksen syntymän*	A.D.
jne.	*ja niin edelleen*	and so on
joht.	*johtaja*	director
kk	*kuukausi, kuukautta*	month(s)
kk.	*kansakoulu; kirkonkylä*	elementary school; small municipality
klo	*kello*	o'clock
ko.	*kyseessä oleva*	in question, under consideration
kpl	*kappale(tta)*	piece(s)
ks.	*katso*	see
l.	*eli; lääni*	or; county

lvv.	*liikevaihtovero*	VAT, value added tax
lääket. tri	*lääketieteen tohtori*	medical doctor
maist.	*maisteri*	master's degree, used as a title
min	*minuutti(a)*	minute(s)
mk	*markka(a)*	Finnish mark(s)
mm.	*muun muassa*	among other things
muist.	*muistutus*	reminder
n.	*noin*	approximately
nim.	*nimittäin*	namely
nk.	*niin kutsuttu*	so-called
n:o	*numero*	number
ns.	*niin sanottu*	so-called
nti	*neiti*	Miss
nyk.	*nykyisin*	at present
oik.	*oikeastaan*	really
os.	*osoite*	address
OY	*osakeyhtiö*	Ltd., Inc.
p	*penni(ä)*	penny, $^{1}/_{100}$ of the Finnish mark
puh.	*puhelin*	telephone
puh.joht.	*puheenjohtaja*	chairman
pv	*päivä*	day
pvm.	*päivämäärä*	date
rva	*rouva*	Mrs.
s	*sekunti(a)*	second(s)
s.	*sivu(t)*	page(s)
seur.	*seuraava*	following
synt.	*syntynyt*	born
t	*tunti(a)*	hour(s)
t.	*tai*	or
tav.	*tavallisesti*	usually
tk.	*tämän kuun*	inst., of this month
tl.	*teelusikallinen*	teaspoonful
toim.joht.	*toimitusjohtaja*	managing director
tuom.	*tuomari*	judge
tus	*tusina(a)*	dozen(s)
v.	*vuonna, vuosina*	in the year(s)
vk.	*viime kuun*	of last month
v.p.	*vastausta pyydetään*	please reply

VR	*Valtion Rautatiet*	Finnish State Railways
vrk	*vuorokausi, vuorokautta*	day and night (24 hours)
vrt.	*vertaa*	cf., reference
YK	*Yhdistyneet Kansakunnat*	United Nations
yl.	*yleensä*	generally
ym.	*ynnä muuta*	etc.
yo.	*ylioppilas*	undergraduate

Englanninkielisiä lyhenteitä

AA	*Automobile Association*	Englannin Autoliitto
AAA	*American Automobile Association*	Yhdysvaltain Autoliitto
ABC	*American Broadcasting Company*	amerikkalainen radio- ja televisioyhtiö
A.D.	*anno Domini*	jKr.
Am.	*America; American*	Amerikka; amerikkalainen
a.m.	*ante meridiem (before noon)*	klo 0.00–12.00
Amtrak	*American railroad corporation*	amerikkalainen rautatieyhtiö
AT & T	*American Telephone and Telegraph Company*	amerikkalainen puhelin- ja lennätinyhtiö
Ave.	*avenue*	puistokatu
BBC	*British Broadcasting Corporation*	Englannin yleisradio
B.C.	*before Christ*	eKr.
bldg.	*building*	rakennus
Blvd.	*boulevard*	bulevardi
B.R.	*British Rail*	Englannin Valtion Rautatiet
Brit.	*Britain; British*	Iso-Britannia; brittiläinen
Bros.	*brothers*	Veljekset (liikenimi)
¢	*cent*	sentti, dollarin sadasosa
Can.	*Canada; Canadian*	Kanada; kanadalainen
CBS	*Columbia Broadcasting System*	amerikkalainen radio- ja televisioyhtiö
CID	*Criminal Investigation Department*	rikospoliisi (Iso-Britannia)
CNR	*Canadian National Railway*	Kanadan Valtion Rautatiet
c/o	*(in) care of*	osoitteissa: jonkun luona
Co.	*company*	yhtiö

Corp.	*corporation*	yhtiö
CPR	*Canadian Pacific Railways*	kanadalainen rautatieyhtiö
D.C.	*District of Columbia*	Columbian piirikunta (Washington, D.C.)
DDS	*Doctor of Dental Science*	hammaslääkäri
dept.	*department*	osasto
EEC	*European Economic Community*	Euroopan Talousyhteisö
e.g.	*for instance*	esim.
Eng.	*England; English*	Englanti; englantilainen
excl.	*excluding; exclusive*	lukuun ottamatta
ft.	*foot/feet*	pituusmitta: jalka/jalat (30,5 cm)
GB	*Great Britain*	Iso-Britannia
H.E.	*His/Her Excellency; His Eminence*	Hänen Ylhäisyytensä; Hänen Korkea-arvoisuutensa, kardinaalin puhuttelusana
H.H.	*His Holiness*	Hänen Pyhyytensä, paavin puhuttelusana
H.M.	*His/Her Majesty*	Hänen Majesteettinsa
H.M.S.	*Her Majesty's ship*	Ison-Britannian laivaston sotalaiva
hp	*horsepower*	hevosvoima
Hwy	*highway*	valtatie
i.e.	*that is to say*	toisin sanoen
in.	*inch*	tuuma (2,54 cm)
Inc.	*incorporated*	amerikkalainen osakeyhtiö
incl.	*including, inclusive*	mukaan lukien
£	*pound sterling*	Englannin punta
L.A.	*Los Angeles*	Los Angeles
Ltd.	*limited*	englantilainen osakeyhtiö
M.D.	*Doctor of Medicine*	lääket. tri
M.P.	*Member of Parliament*	Englannin parlamentin jäsen, kansanedustaja

mph	*miles per hour*	mailia tunnissa
Mr.	*Mister*	herra
Mrs.	*Missis*	rouva
Ms.	*Missis/Miss*	rouva/neiti
nat.	*national*	kansallinen
NBC	*National Broadcasting Company*	amerikkalainen radio- ja televisioyhtiö
No.	*number*	numero
N.Y.C.	*New York City*	New York City
O.B.E.	*Officer (of the Order) of the British Empire*	Brittiläisen Imperiumin ritarikunnan kunniamerkki
p.	*page; penny/pence*	sivu; penny/pence, punnan sadasosa
p.a.	*per annum*	vuodessa, vuotta kohti
Ph.D.	*Doctor of Philosophy*	fil. tri
p.m.	*post meridiem (after noon)*	klo 12.00–24.00
PO	*Post Office*	postitoimisto
POO	*post office order*	postisiirto
pop.	*population*	asukasluku
P.T.O.	*please turn over*	käännä
RAC	*Royal Automobile Club*	Englannin Autoklubi
RCMP	*Royal Canadian Mounted Police*	Kanadan ratsupoliisi
Rd.	*road*	tie
ref.	*reference*	viite
Rev.	*reverend*	kirkkoherra
RFD	*rural free delivery*	ilmainen kotiinkuljetus
RR	*railroad*	rautatie
RSVP	*please reply*	vastausta pyydetään
$	*dollar*	dollari
Soc.	*society*	seura
St.	*saint; street*	pyhä; katu
STD	*Subscriber Trunk Dialling*	automaattipuhelin
UN	*United Nations*	Yhdistyneet Kansakunnat
UPS	*United Parcel Service*	amerikkalainen paketinkuljetusyhtiö

US	*United States*	Yhdysvallat
USS	*United States Ship*	amerikkalainen sotalaiva
VAT	*value added tax*	liikevaihtovero
VIP	*very important person*	tärkeä henkilö
Xmas	*Christmas*	joulu
yd.	*yard*	jaardi (91,44 cm)
YMCA	*Young Men's Christian Association*	NMKY
YWCA	*Young Women's Christian Association*	NNKY
ZIP	*ZIP code*	postinumerotunnus

English Irregular Verbs/
Englannin kielen epäsäännölliset verbit

Oheisena seuraavat englannin kielen epäsäännölliset verbit. Yhdistetyt (*overdrive*) ja esiliitteelliset (*mistake*) verbimuodot taipuvat kuten pääverbi (*drive, take*).

Infinitiivi	*Imperfekti*	*Partisiipin perfekti*	
arise	arose	arisen	*nousta*
awake	awoke	awoken/awaked	*herätä*
be	was	been	*olla*
bear	bore	borne	*kantaa*
beat	beat	beaten	*lyödä*
become	became	become	*tulla jksk*
begin	began	begun	*alkaa*
bend	bent	bent	*taipua*
bet	bet	bet	*lyödä vetoa*
bid	bade/bid	bidden/bid	*käskeä*
bind	bound	bound	*sitoa*
bite	bit	bitten	*purra*
bleed	bled	bled	*vuotaa verta*
blow	blew	blown	*puhaltaa*
break	broke	broken	*särkeä*
breed	bred	bred	*kasvattaa (karjaa)*
bring	brought	brought	*tuoda*
build	built	built	*rakentaa*
burn	burnt/burned	burnt/burned	*polttaa*
burst	burst	burst	*puhjeta*
buy	bought	bought	*ostaa*
can*	could	–	*osata, voida*
cast	cast	cast	*heittää, valaa*
catch	caught	caught	*pyydystää*
choose	chose	chosen	*valita*
cling	clung	clung	*takertua*
clothe	clothed/clad	clothed/clad	*pukea*
come	came	come	*tulla*
cost	cost	cost	*maksaa*
creep	crept	crept	*ryömiä*
cut	cut	cut	*leikata*
deal	dealt	dealt	*jakaa*

* indikatiivin preesens

dig	dug	dug	*kaivaa*
do (he does*)	did	done	*tehdä*
draw	drew	drawn	*vetää*
dream	dreamt/dreamed	dreamt/dreamed	*uneksia*
drink	drank	drunk	*juoda*
drive	drove	driven	*ajaa*
dwell	dwelt	dwelt	*asua*
eat	ate	eaten	*syödä*
fall	fell	fallen	*pudota*
feed	fed	fed	*ruokkia*
feel	felt	felt	*tuntea*
fight	fought	fought	*taistella*
find	found	found	*löytää*
flee	fled	fled	*paeta*
fling	flung	flung	*heittää*
fly	flew	flown	*lentää*
forsake	forsook	forsaken	*hylätä*
freeze	froze	frozen	*jäätyä*
get	got	got	*saada*
give	gave	given	*antaa*
go (he goes*)	went	gone	*mennä*
grind	ground	ground	*jauhaa*
grow	grew	grown	*kasvaa*
hang	hung	hung	*ripustaa*
have (he has*)	had	had	*olla, omistaa*
hear	heard	heard	*kuulla*
hew	hewed	hewed/hewn	*hakata*
hide	hid	hidden	*kätkeä*
hit	hit	hit	*lyödä*
hold	held	held	*pitää kiinni*
hurt	hurt	hurt	*loukata*
keep	kept	kept	*pitää*
kneel	knelt	knelt	*polvistua*
knit	knitted/knit	knitted/knit	*neuloa, panna*
know	knew	known	*tietää*
lay	laid	laid	*asettaa*
lead	led	led	*johtaa*
lean	leant/leaned	leant/leaned	*nojata*
leap	leapt/leaped	leapt/leaped	*hypätä*
learn	learnt/learned	learnt/learned	*oppia*
leave	left	left	*jättää*
lend	lent	lent	*lainata*

* indikatiivin preesens

let	let	let	*sallia*
lie	lay	lain	*maata*
light	lit/lighted	lit/lighted	*sytyttää*
lose	lost	lost	*kadottaa*
make	made	made	*tehdä*
may*	might	–	*saattaa, voida*
mean	meant	meant	*tarkoittaa*
meet	met	met	*tavata*
mow	mowed	mowed/mown	*niittää*
must*	must	–	*täytyä*
ought* (to)	ought	–	*pitäisi*
pay	paid	paid	*maksaa*
put	put	put	*panna*
read	read	read	*lukea*
rid	rid	rid	*vapauttaa*
ride	rode	ridden	*ratsastaa*
ring	rang	rung	*soittaa*
rise	rose	risen	*nousta*
run	ran	run	*juosta*
saw	sawed	sawn	*sahata*
say	said	said	*sanoa*
see	saw	seen	*nähdä*
seek	sought	sought	*etsiä*
sell	sold	sold	*myydä*
send	sent	sent	*lähettää*
set	set	set	*asettaa*
sew	sewed	sewed/sewn	*ommella*
shake	shook	shaken	*ravistaa*
shall*	should	–	*pitää*
shed	shed	shed	*vuodattaa*
shine	shone	shone	*loistaa*
shoot	shot	shot	*ampua*
show	showed	shown	*näyttää*
shrink	shrank	shrunk	*kutistua*
shut	shut	shut	*sulkea*
sing	sang	sung	*laulaa*
sink	sank	sunk	*vajota*
sit	sat	sat	*istua*
sleep	slept	slept	*nukkua*
slide	slid	slid	*liukua*
sling	slung	slung	*heittää*
slink	slunk	slunk	*livahtaa*
slit	slit	slit	*viiltää*

---

* indikatiivin preesens

smell	smelled/smelt	smelled/smelt	*haistaa*
sow	sowed	sown/sowed	*kylvää*
speak	spoke	spoken	*puhua*
speed	sped/speeded	sped/speeded	*kiirehtiä*
spell	spelt/spelled	spelt/spelled	*tavata*
spend	spent	spent	*kuluttaa, viettää*
spill	spilt/spilled	spilt/spilled	*valua yli*
spin	spun	spun	*kehrätä*
spit	spat	spat	*sylkeä*
split	split	split	*halkaista*
spoil	spoilt/spoiled	spoilt/spoiled	*pilata*
spread	spread	spread	*levittää*
spring	sprang	sprung	*ponnahtaa*
stand	stood	stood	*seisoa*
steal	stole	stolen	*varastaa*
stick	stuck	stuck	*pistää*
sting	stung	stung	*pistää*
stink	stank/stunk	stunk	*haista pahalta*
strew	strewed	strewed/strewn	*sirotella*
stride	strode	stridden	*harppoa*
strike	struck	struck/stricken	*iskeä*
string	strung	strung	*varustaa nyörillä*
strive	strove	striven	*pyrkiä*
swear	swore	sworn	*vannoa*
sweep	swept	swept	*lakaista*
swell	swelled	swollen/swelled	*turvota, paisua*
swim	swam	swum	*uida*
swing	swung	swung	*keinua*
take	took	taken	*ottaa*
teach	taught	taught	*opettaa*
tear	tore	torn	*repiä*
tell	told	told	*kertoa*
think	thought	thought	*ajatella*
throw	threw	thrown	*heittää*
thrust	thrust	thrust	*työntää*
tread	trod	trodden	*tallata*
wake	woke/waked	woken/waked	*herätä*
wear	wore	worn	*käyttää*
weave	wove	woven	*kutoa kangasta*
weep	wept	wept	*itkeä*
will*	would	–	*tahtoa*
win	won	won	*voittaa*
wind	wound	wound	*kiertää*
wring	wrung	wrung	*vääntää*
write	wrote	written	*kirjoittaa*

Numerals

Cardinal numbers

0	nolla
1	yksi
2	kaksi
3	kolme
4	neljä
5	viisi
6	kuusi
7	seitsemän
8	kahdeksan
9	yhdeksän
10	kymmenen
11	yksitoista
12	kaksitoista
13	kolmetoista
14	neljätoista
15	viisitoista
16	kuusitoista
17	seitsemäntoista
18	kahdeksantoista
19	yhdeksäntoista
20	kaksikymmentä
21	kaksikymmentäyksi
30	kolmekymmentä
40	neljäkymmentä
50	viisikymmentä
60	kuusikymmentä
70	seitsemänkymmentä
80	kahdeksankymmentä
90	yhdeksänkymmentä
100	sata
125	satakaksikymmentäviisi
200	kaksisataa
1 000	tuhat
2 000	kaksituhatta
3 548	kolmetuhatta viisisataaneljäkymmentä-kahdeksan
156 000	sataviisikymmentäkuusi-tuhatta
1 000 000.	miljoonas

Ordinal numbers

1.	ensimmäinen
2.	toinen
3.	kolmas
4.	neljäs
5.	viides
6.	kuudes
7.	seitsemäs
8.	kahdeksas
9.	yhdeksäs
10.	kymmenes
11.	yhdestoista
12.	kahdestoista
13.	kolmastoista
14.	neljästoista
15.	viidestoista
16.	kuudestoista
17.	seitsemästoista
18.	kahdeksastoista
19.	yhdeksästoista
20.	kahdeskymmenes
21.	kahdeskymmenesensim-mäinen
30.	kolmaskymmenes
40.	neljäskymmenes
50.	viideskymmenes
60.	kuudeskymmenes
70.	seitsemäskymmenes
80.	kahdeksaskymmenes
90.	yhdeksäskymmenes
100.	sadas
125.	sadaskahdeskymmenes-viides
200.	kahdessadas
1 000.	tuhannes
3 540.	kolmastuhannes-viidessadasneljäskymmenes
156 000.	sadasviideskymmenes-kuudestuhannes
1 000 000.	miljoonas

Lukusanat

Perusluvut		Järjestysluvut	
0	zero	1st	first
1	one	2nd	second
2	two	3rd	third
3	three	4th	fourth
4	four	5th	fifth
5	five	6th	sixth
6	six	7th	seventh
7	seven	8th	eighth
8	eight	9th	ninth
9	nine	10th	tenth
10	ten	11th	eleventh
11	eleven	12th	twelfth
12	twelve	13th	thirteenth
13	thirteen	14th	fourteenth
14	fourteen	15th	fifteenth
15	fifteen	16th	sixteenth
16	sixteen	17th	seventeenth
17	seventeen	18th	eighteenth
18	eighteen	19th	nineteenth
19	nineteen	20th	twentieth
20	twenty	21st	twenty-first
21	twenty-one	22nd	twenty-second
22	twenty-two	23rd	twenty-third
23	twenty-three	24th	twenty-fourth
24	twenty-four	25th	twenty-fifth
25	twenty-five	26th	twenty-sixth
30	thirty	27th	twenty-seventh
40	forty	28th	twenty-eighth
50	fifty	29th	twenty-ninth
60	sixty	30th	thirtieth
70	seventy	40th	fortieth
80	eighty	50th	fiftieth
90	ninety	60th	sixtieth
100	a/one hundred	70th	seventieth
230	two hundred and thirty	80th	eightieth
1,000	a/one thousand	90th	ninetieth
10,000	ten thousand	100th	hundredth
100,000	a/one hundred thousand	230th	two hundred and thirtieth
1,000,000	a/one million	1,000th	thousandth

Time

Although official time in Finland is based on the 24-hour clock, the 12-hour system is used in conversation.

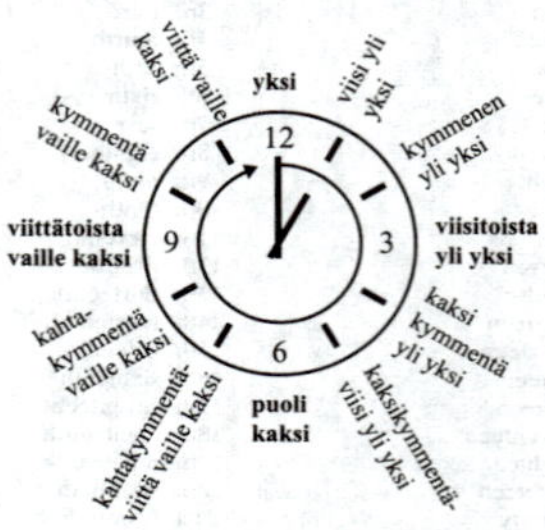

If it is necessary to indicate whether it is a.m. or p.m., add *aamulla* (morning), *aamupäivällä* (before noon), *iltapäivällä* (afternoon) or *illalla* (evening):

kello kahdeksan aamulla	8 a.m.
kello yksitoista aamupäivällä	11 a.m.
kello kaksi iltapäivällä	2 p.m.
kello puoli kymmenen illalla	9.30 p.m.

Days of the week

sunnuntai	Sunday	*torstai*	Thursday
maanantai	Monday	*perjantai*	Friday
tiistai	Tuesday	*lauantai*	Saturday
keskiviikko	Wednesday		

Kellonajat

Englannissa ja Amerikassa kellonaika ilmaistaan 12 tuntiin perustuvalla järjestelmällä. Vuorokauden eri ajat ilmaistaan siten, että *a.m.* (*ante meridiem*) merkitsee kellonaikaa 0.00–12.00 ja *p.m.* (*post meridiem*) klo 12.00–24.00.

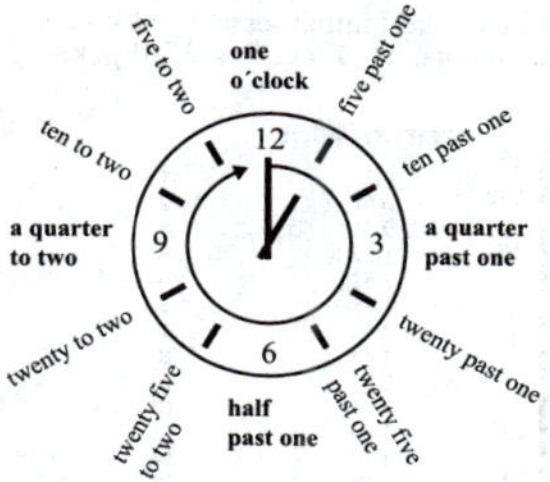

I'll come at seven a.m.	Tulen klo 7 aamulla.
I'll come at two p.m.	Tulen klo 2 iitapäivällä.
I'll come at eight p.m.	Tulen klo 8 illalla.

Viikonpäivät

Sunday	sunnuntai	*Thursday*	torstai
Monday	maanantai	*Friday*	perjantai
Tuesday	tiistai	*Saturday*	lauantai
Wednesday	keskiviikko		

Conversion Tables/Muuntotaulukot

Metres and feet

The figure in the middle stands for both metres and feet, e.g. 1 metre = 3.281 ft. and 1 foot = 0.30 m.

Metri ja jalka

Numero taulukon keskimmäisessä sarakkeessa vastaa sekä metrejä että jalkoja, ts. 1 metri = 3,281 jalkaa ja 1 jalka = 0,30 metriä.

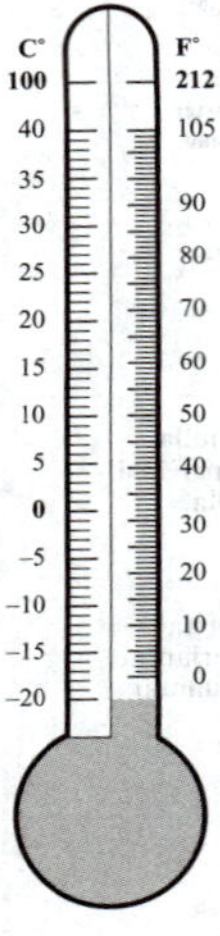

Metres/Metrit		Feet/Jalat
0.30	**1**	3.281
0.61	**2**	6.563
0.91	**3**	9.843
1.22	**4**	13.124
1.52	**5**	16.403
1.83	**6**	19.686
2.13	**7**	22.967
2.44	**8**	26.248
2.74	**9**	29.529
3.05	**10**	32.810
3.66	**12**	39.372
4.27	**14**	45.934
6.10	**20**	65.620
7.62	**25**	82.023
15.24	**50**	164.046
22.86	**75**	246.069
30.48	**100**	328.092

Temperature

To convert Centigrade to Fahrenheit, multiply by 1.8 and add 32.
To convert Fahrenheit to Centigrade, subtract 32 from Fahrenheit and divide by 1.8.

Lämpötila

Muunnettaessa Celsius-asteita Fahrenheitasteiksi ne kerrotaan 1,8:lla ja niihin lisätään 32.
Muunnettaessa vastaavasti Fahrenheitasteita Celsius-asteiksi vähennetään lämpötilasta 32 ja tulos jaetaan 1,8:lla.